SCIENCE ET TECHNOLOGIE (ST)

SCIENCE ET TECHNOLOGIE
DE L'ENVIRONNEMENT (STE)

APPLICATIONS TECHNOLOGIQUES
ET SCIENTIFIQUES (ATS)

SCIENCE ET ENVIRONNEMENT (SE)

OBSERVATOIRE

L'ENVIRONNEMENT

MANUEL DE L'ÉLÈVE
2e année du 2e cycle du secondaire

Marie-Danielle Cyr
Dominique Forget
Jean-Sébastien Verreault

ÉDITIONS DU RENOUVEAU PÉDAGOGIQUE INC.

5757, RUE CYPIHOT
SAINT-LAURENT (QUÉBEC)
H4S 1R3

TÉLÉPHONE : 514 334-2690
TÉLÉCOPIEUR : 514 334-4720
erpidlm@erpi.com

Directrice de l'édition
Monique Boucher

Chargées de projet et réviseures linguistiques
Marielle Champagne
Carole Lambert
Hélène Pelletier
Sylvie Racine

Réviseur linguistique
Luc Asselin

Correcteur d'épreuves
Pierre-Yves L'Heureux

Recherchiste (photos et droits)
Marie-Chantal Masson

Directrice artistique
Hélène Cousineau

Coordonnatrice aux réalisations graphiques
Sylvie Piotte

Couverture
Claire Senneville

Conception graphique
Valérie Deltour
Frédérique Bouvier

Édition électronique
Valérie Deltour

Illustrateur
Michel Rouleau

Cartographe
Dimension DPR

Rédactrices
Hélène Crevier (Capsules INFO)
Dominique Forget (Rubrique Journal)
Danielle Ouellet (Diagnostic)

Consultantes pédagogiques
Annie Châteauneuf, professeure en science
    et technologie, polyvalente Chanoine-Armand-
    Racicot, commission scolaire des Hautes-
    Rivières
Chantale Dionne, professeure en science
    et technologie, polyvalente de Jonquière,
    commission scolaire de la Jonquière

Réviseurs scientifiques
Luce Boulanger, biochimiste clinique
Josée Brisson, chimiste et professeure titulaire
    à l'Université Laval
Normand Brunet, biologiste et professeur associé
    à l'Institut des sciences de l'environnement
    de l'UQAM
Éric Duchemin, biologiste, géologue et spécialiste
    des sciences de l'environnement
Richard Gagnon, physicien
Richard Mathieu, biologiste et professeur au cégep
    de Drummondville
Guy Olivier, ingénieur et professeur à l'école
    Polytechnique de Montréal
Bruno Tremblay, climatologue et professeur associé
    au Département des sciences atmosphériques
    et océaniques de l'Université McGill

Dépôt légal – Bibliothèque et Archives nationales du Québec, 2008
Dépôt légal – Bibliothèque et Archives Canada, 2008

Imprimé au Canada   4567890 II 14 13 12 11 10
ISBN 978-2-7613-2413-7   11802 CD OS12

TABLE DES MATIÈRES

Ce manuel couvre les quatre programmes de science et technologie :
– Science et technologie (ST) ;
– Science et technologie de l'environnement (STE) ;
– Applications technologiques et scientifiques (ATS) ;
– Science et environnement (SE).

Les abréviations présentées à la suite des titres de la table des matières indiquent les programmes auxquels le contenu est associé. Ces abréviations figurent également avant chaque titre dans le corps du texte de ce manuel.

L'UNIVERS MATÉRIEL 2

CHAPITRE 2

CHAPITRE 3

CHAPITRE 4

LES TRANSFORMATIONS DE LA MATIÈRE 106

CHAPITRE 8

LA BIOSPHÈRE 252

L'UNIVERS **VIVANT** 288

CHAPITRE 9

LES POPULATIONS ET LES COMMUNAUTÉS 290

CHAPITRE 10
LES ÉCOSYSTÈMES 316

L'UNIVERS TECHNOLOGIQUE 382

CHAPITRE 13

L'INGÉNIERIE MÉCANIQUE

CHAPITRE 14

L'INGÉNIERIE ÉLECTRIQUE 456

LES PROBLÉMATIQUES ENVIRONNEMENTALES 486

OBSERVATOIRE
EN UN COUP D'ŒIL

PAGE D'OUVERTURE
D'UN UNIVERS

Le titre de l'univers.

Une brève présentation de l'univers.

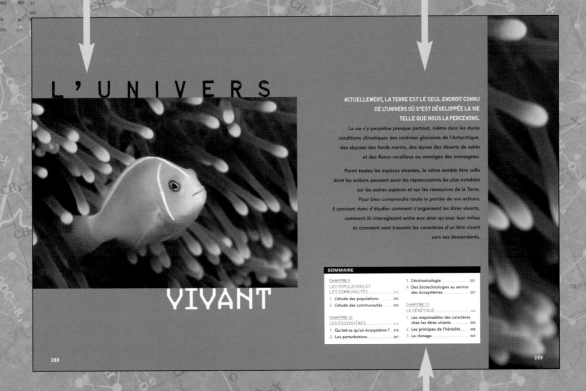

L'UNIVERS

ACTUELLEMENT, LA TERRE EST LE SEUL ENDROIT CONNU
DE L'UNIVERS OÙ S'EST DÉVELOPPÉE LA VIE
TELLE QUE NOUS LA PERCEVONS.

La vie s'y perpétue presque partout, même dans les dures
conditions climatiques des contrées glaciaires de l'Antarctique,
des abysses des fonds marins, des dunes des déserts de sable
et des flancs rocailleux ou enneigés des montagnes.

Parmi toutes les espèces vivantes, la nôtre semble être celle
dont les actions peuvent avoir les répercussions les plus notables
sur les autres espèces et sur les ressources de la Terre.
Pour bien comprendre toute la portée de nos actions,
il convient donc d'étudier comment s'organisent les êtres vivants,
comment ils interagissent entre eux ainsi qu'avec leur milieu
et comment sont transmis les caractères d'un être vivant
vers ses descendants.

VIVANT

288

289

Le sommaire des chapitres de l'univers.

QUELQUES PAGES DE CHAPITRE

Une **introduction** établit des liens concrets entre le thème du chapitre et l'environnement, thème intégrateur en 2e année du 2e cycle.

Une **ligne du temps**, des débuts de l'histoire de l'humanité jusqu'à nos jours, énonce des découvertes et des inventions liées aux concepts abordés dans le chapitre.

Le pictogramme **Concepts déjà vus** indique les concepts vus au 1er cycle et en 1re année du 2e cycle du secondaire.

Les abréviations associées aux **programmes** ST (science et technologie), STE (science et technologie de l'environnement), ATS (applications technologiques et scientifiques) ou SE (science et environnement) sont placées devant chacun des titres de sections ou de sous-sections. Elles indiquent à quels programmes est associé le sujet traité dans la section ou sous-section.

Des **définitions** des concepts du programme sont présentées en couleur. Elles sont reprises dans le glossaire.

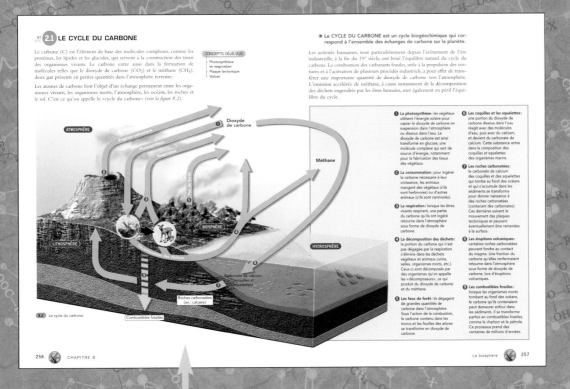

Des **schémas** visent à soutenir la compréhension des concepts.

Ces pictogrammes indiquent qu'une activité **laboratoire scientifique** (LABO) ou une activité **laboratoire technologique** (TECH), en lien avec la notion traitée, est offerte en document reproductible.

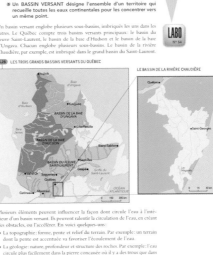

Des **cartes**, des **photos** et des **tableaux** viennent fréquemment appuyer le texte.

Sample page 1 (Chapitre 11)

24 LA LOI DE LA SÉGRÉGATION DES ALLÈLES

Lors de la reproduction sexuée, il y a formation de gamètes grâce à un phénomène de division cellulaire qui s'appelle la MÉIOSE. Cette division cellulaire permet de créer des gamètes qui contiennent la moitié des chromosomes présents normalement dans les cellules de l'organisme. Ainsi, dans les gamètes, plutôt que d'avoir des paires de chromosomes, on ne trouve qu'un seul chromosome de chaque paire. Par conséquent, plutôt que d'avoir deux allèles, on n'en trouve plus qu'un seul.

Par la suite, l'enfant étant le résultat d'une fusion entre un gamète du père et un gamète de la mère, la moitié de ses chromosomes viendra du père et l'autre moitié, de la mère. Toutefois, même si la moitié des gènes présents sur ses chromosomes vient de son père et l'autre moitié, de sa mère, il ne ressemble pas «à moitié» à son père et «à moitié» à sa mère. Pourquoi?

Lors de ses travaux, sans même connaître le phénomène de la méiose, Mendel arriva tout de même à formuler la loi de la ségrégation des allèles. Cette loi spécifie que les deux allèles pour un même caractère se séparent lors de la formation de gamètes. Ainsi, 50% des gamètes obtiennent l'un des deux allèles et 50% obtiennent l'autre. C'est la loi de la ségrégation des allèles. Par exemple, dans le cas de la couleur des fleurs (voir la figure 11.19), les individus homozygotes forment des gamètes – présentés ici dans des cercles – ayant tous le même allèle, alors que chez un individu hétérozygote, 50% de gamètes portent l'allèle V et 50% portent l'allèle v.

«Ségrégation» provient du latin segregare, qui signifie «séparer».

Barbara McClintock
1902 1992

Le travail de cette scientifique porta notamment sur la structure du génome du maïs. Elle a mis au point des techniques qui lui ont permis de visualiser le comportement des chromosomes et de leurs gènes lors de la formation des gamètes. Ces travaux lui valurent un prix Nobel en 1983.

Phénotype	Fleurs violettes	Fleurs violettes	Fleurs blanches
Génotype	Homozygote VV	Hétérozygote Vv	Homozygote vv
Gamètes	V 50% V 50%	V 50% v 50%	v 50% v 50%

 Allèles de la couleur des fleurs présents dans les gamètes selon les différents génotypes possibles, en concordance avec la loi de la ségrégation.

366 CHAPITRE 11

Sample page 2 (Chapitre 12)

24 LES MATIÈRES PLASTIQUES

TECH Nᵒ 3

Les matières plastiques sont des matériaux élaborés principalement à partir du pétrole et du gaz naturel. En usine, on extrait de ces COMBUSTIBLES FOSSILES des unités de base, appelées «monomères», qui servent à synthétiser les matières plastiques. Les monomères sont agencés en chaîne pour former des polymères. Ainsi, les matières plastiques sont constituées de différents polymères qui varient selon la nature du plastique. Les matières plastiques les plus utilisées sont présentées à l'annexe 5 à la fin du volume.

Pour fabriquer des matières plastiques, on peut ajouter diverses substances aux polymères afin d'obtenir les propriétés désirées.

«Monomère» provient des mots grecs monos, qui signifie «seul», et meros, qui signifie «partie».

«Polymère» provient des mots grecs polus, qui signifie «nombreux», et meros, qui signifie «partie».

 Le polypropylène est un polymère formé d'un agencement de plusieurs monomères de propylène, souvent utilisé pour la fabrication de nombreux contenants alimentaires.

Un monomère de propylène

ENVIRONNEMENT +

Les sacs pour nos emplettes

Au Québec, pour transporter nos emplettes, ce sont les sacs en plastique qui sont les plus populaires. La plupart d'entre eux sont fabriqués en polyéthylène de basse densité, un thermoplastique recyclable. Cependant, peu d'entre eux sont recyclés, et même peu d'entre eux sont réutilisés, ce qui fait qu'environ un milliard sont envoyés chaque année dans des sites d'enfouissement de déchets au Québec. Puisqu'ils sont très peu biodégradables, ils prennent de nombreuses années avant d'être décomposés. Ils s'accumulent ainsi dans les sites d'enfouissement et prennent de plus en plus de place. Le vent attrape plusieurs d'entre eux et les disperse dans l'environnement, même dans des régions éloignées comme l'Arctique. Ils peuvent alors être ingérés par des animaux, surtout des animaux aquatiques, provoquant leur mort.

Il existe des solutions de rechange à l'utilisation des sacs en polyéthylène de basse densité. Les sacs en papier et en tissu sont bien connus. On fabrique aussi de plus en plus de sacs en plastique biodégradable. Cependant, la dégradation de ces sacs produit du méthane, un puissant gaz à effet de serre. Tous les sacs peuvent donc avoir

des effets nocifs sur l'environnement. La principale façon de minimiser leurs impacts sur l'environnement est de les utiliser le plus souvent possible avant de les jeter.

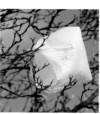 Plusieurs sacs entassés dans les dépotoirs sont dispersés par le vent un peu partout dans l'environnement.

396 CHAPITRE 12

Sample page 3 (page 157)

HALTE À LA MINIATURISATION

Dans l'univers de la microélectronique, plus on est petit, plus on est puissant. Les fabricants se livrent une lutte sans merci pour miniaturiser les transistors, éléments de base des microprocesseurs. En 2001, un transistor faisait 0,25 micron (soit 10⁻⁶ m). C'était déjà très petit! Mais en 2007, on fabriquait des transistors de 0,065 micron, c'est-à-dire de 65 nanomètres. Demain, ce sera 45 nanomètres, puis 32. Le principe est simple: plus le fabricant arrive à mettre de transistors sur une puce électronique, plus son produit est léger et performant.

Mais la miniaturisation a ses limites. Les technologies de fabrication des transistors sont très compliquées. On les grave directement sur une puce de silicium. À très petite échelle, il devient de plus en plus difficile de tracer des transistors parfaits, sans endommager les voisins.

Les scientifiques envisagent désormais le jour où les techniques de fabrication deviendront trop complexes et donc trop chères pour en valoir la chandelle. Ira-t-on jusqu'aux transistors de 12, 10, 6 nanomètres? Rien n'est moins sûr...

Adaptation de: Christian Piquet, «La microélectronique va peut-être connaître son point de saturation», Le Temps, 4 septembre 2007.

 Les difficultés techniques liées à la fabrication des puces électroniques s'accumulent à mesure que celles-ci se miniaturisent.

Tous les appareils électriques comportent un circuit électrique. Certains circuits sont très simples, tandis que d'autres sont très complexes. Cependant, tous possèdent au minimum les trois composantes suivantes:

- une source d'énergie électrique, pour créer une différence de potentiel (qui se mesure en volts);
- un ou plusieurs éléments qui utilisent de l'énergie électrique, comme une ampoule, un élément chauffant, etc. (dont la résistance se mesure en ohms);
- des fils conducteurs, pour permettre aux charges de circuler de la source aux éléments, puis des éléments à la source (l'intensité du courant dans ces fils se mesure en ampères).

Pour représenter un circuit électrique, on utilise souvent des schémas et des symboles. En général, la direction du courant indiquée sur les schémas correspond au sens conventionnel du courant.

Lorsqu'un circuit comporte deux éléments ou plus, on peut relier les composantes de différentes façons. Les circuits en série et les circuits en parallèle représentent deux de ces façons.

COMMENT DESSINER UN SCHÉMA - LES SYMBOLES
COMMENT DESSINER UN SCHÉMA - LE SCHÉMA ÉLECTRIQUE

LES CIRCUITS EN SÉRIE

Dans un circuit en série, les composantes sont branchées les unes à la suite des autres. Le circuit ne présente donc aucun embranchement: le courant ne peut suivre qu'un seul chemin.

L'électricité et le magnétisme 157

XVI

Les **mots écrits en majuscules** dans le texte sont définis dans le glossaire.

La rubrique **Info** expose brièvement des phénomènes surprenants de la vie courante et amène l'élève à faire des associations avec le monde qui l'entoure. Souvent, le pictogramme 📋 indique qu'une activité est donnée en document reproductible.

Des capsules **Étymologie** contribuent à faire mieux comprendre le sens de mots plus abstraits ou plus difficiles.

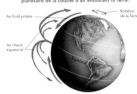

La rubrique **Verdict** contient de nombreuses questions portant sur l'ensemble du chapitre. Elle se termine toujours par des **questions synthèses** qui font appel à plusieurs connaissances acquises dans le chapitre.

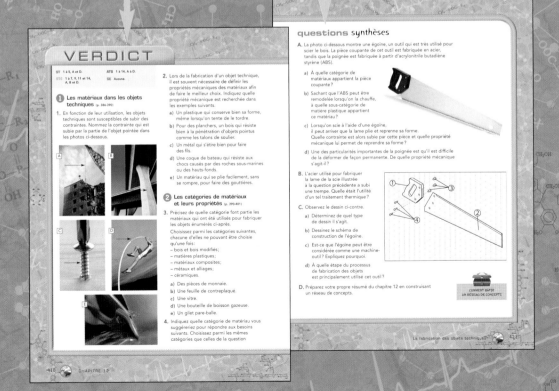

La rubrique **Diagnostic** expose un problème et présente des solutions mises en œuvre pour répondre à cette problématique environnementale particulière.

La rubrique **Rendez-vous** ouvre une porte sur le marché de l'emploi. Elle présente un lieu de travail ayant un lien avec l'environnement et quelques-uns des employés qui y œuvrent.

LES PROBLÉMATIQUES ENVIRONNEMENTALES

LES PROBLÉMATIQUES
environnementales

486

Un condensé d'information de **six problématiques environnementales** est présenté à la suite des chapitres du manuel. Il s'agit des problématiques suivantes : les changements climatiques, l'eau potable, la déforestation, l'énergie, les matières résiduelles et la production alimentaire.

La déforestation

Les forêts font partie des ressources naturelles les plus précieuses que l'on puisse trouver sur Terre. Elles abritent la majeure partie des plantes et des animaux et elles contribuent à régulariser le climat. En effet, les arbres captent du dioxyde de carbone (CO_2), réduisant ainsi la concentration de gaz à effet de serre dans l'atmosphère.

Autre atout : les forêts protègent les sols contre l'érosion et réduisent les risques de catastrophes naturelles comme les inondations, les avalanches et la désertification. Par ailleurs, plus de 300 millions de personnes y habitent et dépendent directement de leurs ressources.

FIG. 4 LE CHANGEMENT DANS L'ÉTENDUE DES FORÊTS DE 1990 À 2005

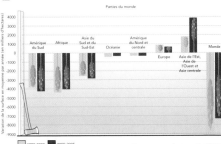

Source : FAO, Évaluation des ressources forestières mondiales 2005, 2006.

LA FORÊT PERD DU TERRAIN

Les forêts couvrent près de 4 milliards d'hectares, soit environ 30% des terres émergées de la planète. Plus de la moitié se concentre en Russie, au Brésil, au Canada, aux États-Unis et en Chine. Mais cette superficie est en décroissance. Durant la période 2000-2005, les forêts mondiales ont perdu en moyenne 7,3 millions d'hectares par année. Depuis 1990, c'est 3% du couvert forestier mondial qui a disparu.

LES RESPONSABLES

Plusieurs comportements humains ou éléments naturels sont responsables de la perte de territoire forestier. Voici les principaux.

Le défrichage à des fins agricoles

Dans certaines régions des tropiques, jusqu'à 45% de la déforestation est causée par la culture itinérante. Cette culture consiste à brûler de petites surfaces de forêts pour y implanter des cultures de subsistance comme le soya et le sorgho. Après quelques années, le sol est trop appauvri pour produire de bonnes récoltes. L'agriculteur se déplace alors vers une autre aire boisée.

FIG. 5 Pour cultiver la terre, les habitants de certains pays africains et sud-américains font brûler de larges portions de la forêt tropicale.

L'exploitation du bois

L'exploitation des forêts pour la fabrication de papier ou l'utilisation du bois d'œuvre représente une sérieuse menace pour la ressource. Au Québec seulement, l'industrie forestière récolte 33 millions de mètres cubes de bois annuellement. Les nouvelles plantations ont du mal à remplacer les arbres coupés. La coupe à blanc, qui consiste à raser tous les arbres et à détruire entièrement les habitats de la faune, suscite des inquiétudes particulièrement vives.

FIG. 6 Un exemple de coupe à blanc.

La monoculture

La monoculture est une pratique agricole ou forestière qui consiste à cultiver une seule espèce sur un grand territoire. Dans les régions chaudes, par exemple, on plante d'immenses champs d'eucalyptus pour produire du papier journal. On appelle ces régions les « déserts verts ». Les conséquences écologiques liées à la monoculture sont importantes. Les arbres deviennent plus vulnérables aux insectes ravageurs parce que cette pratique ne contribue pas à la BIODIVERSITÉ et les insectes n'ont plus de prédateurs. En plus, la monoculture mène à l'épuisement des éléments nutritifs dans le sol.

FIG. 7 Une plantation d'eucalyptus, près de Coimbra, au Portugal.

Des textes concis et des explications illustrées et schématisées permettent de faire le tour de chaque problématique et de ses enjeux en quelques pages.

ANNEXES

QUELQUES PROPRIÉTÉS PÉRIODIQUES DES ÉLÉMENTS DU TABLEAU PÉRIODIQUE (À 20°C ET À 101,3 kPa)

Numéro atomique	Symbole chimique	Point de fusion (°C)	Point d'ébullition (°C)	Masse volumique (g/ml)	Rayon atomique (10^{-12} m)	Énergie de première ionisation (eV)	Électronégativité (échelle de Pauling)
1	H	-259	-253	0,000 084	79	13,60	2,1
2	He	-272	-269	0,000 17	89	24,58	-
3	Li	180	1342	0,53	179	5,39	1,0
4	Be	1278	2970	1,85	127	9,32	1,5
5	B	2300	2550	2,34	100	8,30	2,0
6	C	3650	4827	2,25	91	11,26	2,5
7	N	-210	-196	0,001 7	73	14,53	3,0
8	O	-219	-183	0,001 33	65	13,62	3,5
9	F	-219	-188	0,001 58	64	17,42	4,0
10	Ne	-249	-246	0,000 84	51	21,56	-
11	Na	98	883	0,97	188	5,14	0,9
12	Mg	649	1107	1,74	166	7,65	1,2
13	Al	660	2467	2,70	163	5,98	1,5
14	Si	1410	2355	2,32	132	8,15	1,8
15	P	44	280	1,82	108	10,48	2,1
16	S	113	444	2,5	107	10,36	2,5
17	Cl	-101	-35	0,002 95	97	12,97	3,0
18	Ar	-189	-186	0,001 66	131	15,76	-
19	K	63	760	0,86	252	4,34	0,8
20	Ca	839	1484	1,54	210	6,11	1,0
21	Sc	1541	2831	3,0	185	6,54	1,3
22	Ti	1660	3287	4,51	172	6,82	1,5
23	V	1890	3380	5,96	162	6,74	1,6
24	Cr	1857	2672	7,20	155	6,77	1,6
25	Mn	1244	1962	7,20	152	7,43	1,5
26	Fe	1535	2750	7,86	148	7,87	1,8
27	Co	1495	2870	8,90	146	7,86	1,8
28	Ni	1455	2730	8,90	143	7,63	1,8
29	Cu	1083	2567	8,92	142	7,73	1,9
30	Zn	419	907	7,14	143	9,39	1,6
31	Ga	30	2403	5,90	152	6,0	1,6
32	Ge	937	2830	5,35	137	7,90	1,8
33	As	613	817	5,72	129	9,81	2,0
34	Se	217	685	4,81	169	9,75	2,4
35	Br	-7	59	0,003 12	112	11,81	2,8
36	Kr	-157	-152	0,003 48	103	14,00	-

Les **annexes** contiennent des tableaux de référence utiles lors de l'étude de certains concepts. Le **tableau périodique des éléments** est donné à l'intérieur de la couverture arrière du manuel.

GLOSSAIRE

La définition donnée se trouve également au numéro de page indiqué en gras.

A

Acide: substance qui libère des ions H^+ en solution aqueuse. (p. 58, 394)

Acide aminé: molécule qui peut se lier à d'autres acides aminés pour former des protéines. (p. 356)

Adhérence: phénomène qui se manifeste lorsque deux surfaces ont tendance à rester accolées, s'opposant ainsi au glissement. (p. 433)

ADN (acide désoxyribonucléique): molécule en forme de double hélice présente dans toutes les cellules des êtres vivants et dans certains virus. (p. 353)

Aimant: objet capable d'attirer les objets contenant du fer, du cobalt ou du nickel. (p. 163)

Air: mélange gazeux, composé surtout de diazote et de dioxygène, qui constitue l'atmosphère. (p. 222)

Allèle: variante possible d'un gène. La séquence des nucléotides de deux allèles différents n'est pas la même. (p. 362)

Allèle dominant: allèle qui s'exprime lorsque l'individu possède deux allèles différents pour un gène. (p. 364)

Allèle récessif: allèle qui ne s'exprime pas lorsque les deux allèles sont différents. (p. 364)

Alliage: résultat du mélange d'un métal avec une ou plusieurs autres substances, métalliques ou non. (p. 394)

Alliage ferreux: alliage dont le principal constituant est le fer. (p. 394)

Alliage non ferreux: alliage dont le principal constituant est un autre métal que le fer. (p. 394)

Anticyclone: zone de circulation atmosphérique qui se déploie autour d'un centre de haute pression. L'air tourne dans le sens horaire dans l'hémisphère Nord et dans le sens anti-horaire dans l'hémisphère Sud. (p. 231)

Assemblage: ensemble de techniques grâce auxquelles les différentes pièces d'un objet sont réunies afin de former un objet technique. (p. 417)

Atmosphère: couche d'air qui entoure la Terre. (p. 222, 254)

Atome: la plus petite particule de matière. Elle ne peut pas être divisée chimiquement. (p. 7)

Autopollinisation: phénomène qui fait en sorte que la pollinisation d'une fleur d'un plant est assurée par le pollen de cette même fleur. (p. 360)

Autotrophe: organisme qui peut se nourrir sans avoir à ingérer d'autres organismes. Il est à la base de la chaîne alimentaire. (p. 320)

B

Balancer une équation chimique: placer des coefficients devant chaque réactif et chaque produit, de façon que le nombre d'atomes de chaque élément du côté des réactifs soit égal au nombre d'atomes de chaque élément du côté des produits. (p. 111)

Banquise: ensemble des glaces qui flottent sur les océans près des pôles Nord et Sud. (p. 207)

Barrage hydroélectrique: installation qui sert à convertir l'énergie d'une rivière ou d'un fleuve en énergie électrique. (p. 210)

Base: substance qui libère des ions OH^- en solution aqueuse. (p. 59, 394)

Bassin versant: ensemble d'un territoire qui recueille toutes les eaux continentales pour les concentrer vers un même point. (p. 202)

Bioaccumulation: tendance qu'ont certains contaminants à s'accumuler dans les tissus des organismes vivants avec le temps. (p. 335)

Bioconcentration (ou bioamplification): phénomène qui fait en sorte que la concentration d'un contaminant dans les tissus des vivants a tendance à augmenter à chaque niveau trophique. (p. 336)

Biodégradation: décomposition de la matière organique en matière inorganique par des micro-organismes. (p. 337)

Biodiversité: variété d'espèces que comporte une communauté. (p. 200, 265, 303, 497)

Biomasse: masse totale de la matière organique présente à un moment donné dans un écosystème. (p. 326)

Biomes: grandes régions de la planète qui se différencient par leur climat, leur faune et leur végétation. (p. 262)

Biorestauration: biotechnologie qui consiste à dépolluer un milieu par l'action de micro-organismes qui y décomposent les contaminants. (p. 337)

Biosphère: enveloppe de la Terre qui abrite l'ensemble des organismes vivants. (p. 254)

Biotechnologie: ensemble des techniques qui ont recours à des organismes vivants, ou à des substances provenant d'organismes vivants, pour répondre à un besoin ou à un désir. (p. 337)

Bois: matériau provenant de la coupe et de la transformation des arbres. (p. 390)

Bois modifié: bois traité ou matériau fait de bois mélangés à d'autres substances. (p. 391)

Boucle thermohaline: immense boucle de circulation formée des courants de surface et des courants de profondeur qui déplace les eaux partout sur le globe. (p. 206)

Le **glossaire** regroupe les mots essentiels à la compréhension des notions abordées dans le manuel.

INDEX

A

Accélération, p. 79, 81
Acide(s), p. 58, 119, 394
  aminé, p. 356
Aciers, traitements thermiques des -, p. 395
Action du Soleil et de la Lune sur la Terre, p. 239-245
Adhérence et frottement entre les pièces, p. 433-435
ADN, p. 353-354
  et les gènes, p. 353-354
Aimant, p. 163, 164-166
Air, p. 222
  masses d'-, p. 229-230
Alimentation, fonction -, p. 462-463
Allèle(s), p. 362-369
  dominance et nécessité des -, p. 363-364
  dominant, p. 364-365
  loi de la ségrégation des -, p. 366
  récessif, p. 364-365
Alliage(s), p. 394-395
  dégradation et protection des -, p. 395
  ferreux, p. 394
  non ferreux, p. 394
Anticyclone, p. 230-231
Archimède, principe d'-, p. 95-97
ARN, p. 357-358
Assemblage, p. 417
Atmosphère, p. 222-239, 254
  composition de l'-, p. 222-225
  contamination de l'-, p. 235-237
  ressources énergétiques dans l'-, p. 238-239
Atome(s), p. 6-17
  représentation des -, p. 26-29
Attraction et répulsion
  électrique, p. 141-142
  magnétique, p. 165-166
Autopollinisation, p. 360
Autotrophe, p. 320
Avogadro, nombre d'-, p. 31, 54
Azote, cycle de l'-, p. 258-259

B

Balancement des équations chimiques, p. 111-112
Banquise, p. 207-208, 490
Barrages hydroélectriques, p. 209-210
Base(s), p. 58-59, 119, 394
  azotée, p. 356
Bassin versant, p. 201-202
Bernoulli, principe de -, p. 98

Bielle et à manivelle, systèmes à -, p. 449
Bioaccumulation, p. 335
  des contaminants, p. 335-336
Bioconcentration, p. 336
  des contaminants, p. 335-336
Biodégradation, p. 337
  des polluants, p. 337-338
Biodiversité, p. 200, 265, 303-305, 497
Biomasse, p. 325-326
Biomes, p. 262-279
  aquatiques, p. 272-279
  d'eau douce, p. 274-276
  marins, p. 277-279
  facteurs déterminant la distribution des -, p. 262-263
  terrestres, p. 263-272
Biorestauration, p. 337
Biosphère, p. 254-279
Biotechnologies au service des écosystèmes, p. 337-341
Bois, p. 390-392
  dégradation et protection des -, p. 392
  modifiés, p. 391
Boucle thermohaline, p. 206
Boules et bâtonnets, modèle atomique -, p. 29

C

Cambrage, p. 415
Came et à tige-poussoir, systèmes à -, p. 448-449
Capacité
  tampon, p. 193
  thermique massique, p. 74-75
  relation entre la chaleur, la masse, la - et la température, p. 74-75
Capture-recapture, méthode de -, p. 296
Caractère(s), p. 350-369
  loi de la répartition indépendante des -, p. 367-369
Carbone, cycle du -, p. 256-257
Cartouche, p. 403
Caryotype, p. 352
Cellules
  de circulation, p. 227
  eucaryotes, p. 351
Céramiques, p. 392-394
  dégradation et protection des -, p. 394
Chaîne
  alimentaire, p. 124, 319
  systèmes à - et à roues dentées, p. 439

Chaleur, p. 73
  distinction entre - et température, p. 73-74
  relation entre la -, la masse, la capacité thermique massique et la température, p. 74-75
Champ
  électrique, p. 144
  gravitationnel, p. 82
  magnétique, p. 166
    d'un aimant, p. 166
    d'un fil parcouru par un courant électrique, p. 168
    d'un solénoïde, p. 169
Changement(s)
  climatiques, p. 234, 488-491
  de vitesse, p. 442-444
Charbon, p. 501
  formation du -, p. 196
Charge
  électrique, p. 84, 141-142
  élémentaire, p. 141
  loi de la conservation de la -, p. 141, 159
Chromatine, p. 351
Chromosome(s), p. 351-352
Circuit(s)
  électriques, p. 156-159, 458-478
  en parallèle, p. 158-159, 161-162
  en série, p. 157-158, 160-161
  fermé, p. 469
  ouvert, p. 469
  imprimé, p. 465
Circulation
  atmosphérique, p. 226-232
  cellules de -, p. 227
  océanique, p. 205-206
    boucle thermohaline et -, p. 206
    courants de profondeur et -, p. 206
    courants de surface et -, p. 205-206
Classification
  des minéraux, p. 185-187
  périodique des éléments, p. 17-26
Climat, réchauffement du -, p. 207-208, 488-491
Clonage, p. 369-373
  animal, p. 371-372
  artificiel végétal, p. 370-371
  chez l'humain, p. 373
  génique, p. 373
  naturel, p. 369
  reproductif, p. 373
  thérapeutique, p. 373
Collecte sélective, p. 506
Combustibles fossiles, p. 196-197, 488, 501
Combustion, p. 121-123
Commande, fonction -, p. 469-471

L'**index** présente les mots clés, accompagnés des renvois aux pages où ces mots apparaissent.

L'UNIVERS

MATÉRIEL

DE L'ATOME DE CUIVRE, QUI COMPOSE LES FILS ÉLECTRIQUES, à la molécule d'eau, essentielle à notre survie, en passant par l'énergie du Soleil, qui alimente les plantes : la structure, les transformations, ainsi que le comportement de la matière et de l'énergie, tout cela est à la fois complexe et fascinant.

Grâce aux différentes expériences et découvertes réalisées au cours de l'histoire, nous sommes en mesure de mieux comprendre l'organisation de la matière. Ces progrès nous permettent d'utiliser la matière afin d'obtenir la nourriture, l'énergie et les ressources nécessaires pour subvenir à nos besoins et satisfaire nos désirs.

Nous sommes aussi appelés à relever de nombreux défis environnementaux. Pour bien saisir les enjeux de ces défis, il importe de tenir compte des propriétés de la matière et de l'énergie, et d'évaluer l'impact de leur exploitation sur l'environnement.

SOMMAIRE

2008 — Mise en service du *Large Hadron Collider*, le plus gros accélérateur de particules au monde, afin d'étudier la structure des atomes

1991 — Mise au point de nanotubes constitués d'atomes de carbone

1981 — Invention du microscope à effet tunnel, qui permet de «voir» les atomes

1943 — Invention de la télévision couleur

1932 — Mise en évidence du neutron

1925 — Transmission des premières images télévisées noir et blanc

1919 — Mise en évidence du proton

1911 — Mise en évidence du noyau de l'atome

1897 — Découverte de l'électron et mesure de sa masse

1869 — Découverte des rayons cathodiques

1854 — Invention du tube de Geissler, ancêtre des néons et des tubes à rayons cathodiques

1661 — Définition moderne des éléments

VERS 600 — Invention de la poudre à canon

P our obtenir les magnifiques couleurs des feux d'artifice, les artificiers utilisent différents éléments: le potassium pour le violet, le baryum pour le vert, le sodium pour le jaune, le strontium pour le rouge, etc. Chaque élément possède en effet des propriétés caractéristiques qui lui sont propres, dont celle d'émettre une lumière d'une couleur particulière lorsqu'il brûle. Pour comprendre ces propriétés et les exploiter de façon responsable, il faut examiner l'atome. À quoi ressemblent les atomes? Comment les chercheurs étudient-ils l'atome? Qu'est-ce que le tableau périodique peut nous apprendre sur l'organisation des éléments? En quoi l'étude des atomes peut-elle nous aider à relever les défis environnementaux? Autant de questions auxquelles nous tenterons de répondre au cours de ce chapitre.

L'atome et les éléments

1 Qu'est-ce que l'atome ?

Il y a plusieurs milliers d'années qu'on s'interroge sur la nature de la matière. À l'époque de la Grèce antique, différentes idées circulaient à ce sujet. Une de ces idées, défendue par Aristote (384−322 av. notre ère), stipulait qu'il serait possible de diviser la matière à l'infini. Une autre, soutenue par Démocrite (460−370 av. notre ère), affirmait au contraire que la matière était constituée de particules très petites et indivisibles, comme les grains de sable sur une plage. Démocrite donna à ces parti-cules le nom d'« atomes ». Cependant, ces deux théories relevaient de la philosophie et non de la science, car il n'existait à l'époque aucun moyen de les vérifier expérimentalement. Jusqu'au 19ᵉ siècle, ce fut la théorie d'Aristote qui reçut la faveur populaire.

> «Atome» provient du grec atomos, *qui signifie «indi-visible».*

CONCEPT DÉJÀ VU
Atome

Nous savons aujourd'hui que c'est Démocrite qui avait raison et que l'atome est l'unité de base de la matière. Un peu comme les blocs d'un jeu de cons-truction, les atomes s'agencent entre eux pour former toutes les substances qui nous entourent.

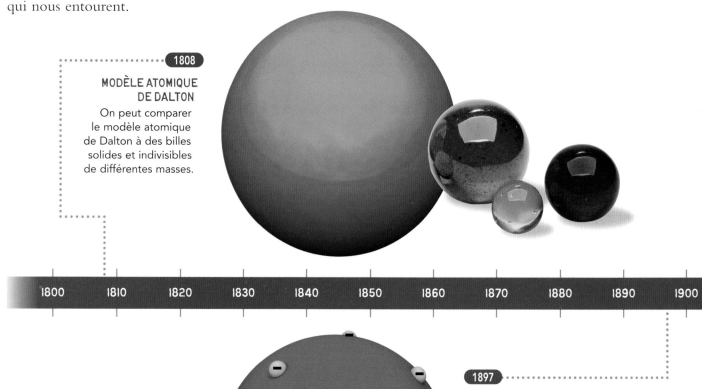

1808

MODÈLE ATOMIQUE DE DALTON

On peut comparer le modèle atomique de Dalton à des billes solides et indivisibles de différentes masses.

| 1800 | 1810 | 1820 | 1830 | 1840 | 1850 | 1860 | 1870 | 1880 | 1890 | 1900 |

1897

MODÈLE ATOMIQUE DE THOMSON

On peut comparer le modèle atomique de Thomson à un muffin aux raisins, c'est-à-dire à une certaine quantité de pâte (substance chargée positivement), parsemée de raisins (particules négatives, soit les électrons).

▶ Un ATOME est la plus petite particule de matière. Elle ne peut pas être divisée chimiquement.

Un atome est très petit. Petit à quel point? Voici quelques comparaisons pour s'en faire une idée:

- une feuille de papier a une épaisseur d'environ un million d'atomes;
- une goutte d'eau peut contenir 10 000 milliards de milliards d'atomes;
- le diamètre du point imprimé à la fin de cette phrase est d'au moins 50 millions de millions d'atomes.

Comme l'atome est trop petit pour qu'on puisse l'examiner directement, les scientifiques ont imaginé divers modèles pour le représenter. Ces modèles ont été modifiés au fil du temps et ils continuent encore de l'être de nos jours afin de refléter les résultats des plus récentes découvertes.

La figure 1.1 retrace les grandes lignes de l'évolution du modèle atomique dans le temps. Au cours des pages qui suivent, nous verrons plus en détail comment nous sommes parvenus à ces différentes conceptions.

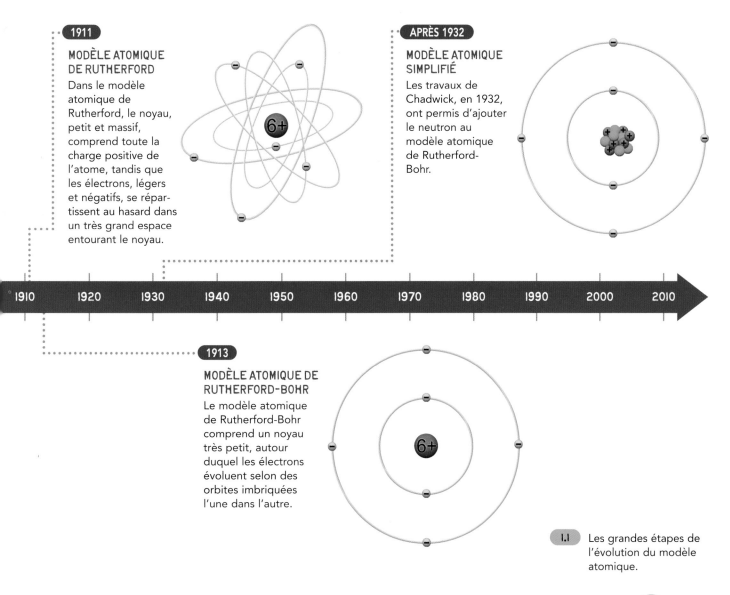

1911

MODÈLE ATOMIQUE DE RUTHERFORD

Dans le modèle atomique de Rutherford, le noyau, petit et massif, comprend toute la charge positive de l'atome, tandis que les électrons, légers et négatifs, se répartissent au hasard dans un très grand espace entourant le noyau.

APRÈS 1932

MODÈLE ATOMIQUE SIMPLIFIÉ

Les travaux de Chadwick, en 1932, ont permis d'ajouter le neutron au modèle atomique de Rutherford-Bohr.

1910   1920   1930   1940   1950   1960   1970   1980   1990   2000   2010

1913

MODÈLE ATOMIQUE DE RUTHERFORD-BOHR

Le modèle atomique de Rutherford-Bohr comprend un noyau très petit, autour duquel les électrons évoluent selon des orbites imbriquées l'une dans l'autre.

1.1 Les grandes étapes de l'évolution du modèle atomique.

1.1 LE MODÈLE ATOMIQUE DE DALTON

ST
STE
SE

Au cours du 18ᵉ siècle, la chimie est devenue une véritable science grâce à la formulation des premières lois basées sur des résultats expérimentaux. Par exemple, la loi de la conservation de la masse, énoncée par Antoine Laurent de Lavoisier (1743−1794), qui stipule que la masse totale des réactifs est toujours égale à la masse totale des produits.

Le premier à formuler une théorie sur la nature de la matière à partir de ces lois fut un professeur et scientifique anglais, John Dalton (1766−1844). En 1808, Dalton proposa l'idée que la matière était composée de particules indivisibles, comme l'avait imaginé Démocrite, et que ces particules se distinguaient les unes des autres par leur masse.

Le modèle atomique de Dalton se base sur les principes suivants:

- La matière est composée de particules extrêmement petites et indivisibles: les atomes.
- Tous les atomes d'un même élément sont identiques (même masse, même taille, mêmes propriétés chimiques). Par exemple, tous les atomes de carbone sont identiques.
- Les atomes d'un élément différent de ceux des autres éléments. Par exemple, les atomes d'oxygène sont différents des atomes de carbone.
- Les atomes d'éléments différents peuvent se combiner pour former des composés selon des proportions définies. Par exemple, le carbone et l'oxygène peuvent se combiner selon une proportion de 1:1, comme dans le cas du monoxyde de carbone (CO), ou selon une proportion de 1:2, comme dans le dioxyde de carbone (CO_2).
- Les réactions chimiques entraînent la formation de nouvelles substances. Cependant, au cours d'une réaction chimique, aucun atome n'est détruit, divisé ou créé. Par exemple, le dioxyde de carbone est formé selon la réaction:

$$C + O_2 \rightarrow CO_2$$

CONCEPTS DÉJÀ VUS
- Conservation de la matière
- Élément
- Composé

1.2 Selon Dalton, l'atome est semblable à une bille, solide et indivisible.

1.2 LE MODÈLE ATOMIQUE DE THOMSON

ST
STE
SE

La seconde moitié du 19ᵉ siècle et le début du 20ᵉ siècle constituent une période d'effervescence sans précédent dans le domaine scientifique. Coup sur coup, plusieurs découvertes donnent l'occasion aux chercheurs de faire progresser considérablement notre compréhension de la matière et, en particulier, de l'atome. C'est ainsi que la mise au point de nouvelles technologies, comme des sources de courant électrique de haute tension et des pompes à vide plus efficaces, a permis d'étudier le comportement étrange des «tubes à décharge électrique». Le fonctionnement de ces tubes est expliqué aux figures 1.3 à 1.5.

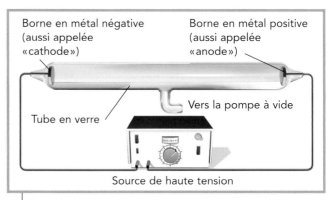

Borne en métal négative (aussi appelée «cathode»)

Borne en métal positive (aussi appelée «anode»)

Vers la pompe à vide

Tube en verre

Source de haute tension

1.3 Un tube à décharge électrique est constitué de deux bornes métalliques, une cathode et une anode, placées aux deux extrémités d'un tube contenant un gaz.

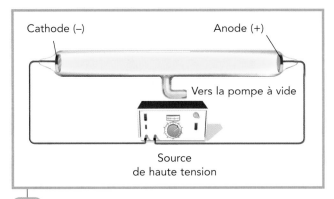

Cathode (–)   Anode (+)

Vers la pompe à vide

Source
de haute tension

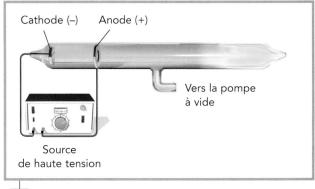

Cathode (–)   Anode (+)

Vers la pompe
à vide

Source
de haute tension

I.4 Lorsqu'on retire la plus grande partie du gaz grâce à la pompe à vide et qu'on applique une tension électrique aux bornes, les particules de gaz restantes émettent une lumière dont la couleur dépend du gaz utilisé.

I.5 Si on retire presque totalement le gaz du tube, la lumière dans le tube finit par disparaître. Par contre, la paroi de verre située du côté opposé à la cathode se met à émettre une couleur verte.

La figure 1.4 démontre en fait le fonctionnement des tubes fluorescents, qui éclairent de nombreux lieux publics, et des néons, qui ornent de nombreuses enseignes publicitaires (à la différence près que ces derniers sont des tubes scellés). Dans les néons, pour obtenir la couleur rouge, on utilise du néon. L'argon mélangé au néon donne une lumière verte, l'argon mélangé au xénon produit du violet, l'argon et le mercure émettent une lumière jaune, etc.

Puisque le tube est pratiquement vide dans la situation de la figure 1.5, les chercheurs ont conclu que la borne négative, la cathode, devait émettre un rayonnement inconnu et que ce rayonnement devait interagir avec le verre. Puisque les rayons semblaient provenir de la cathode, on les nomma «rayons cathodiques».

Jusqu'à l'arrivée des écrans à cristaux liquides et des écrans plasma, les tubes à rayons cathodiques entraient dans la fabrication des téléviseurs et des écrans d'ordinateurs. On les trouve aussi dans les appareils de radiographie et les microscopes électroniques.

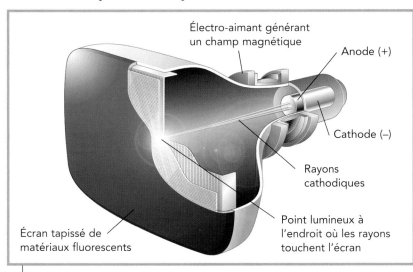

Électro-aimant générant
un champ magnétique

Anode (+)

Cathode (–)

Rayons
cathodiques

Point lumineux à
l'endroit où les rayons
touchent l'écran

Écran tapissé de
matériaux fluorescents

I.6 Avant l'arrivée des écrans à cristaux liquides et des écrans plasma, les téléviseurs contenaient généralement un écran à rayons cathodiques. En frappant le verre de l'écran, les rayons émis par la cathode créent un phénomène de fluorescence. Un champ magnétique dévie les rayons cathodiques vers différents points de l'écran. L'ensemble de ces points lumineux forme l'image télévisuelle.

1888
1946

John Logie
Baird

La télévision fut développée grâce à une série de découvertes et d'inventions. En 1925, John Logie Baird, un ingénieur et inventeur écossais, obtint la première image télévisuelle claire.

Les éclairs, de puissantes décharges électriques

Les nuages qui donnent naissance aux orages sont typiquement de gros nuages très chargés en humidité. C'est pourquoi ils paraissent si sombres.

Au cours de leur formation, le sommet des nuages orageux accumule une charge électrique positive, tandis que la base des nuages se charge négativement. De son côté, le sol accumule progressivement une charge positive. Bien entendu, ce déséquilibre des charges ne peut pas durer très longtemps. Lorsque l'attraction entre les charges électriques opposées devient trop forte, une décharge électrique se produit, ce qui permet aux charges de s'annuler. Il en résulte un éclair suivi d'une importante onde sonore, le tonnerre.

Près de 80 % des éclairs se produisent à l'intérieur d'un même nuage ou entre deux nuages voisins. Les autres parviennent jusqu'au sol.

Les nuages orageux constituent de puissants générateurs d'électricité. En effet, les éclairs forment des décharges pouvant aller jusqu'à 10 000 ampères. Quant à leur température, elle s'élève à plus de 30 000 °C, soit cinq fois celle qui règne à la surface du Soleil.

Les éclairs ont plusieurs points en commun avec les tubes à décharge électrique : les deux sont une décharge électrique de haute tension qui se produit dans une zone de basse pression (vide partiel). La lumière de l'éclair est émise par les particules d'air qui entrent en contact avec la décharge électrique.

ST STE SE L'ÉLECTRON

En 1897, un physicien anglais du nom de Joseph John Thomson (1856−1940) étudia les rayons cathodiques. Les figures 1.7 à 1.9 résument ses principales découvertes.

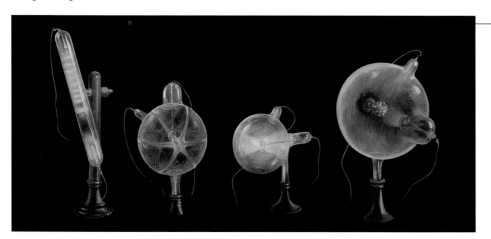

1.7 Les rayons cathodiques sont identiques quel que soit le métal utilisé pour fabriquer la cathode : ces rayons sont donc communs à tous les éléments.

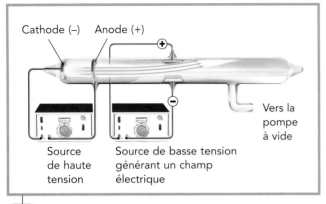

Cathode (−) Anode (+)

+

−

Vers la
pompe
à vide

Source
de haute
tension

Source de basse tension
générant un champ
électrique

1.8 Les rayons cathodiques sont attirés par la borne
positive d'un champ électrique. Puisque les charges
positives attirent les charges négatives, Thomson
en conclut que les rayons cathodiques sont chargés
négativement.

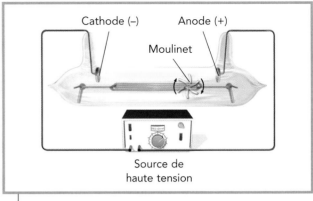

Cathode (−) Anode (+)

Moulinet

Source de
haute tension

1.9 Les rayons cathodiques peuvent mettre en
mouvement un moulinet inséré à l'intérieur du tube :
ils sont donc constitués de particules.

Les particules émises par la cathode furent appelées «électrons». D'après les expériences de Thomson, l'électron devait être une particule négative faisant partie de l'atome et pouvant s'en détacher relativement facilement. L'atome n'était donc pas indivisible, comme le croyait Dalton.

▶ **L'ÉLECTRON est une des particules qui constituent l'atome. Il porte une charge négative.**

Afin d'expliquer le comportement des rayons cathodiques, Thomson modifia le modèle atomique de Dalton en y incluant les électrons (*voir la figure 1.10*).

1.10 Thomson a modifié
le modèle atomique
de Dalton en décrivant
l'atome comme
une bille chargée
positivement, parsemée
de petites particules
négatives, les électrons.

1.3 LE MODÈLE ATOMIQUE DE RUTHERFORD

ST
STE
SE

L'étude des tubes à rayons cathodiques a permis d'autres percées scientifiques importantes : elle a mené Wilhelm Conrad Röntgen (1845–1923) à la découverte des rayons X en 1895 et Henri Becquerel (1852–1908) à celle de la radioactivité en 1896.

LE NOYAU ATOMIQUE ET LE PROTON

ST
STE
SE

En 1911, un physicien néo-zélandais du nom d'Ernest Rutherford (1871–1937) s'intéressa à l'effet de la radioactivité sur la matière. À cette époque, les scientifiques avaient découvert que les substances radioactives peuvent émettre trois types de rayons : les rayons alpha (qui sont positifs), les rayons bêta (qui sont négatifs) et les rayons gamma (qui sont électriquement neutres).

Rutherford voulait obtenir de l'information sur l'emplacement des électrons dans l'atome. Il décida de bombarder une mince feuille d'or avec un faisceau de rayons alpha.

Rutherford s'attendait à ce que la plupart des rayons alpha traversent facilement la feuille d'or parce que celle-ci était extrêmement mince (seulement 160 atomes d'épaisseur, soit beaucoup moins d'atomes qu'une feuille de papier): elle ne devrait donc pas stopper les rayons alpha. Il prévoyait que seuls quelques rayons seraient légèrement déviés en frôlant un électron.

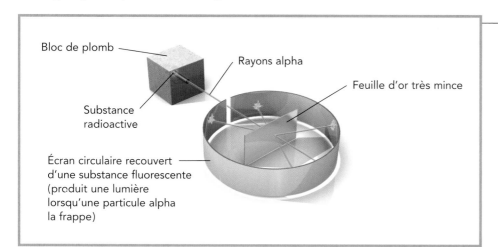

Bloc de plomb

Rayons alpha

Substance radioactive

Feuille d'or très mince

Écran circulaire recouvert d'une substance fluorescente (produit une lumière lorsqu'une particule alpha la frappe)

1.11 Rutherford réalisa son expérience avec un montage semblable à celui-ci.

À sa grande surprise, quelques rayons alpha ont carrément rebondi en frappant la feuille d'or. On raconte qu'en examinant les résultats de son expérience, Rutherford se serait exclamé: «C'est presque aussi incroyable que de lancer un obus vers un mouchoir de papier et de le voir nous revenir en pleine figure!»

Puisque les particules alpha sont positives et que les charges identiques se repoussent, Rutherford en vint à la conclusion que toute la charge positive de l'atome devait être concentrée dans une région minuscule. L'atome devait donc posséder un noyau, petit, massif et positif, tandis que les électrons gravitaient autour de ce noyau, dans un espace relativement grand. L'atome est donc essentiellement composé de vide.

ERNEST RUTHERFORD À MONTRÉAL

De 1898 à 1907, Rutherford enseigna la physique à l'Université McGill, de Montréal. Il y poursuivit ses recherches sur l'atome, étudiant tout particulièrement les rayons émis par les substances radioactives. 📋 **1**

Atome d'or

Noyau

1.12 Au cours de l'expérience de Rutherford, quelques particules alpha projetées sur la feuille d'or ont été fortement déviées ou repoussées.

Résultat	Conclusion
La plupart des particules alpha passent à travers la feuille d'or sans être déviées.	• L'atome est essentiellement constitué de vide.
Quelques particules alpha sont fortement déviées ou ont rebondi.	• L'atome contient un noyau très dense et très petit. • Le noyau de l'atome est positif.

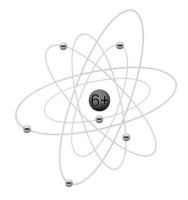

Rutherford formula également l'hypothèse que le noyau était constitué de particules positives, les protons. Comme l'atome est électriquement neutre (ni chargé positivement ni chargé négativement), le noyau devait donc contenir autant de protons qu'il y a d'électrons dans l'atome, afin que les charges s'annulent.

> ▶ **Le PROTON est une des particules qui constituent l'atome. Il est situé dans le noyau et porte une charge positive.**

1.14 Rutherford a modifié le modèle atomique de Thomson en imaginant toute la charge positive de l'atome sous la forme d'un noyau, petit et massif, tandis que la charge négative, sous forme d'électrons, circule autour du noyau.

1.15 Si l'atome avait la taille du Stade olympique de Montréal, le noyau de l'atome ne serait pas plus gros qu'un insecte au milieu du parterre, tandis que les électrons seraient des grains de poussière virevoltant au hasard dans tout l'espace du stade.

ST STE SE **1.4** LE MODÈLE ATOMIQUE DE RUTHERFORD-BOHR

Mais le modèle de Rutherford ne fit pas l'unanimité parmi les scientifiques de son époque. «Comme les charges opposées s'attirent, disaient ses détracteurs, comment les électrons pouvaient-ils maintenir leur position autour du noyau sans s'y écraser ?»

En 1913, soit seulement deux ans plus tard, le physicien danois Niels Bohr (1883−1962) publia une version améliorée du modèle atomique de Rutherford.

CONCEPT DÉJÀ VU
└ Spectre électromagnétique

Pour comprendre la contribution de Bohr, rappelons d'abord qu'il est possible de décomposer la lumière blanche (celle du soleil et celle des ampoules électriques) à l'aide d'un prisme ou d'un spectromètre afin d'obtenir une image présentant l'ensemble de ses longueurs d'onde, c'est-à-dire son SPECTRE ÉLECTROMAGNÉTIQUE, comme le montre la figure 1.16.

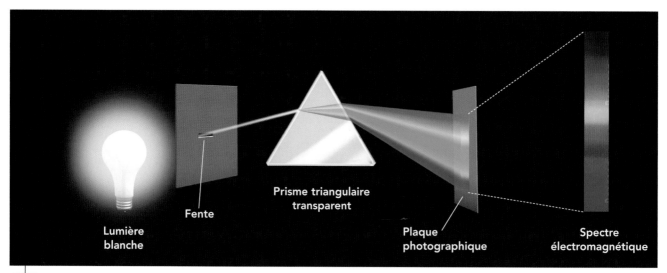

1.16 Ce montage permet d'observer le spectre électromagnétique de la lumière blanche.

Lorsqu'ils sont chauffés, les éléments émettent eux aussi de la lumière, mais seulement dans certaines longueurs d'onde précises (*voir la figure 1.17*).

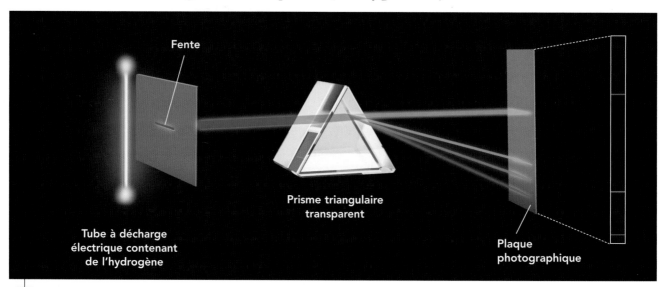

1.17 Le spectre d'émission de l'hydrogène comporte quatre bandes de couleur dans le visible.

Bohr a étudié la lumière émise par différents éléments dans des tubes à décharge électrique (*voir la figure 1.4, à la page 9*). Il examina tout particulièrement le spectre d'émission de l'hydrogène. Pour expliquer la présence de bandes de couleurs précises, Bohr modifia le modèle atomique de Rutherford de la façon suivante :

◦ Il supposa que les électrons n'étaient pas distribués au hasard, mais occupaient plutôt des endroits spécifiques dans l'atome. Il appela ces endroits

CHAPITRE 1

«orbites», par analogie avec les orbites des planètes du système solaire. Toutefois, contrairement aux planètes, les électrons ont la possibilité de sauter d'une orbite à une autre.

- Chaque orbite correspond à un niveau d'énergie. Lorsqu'il se trouve sur son orbite de base, un électron ne perd pas d'énergie. C'est pourquoi il peut se maintenir sur son orbite sans s'écraser sur le noyau.

- Lorsqu'un électron reçoit de l'énergie, par exemple lorsqu'il est chauffé ou lorsqu'on le soumet à une décharge électrique, il devient excité et peut sauter sur une orbite plus éloignée du noyau.

- Cependant, l'électron revient rapidement à son orbite de départ. Il libère alors l'énergie qu'il avait précédemment absorbée sous forme de lumière.

1.18 Bohr a modifié le modèle atomique de Rutherford en décrivant les orbites sur lesquels circulent les électrons.

▶ Le **MODÈLE ATOMIQUE DE RUTHERFORD-BOHR** est une représentation de l'atome incluant un noyau très petit, composé de protons chargés positivement, autour duquel les électrons, de charge négative, circulent selon des orbites spécifiques.

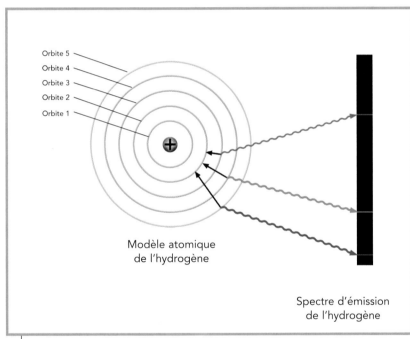

Orbite 5
Orbite 4
Orbite 3
Orbite 2
Orbite 1

Modèle atomique
de l'hydrogène

Spectre d'émission
de l'hydrogène

1.19 Lorsqu'un atome reçoit de l'énergie, ses électrons deviennent excités. Ils ont alors la possibilité de sauter sur une orbite de niveau supérieur pour un court laps de temps. Lorsqu'ils reviennent à leur orbite d'origine, ils redonnent sous forme de lumière l'énergie précédemment accumulée.

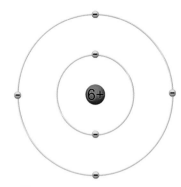

1906
1972

Maria
Goeppert-
Mayer

Cette physicienne américaine d'origine allemande a reçu le prix Nobel de physique de 1963 pour ses recherches sur le noyau des atomes. Ses découvertes se sont avérées particulièrement utiles après la mise au point des lasers, presque 30 ans plus tard. En effet, elles ont permis le développement de nombreuses applications, comme l'imagerie biomédicale, l'informatique tridimensionnelle et la micro-fabrication.

STE SE 1.5 LE MODÈLE ATOMIQUE SIMPLIFIÉ

Le modèle de Rutherford-Bohr a lui aussi fait l'objet de critiques. En effet, il ne permet pas de répondre à l'interrogation suivante: «Comment se fait-il que le noyau n'éclate pas, compte tenu du fait qu'il est entièrement composé de charges positives?»

LE NEUTRON

En 1932, le physicien britannique James Chadwick (1891–1974) trouva la réponse à cette question. Il découvrit une nouvelle particule dans le noyau de l'atome, le neutron, dont le rôle est justement de «coller» les protons ensemble. De plus, comme son nom l'indique, le neutron est neutre, c'est-à-dire qu'il n'a pas de charge.

> «Neutron» provient du mot latin *neuter*, qui signifie «ni l'un ni l'autre».

> ▶ Le **NEUTRON** est une des particules qui constituent l'atome. Avec le proton, il forme le noyau. Il ne possède aucune charge électrique. Il est donc neutre.

Le modèle atomique simplifié est une représentation de l'atome qui tient compte de la présence du neutron dans le noyau. On l'appelle «simplifié» par comparaison avec d'autres modèles, plus récents mais aussi beaucoup plus complexes.

> ▶ Le **MODÈLE ATOMIQUE SIMPLIFIÉ** est une représentation de l'atome indiquant le nombre de protons et de neutrons présents dans le noyau, ainsi que le nombre d'électrons présents dans chacune des couches électroniques.

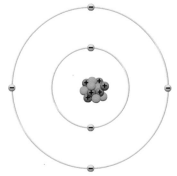

1.20 Le modèle atomique simplifié précise le modèle de Rutherford-Bohr en y ajoutant le neutron, découvert par Chadwick.

NANOTECHNOLOGIES, LE VERTIGE DE L'INFINIMENT PETIT

Sans fanfare, les nanotechnologies sont entrées dans notre quotidien. Depuis l'invention du microscope à effet tunnel, en 1982, on peut visualiser les atomes qui composent la matière et les déplacer à volonté. Cette technologie a donné naissance à l'«ingénierie lilliputienne». On peut désormais concevoir des nano-objets en assemblant les atomes un à un. À cette échelle, les matériaux adoptent des propriétés inusitées: ils peuvent devenir plus résistants, devenir transparents, etc.

Tous les grands secteurs de production sont touchés par cette révolution. Des exemples? Le groupe automobile Daimler-Benz vend des véhicules dont les freins ou les moteurs sont équipés de nanotubes de carbone, 100 fois plus résistants que l'acier et 6 fois plus légers. IBM produit des transistors 100 000 fois plus fins qu'un cheveu. L'industrie cosmétique fabrique pour sa part des nanoparticules en oxyde de titane pour filtrer les rayons ultraviolets dans les crèmes solaires.

Adaptation de: Dorothée BENOIT-BROWAËYS, «Nanotechnologies, le vertige de l'infiniment petit», *Le Monde diplomatique*, n° 624, mars 2006, p. 22.

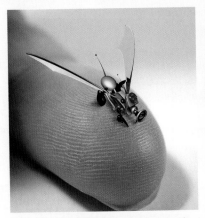

Les chercheurs espèrent créer un jour des nanorobots semblables à cette mouche robotisée, mais de la taille d'un globule rouge.

Le tableau 1.21 résume quelques-unes des caractéristiques des électrons, des protons et des neutrons. Comme on peut le remarquer, les masses du proton et du neutron sont semblables. Elles sont aussi beaucoup plus grandes que celle de l'électron. En effet, l'électron est environ 2000 fois plus léger que le proton ou le neutron (plus précisément, 1836 fois plus léger). C'est pourquoi on considère souvent que la contribution des électrons à la masse totale de l'atome est négligeable.

 QUELQUES CARACTÉRISTIQUES DES PARTICULES QUI CONSTITUENT L'ATOME

Particule	Symbole	Charge électrique	Masse (g)	Masse (u)*
Électron	e^-	Négative	$9,109 \times 10^{-28}$	0,000 55
Proton	p^+	Positive	$1,673 \times 10^{-24}$	1,007
Neutron	n	Neutre	$1,675 \times 10^{-24}$	1,008

* L'unité de masse atomique (u) est présentée à la page 24.

ST STE SE 2 La classification périodique des éléments

CONCEPT DÉJÀ VU

└ Tableau périodique

Il est souvent avantageux de regrouper des faits ou des objets afin de dégager des tendances et de faire certaines prédictions. Par exemple, l'organisation des jours en semaines et en mois permet de repérer facilement le début du week-end ou la date du prochain cours de science.

L'existence d'une centaine d'éléments différents a amené les scientifiques à se demander s'il serait possible de les classer de façon à faire ressortir certaines régularités dans leurs propriétés. Un tel classement porte le nom de «classification périodique».

> ◗ Une **CLASSIFICATION PÉRIODIQUE** est une façon de classer les éléments selon certaines de leurs propriétés.

Plusieurs classifications différentes ont été proposées. La plus connue et la plus utilisée est celle élaborée en 1869 par un chimiste russe, Dmitri Mendeleïev (1834−1907). La figure 1.22, à la page suivante, présente une version moderne du tableau périodique de Mendeleïev. Au cours des pages qui suivent, nous verrons plus en détail comment ce tableau peut nous aider à mieux comprendre les éléments et leurs propriétés.

> ◗ Le **TABLEAU PÉRIODIQUE DES ÉLÉMENTS** est une représentation dans laquelle les éléments sont regroupés selon leurs propriétés physiques et chimiques.

Dmitri Ivanovitch Mendeleïev

Ce chimiste russe mit au point sa classification périodique des éléments pour la rédaction d'un manuel de chimie. Ce manuel connut un grand succès. Il fut réédité de nombreuses fois et traduit en plusieurs langues.

LE TABLEAU PÉRIODIQUE DES ÉLÉMENTS

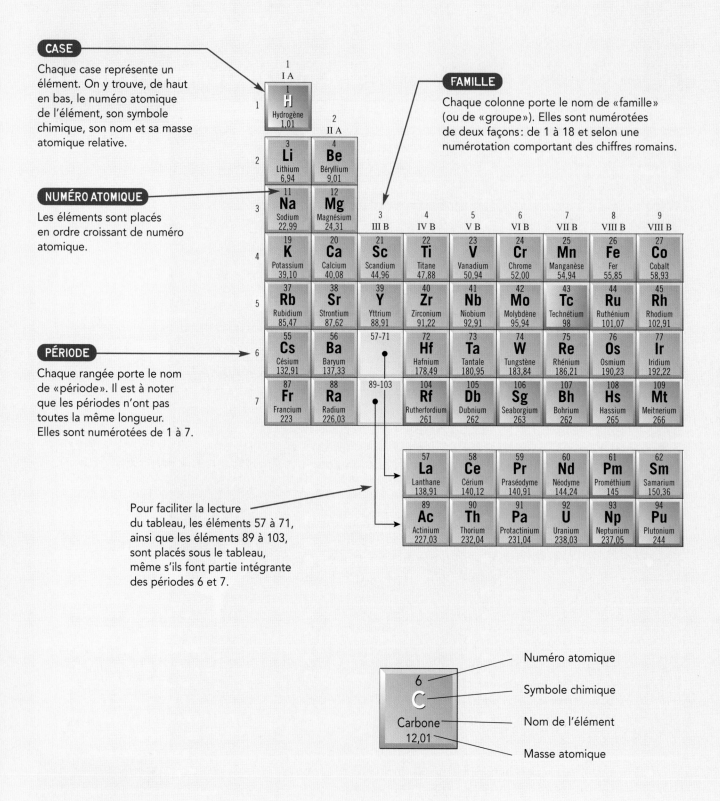

CASE

Chaque case représente un élément. On y trouve, de haut en bas, le numéro atomique de l'élément, son symbole chimique, son nom et sa masse atomique relative.

NUMÉRO ATOMIQUE

Les éléments sont placés en ordre croissant de numéro atomique.

FAMILLE

Chaque colonne porte le nom de «famille» (ou de «groupe»). Elles sont numérotées de deux façons: de 1 à 18 et selon une numérotation comportant des chiffres romains.

PÉRIODE

Chaque rangée porte le nom de «période». Il est à noter que les périodes n'ont pas toutes la même longueur. Elles sont numérotées de 1 à 7.

Pour faciliter la lecture du tableau, les éléments 57 à 71, ainsi que les éléments 89 à 103, sont placés sous le tableau, même s'ils font partie intégrante des périodes 6 et 7.

Numéro atomique
Symbole chimique
Nom de l'élément
Masse atomique

I.22 Une version moderne du tableau périodique de Mendeleïev.

Cette démarcation en forme d'escalier permet de distinguer les métaux (à gauche) des non-métaux (à droite) et de repérer les métalloïdes.

							18 VIII A
							2 **He** Hélium 4,00
		13 III A	14 IV A	15 V A	16 VI A	17 VII A	
		5 **B** Bore 10,81	6 **C** Carbone 12,01	7 **N** Azote 14,01	8 **O** Oxygène 16,00	9 **F** Fluor 19,00	10 **Ne** Néon 20,18

10 VIII B	11 I B	12 II B	13 **Al** Aluminium 26,98	14 **Si** Silicium 28,09	15 **P** Phosphore 30,97	16 **S** Soufre 32,07	17 **Cl** Chlore 35,45	18 **Ar** Argon 39,95
28 **Ni** Nickel 58,69	29 **Cu** Cuivre 63,55	30 **Zn** Zinc 65,39	31 **Ga** Gallium 69,72	32 **Ge** Germanium 72,61	33 **As** Arsenic 74,92	34 **Se** Sélénium 78,96	35 **Br** Brome 79,90	36 **Kr** Krypton 83,80
46 **Pd** Palladium 106,42	47 **Ag** Argent 107,87	48 **Cd** Cadmium 112,41	49 **In** Indium 114,82	50 **Sn** Étain 118,71	51 **Sb** Antimoine 121,76	52 **Te** Tellure 127,60	53 **I** Iode 126,90	54 **Xe** Xénon 131,29
78 **Pt** Platine 195,08	79 **Au** Or 196,97	80 **Hg** Mercure 200,59	81 **Tl** Thallium 204,38	82 **Pb** Plomb 207,20	83 **Bi** Bismuth 208,98	84 **Po** Polonium 209	85 **At** Astate 210	86 **Rn** Radon 222
110 **Ds** Darmstadtium 281	111 **Rg** Roentgenium 280	112 **Uub** 285	113 **Uut** 284	114 **Uuq** 285	115 **Uup** 288	116 **Uuh** 293		

En attendant que les chimistes leur donnent un nom officiel, les éléments 112 à 116 portent un nom et un symbole chimique qui décrit leur numéro atomique en latin (par exemple, l'élément 112 porte le nom *ununbium*, ce qui signifie «un-un-deux» en latin).

63 **Eu** Europium 151,97	64 **Gd** Gadolinium 157,25	65 **Tb** Terbium 158,93	66 **Dy** Dysprosium 162,50	67 **Ho** Holmium 164,93	68 **Er** Erbium 167,26	69 **Tm** Thulium 168,93	70 **Yb** Ytterbium 173,04	71 **Lu** Lutécium 175,07
95 **Am** Américium 243	96 **Cm** Curium 247	97 **Bk** Berkélium 247	98 **Cf** Californium 251	99 **Es** Einsteinium 254	100 **Fm** Fermium 257	101 **Md** Mendélévium 258	102 **No** Nobélium 259	103 **Lr** Lawrencium 260

Phase (à 25 °C) ☐ gazeuse ☐ solide

☐ liquide ☐ solide synthétique

Al Métaux **C** Non-métaux

B Métalloïdes

ST STE SE 2.1 LES MÉTAUX, LES NON-MÉTAUX ET LES MÉTALLOÏDES

LABO
Nº 1

Les éléments peuvent être classés en trois catégories : les métaux, les non-métaux et les métalloïdes. C'est la ligne en forme d'escalier qui traverse la partie droite du tableau qui permet de les repérer. Voici une brève description de chacune d'elles.

- Les métaux sont généralement de bons conducteurs d'électricité et de chaleur. Ils sont souvent ductiles et malléables, ce qui permet d'en faire facilement des fils ou de les aplatir en feuilles. Ils ont habituellement un éclat brillant. Tous les métaux sont solides à la température ambiante, sauf le mercure, qui est liquide. Plusieurs d'entre eux réagissent au contact d'un acide. On les trouve à gauche de l'escalier du tableau périodique.

- Les non-métaux sont généralement de mauvais conducteurs d'électricité et de chaleur. Plusieurs non-métaux sont gazeux à la température ambiante. Lorsqu'ils sont solides, ils sont friables, c'est-à-dire qu'on peut facilement les réduire en poudre. On les trouve à droite de l'escalier du tableau

ENVIRONNEMENT +

Des piles de métaux

Piles nickel-cadmium, piles au lithium, piles de zinc-argent : les piles sont en grande partie constituées de métaux. Au Québec, nous consommons plus de 50 millions de piles par année, dont environ 97 % sont des piles à usage unique. Les téléphones cellulaires, les ordinateurs portables, les lecteurs MP3, sont autant d'exemples de gadgets dépendant de cette source d'énergie portable. L'utilisation de la pile en soi ne comporte pas de danger pour l'utilisateur ou l'utilisatrice. Mais quel est l'impact global de ces piles sur l'environnement ?

La fabrication d'une pile consomme 50 fois plus d'énergie qu'elle n'en libère. Elle nécessite de la matière première non renouvelable, rare et coûteuse.

En plus d'augmenter le volume des déchets, les piles usées libèrent des résidus dangereux. Les métaux lourds qu'elles contiennent peuvent en effet s'accumuler dans les chaînes alimentaires des animaux et des humains et occasionner des allergies, des cancers ou des troubles du système reproducteur et du système nerveux. Une fois introduits dans la chaîne alimentaire, ils sont difficiles à éliminer.

Les piles sont des déchets dangereux qui ne devraient jamais se retrouver dans un dépotoir, mais plutôt dans un centre de recyclage adéquat.

périodique, sauf l'hydrogène, qui est conventionnellement situé au-dessus de la première colonne du tableau.

- Les métalloïdes (ou semi-métaux) constituent sept éléments qui possèdent à la fois des propriétés des métaux et des non-métaux. Par exemple, les métalloïdes sont parfois de bons conducteurs d'électricité et parfois de mauvais conducteurs d'électricité, selon les conditions dans lesquelles ils se trouvent. C'est pourquoi on s'en sert pour fabriquer des semi-conducteurs, très utiles dans les transistors, les circuits intégrés et les lasers. On trouve les métalloïdes de part et d'autre de l'escalier du tableau périodique.

NOMMÉ PAR ERREUR

Le germanium est un métalloïde découvert en 1886 par Clemens Winkler. Ce scientifique allemand lui a donné le nom latin de son pays croyant ainsi imiter le chimiste français Paul-Émile Lecoq lorsqu'il a nommé le gallium. Cependant, ce dernier avait plutôt utilisé un dérivé de son propre nom, «coq», qui se dit *gallus* en latin.

ST STE 2.2 LES FAMILLES DU TABLEAU PÉRIODIQUE

Les éléments d'une même colonne constituent une «famille» (ou un «groupe»). En effet, ils ont des propriétés chimiques semblables, c'est-à-dire qu'ils réagissent tous de la même façon en présence de certaines substances. Pour mieux comprendre ce phénomène, observons trois éléments appartenant à la première colonne du tableau périodique à l'aide de la figure 1.23. Comme on peut le remarquer, chacun de ces éléments présente le même nombre d'électrons sur sa dernière couche électronique.

Les électrons situés sur la couche électronique la plus éloignée du noyau sont habituellement ceux qui participent le plus aux réactions chimiques d'un atome. C'est pourquoi ils ont une importance particulière. On donne aux électrons situés sur la dernière couche le nom d'«électrons de valence».

> ▶ Un ÉLECTRON DE VALENCE est un électron situé sur la dernière couche électronique d'un atome.

> ▶ Une FAMILLE correspond à une colonne du tableau périodique. Les éléments d'une même famille ont des propriétés chimiques semblables parce qu'ils ont tous le même nombre d'électrons de valence.

Le chiffre romain qui accompagne la lettre A dans la numérotation des colonnes correspond au nombre d'électrons de valence de chacun des éléments. Ainsi, les éléments de la famille I A, comme ceux illustrés à la figure 1.23, possèdent tous un seul électron de valence. Ceux de la famille VI A, comme l'oxygène, en ont six.

Lithium

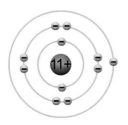

Sodium

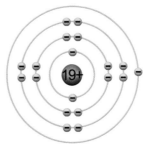

Potassium

1.23 Le lithium, le sodium et le potassium appartiennent à la même famille du tableau périodique. Ils possèdent tous un seul électron de valence.

Certaines familles portent des noms particuliers :

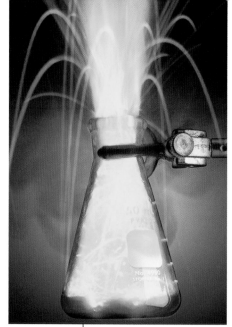

- Les «alcalins», comme le lithium et le sodium, regroupent tous les éléments de la première colonne à l'exception de l'hydrogène, qui ne fait partie d'aucune famille. Ce sont des métaux mous et très réactifs. À l'état pur, on doit les conserver dans de l'huile parce qu'ils réagissent au contact de l'humidité de l'air. C'est pour cette raison que, dans la nature, on ne les trouve jamais sous forme d'éléments purs, mais plutôt sous forme de COMPOSÉS.

- Les «alcalino-terreux», comme le magnésium et le calcium, désignent les éléments de la deuxième colonne. Ce sont des métaux très malléables et réactifs. Ils brûlent facilement en présence de chaleur. On ne les trouve pas non plus sous forme pure dans la nature. Par contre, on peut les conserver à l'air libre. Ils forment plusieurs composés qu'on trouve dans la terre et dans les roches, d'où leur nom. Le calcaire ($CaCO_3$), par exemple, est formé à partir du calcium.

1.24 Les alcalins et les halogènes réagissent violemment l'un avec l'autre. Cette photo montre la réaction explosive qui se produit lorsqu'on met en présence du sodium et du brome.

- Les «halogènes», comme le chlore et l'iode, sont les éléments qui appartiennent à l'avant-dernière colonne. Ce sont des non-métaux qui réagissent facilement pour former des composés, entre autres des sels. Plusieurs sont des désinfectants puissants. Par exemple, on utilise certains composés du chlore pour traiter l'eau des piscines.

> «Halogène» provient des mots grecs halo, *qui veut dire «sel», et* gene, *qui signifie «créateur».*

- Les «gaz nobles» (aussi appelés «gaz rares» ou «gaz inertes»), comme l'hélium et l'argon, font partie de la dernière colonne du tableau périodique. Ils sont très stables, ce qui signifie qu'ils ne réagissent pratiquement pas en présence des autres éléments. C'est pourquoi on les trouve tels quels dans la nature.

> «Argon» provient du mot grec argos, *qui signifie «paresseux», «inactif».*

ST STE 2.3 LES PÉRIODES DU TABLEAU PÉRIODIQUE

La figure 1.25 montre les éléments de la deuxième rangée du tableau périodique. On peut voir qu'ils ont tous le même nombre d'orbites autour du noyau. En effet, le numéro de la période correspond au nombre de couches électroniques.

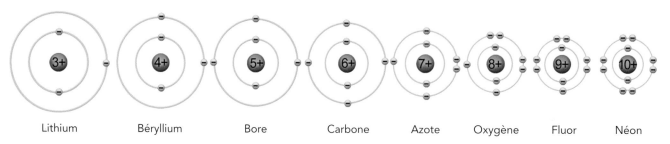

| Lithium | Béryllium | Bore | Carbone | Azote | Oxygène | Fluor | Néon |

1.25 Tous ces atomes appartiennent à la deuxième période du tableau périodique. Ils ont tous deux couches électroniques.

  CHAPITRE 1

> Une **PÉRIODE** correspond à une rangée du tableau périodique. Tous les éléments d'une période ont le même nombre de couches électroniques.

LA PÉRIODICITÉ DES PROPRIÉTÉS

La conductibilité électrique, la masse volumique et le point de fusion sont quelques exemples de propriétés qu'il est possible de déterminer pour chacun des éléments du tableau périodique.

Comment ces propriétés varient-elles tout au long d'une période ? Observons à nouveau la figure 1.25. Au fur et à mesure que le nombre de protons et d'électrons augmente, l'attraction qu'exercent les protons sur les électrons augmente aussi. Cela a pour effet de diminuer la taille de l'atome. Ainsi, de façon générale, le rayon atomique diminue tout au long de la période.

Le diagramme de la figure 1.26 permet de remarquer que la taille du rayon atomique varie de façon semblable d'une période à l'autre. C'est pour cela qu'on dit qu'il y a «périodicité de la propriété».

CONCEPTS DÉJÀ VUS

- Propriétés caractéristiques
- Point de fusion
- Point d'ébullition
- Masse volumique

1.26 LE RAYON ATOMIQUE DES ÉLÉMENTS 1 À 86

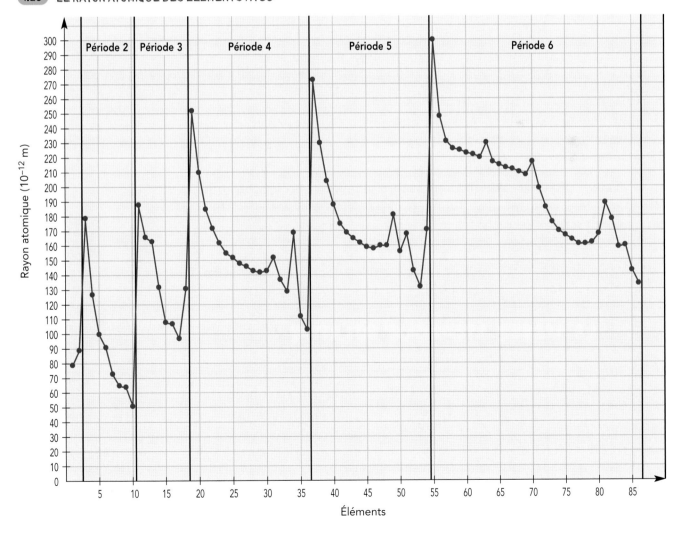

> ◗ La **PÉRIODICITÉ DES PROPRIÉTÉS** est la répétition ordonnée des propriétés d'une période à l'autre.

L'annexe 1, à la fin de ce manuel, présente plusieurs propriétés caractéristiques des éléments. Voici une description des propriétés qui s'y trouvent :

- Point de fusion : température à laquelle un solide devient liquide (ou l'inverse).
- Point d'ébullition : température à laquelle un liquide devient gazeux (ou l'inverse).
- Masse volumique : masse par unité de volume.
- Rayon atomique : distance entre le centre de l'atome et l'électron le plus éloigné.
- Énergie de première ionisation : énergie nécessaire pour arracher l'électron le plus éloigné du noyau d'un atome.
- Électronégativité : indice de l'attraction exercée par un atome sur un électron lors de la formation d'une liaison chimique.

STE 2.4 LE NUMÉRO ATOMIQUE

Le numéro atomique est un chiffre entier qu'on trouve en haut de chaque case du tableau périodique illustré dans ce manuel. Son symbole est Z. Dans un tableau périodique, les éléments sont classés en ordre croissant de leur numéro atomique.

Le numéro atomique correspond au nombre de protons présents dans le noyau d'un atome, c'est donc la caractéristique qui permet de distinguer un élément d'un autre.

> ◗ Le **NUMÉRO ATOMIQUE** représente le nombre de protons que contient le noyau d'un atome. Il permet de distinguer un élément d'un autre.

Comme l'atome est généralement neutre, le nombre d'électrons est habituellement le même que le nombre de protons.

STE SE 2.5 LA MASSE ATOMIQUE RELATIVE

La masse atomique relative indique la masse d'un atome d'un élément. Dans ce manuel, on la trouve en bas de la case de chacun des éléments du tableau périodique. L'unité de mesure de la masse atomique relative est l'unité de masse atomique (u). Une unité de masse atomique correspond à environ $1,66 \times 10^{-24}$ g.

La masse d'un atome est très petite et il est difficile de la déterminer directement. Les scientifiques ont donc d'abord établi la masse atomique d'un élément de référence. En 1961, lors d'un congrès international de chimie tenu

NOUVEL ÉLÉMENT DE POIDS DANS LE TABLEAU

Une équipe américano-russe affirme avoir découvert un nouvel élément, le plus lourd qui soit connu. Nommé provisoirement «ununoctium», ce nouveau-né n'existe pas à l'état naturel: il a été créé en laboratoire. Au tableau périodique, il occupe la 118e position.

En principe, il n'existe aucun élément naturel renfermant plus de 92 protons, comme l'uranium. Les scientifiques ont toutefois trouvé le moyen de fabriquer des éléments plus lourds, grâce aux accélérateurs de particules. L'idée: faire entrer en

collision les noyaux d'atomes de deux éléments et espérer qu'ils resteront collés pour créer un noyau super lourd. Une vingtaine d'éléments artificiels ont vu le jour grâce à cette méthode.

Pour créer l'«ununoctium» – «un-un-huit» en latin –, les chercheurs ont bombardé une cible en californium (Z=98) avec des atomes de calcium (Z=20). Après des milliards de collisions, 3 atomes dont le noyau contenait 118 protons sont nés. Très peu stables, ils ont survécu 0,9 milliseconde avant de se désintégrer.

Pour découvrir de nouveaux éléments, les scientifiques font s'entrechoquer violemment des éléments déjà connus. Ils analysent ensuite les débris de ces collisions.

à Montréal, il fut convenu que la masse atomique du carbone 12 (une variété de carbone contenant exactement 6 protons et 6 neutrons) serait exactement de 12 u. Donc, 1 u est égal au douzième de la masse d'un atome de carbone 12, soit environ la masse d'un proton ou d'un neutron. La masse de tous les autres atomes a ensuite été mesurée par comparaison avec cette donnée.

> ▶ La MASSE ATOMIQUE RELATIVE est la masse d'un atome établie par comparaison avec un élément de référence, soit le carbone 12.

LE NOMBRE DE MASSE

Le nombre de masse est un nombre entier indiquant la somme du nombre de protons et de neutrons d'un atome. Son symbole est A. On le trouve en arrondissant la masse atomique relative au nombre entier le plus près.

On désigne souvent les atomes sous la forme $^A_Z E$, dans laquelle A désigne le nombre de masse, Z désigne le numéro atomique et E correspond au symbole chimique de l'élément.

Lorsqu'on connaît le nombre de masse et le numéro atomique d'un atome, on peut facilement calculer le nombre de neutrons qu'il possède. Il suffit en effet de soustraire Z de A. Par exemple, $^{12}_6 C$ représente un atome de carbone contenant 6 neutrons (12 − 6).

Tous les atomes d'un élément ont le même nombre de protons, mais pas nécessairement la même masse. Par exemple, l'hydrogène peut se présenter sous trois formes différentes :

- L'hydrogène le plus répandu comporte un proton, un électron et aucun neutron. Son nombre de masse est 1.

- L'hydrogène «lourd», le deutérium, possède un proton, un électron et un neutron. Son nombre de masse est 2.

- L'hydrogène «super lourd», le tritium, doit son surplus de masse aux deux neutrons qui se trouvent dans son noyau. Son nombre de masse est 3.

Ces trois variétés d'hydrogène diffèrent uniquement par leur nombre de masse. On dit que ce sont les «isotopes» de l'hydrogène. Le nombre de protons et d'électrons des isotopes d'un élément est toujours le même. Par conséquent, tous les isotopes d'un élément possèdent les mêmes propriétés chimiques. Cependant, comme ils ont un nombre différent de neutrons, certaines de leurs propriétés physiques diffèrent.

> «Isotope» est composé des mots grecs isos, qui signifie «égal», «le même» et topos, qui veut dire «place». En effet, les isotopes sont tous «au même endroit» dans le tableau périodique.

> ▶ Un ISOTOPE est un atome d'un élément ayant le même nombre de protons qu'un autre atome du même élément mais un nombre différent de neutrons.

Les isotopes sont identifiés à l'aide de leur nombre de masse. Par exemple, le tritium, l'isotope «super lourd» de l'hydrogène, se nomme également «hydrogène 3». On peut aussi symboliser les isotopes à l'aide de leur nombre de masse et de leur numéro atomique. Selon cette notation, les isotopes de l'hydrogène deviennent respectivement : $_1^1H$, $_1^2H$ et $_1^3H$.

Les masses atomiques qui apparaissent dans le tableau périodique sont des moyennes qui tiennent compte de la proportion des différents isotopes dans la nature. C'est ce qui explique pourquoi la masse atomique relative du carbone est 12,01 u et non exactement 12 u.

QUEL ÂGE ME DONNEZ-VOUS ?

Certains isotopes sont naturellement radioactifs. Par exemple, le carbone 14, présent dans les fossiles, permet de les dater.

1897
1956

Irène Joliot-Curie

En 1934, Irène Joliot-Curie (fille de Pierre et Marie Curie) et son mari, Frédéric Joliot, découvrent une technique permettant de produire des isotopes radioactifs artificiels. En bombardant une feuille d'aluminium avec des rayons alpha, ils créent le phosphore 30, un isotope radioactif du phosphore 31. Les isotopes radioactifs sont utiles, entre autres, en médecine nucléaire.

ST STE SE **3** La représentation des atomes

Il existe différentes manières de représenter les atomes. Au cours de cette section, nous en aborderons quatre : la notation de Lewis, le modèle atomique de Rutherford-Bohr, le modèle atomique simplifié et le modèle atomique «boules et bâtonnets».

En règle générale, les électrons cherchent d'abord à remplir les couches les plus près du noyau avant de s'installer sur la couche suivante. Voici quelques indications pour trouver le nombre maximal d'électrons dans les couches électroniques des 20 premiers éléments du tableau périodique :

- La première couche électronique peut contenir un maximum de deux électrons.
- La deuxième couche électronique peut contenir un maximum de huit électrons.
- La troisième couche électronique peut contenir un maximum de 18 électrons. Cependant, après avoir placé huit électrons sur cette troisième couche, on commence à remplir la quatrième couche électronique avant de revenir à la troisième couche. De cette façon, le nombre d'électrons de valence correspond toujours au numéro de la famille de l'élément à représenter.

ST STE SE 3.1 LA NOTATION DE LEWIS

La notation de Lewis, proposée en 1916 par le chimiste américain Gilbert Newton Lewis (1875–1946), est une représentation simplifiée de l'atome dans laquelle seuls les électrons de valence sont illustrés. Ils sont symbolisés par des points disposés autour du symbole chimique de l'élément.

> La **NOTATION DE LEWIS** est une représentation simplifiée de l'atome dans laquelle seuls les électrons de valence sont illustrés.

Dans cette notation, on dispose d'abord les électrons de valence un par un selon les quatre points cardinaux. Lorsque ces quatre positions sont utilisées, on peut ensuite doubler les électrons, de façon à former des paires (*voir la figure 1.27*).

Li	Be	B	C	N	O	F	Ne
Lithium	Béryllium	Bore	Carbone	Azote	Oxygène	Fluor	Néon

 1.27 Voici une représentation des éléments de la deuxième période selon la notation de Lewis.

ST STE SE 3.2 LA REPRÉSENTATION DE L'ATOME SELON LE MODÈLE ATOMIQUE DE RUTHERFORD-BOHR

Pour représenter correctement un atome selon cette représentation, il faut généralement connaître trois renseignements, qui peuvent tous être obtenus en consultant le tableau périodique : la période, la famille et le numéro atomique.

- La période permet de connaître le nombre de couches électroniques de l'atome à représenter. En effet, le numéro de la période correspond au nombre de couches électroniques.

- La famille permet de connaître le nombre d'électrons de valence, c'est-à-dire le nombre d'électrons présents sur la couche électronique la plus éloignée du noyau.

- Le numéro atomique permet de connaître le nombre total d'électrons et de protons de l'atome.

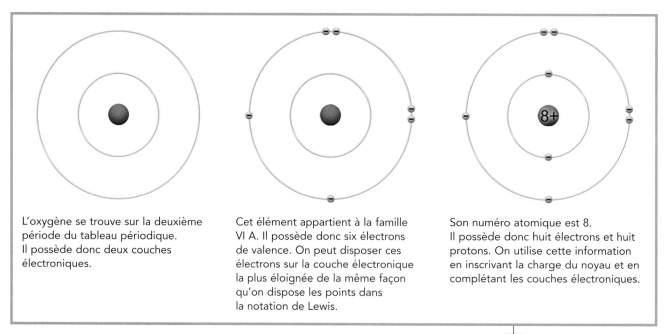

L'oxygène se trouve sur la deuxième période du tableau périodique. Il possède donc deux couches électroniques.

Cet élément appartient à la famille VI A. Il possède donc six électrons de valence. On peut disposer ces électrons sur la couche électronique la plus éloignée de la même façon qu'on dispose les points dans la notation de Lewis.

Son numéro atomique est 8. Il possède donc huit électrons et huit protons. On utilise cette information en inscrivant la charge du noyau et en complétant les couches électroniques.

1.28 Les étapes de la représentation d'un atome d'oxygène selon le modèle atomique de Rutherford-Bohr.

STE SE 3.3 LA REPRÉSENTATION DE L'ATOME SELON LE MODÈLE ATOMIQUE SIMPLIFIÉ

Conventionnellement, on représente les atomes selon le modèle atomique simplifié à l'aide de chiffres, de symboles et d'arcs de cercles. Cette représentation permet de repérer facilement le nombre de protons et de neutrons d'un atome. Elle permet aussi de visualiser le nombre d'électrons présents sur chacune des couches électroniques.

Pour placer les électrons et les protons, on procède de la même manière qu'avec le modèle de Rutherford-Bohr. Pour indiquer les neutrons, il faut d'abord consulter le tableau périodique afin de connaître la masse atomique relative de l'élément à représenter (par exemple, la masse atomique relative du chlore est 35,45 u). Il suffit alors d'arrondir cette masse au nombre entier le plus près pour obtenir le nombre de masse (le nombre de masse du chlore est donc 35), puis de soustraire le nombre de masse du numéro atomique ($35 - 17 = 18$ neutrons). La figure 1.29 illustre quelques exemples d'éléments présentés selon ce modèle.

1.29 Cette figure représente les atomes de quelques éléments selon le modèle atomique simplifié.

1
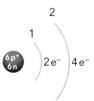
2
1
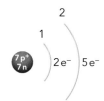
2
1
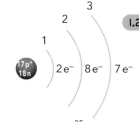
2
1
3
2

Hydrogène ($_1^1$H)   Carbone ($_6^{12}$C)   Azote ($_7^{14}$N)   Chlore ($_{17}^{35}$Cl)

ST STE SE 3.4 LE MODÈLE ATOMIQUE «BOULES ET BÂTONNETS»

Dans cette représentation, l'atome est symbolisé par une boule et les liens qui l'unissent aux autres atomes sont montrés à l'aide de bâtonnets. En général, la taille des boules est proportionnelle au nombre de couches électroniques des atomes illustrés.

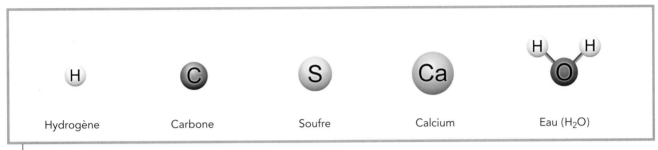

Hydrogène	Carbone	Soufre	Calcium	Eau (H_2O)

I.30 Quelques atomes et une molécule représentés selon le modèle atomique «boules et bâtonnets».

LA RECETTE DE L'UNIVERS, C'EST POUR QUAND?

Depuis plus de 100 ans, on sait qu'il faut des atomes pour former les molécules. On a ensuite découvert qu'il fallait un noyau et des électrons pour former un atome. Puis, qu'il fallait des neutrons et des protons pour former un noyau. Et après? Jusqu'à quelles briques élémentaires ce jeu peut-il continuer?

Grâce aux accélérateurs de particules, la réponse des physiciens à cette question se précise. Ils provoquent des collisions entre des particules accélérées à une vitesse folle. Ils recueillent ensuite les traces de matière et d'énergie qui se dégagent des chocs. En quelques décennies, les physiciens ont observé un tas de «bibittes» étranges: pions, muons, gluons, mésons, bosons... Au total, plus de 300 particules différentes!

Comme des paléontologues devant un tas d'os, ils s'attaquent maintenant au grand ménage, cherchant comment les briques de base s'as-

Avec ses 27 km de circonférence, le *Large Hadron Collider*, situé à la frontière de la France et de la Suisse, est actuellement le plus gros accélérateur de particules au monde.

semblent. Découverte importante: le neutron et le proton seraient chacun formés de trois quarks.

Selon le modèle standard, imaginé dans les années 1970 et toujours d'actualité, il existerait 12 particules élémentaires (6 leptons, dont l'électron, et 6 quarks). Il existerait aussi d'autres particules, comme les glu-

ons qui servent à «coller» entre eux les quarks.

La recette de l'Univers n'est pas encore entièrement élucidée. La chasse aux particules se poursuit!

Adaptation de: Valérie BORDE, «La recette de l'Univers, c'est pour bientôt!», *L'actualité*, vol. 30, n° 17, 1er novembre 2005, p. 34.

STE SE **4** La notion de mole

LABO
N° 2

Les atomes et les molécules sont extrêmement petits. Le moindre échantillon de matière peut en contenir des milliards. Cependant, les chimistes ont parfois besoin de connaître la quantité d'atomes ou de molécules que contient une substance. Comme ils ne peuvent pas les compter un par un, ils ont mis au point la notion de mole.

Une mole désigne une quantité de matière. Par définition, une mole équivaut au nombre d'atomes présents dans exactement 12 g de carbone 12. De la même manière qu'on peut dire une douzaine d'œufs, une centaine de chapeaux ou un millier de jours, on peut dire une mole d'atomes, une mole de crayons ou une mole de n'importe quoi d'autre.

> La MOLE est une quantité qui équivaut au nombre d'atomes dans exactement 12 g de carbone 12. Son symbole est «mol».

STE SE **4.1** LA MASSE MOLAIRE

Nous avons vu que, par définition, un atome de carbone 12 pèse exactement 12 u (*voir la page 25*). Nous venons également de voir que, par définition, une mole de carbone 12 pèse exactement 12 g. En conséquence, nous pouvons dire que la masse d'une mole de carbone est numériquement égale à sa masse atomique relative. Cependant, elle s'exprime en g/mol plutôt qu'en unité de masse atomique. La masse d'une mole d'une substance est appelée sa «masse molaire».

> La MASSE MOLAIRE d'une substance est la masse d'une mole de cette substance.

Ainsi, 1 mole d'hélium pèse 4,00 g, puisque 1 atome d'hélium pèse 4,00 u. De même, 1 mole de dioxygène pèse 32,00 g, puisque 1 atome d'oxygène pèse 16,00 u et qu'il y a 2 atomes d'oxygène dans chaque molécule de dioxygène. Nous voyons avec ce dernier exemple qu'il suffit d'additionner les masses atomiques relatives de tous les atomes d'une molécule pour connaître la masse d'une mole de cette molécule.

1.31 LA MASSE MOLAIRE DE QUELQUES SUBSTANCES

Substance	Masse atomique relative (u)	Masse molaire (g/mol)
Carbone (C)	C = 12,01	12,01
Néon (Ne)	Ne = 20,18	20,18
Calcium (Ca)	Ca = 40,08	40,08
Dihydrogène (H_2)	H = 1,01	1,01 + 1,01 = 2,02
Sel de table (NaCl)	Na = 22,99 Cl = 35,45	22,99 + 35,45 = 58,44
Glucose ($C_6H_{12}O_6$)	C = 12,01 H = 1,01 O = 16,00	(6 x 12,01) + (12 x 1,01) + (6 x 16,00) = 180,18

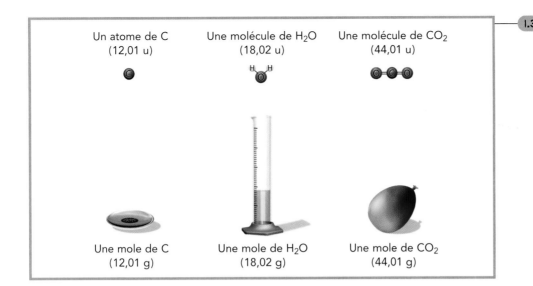

Un atome de C
(12,01 u)

Une molécule de H_2O
(18,02 u)

Une molécule de CO_2
(44,01 u)

Une mole de C
(12,01 g)

Une mole de H_2O
(18,02 g)

Une mole de CO_2
(44,01 g)

1.32 La mole permet d'établir une correspondance entre une quantité à l'échelle microscopique et une quantité à l'échelle macroscopique.

La formule suivante met en relation la masse et la masse molaire, ce qui permet de passer de l'une à l'autre dans des calculs.

$M = \dfrac{m}{n}$, où M représente la masse molaire (en g/mol)

m représente la masse (en g)

n représente le nombre de moles (en mol)

Par exemple, voici comment calculer le nombre de moles présentes dans 100 g de carbone.

$n = \dfrac{m}{M} = \dfrac{100 \text{ g}}{12,01 \text{ g/mol}} = 8,33 \text{ mol}$

Il y a donc 8,33 mol dans 100 g de carbone.

STE 4.2 LE NOMBRE D'AVOGADRO

Le nombre d'atomes contenus dans 12 g de carbone 12 a été déterminé à la suite de plusieurs expériences. Il correspond à $6,02 \times 10^{23}$ atomes. Ce nombre est également connu sous le nom de «nombre d'Avogadro» (ou de «constante d'Avogadro»), en l'honneur d'Amedeo Avogadro (1776–1856), qui fut le premier à entrevoir l'utilité de la notion de mole.

> ▶ Le **NOMBRE D'AVOGADRO** représente la quantité d'entités présentes dans une mole. Il équivaut à $6,02 \times 10^{23}$.

Tout comme la mole, le nombre d'Avogadro représente une quantité qu'on peut appliquer à n'importe quelle entité à mesurer. Par exemple, on peut aussi bien dire qu'une mole de carbone contient $6,02 \times 10^{23}$ atomes de carbone que dire qu'une mole d'œufs représente $6,02 \times 10^{23}$ œufs.

LE NOMBRE DE LA DISCORDE

L'unité désignée par la mole provient du nombre d'Avogadro, énoncé en 1811. Son concepteur, Amedeo Avogadro, qui voulait ainsi trouver un moyen de mesurer la masse d'un gaz, a toutefois suscité un vif débat qui a divisé le milieu scientifique du 19e siècle. En fait, il a fallu près de 50 ans pour que sa loi soit finalement acceptée.

VERDICT

ST 1 à 9, 13 à 18 et 28 à 31, A et C.

STE 1 à 38, A à C.

ATS Aucune.

SE 1 à 13 et 23 à 36, B et C.

1 Qu'est-ce que l'atome ? (p. 6-17)

1. Pourquoi est-il utile d'utiliser un modèle pour représenter l'atome ?

2. Observez les deux photos ci-dessous.

a) Quelle photo représente un modèle dans lequel la matière peut être divisée à l'infini ? Expliquez votre réponse.

b) Quelle photo représente un modèle dans lequel la matière ne peut pas être divisée à l'infini ? Expliquez votre réponse.

3. Voici une représentation d'une molécule d'eau (H_2O). Cette représentation respecte-t-elle les énoncés du modèle atomique de Dalton ? Expliquez votre réponse.

4. Quelle conclusion Thomson a-t-il tirée de chacune des observations suivantes ?

a) Les rayons cathodiques font tourner un moulinet inséré à l'intérieur du tube.

b) Les rayons sont identiques peu importe la nature du métal utilisé pour fabriquer la cathode.

c) Les rayons cathodiques sont attirés vers la borne positive d'un champ électrique.

5. Quels types de rayons furent utilisés par Rutherford pour effectuer ses recherches sur la structure de l'atome ?

6. Observez l'illustration ci-dessous. Chacune des lettres correspond à une observation faite par Rutherford. Décrivez-la et associez à chacune d'elles une conclusion de Rutherford.

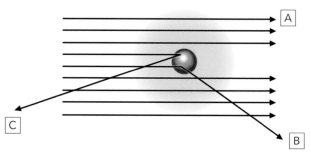

7. Quelle particule chargée positivement trouve-t-on dans le noyau ?

8. Les feux d'artifice nous émerveillent avec leurs couleurs éclatantes. Chacune d'elles est obtenue par la combustion d'une substance spécifique. Par exemple, le chlorure de potassium produit une flamme violette et le chlorure de sodium, une flamme jaune orangée. Quelle théorie proposée par Bohr permet d'expliquer ce phénomène ?

9. Associez une caractéristique du modèle atomique de Rutherford-Bohr à chacun des énoncés ci-dessous.

a) L'atome comporte autant de protons que d'électrons.

b) Les rayons alpha traversent facilement une mince feuille d'or.

c) Les rayons alpha sont fortement repoussés par le noyau.

d) Un gaz chauffé émet de la lumière selon des longueurs d'ondes précises.

10. Quelle est l'utilité du neutron dans l'atome ?

11. Quelles particules de l'atome contribuent principalement à sa masse ?

12. Quelle est la particule la plus légère de l'atome ?

2 La classification périodique des éléments (p. 17-26)

13. Où se situent les non-métaux dans le tableau périodique ?

14. Qu'ont en commun les éléments d'une même famille ?

15. L'hydrogène est un non-métal. Pourtant, il est placé dans la même colonne que les métaux alcalins. Pourquoi ?

16. Comment s'appellent les éléments de la deuxième colonne du tableau périodique ? Qu'ont-ils en commun ?

17. Sur le modèle atomique suivant, quelle lettre représente un électron de valence ? Expliquez votre réponse.

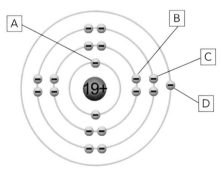

Potassium

18. Qu'ont en commun les éléments d'une même période ?

19. Le rayon atomique est une propriété périodique des éléments. Expliquez comment le rayon atomique varie au sein d'une période.

20. Comment le point de fusion varie-t-il au sein d'une période ? Tracez un diagramme du point de fusion en fonction du numéro atomique pour expliquer votre réponse. Servez-vous des données de l'annexe 1 pour construire votre diagramme.

21. Le tableau de l'annexe 1 présente l'énergie de première ionisation des éléments du tableau périodique.

  a) Comment cette propriété varie-t-elle au sein d'une période ?

  b) Comment cette propriété varie-t-elle au sein d'une famille ?

22. Que représente le numéro atomique d'un élément ?

23. Qu'est-ce que la masse atomique relative d'un élément ?

24. Un atome d'argon possède 18 protons et son nombre de masse est 40. Combien de neutrons comporte-t-il ?

25. Un atome possède 25 protons, 25 électrons et 27 neutrons. Quelle est sa masse, en unités de masse atomique ? Donnez votre réponse à l'unité près et expliquez-la.

26. Parmi les éléments ci-dessous, lesquels sont les isotopes du même élément ? Expliquez votre réponse.

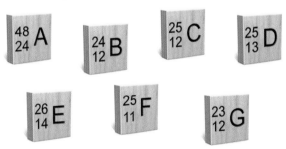

27. Laquelle de ces représentations est impossible ? Expliquez votre réponse.

3 La représentation des atomes (p. 26-29)

28. Quelle est l'utilité de la notation de Lewis ?

29. Indiquez si chacun des atomes ci-dessous respecte la notation de Lewis. Si ce n'est pas le cas, expliquez pourquoi.

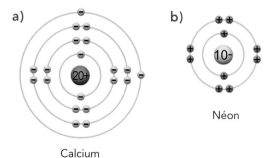

a) Mg — Magnésium
b) Ar — Argon
c) Cl — Chlore

30. Représentez les atomes suivants à l'aide de la notation de Lewis.

   a) Aluminium

   b) Iode

   c) Baryum

31. Indiquez si chacun des atomes ci-dessous respecte le modèle atomique de Rutherford-Bohr. Si ce n'est pas le cas, expliquez pourquoi.

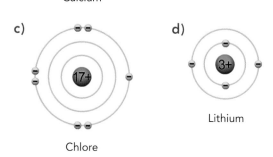

a) Calcium
b) Néon
c) Chlore
d) Lithium

32. Indiquez si chacun des atomes suivants respecte le modèle atomique simplifié. Si ce n'est pas le cas, expliquez pourquoi.

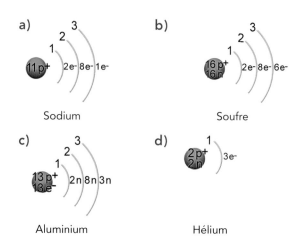

a) Sodium
b) Soufre
c) Aluminium
d) Hélium

33. Dessinez l'atome de fluor selon le modèle atomique simplifié.

4 La notion de mole (p. 30-31)

34. Combien y a-t-il de moles dans chacun des échantillons de matière ci-dessous ?

   a) 12 g de carbone.

   b) 20 g de calcium.

   c) 80 g d'argon.

   d) 10 g de sodium.

35. Quelle est la masse molaire de chacune des molécules suivantes ?

   a) LiBr

   b) CO_2

   c) H_2SO_4

   d) $Mg(NO_3)_2$

36. Un échantillon de matière contenant 0,25 mol pèse 10 g.

   a) Quelle est la masse molaire de cette substance ?

   b) Quel élément possède la même masse molaire ?

37. Quelle est la masse (en g) de $6,02 \times 10^{23}$ atomes d'or ?

38. Combien y a-t-il de particules dans un échantillon de matière qui contient trois moles de particules ?

questions synthèses

A. La réactivité chimique des éléments dépend de leur capacité à donner leurs électrons de valence. Le métal le plus réactif du tableau périodique est le francium. À l'aide du modèle atomique de Rutherford-Bohr, expliquez pourquoi.

B. Différents modèles de l'atome ont été proposés au fil du temps. Les modifications d'un modèle à l'autre ont permis de refléter les résultats des plus récentes découvertes. Toutefois, dans certains contextes, un modèle plus ancien peut être suffisant. Dans cette optique, quel modèle est le plus pertinent pour expliquer chacun des phénomènes suivants : le modèle de Dalton, le modèle de Thomson, le modèle de Rutherford-Bohr ou le modèle atomique simplifié ?

a) Les écrans à rayons cathodiques fonctionnent à l'aide des rayons émis par la cathode d'un tube à décharge électrique.

b) La combustion du magnésium émet une lumière vive. C'est pourquoi on l'utilisait autrefois dans les flashs d'appareils photographiques.

c) Lors d'une réaction nucléaire, il y a souvent émission de neutrons.

d) Lorsqu'on frotte un ballon sur sa tête, des électrons sont arrachés. C'est ce qu'on appelle l'«électricité statique».

e) Le fer se combine à l'oxygène dans une proportion de 2:3 pour former la rouille (Fe_2O_3).

f) L'atome est essentiellement constitué de vide.

g) La masse atomique de l'hélium est de 4 u.

C. Préparez votre propre résumé du chapitre 1 en construisant un réseau de concepts.

COMMENT BÂTIR
UN RÉSEAU DE CONCEPTS

L'INTOXICATION AU MERCURE EN AMAZONIE

Dans les années 1980, un cardiologue brésilien, qui pratiquait dans un village au croisement du fleuve Amazone et de la rivière Tapajos, a décelé des anomalies cardiaques chez ses patients. Il a alors procédé à des recherches plus approfondies qui ont permis d'établir un lien entre le taux de mercure dans les cheveux des villageois et divers troubles neurologiques, tels des problèmes d'élocution, de coordination et une réduction du champ visuel. Les activités minières de la région, qui rejettent d'importantes quantités de mercure dans l'environnement, ont tout de suite été soupçonnées d'être à l'origine de ces problèmes de santé.

LA SOURCE DU PROBLÈME

Entre 1980 et 1995, les ouvriers qui recueillaient l'or dans les ruisseaux et les rivières, qu'on appelle également «orpailleurs», utilisaient couramment le mercure, même si cette technique est illégale au Brésil. L'or se dissout au contact du mercure. Il suffit ensuite de brûler le mercure pour récupérer l'or. Malheureusement, lorsque le mercure s'évapore ou se retrouve dans un cours d'eau, il se transforme chimiquement et devient toxique pour les êtres humains.

Cependant, avant de condamner les activités minières, il fallait confirmer l'origine du problème. Des chercheurs québécois ont étudié la question avec des scientifiques brésiliens. Ils ont réalisé avec étonnement que, peu importait la distance à laquelle on se trouvait d'un site d'extraction et de purification de l'or, les quantités de mercure dans l'environnement étaient les mêmes. Il devait donc exister une autre source de pollution. Ils ont finalement compris que la coupe des arbres, dont le but est de faire place à l'agriculture, libérait le mercure contenu dans le sol. Les pluies tropicales l'entraînaient ensuite dans les rivières. C'était la première fois qu'un lien était établi entre la déforestation et la contamination des cours d'eau au mercure. En fait, la déforestation était responsable de 90% de la contamination de la rivière Tapajos, tandis que les mines l'étaient de 10% seulement. La nouvelle a fait le tour du monde.

Au même moment, Donna Mergler, une chercheuse québécoise, constatait que les troubles neurologiques des villageois apparaissaient à des doses de mercure beaucoup plus faibles que ne le prévoyait l'Organisation mondiale de la santé.

Afin de trouver des solutions, des scientifiques brésiliens et canadiens se sont réunis avec des représentants des collectivités locales. Ils ont d'abord proposé de modifier les habitudes alimentaires des gens dont le poisson constituait la principale source de protéines. Ils leur ont conseillé de manger moins de poissons prédateurs, car leur taux de mercure est plus élevé que celui de leurs proies, et de consommer davantage de poissons herbivores. La population a aussi été

Le déboisement libère le mercure contenu dans le sol.

invitée à repérer et à éviter les endroits où les poissons contenaient le plus de mercure.

Des femmes du village ont par ailleurs noté tout ce qu'elles mangeaient pendant plus d'un an. On a ainsi pu constater un taux de mercure plus bas chez celles qui consommaient plus de fruits. Cela donnait une autre indication pour modifier le régime alimentaire des populations locales. Pour retenir le mercure dans le sol, on a également commencé à reboiser, en plantant notamment des arbres fruitiers.

LE DÉBOISEMENT SOUS SURVEILLANCE

À long terme, résoudre le problème du déboisement demeure la priorité. Si le rythme de la déforestation en Amazonie a diminué de 50% entre 2004 et 2006, il a ensuite repris de plus belle. En effet, des photos satellites montraient une augmentation de 75% de la déforestation en 2007. Ces activités devront être suivies de près, tout comme il faudra continuer d'agir sur l'environnement et les habitudes de vie des populations.

---

1. L'Amazonie n'est pas le seul endroit où la contamination au mercure sévit. On en relève des concentrations relativement élevées dans les sites d'enfouissement du Québec. Nommez trois objets de votre entourage susceptibles de contenir du mercure. Expliquez vos réponses.

2. Le mercure est un métal lourd. À l'aide des modèles atomiques et du tableau périodique des éléments, expliquez pourquoi il appartient à cette catégorie d'éléments.

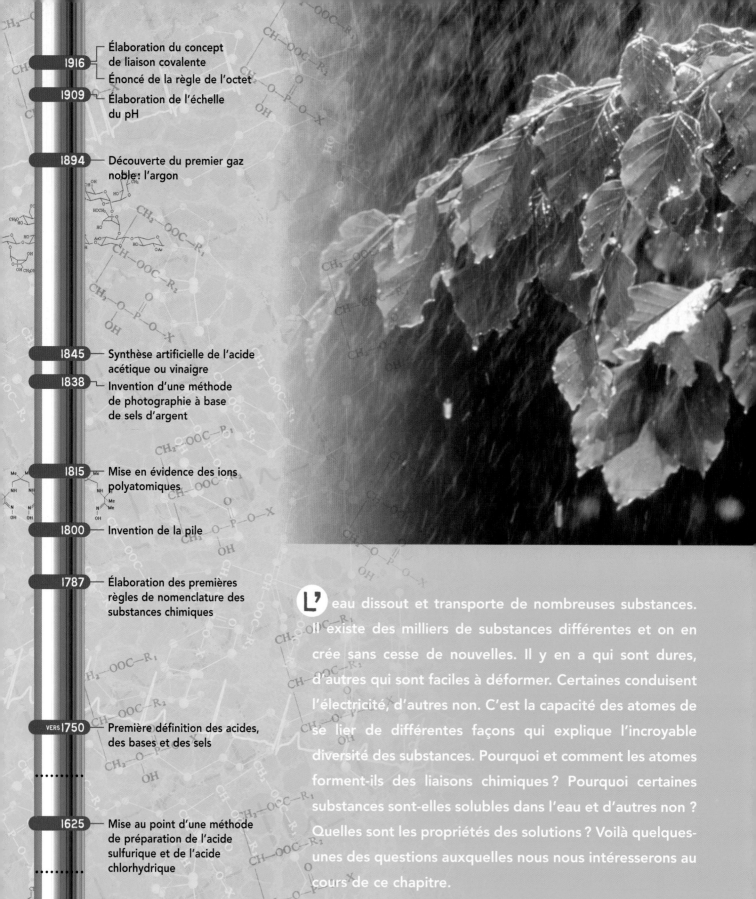

1916 Élaboration du concept
de liaison covalente
Énoncé de la règle de l'octet

1909 Élaboration de l'échelle
du pH

1894 Découverte du premier gaz
noble : l'argon

1845 Synthèse artificielle de l'acide
acétique ou vinaigre

1838 Invention d'une méthode
de photographie à base
de sels d'argent

1815 Mise en évidence des ions
polyatomiques

1800 Invention de la pile

1787 Élaboration des premières
règles de nomenclature des
substances chimiques

VERS 1750 Première définition des acides,
des bases et des sels

1625 Mise au point d'une méthode
de préparation de l'acide
sulfurique et de l'acide
chlorhydrique

VERS -590 Proposition d'une théorie
basée sur l'idée que l'eau,
la terre, le feu et l'air sont
les éléments fondamentaux
de l'Univers

L'eau dissout et transporte de nombreuses substances. Il existe des milliers de substances différentes et on en crée sans cesse de nouvelles. Il y en a qui sont dures, d'autres qui sont faciles à déformer. Certaines conduisent l'électricité, d'autres non. C'est la capacité des atomes de se lier de différentes façons qui explique l'incroyable diversité des substances. Pourquoi et comment les atomes forment-ils des liaisons chimiques ? Pourquoi certaines substances sont-elles solubles dans l'eau et d'autres non ? Quelles sont les propriétés des solutions ? Voilà quelques-unes des questions auxquelles nous nous intéresserons au cours de ce chapitre.

Les **molécules**
et les **solutions**

1 Qu'est-ce qu'une molécule ?

Sur Terre, seuls quelques éléments, comme l'or et l'hélium, existent à l'état naturel sous forme d'atomes individuels. La plupart des éléments ont plutôt tendance à se lier avec d'autres atomes pour former des molécules.

▶ Une MOLÉCULE est un ensemble de deux ou de plusieurs atomes liés chimiquement.

Pourquoi les atomes ont-ils tendance à se lier avec d'autres atomes ? Une des réponses à cette question est que les atomes cherchent généralement à acquérir une configuration électronique semblable à celle des gaz nobles, car ils deviennent alors plus stables.

Les GAZ NOBLES, qui forment la FAMILLE VIII A dans le tableau périodique, sont en effet extrêmement stables. Il est très difficile de faire réagir un gaz noble avec d'autres atomes. Cette particularité vient du fait que leur couche électronique la plus éloignée du noyau, c'est-à-dire la couche contenant les ÉLECTRONS DE VALENCE, est complète.

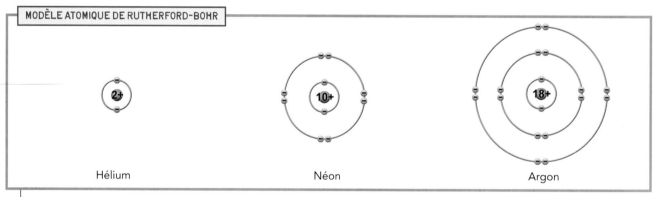

MODÈLE ATOMIQUE DE RUTHERFORD-BOHR

Hélium   Néon   Argon

2.1 Voici les configurations électroniques de trois gaz nobles. La première couche peut contenir un maximum de deux électrons. Les deuxième et troisième couches peuvent contenir jusqu'à huit électrons de valence. La couche électronique la plus éloignée du noyau de l'hélium, du néon et de l'argon est donc complète.

Examinons le cas d'un élément qui n'est pas un gaz noble : le fluor. Cet élément possède sept électrons de valence. Comment le fluor peut-il acquérir la configuration électronique d'un gaz noble ? Le moyen le plus simple serait de capturer un électron supplémentaire. Sa configuration électronique deviendrait alors semblable à celle du néon. Le fluor est donc un élément qui a tendance à capturer un électron.

Fluor

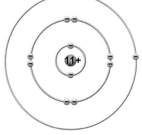

Sodium

2.2 Il ne manque qu'un électron à l'atome de fluor pour atteindre la configuration électronique du néon.

2.3 Si le sodium avait un électron de moins, il aurait la même configuration électronique que le néon.

Voyons maintenant le cas du sodium. La couche électronique la plus éloignée du noyau de cet élément ne contient qu'un seul électron. Il pourrait bien sûr essayer de capturer sept autres électrons pour atteindre la même configuration électronique que l'argon, mais il existe un moyen plus simple : donner un électron. S'il agissait ainsi, le sodium présenterait la même configuration électronique que le néon. Le sodium est donc un élément qui a tendance à donner un électron.

Le tableau périodique nous aide à prédire la tendance des éléments à gagner ou à perdre des électrons. En effet, tous les alcalins (les éléments de la famille I A) possèdent un seul électron de valence. Ils ont donc tous tendance à perdre un électron. De même, tous les halogènes (les éléments de la famille VII A) possèdent sept électrons de valence. Il leur suffit donc d'en gagner un autre pour atteindre la configuration électronique d'un gaz noble qui possède huit électrons de valence.

2.4 LA TENDANCE À GAGNER OU À PERDRE DES ÉLECTRONS DES ÉLÉMENTS DU GROUPE A

Numéro de la famille	I A	II A	III A	IV A	V A	VI A	VII A	VIII A
Exemple d'élément	Li	Be	B	C	N	O	F	Ne
Nombre d'électrons de valence	1	2	3	4	5	6	7	8 (sauf He)
Tendance	Perdre 1 e⁻	Perdre 2 e⁻	Perdre 3 e⁻	Gagner ou perdre 4 e⁻	Gagner 3 e⁻	Gagner 2 e⁻	Gagner 1 e⁻	Aucune (stable)

Les éléments cherchent à acquérir la configuration du gaz noble situé le plus près d'eux dans le tableau périodique. Comme la couche de valence de tous les gaz nobles, à l'exception de l'hélium, contient huit électrons, on dit que les éléments suivent la «règle de l'octet».

> «Octet» vient du latin octo, qui signifie «huit».

Le lithium, le béryllium et le bore cherchent à acquérir une configuration électronique semblable à celle de l'hélium, c'est-à-dire avec une seule couche électronique de deux électrons. On dit que ces éléments obéissent à la «règle du doublet».

L'hydrogène est un cas particulier. En effet, dans certaines circonstances, il cherchera à donner son unique électron, tandis que dans d'autres il tentera d'acquérir un second électron.

En général, les atomes sont électriquement neutres. Ils possèdent en effet autant de protons que d'électrons. Comme chaque proton porte une charge positive et que chaque électron porte une charge négative, les charges s'annulent et le résultat est neutre.

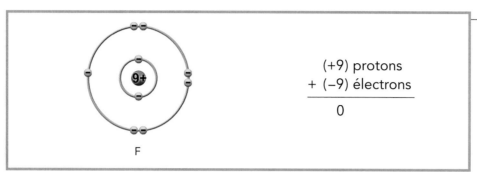

$$
\begin{array}{r}
(+9)\ \text{protons} \\
+\ (-9)\ \text{électrons} \\
\hline
0
\end{array}
$$

F

2.5 Un atome de fluor (F) possède neuf protons et neuf électrons. Si on additionne le nombre de charges positives et le nombre de charges négatives, on obtient une charge nulle, comme le montre le bilan des charges ci-contre.

Nous avons vu que le fluor a tendance à gagner un électron. Lorsque cela se produit, il acquiert alors une charge négative, comme le montre la figure 2.6.

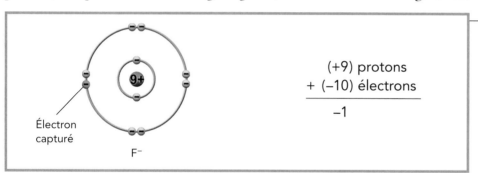

Électron capturé

$$
\begin{array}{r}
(+9)\ \text{protons} \\
+\ (-10)\ \text{électrons} \\
\hline
-1
\end{array}
$$

F^-

2.6 Lorsqu'un atome de fluor capture un électron, il cesse d'être électriquement neutre. Le bilan des charges ci-contre montre qu'il porte alors une charge négative, notée F^-.

Le magnésium est un élément qui a tendance à perdre deux électrons. Lorsque cela se produit, le magnésium porte alors deux charges positives, comme le montre la figure 2.7.

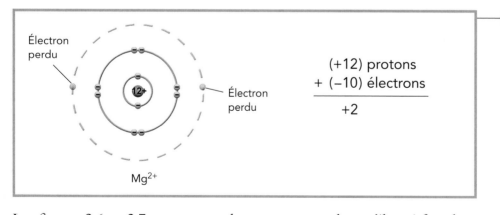

Électron perdu

Électron perdu

$$
\begin{array}{r}
(+12)\ \text{protons} \\
+\ (-10)\ \text{électrons} \\
\hline
+2
\end{array}
$$

Mg^{2+}

2.7 Le bilan des charges ci-contre montre que, lorsque le magnésium perd deux électrons, il porte alors deux charges positives, notées Mg^{2+}.

Les figures 2.6 et 2.7 permettent de constater que, lorsqu'ils satisfont leur tendance à gagner ou à perdre des électrons, les atomes acquièrent en même temps des charges électriques. Un atome qui n'est plus électriquement neutre s'appelle un «ion».

> ▸ Un **ION** est un atome qui porte une charge électrique à la suite de la perte ou du gain d'un ou de plusieurs électrons.

Il est important de noter qu'au cours de la formation d'un ion, le nombre de protons demeure toujours le même. L'élément conserve donc sa nature. Ce n'est que le nombre d'électrons qui est modifié.

Lorsqu'un atome gagne un ou plusieurs électrons, il forme un «ion négatif» et sa charge correspond au nombre d'électrons gagnés. Par exemple, si le soufre gagne deux électrons, il acquiert deux charges négatives. On obtient alors du S^{2-}.

Au contraire, lorsqu'un atome perd un ou plusieurs électrons, il forme un «ion positif». En effet, comme l'ion positif possède moins d'électrons que de protons, il en résulte une charge positive correspondant au nombre d'électrons perdus. Par exemple, si l'aluminium perd trois électrons, il porte alors trois charges positives, notées Al^{3+}.

2.8 QUELQUES CARACTÉRISTIQUES DES IONS

Ion négatif	Ion positif
Atome ayant gagné un ou plusieurs électrons	Atome ayant perdu un ou plusieurs électrons
Nombre d'électrons supérieur au nombre de protons	Nombre d'électrons inférieur au nombre de protons
Bilan des charges négatif	Bilan des charges positif

LA CHIMIE AU SECOURS DE L'ACROPOLE

Un chimiste grec pense avoir trouvé un remède pour protéger l'Acropole d'Athènes de la pollution qui la ronge. En effet, sous l'action des polluants atmosphériques, et plus particulièrement du dioxyde de soufre (SO_2), le marbre des monuments se transforme en gypse, un plâtre des plus banals !

Le marbre se dégrade sous l'action des molécules de SO_2 qui arrachent des électrons au marbre, produisant ainsi des ions de calcium, un peu comme l'acier, lorsqu'il se transforme en rouille, perd des électrons, ce qui crée des ions de fer.

Théodore Skoulikidis, professeur de chimie à l'École polytechnique d'Athènes, a mis au point une peinture incolore qui contient des molécules capables de fournir des quantités importantes d'ions. Une fois peints, les monuments pourraient «donner» les électrons des ions de la peinture aux molécules de SO_2. Le marbre, lui, pourrait conserver les siens.

Adaptation de: Didier KUNZ, «La chimie des métaux au secours des marbres du Parthénon», *Le Monde*, 2 novembre 1996.

Malheureusement, 10 ans plus tard, les efforts du professeur Skoulikidis n'auront pas suffi à sauver l'Acropole. Au cours de l'année 2007, plus de 300 statues et blocs sculptés ont dû être déplacés vers un nouveau musée sous verre.

Le tableau périodique nous permet de prédire la forme la plus probable de l'ion d'un élément. Ainsi, lorsque les alcalins perdent leur unique électron de valence, ils acquièrent une charge positive. De même, lorsque les halogènes gagnent un électron de plus, ils obtiennent alors une charge négative. Bien entendu, les gaz nobles n'ont pas tendance à former des ions.

2.9 L'ION LE PLUS PROBABLE DES ÉLÉMENTS DU GROUPE A

Numéro de la famille	I A	II A	III A	IV A	V A	VI A	VII A	VIII A
Forme la plus probable de l'ion	E^+	E^{2+}	E^{3+}	E^{4+} ou E^{4-}	E^{3-}	E^{2-}	E^-	Aucune
Exemple	Li^+	Be^{2+}	B^{3+}	C^{4+} ou C^{4-}	N^{3-}	O^{2-}	F^-	Ne

LES IONS POLYATOMIQUES

STE SE

Il n'y a pas que les atomes individuels qui peuvent former des ions. Certains groupes d'atomes le peuvent aussi. Par exemple, le sulfate de sodium est formé de deux ions, l'un positif et l'autre négatif, comme le montre l'équation suivante :

$$Na_2SO_4 \rightarrow 2\ Na^+ + SO_4^{2-}$$

L'ion négatif SO_4^{2-} est composé de cinq atomes liés chimiquement (un atome de soufre et quatre atomes d'oxygène). On dit qu'il s'agit d'un «ion polyatomique».

> «Polyatomique» provient des mots grecs polus, qui signifie «plusieurs», et atomos, qui signifie «indivisible».

▶ Un ION POLYATOMIQUE est un groupe de deux atomes ou plus chimiquement liés et portant une charge électrique à la suite de la perte ou du gain d'un ou de plusieurs électrons.

2.10 QUELQUES IONS POLYATOMIQUES COURANTS

Formule chimique	Nom	Formule chimique	Nom
CH_3COO^-	Acétate	OH^-	Hydroxyde
NH_4^+	Ammonium	NO_3^-	Nitrate
HCO_3^-	Bicarbonate	NO_2^-	Nitrite
CO_3^{2-}	Carbonate	PO_4^{3-}	Phosphate
ClO_3^-	Chlorate	SO_4^{2-}	Sulfate
CrO_4^{2-}	Chromate	SO_3^{2-}	Sulfite

STE SE 1.2 LA NATURE DES LIAISONS CHIMIQUES

Nous avons vu que la plupart des atomes, à l'exception des gaz nobles, ont une tendance naturelle à gagner ou à perdre un ou plusieurs électrons. Lorsqu'un atome se trouve en présence d'un autre atome, il formera une liaison chimique avec lui chaque fois que cette union peut satisfaire leur tendance respective.

Il existe deux principaux types de liaison chimique : la liaison ionique, dans laquelle un ou plusieurs électrons sont transférés d'un atome à un autre, et la liaison covalente, qui implique le partage d'une ou de plusieurs paires d'électrons. Nous verrons chacune de ces liaisons plus en détail au cours des pages qui suivent.

> ▶ Une **LIAISON CHIMIQUE** est l'union de deux atomes à la suite du transfert ou du partage d'un ou de plusieurs électrons.

STE SE LA LIAISON IONIQUE

Nous avons vu que certains éléments ont tendance à donner leurs électrons. C'est le cas des métaux. D'autres éléments ont, au contraire, tendance à capturer des électrons. Ce sont souvent des non-métaux. Qu'arrive-t-il lorsqu'un atome prêt à donner des électrons rencontre un atome prêt à en accepter ? Si les conditions le permettent, ils réagiront ensemble de façon à former une liaison chimique. Ce type de liaison porte le nom de «liaison ionique». La figure 2.11 explique la formation d'une liaison ionique.

1875
1946

Gilbert Newton Lewis

En 1916, ce physicien et chimiste américain proposa une théorie décrivant les liaisons chimiques et, en particulier, les liaisons covalentes. Il mit également au point une notation montrant les électrons de valence des atomes qui porte aujourd'hui son nom.

MODÈLE ATOMIQUE DE RUTHERFORD-BOHR

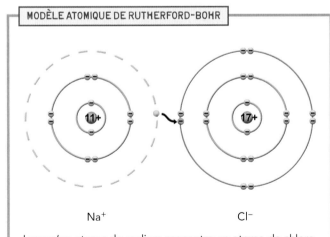

Na⁺   Cl⁻

Lorsqu'un atome de sodium rencontre un atome de chlore, il lui donne un électron. Tous deux acquièrent ainsi une configuration électronique semblable à celle d'un gaz noble. L'atome de sodium se transforme alors en ion positif (Na^+) et l'atome de chlore devient un ion négatif (Cl^-).

MODÈLE ATOMIQUE « BOULES ET BÂTONNETS »

NaCl

Comme les charges positives et les charges négatives s'attirent, l'ion positif de sodium et l'ion négatif de chlore ont tendance à s'approcher l'un de l'autre, afin de former une entité globalement neutre.

2.11 La formation d'une liaison ionique.

▶ Une **LIAISON IONIQUE** est le résultat du transfert d'un ou de plusieurs électrons d'un atome (généralement un métal) à un autre atome (généralement un non-métal).

On peut représenter la formation d'une liaison ionique à l'aide de la NOTATION DE LEWIS. La figure 2.12 permet de comprendre ce qui se passe lorsqu'on fait réagir du magnésium avec du chlore à l'aide de cette notation.

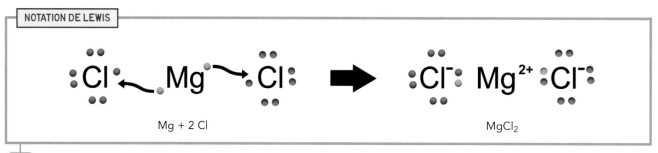

2.12 Le magnésium cherche à donner deux électrons tandis que le chlore ne peut en accepter qu'un seul. En conséquence, chaque atome de magnésium réagit avec deux atomes de chlore. Il en résulte deux liaisons ioniques.

STE SE LA LIAISON COVALENTE

Un receveur d'électrons peut-il réagir avec un autre receveur d'électrons ? La réponse est oui. Les exemples sont d'ailleurs nombreux : le dioxygène, l'eau, l'ammoniac, le méthane, etc. La figure 2.13 montre ce qui se passe dans un tel cas.

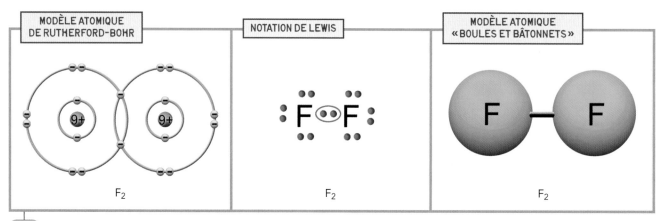

2.13 Lors de la formation d'une molécule de difluor (F_2), chaque atome partage un électron avec un autre atome de fluor. Cela permet à chacun d'obtenir la configuration électronique d'un gaz noble. Par convention, la paire d'électrons partagée est encerclée dans la notation de Lewis.

Le type de liaison chimique résultant de la mise en commun d'une ou de plusieurs paires d'électrons entre deux atomes porte le nom de « liaison covalente ».

« Covalent » est composé du préfixe « co », qui signifie « partage » et du latin valentia, qui signifie « force ».

▶ Une **LIAISON COVALENTE** est le résultat du partage d'une ou de plusieurs paires d'électrons entre deux atomes (généralement deux non-métaux).

Il arrive parfois que deux atomes partagent plus d'une paire d'électrons. C'est le cas notamment du dioxygène (O_2). En effet, chaque atome d'oxygène doit gagner deux électrons afin d'obtenir la configuration électronique d'un gaz noble. Deux atomes d'oxygène auront ainsi tendance à partager deux paires d'électrons. On dit alors que les atomes d'oxygène sont liés par une « liaison double ». Il existe également des « liaisons triples ».

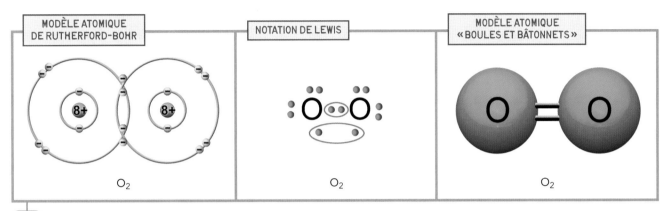

MODÈLE ATOMIQUE DE RUTHERFORD-BOHR	NOTATION DE LEWIS	MODÈLE ATOMIQUE « BOULES ET BÂTONNETS »

O_2 — O_2 — O_2

2.14 Chaque atome d'oxygène partage deux paires d'électrons avec un autre atome d'oxygène. Il se forme donc deux liaisons covalentes entre ces deux atomes ou une liaison double.

VERS LA VOITURE DE DEMAIN

La voiture à l'hydrogène arrive en ville! Ne courez pas chez le concessionnaire: pour l'instant, seuls des prototypes existent. Plusieurs scientifiques voient toutefois en elle la voiture de l'avenir.

Un peu comme la voiture électrique, ce bolide nouveau genre est propulsé par une pile. À l'intérieur de cette dernière, des molécules d'hydrogène (H_2) transmettent leurs électrons à de l'oxygène pur (O_2) pour former de l'eau (H_2O). Cet échange d'électrons fournit un courant électrique suffisant pour transmettre une bonne accélération à la voiture.

Puisque le seul produit de la réaction est l'eau, ce mode de propulsion est très écologique. Il reste toutefois plusieurs problèmes à surmonter avant de voir la voiture de demain sillonner nos routes. À la température et pression ambiantes, l'hydrogène prend la forme d'un gaz, difficile à stocker dans le réservoir d'une voiture. Une fois ce problème réglé, il faudra encore penser à installer des stations-services qui distribueront de l'hydrogène tout au long du réseau routier!

Adaptation de: Geneviève DORVAL-DOUVILLE, « Vers la voiture de demain », *Le Soleil*, 7 janvier 2007.

Le prototype d'une voiture fonctionnant à l'hydrogène liquide.

Le partage d'une paire d'électrons entre deux atomes n'est pas toujours équitable. Certains atomes cherchent en effet à attirer les paires d'électrons plus fortement que d'autres. Par exemple, dans une molécule d'eau, l'atome d'oxygène attire les électrons à lui un peu plus fortement que les deux atomes d'hydrogène. Il en résulte une certaine polarité électrique. Autrement dit, l'atome d'oxygène porte une charge légèrement négative tandis que les deux atomes d'hydrogène portent une charge légèrement positive. Ces charges ne représentent qu'une fraction d'une charge complète. Elles ne permettent donc pas de considérer l'eau comme un composé ionique. On appelle ces liaisons covalentes non équitables des «liaisons covalentes polaires».

La polarité de la molécule d'eau est à l'origine de sa capacité de dissoudre un grand nombre de substances, ce qui lui a d'ailleurs valu son surnom de «solvant universel». Nous y reviendrons dans la section sur les solutions (*voir la page 51*).

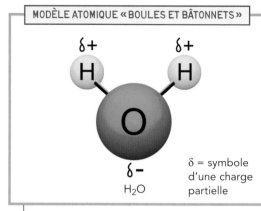

MODÈLE ATOMIQUE «BOULES ET BÂTONNETS»

H_2O

δ = symbole d'une charge partielle

2.15 Dans une molécule d'eau, les paires d'électrons ne sont pas partagées de manière équitable dans chaque liaison: elles sont davantage attirées vers l'oxygène que vers l'hydrogène. D'où l'apparition d'une charge partiellement négative à proximité de l'atome d'oxygène (δ⁻) et de charges partiellement positives à proximité des atomes d'hydrogène (δ⁺).

STE SE 1.3 LES RÈGLES D'ÉCRITURE ET DE NOMENCLATURE

Les règles d'écriture et de nomenclature permettent de nommer plusieurs substances. Elles permettent aussi de connaître les éléments qui constituent ces substances, ainsi que leurs proportions. Les règles qui suivent s'appliquent principalement aux molécules binaires, c'est-à-dire aux molécules formées de deux éléments différents.

STE SE LES RÈGLES D'ÉCRITURE

La formule chimique est une représentation symbolique d'une molécule. Elle nous indique quels éléments la constituent, ainsi que le nombre de chacun de ces éléments.

Pour écrire la formule chimique d'une molécule, il faut suivre trois règles:

- D'abord, il faut trouver le symbole chimique de chacun des éléments qui composent la molécule. Le tableau périodique est l'endroit tout indiqué pour trouver cette information.

- Ensuite, on doit déterminer l'ordre d'écriture des symboles chimiques. Si une molécule binaire comporte un métal et un non-métal, on écrit toujours le symbole chimique du métal en premier. Dans les autres cas, on écrit les symboles chimiques selon l'ordre suivant: B, Ge, Si, C, Sb, As, P, N, H, Te, Se, S, I, Br, Cl, O et F.

- Finalement, il reste à ajouter, s'il y a lieu, des indices précisant le nombre d'atomes de chaque élément. Ces indices sont placés en bas et à droite du symbole de l'élément auquel ils se rapportent. Il est à noter qu'on ne met pas d'indice lorsqu'il n'y a qu'un seul atome d'un élément.

Voici comment trouver ces indices. Puisque les éléments cherchent à acquérir la configuration électronique d'un gaz noble, ils ont donc tendance à former autant de liaisons qu'il est nécessaire pour obtenir cette configuration. Ainsi, on peut considérer qu'en général l'hydrogène (de même que tous les alcalins) forme une liaison, que l'oxygène (et tous les autres éléments de la famille VI A) en forme deux, que l'azote (ainsi que toute la famille V A) en forme trois, que le carbone (et tous les éléments de la même famille) en forme quatre, etc. Il faut donc ajuster le nombre d'atomes dans la molécule afin que chacun réalise toutes les liaisons qu'il cherche à former.

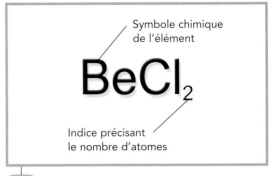

Symbole chimique de l'élément

$BeCl_2$

Indice précisant le nombre d'atomes

2.16 La formule chimique du $BeCl_2$ indique que chaque molécule est constituée d'un atome de béryllium et de deux atomes de chlore.

L'exemple suivant indique comment trouver la formule chimique de la molécule résultant de la réaction entre le béryllium et le chlore.

- Le symbole chimique du béryllium est Be. Le symbole chimique du chlore est Cl.

- Le béryllium est un métal, tandis que le chlore est un non-métal. Il faut donc placer le symbole chimique du béryllium avant celui du chlore.

- Le béryllium est un élément qui a tendance à donner deux électrons. On peut donc dire qu'il cherche à former deux liaisons. Le chlore a tendance à gagner un électron. Il cherche donc à former une liaison. Pour que chaque atome réalise toutes les liaisons qu'il cherche à former, il faut donc unir deux atomes de chlore à chaque atome de béryllium.

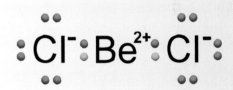

La formule chimique de la molécule résultant de la réaction entre le béryllium et le chlore est donc $BeCl_2$.

STE SE LES RÈGLES DE NOMENCLATURE

Les chimistes ont mis au point certaines règles de nomenclature pour nommer les différentes substances qu'ils utilisent.

«Nomenclature» provient du latin nomenclator, qui désignait une personne dont la fonction était de nommer les gens à l'intention d'un haut gradé romain.

Les règles de nomenclature des molécules binaires sont les suivantes :

- nommer d'abord le second élément ;
- modifier son nom selon les indications du tableau 2.17 (*à la page suivante*) ;
- faire suivre ce nom du déterminant «de» ;
- nommer le premier élément ;
- ajouter, s'il y a lieu, un ou des préfixes pour préciser le nombre d'atomes de chaque élément (*voir le tableau 2.18, à la page suivante*).

Les molécules et les solutions **49**

2.17	QUELQUES NOMS UTILISÉS POUR NOMMER LE SECOND ÉLÉMENT D'UNE MOLÉCULE BINAIRE

Nom de l'élément	Nom utilisé dans la nomenclature
Azote	Nitrure
Brome	Bromure
Carbone	Carbure
Chlore	Chlorure
Fluor	Fluorure
Hydrogène	Hydrure
Iode	Iodure
Oxygène	Oxyde
Phosphore	Phosphure
Soufre	Sulfure

2.18	QUELQUES PRÉFIXES UTILISÉS POUR PRÉCISER LE NOMBRE D'ATOMES D'UN ÉLÉMENT DANS UNE MOLÉCULE BINAIRE

Nombre d'atomes	Préfixe
Un	Mono
Deux	Di
Trois	Tri
Quatre	Tétra
Cinq	Penta
Six	Hexa
Sept	Hepta
Huit	Octa
Neuf	Nona
Dix	Déca

Si l'on applique ces règles de nomenclature à la molécule $MgCl_2$, on comprend pourquoi elle se nomme «dichlorure de magnésium». Il est à noter que le préfixe «mono» n'est utilisé que pour éviter la confusion lorsque deux éléments peuvent se combiner de plus d'une façon. Par exemple, le carbone et l'oxygène peuvent se combiner pour former soit une molécule de CO, qu'on appelle alors «monoxyde de carbone», soit une molécule de CO_2, qui est plutôt du «dioxyde de carbone».

Lorsqu'une substance se compose de plus de deux éléments, il est plus difficile de la nommer. Cependant, si on y reconnaît la présence d'un ion polyatomique, il suffit alors de suivre les règles de nomenclature en utilisant le nom de l'ion polyatomique, sans le modifier. Par exemple, le nom du NaOH est «hydroxyde de sodium».

Dans l'usage, on continue parfois de nommer certaines substances par un nom différent de celui dicté par les règles de nomenclature. Par exemple, le HCl est souvent nommé «acide chlorhydrique» plutôt que «chlorure d'hydrogène».

2.19	LES NOMS DE QUELQUES SUBSTANCES

Formule chimique	Nom
Al_2O_3	Trioxyde de dialuminium
CaI_2	Diiodure de calcium
$Mg(NO_3)_2$	Dinitrate de magnésium

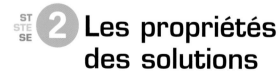

ST
STE
SE
2 Les propriétés des solutions

Les atomes et les molécules qui composent les différentes substances qui nous entourent se côtoient parfois sans réagir ensemble. Elles forment alors un mélange. Un mélange est constitué d'au moins deux substances différentes. Il est toujours possible de séparer les constituants d'un mélange à l'aide de TECHNIQUES DE SÉPARATION physiques.

CONCEPTS DÉJÀ VUS

- Mélanges
- Solutions
- Solubilité
- Concentration
- Soluté
- Solvant
- Dissolution
- Dilution
- Acidité/basicité

Parmi les mélanges, les solutions occupent une grande place. L'eau du robinet, l'air et l'acier sont des exemples de solutions. Une solution est un mélange homogène, c'est-à-dire un mélange dans lequel on ne peut pas distinguer les substances qui le composent, même en utilisant un instrument d'observation, comme une loupe ou un microscope optique. Cela vient du fait que, dans une solution, un des constituants (le SOLUTÉ) est dissous dans l'autre (le SOLVANT).

> ● Une **SOLUTION** est un mélange homogène dans lequel on ne peut pas distinguer les substances qui le composent, même avec l'aide d'un instrument d'observation.

Les solutions se distinguent les unes des autres par leurs propriétés. Au cours des sections qui suivent, nous examinerons quelques-unes de ces propriétés, soit la solubilité, la concentration, la conductibilité électrique et le pH.

L'eau a la capacité de dissoudre une multitude de substances. La solution qui en résulte est une « solution aqueuse ».

« Aqueux » provient du latin aqua, *qui veut dire « eau ».*

> ● Une **SOLUTION AQUEUSE** est une solution dans laquelle le solvant est l'eau.

C'est la polarité de la molécule d'eau (*voir la figure 2.15, à la page 48*) qui la rend apte à dissoudre un si grand nombre de substances différentes. La figure 2.20 montre ce qui se passe lors de la dissolution du sel de table dans l'eau.

De façon générale, l'eau dissout bien les molécules comportant une liaison ionique (comme le sel de table) et celles qui possèdent une certaine polarité (comme le sucre). Par contre, les molécules non polaires, comme l'huile, sont souvent peu ou pas solubles dans l'eau.

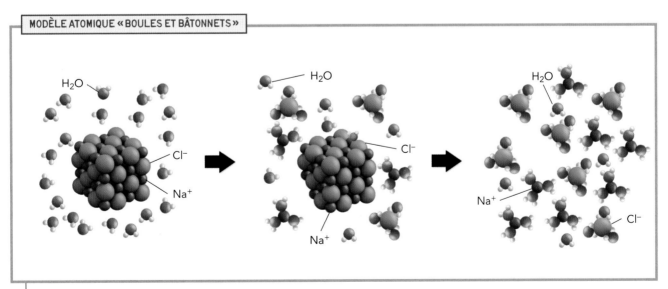

MODÈLE ATOMIQUE « BOULES ET BÂTONNETS »

2.20 Les pôles positifs de la molécule d'eau (les côtés « H ») exercent une attraction sur les ions négatifs du grain de sel (Cl^-), tandis que le pôle négatif de l'eau (le côté « O ») exerce une attraction semblable sur les ions positifs (Na^+). Ces attractions finissent par détacher les ions du grain de sel solide. Les ions se mettent alors à circuler individuellement dans l'eau.

SE 2.1 LA SOLUBILITÉ

Il existe une limite à la quantité de soluté qu'on peut dissoudre dans un solvant donné. Cette limite représente la solubilité d'un soluté dans un solvant.

> ▶ La **SOLUBILITÉ** est la quantité maximale de soluté qu'on peut dissoudre dans un certain volume de solvant.

Plusieurs facteurs influent sur la solubilité. Mentionnons, entre autres, la nature du soluté, la nature du solvant, la température et la pression (dans le cas d'un soluté gazeux).

Par exemple, la figure 2.21 montre que la solubilité du dioxygène dans l'eau diminue à mesure que la température augmente.

L'annexe 2, à la fin de ce manuel, indique la solubilité (ainsi que d'autres propriétés caractéristiques) de plusieurs substances courantes.

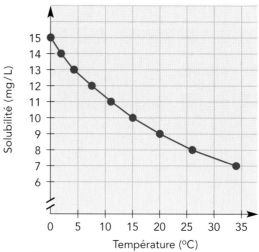

2.21 LA SOLUBILITÉ DU DIOXYGÈNE DANS L'EAU EN FONCTION DE LA TEMPÉRATURE

ST STE SE 2.2 LA CONCENTRATION

La proportion de soluté par rapport à la quantité de solution varie beaucoup d'une solution à l'autre. Sa mesure précise indique la concentration de la solution.

> ▶ La **CONCENTRATION** d'une solution correspond à la quantité de soluté dissous par rapport à la quantité de solution.

ST STE SE LA DILUTION ET LA DISSOLUTION

COMMENT DÉTERMINER LA SOLUBILITÉ D'UN SOLIDE

COMMENT DÉTERMINER LA CONCENTRATION D'UN SOLUTÉ DANS UNE SOLUTION

COMMENT PRÉPARER UNE SOLUTION

On peut faire varier la concentration d'une solution de différentes façons. Par exemple, si on ajoute de l'eau dans un bol de soupe, son goût deviendra moins prononcé. On dit alors que la soupe est diluée, ou encore que la concentration du bouillon dans la soupe a diminué. Au contraire, si l'on ajoute du bouillon de poulet en poudre, la saveur de la soupe devient plus intense. L'ajout de soluté et sa dissolution permettent d'augmenter la concentration de la solution. De même, si on laisse la solution s'évaporer, la quantité de solvant diminuera, ce qui aura également pour effet d'augmenter la concentration.

2.22 LES CONSÉQUENCES DE DIFFÉRENTS CHANGEMENTS SUR LA CONCENTRATION D'UNE SOLUTION

Changement	Conséquence sur la concentration
Dilution (ajout de solvant)	Diminution de la concentration
Dissolution (ajout de soluté)	Augmentation de la concentration
Évaporation (diminution de solvant)	Augmentation de la concentration

Voici différentes façons d'exprimer la concentration :

- en nombre de grammes de soluté par litre de solution (g/L) ;
- en nombre de grammes de soluté par 100 ml de solution (% m/V) ;
- en nombre de millilitres de soluté par 100 ml de solution (% V/V) ;
- en nombre de grammes de soluté par 100 g de solution (% m/m).

Pour calculer la concentration en g/L, on peut utiliser la formule suivante :

$$C = \frac{m}{V}, \text{ où } C \text{ représente la concentration (en g/L)}$$
$$m \text{ représente la masse du soluté dissous (en g)}$$
$$V \text{ représente le volume de la solution (en L)}$$

Il existe d'autres façons d'exprimer la concentration. Elles sont utilisées dans des contextes très particuliers. Dans les deux sections suivantes, nous décrirons la concentration en ppm et la concentration molaire.

LA CONCENTRATION EN ppm

Lorsque la quantité de soluté présente dans une solution est extrêmement petite, on peut exprimer sa concentration en parties par million (ppm). Ainsi, 1 ppm est l'équivalent de 1 g de soluté dans 1 000 000 g de solution, ou encore de 1 mg de soluté dans 1000 g de solution. Dans le cas des solutions aqueuses, on peut estimer que 1 ppm correspond à environ 1 mg de soluté par litre de solution.

> ▶ La **CONCENTRATION EN** ᴘᴘᴍ **(ou en parties par million) correspond au nombre de parties de soluté dissous dans un million de parties de solution.**

$$1 \text{ ppm} = \frac{1 \text{ g}}{1\,000\,000 \text{ g}} = \frac{1 \text{ mg}}{1000 \text{ g}} = 1 \text{ mg/kg}$$

Dans le cas des solutions aqueuses :

$$1 \text{ ppm} \approx \frac{1 \text{ g}}{1000 \text{ L}} \approx 1 \text{ mg/L}$$

UN NEZ FIN

Nos sens ne nous permettent pas de détecter des substances dont la concentration est de l'ordre de quelques ppm, à l'exception de l'odorat. Par exemple, le sulfure de dihydrogène (un gaz ayant une odeur caractéristique d'œufs pourris) est toxique à une concentration de 10 ppm, mais notre odorat peut le repérer à une concentration beaucoup plus faible, soit environ 0,1 ppm.

2.23 L'eau des piscines publiques contient généralement environ 1 ppm de chlore, afin d'empêcher la prolifération des bactéries.

LA CONCENTRATION MOLAIRE

LABO
N° 9

La concentration molaire s'exprime en mol/L. Elle correspond à la quantité de particules de soluté dissoutes (en moles) par unité de volume de solution (en litres). Dans l'étude des transformations de la matière, la concentration molaire est un concept très utile, puisqu'elle permet de comparer différentes solutions ayant le même nombre de particules dissoutes. En effet, grâce au NOMBRE D'AVOGADRO, on sait, par exemple, qu'un litre de solution aqueuse de sel de table dont la concentration est de 1 mol/L contient nécessairement $6,02 \times 10^{23}$ molécules de chlorure de sodium par litre de solution.

> ▶ La **CONCENTRATION MOLAIRE** équivaut au nombre de moles de soluté dissous dans un litre de solution.

La concentration molaire est symbolisée par des crochets placés de chaque côté de la formule chimique de la substance mesurée. Par exemple, l'expression [NaCl] = 0,5 mol/L signifie que la concentration molaire d'une solution de chlorure de sodium est égale à 0,5 mol/L.

On peut trouver la concentration molaire d'une solution en utilisant la formule suivante :

$C = \dfrac{n}{V}$, où C est la concentration (en mol/L)

n est la quantité de soluté (en mol)

V est le volume de la solution (en L)

Voyons un exemple. Supposons qu'on dissolve 58,5 g de chlorure de sodium dans 500 ml de solution. Pour trouver la concentration molaire de cette solution, on doit procéder en deux étapes.

- Il faut d'abord transformer la masse du NaCl en moles, à l'aide de la formule suivante :

$M = \dfrac{m}{n}$, où M représente la masse molaire (en g/mol)

m représente la masse (en g)

n représente le nombre de moles (en mol)

En consultant le tableau périodique, on trouve que la masse molaire du sodium est de 22,99 g/mol et que celle du chlore est de 35,45 g/mol. La masse molaire du NaCl est donc de 58,44 g/mol. En transformant la formule précédente, on obtient donc :

$n = \dfrac{m}{M} = \dfrac{58,5 \text{ g}}{58,44 \text{ g/mol}} \approx 1 \text{ mol}$

- On peut ensuite calculer la concentration molaire :

$C = \dfrac{n}{V} = \dfrac{1 \text{ mol}}{0,5 \text{ L}} = 2 \text{ mol/L}$

La concentration molaire de la solution est donc de 2 mol/L.

2.3 LA CONDUCTIBILITÉ ÉLECTRIQUE

ST
STE
SE

L'eau pure ne conduit pas l'électricité. Pourtant, on nous met souvent en garde contre le danger de s'électrocuter lorsqu'on manipule des appareils électriques près de l'eau. Alors, qu'est-ce qui permet au courant électrique de circuler dans l'eau ? Ce sont les substances qui y sont dissoutes. En effet, certaines substances, lorsqu'elles sont dissoutes dans l'eau (ou dans un autre solvant), permettent le passage du courant électrique. C'est le cas notamment du sel de table. On appelle ces substances des « électrolytes ».

> **Un ÉLECTROLYTE est une substance qui, dissoute dans l'eau, permet le passage du courant électrique.**

> **La CONDUCTIBILITÉ ÉLECTRIQUE d'une solution est sa capacité de permettre le passage du courant électrique.**

Les substances solubles dans l'eau qui ne permettent pas le passage du courant électrique, comme le sucre, sont appelées des « non-électrolytes ».

Les solutions contenant un électrolyte sont appelées des « solutions électrolytiques ». Les électrolytes et les solutions électrolytiques ont beaucoup d'applications. La pile en est un exemple. Plusieurs piles contiennent en effet une solution électrolytique permettant au courant électrique de circuler entre deux bornes, les électrodes.

L'eau des océans, des rivières et des lacs contient des électrolytes en différentes concentrations. C'est cette différence de concentration qui distingue, entre autres, l'eau douce des rivières de l'eau salée des océans. En fait, plusieurs organismes vivants ont besoin des électrolytes présents dans l'eau pour vivre. Ainsi, certains poissons sont adaptés à la vie en eau salée et ne pourraient pas survivre en eau douce. L'inverse est aussi vrai.

2.24 La première pile fut mise au point en 1800 par le physicien italien Alessandro Volta. Il avait empilé des plaques de zinc et de cuivre entre lesquelles il avait inséré une rondelle de papier imbibée d'une solution électrolytique. D'où le nom de « pile », donné à cette source de courant électrique.

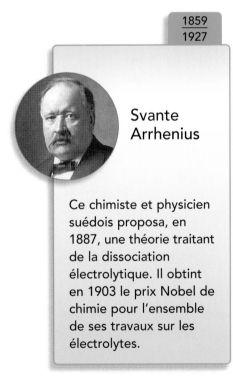

1859
1927

Svante Arrhenius

Ce chimiste et physicien suédois proposa, en 1887, une théorie traitant de la dissociation électrolytique. Il obtint en 1903 le prix Nobel de chimie pour l'ensemble de ses travaux sur les électrolytes.

LA DISSOCIATION ÉLECTROLYTIQUE

ST
STE

Lorsqu'on dissout un électrolyte dans l'eau, il se sépare en deux ions de charges opposées : un ion positif et un ion négatif. Par exemple, le chlorure de sodium, $NaCl$, se dissocie dans l'eau en formant un ion positif, le Na^+, et un ion négatif, le Cl^-.

> **La DISSOCIATION ÉLECTROLYTIQUE est la séparation d'une substance dissoute en deux ions de charges opposées.**

La dissociation électrolytique est une transformation physique. Autrement dit, elle ne change pas la nature du soluté. Par exemple, lorsqu'on dissout du chlorure de sodium dans l'eau, il conserve toutes ses propriétés. On peut d'ailleurs le récupérer en évaporant complètement l'eau.

L'équation de la dissociation électrolytique du chlorure de sodium s'écrit ainsi :

$$NaCl_{(s)} \xrightarrow{H_2O} Na^+_{(aq)} + Cl^-_{(aq)}$$

Les indices entre parenthèses correspondent à l'état physique de chacune des substances impliquées dans la transformation. Le «s» veut dire solide et le «aq» indique que les substances obtenues se trouvent en solution aqueuse. L'indication «H_2O» sur la flèche signifie que cette transformation a lieu lorsque le soluté est placé dans l'eau.

La dissolution d'un non-électrolyte ne produit pas d'ions. Par exemple, lorsqu'on dissout du sucre dans l'eau, ses molécules demeurent entières, bien qu'elles se détachent les unes des autres. Cette dissolution s'écrit comme suit :

$$C_{12}H_{22}O_{11(s)} \xrightarrow{H_2O} C_{12}H_{22}O_{11(aq)}$$

Ce sont les ions formés lors d'une dissociation électrolytique qui permettent au courant électrique de circuler. Lorsqu'on plonge des électrodes reliées à

«Ion» provient du grec *ienai, qui signifie «aller».*

une source de courant électrique dans une solution électrolytique, les ions positifs se déplacent vers la borne négative, tandis que les ions négatifs se déplacent vers la borne positive (*voir la figure 2.25*).

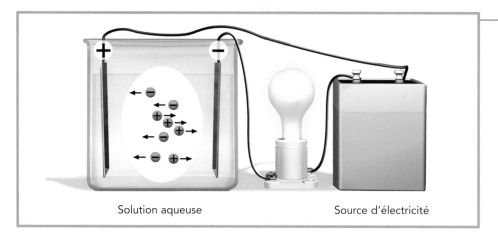

2.25 C'est le mouvement des ions dans une solution électrolytique qui permet au courant électrique de circuler.

Solution aqueuse   Source d'électricité

STE LA FORCE DES ÉLECTROLYTES

LABOS
Nᵒˢ 10 et 11

Une façon simple de savoir si un soluté est un électrolyte ou non est de le dissoudre dans l'eau, de placer deux électrodes dans la solution, de relier les électrodes à une source de courant électrique ainsi qu'à une ampoule, puis de vérifier si l'ampoule s'allume ou non. Un tel montage permet de constater qu'à concentration égale, tout soluté dissous dans l'eau se comporte de l'une ou l'autre des trois façons suivantes :

- sa dissolution permet le passage du courant électrique et l'ampoule s'allume en produisant une lumière brillante ;

- sa dissolution permet le passage du courant électrique et l'ampoule s'allume, bien que la lumière produite soit faible;
- sa dissolution ne permet pas le passage du courant électrique et l'ampoule reste éteinte.

Le premier cas indique que le soluté est un «électrolyte fort». À l'échelle atomique, cela signifie que pratiquement toutes les molécules de ce soluté se sont dissociées dans l'eau pour former des ions. C'est ce qui se passe, notamment, lorsqu'on dissout du chlorure de sodium dans l'eau.

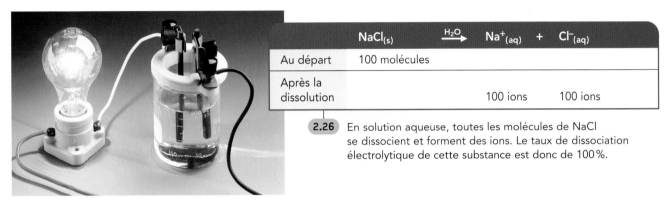

	$NaCl_{(s)}$ $\xrightarrow{H_2O}$	$Na^+_{(aq)}$	+	$Cl^-_{(aq)}$
Au départ	100 molécules			
Après la dissolution		100 ions		100 ions

2.26 En solution aqueuse, toutes les molécules de NaCl se dissocient et forment des ions. Le taux de dissociation électrolytique de cette substance est donc de 100%.

Le deuxième cas est celui d'un «électrolyte faible». Lors de la dissolution d'un tel soluté, une partie seulement des molécules se dissocie en formant des ions. Les autres demeurent sous forme de molécules neutres. C'est ce qui se produit, par exemple, lors de la dissolution du fluorure d'hydrogène.

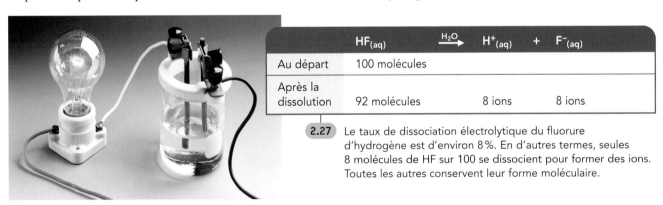

	$HF_{(aq)}$ $\xrightarrow{H_2O}$	$H^+_{(aq)}$	+	$F^-_{(aq)}$
Au départ	100 molécules			
Après la dissolution	92 molécules	8 ions		8 ions

2.27 Le taux de dissociation électrolytique du fluorure d'hydrogène est d'environ 8%. En d'autres termes, seules 8 molécules de HF sur 100 se dissocient pour former des ions. Toutes les autres conservent leur forme moléculaire.

Le troisième cas correspond à la dissolution d'un «non-électrolyte». Ce type de soluté ne produit aucun ion. C'est ce qui se produit lors de la dissolution du sucre dans l'eau.

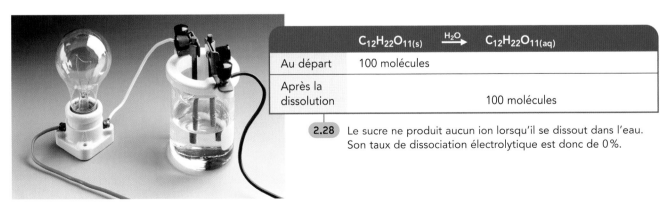

	$C_{12}H_{22}O_{11(s)}$ $\xrightarrow{H_2O}$	$C_{12}H_{22}O_{11(aq)}$
Au départ	100 molécules	
Après la dissolution		100 molécules

2.28 Le sucre ne produit aucun ion lorsqu'il se dissout dans l'eau. Son taux de dissociation électrolytique est donc de 0%.

> La FORCE D'UN ÉLECTROLYTE correspond à son taux de disso-
> ciation électrolytique. Plus ce taux est élevé, plus l'électrolyte
> est fort.

La force d'un électrolyte se mesure uniquement à son taux de dissociation électrolytique et non à sa concentration. Ainsi, il pourrait arriver qu'un électrolyte fort très dilué conduise moins bien le courant électrique qu'un électrolyte faible très concentré.

ST STE SE LES TYPES D'ÉLECTROLYTES

Les acides, les bases et les sels sont trois importants types d'électrolytes. Ils se distinguent les uns des autres par leurs propriétés.

Les acides

Les jus de fruits, les boissons gazeuses, ainsi que le suc gastrique sécrété par l'estomac sont tous des acides. On les reconnaît à leur goût aigre. Certains indi-
cateurs permettent de reconnaître la présence d'un acide en solution. Par exemple, un morceau de papier tournesol neutre devient rouge au contact d'une solution acide.

> *«Acide» provient du latin* acidus, *qui signifie «aigre», «sur».*

Les acides sont des substances qui libèrent des ions H^+ lorsqu'on les dissout dans l'eau. Voici quelques exemples de solutions acides :

- l'acide chlorhydrique : $HCl_{(g)} \xrightarrow{H_2O} H^+_{(aq)} + Cl^-_{(aq)}$
- l'acide sulfurique : $H_2SO_{4(l)} \xrightarrow{H_2O} 2\ H^+_{(aq)} + SO_4^{2-}_{(aq)}$
- l'acide acétique : $CH_3COOH_{(l)} \xrightarrow{H_2O} H^+_{(aq)} + CH_3COO^-_{(aq)}$

> Un ACIDE est une substance qui libère des ions H^+ en
> solution aqueuse.

En plus de libérer un ou plusieurs ions H^+, un acide libère aussi un ion négatif. On peut généralement reconnaître un acide par sa formule chimique. En effet, elle débute souvent par le symbole d'un atome d'hydrogène (H), accompagné d'un non-métal. L'acide acétique, CH_3COOH, mieux connu sous le nom de vinaigre, fait ce-
pendant exception à cette règle.

Les bases

On trouve les bases dans plusieurs produits de nettoyage et dans certains médicaments contre les brûlures d'estomac. Le sang et l'eau de mer sont aussi légèrement basiques. Les solutions basiques ont un goût amer. De plus, elles semblent glissantes au toucher parce qu'elles réagissent avec les huiles qui lubrifient la peau en formant une sorte de savon. Lorsqu'on y trempe un morceau de papier tournesol neutre, il devient bleu.

Les bases sont des substances qui produisent des ions OH^- lorsqu'elles se trouvent en solution aqueuse.

UN VISAGE À DEUX FACES

Qu'ont en commun les crampes musculaires et les produits laitiers ? L'acide lactique. En effet, c'est l'accumulation d'acide lactique, une substance qu'on trouve aussi dans les produits laitiers, qui est responsable des douleurs musculaires qu'on éprouve parfois après une séance d'exercices intense. Heureusement, manger un yogourt ne produit pas le même effet !

Voici quelques exemples de solutions basiques :

- l'hydroxyde de sodium : $NaOH_{(s)} \xrightarrow{H_2O} Na^+_{(aq)} + OH^-_{(aq)}$

- le dihydroxyde de magnésium : $Mg(OH)_{2(s)} \xrightarrow{H_2O} Mg^{2+}_{(aq)} + 2\ OH^-_{(aq)}$

- l'hydroxyde d'ammonium : $NH_4OH_{(l)} \xrightarrow{H_2O} NH_4^+_{(aq)} + OH^-_{(aq)}$

> **Une BASE est une substance qui libère des ions OH⁻ en solution aqueuse.**

En plus de produire un ion OH⁻, les bases produisent aussi un ion positif. On peut généralement reconnaître une base par sa formule chimique. En effet, elle débute souvent par un métal et elle se termine habituellement par le groupe OH. Encore une fois, il existe des exceptions à cette règle. Ainsi, l'ammoniac, dont la formule est NH_3, est une base. Lorsqu'on dissout de l'ammoniac dans l'eau, il réagit avec les molécules d'eau de la façon suivante : $NH_3 + H_2O \longrightarrow NH_4^+ + OH^-$. L'ammoniac se comporte donc dans l'eau exactement comme l'hydroxyde d'ammonium. Ce dernier peut d'ailleurs être considéré comme une forme aqueuse d'ammoniac.

Les sels

Les sels constituent une classe très vaste de substances. Nous sommes d'ailleurs très friands des sels, car plusieurs rehaussent le goût des aliments. Le plus connu est évidemment le sel de table.

Les sels se composent généralement d'un métal accompagné d'un ou de plusieurs non-métaux. Par exemple, le chlorure de sodium, qui est comestible, est formé d'un atome de sodium, un métal très réactif, et d'un atome de chlore, provenant d'un gaz très toxique, le Cl_2.

> **Un SEL est une substance provenant de la liaison entre un ion métallique et un ion non métallique (autres que les ions H⁺ et OH⁻).**

En solution aqueuse, les sels solubles dans l'eau se dissocient en ions, ce qui permet le passage du courant électrique, comme le montrent les exemples suivants :

- le chlorure de sodium : $NaCl_{(s)} \xrightarrow{H_2O} Na^+_{(aq)} + Cl^-_{(aq)}$

- le nitrate d'argent : $AgNO_{3(s)} \xrightarrow{H_2O} Ag^+_{(aq)} + NO_3^-_{(aq)}$

- le dichlorure de calcium : $CaCl_{2(s)} \xrightarrow{H_2O} Ca^{2+}_{(aq)} + 2\ Cl^-_{(aq)}$

Les sels ne sont cependant pas tous facilement solubles dans l'eau. Le carbonate de calcium ($CaCO_3$), par exemple, l'est très peu.

Le test du papier tournesol neutre ne permet pas de détecter la présence d'un sel. En effet, le papier tournesol neutre reste violet en présence d'un sel, de la même manière qu'au contact de l'eau pure ou d'une solution d'eau sucrée.

Les ions formés lors de la dissociation électrolytique des sels ont une grande importance dans l'équilibre des organismes vivants. En effet, plusieurs de ces ions sont nécessaires à notre survie. Par exemple, on nous conseille souvent

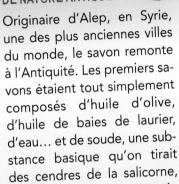

DE NATURE ANTIQUE

Originaire d'Alep, en Syrie, une des plus anciennes villes du monde, le savon remonte à l'Antiquité. Les premiers savons étaient tout simplement composés d'huile d'olive, d'huile de baies de laurier, d'eau... et de soude, une substance basique qu'on tirait des cendres de la salicorne, une plante qui pousse près de la mer.

d'avoir une alimentation comportant plusieurs minéraux, comme le magnésium ou le calcium. En réalité, on devrait plutôt dire que ce sont des ions, comme le Mg^{2+} et le Ca^{2+}, qu'il faut consommer quotidiennement.

Les ions sont aussi importants pour l'équilibre des sols. Par exemple, lorsqu'on épand de l'engrais dans un jardin, on fournit en fait aux plantes les ions nécessaires à leur croissance.

ST STE SE 2.4 LE pH

LABO
N° 12

COMMENT MESURER
LE pH

Le pH est une propriété qui permet de distinguer les solutions acides, les solutions basiques et les solutions neutres. Il existe différentes façons de mesurer le pH d'une solution. On peut utiliser un indicateur, c'est-à-dire une substance qui change de couleur selon le pH de la solution. Le papier pH universel est un exemple d'indicateur de pH. On peut aussi employer un appareil de mesure, comme le pH-mètre.

ST STE SE L'ÉCHELLE DU pH

L'échelle du pH va de 0 à 14. Elle permet de déterminer le degré d'acidité ou de basicité d'une solution. On considère que :

- si le pH < 7, la solution est acide ;
- si le pH = 7, la solution est neutre ;
- si le pH > 7, la solution est basique.

ENVIRONNEMENT+

Quand les lacs tournent au vinaigre

La pluie et la neige sont naturellement légèrement acides, avec un pH autour de 5,5. On considère qu'une pluie est acide lorsque son pH descend au-dessous de 5. Au Québec, le pH des précipitations tourne en moyenne autour de 4,5. La province est donc aux prises avec un problème de pluies acides.

L'impact de ce phénomène sur les lacs est particulièrement frappant. En effet, l'acidification d'un lac passe par une succession d'étapes dont les effets sont très visibles.

Le pH normal d'un lac se situe entre 8,5 et 6. Lorsque le pH passe de 6 à 5,5, les formes de vie les plus intolérantes à l'acidité commencent à disparaître, ce qui peut représenter jusqu'à 25 % des espèces de poissons. Entre 5,5 et 5, les change-

Un lac très acide peut favoriser la prolifération d'algues gélatineuses très nauséabondes.

ments s'accélèrent : jusqu'à 75 % des espèces de poissons présentes à l'origine disparaissent. De plus, plusieurs végétaux sont remplacés par des mousses et des sphaignes. Au-dessous de 5, aucun poisson ne peut se reproduire. Il ne reste plus que quelques adultes, souvent amaigris par le manque de nourriture.

L'échelle du pH est une échelle logarithmique. Cela veut dire qu'une différence de 1 unité entre 2 substances indique en réalité qu'une de ces substances est 10 fois plus acide que l'autre. Par exemple, une solution dont le pH est de 3 est 10 fois plus acide qu'une solution ayant un pH de 4. De même, une solution ayant un pH de 9 est 100 fois moins basique qu'une solution dont le pH est de 11.

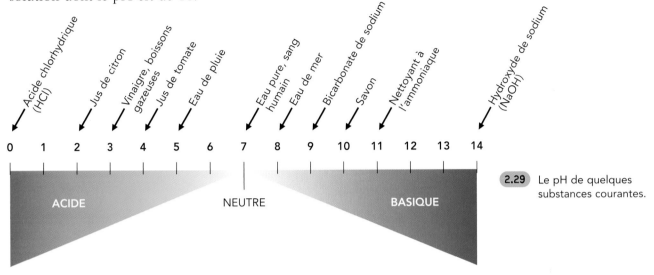

2.29 Le pH de quelques substances courantes.

STE **UNE EXPLICATION PLUS AVANCÉE DU pH**

Le pH est en fait une indication de la concentration des ions H^+ présents dans une solution. Le tableau 2.30 permet de constater la correspondance entre la concentration en ions H^+ et l'échelle du pH.

2.30 LA CONCENTRATION EN IONS H^+ ET LE pH CORRESPONDANT

Concentration en ions H^+ (en mol/L)	Concentration en notation scientifique	pH
1,0	1×10^0	0
0,1	1×10^{-1}	1
0,01	1×10^{-2}	2
0,001	1×10^{-3}	3
0,000 1	1×10^{-4}	4
0,000 01	1×10^{-5}	5
0,000 001	1×10^{-6}	6
0,000 000 1	1×10^{-7}	7
0,000 000 01	1×10^{-8}	8
0,000 000 001	1×10^{-9}	9
0,000 000 000 1	1×10^{-10}	10
0,000 000 000 01	1×10^{-11}	11
0,000 000 000 001	1×10^{-12}	12
0,000 000 000 000 1	1×10^{-13}	13
0,000 000 000 000 01	1×10^{-14}	14

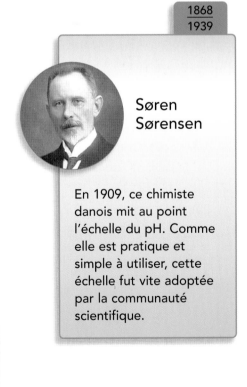

1868
1939

Søren Sørensen

En 1909, ce chimiste danois mit au point l'échelle du pH. Comme elle est pratique et simple à utiliser, cette échelle fut vite adoptée par la communauté scientifique.

VERDICT

ST 1 à 6, 17 à 23, 27 à 29, 31 à 33, A, C.

STE 1 à 33, A à C.

ATS Aucune.

SE 1 à 28, 31, A à C.

1 Qu'est-ce qu'une molécule ? (p. 40-50)

1. Indiquez si les substances suivantes sont des molécules ou non. Expliquez vos réponses.

a) NaCl

b) O_2

c) Au

d) Co

e) CO

f) H_2SO_4

2. Quelle est la tendance naturelle de chacun des éléments suivants, du point de vue des gains ou de pertes d'électrons ?

a) Le potassium.

b) L'oxygène.

c) L'aluminium.

d) Le krypton.

3. Les métaux sont des donneurs d'électrons. Par conséquent, ont-ils tendance à former des ions positifs ou des ions négatifs ?

4. Effectuez le bilan des charges de chacun des transferts d'électrons suivants. Indiquez également la charge des ions qui en résultent.

a) Un atome de calcium perd deux électrons.

b) Un atome d'azote gagne trois électrons.

c) Un atome d'iode gagne un électron.

d) Un atome d'aluminium perd trois électrons.

5. Indiquez si chacune des représentations suivantes montre un atome ou un ion. Expliquez votre réponse.

a)   b)

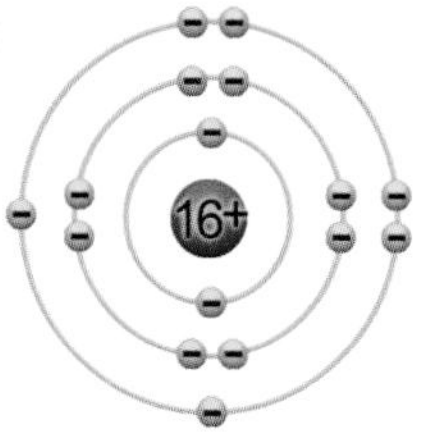

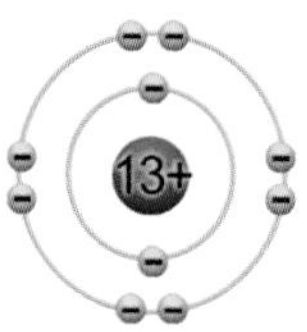

6. Le fer a la possibilité de former soit un ion Fe^{2+}, soit un ion Fe^{3+}. Indiquez le nombre de protons et le nombre d'électrons que possède chacun de ces ions.

7. Plusieurs savons et détergents contiennent des phosphates qui contaminent l'eau des lacs et des rivières. D'ailleurs, plusieurs organismes environnementaux tentent d'encourager les consommateurs à utiliser des savons et des détergents sans phosphates.

a) Un phosphate est-il un atome, une molécule ou un ion ?

b) Précisez sa formule chimique.

8. Les molécules suivantes contiennent-elles un ion polyatomique ? Si oui, indiquez sa formule chimique et nommez-le en suivant les règles de nomenclature.

a) NaOH

b) $C_6H_{22}O_{11}$

c) $MgSO_4$

d) H_3PO_4

9. Parmi les substances suivantes, lesquelles comportent au moins une liaison ionique ?

HCl, NaOH, CO_2, KBr, CaO, $AlCl_3$, NH_3.

10. À l'aide de la notation de Lewis, montrez comment les liaisons ioniques des molécules suivantes se forment.

a) LiF

b) $CaBr_2$

c) Li_3N

d) MgO

11. Indiquez la charge de chacun des ions formant les molécules ci-dessous.

a) NaBr

b) CaO

c) Li_2S

d) AlF_3

12. Parmi les substances suivantes, lesquelles comportent au moins une liaison covalente?

CH_3COOH, CS_2, $CoCl_2$, Fe_2O_3, H_2O, CH_4, $AgCl$.

13. À l'aide de la notation de Lewis, montrez comment se forment les liaisons covalentes de chacune des molécules suivantes.

a) Cl_2

b) CBr_4

c) CO_2

d) HF

14. Que représente l'indice «2» dans la molécule $MgCl_2$?

15. Écrivez la formule chimique de la molécule qui résulterait de l'union de chacune des paires de substances suivantes.

a) Le potassium et le soufre.

b) Le chlore et le cuivre.

c) Le chrome et le fluor.

d) L'ion Mg^{2+} et l'ion SO_4^{2-}.

16. Utilisez les règles de nomenclature pour nommer les substances suivantes.

a) $NaBr$

b) PCl_5

c) $SiCl_4$

d) KN_3

e) Al_2O_3

2 **Les propriétés des solutions** (p. 50-61)

17. Nommez la substance qui joue le rôle de solvant et celle qui joue le rôle de soluté dans chacune des solutions suivantes.

a) L'air est composé d'environ 80% de diazote et d'environ 20% de dioxygène.

b) L'acier est un alliage à base de fer contenant un peu de carbone.

c) L'eau de mer contient beaucoup de sels minéraux.

18. Les solutions d'entretien pour les lentilles cornéennes, les jus de fruits, ainsi que les liquides qui composent notre corps sont tous des exemples de solutions aqueuses. Quel est le solvant de ces solutions?

19. La saumure est une solution de chlorure de sodium ($NaCl$) à 18% m/V dans laquelle on fait tremper certains aliments afin de les conserver. Si l'on désire préparer 250 ml de saumure, quelle quantité de sel devra-t-on dissoudre?

20. Un technicien prépare une solution selon les étapes illustrées ci-dessous. Quelle est la concentration de cette solution, en g/L?

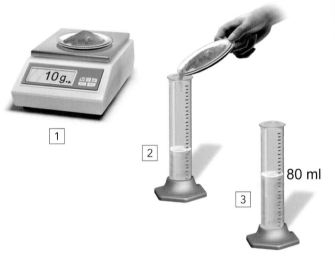

21. L'étiquette d'une bouteille d'eau indique que cette eau contient 45 ppm de sodium.

a) Que signifie cette indication?

b) Quelle est la concentration du sodium en g/L?

22. Un contaminant est présent dans l'eau d'un lac. Afin d'en déterminer la concentration, un technicien prélève 50 ml de cette eau. Après avoir effectué quelques mesures, il conclut que l'échantillon contient 3,75 mg de contaminant. Calculez la concentration de ce contaminant en ppm.

23. Certains minéraux sont nécessaires au maintien d'une bonne santé. Par exemple, on devrait absorber environ 350 mg de magnésium par jour. Les sources de magnésium sont nombreuses. Par exemple, le pain de blé entier en contient en moyenne 850 ppm. Combien de tranches de pain de blé entier faudrait-il manger pour obtenir la dose quotidienne recommandée de magnésium ? Considérez que la masse d'une tranche de pain est d'environ 30 g. Laissez des traces de vos calculs.

24. Une technicienne prépare une solution en dissolvant 50 g de nitrate de potassium (KNO_3) dans un peu d'eau, puis en ajoutant de l'eau de façon à obtenir 500 ml de solution. Quelle sera la concentration molaire de la solution qu'elle obtiendra ?

25. Afin de réaliser une expérience, une élève doit prélever exactement 0,2 mol de sulfate de cuivre ($CuSO_4$) d'une solution à 0,5 mol/L. Quel volume de solution devra-t-elle mesurer ?

26. Une chimiste doit préparer 300 ml d'une solution de diphosphate de trimagnésium ($Mg_3(PO_4)_2$) à une concentration de 1,5 mol/L. Quelle masse de diphosphate de trimagnésium devra-t-elle mesurer ?

27. Lequel des béchers suivants contient probablement un électrolyte ? Expliquez votre réponse.

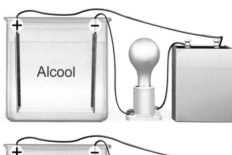

28. Qu'est-ce qui permet au courant électrique de circuler dans une solution ? Expliquez votre réponse.

29. Indiquez si les équations de dissociation électrolytique suivantes sont écrites correctement ou non. Expliquez vos réponses.

a) $MgO_{(s)} \xrightarrow{H_2O} Mg^{2+}_{(aq)} + O^{2-}_{(aq)}$

b) $CaBr_{2(s)} \xrightarrow{H_2O} Ca^{2+}_{(aq)} + Br^-_{(aq)}$

c) $LiH_{(s)} \xrightarrow{H_2O} Li^+_{(aq)} + H^+_{(aq)}$

d) $Al_2O_{3(s)} \xrightarrow{H_2O} 2\ Al^{3+}_{(aq)} + 3\ O^{2-}_{(aq)}$

30. Qu'est-ce qui distingue un électrolyte fort d'un électrolyte faible ?

31. Indiquez si chacune des substances suivantes est un acide, une base ou un sel.

a) HBr

b) KOH

c) BaF_2

d) $ZnSO_4$

e) H_3PO_4

f) $Cu(OH)_2$

32. Observez la photo suivante.

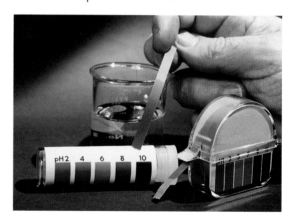

a) Quel est le pH de cette solution ?

b) Cette solution est-elle acide, basique ou neutre ? Expliquez votre réponse.

33. Le pH de la pluie se situe autour de cinq tandis que le pH de l'eau de mer est d'environ huit. Combien de fois l'eau de pluie est-elle plus acide que l'eau de mer ?

questions synthèses

A. Récemment, une coalition contre le monoxyde de dihydrogène a vu le jour. Cette coalition estime que l'utilisation massive de cette substance a des conséquences néfastes sur la santé et sur l'environnement.

Le monoxyde de dihydrogène est un composé incolore et inodore. Même si on peut le trouver sous forme solide, liquide ou gazeuse, on le commercialise généralement sous forme liquide. Son utilisation nécessite certaines mises en garde : les vapeurs de cette substance peuvent causer des brûlures, tandis qu'une exposition prolongée à sa forme solide peut entraîner des engelures. De plus, son inhalation sous forme liquide est la cause de nombreux décès.

a) Quelle est la formule chimique du monoxyde de dihydrogène ?

b) Le monoxyde de dihydrogène est le principal constituant des pluies acides. Y joue-t-il le rôle de solvant ou de soluté ? Expliquez votre réponse.

c) À l'état pur, cette substance ne permet pas le passage du courant électrique. Pourtant, elle entre dans la fabrication des piles. Expliquez comment cela est possible.

d) L'érosion des sols par cette substance permet de dissoudre les minéraux qui y sont présents et de les transporter jusqu'aux lacs et aux rivières. Qu'arrive-t-il alors à la concentration des minéraux dans les lacs et les rivières ?

e) Si la concentration totale des matières dissoutes dans un lac est de 500 mg/L, quelle est leur concentration en ppm ?

f) Faut-il interdire l'utilisation du monoxyde de dihydrogène ? Expliquez votre réponse.

B. Les atomes du monoxyde de dihydrogène sont-ils liés par des liaisons ioniques ou par des liaisons covalentes ? Expliquez votre réponse.

C. Préparez votre propre résumé du chapitre 2 en construisant un réseau de concepts.

COMMENT BÂTIR
UN RÉSEAU DE CONCEPTS

LA LUTTE CONTRE LES PLUIES ACIDES AU QUÉBEC

Une grande partie du territoire québécois est vulnérable au phénomène des pluies acides. Cela vient du fait que le Bouclier canadien produit un sol contenant peu de carbonates, qui sont des minéraux capables de neutraliser l'excès d'acidité. Notre environnement est donc plus sensible aux retombées acides que ne l'est, par exemple, l'Ouest canadien. On estime qu'en 1990, un lac sur cinq au Québec était trop acide, ce qui signifie que les populations animales et végétales qui y vivaient étaient menacées. De plus, le développement de la moitié du territoire forestier québécois se trouve ralenti par les pluies acides. Les médias ont d'ailleurs souvent rapporté le cas des érablières. Les pluies acides causent aussi d'importants dommages aux bâtiments et aux œuvres

RÉDUIRE LES ÉMISSIONS POLLUANTES

Pour régler la situation, le gouvernement québécois a décidé de s'attaquer à la cause du problème : les émissions de composés de soufre et d'azote, qui provoquent l'acidification des précipitations.

Les composés de soufre proviennent principalement des activités industrielles (usines de métaux, centrales thermiques alimentées au charbon et au pétrole, etc.). Quant aux composés d'azote, ils résultent surtout de la combustion des combustibles fossiles, notamment les rejets des automobiles.

Entre 1980 et 1994, le Québec a réussi à réduire de 70 % ses émissions de composés de soufre, grâce à des mesures comme l'installation de systèmes d'épuration dans les usines polluantes, des programmes de conservation de l'énergie et l'installation de catalyseurs sur les véhicules automobiles. Par exemple, les raffineries ont réduit de 90 % la teneur en soufre de l'essence au cours des 10 dernières années afin de se conformer à un règlement canadien.

Cependant, les polluants atmosphériques sont de grands voyageurs. Si bien que le Québec n'est responsable que du quart des émissions totales qui affectent son territoire. D'où l'importance de négocier des ententes avec nos voisins.

Les gaz d'échappement des automobiles sont une des principales sources des composés d'azote qui provoquent les pluies acides.

prévoit que les Américains diminueront leurs émissions de composés de soufre de 40 % d'ici 2010 par rapport au taux de 1980.

Grâce à toutes ces mesures, les émissions totales des composés de soufre, qui représentaient la principale cause des pluies acides au début des années 1980, ont maintenant diminué de moitié. Et les résultats attendus pour 2010 s'annoncent encore meilleurs. Déjà, au cours de la dernière décennie, on a constaté que le pH de certains lacs a augmenté, signe qu'ils ont commencé à récupérer.

NÉGOCIER DES RÉDUCTIONS SUPPLÉMENTAIRES

Malgré les efforts consentis, les émissions des composés d'azote sont cependant restées pratiquement stables depuis les années 1980. De plus, des études récentes montrent qu'à certains endroits, l'acidification des lacs se poursuit. Le problème n'est donc pas encore résolu.

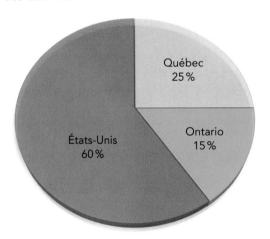

Provenance des composés de soufre qui affectent le territoire du Québec.

- Québec 25 %
- Ontario 15 %
- États-Unis 60 %

Au cours de la période allant de 1980 à 1994, l'Ontario a également réussi à diminuer ses émissions de composés de soufre de 70 %. De plus, un accord actuellement en vigueur entre le Canada et les États-Unis

Dans un rapport déposé en 2004, des scientifiques ont déclaré que des réductions supplémentaires de 75 % des émissions polluantes seraient nécessaires pour venir à bout du problème des pluies acides. De nouvelles négociations devront donc être menées entre les gouvernements du Québec, de l'Ontario, des provinces de l'Atlantique et des États-Unis.

---

1. Pour réduire les émissions de polluants atmosphériques, il faut réduire la combustion des combustibles fossiles. Quelles mesures chaque individu peut-il prendre afin de contribuer à cette réduction ?

2. Décrivez quelques conséquences des pluies acides dans votre région.

Une chute d'eau est une importante source d'énergie. En effet, la masse des molécules d'eau combinée à la vitesse qu'elles acquièrent au cours de leur chute peut faire tourner les pales d'une turbine et produire de l'électricité, permettant ainsi d'alimenter plusieurs appareils contribuant à notre confort moderne. L'étude de l'énergie et de ses manifestations nous aide à comprendre plusieurs phénomènes qui nous entourent. Comment l'énergie passe-t-elle d'une forme à une autre ? Quelles sont les forces qui agissent sur la matière ? Quelles sont les conséquences de ces forces ? Comment la chaleur se transmet-elle d'un corps à un autre ? Pourquoi certaines substances se réchauffent-elles plus vite que d'autres ? Voilà autant de questions auxquelles nous tenterons de répondre au fil de ce chapitre.

L'énergie et ses manifestations

SOMMAIRE

Qu'est-ce que l'énergie ?

L'énergie peut se présenter sous une multitude de formes provenant de sources tout aussi variées. Par exemple, pour produire du glucose, les plantes utilisent l'énergie solaire, une forme d'énergie émise par le Soleil contenant un mélange d'énergie thermique et d'énergie rayonnante obtenues à la suite de réactions nucléaires. Le glucose lui-même constitue une source d'énergie. En effet, les êtres vivants sont capables de libérer l'énergie chimique qu'il contient, par exemple sous forme de chaleur ou de mouvement musculaire. Le tableau 3.1 décrit quelques formes d'énergie et donne des exemples de sources pour chacune d'elles.

CONCEPTS DÉJÀ VUS

- Transformations de l'énergie
- Formes d'énergie (chimique, thermique, mécanique, rayonnante)
- Température
- Masse

3.1 QUELQUES FORMES D'ÉNERGIE ET LEURS SOURCES POSSIBLES

Forme d'énergie	Description	Exemples de sources
Énergie élastique	Énergie emmagasinée dans un objet due à sa compression ou à son étirement.	• Ressort comprimé • Élastique tendu
Énergie électrique	Énergie résultant du mouvement ordonné des électrons d'un atome à un autre.	• Centrale électrique • Pile • Génératrice
Énergie thermique	Énergie résultant du mouvement désordonné de toutes les particules d'une substance.	• Feu • Élément chauffant • Soleil
Énergie rayonnante	Énergie contenue et transportée par une onde électromagnétique.	• Ampoule • Four à micro-ondes • Soleil • Téléphone cellulaire • Appareil de radiographie • Feu • Radio • Télévision
Énergie chimique	Énergie emmagasinée dans les liaisons d'une molécule.	• Pomme • Cire d'une bougie • Combustibles fossiles
Énergie éolienne	Énergie résultant du mouvement de l'air.	• Vent
Énergie sonore	Énergie contenue et transportée dans une onde sonore.	• Son • Musique
Énergie hydraulique	Énergie résultant du mouvement d'un cours d'eau.	• Chute d'eau • Rivière
Énergie nucléaire	Énergie emmagasinée dans le noyau des atomes.	• Noyau des atomes • Soleil

L'énergie est très utile. Elle nous permet, entre autres, de marcher, de soulever une boîte et de nous garder au chaud. En termes scientifiques, on dit que l'énergie permet d'effectuer un travail (par exemple, marcher ou soulever une boîte) ou un changement (par exemple, dégager de la chaleur pour nous garder au chaud).

▶ **L'ÉNERGIE** est la capacité d'accomplir un travail ou de provoquer un changement.

Dans le Système international d'unités, l'énergie s'exprime en joule (J). Un joule correspond à l'énergie nécessaire pour déplacer un objet avec une force de un newton sur une distance de un mètre. Ainsi, on peut dire que :

1 J = 1 N x 1 m

ST STE ATS 1.1 LA LOI DE LA CONSERVATION DE L'ÉNERGIE

L'énergie peut être transportée d'un endroit à un autre. Elle peut aussi passer d'une forme à une autre. Par exemple, lors de la photosynthèse, l'énergie solaire se rend jusqu'aux plantes, qui l'absorbent. L'énergie solaire est alors transformée en énergie chimique. On dit qu'il y a transfert de l'énergie solaire vers les plantes, puis transformation de cette énergie en énergie chimique.

▶ Un **TRANSFERT D'ÉNERGIE** est le passage de l'énergie d'un milieu à un autre.

▶ Une **TRANSFORMATION D'ÉNERGIE** est le passage de l'énergie d'une forme à une autre.

Notre mode de vie actuel s'appuie fortement sur la succession des transferts et des transformations d'énergie. La figure 3.2 en présente un exemple.

3.2 Lorsqu'elle fait tourner les turbines de la centrale, l'énergie hydraulique de l'eau se transforme en énergie mécanique. Cette énergie est ensuite transformée par une génératrice en énergie électrique. Cette dernière est alors transférée jusqu'à nos maisons, où différents appareils électriques pourront, à leur tour, la transformer en d'autres formes d'énergie, grâce aux mécanismes qu'ils contiennent.

Au cours du 19e siècle, plusieurs scientifiques contribuèrent à l'élaboration d'un principe fondamental en physique : la «loi de la conservation de l'énergie». Selon ce principe, l'énergie ne peut être ni créée ni détruite. L'énergie totale d'un système isolé demeure donc toujours constante.

▶ La **LOI DE LA CONSERVATION DE L'ÉNERGIE** implique que l'énergie ne peut être ni créée ni détruite : elle peut seulement être transférée ou transformée. La quantité totale d'énergie d'un système isolé demeure toujours constante.

1.2 LE RENDEMENT ÉNERGÉTIQUE

On peut construire des machines ou des systèmes capables de faire passer l'énergie d'une forme à une autre. Cependant, une machine ou un système ne peut généralement pas transformer toute l'énergie consommée en une forme utile. Le reste de l'énergie est-il perdu? Non, il s'est simplement transformé en une autre forme d'énergie ou s'est dissipé dans l'environnement. Par exemple, le frottement entre les pièces d'un moteur provoque généralement la transformation d'une partie de l'énergie en chaleur. Dans une voiture, seulement 12% de l'énergie fournie par l'essence sert réellement à faire avancer la voiture (*voir la figure 3.3*). Dans le cas d'une ampoule incandescente, seulement 5% de l'énergie électrique consommée sert réellement à produire de la lumière.

Le rendement énergétique d'une machine ou d'un système correspond au pourcentage de l'énergie consommée qui est effectivement transformée de la façon souhaitée.

> **DE L'ÉNERGIE BIEN DÉPENSÉE**
>
> La bicyclette est un des moyens de transport ayant le meilleur rendement énergétique. En effet, 90 % de l'énergie fournie par les muscles du cycliste sert effectivement à faire tourner les roues du vélo. ▥ **4**

$$\text{Rendement énergétique} = \frac{\text{Quantité d'énergie utile}}{\text{Quantité d'énergie consommée}} \times 100$$

▶ Le **RENDEMENT ÉNERGÉTIQUE** est le pourcentage d'énergie consommée par une machine ou un système qui a été transformée en énergie utile.

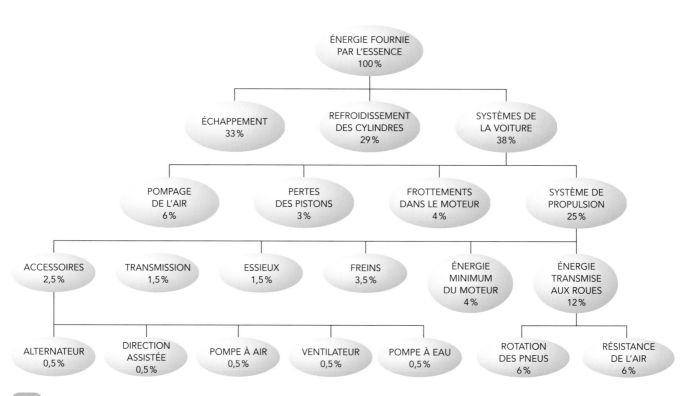

3.3 Seulement 12% de l'énergie chimique fournie par l'essence est effectivement transmise aux roues pour faire avancer la voiture.

1.3 L'ÉNERGIE THERMIQUE

Du point de vue microscopique, l'énergie thermique provient du mouvement désordonné de toutes les particules d'une substance, c'est-à-dire de leur degré d'agitation. Elle dépend de la quantité de particules présentes dans une substance donnée et de la température de cette substance.

3.4 LES FACTEURS QUI INFLUENT SUR L'ÉNERGIE THERMIQUE D'UNE SUBSTANCE

Facteur	Variation du facteur	Résultat
Quantité de particules	Lorsque la quantité de particules augmente.	L'énergie thermique augmente.
	Lorsque la quantité de particules diminue.	L'énergie thermique diminue.
Température	Lorsque la température augmente.	L'énergie thermique augmente.
	Lorsque la température diminue.	L'énergie thermique diminue.

▶ **L'ÉNERGIE THERMIQUE est l'énergie que possède une substance en raison de la quantité de particules qu'elle contient et de leur température.**

L'énergie thermique peut être transférée d'un milieu où la température est élevée à un milieu où la température est plus basse, et ce, jusqu'à ce que les deux milieux présentent la même température. Ce transfert d'énergie thermique porte le nom de «chaleur».

▶ **La CHALEUR est un transfert d'énergie thermique entre deux milieux de températures différentes. La chaleur passe toujours du milieu ayant la température la plus élevée au milieu ayant la température la plus basse.**

La relation entre la chaleur et l'énergie thermique s'exprime mathématiquement de la façon suivante:

$Q = \Delta E_t$ où Q représente la chaleur (en J)

ΔE_t représente la variation d'énergie thermique (en J)

La lettre grecque delta (Δ) est souvent utilisée en science pour symboliser une variation.

3.5 L'eau dégage de la chaleur que la glace absorbe. Ce transfert d'énergie thermique provoque une diminution de la température de l'eau et le changement de phase de la glace.

ST STE ATS **LA DISTINCTION ENTRE «CHALEUR» ET «TEMPÉRATURE»**

LABOS
Nᵒˢ 14 à 16

On confond souvent «chaleur» et «température». Lorsque la température est élevée, on dit: «Il fait chaud!» Pourtant, même sous le point de congélation, une substance a encore la capacité de transmettre de la chaleur. En fait, la température ne tient compte que de la vitesse des particules d'une substance. La chaleur, pour sa part, tient compte non seulement de la vitesse des particules (c'est-à-dire de leur degré d'agitation), mais aussi de leur masse (autrement dit, de la quantité de particules).

▶ La **TEMPÉRATURE** est une mesure du degré d'agitation des particules d'une substance.

LA RELATION ENTRE LA CHALEUR, LA MASSE, LA CAPACITÉ THERMIQUE MASSIQUE ET LA TEMPÉRATURE

Lorsqu'on chauffe deux substances différentes, leur température augmente. Cependant, elle n'augmentera pas nécessairement au même taux. En effet, la quantité de chaleur qu'une substance doit absorber pour que sa température grimpe de un degré est une propriété caractéristique de chaque substance. On appelle cette propriété la «capacité thermique massique».

▶ La **CAPACITÉ THERMIQUE MASSIQUE** correspond à la quantité d'énergie thermique qu'il faut fournir à un gramme d'une substance pour augmenter sa température de un degré Celsius.

Le tableau 3.6, à la page suivante, nous permet de constater que l'eau possède une capacité thermique massique particulièrement élevée. Cela permet d'expliquer pourquoi, au cours d'une journée d'été ensoleillée, le sable d'une plage peut parfois nous sembler brûlant, tandis qu'au même moment, la mer, située juste à côté, nous semble glaciale, et ce, même si le sable et l'eau reçoivent la même quantité d'énergie thermique du Soleil.

1701
1744

Anders Celsius

Afin d'effectuer des observations météorologiques plus précises, cet astronome et physicien suédois mit au point, en 1742, une échelle de température qui porte aujourd'hui son nom et qui est largement utilisée partout dans le monde.

ENVIRONNEMENT +

L'eau, régulatrice du climat

L'eau possède plusieurs propriétés qui la rendent unique. L'une d'entre elles est sa capacité thermique massique très élevée. Grâce à cette propriété, l'eau absorbe une grande quantité d'énergie thermique lorsqu'elle se réchauffe. Inversement, l'eau dégage une grande quantité d'énergie thermique lorsqu'elle se refroidit. L'eau peut donc emmagasiner une grande quantité de chaleur durant le jour et la restituer progressivement durant la nuit. La présence d'une importante étendue d'eau à proximité a donc pour effet de tempérer le climat d'une région, c'est-à-dire de diminuer les écarts de température. En comparaison, les régions très sèches, comme les déserts, enregistrent de fortes variations de température entre le jour et la nuit.

Les régions côtières bénéficient généralement d'un climat plus tempéré que les régions éloignées de l'eau.

Substance	Capacité thermique massique ($\frac{J}{g°C}$)	Substance	Capacité thermique massique ($\frac{J}{g°C}$)
Eau liquide	4,19	Verre	0,84
Éthanol	2,46	Sable	0,80
Glace	2,06	Fer	0,45
Huile végétale	2,00	Cuivre	0,38
Bois	1,76	Argent	0,24
Air	1,01	Tungstène	0,13

Il est possible de calculer la chaleur absorbée ou dégagée par une substance donnée. Cette quantité d'énergie thermique dépend de la masse, de la capacité thermique massique et de la variation de température de cette substance. Mathématiquement, on obtient la formule suivante :

> $Q = mc\Delta T$ où Q représente la chaleur, c'est-à-dire la variation d'énergie thermique (en J)
>
> m représente la masse (en g)
>
> c représente la capacité thermique massique (en J/g°C)
>
> ΔT représente la variation de température (en °C)
>
> $\Delta T = T_f - T_i$ où T_f représente la température finale (en °C)
>
> T_i représente la température initiale (en °C)
>
> L'annexe 3, à la fin de ce manuel, regroupe les formules mathématiques utilisées dans ce manuel.

Si la variation de température est négative, on peut en déduire que la substance a perdu de l'énergie thermique, c'est-à-dire qu'elle a dégagé de la chaleur. Au contraire, une variation de température positive indique que la substance a absorbé de la chaleur. Son énergie thermique a donc augmenté.

Voyons comment l'énergie thermique des substances suivantes varie :

- Un bécher contenant 100 g d'eau passe de 20 °C à 44 °C.

  $Q = 100 \text{ g} \times 4,19 \frac{J}{g°C} \times (44 - 20) °C$

  $= 10\ 056$ J

- Un bécher contenant 100 g d'huile végétale passe de 20 °C à 44 °C.

  $Q = 100 \text{ g} \times 2,00 \frac{J}{g°C} \times (44 - 20) °C$

  $= 4\ 800$ J

- Un bécher contenant 200 g d'eau passe de 20 °C à 44 °C.

  $Q = 200 \text{ g} \times 4,19 \frac{J}{g°C} \times (44 - 20) °C$

  $= 20\ 112$ J

- Un bécher contenant 100 g d'eau passe de 44 °C à 20 °C.

  $Q = 100 \text{ g} \times 4,19 \frac{J}{g°C} \times (20 - 44) °C$

  $= -10\ 056$ J

Ces exemples montrent que, même si la variation de température est la même pour chacun des liquides, la quantité de chaleur absorbée ou dégagée est différente.

STE SE 1.4 L'ÉNERGIE CINÉTIQUE

Un objet en mouvement possède la capacité de faire un travail. Par exemple, une bille qui roule sur une table peut en déplacer une autre en la frappant. L'écoulement de l'eau d'une chute permet de faire tourner les pales d'une turbine. Dans ces exemples, la bille et la chute d'eau possèdent de l'énergie en raison de leur mouvement. On appelle cette forme d'énergie l'«énergie cinétique».

> «Cinétique» provient du mot grec kinêtikos, qui signifie «mobile».

L'ÉQUATION D'EINSTEIN

Il existe une autre relation entre l'énergie, la masse et la vitesse. Il s'agit de la célèbre équation d'Einstein: $E = mc^2$, dans laquelle c représente la vitesse de la lumière. Alors que l'équation de l'énergie cinétique décrit la quantité d'énergie disponible lors de réactions physiques et chimiques, l'équation d'Einstein décrit la quantité d'énergie contenue dans le noyau des atomes, accessible uniquement lors de réactions nucléaires.

> ▶ **L'ÉNERGIE CINÉTIQUE** est l'énergie que possède un objet en raison de son mouvement.

STE SE LA RELATION ENTRE L'ÉNERGIE CINÉTIQUE, LA MASSE ET LA VITESSE

L'énergie cinétique d'un objet dépend de sa masse et de sa vitesse. En effet, plus une bille est lourde et plus elle roule vite, plus elle possède d'énergie et plus sa capacité à effectuer un travail est grande.

La relation mathématique entre l'énergie cinétique d'un objet, sa masse et sa vitesse est établie par la formule suivante:

$E_k = \dfrac{1}{2}mv^2$ où E_k représente l'énergie cinétique de l'objet (en J)

m représente la masse de l'objet (en kg)

v représente la vitesse de l'objet (en m/s)

Voyons comment calculer l'énergie cinétique des véhicules suivants:

- Une voiture de 2500 kg roule à 50 km/h (soit environ 14 m/s).

$E_k = \dfrac{1}{2}mv^2$

$= \dfrac{1}{2} \times 2500 \text{ kg} \times (14 \dfrac{m}{s})^2$

$= 245\,000$ J

- Une voiture de 2500 kg roule à 100 km/h (soit environ 28 m/s).

$E_k = \dfrac{1}{2}mv^2$

$= \dfrac{1}{2} \times 2500 \text{ kg} \times (28 \dfrac{m}{s})^2$

$= 980\,000$ J

- Une mini-fourgonnette de 5000 kg roule à 50 km/h.

$E_k = \dfrac{1}{2}mv^2$

$= \dfrac{1}{2} \times 5000 \text{ kg} \times (14 \dfrac{m}{s})^2$

$= 490\,000$ J

Les trois exemples précédents nous permettent de constater que, lorsqu'on double la masse d'un objet, son énergie cinétique devient deux fois plus grande. Par contre, si l'on double sa vitesse, son énergie cinétique devient quatre fois plus grande. Cela nous aide à comprendre pourquoi la vitesse est si souvent en cause lors des accidents mortels.

Lorsqu'on soulève un marteau ou lorsqu'on étire la corde d'un arc, on effectue un travail. L'énergie cinétique nécessaire à l'exécution de ce travail est transférée à l'objet sous forme d'«énergie potentielle». On dit qu'il s'agit d'une énergie de réserve parce qu'elle doit d'abord être transformée en une autre forme d'énergie pour pouvoir effectuer un travail. Ainsi, lorsque le marteau retombe, son énergie potentielle se transforme en énergie cinétique et elle permet d'enfoncer un clou. De même, lorsqu'on relâche la corde d'un arc, son énergie potentielle se transforme également en énergie cinétique et elle peut propulser une flèche.

> «Potentiel» provient du mot latin potens, qui signifie «qui peut».

Il existe différentes façons de calculer l'énergie potentielle. Lorsqu'on considère l'énergie potentielle d'un objet en vertu de sa masse et de sa hauteur par rapport à une surface de référence, on mesure son «énergie potentielle gravitationnelle».

> ▶ **L'ÉNERGIE POTENTIELLE GRAVITATIONNELLE** est l'énergie de réserve que possède un objet en raison de sa masse et de sa hauteur par rapport à une surface de référence.

3.7 Le travail effectué pour soulever le marteau est emmagasiné sous forme d'énergie potentielle. Pour enfoncer le clou, celle-ci doit être transformée en énergie cinétique.

STE SE
LA RELATION ENTRE L'ÉNERGIE POTENTIELLE GRAVITATIONNELLE, LA MASSE, L'INTENSITÉ DU CHAMP GRAVITATIONNEL ET LA HAUTEUR

L'énergie potentielle gravitationnelle dépend de la masse, de l'intensité du champ gravitationnel et de la hauteur d'un objet par rapport à une surface de référence. La relation mathématique entre ces données est établie par la formule suivante :

$E_p = mgh$ où E_p représente l'énergie potentielle gravitationnelle (en J)

m représente la masse de l'objet (en kg)

g représente l'intensité du champ gravitationnel (en N/kg), soit 9,8 à la surface de la Terre

h représente la hauteur de l'objet par rapport à une surface de référence (en m)

Examinons l'énergie potentielle gravitationnelle acquise par une roche au cours des déplacements suivants :

• Une roche de 1 kg élevée à une hauteur de 1 m.

$E_p = mgh$

$= 1 \text{ kg} \times 9,8 \, \dfrac{\text{N}}{\text{kg}} \times 1 \text{ m}$

$= 9,8 \text{ J}$

• Une roche de 2 kg élevée à une hauteur de 1 m.

$E_p = mgh$

$= 2 \text{ kg} \times 9,8 \, \dfrac{\text{N}}{\text{kg}} \times 1 \text{ m}$

$= 19,6 \text{ J}$

• Une roche de 1 kg élevée à une hauteur de 2 m.

$E_p = mgh$

$= 1 \text{ kg} \times 9,8 \, \dfrac{\text{N}}{\text{kg}} \times 2 \text{ m}$

$= 19,6 \text{ J}$

Ces exemples montrent que l'énergie potentielle gravitationnelle double lorsqu'on double la masse ou lorsqu'on double la hauteur de l'objet.

1.6 L'ÉNERGIE MÉCANIQUE

L'exemple du marteau de la figure 3.7, à la page précédente, permet de constater que l'énergie cinétique peut se transformer en énergie potentielle et vice versa. La somme de l'énergie cinétique et de l'énergie potentielle constitue l'«énergie mécanique» d'un système.

LA RELATION ENTRE L'ÉNERGIE CINÉTIQUE ET L'ÉNERGIE POTENTIELLE

La relation mathématique entre l'énergie mécanique, l'énergie cinétique et l'énergie potentielle s'écrit comme suit:

$E_m = E_k + E_p$ où E_m représente l'énergie mécanique (en J)
E_k représente l'énergie cinétique (en J)
E_p représente l'énergie potentielle (en J)

La loi de la conservation de l'énergie nous permet d'affirmer que, dans un système où il n'y a pas de frottement, l'énergie mécanique demeure toujours constante. Prenons l'exemple d'un objet en chute libre. À mesure qu'il tombe, son énergie potentielle diminue tandis que son énergie cinétique augmente. Ainsi, si l'on néglige le frottement, son énergie mécanique reste la même à tout moment.

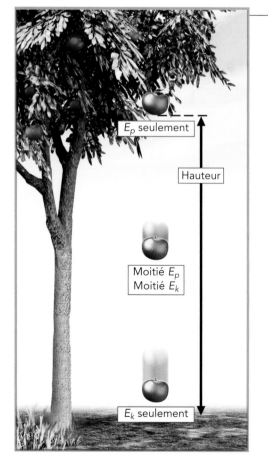

Ep seulement

Hauteur

**Moitié Ep
Moitié Ek**

Ek seulement

3.8 L'énergie mécanique d'un objet en chute libre reste constante tout au long de sa chute. En effet, l'énergie potentielle de la pomme se transforme progressivement en énergie cinétique.

3.9 Dans une montagne russe, l'énergie potentielle des wagons est constamment transformée en énergie cinétique et vice versa.

 2 Le mouvement et les forces

L'étude du mouvement est une des plus anciennes branches de la physique. Décrire le mouvement revient à indiquer comment un objet se déplace dans l'espace et dans le temps. Cependant, les physiciens ne se contentent pas de décrire le mouvement : ils cherchent aussi à en comprendre la cause. Dans la plupart des cas, on trouve une ou plusieurs forces à l'origine du mouvement d'un objet.

CONCEPTS DÉJÀ VUS
- Effets d'une force
- Gravitation universelle

2.1 LE MOUVEMENT

Les principales variables permettant de décrire le mouvement sont la vitesse, le déplacement, le temps et l'accélération.

En science, on définit la vitesse comme étant un déplacement en fonction du temps (en m/s). De même, on considère l'accélération comme une modification de la vitesse en fonction du temps (en m/s^2). Il est souvent utile de connaître l'accélération d'un objet, car c'est l'une des principales conséquences de l'application d'une force.

ATS LA RELATION ENTRE LA VITESSE, LE DÉPLACEMENT ET LE TEMPS

Pour décrire le mouvement d'un objet qui se déplace à une certaine vitesse, on peut se servir de la «vitesse moyenne» ou de la «vitesse instantanée». Supposons qu'une voiture se déplace de Montréal à Québec. La vitesse instantanée de cette voiture est sa vitesse à un instant précis, par exemple, au moment où elle est mesurée par un radar. Sa vitesse moyenne équivaut à la vitesse qu'elle aurait eue si elle s'était déplacée à vitesse constante tout au long du trajet. Pour déterminer la vitesse moyenne, il faut connaître la longueur du déplacement effectué et la durée de ce déplacement. La relation mathématique entre ces valeurs est la suivante :

$v = \dfrac{d}{\Delta t}$ où v représente la vitesse moyenne (en m/s)

d représente le déplacement effectué (en m)

Δt représente la variation de temps, c'est-à-dire la durée du déplacement (en s)

Voyons, par exemple, la vitesse moyenne d'une voiture qui effectue un déplacement de 10 km (soit 10 000 m) en 10 min (c'est-à-dire 600 s):

$v = \dfrac{d}{\Delta t} = \dfrac{10\,000\ \text{m}}{600\ \text{s}} = 16{,}67\ \dfrac{\text{m}}{\text{s}}$

La vitesse moyenne de cette voiture est de 16,67 m/s (soit 60 km/h).

LES FORCES ET LA MODIFICATION DU MOUVEMENT

Lorsqu'on tire ou qu'on pousse sur un objet, on exerce une force sur lui. En effet, une force est une traction ou une poussée pouvant modifier le mouvement d'un objet. Il arrive aussi qu'une force ne modifie le mouvement que d'une partie de l'objet. Elle provoque alors sa déformation.

▶ Une **FORCE** est une action capable de modifier le mouvement d'un objet ou de le déformer en le poussant ou en le tirant.

3.10 En poussant sur les pédales, les pieds du cycliste exercent une force qui modifie le mouvement du pédalier.

3.11 Les mains du potier exercent une force qui déforme l'argile.

Une force est toujours exercée par un corps sur un autre corps. De plus, elle est toujours orientée dans une direction. On peut d'ailleurs représenter graphiquement une force à l'aide d'une flèche. On doit alors tenir compte de quatre éléments :

- sa direction, représentée par un segment de droite ;

- son sens, symbolisé par la pointe de la flèche ;

- son intensité, exprimée par la longueur de la flèche, sa largeur ou par un nombre ;

- son point d'application, correspondant à la position de l'origine de la flèche.

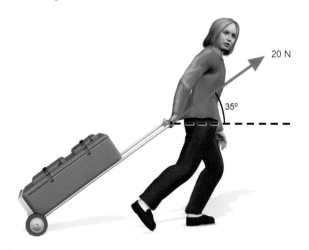

3.12 Cette personne tire sur son sac (point d'application et sens) avec une force de 20 N (intensité), selon un angle de 35° par rapport à l'horizontale (direction).

On mesure les forces en newton (N). Par définition, un newton correspond à la force nécessaire pour donner à un objet de 1 kg une accélération de 1 m / s^2, autrement dit :

$$1 \text{ N} = 1 \text{ kg} \times 1 \frac{\text{m}}{\text{s}^2}$$

Le mouvement d'un objet peut être modifié par une force de différentes façons :

- Une force peut mettre en mouvement un objet immobile, c'est-à-dire lui donner une certaine vitesse. Elle peut aussi augmenter la vitesse d'un objet déjà en mouvement. C'est le cas lorsqu'une force est exercée dans la même direction que le mouvement de l'objet. Dans les deux cas, on dit que l'objet « accélère ».

- Une force peut également diminuer la vitesse d'un objet, soit en le ralentissant, soit en l'arrêtant complètement. C'est ce qui arrive lorsque la force est exercée dans le sens contraire du mouvement de l'objet. On dit alors que l'objet subit une « accélération négative », ou une « décélération ».

- Une force peut aussi modifier la trajectoire d'un objet. Celui-ci est alors dévié. Par exemple, une force qui s'exerce d'un côté ou de l'autre d'un objet en mouvement aura tendance à le faire dévier. Les physiciens considèrent que le changement de direction d'un objet en mouvement est aussi une forme d'accélération.

STE ATS 2.3 LES TYPES DE FORCES

La plupart des scientifiques considèrent qu'il existe quatre types de forces : la force gravitationnelle, la force électromagnétique, la force nucléaire forte et la force nucléaire faible. Ces forces ont la capacité d'agir à distance, c'est-à-dire sans qu'il y ait contact direct entre deux corps.

STE ATS LA FORCE GRAVITATIONNELLE

La force gravitationnelle est une force d'attraction qui s'exerce entre tous les objets en raison de leur masse et de la distance qui les sépare. Plus le produit des masses de deux objets est élevé, plus l'attraction que ces deux objets exercent l'un sur l'autre est grande. Inversement, plus la distance entre deux objets est grande, plus l'attraction entre eux est faible.

La Terre est l'objet le plus massif de notre entourage. Elle est également très près de nous. La force gravitationnelle entre la Terre et tous les objets qui se trouvent à sa surface est donc, de loin, la plus importante force gravitationnelle que ces objets subissent.

Par exemple, un corps en chute libre subit la force gravitationnelle de la Terre, ce qui lui donne une accélération de 9,8 m / s^2. Cette accélération est la même pour tous les objets en chute libre, quelle

1642
1727

Isaac
Newton

Ce physicien et mathématicien anglais a contribué de façon importante au développement de la science et de la mathématique. Il a établi plusieurs lois physiques dont celle de la gravitation universelle.

que soit leur masse, à condition toutefois que la résistance de l'air soit négligeable (*voir la figure 3.13*).

La force gravitationnelle terrestre est orientée vers le centre de la planète. Comme cette force diminue avec la distance, on peut imaginer que notre planète est entourée d'un champ gravitationnel dont l'intensité décroît à mesure qu'on s'éloigne du centre de la Terre (*voir la figure 3.14*). De ce point de vue, l'accélération subie par les objets qui se trouvent à l'intérieur de ce champ gravitationnel peut être considérée comme une mesure de l'intensité du champ gravitationnel à une certaine distance du centre de la Terre. On l'exprime alors en N/kg plutôt qu'en m/s². Ces deux mesures sont en effet équivalentes, comme le démontre l'exemple suivant:

$$\text{Si } 1 \text{ N} = 1 \frac{\text{kg} \times \text{m}}{\text{s}^2}, \text{ alors:}$$

$$9,8 \frac{\text{N}}{\text{kg}} = 9,8 \frac{\text{kg} \times \text{m}}{\text{s}^2 \times \cancel{\text{kg}}} = 9,8 \frac{\text{m}}{\text{s}^2}$$

3.13 À la surface de la Terre, tous les objets en chute libre subissent une force qui leur confère une accélération de 9,8 m/s². Autrement dit, si on laisse tomber deux objets de masses différentes de la même hauteur et si la résistance de l'air est négligeable, ils atteindront le sol en même temps.

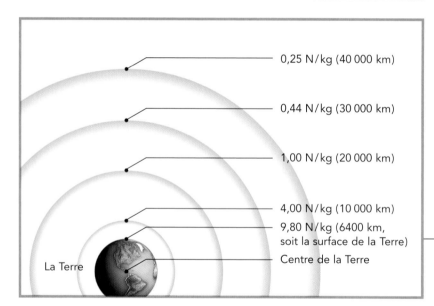

0,25 N/kg (40 000 km)

0,44 N/kg (30 000 km)

1,00 N/kg (20 000 km)

4,00 N/kg (10 000 km)
9,80 N/kg (6400 km, soit la surface de la Terre)
Centre de la Terre

La Terre

3.14 À la surface de la Terre, l'intensité du champ gravitationnel terrestre vaut 9,8 N/kg. Cette intensité diminue à mesure qu'on s'éloigne du centre de la planète.

3.15 L'INTENSITÉ DU CHAMP GRAVITATIONNEL À LA SURFACE DE QUELQUES ASTRES DU SYSTÈME SOLAIRE

Astre	Intensité du champ gravitationnel à la surface (N/kg)	Astre	Intensité du champ gravitationnel à la surface (N/kg)
Soleil	273,95	Mars	3,72
Lune	1,67	Jupiter	25,87
Mercure	3,63	Saturne	11,27
Vénus	8,62	Uranus	8,82
Terre	9,80	Neptune	11,56

LA MASSE DE LA TERRE (i)

La découverte de la loi de la gravitation universelle par Newton a permis à Henry Cavendish (1731-1810), en 1798, de calculer pour la première fois la masse de la Terre, qu'on estime aujourd'hui à $5,98 \times 10^{24}$ kg.

CHAPITRE 3

La force gravitationnelle permet d'expliquer non seulement la chute des objets, mais également d'autres phénomènes, comme les marées et la trajectoire des astres.

La relation entre la masse et le poids

Dans le langage courant, on utilise souvent indifféremment les mots «masse» et «poids». Cependant, dans le domaine scientifique, ces mots ont des sens distincts.

La masse est une mesure de la quantité de matière d'un objet. Dans le Système international, son unité est le kilogramme (kg). C'est une donnée qui ne dépend pas de l'endroit où elle est mesurée. Ainsi, un objet dont la masse est de 1 kg sur la Terre aura également une masse de 1 kg sur la Lune.

> ▶ La MASSE est une mesure de la quantité de matière d'un objet.

Par contre, le poids de cet objet variera selon l'endroit où il se trouve. En effet, le poids est une indication de la force gravitationnelle exercée sur un objet.

> ▶ Le POIDS est une mesure de la force gravitationnelle exercée sur un objet.

Le poids dépend de l'intensité du champ gravitationnel à un endroit donné et de la masse de l'objet. La formule mathématique suivante met en relation le poids, la force gravitationnelle et la masse.

DEUX POIDS, DEUX MESURES

Les balances à plateaux permettent de mesurer la masse des objets, tandis que les balances à ressort mesurent en fait leur poids. L'appareil convertit ce poids en masse selon un calibrage préalablement établi.

$w = F_g = mg$ où w représente le poids (en N)

$\qquad F_g$ représente la force gravitationnelle (en N)

$\qquad m$ représente la masse (en kg)

$\qquad g$ représente l'intensité du champ gravitationnel (en N/kg)

3.16 Malgré sa lourde combinaison spatiale, cet astronaute peut se déplacer facilement à la surface de la Lune, parce que son poids à cet endroit est six fois moindre que sur la Terre. Par contre, sa masse ne change pas.

Ainsi, un objet de 1 kg aura un poids de 9,8 N à la surface de la Terre. Par contre, sur la Lune, où la force gravitationnelle est 6 fois moindre que sur notre planète, le poids de cet objet ne sera plus que de 1,67 N.

ATS LA FORCE ÉLECTROMAGNÉTIQUE

La force électromagnétique est une force d'attraction ou de répulsion qui s'exerce entre deux objets qui possèdent une CHARGE ÉLECTRIQUE ou des PÔLES MAGNÉTIQUES. Elle est responsable, entre autres, des liaisons entre les atomes d'une molécule, de la tension dans les muscles, des phénomènes magnétiques et du mouvement des charges dans un courant électrique.

À l'échelle macroscopique, la force électromagnétique est aussi à l'origine de ce qu'on appelle les «forces de contact». Une force de contact résulte d'une action directe. Par exemple, lorsqu'on tire ou qu'on pousse sur la poignée d'une porte, on applique une force directement sur celle-ci. De même, lorsqu'on pose un livre sur une table, cette dernière résiste à cette pression en opposant une force égale au poids du livre. À l'échelle microscopique, les forces de contact d'origine électromagnétique peuvent s'expliquer par la force des liaisons entre les atomes qui constituent la matière.

3.17 Cet électroaimant industriel exerce une force électromagnétique sur les objets contenant du fer.

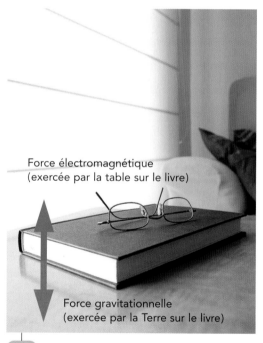

Force électromagnétique
(exercée par la table sur le livre)

Force gravitationnelle
(exercée par la Terre sur le livre)

3.18 La table résiste à la pression du livre en exerçant sur celui-ci une force de contact d'origine électromagnétique égale au poids du livre.

La force de frottement

LABO
N° 20

Le frottement est une forme de force de contact. Le frottement est très présent dans nos vies. Il cause l'usure des pièces des mécanismes, mais il nous permet aussi de marcher. En effet, sans frottement, nos pieds glisseraient sur le sol, comme lorsqu'on marche sur de la glace ou sur un plancher mouillé. La résistance de l'air est aussi une force de frottement.

Une force de frottement peut apparaître au contact de deux objets dont les surfaces ne sont pas parfaitement lisses. Elle s'oppose au glissement d'un objet sur un autre. Pour mettre un objet en mouvement ou pour le maintenir en mouvement, il faut surmonter la force de frottement. C'est ce qui explique qu'en l'absence de toute autre force, un objet qui glisse sur un autre finit toujours par s'immobiliser. Cela signifie également que la force de frottement s'oriente toujours de façon à s'opposer au glissement.

> ▶ La **FORCE DE FROTTEMENT** est une force qui s'oppose au glissement de deux objets en contact.

La force de frottement dépend de deux facteurs:

- la nature des surfaces en contact (plus les surfaces sont lisses, plus le frottement est faible);
- l'intensité de la pression que chaque surface exerce sur l'autre (plus la pression est élevée, plus le frottement est important).

3.19 Même si elle semble lisse à l'œil nu, une surface métallique révèle de nombreuses inégalités lorsqu'on l'examine au microscope.

3.20 La force de frottement s'oppose au glissement.

ATS LES FORCES NUCLÉAIRES FORTE ET FAIBLE

La force nucléaire forte et la force nucléaire faible agissent toutes les deux à l'intérieur du noyau des atomes. En effet, leur portée est extrêmement courte et leur effet ne se fait pratiquement pas sentir en dehors du noyau.

La force nucléaire forte est une force d'attraction qui retient ensemble les protons et les neutrons. Son intensité est très grande. Cette force est responsable de la cohésion des noyaux et elle se manifeste dans les réactions nucléaires.

La force nucléaire faible, comme son nom l'indique, est une force d'attraction de plus faible intensité que la force nucléaire forte. Elle est responsable

SUR LES TRACES D'EINSTEIN

Une part importante de la recherche actuelle en physique est consacrée à la quête de la «théorie du tout». Les physiciens sont en effet persuadés que les quatre forces fondamentales de la nature (la force gravitationnelle, la force électromagnétique et les forces nucléaires forte et faible) sont en fait différentes manifestations d'une seule et même force. Cependant, 50 ans après l'échec de la tentative d'Einstein, ils cherchent encore cette théorie capable de décrire tous les phénomènes physiques.

Le nœud du problème réside dans une fâcheuse incompatibilité entre la relativité générale d'Einstein (qui rend compte des propriétés de la force gravitationnelle) et la mécanique quantique (qui intègre les autres forces, soit la force électromagnétique et les forces nucléaires forte et faible).

Les deux théories fonctionnent à merveille indépendamment l'une de l'autre, c'est-à-dire tant qu'on les cantonne dans leur domaine respectif. Or, les tentatives pour marier la mécanique quantique et la relativité générale conduisent à des résultats insensés, indiquant qu'une grave erreur a été commise.

On a cru que la théorie des cordes, découverte en 1984, parviendrait à unifier ces deux piliers de la physique fondamentale, mais cette théorie hypercomplexe bute sur des problèmes colossaux qui compromettent l'atteinte de la théorie ultime. D'autres physiciens réexaminent les connaissances actuelles à la recherche de nouveaux indices.

Adaptation de: Pauline GRAVEL,
«Einstein s'est-il trompé?»,
Le Devoir, 14 avril 2007, p. A1.

Après avoir publié sa théorie de la relativité restreinte, en 1905, puis celle de la relativité générale, en 1916, Albert Einstein (1879-1955) a vainement cherché une théorie capable d'unifier toutes les données de la physique moderne.

de certains phénomènes liés à la radioactivité (en particulier le rayonnement bêta) et elle contribue à faire briller le Soleil.

ATS 2.4 L'ÉQUILIBRE ENTRE DEUX FORCES

LABO
N° 21

Lorsqu'on observe un objet immobile, on peut penser qu'il ne subit aucune force. Pourtant, sur la Terre, tout objet est constamment soumis à au moins une force: la force gravitationnelle. Alors, pourquoi certains objets ne bougent-ils pas? Parce que d'autres forces agissent sur eux et que ces forces s'annulent l'une l'autre.

Il est très courant qu'un objet soit soumis à plusieurs forces en même temps. Pour déterminer l'effet d'un ensemble de forces appliquées au même moment sur un objet, il faut trouver la «force résultante».

▶ La **FORCE RÉSULTANTE** est une force virtuelle dont l'action est identique à la combinaison de toutes les forces appliquées au même moment sur un objet.

Voici comment trouver la force résultante dans quelques situations :

- Lorsque deux forces s'exercent dans la même direction et le même sens, elles s'additionnent, comme le montre la figure 3.21.
- Lorsqu'elles s'exercent dans la même direction, mais ont des sens opposés, elles se soustraient, comme on peut le voir dans les figures 3.22 et 3.23.

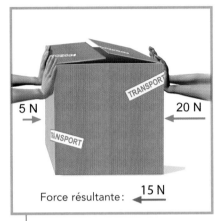

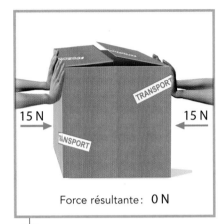

3.21 Comme ces deux forces ont la même direction et le même sens, elles s'additionnent. La force résultante est de 20 N, ce qui occasionnera un déplacement de la boîte vers la droite.

3.22 Comme les deux forces ont la même direction mais des sens opposés, elles se soustraient. La force résultante est de 15 N, ce qui provoquera un déplacement de la boîte vers la gauche.

3.23 Ces deux forces ont la même direction mais des sens opposés, donc elles se soustraient. Cependant, comme elles ont aussi la même intensité, elles s'annulent. La force résultante est donc nulle et la boîte restera immobile.

Lorsque la force résultante est nulle, tout se passe comme si aucune force n'agissait sur l'objet. On dit alors que l'objet est «en équilibre». S'il est immobile, il demeurera au repos. S'il est en mouvement, il poursuivra son déplacement à vitesse constante.

> ▶ **L'ÉQUILIBRE DE DEUX FORCES** correspond à la situation obtenue lorsque la force résultante est nulle. Le mouvement de l'objet ne subit alors aucune modification.

3.24 Dans cet exemple, la force de propulsion due aux efforts de la cycliste est tout juste suffisante pour annuler le frottement. La force résultante est donc nulle et la bicyclette se déplace à vitesse constante.

2.5 **LA FORCE EFFICACE**

Lorsqu'on applique une force sur un objet, il arrive que seule une partie de cette force agisse réellement sur celui-ci, c'est-à-dire que seule une composante de la force modifie son mouvement ou cause sa déformation. Le reste de la force est alors insuffisant pour provoquer un effet apparent. La composante d'une force responsable de la modification du mouvement est appelée la «force efficace».

> ▶ La **FORCE EFFICACE** est la composante d'une force responsable de la modification du mouvement d'un objet. Elle correspond à la composante de la force parallèle au mouvement produit.

Prenons l'exemple d'une personne qui tire un sac de ballons de soccer sur le sol d'un gymnase avec une force de 20 N et selon un angle de 40° par rapport au sol. Cette force peut être décomposée en deux composantes : une composante parallèle au sol et une composante perpendiculaire au sol, comme le montre la figure 3.25.

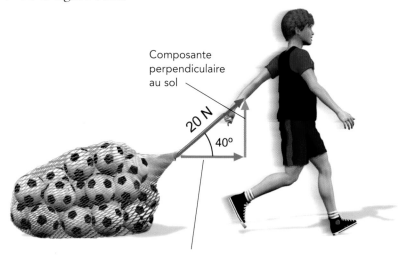

Composante perpendiculaire au sol

20 N

40°

Composante parallèle au sol

3.25 La force que la personne exerce sur le sac peut être décomposée en deux composantes : une parallèle au sol et une autre perpendiculaire au sol.

Si le sac se déplace parallèlement au sol, c'est que la composante de la force parallèle au sol est celle qui permet le déplacement. Si la composante perpendiculaire au sol avait été plus grande, le sac aurait également été soulevé de terre.

Pour calculer l'intensité de la force efficace, on peut utiliser une méthode graphique, comme le montre la figure 3.26. Celle-ci reprend l'exemple de la figure 3.25. Elle permet de constater que l'intensité de la composante horizontale de la force est de 15,3 N. On peut également calculer l'intensité de la force efficace en utilisant les principes de la trigonométrie.

3.26 LES COMPOSANTES VERTICALE ET HORIZONTALE DE LA FORCE

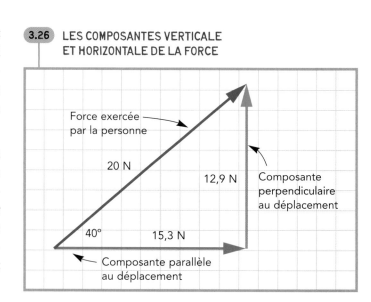

Force exercée par la personne

20 N

12,9 N

Composante perpendiculaire au déplacement

40°

15,3 N

Composante parallèle au déplacement

Voici un rappel des principes de la trigonométrie. Dans un triangle rectangle, il est possible de calculer le sinus (sin), le cosinus (cos) ou la tangente (tan) d'un angle quelconque, désigné ici par la lettre grecque thêta (θ). Les relations entre ces valeurs sont:

$$\text{Sin } \theta = \frac{\text{côté opposé}}{\text{hypoténuse}}$$

$$\text{Cos } \theta = \frac{\text{côté adjacent}}{\text{hypoténuse}}$$

$$\text{Tan } \theta = \frac{\text{côté opposé}}{\text{côté adjacent}}$$

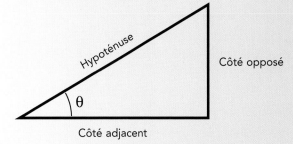

Voyons maintenant comment appliquer ces principes au calcul de la force efficace dans l'exemple de la figure 3.25. Comme le déplacement du sac est horizontal, la force efficace est donc la composante horizontale de la force de 20 N, c'est-à-dire le côté adjacent à l'angle de 40°.

Côté adjacent = cos (40°) x 20 N = 15,3 N

La force efficace est donc de 15,3 N.

Examinons maintenant le cas d'un objet qui glisse le long d'un plan incliné.

Une boîte ayant un poids de 10 N est déposée sur un plan incliné de 30°. Voyons comment calculer l'intensité de la composante de la force gravitationnelle qui permet à la boîte de glisser sur le plan incliné.

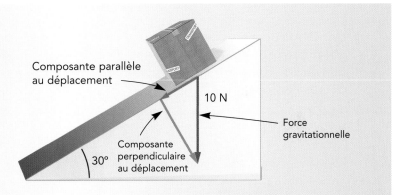

- À l'aide de la méthode graphique, nous trouvons que l'intensité de la composante parallèle au plan incliné est la suivante:

LES COMPOSANTES PARALLÈLE ET PERPENDICULAIRE DE LA FORCE

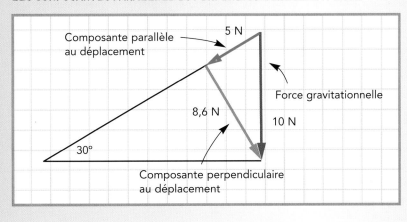

- À l'aide de la trigonométrie, nous trouvons que l'intensité de la composante parallèle au plan incliné est la suivante :

Côté opposé = sin (30°) x 10 N = 5 N

Les deux méthodes permettent de conclure que la force efficace est de 5 N.

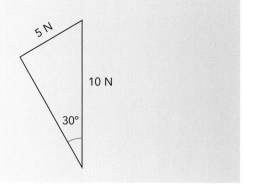

STE
SE **2.6 LE TRAVAIL**

En science, le mot «travail» n'a pas le même sens qu'on lui donne dans la vie de tous les jours. En effet, même si l'on pousse sur un objet de toutes ses forces, on n'accomplit pas nécessairement un travail du point de vue scientifique. Pour qu'on puisse parler de travail, il faut qu'une force appliquée sur un objet provoque son déplacement dans la même direction que cette force ou dans la direction d'une des composantes de cette force.

Un travail peut aussi provoquer une déformation. Une déformation se produit lorsque seule une partie de l'objet est déplacée.

> Un **TRAVAIL** est effectué lorsqu'une force appliquée sur un objet provoque un déplacement de cet objet, ou d'une partie de celui-ci, dans la même direction que cette force ou que l'une de ses composantes.

3.27 Si l'on ne considère que la force exercée par les bras de la personne sur la boîte, alors seule la personne en A effectue un travail, puisque la boîte effectue un déplacement dans la même direction que la force appliquée. En B, la boîte ne se déplace pas par rapport à la force exercée par les bras. En C, le déplacement de la boîte est perpendiculaire à la force des bras. La composante de la force dans la même direction que le déplacement est donc nulle.

La définition scientifique du mot «travail» est particulièrement utile lorsqu'elle est employée conjointement avec la notion d'«énergie». En effet, elle permet de considérer le travail comme un moyen de transférer de l'énergie d'un endroit à un autre. De même que la chaleur est un transfert d'énergie lié à une différence de température, le travail est un transfert d'énergie lié à un déplacement. D'ailleurs, tout comme l'énergie et la chaleur, le travail se mesure en joule.

STE SE LA RELATION ENTRE LE TRAVAIL ET L'ÉNERGIE

Au début de ce chapitre, nous avons défini l'énergie comme étant la capacité d'effectuer un travail ou de provoquer un changement (*voir la page 71*). En d'autres termes, lorsqu'on effectue un travail ou un changement, on utilise de l'énergie. Comme l'énergie ne se perd pas et ne se crée pas, l'énergie utilisée pour effectuer un travail est donc transférée d'un objet ou d'un système à un autre, et généralement transformée. Par exemple, le travail effectué par les turbines d'une centrale hydroélectrique permet de transférer l'énergie hydraulique de l'eau aux turbines et de la transformer en énergie électrique.

On peut établir la relation suivante entre le travail et l'énergie.

$W = \Delta E$ où W représente le travail (en J)

ΔE représente la variation d'énergie d'un objet ou d'un système (en J)

Ainsi, on peut dire que l'augmentation d'énergie d'un objet ou d'un système provient du travail accompli (ou de la chaleur absorbée). Inversement, l'énergie nécessaire pour effectuer un travail provient nécessairement d'un objet ou d'un système.

STE SE LA RELATION ENTRE LE TRAVAIL, LA FORCE ET LE DÉPLACEMENT

Pour calculer le travail, on peut utiliser la relation mathématique suivante :

$W = F/\!/d$ où W représente le travail (en J)

$F/\!/$ représente la force ou la composante de la force parallèle au déplacement (en N)

d représente le déplacement (en m)

- Supposons une personne qui pousse sur une boîte avec une force de 20 N et qui la déplace de 1 m.

$W = F/\!/d$

$= 20 \text{ N} \times 1 \text{ m} = 20 \text{ J}$

Le travail effectué sur la boîte est de 20 J.

- Reprenons maintenant l'exemple du bas de la page 89 et supposons que la boîte se déplace de 0,5 m. Dans ces conditions, la composante de la force parallèle au déplacement est de 5 N, comme nous l'avons vu à la page 89.

$W = F/\!/d$

$= 5 \text{ N} \times 0,5 \text{ m} = 2,5 \text{ J}$

Le travail effectué sur la boîte est de 2,5 J.

ATS ③ Les forces dans les fluides

Dans la section précédente, nous avons discuté de l'effet des forces en général. Nous allons maintenant nous pencher sur un cas particulier: l'effet des forces dans les fluides.

Rappelons d'abord ce qu'est un fluide. Un fluide est une substance dont la forme est variable. Il peut donc épouser la forme du contenant dans lequel il se trouve. De plus, il est possible de plonger un solide dans un fluide, grâce à la capacité de ce dernier de se répandre et de se répartir uniformément autour du solide. Les liquides et les gaz possèdent ces caractéristiques. Ce sont donc des fluides.

CONCEPTS DÉJÀ VUS
- Pression
- Masse volumique

COMMENT MESURER
LA PRESSION

ATS ③.1 LA PRESSION DANS LES FLUIDES

Comme les fluides ont une forme variable, il n'est pas approprié d'utiliser la notion de force pour expliquer certains phénomènes relatifs aux fluides, comme la flottabilité ou le vol. C'est pourquoi on s'intéresse davantage à la notion de «pression».

La pression est la quantité de force appliquée perpendiculairement par unité de surface. Elle se mesure en pascal (Pa) et elle est décrite par la formule suivante:

$$P = \frac{F}{A}$$ où P représente la pression (en Pa)
F représente la force perpendiculaire à la surface (en N)
A représente l'aire de la surface qui subit la force (en m^2)

Ainsi, un pascal représente une force de un newton appliquée perpendiculairement à une surface de un mètre carré:

$$1\ \text{Pa} = \frac{1\ \text{N}}{1\ \text{m}^2}$$

ATS LA PRESSION DANS UN LIQUIDE

Dans un liquide, la pression dépend de deux facteurs: la profondeur et la masse volumique du liquide. Le tableau 3.28 résume l'effet de ces deux facteurs sur la pression.

3.28 LES FACTEURS QUI INFLUENT SUR LA PRESSION DANS UN LIQUIDE

Facteur	Variation du facteur	Résultat
Profondeur	Lorsque la profondeur dans le liquide augmente.	La pression augmente.
	Lorsque la profondeur dans le liquide diminue.	La pression diminue.
Masse volumique	Lorsque la masse volumique du liquide est plus grande.	La pression est plus grande.
	Lorsque la masse volumique du liquide est plus petite.	La pression est plus petite.

3.29 La pression que l'eau exerce sur le plongeur augmente à mesure qu'il descend. De plus, si le plongeur se trouve en mer, il ressentira une pression plus forte qu'en eau douce, puisque la masse volumique de l'eau de mer est plus grande que celle de l'eau douce.

ATS **LA PRESSION DANS UN GAZ**

Dans un gaz, la pression dépend du nombre de collisions des particules de gaz. Plus il y a de collisions, plus la pression est grande, et vice versa. Pour faire varier le nombre de collisions, on peut modifier trois facteurs : la température, le volume et le nombre de particules. Le tableau 3.31 résume l'effet d'une variation de ces facteurs sur la pression.

3.30 La pression atmosphérique exercée sur les ballons diminue au fur et à mesure que ceux-ci prennent de l'altitude, parce que le nombre de particules de gaz dans l'atmosphère, ainsi que leur température, diminuent.

3.31 LES FACTEURS QUI INFLUENT SUR LA PRESSION DANS UN GAZ

Facteur	Variation du facteur	Résultat
Température	Lorsque la température du gaz augmente.	La pression augmente.
	Lorsque la température du gaz diminue.	La pression diminue.
Volume	Lorsque le volume du gaz augmente.	La pression diminue.
	Lorsque le volume du gaz diminue.	La pression augmente.
Nombre de particules	Lorsque le nombre de particules de gaz augmente.	La pression augmente.
	Lorsque le nombre de particules de gaz diminue.	La pression diminue.

Blaise Pascal (1623-1662), célèbre physicien et mathématicien français, fit plusieurs expériences sur la pression dans les fluides en milieu fermé. Il remarqua que, lorsqu'on applique une pression en un point d'un tel fluide, l'augmentation de pression qui en résulte est transmise uniformément dans tout le fluide ainsi qu'aux parois du contenant. En 1653, il énonça le principe qui porte aujourd'hui son nom.

> ▶ Le **PRINCIPE DE PASCAL** établit qu'une augmentation de pression dans un fluide en milieu fermé est transmise uniformément dans toutes les directions.

Le principe de Pascal est lié à de nombreuses applications : du fusil à l'eau aux freins hydrauliques, en passant par les seringues, les puits artésiens, etc. Certaines de ces applications permettent de transmettre une force d'un endroit à un autre et, ainsi, d'effectuer un travail à distance. C'est le cas notamment des seringues et des freins hydrauliques (*voir la figure 3.32*). D'autres applications permettent d'amplifier la force appliquée, comme les vérins hydrauliques (*voir la figure 3.33*).

LA GOUTTE QUI FAIT EXPLOSER LE VASE

Pascal a lui-même démontré son principe à l'aide d'un tonneau plein d'eau sur lequel il a installé un petit tuyau. Il a ensuite ajouté de l'eau peu à peu par le tuyau. Après un certain temps, le tonneau a éclaté.

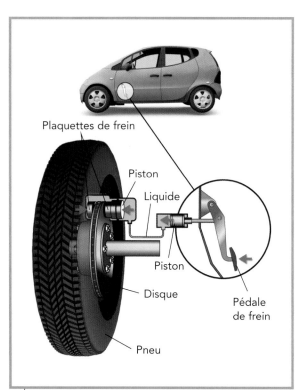

3.32 Lorsqu'on appuie sur la pédale de frein, la pression exercée par le pied est transmise par le liquide jusqu'aux plaquettes, qui, à leur tour, appliquent une force sur les disques. Ainsi, il y a transmission d'une force à distance.

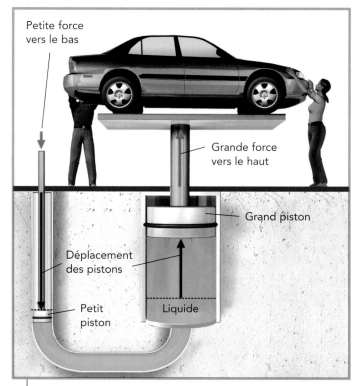

3.33 Lorsqu'on appuie sur le petit piston, l'augmentation de pression qui en résulte est répartie uniformément dans tout le liquide. De plus, parce que la surface des deux pistons est différente, une petite force appliquée sur le petit piston génère une force plus grande sur le grand piston. Cet avantage mécanique permet de soulever de lourds objets, comme une voiture. Il faut noter, par contre, que le déplacement du grand piston est moins important que celui du petit piston.

LABOS Nᵒˢ 24 à 27

Un objet plongé dans un liquide peut soit couler au fond, soit demeurer stable à une certaine profondeur, ou soit flotter à la surface. Qu'est-ce qui détermine si un objet flotte ou non? Archimède (287-212 av. notre ère), un savant grec, a trouvé une réponse ingénieuse à cette question.

D'abord, Archimède a découvert qu'on peut trouver le volume d'un solide en mesurant le volume d'eau que ce solide déplace lorsqu'il est plongé dans un contenant plein à ras bord. C'est la méthode du vase à trop-plein.

Ensuite, Archimède savait que la pression dans un liquide augmente avec la profondeur, ce qui engendre une force de poussée vers le haut, comme le montre la figure 3.34.

Mais quelle est l'intensité de cette force de poussée? Archimède a découvert qu'elle est égale au poids du fluide déplacé par un objet immergé.

▶ Le **PRINCIPE D'ARCHIMÈDE** établit qu'un objet plongé dans un fluide subit une force de poussée vers le haut dont l'intensité est égale au poids du fluide déplacé par cet objet.

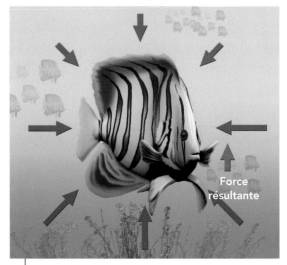
Force résultante

3.34 Comme la pression dans un liquide augmente avec la profondeur, la pression qu'exerce le liquide à la base de l'objet est plus grande que celle qu'il exerce à son sommet. Les pressions exercées de chaque côté s'annulent puisqu'elles sont égales. La force résultante est donc orientée vers le haut.

LA FORCE DES NAGEURS, C'EST LEUR SILHOUETTE

Dans une piscine, les uns se sentent comme des poissons dans l'eau, les autres comme des cailloux. Cette différence n'est pas seulement due à la maîtrise technique du crawl ou de la brasse. Nager vite dépend aussi de la physionomie de chacun.

«Plus la flottabilité d'un nageur est élevée, moins il dépense d'énergie pour se maintenir sur l'eau», résume Didier Chollet, scientifique du sport à l'université de Rouen. Cette flottabilité varie en fonction du poids, de la répartition des volumes dans le corps et de la densité musculaire et osseuse. Idéalement, la silhouette du nageur doit être à la fois légère et longiligne.

La nageuse française Laure Manaudou, qui a remporté deux médailles d'or, deux d'argent et une de bronze aux championnats du monde de natation 2007 de Melbourne, en Australie, possède les caractéristiques corporelles idéales. «C'est un bateau de course», résume George Cazorla, spécialiste de physiologie de l'exercice à l'université de Bordeaux II.

Adaptation de: Olivier TALLES, «La force des nageurs, c'est leur silhouette», *La Croix*, nᵒ 37711, 29 mars 2007, p. 23.

Les caractéristiques de la silhouette peuvent modifier la flottabilité du corps humain.

Tout se passe donc comme si le poids d'un objet plongé dans un liquide était automatiquement «allégé» d'un poids équivalent au volume du liquide qu'il déplace. En fait, même l'air exerce une force de poussée sur les objets qui s'y trouvent. Mais comme le poids de l'air déplacé par un objet est habituellement beaucoup plus faible que le poids de cet objet, peu d'objets flottent dans l'air.

En conséquence, il existe trois situations possibles :

- La force de poussée est plus faible que la force gravitationnelle ($F_p < F_g$). Dans ce cas, la force résultante est dirigée vers le bas et l'objet immergé coulera vers le fond.

- La force de poussée est égale à la force gravitationnelle ($F_p = F_g$). Alors, la force résultante est nulle et l'objet se maintiendra à la profondeur où il se trouve.

- La force de poussée est supérieure à la force gravitationnelle ($F_p > F_g$). Dans cette situation, la force résultante est dirigée vers le haut et l'objet montera vers la surface.

Volume de l'objet: 2 L

Poids de l'objet: 150 N

Volume d'eau déplacée par l'objet: 2 L

Poids de l'eau déplacée par l'objet: 20 N

Intensité de la force de poussée: 20 N

3.35 Lorsqu'on plonge cette ancre dans l'eau, elle déplace 2 L d'eau. Le poids de ce volume d'eau est de 20 N. La force de poussée que l'eau exerce sur l'ancre est donc de 20 N. Comme son poids est de 150 N, elle coulera vers le fond.

David contre Goliath

Afin d'assurer leur flottabilité, les gros bateaux possèdent souvent des ballasts, que les armateurs peuvent remplir d'eau ou vider selon le poids de la cargaison. On croit que c'est de cette façon que la moule zébrée fut introduite au Canada. Sa présence fut signalée dans notre pays pour la première fois vers 1990, dans le lac Sainte-Claire, en Ontario.

Depuis, la moule zébrée s'est propagée rapidement. En effet, chaque femelle peut pondre jusqu'à un million d'œufs par année. Ces œufs microscopiques se dispersent facilement d'une région à l'autre. À un certain stade de leur développement, les moules zébrées se fixent à une surface solide au moyen d'un faisceau de filaments. Les surfaces ainsi contaminées sont très variées: roches, plantes aquatiques, coquilles d'autres espèces de mollusques, tuyaux, moteurs et coques de bateaux. En

Même si une moule zébrée adulte ne dépasse pas quelques centimètres, elle peut causer des dommages importants lorsque des centaines, voire des milliers d'entre elles, s'agglutinent sur la même surface.

grand nombre, elles peuvent boucher les tuyaux, enrayer les moteurs et compromettre la flottabilité des bateaux.

Les concepteurs de bateaux tirent parti du principe d'Archimède en répartissant le poids du bâtiment de façon à déplacer le plus grand volume d'eau possible. Ainsi, le poids du bateau devient égal au poids de l'eau déplacée, ce qui lui permet de se maintenir en équilibre.

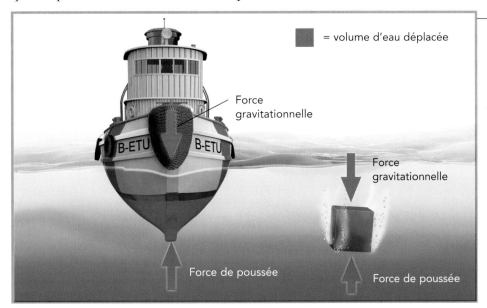

3.36 Ces deux objets ont le même poids. Pourtant, le bateau flotte tandis que le bloc de fer coule au fond de l'eau. Cela vient du fait que le bateau déplace un volume d'eau beaucoup plus grand que le bloc de fer.

Les sous-marins, pour leur part, sont capables de modifier leur propre flottabilité grâce à un système de ballasts, comme l'explique la figure 3.37.

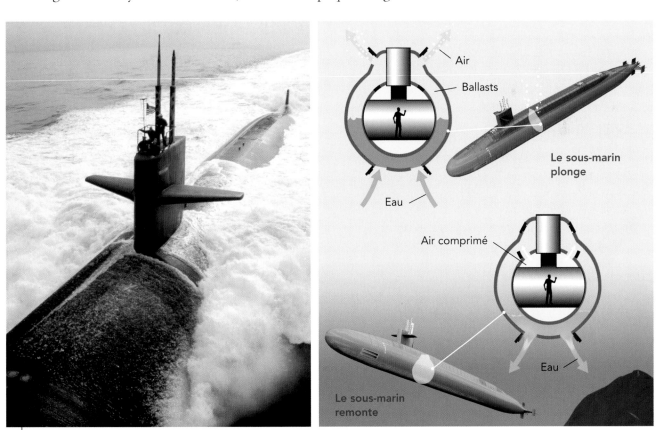

3.37 Lorsque l'équipage veut amener le sous-marin sous l'eau, il remplit les ballasts d'eau : le sous-marin coule, puisque son poids augmente. Pour remonter l'appareil, l'équipage vide les ballasts en remplaçant l'eau par de l'air provenant d'une réserve d'air comprimé. Ainsi, le poids du sous-marin diminue et il remonte à la surface.

3.4 LE PRINCIPE DE BERNOULLI

Quand un fluide est en mouvement, comme dans le cas de l'eau qui circule dans les tuyaux ou du vent qui souffle, la pression varie selon la vitesse. Plus la vitesse du fluide est grande, plus sa pression est petite, et vice versa. Cette relation entre la vitesse et la pression fut établie par le mathématicien et physicien suisse Daniel Bernoulli (1700–1782), en 1738.

▶ Le **PRINCIPE DE BERNOULLI** établit que plus la vitesse d'un fluide est grande, plus sa pression est petite et vice versa.

Ce principe nous aide à comprendre comment un avion peut voler. La figure 3.38 montre que la baisse de pression au-dessus de l'aile combinée à la hausse de pression sous l'aile engendre une force de poussée vers le haut appelée la «portance». Lorsque l'intensité de la portance dépasse celle de la force gravitationnelle, l'avion s'élève dans les airs.

L'ASPIRATION DU RIDEAU **DE DOUCHE**

Lorsqu'on prend une douche, le jet d'eau provoque un déplacement des particules d'air. Selon le principe de Bernoulli, les particules en mouvement possèdent une pression plus basse que les particules au repos. La pression devient donc inégale des deux côtés du rideau de douche. Celui-ci cherche alors à se déplacer du côté où la pression est la plus basse, soit vers l'intérieur.

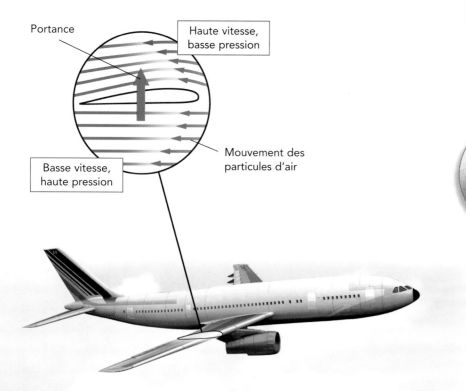

Portance

Haute vitesse, basse pression

Basse vitesse, haute pression

Mouvement des particules d'air

1773
1857

George Cayley

En 1809, cet inventeur et ingénieur anglais expliqua comment un avion peut voler en définissant les forces agissant sur l'aile. Plusieurs années plus tard, il conçut le premier prototype d'avion, un planeur non motorisé.

3.38 Grâce à la forme de l'aile, les particules d'air qui passent au-dessus de l'aile (dont la surface est courbe) sont forcées de circuler plus vite que celles qui passent au-dessous (dont la surface est plate). La pression est donc plus faible au-dessus de l'aile qu'en dessous. En conséquence, l'aile subit une force vers le haut, qu'on appelle la «portance».

ST 1 à 6, E ATS 1 à 6, 13 à 24, 30 à 36, E

STE 1 à 19, 25 à 29, A à E SE 1 et 2, 6 à 14, 25 à 29, B à E

1 Qu'est-ce que l'énergie ? (p. 70-78)

1. Nommez la ou les formes d'énergie contenues dans chacune des sources d'énergie suivantes.

A

B

C

D

2. Dans chacun des exemples suivants, indiquez si l'énergie permet d'accomplir un travail ou de provoquer un changement.
   a) Une flaque d'eau qui s'évapore au soleil.
   b) Une bûche qui brûle.
   c) Une voiture qui se déplace sur la route.
   d) Une personne qui monte un escalier.

3. Pourquoi dit-on que la quantité d'énergie contenue dans l'Univers est constante ?

4. Indiquez si chacune des situations suivantes décrit un transfert, une transformation d'énergie ou les deux.
   a) L'énergie du soleil permet aux plantes d'effectuer la photosynthèse.
   b) L'énergie dégagée par un système de chauffage permet de réchauffer l'air dans une maison.
   c) Les centrales électriques produisent de l'électricité qui parvient ensuite jusqu'à nos maisons.
   d) Les aliments fournissent l'énergie dont nous avons besoin pour accomplir nos activités quotidiennes.

5. Pour effectuer un travail de 2400 J, une machine consomme 12 000 J. Quel est le rendement énergétique de cette machine ?

6. Une tasse d'eau bouillante peut-elle posséder plus d'énergie thermique qu'un seau d'eau à 50 °C ? Expliquez votre réponse.

7. Gabrielle fournit la même quantité de chaleur à quatre échantillons de matière, soit :
   - un morceau de bois;
   - un morceau d'argent;
   - un morceau de fer;
   - un morceau de cuivre.

   Si chaque échantillon a la même masse et la même température au départ, lequel subira la plus grande variation de température ? Expliquez votre réponse.

8. Raphaël plonge un bloc de plomb de 100 g, chauffé à 155 °C, dans 100 ml d'eau à 19 °C. La température de l'eau s'élève à 24 °C. En supposant qu'il n'y a pas de perte d'énergie dans l'environnement, calculez la capacité thermique massique du plomb.

9. On verse 250 ml d'eau dans un verre sortant du congélateur. Après quelque temps, on constate que la température de l'eau est passée de 18 °C à 12 °C.

   a) Quelle quantité de chaleur a été transférée entre l'eau et le verre?

   b) L'eau a-t-elle dégagé ou absorbé de l'énergie? Expliquez votre réponse.

   c) Le verre a-t-il dégagé ou absorbé de l'énergie? Expliquez votre réponse.

10. Un lanceur de base-ball envoie une balle d'environ 150 g à un autre joueur. Quelle est l'énergie cinétique de la balle si, au moment où elle est attrapée, sa vitesse est de 5 m/s?

11. Un ascenseur soulève une personne de 60 kg du niveau du sol jusqu'au huitième étage.

   a) Sachant que cet étage se situe à 56 m du sol, quelle est l'énergie potentielle acquise par cette personne?

   b) D'où vient l'énergie potentielle acquise par cette personne?

12. Jessica construit la maquette d'un circuit pour son petit frère. Elle dépose un autobus miniature de 0,5 kg au point A et lui donne une vitesse de 2 m/s. L'autobus parcourt tout le trajet sans nécessiter l'apport d'énergie extérieure.

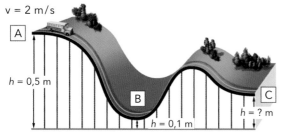

   a) En négligeant le frottement, calculez l'énergie mécanique, l'énergie potentielle et l'énergie cinétique de l'autobus aux points A, B et C.

   b) Calculez la hauteur de l'autobus au point C.

2 Le mouvement et les forces
(p. 79-91)

13. Dans chacune des situations suivantes, indiquez si la force produit une traction ou une poussée.

   a) La force exercée par un chien sur sa laisse.

   b) La force exercée par une personne qui insère une lettre dans une enveloppe.

   c) La force exercée par un aimant sur un trombone.

   d) La force exercée par la corde d'un arc sur une flèche.

14. L'illustration suivante représente l'action d'une force.

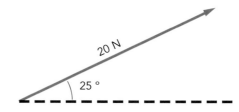

   a) Quelle est la direction de la force?

   b) Quel symbole permet d'indiquer le sens de la force?

   c) Quelle est l'intensité de la force?

15. Comment l'intensité du champ gravitationnel autour de la Terre varie-t-elle?

16. Qu'est-ce qui distingue la masse du poids?

17. Les nouveaux téléviseurs à écran plasma ou à cristaux liquides sont beaucoup plus légers que les anciens appareils à rayons cathodiques. Quel est le poids d'un téléviseur ayant une masse de 25 kg à la surface de la Terre?

18. À la surface de quelle planète du système solaire seriez-vous le plus lourd? Expliquez votre réponse.

19. Observez l'illustration suivante.

a) La masse de ce véhicule d'exploration sera-t-elle la même sur la Terre et sur Mars ? Expliquez votre réponse.

b) Le poids de ce véhicule sera-t-il le même sur la Terre et sur Mars ? Expliquez votre réponse.

20. Nommez le type de force impliqué dans chacun des exemples suivants.

a) Un pantalon qui colle sur nos jambes sous l'effet de l'électricité statique.

b) La force qui maintient ensemble les particules du noyau de l'atome.

c) La friction entre les roues dentées d'une montre.

d) La corde qui retient un ballon gonflé à l'hélium.

21. Trouvez la force résultante dans chacun des cas suivants.

a)

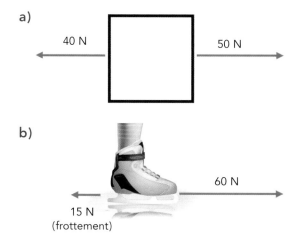

40 N   50 N

b)

60 N

15 N
(frottement)

22. Laquelle des situations suivantes aura le même effet qu'une force de 50 N ? Expliquez votre réponse.

A. Deux forces de 25 N orientées dans la même direction, mais de sens opposés.

B. Deux forces de 25 N orientées dans la même direction et de mêmes sens.

C. Deux forces de 25 N orientées dans des directions différentes, mais de mêmes sens.

23. Le moteur d'une barque développe une force de propulsion de 75 N, tandis que la force de frottement de l'eau sur la coque est de 10 N. Quelle est la force résultante de ce système ?

24. Si l'on marche à vitesse constante, quelle est la force résultante associée à ce déplacement ?

25. Trouvez la composante verticale et la composante horizontale de chacune des forces suivantes.

a)

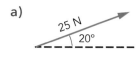

25 N
20°

b)

45 N
140°

26. Quelle est la force efficace dans chacun des cas suivants ?

a) La boîte glisse le long du plan incliné.

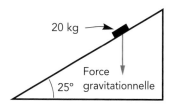

20 kg

Force
25°   gravitationnelle

b) La boîte glisse parallèlement au sol.

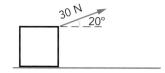

30 N
20°

27. Une personne applique une force de 200 N sur le côté d'un piano. Quelle quantité de travail permettrait de le déplacer sur une distance de 5 m ?

28. Quel est le travail accompli par la force gravitationnelle sur cette personne si le déplacement est de 4 m ?

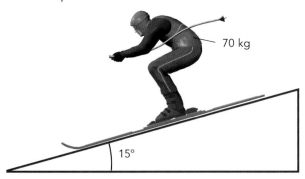

70 kg

15°

29. Lorsqu'on effectue un travail, de l'énergie est consommée. Qu'arrive-t-il à cette énergie ? Expliquez votre réponse.

3 Les forces dans les fluides (p. 92-98)

30. a) Qu'est-ce qu'un fluide ?

   b) Nommez quatre exemples de fluides.

31. Observez la photo suivante.

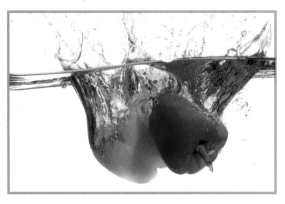

   a) Comment la pression de l'eau s'exerce-t-elle sur ces objets ?

   b) Où la pression est-elle la plus grande ? Expliquez votre réponse.

   c) Si l'on remplace l'eau par un liquide ayant une masse volumique plus petite, comment la pression sera-t-elle modifiée ?

32. On exerce une pression sur le piston d'une seringue contenant 30 ml de liquide. Le piston exerce alors une pression de 30 kPa sur le liquide. Si la pression du liquide était initialement de 2 kPa, quelle sera la pression du liquide expulsé à l'autre extrémité ? Expliquez votre réponse en précisant sur quel principe physique vous vous basez pour déterminer cette pression.

33. Qu'est-ce qui permet à un bateau de flotter ?

34. On plonge dans l'eau un objet ayant un poids de 98 N.

   a) Quel doit être le poids de l'eau déplacée pour que cet objet puisse flotter ? Expliquez votre réponse.

   b) Dans ces conditions, quel est le volume d'eau déplacée par l'objet, sachant que la masse volumique de l'eau est de 1 g/ml ?

   c) Le même objet est plongé dans une solution dont la masse volumique est de 0,8 g/ml. Sachant qu'il déplace le même volume de liquide, flottera-t-il ou non ? Laissez des traces de vos calculs.

35. Lorsque le vent souffle très fort, qu'arrive-t-il à la pression de l'air ? Expliquez votre réponse.

36. Nommez le principe qui permet d'expliquer chacune des situations suivantes.

   a) La coque d'un sous-marin doit être très épaisse, autant sur le dessus que sur le dessous, pour pouvoir résister à la pression de l'eau.

   b) Pour flotter, un sous-marin doit vider ses ballasts.

   c) Une presse hydraulique permet d'amplifier une force.

   d) L'action du vent permet de faire flotter un drapeau.

   e) En réchauffant l'air dans le ballon, on permet à une montgolfière de s'élever dans les airs.

   f) Les oiseaux sont capables de voler grâce, entre autres, à la forme particulière de leurs ailes.

questions synthèses

A. Pour faire bouillir de l'eau, Bassima utilise un four à micro-ondes.

    a) Quelle quantité d'énergie sera nécessaire pour faire bouillir 250 ml d'eau à 20 °C ?

    b) Bassima constate que, pour y parvenir, le four a consommé 100 000 J d'énergie électrique. Dans ces conditions, quel est le rendement énergétique du four à micro-ondes ?

B. James Prescott Joule a conçu plusieurs expériences impliquant l'énergie thermique. L'une d'entre elles consistait à transformer l'énergie mécanique d'un objet en énergie thermique. Voici une illustration du montage qu'il utilisa, qu'on appelle aussi l'«appareil de Joule».

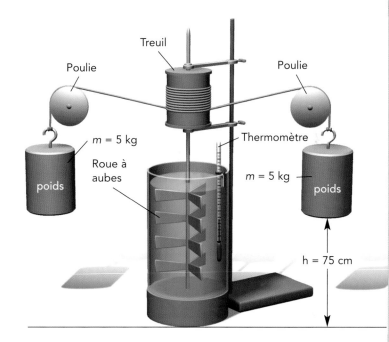

    a) Quelle quantité d'énergie mécanique les deux poids possèdent-ils ?

    b) Sachant que le récipient contient au départ 1 L d'eau à 20 °C, quelle sera la température finale de l'eau si on laisse tomber les poids 20 fois ? On considère que le rendement énergétique de l'appareil de Joule est de 100 % et que les poids se déplacent de 75 cm à chaque chute.

C. Une chaise de 10 kg est placée sur un plan incliné formant un angle de 25°. Le plan incliné exerce une force de frottement de 30 N sur la chaise. Dans ces conditions, la chaise se déplacera-t-elle ? Expliquez votre réponse.

D. Frédéric soulève une boîte de 20 kg à 1 m du sol.

    a) Quelle quantité de travail a-t-il effectuée pour soulever la boîte ?

    b) La boîte a emmagasiné de l'énergie sous quelle forme ?

E. Préparez votre propre résumé du chapitre 3 en construisant un réseau de concepts.

COMMENT BÂTIR
UN RÉSEAU DE CONCEPTS

LA CITÉ DES ARTS DU CIRQUE JONGLE AVEC L'EFFICACITÉ ÉNERGÉTIQUE

A u Canada, les bâtiments consomment environ le tiers de l'énergie totale utilisée (dont les deux tiers de l'électricité) et un huitième des ressources en eau. Très peu de bâtiments sont conçus pour réduire les dépenses énergétiques. Deux raisons peuvent expliquer cette situation au Québec. D'abord, le coût relativement bas de l'électricité, ce qui fait qu'on sent moins la nécessité de réduire la consom-mation d'énergie. Ensuite, l'habitude de confier les contrats de construction aux plus bas soumissionnaires, ce qui laisse peu de place aux projets plus coûteux, mais plus rentables à long terme. Dans ce contexte, la Cité des arts du cirque n'a pas hésité à sortir des sentiers battus. En effet, son pavillon d'accueil, la Tohu, est un modèle canadien et international en matière de rendement énergétique.

LA TOHU, VERTE SOUS TOUTES LES COUTURES

La Tohu est bâtie sur le site de l'ancienne carrière Miron, située au cœur de la ville de Montréal et qui a longtemps servi de dépotoir municipal. Dès le départ, ses concepteurs ont voulu en faire un bâtiment écologique, tant au niveau de sa construction que de son utilisation.

Afin de réduire ses frais de chauffage, la Cité des arts du cirque a conclu une entente avec une entreprise voisine qui utilise le méthane émanant du dépotoir pour produire de l'électricité. Grâce à un système de canalisation, une partie de la vapeur d'eau générée par la combustion du méthane est détournée vers la Tohu, ce qui permet à celle-ci d'économiser de 20 % à 30 % de l'énergie requise pour un système de chauffage conventionnel.

Côté climatisation, un énorme bac à glace, visible à travers une section vitrée du plancher du hall d'entrée du pavillon, permet de climatiser la salle de spectacle en consommant peu d'énergie. De plus, la circulation de l'air dans la salle de spectacle est favorisée par la présence d'une cheminée d'évacuation au centre du toit. Comme l'air chaud possède une masse volumique plus faible que l'air froid, il s'élève naturellement. Lorsque la température extérieure le permet, l'air chaud évacué de cette façon permet d'économiser jusqu'à 70% de l'énergie requise par un système de ventilation conventionnel.

À proximité du bâtiment, 5 puits géothermiques ont été creusés à une profondeur d'environ 100 m, là où la température se maintient à environ 10 °C pendant toute l'année. Ces puits permettent à la fois de chauffer l'air en hiver et de la rafraîchir en été.

Mentionnons également que les toits du vestiaire, des toilettes publiques et de l'entrée nord de la Tohu sont recouverts de végétation. Ces toits verts contribuent à réduire les coûts liés à la climatisation et au chauffage en réduisant les écarts de température. De plus, ils aident à réduire les émissions de gaz à effet de serre du bâtiment en recyclant le dioxyde de carbone.

L'édifice de la Tohu a été un des premiers bâtiments canadiens à obtenir, en 2005, la certification LEED (*Leadership in Energy and Environmental Design*), une norme internationale de construction écologique.

Grâce à une section vitrée, les visiteurs de la Tohu peuvent observer le bac à glace de 10 000 kg qui se trouve sous le plancher du hall d'entrée.

DES CHANGEMENTS DANS LE SECTEUR DE LA CONSTRUCTION

La conscience environnementale se développe et les exemples d'efficacité énergétique dans les bâtiments se multiplient : le pavillon Lassonde de l'École polytechnique de Montréal, l'École de technologie supérieure, le Cégep de Rimouski, le Pavillon des Sciences biologiques de l'Université du Québec à Montréal, ainsi que le poste de police de la Sûreté du Québec à Mont-Laurier sont autant d'exemples de rendement énergétique exemplaire.

En 2007, la Société immobilière du Québec a décrété que, dorénavant, toute nouvelle construction de plus de 2,5 millions de dollars devra obtenir la certification LEED. Cependant, peu d'ingénieurs et d'architectes peuvent actuellement offrir cette norme internationale. De plus, même si la popularité grandissante de cette certification permet d'espérer une amélioration du rendement énergétique des bâtiments en construction ou en rénovation, elle n'améliorera pas celui du parc immobilier existant.

1. Pourquoi est-il important de diminuer sa consommation d'énergie ?

2. Que nous soyons propriétaire ou locataire de notre logement, nous pouvons tous poser des gestes pour diminuer notre consommation d'énergie. Nommez trois de ces gestes.

2016 — Début prévu des essais à la future centrale à fusion nucléaire ITER, en France

1991 — Première fusion nucléaire contrôlée

1986 — Grave accident à la centrale nucléaire de Tchernobyl, en Ukraine

1961 — Mise au point de la scintigraphie, technique qui permet d'observer des organes à l'aide de substances radioactives

1945 — Mise au point de la bombe à fission nucléaire (bombe atomique)

1896 — Découverte de la radioactivité

1866 — Invention de la dynamite

1840 — Démonstration que toute réaction est soit endothermique, soit exothermique

1789 — Énoncé de la loi de la conservation de la masse

1772 — Démonstration du fait que la combustion résulte de la réaction d'une substance avec l'oxygène

VERS 1690 — Démonstration qu'un acide réagissant avec une base produit un sel et de l'eau

VERS −3000 — Découverte du pétrole

VERS −450 000 — Domestication du feu

Parfois destructeur, comme lorsqu'il ravage les forêts, parfois bienfaiteur, par exemple lorsqu'il permet la cuisson des aliments, le feu est à l'origine de profonds changements. Il existe aussi d'autres moyens de transformer la matière. En fait, l'environnement est soumis à un ensemble de transformations en interaction les unes avec les autres. De la photosynthèse des plantes à la fonte de la neige au printemps, toutes les transformations de la matière influent sur l'équilibre du monde qui nous entoure. Comment la matière se transforme-t-elle ? Quels sont les facteurs qui peuvent modifier ces transformations ? Voilà quelques-unes des questions auxquelles nous tenterons de répondre dans ce chapitre.

Les **transformations** de la **matière**

1 Qu'est-ce qu'une transformation de la matière ?

Toute matière est susceptible de subir un changement. Lorsqu'un arbre est brisé par le vent, il change de forme. Lorsque la neige fond au soleil, elle change de phase. Lorsque le bois brûle, il donne naissance à de nouvelles substances. Lorsque l'uranium réagit dans un réacteur nucléaire, il se transforme en d'autres éléments. Dans chacun de ces exemples, il y a transformation de la matière.

On distingue trois types de transformations de la matière : les transformations physiques, chimiques et nucléaires.

Lorsque les PROPRIÉTÉS CARACTÉRISTIQUES de la matière ne changent pas à la suite d'une transformation, on parle de «transformations physiques». L'arbre brisé par le vent, ainsi que la neige qui fond au soleil en sont des exemples. Dans ces conditions, seule la forme ou la phase est modifiée. Les atomes et les molécules qui constituent la matière ne changent pas.

> Une TRANSFORMATION PHYSIQUE ne modifie ni la nature ni les propriétés caractéristiques de la matière. Les atomes et les molécules ne changent pas.

Dans d'autres conditions, par exemple lors de la combustion du bois, de nouvelles substances possédant des propriétés caractéristiques différentes sont formées. Il s'agit alors de «transformations chimiques». Dans ce type de transformations, la nature de la matière est modifiée. À l'échelle atomique, on peut constater un changement dans les liaisons entre les atomes, ce qui entraîne la formation de nouvelles molécules.

> Une TRANSFORMATION CHIMIQUE modifie la nature et les propriétés caractéristiques de la matière. Elle implique un réarrangement des liaisons entre les atomes et la formation de nouvelles molécules.

Les «transformations nucléaires», pour leur part, impliquent des modifications encore plus profondes car elles touchent le cœur même des atomes : leur

«Nucléaire» vient du latin nucleus, qui signifie «qui a rapport au noyau».

noyau. Par exemple, lors de la fission de l'uranium, des atomes d'uranium se scindent pour former de nouveaux éléments, comme le krypton et le baryum.

> Une TRANSFORMATION NUCLÉAIRE implique un réarrangement des particules qui composent le noyau des atomes et la formation de nouveaux éléments.

Au cours des pages qui suivent, nous explorerons plus en détail les transformations chimiques et nucléaires.

2 Les transformations chimiques

ST STE ATS SE

Au cours d'une transformation chimique, les liaisons chimiques entre les atomes de certaines substances (qu'on appelle les «réactifs») sont brisées et de nouvelles liaisons sont formées. Il en résulte de nouvelles substances (les «produits»), dont les propriétés caractéristiques sont différentes de celles des substances de départ. Ce processus n'est pas instantané. La figure 4.1 montre que les réactifs disparaissent progressivement pour laisser place aux produits, à mesure que la transformation se déroule.

Plusieurs indices permettent de reconnaître une transformation chimique :

- le dégagement d'un gaz ;
- le dégagement ou l'absorption de chaleur ;
- le dégagement de lumière ;
- le changement de couleur ;
- la formation d'un précipité.

4.1 LA QUANTITÉ DE RÉACTIFS ET DE PRODUITS EN FONCTION DU TEMPS

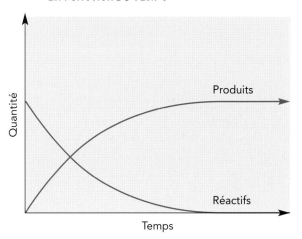

4.2 Lorsque le méthane (CH_4) brûle, il dégage de la lumière et de la chaleur. On peut en déduire qu'il s'agit d'une transformation chimique.

Une transformation chimique, aussi appelée «réaction chimique», peut être représentée symboliquement à l'aide d'une équation chimique. Le tableau 4.3 montre une façon d'interpréter (c'est-à-dire de lire) l'équation de la réaction du méthane en présence du dioxygène.

4.3 L'INTERPRÉTATION D'UNE ÉQUATION CHIMIQUE

Équation chimique	$CH_{4(g)}$	+	$2\ O_{2(g)}$	→	$CO_{2(g)}$	+	$2\ H_2O_{(g)}$
Interprétation	Le méthane	réagit avec	le dioxygène	pour former	du dioxyde de carbone	et	de l'eau.

Les transformations de la matière **109**

Il est souvent utile de préciser l'état physique des substances qui participent à une réaction. On l'indique à l'aide d'un symbole placé entre parenthèses, en indice, à droite de la substance. Par exemple, l'eau liquide s'écrit «$H_2O_{(l)}$» dans les équations chimiques. (Dans certains ouvrages, cette mention n'est pas mise en indice, mais en taille courante.)

4.4 LES SYMBOLES DES ÉTATS PHYSIQUES UTILISÉS DANS LES ÉQUATIONS CHIMIQUES

Symbole	État physique
s	Solide
l	Liquide
g	Gazeux
aq	Aqueux (dissous dans l'eau)

Nous verrons au cours des prochaines sections qu'on peut tirer beaucoup d'autres renseignements des équations chimiques.

ST STE SE **2.1** LA LOI DE LA CONSERVATION DE LA MASSE

LABO
N° 29

CONCEPTS DÉJÀ VUS

├ Masse
└ Conservation de la matière

«Rien ne se perd, rien ne se crée, tout se transforme.» Cette phrase célèbre, Antoine Laurent de Lavoisier (1743-1794) l'a énoncée en observant que la masse demeure toujours constante avant et après une transformation chimique. En effet, si l'on tient compte de toutes les substances qui réagissent ou qui sont produites au cours d'une réaction, on constate que la masse ne change pas. C'est ce que les scientifiques appellent la «loi de la conservation de la masse».

Lorsqu'on brûle une feuille de papier par exemple, elle semble disparaître. Cependant, si l'on additionne la masse des gaz émis lors de la combustion à celle des cendres, on retrouve exactement la masse du papier utilisé au départ. Le papier n'a donc pas disparu : il s'est transformé.

À l'échelle atomique, cette loi implique que la nature des atomes qui participent à une réaction chimique n'est pas modifiée par cette réaction. Seules les liaisons entre les atomes changent.

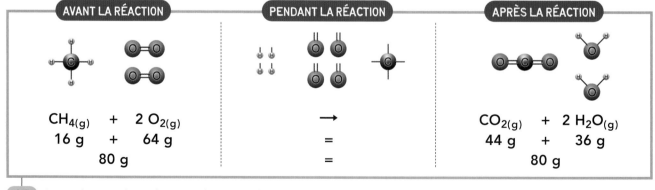

AVANT LA RÉACTION	PENDANT LA RÉACTION	APRÈS LA RÉACTION

$$CH_{4(g)} \quad + \quad 2\ O_{2(g)}$$
16 g + 64 g
80 g

→
=
=

$$CO_{2(g)} \quad + \quad 2\ H_2O_{(g)}$$
44 g + 36 g
80 g

4.5 La combustion du méthane ne change pas la nature des atomes de carbone, d'hydrogène et d'oxygène qui participent à cette réaction. Elle change seulement les liaisons entre ces atomes.

> La LOI DE LA CONSERVATION DE LA MASSE indique que la masse totale des réactifs est toujours égale à la masse totale des produits.

ST STE SE 2.2 LE BALANCEMENT DES ÉQUATIONS CHIMIQUES

Marie-Anne Lavoisier-Rumford

Lorsqu'on écrit une équation chimique, on note d'abord les formules chimiques de tous les réactifs et de tous les produits prenant part à la réaction. Prenons l'exemple de la formation de l'ammoniac. À l'aide des formules chimiques des substances, on peut d'abord écrire ceci:

$$N_{2(g)} + H_{2(g)} \longrightarrow NH_{3(g)} \text{ (équation non balancée)}$$

Lorsqu'on fait le bilan du nombre d'atomes de chaque élément, comme le montre le tableau 4.6, on constate que ce nombre diffère avant et après la réaction. Pour que la loi de la conservation de la masse soit respectée, il faut ajuster le nombre de molécules en ajoutant les coefficients appropriés devant chacune des substances. C'est ce qu'on appelle «balancer une équation chimique».

> BALANCER UNE ÉQUATION CHIMIQUE consiste à placer des coefficients devant chaque réactif et chaque produit, de façon que le nombre d'atomes de chaque élément du côté des réactifs soit égal au nombre d'atomes de chaque élément du côté des produits.

D'abord mariée à Antoine Laurent de Lavoisier, cette femme de science française collabora à l'œuvre de son mari en traduisant en français de nombreuses publications scientifiques et en réalisant les illustrations de son traité de chimie. Après la mort de Lavoisier, elle fit publier ses mémoires. Elle épousa en seconde noce le savant américain Benjamin Thompson.

4.6 LE BILAN DU NOMBRE D'ATOMES DE CHAQUE ÉLÉMENT AVANT ET APRÈS LA TRANSFORMATION

Avant la réaction chimique		Après la réaction chimique	
Réactifs	Nombre d'atomes	Produit	Nombre d'atomes
$N_2 + H_2$	2 atomes d'azote 2 atomes d'hydrogène	NH_3	1 atome d'azote 3 atomes d'hydrogène

L'équation chimique balancée de la synthèse de l'ammoniac s'écrit ainsi:

$$N_{2(g)} + 3\,H_{2(g)} \longrightarrow 2\,NH_{3(g)}$$

On remarque qu'un coefficient dont la valeur est «1» n'est pas noté. Le tableau 4.7 nous permet de vérifier que cette équation chimique est bel et bien balancée.

4.7 LE BILAN DU NOMBRE D'ATOMES DE CHAQUE ÉLÉMENT AVANT ET APRÈS LA TRANSFORMATION

Avant la réaction chimique		Après la réaction chimique	
Réactifs	Nombre d'atomes	Produit	Nombre d'atomes
$N_2 + 3\,H_2$	2 atomes d'azote 6 atomes d'hydrogène	$2\,NH_3$	2 atomes d'azote 6 atomes d'hydrogène

Voici quelques points à respecter lors du balancement d'une équation chimique :

- les coefficients doivent être des nombres entiers ;
- les coefficients doivent être le plus petit possible ;
- il ne faut jamais ajouter de nouvelles substances ni enlever de substances présentes ;
- il ne faut jamais modifier les indices des formules chimiques ;
- il faut toujours vérifier le résultat obtenu, par exemple en effectuant le bilan du nombre d'atomes de chaque élément des deux côtés de l'équation chimique.

COMMENT BALANCER
DES ÉQUATIONS CHIMIQUES

2.3 LA STŒCHIOMÉTRIE
STE SE

LABO
N° 30

Les équations chimiques renferment de précieux renseignements : elles permettent d'établir précisément les quantités de réactifs nécessaires pour réaliser une réaction et de prédire les quantités de produits qui seront formées. Cela permet de faire un bon usage des produits chimiques et d'éviter des catastrophes. Dans plusieurs domaines, autant au laboratoire pharmaceutique qu'en industrie ou même à l'école, ces renseignements sont primordiaux. Pour les obtenir à partir des équations chimiques, on utilise les principes de la stœchiométrie.

«Stœchiométrie» vient du grec stoekheion, qui signifie «élément», et du suffixe «métrie», qui signifie «mesure, évaluation».

> ▶ La STŒCHIOMÉTRIE est l'étude des quantités de réactifs nécessaires à la réalisation d'une réaction chimique et des quantités de produits qui seront formées.

Afin de mieux comprendre l'utilité de la stœchiométrie, voyons un exemple de la vie courante.

Une boîte de préparation à crêpes indique que, pour préparer 6 crêpes, il faut mélanger 250 ml de préparation avec 500 ml de lait. Si l'on veut préparer seulement trois crêpes, comment faut-il procéder ? Comme trois est la moitié de six, il suffit de diviser toutes les quantités requises par deux. Ainsi, pour préparer 3 crêpes, il suffit de mélanger 125 ml de préparation avec 250 ml de lait.

COMMENT EFFECTUER
DES CALCULS
STŒCHIOMÉTRIQUES

Le même principe s'applique avec les réactions chimiques. L'équation chimique indique les proportions de chacune des substances mises en jeu lors de la réaction. Il est donc possible de multiplier ou de diviser chacune des substances par un facteur donné afin d'obtenir le résultat souhaité.

Prenons l'exemple de la synthèse de l'eau :

$$2 H_{2(g)} + O_{2(g)} \longrightarrow 2 H_2O_{(l)}$$

Le tableau 4.8 montre qu'on peut utiliser cette équation de plusieurs façons. L'essentiel est de conserver les proportions de chacune des substances.

Équation chimique	$2\ H_{2(g)}$	+	$O_{2(g)}$	→	$2\ H_2O_{(l)}$
Utilisation 1	Deux molécules de dihydrogène	réagissent avec	une molécule de dioxygène	pour former	deux molécules d'eau.
Utilisation 2	Deux moles de molécules de dihydrogène	réagissent avec	une mole de molécules de dioxygène	pour former	deux moles de molécules d'eau.
Utilisation 3	Quatre moles de molécules de dihydrogène	réagissent avec	deux moles de molécules de dioxygène	pour former	quatre moles de molécules d'eau.

Si l'on calcule la masse de chaque substance à partir de la masse molaire des éléments qui la composent (en se servant de la masse atomique indiquée dans le tableau périodique des éléments), on peut également multiplier ou diviser chacune des masses par un facteur donné afin d'obtenir le résultat que l'on veut.

4.9 LES MASSES DES SUBSTANCES QUI PARTICIPENT À LA SYNTHÈSE DE L'EAU

Réactifs		Produit
$2\ H_{2(g)}$	$O_{2(g)}$	$2\ H_2O_{(l)}$
$2\ mol \times (1{,}01 + 1{,}01)\ g/mol = 4{,}04\ g$	$1\ mol \times (16{,}00 + 16{,}00)\ g/mol = 32{,}00\ g$	$2\ mol \times (1{,}01 + 1{,}01 + 16{,}00)\ g/mol = 36{,}04\ g$

Le tableau 4.9 indique les masses des réactifs et du produit de la réaction de synthèse de l'eau. À partir de ces données, on peut calculer, par exemple, quelle sera la masse d'eau produite par la réaction d'exactement 1,00 g de dihydrogène avec suffisamment de dioxygène.

$2\ H_{2(g)} + O_{2(g)} \longrightarrow 2\ H_2O_{(l)}$

2 mol	2 mol
4,04 g	36,04 g

1,00 g   ? g

$$\frac{1{,}00\ \text{g de } H_2 \times 36{,}04\ \text{g de } H_2O}{4{,}04\ \text{g de } H_2} \approx 8{,}92\ \text{g de } H_2O$$

Ainsi, la réaction de 1,00 g de dihydrogène avec suffisamment de dioxygène produira environ 8,92 g d'eau.

On peut également calculer la masse d'un réactif à partir de la masse d'un autre réactif. Si l'on reprend l'exemple précédent, on peut trouver la masse d'oxygène nécessaire pour réagir complètement avec 1,00 g de dihydrogène.

$2\ H_{2(g)} + O_{2(g)} \longrightarrow 2\ H_2O_{(l)}$

2 mol	1 mol
4,04 g	32,00 g

1,00 g   ? g

$$\frac{1{,}00\ \text{g de } H_2 \times 32{,}00\ \text{g de } O_2}{4{,}04\ \text{g de } H_2} \approx 7{,}92\ \text{g de } O_2$$

Il faut donc environ 7,92 g de O_2 pour réagir complètement avec 1,00 g de dihydrogène.

STE SE 2.4 LES RÉACTIONS EXOTHERMIQUES ET ENDOTHERMIQUES

LABO N° 31

On peut classer les réactions chimiques en deux grandes catégories, selon qu'elles dégagent ou absorbent de l'énergie. Comme l'énergie thermique est la forme d'énergie qu'on rencontre le plus fréquemment, on parle de réactions «exothermiques» ou de réactions «endothermiques».

«Exothermique» provient des mots grecs ekso, qui signifie «au dehors», et thermos, qui veut dire «chaleur».

«Endothermique» contient le préfixe «endo», du grec endon, qui signifie «en dedans».

> ◉ Une **RÉACTION EXOTHERMIQUE** est une transformation qui dégage de l'énergie.

> ◉ Une **RÉACTION ENDOTHERMIQUE** est une transformation qui absorbe de l'énergie.

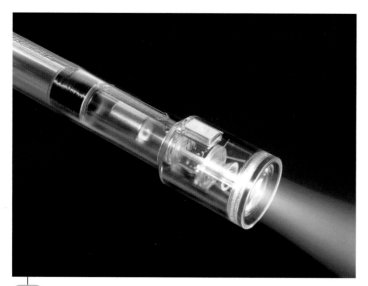

4.10 Ces piles produisent de l'électricité, ce qui permet à la lampe de poche de fonctionner. La réaction chimique qui a lieu dans les piles est une réaction exothermique.

4.11 Pour cuire, le gâteau doit absorber la chaleur provenant du four. La cuisson du gâteau est une réaction endothermique.

Les réactions endothermiques requièrent un apport constant d'énergie. Par exemple, un gâteau cesse de cuire si on le retire du four avant qu'il soit prêt. Par contre, les réactions exothermiques n'ont besoin d'énergie que pour être amorcées. Elles se poursuivent ensuite d'elles-mêmes, s'approvisionnant à même l'énergie qu'elles dégagent. Aucune énergie supplémentaire n'est donc nécessaire. Au contraire, elles peuvent servir de source d'énergie pour amorcer d'autres réactions.

L'énergie dégagée par une réaction exothermique est absorbée par le milieu environnant. Il s'ensuit donc souvent une augmentation de la température du milieu. Au contraire, l'énergie absorbée par une réaction endothermique est puisée dans le milieu environnant. Il se produit donc souvent une diminution de la température du milieu. En conséquence, on peut généralement distinguer les réactions endothermiques des réactions exothermiques en mesurant la variation de température du milieu avant et après la réaction.

Qu'est-ce qui fait qu'une réaction dégage de l'énergie tandis qu'une autre en absorbe ? Cela dépend de plusieurs facteurs, dont l'énergie contenue dans les liaisons des réactifs et des produits. En effet, il faut toujours fournir de l'énergie pour briser une liaison chimique. Par ailleurs, la formation d'une liaison chimique s'accompagne toujours d'une libération d'énergie. La différence entre la somme des énergies absorbées lors du bris des liaisons et la somme des énergies dégagées lors de la formation des nouvelles liaisons est donc une façon de déterminer si une réaction est endothermique ou exothermique.

Les tableaux 4.12 et 4.13 présentent l'énergie associée au bris ou à la formation de quelques liaisons chimiques, selon qu'il s'agit d'une LIAISON SIMPLE (*tableau 4.12*) ou de LIAISONS DOUBLES ou triples (*tableau 4.13*). Il est à noter que l'énergie nécessaire pour briser une liaison est égale à celle qui est libérée lors de la formation de la même liaison. Par contre, l'énergie diffère d'une liaison à une autre.

UN DÉGLAÇANT EFFICACE

Le chlorure de calcium, qu'on épand parfois sur les routes en hiver, fait fondre la glace et l'empêche de geler à nouveau. En effet, la dissolution du $CaCl_2$ dans l'eau est fortement exothermique, ce qui fait fondre la glace déjà en place. De plus, la solution formée possède un point de fusion beaucoup plus bas que celui de l'eau pure. Elle peut donc rester liquide même par grands froids. 🗐 5

4.12 L'ÉNERGIE ASSOCIÉE À QUELQUES LIAISONS SIMPLES, EN kJ/mol

H	C	N	O	F	Si	P	S	Cl	Br	I	
435	414	389	464	569	293	318	339	431	368	297	H
	347	293	351	439	289	264	259	330	276	238	C
		159	201	272	355	209	—*	201	243	—	N
			138	184	368	351	—	205	201	201	O
				159	540	490	327	255	197	273	F
					176	213	226	360	289	213	Si
						213	230	331	272	213	P
							213	251	213	—	S
								243	218	209	Cl
									192	180	Br
										151	I

* Un tiret signifie que ces deux éléments n'ont pas tendance à former une liaison ensemble.

4.13 L'ÉNERGIE ASSOCIÉE À QUELQUES LIAISONS DOUBLES OU TRIPLES

Nature de la liaison	Énergie associée (kJ/mol)
N=N	418
C=N	615
C=C	611
C=O	741
O=O	498
N≡N	946
C≡N	891
C≡C	741

Examinons l'exemple de la réaction du méthane avec le dioxygène.

Comme le montre la figure 4.5 de la page 110, la molécule de méthane contient quatre liaisons simples entre un atome de carbone et un atome d'hydrogène. Le tableau 4.12, à la page précédente, indique que ces liaisons contiennent 414 kJ d'énergie chacune. Le dioxygène, de son côté, est formé d'une liaison double entre deux atomes d'oxygène. Le tableau 4.13 permet de constater que cette liaison correspond à 498 kJ. L'énergie nécessaire pour briser les liaisons des réactifs est donc:

$CH_4 + 2\,O_2$
$(4 \times 414\text{ kJ}) + (2 \times 498\text{ kJ}) = 2652\text{ kJ}$

Cette réaction chimique produit du dioxyde de carbone et de l'eau. Une molécule de dioxyde de carbone contient deux liaisons doubles carbone-oxygène. L'eau, pour sa part, possède deux liaisons simples hydrogène-oxygène. L'énergie dégagée lors de la formation de ces molécules est donc:

$CO_2 + 2\,H_2O$
$(2 \times 741\text{ kJ}) + (4 \times 464\text{ kJ}) = 3338\text{ kJ}$

On peut estimer la quantité d'énergie dégagée ou absorbée par une réaction en effectuant son bilan énergétique, c'est-à-dire en calculant la différence entre l'énergie absorbée lors du bris des liaisons entre les atomes des réactifs et l'énergie dégagée lors de la formation des liaisons entre les atomes des produits.

Dans le cas de la réaction du méthane, le bilan énergétique est le suivant:

- Énergie absorbée par les réactifs: 2652 kJ
- Énergie dégagée par les produits: 3338 kJ
- Bilan énergétique: 2652 kJ – 3338 kJ = −686 kJ

Une mole de méthane et deux moles de dioxygène réagissant ensemble dégagent donc 686 kJ d'énergie. En effet, le signe négatif du résultat indique que cette réaction dégage plus d'énergie qu'elle en absorbe. Nous sommes donc en présence d'une réaction exothermique. Il est à noter qu'il s'agit d'une approximation. Pour obtenir un résultat plus précis, il faudrait tenir compte d'autres facteurs, plus complexes à mesurer.

Le bilan énergétique nous permet aussi de comprendre pourquoi certaines réactions exothermiques n'ont pas lieu spontanément. Par exemple, pour brûler une mole de méthane, il faut d'abord fournir environ 2652 kJ d'énergie. Aussi longtemps qu'on ne fournira pas cette quantité d'énergie, aucune réaction ne se produira.

Voyons maintenant un exemple de réaction endothermique: l'électrolyse de l'eau.

- Réaction chimique de l'électrolyse de l'eau: $2\,H_2O \longrightarrow 2\,H_2 + O_2$
- Énergie absorbée par les réactifs: $4 \times 464\text{ kJ} = 1856\text{ kJ}$
- Énergie dégagée par les produits: $(2 \times 435\text{ kJ}) + (498\text{ kJ}) = 1368\text{ kJ}$
- Bilan énergétique: 1856 kJ – 1368 kJ = +488 kJ

Ainsi, l'électrolyse de deux moles d'eau nécessite l'apport d'environ 488 kJ d'énergie. C'est donc une réaction endothermique.

4.14 L'ÉNERGIE ABSORBÉE ET DÉGAGÉE EN FONCTION DE LA PROGRESSION DE LA RÉACTION LORS DE LA RÉACTION DU MÉTHANE AVEC LE DIOXYGÈNE

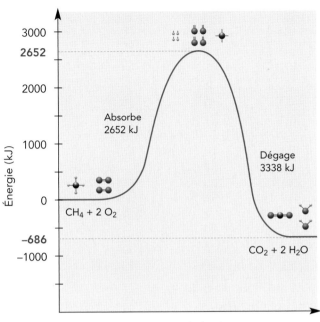

4.15 L'ÉNERGIE ABSORBÉE ET DÉGAGÉE EN FONCTION DE LA PROGRESSION DE LA RÉACTION LORS DE L'ÉLECTROLYSE DE L'EAU

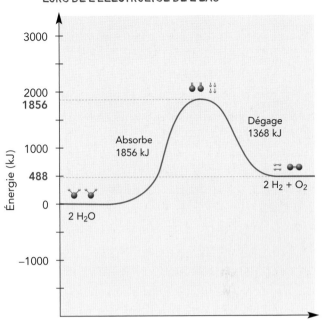

À partir du bilan énergétique et des principes de la stœchiométrie, nous pouvons estimer la quantité d'énergie qui résulte de la réaction de différentes quantités de matière. Par exemple, la quantité d'énergie produite par la réaction de 32 g de méthane avec suffisamment de dioxygène se calcule ainsi :

$$CH_{4(g)} + 2\ O_{2(g)} \longrightarrow CO_{2(g)} + 2\ H_2O_{(g)} + 686\ kJ$$

1 mol	686 kJ
16,05 g	686 kJ
32,00 g	? kJ

$$\frac{32,00\ g \times 686\ kJ}{16,05\ g} = 1368\ kJ$$

Ainsi, l'énergie produite par la réaction de 32 g de méthane avec suffisamment de dioxygène sera d'environ 1368 kJ.

ST
STE
ATS
SE

2.5 QUELQUES TRANSFORMATIONS CHIMIQUES

Il existe une multitude de transformations chimiques. Certaines d'entre elles ont des points communs, ce qui permet d'en prédire le comportement. Dans les prochaines sections, nous examinerons les types de transformations chimiques suivants : la synthèse et la décomposition, la précipitation, la neutralisation acidobasique, l'oxydation, la combustion, la respiration cellulaire et la photosynthèse.

CONCEPTS DÉJÀ VUS

– Décomposition et synthèse
– Précipitation
– Acidité / basicité
– Oxydation
– Photosynthèse et respiration

LA SYNTHÈSE ET LA DÉCOMPOSITION

Une SYNTHÈSE est une réaction au cours de laquelle deux ou plusieurs réactifs se combinent pour former un nouveau produit. La formule générale d'une synthèse est : A + B ⟶ AB. La synthèse du dioxyde d'azote en est un exemple :

$$N_{2(g)} + 2\ O_{2(g)} \longrightarrow 2\ NO_{2(g)}$$

Au cours d'une DÉCOMPOSITION, un composé se sépare en deux ou plusieurs composés ou éléments. La formule générale d'une décomposition est : AB ⟶ A + B. Il est à noter que la décomposition est la réaction inverse de la synthèse. En voici un exemple, l'électrolyse de l'eau :

$$2\ H_2O_{(l)} \longrightarrow 2\ H_{2(g)} + O_{2(g)}$$

LA PRÉCIPITATION

LABO
N° 32

Quand on mélange deux solutions, il arrive qu'il y ait formation d'une substance peu ou pas soluble, c'est-à-dire d'un solide qu'on nomme «précipité». C'est ce qu'on appelle une réaction de PRÉCIPITATION.

Il est souvent possible de prédire si le mélange de deux solutions entraînera ou non la formation d'un précipité. On peut le faire notamment en consultant un tableau indiquant la solubilité de différents COMPOSÉS IONIQUES, comme celui ci-dessous.

4.16 LA SOLUBILITÉ DE DIVERS COMPOSÉS IONIQUES

Ions négatifs	Ions positifs																
	NH_4^+	Li^+	Na^+	K^+	Mg^{2+}	Ca^{2+}	Ba^{2+}	Al^{3+}	Cu^{2+}	Fe^{2+}	Fe^{3+}	Ni^{2+}	Zn^{2+}	Hg^{2+}	Ag^+	Sn^{2+}	Pb^{2+}
CH_3COO^-	○	○	○	○	○	○	○	○	○	○	○	○	○	○	●	—	○
NO_3^-	○	○	○	○	○	○	○	○	○	○	○	○	○	○	○	○	○
Cl^-	○	○	○	○	○	○	○	○	○	○	○	○	○	●	●	○	●
Br^-	○	○	○	○	○	○	○	○	○	○	○	○	○	●	●	○	●
I^-	○	○	○	○	○	○	○	○	—	○	○	○	○	●	●	○	●
SO_4^{2-}	○	○	○	○	○	●	●	○	○	○	○	○	○	—	●	○	●
SO_3^{2-}	○	○	○	○	●	●	●	—	—	●	—	—	●	●	●	—	●
S^{2-}	○	○	○	○	—	○	—	—	●	●	●	●	●	●	●	●	●
CO_3^{2-}	○	●	○	○	●	●	●	—	●	—	●	—	●	—	●	—	●
OH^-	○	○	○	○	●	●	○	●	●	●	●	●	●	●	●	●	●
PO_4^{3-}	○	○	○	○	●	●	●	●	●	●	●	●	●	●	●	—	●
CrO_4^{2-}	○	○	○	○	○	○	●	—	●	—	●	●	●	●	●	—	●

○ = Soluble   ● = Peu ou pas soluble   — = Ne forme pas de composé

Voyons un exemple. Lorsqu'on mélange une solution de chlorure de sodium (NaCl) et une solution de nitrate d'argent (AgNO₃), on met en présence les ions suivants : Na^+, Cl^-, Ag^+ et NO_3^-. Comme les ions positifs ont tendance à réagir avec les ions négatifs, les composés ayant le plus de chances de résulter du mélange sont $NaNO_3$ et $AgCl$. Le tableau 4.16 nous indique que le composé $NaNO_3$ est soluble, tandis que le composé $AgCl$ l'est peu ou ne l'est pas. On peut donc prédire que le mélange de ces deux solutions produira un précipité solide de chlorure d'argent ($AgCl$) selon la réaction suivante :

$$NaCl_{(aq)} + AgNO_{3(aq)} \longrightarrow AgCl_{(s)} + NaNO_{3(aq)}$$

ST
STE
SE
LA NEUTRALISATION ACIDOBASIQUE

La neutralisation acidobasique est une réaction au cours de laquelle un acide et une base réagissent ensemble pour former un sel et de l'eau. On peut généraliser la réaction de neutralisation acidobasique en solution aqueuse par l'équation suivante :

$$\text{Acide}_{(aq)} + \text{Base}_{(aq)} \longrightarrow \text{Sel}_{(aq)} + \text{Eau}_{(l)}$$

Lorsqu'il y a autant d'ions H^+ provenant de l'acide que d'ions OH^- provenant de la base, le résultat est neutre, c'est-à-dire que le pH de la solution est de 7. C'est pour cette raison qu'on dit que l'acide neutralise la base, ou vice versa. Lorsque les quantités d'ions H^+ et d'ions OH^- sont différentes, la réaction de neutralisation est incomplète. Le pH dépend alors de la concentration du réactif en surplus dans la solution.

> La **NEUTRALISATION ACIDOBASIQUE** est une transformation chimique qui implique la réaction d'un acide avec une base, ce qui produit un sel et de l'eau.

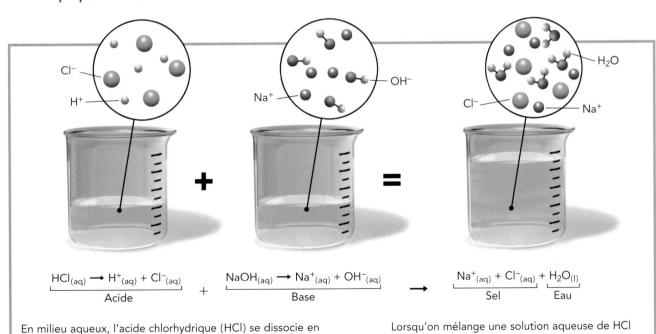

En milieu aqueux, l'acide chlorhydrique (HCl) se dissocie en formant des ions H^+ et des ions Cl^-. De son côté, l'hydroxyde de sodium (NaOH), une base, se dissocie dans l'eau en donnant des ions Na^+ et des ions OH^-.

Lorsqu'on mélange une solution aqueuse de HCl et une solution aqueuse de NaOH, les ions H^+ et les ions OH^- réagissent ensemble pour former de l'eau, tandis que les ions Na^+ et Cl^- forment un sel en solution aqueuse.

4.17 La réaction de neutralisation entre l'acide chlorhydrique et l'hydroxyde de sodium.

Les équations suivantes montrent d'autres exemples de neutralisation acido-basique :

- $HF_{(aq)} + KOH_{(aq)} \longrightarrow KF_{(aq)} + H_2O_{(l)}$
- $H_2SO_{4(aq)} + Mg(OH)_{2(aq)} \longrightarrow MgSO_{4(aq)} + 2\ H_2O_{(l)}$
- $2\ HBr_{(aq)} + Ca(OH)_{2(aq)} \longrightarrow CaBr_{2(aq)} + 2\ H_2O_{(l)}$

STE ATS L'OXYDATION

LABO
N° 35

L'oxydation est une réaction qui a beaucoup d'importance dans notre existence. Elle permet de nous garder en vie (notamment grâce à la respiration cellulaire), mais elle cause aussi le vieillissement de nos cellules. Plusieurs substances, comme les métaux et les aliments, ont la capacité de s'oxyder, puisqu'elles réagissent avec l'oxygène de l'air.

À l'origine, on définissait l'oxydation comme étant la réaction d'une substance quelconque avec l'oxygène. De nos jours, les chimistes ont élargi cette définition et considèrent maintenant l'oxydation comme étant la réaction d'une substance avec l'oxygène ou toute substance ayant des propriétés semblables à celles de l'oxygène.

> **L'OXYDATION** est une transformation chimique impliquant de l'oxygène ou une substance ayant des propriétés semblables.

DES CRUSTACÉS POUR COMBATTRE LA CORROSION

Les crustacés ont une carapace bien particulière qui pourrait servir à prévenir la corrosion qui ronge les métaux. Les coques de bateaux et les installations portuaires pourraient ainsi être protégées sans contaminer l'environnement marin. La chitine, principal constituant des carapaces de crustacés, est à l'origine de cette découverte. Plus précisément, c'est un dérivé de la chitine qui intéresse les chercheurs : le chitosane.

La chimiste Caroline Dupont, de l'Université Laval, a montré que le chitosane avait une grande affinité avec les métaux. En effet, il adhère bien aux surfaces métalliques. Une fois installé, il freine la corrosion en retardant l'attaque du métal par les chlorures contenus dans l'eau de mer. Autres avantages : le chitosane n'est aucunement toxique pour la faune marine, il ne s'accumule pas dans la chaîne alimentaire et il est biodégradable.

Adaptation de : Pauline GRAVEL, « Des crustacés pour combattre la corrosion », *Le Devoir*, 17 mai 2006, p. A6.

La carapace des crustacés pourrait servir un jour à protéger les bateaux contre la corrosion.

Certaines conditions favorisent la réaction d'oxydation. Par exemple, la présence d'humidité dans l'air accélère la formation de la rouille, qui est une oxydation du fer. La lumière accélère l'oxydation des huiles, ce qui altère leur goût et les rend impropres à la consommation.

Pour lutter contre certains effets indésirables des oxydations, on peut recourir à différents procédés ou utiliser certaines substances. Par exemple, la galvanisation est un procédé qui protège de la rouille les matériaux contenant du fer et ce, par leur immersion dans le zinc. De même, les antioxydants sont des agents de conservation ajoutés aux aliments afin de prolonger leur durée de conservation.

ST STE ATS LA COMBUSTION

La combustion est une forme d'oxydation qui libère beaucoup d'énergie. Le bois qui brûle, le fer qui rouille et la respiration cellulaire sont des exemples de combustion.

4.18 L'oxydation modifie l'apparence de la substance qui subit ce changement.

ENVIRONNEMENT+

La combustion des combustibles fossiles

Les combustibles fossiles et les produits qu'on en tire, comme le gaz naturel, l'essence, l'huile à chauffage, le charbon, etc., ont pris une grande importance dans le monde actuel. En effet, ils sont utilisés pour alimenter les voitures, chauffer les maisons, faire fonctionner des centrales électriques, etc.

Lorsqu'on brûle un combustible fossile, il réagit avec le dioxygène de l'air pour produire principalement du dioxyde de carbone et de la vapeur d'eau. Cette réaction dégage généralement de l'énergie, comme le montre l'équation suivante:

Combustible fossile + Dioxygène →
Dioxyde de carbone + Eau + Énergie.

La combustion massive des combustibles fossiles consécutive aux activités humaines entraîne une augmentation constante du taux de dioxyde de carbone dans l'atmosphère, ce qui contribue à l'effet de serre.

L'augmentation de la production du dioxyde de carbone n'est pas la seule inquiétude suscitée par la combustion des combustibles fossiles. En effet,

La combustion des combustibles fossiles est susceptible d'aggraver l'effet de serre et les pluies acides.

lorsqu'il n'y a pas suffisamment de dioxygène disponible, la combustion des combustibles fossiles dégage également du monoxyde de carbone, un gaz mortel pour l'être humain. De plus, certains combustibles fossiles contiennent aussi du soufre. Leur combustion produit du dioxyde de soufre, un gaz responsable du phénomène des pluies acides.

La COMBUSTION est une forme d'oxydation qui libère beaucoup d'énergie.

Trois conditions sont nécessaires pour qu'il y ait combustion : la présence d'un combustible, la présence d'un comburant et l'atteinte de la température d'ignition. L'interaction entre ces trois conditions est illustrée, ci-dessous, dans le triangle du feu.

> «Comburant» provient du latin comburens, *qui signifie* «qui détruit par le feu».

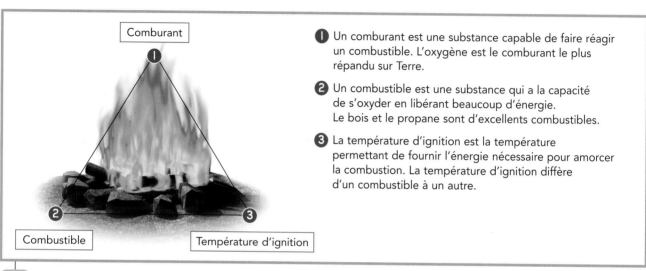

Comburant

❶ Un comburant est une substance capable de faire réagir un combustible. L'oxygène est le comburant le plus répandu sur Terre.

❷ Un combustible est une substance qui a la capacité de s'oxyder en libérant beaucoup d'énergie. Le bois et le propane sont d'excellents combustibles.

❸ La température d'ignition est la température permettant de fournir l'énergie nécessaire pour amorcer la combustion. La température d'ignition diffère d'un combustible à un autre.

Combustible

Température d'ignition

4.19 Le triangle du feu illustre la relation qui existe entre les trois conditions nécessaires pour amorcer et entretenir une combustion. Les pompiers étudient cette relation afin de maîtriser les incendies.

On distingue trois types de combustions : les combustions vive, spontanée et lente.

- La combustion vive est la forme de combustion la plus spectaculaire. Elle libère beaucoup d'énergie, essentiellement sous forme de chaleur et de lumière, et ce, dans un court laps de temps. Un feu de bois, une bougie allumée, l'explosion contrôlée de l'essence dans un moteur sont des exemples de combustion vive.

- La combustion spontanée est une combustion vive dont le combustible atteint sa température d'ignition sans apport d'énergie extérieure. C'est un phénomène souvent imprévisible, qui peut occasionner des catastrophes. Par exemple, l'été, lorsqu'il fait très chaud et que le sol est très sec, le bois peut s'enflammer de façon spontanée, causant ainsi des feux de forêt.

4.20 La combustion vive de l'essence dans le moteur de cette automobile lui permet d'avancer.

- La combustion lente est une combustion qui se produit sur une très longue période de temps. L'énergie libérée semble ainsi moins considérable puisqu'elle est dissipée graduellement dans l'environnement. La décomposition, la fermentation, la respiration cellulaire et la corrosion des métaux sont des exemples de combustion lente.

4.21 Une substance peut s'enflammer spontanément si elle est entreposée dans un endroit peu ventilé, car cela favorise la concentration des vapeurs dans l'air.

4.22 La rouille est un exemple de combustion lente.

LABOS

N°s 36 et 37

ST STE SE LA RESPIRATION CELLULAIRE ET LA PHOTOSYNTHÈSE

La respiration cellulaire est une forme de combustion lente. Comme toutes les combustions, c'est une réaction exothermique. Elle se produit dans les cellules de la majorité des êtres vivants. Une partie de l'énergie libérée se dissipe dans les tissus environnants sous forme de chaleur. Chez l'être humain, elle permet de maintenir la température du corps autour de 37 °C. L'énergie produite permet aussi aux cellules d'effectuer les tâches essentielles au bon fonctionnement de l'organisme.

> La RESPIRATION CELLULAIRE est une transformation chimique qui utilise le glucose et le dioxygène afin de dégager de l'énergie. Elle produit également du dioxyde de carbone et de l'eau.

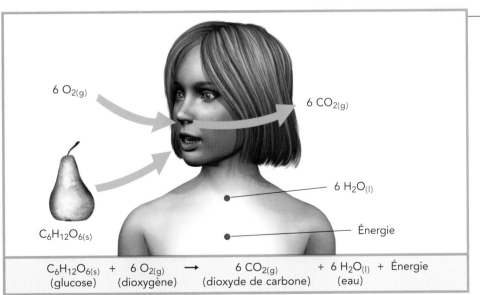

4.23 Le combustible utilisé lors de la respiration cellulaire est le glucose ($C_6H_{12}O_6$), une sorte de sucre.

$6\ O_{2(g)}$

$6\ CO_{2(g)}$

$6\ H_2O_{(l)}$

Énergie

$C_6H_{12}O_{6(s)}$

$$C_6H_{12}O_{6(s)} + 6\ O_{2(g)} \rightarrow 6\ CO_{2(g)} + 6\ H_2O_{(l)} + \text{Énergie}$$
(glucose)   (dioxygène)   (dioxyde de carbone)   (eau)

La photosynthèse est la réaction inverse de la respiration cellulaire. Il s'agit donc d'une réaction endothermique. La photosynthèse permet aux cellules végétales d'utiliser l'énergie du soleil pour produire du glucose et du dioxygène à partir de dioxyde de carbone et d'eau. Le glucose est une source d'énergie pour les végétaux et les animaux. Comme la photosynthèse libère du dioxygène, elle est essentielle au maintien du taux d'oxygène dans l'air.

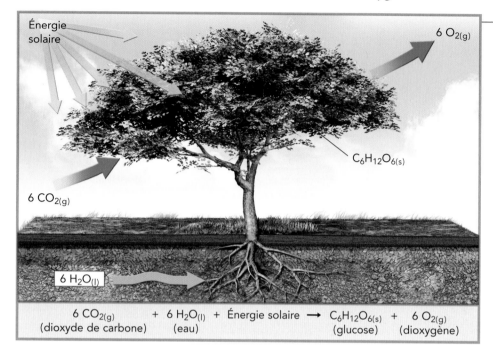

Énergie solaire

6 $O_{2(g)}$

$C_6H_{12}O_{6(s)}$

6 $CO_{2(g)}$

6 $H_2O_{(l)}$

4.24 La photosynthèse permet aux végétaux de produire du glucose, une source d'énergie utilisable par tous les êtres vivants.

| 6 $CO_{2(g)}$ | + | 6 $H_2O_{(l)}$ | + Énergie solaire ⟶ | $C_6H_{12}O_{6(s)}$ | + | 6 $O_{2(g)}$ |
| (dioxyde de carbone) | | (eau) | | (glucose) | | (dioxygène) |

▶ La **PHOTOSYNTHÈSE** est une transformation chimique qui produit du glucose et du dioxygène à partir de l'énergie du soleil, du dioxyde de carbone et de l'eau.

Les organismes capables de réaliser la photosynthèse forment la base de toutes les CHAÎNES ALIMENTAIRES. On dit que ce sont des PRODUCTEURS, parce qu'ils utilisent l'énergie du soleil pour produire la matière organique nécessaire aux autres êtres vivants.

STE ③ Les transformations nucléaires

Les transformations nucléaires sont des réactions qui se produisent dans le noyau de l'atome : elles entraînent une modification du nombre de protons et de neutrons, ce qui a pour effet de changer la nature de l'élément. Certaines de ces réactions sont exothermiques et dégagent de très grandes quantités d'énergie. En effet, le noyau de l'atome est une énorme réserve d'énergie. Par exemple, la réaction de 1 kg d'uranium peut, *en théorie*, libérer autant d'énergie que la combustion de 2 500 000 kg de charbon.

L'énergie nucléaire a plusieurs applications. La principale est la production d'électricité. Son rendement énergétique est nettement supérieur à celui des combustibles fossiles. Ainsi, la réaction de 1 kg d'uranium produit, *selon les procédés actuels*, autant d'énergie électrique que la combustion de 20 000 kg de charbon.

1912
1997

Chien-Shiung Wu

Physicienne américaine d'origine chinoise, Chien-Shiung Wu conçut et réalisa une expérience portant sur la désintégration radioactive qui confirma une hypothèse émise par ses collègues Tsung-Dao Lee et Chen-Ning Yang. Ces derniers reçurent par la suite le prix Nobel de physique de 1957. En 1975, elle devint la première femme à présider la Société américaine de physique.

STE 3.1 LA STABILITÉ NUCLÉAIRE

Les noyaux des atomes sont constitués de protons et de neutrons. Comme chaque proton porte une charge électrique positive et que les charges de mêmes signes se repoussent, les protons ont tendance à se repousser les uns les autres. Les neutrons, comme leur nom l'indique, ne portent aucune charge électrique. Si la plupart des noyaux sont stables, c'est parce qu'une force d'attraction plus grande que les forces de répulsion électrique des protons maintient ensemble les particules du noyau. Cette force est la «force nucléaire».

> ▶ La STABILITÉ NUCLÉAIRE correspond à l'état d'un noyau dans lequel la force nucléaire est supérieure aux forces de répulsion électrique des protons.

La stabilité d'un noyau dépend principalement de deux facteurs: sa taille et le nombre de neutrons qu'il contient.

L'AUTRE SOURCE D'ÉLECTRICITÉ

Le Canada est le plus grand producteur d'uranium au monde. Le parc nucléaire du Canada comprend 22 réacteurs, situés au Québec, en Ontario et au Nouveau-Brunswick. L'énergie nucléaire comble actuellement la moitié de la demande d'électricité en Ontario.

4.25 LA RELATION ENTRE LE NOMBRE DE NEUTRONS, LE NUMÉRO ATOMIQUE ET LA STABILITÉ NUCLÉAIRE

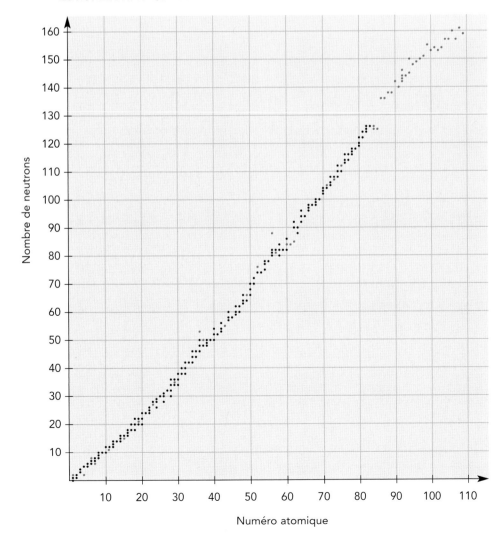

Légende
- Noyau stable
- Noyau instable

Normalement, la force nucléaire est beaucoup plus grande que les forces de répulsion électrique. Par contre, la force nucléaire n'agit que sur de très courtes distances. En conséquence, plus un noyau est gros, plus la force nucléaire a de la difficulté à compenser les forces de répulsion électrique. Cela explique pourquoi tous les atomes dont le numéro atomique est plus grand que 83 (le bismuth) sont instables, c'est-à-dire qu'ils ont tendance à se désintégrer pour former un ou plusieurs atomes d'éléments plus petits.

Presque tous les éléments possèdent plusieurs ISOTOPES. Ceux-ci n'ont pas tous la même stabilité nucléaire. Certains sont stables, tandis que d'autres sont instables. Étant donné que c'est le nombre de neutrons qui distingue les différents isotopes d'un même élément, on peut en conclure que les neutrons jouent un rôle dans la stabilité du noyau des atomes.

La figure 4.25 (*à la page précédente*) permet de constater qu'il existe des isotopes instables tout le long de la courbe. (Sur ce diagramme, les isotopes d'un même élément sont alignés verticalement.) De plus, tous les éléments dont le numéro atomique est supérieur à 83 sont instables.

PÉNURIE D'ISOTOPES DANS LES HÔPITAUX

La fermeture, en novembre 2007, d'un réacteur nucléaire vieux de 50 ans a entraîné une pénurie d'isotopes radioactifs pour la médecine nucléaire. Devant les protestations des médecins spécialistes en médecine nucléaire, le gouvernement canadien a voté une loi d'urgence pour forcer sa réouverture pour des raisons de santé publique.

STE 3.2 LA RADIOACTIVITÉ

La radioactivité peut être décrite comme une transformation nucléaire qui se produit naturellement. C'est donc une propriété des atomes instables. Le premier élément radioactif à avoir été découvert, l'uranium, l'a été par hasard en 1896 par le professeur de physique français Henri Becquerel (1852-1908). L'uranium tend à se transformer naturellement en un atome d'un élément plus stable, le plomb, en émettant de l'énergie sous forme de rayons. C'est Marie Curie (1867-1934) qui proposa le terme «radioactivité» pour décrire ce phénomène.

> «*Radioactivité*» *est la combinaison du mot* «*radio*», *provenant du latin* radius, *qui signifie* «*rayons*», *et du mot* «*activité*», *provenant du latin* activitas, *qui veut dire* «*qui a le pouvoir d'agir, d'émettre*».

> ▶ La **RADIOACTIVITÉ** est un processus naturel au cours duquel un atome instable se transforme spontanément en un ou plusieurs atomes plus stables, tout en émettant de l'énergie sous forme de rayons.

La figure 4.26, à la page suivante, nous permet de constater qu'une substance radioactive peut émettre trois types de rayons:

- Les rayons alpha (α) sont déviés vers la borne négative d'un champ électrique. Ils sont donc constitués de particules positives. De plus, ils sont relativement gros et massifs. Une feuille de papier suffit à les arrêter.

- Les rayons bêta (β) sont déviés vers la borne positive d'un champ électrique. Ils sont donc constitués de particules négatives. Ils sont aussi plus légers que les rayons alpha et ils ont un pouvoir de pénétration plus grand que ceux-ci. Pour les bloquer, il faut utiliser une feuille métallique d'au moins trois millimètres d'épaisseur.

- Les rayons gamma (γ) ne sont pas déviés par un champ électrique. Ils sont donc neutres. De plus, ces rayons ne sont pas constitués de particules, mais seulement d'énergie. Ce sont les plus pénétrants. Pour les arrêter, il faut utiliser un matériau de très haute densité (comme le plomb ou le béton). Inutile de dire qu'ils traversent donc facilement le corps humain.

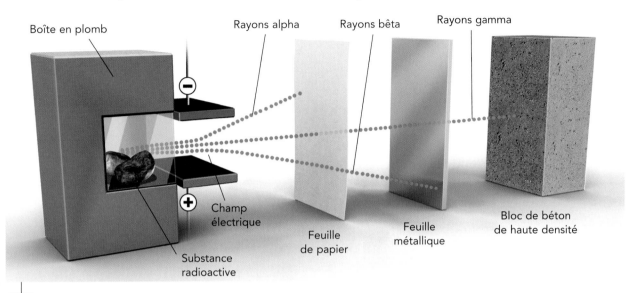

4.26 Si l'on place les rayons émis par une substance radioactive entre les bornes d'un champ électrique, on constate qu'ils se divisent en trois types: les rayons alpha, les rayons bêta et les rayons gamma. Ces rayons se distinguent les uns des autres par leur charge et leur pouvoir de pénétration.

ENVIRONNEMENT+

La radiation de fond

Nous sommes constamment exposés aux rayons radioactifs. D'ailleurs, nous sommes nous-mêmes légèrement radioactifs. En effet, nous absorbons quotidiennement des éléments radioactifs par notre alimentation, ainsi que par l'air que nous respirons. Le radon, un gaz issu de la désintégration de l'uranium dans le sol, constitue une autre source importante de radioactivité. Nous sommes aussi exposés aux rayons radioactifs émis par l'Univers: les rayons cosmiques. Ajoutons à cela les rayons émis par les radiographies, les piles de montre, les détecteurs de fumée, etc.

Les dommages causés par cette exposition sont importants. Heureusement, nos cellules sont munies d'un mécanisme de défense qui peut éliminer et remplacer les cellules endommagées par de faibles doses de rayons radioactifs. Ce mécanisme a cependant ses limites.

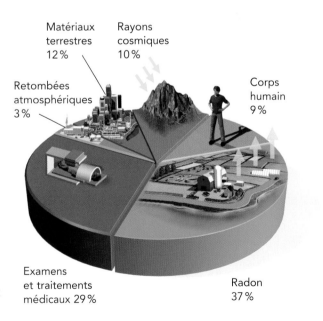

Nous sommes constamment exposés aux rayons radioactifs: c'est ce qu'on appelle la «radiation de fond».

Les rayons émis par la radioactivité sont capables d'arracher des électrons aux atomes qu'ils rencontrent. Cette propriété peut entraîner la formation de nouvelles substances. En industrie, l'irradiation, c'est-à-dire l'exposition aux rayons radioactifs, peut être utile. Par exemple, il est possible d'améliorer la qualité de certains matériaux en y incluant des substances qui durcissent sous l'action des rayons radioactifs. De même, l'irradiation des aliments permet d'augmenter leur durée de conservation.

Par contre, l'exposition aux rayons radioactifs peut être néfaste pour les êtres vivants. Ces rayons ont la capacité de modifier l'ADN des cellules, ce qui peut entraîner le développement de cellules cancéreuses. Paradoxalement, au cours des traitements de radiothérapie, on fait également appel à des rayons radioactifs pour tuer les cellules cancéreuses et ainsi soigner les personnes atteintes de cancer.

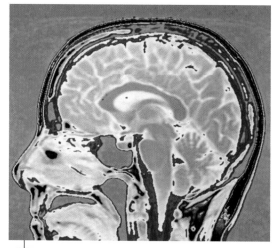

4.27 Grâce à la radioactivité, il est possible d'obtenir des images du fonctionnement d'un organe, comme le cerveau. C'est le principe de la «scintigraphie».

La radioactivité est un processus spontané et aléatoire. En effet, on ne peut pas prévoir quels atomes se désintégreront, ni à quel moment. Par contre, on peut prévoir le temps nécessaire pour que la moitié des atomes d'un échantillon de matière radioactive se transforment. Cette période porte le nom de «temps de demi-vie».

> ▶ Le TEMPS DE DEMI-VIE correspond au temps nécessaire à la désintégration de la moitié des noyaux d'un échantillon de matière radioactive.

4.28 LA QUANTITÉ DE CARBONE 14 EN FONCTION DU TEMPS

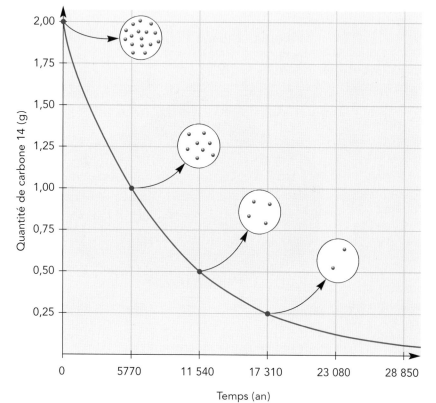

1890
1967

Hermann Joseph Muller

En 1946, ce généticien américain obtint le prix Nobel de médecine pour avoir établi un lien entre l'irradiation et les modifications de l'ADN. Il tentera par la suite de sensibiliser la population aux dangers de la bombe atomique et de l'exposition aux rayons radioactifs.

La figure 4.28, à la page précédente, montre que le temps de demi-vie du carbone 14 (un isotope du carbone contenant huit neutrons) est de 5770 ans. En effet, si l'on possède un échantillon de 2 g de carbone 14, dans 5770 ans, il n'en restera que 1 g. Après une autre période de 5770 ans, il n'en restera que 0,5 g, et ainsi de suite.

Plus le temps de demi-vie d'un élément est élevé, plus il faut attendre longtemps avant qu'il soit éliminé de l'environnement. C'est le défi que pose la gestion des déchets engendrés par les centrales nucléaires.

4.29 LE TEMPS DE DEMI-VIE DE QUELQUES ISOTOPES RADIOACTIFS

Isotopes	Temps de demi-vie
Polonium 216	0,16 seconde
Sodium 24	15 heures
Iode 131	8,1 jours
Cobalt 60	5,26 ans
Hydrogène 3	12 ans
Strontium 90	28 ans
Carbone 14	5 770 ans
Plutonium 239	24 000 ans
Uranium 235	710 000 000 ans
Potassium 40	1 300 000 000 ans

STE **3.3** LES TYPES DE TRANSFORMATIONS NUCLÉAIRES

Depuis le 20ᵉ siècle, l'être humain a découvert comment provoquer artificiellement des réactions nucléaires. Toutefois, ces réactions ont besoin de grandes quantités d'énergie pour être amorcées. On y parvient en bombardant des noyaux atomiques avec des particules ou d'autres noyaux se déplaçant à très grande vitesse. Les résultats obtenus permettent de distinguer deux types de réactions nucléaires : la fission nucléaire et la fusion nucléaire.

STE **LA FISSION NUCLÉAIRE**

La fission nucléaire est la réaction nucléaire la plus utilisée par l'être humain. Comme son nom l'indique, lors d'une fission nucléaire, le noyau d'un atome est brisé afin de former deux ou plusieurs noyaux plus petits.

«Fission» vient du mot latin fissus, *qui signifie «fendu».*

▶ La FISSION NUCLÉAIRE est une réaction nucléaire qui consiste à briser le noyau d'un gros atome pour former deux ou plusieurs noyaux d'atomes plus légers.

1878 1968

Lise Meitner

Cette physicienne autrichienne concentra ses recherches sur la radioactivité et les réactions nucléaires. En 1939, elle publia le premier article concernant la fission nucléaire. Pourtant, ce n'est qu'en 1966 que sa contribution fut reconnue. L'élément 109, le meitnérium, a été nommé en son honneur.

Comme on peut le remarquer sur la figure 4.30, la fission nucléaire de l'uranium 235 libère des neutrons, en plus des noyaux plus légers. Ces neutrons peuvent à leur tour bombarder le noyau d'autant d'atomes d'uranium. Il s'ensuit une réaction en chaîne. Si elle n'est pas contrôlée, elle peut provoquer une explosion nucléaire, comme celles amorcées par les bombes nucléaires lancées sur Hiroshima et Nagasaki, à la fin de la Seconde Guerre mondiale. Ces bombes ont des conséquences désastreuses : en plus de tout détruire sur leur passage, elles laissent derrière elles une grande quantité de déchets radioactifs.

En ralentissant les neutrons émis par la fission nucléaire, on peut contrôler la réaction en chaîne. Il est alors possible d'utiliser le potentiel énergétique de la fission pour produire de l'électricité. Cependant, la fission nucléaire contrôlée n'a pas que des bons côtés. Les réacteurs nucléaires qui servent à la fission produisent aussi de grandes quantités de déchets radioactifs. Certains de ces déchets peuvent être utilisés en médecine nucléaire ou pour d'autres applications. Les autres sont généralement enfouis.

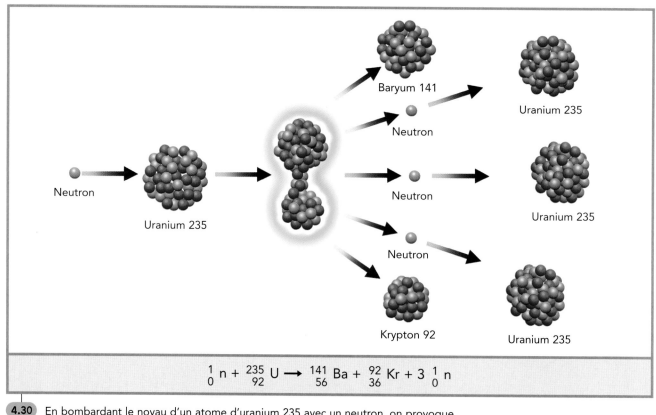

$$\underset{0}{\overset{1}{}}n + \underset{92}{\overset{235}{}}U \longrightarrow \underset{56}{\overset{141}{}}Ba + \underset{36}{\overset{92}{}}Kr + 3\,\underset{0}{\overset{1}{}}n$$

4.30 En bombardant le noyau d'un atome d'uranium 235 avec un neutron, on provoque sa fission nucléaire. Il en résulte différents produits, par exemple : deux noyaux d'atomes plus légers, le baryum 141 et le krypton 92, et trois neutrons. Ces derniers peuvent, à leur tour, bombarder d'autres atomes d'uranium 235, amorçant ainsi une réaction en chaîne.

STE LA FUSION NUCLÉAIRE

La fusion nucléaire est la principale source d'énergie des étoiles. Elle se produit lorsque deux petits noyaux entrent en collision et fusionnent pour former un noyau plus lourd.

▶ La **FUSION NUCLÉAIRE** est une réaction nucléaire qui consiste à fusionner deux petits noyaux d'atomes afin de former un noyau plus lourd.

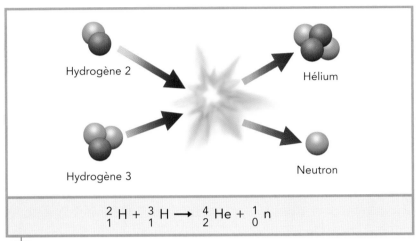

Hydrogène 2

Hélium

Hydrogène 3

Neutron

$$_{1}^{2}\text{H} + _{1}^{3}\text{H} \longrightarrow _{2}^{4}\text{He} + _{0}^{1}\text{n}$$

4.31 Lorsque deux petits noyaux entrent en collision, ils peuvent fusionner pour former le noyau d'un atome plus lourd.

4.32 Le Soleil produit son énergie grâce à une succession de fusions nucléaires.

La fusion nucléaire est une réaction qui ne peut être amorcée et maintenue qu'à des températures très élevées, de l'ordre du million de degrés Celsius. C'est pour cette raison qu'elle est plus difficile à reproduire. Jusqu'à maintenant, elle a très peu d'applications sur Terre. La bombe à hydrogène, qu'on appelle aussi la «bombe H», en est cependant un exemple. Dans cette bombe, on utilise la fission nucléaire pour générer l'énergie nécessaire afin d'amorcer la fusion nucléaire.

On effectue beaucoup de recherches pour arriver un jour à contrôler la fusion nucléaire, et ce, pour plusieurs raisons. D'abord, le rendement énergétique de la fusion nucléaire est nettement supérieur à celui de la fission nucléaire. Ensuite, elle engendre moins de déchets radioactifs. Il s'agit donc d'une source d'énergie moins dommageable pour l'environnement.

4.33 Une centrale nucléaire, comme celle de Gentilly-2 au Québec, permet de produire de l'électricité grâce à la fission nucléaire.

4.34 Le tokamak est un appareil qui permet de reproduire la fusion nucléaire. Ce procédé n'est cependant pas encore rentable.

Les transformations de la matière 131

VERDICT

ST 1 à 7, 17, 18, 20 à 23, C, E.

ATS 1 à 3, 19 à 22, E.

SE 1 à 18, 23, A à C, E.

STE 1 à 28, A à E.

1 Qu'est-ce qu'une transformation de la matière ? (p. 108)

1. Indiquez si chacun des phénomènes suivants décrit une transformation physique, une transformation chimique ou une transformation nucléaire. Expliquez vos réponses.

   a) Une flaque d'eau qui s'évapore au soleil.

   b) Le gaz propane qui brûle dans un barbecue.

   c) Une planche de bois qu'on scie en deux.

   d) La transmutation du plomb en or.

2 Les transformations chimiques
   (p. 109-124)

2. Pour chacune des situations suivantes, donnez au moins un indice qui permet de reconnaître qu'il s'agit d'une transformation chimique.

3. Représentez chacune des réactions suivantes à l'aide d'une équation chimique. Précisez l'état physique de chaque substance.

   a) Un atome de zinc solide réagit avec deux molécules d'acide chlorhydrique (HCl) en solution pour former une molécule de dichlorure de zinc ($ZnCl_2$) en solution et une molécule de dihydrogène gazeux.

   b) Deux atomes de sodium solide réagissent avec deux molécules d'eau liquide pour former deux molécules d'hydroxyde de sodium (NaOH) en solution et une molécule de dihydrogène gazeux.

   c) La réaction d'une molécule de propane (C_3H_8) gazeux avec cinq molécules de dioxygène gazeux produit trois molécules de dioxyde de carbone gazeux et quatre molécules de vapeur d'eau.

   d) Lorsqu'on mélange deux molécules de chlorure de sodium (NaCl) en solution avec une molécule de dinitrate de baryum ($Ba(NO_3)_2$) en solution, il y a formation de deux molécules de nitrate de sodium ($NaNO_3$) en solution et d'une molécule de dichlorure de baryum sous forme de précipité solide.

4. La synthèse de l'eau se fait selon l'équation :
   $$2\ H_{2(g)} + O_{2(g)} \longrightarrow 2\ H_2O_{(l)}$$
   Si l'on fait réagir 2 g de dihydrogène avec 16 g de dioxygène, quelle masse d'eau sera formée ? Laissez des traces de vos calculs.

5. Lorsqu'on fait réagir du magnésium avec de l'acide chlorhydrique, il y a dégagement d'un gaz: le dihydrogène. Si l'on effectue cette réaction dans un bécher ouvert, que deviendra la masse du contenu du bécher? Expliquez votre réponse.

6. Indiquez si chacune des équations suivantes est balancée ou non. Expliquez vos réponses.

  a) $Na + O_2 \longrightarrow Na_2O_2$

  b) $C + O_2 \longrightarrow CO_2$

  c) $2\ C_2H_2 + 5\ O_2 \longrightarrow 4\ CO_2 + 2\ H_2O$

  d) $CH_4 + 2\ Cl_2 \longrightarrow CCl_4 + 4\ HCl$

7. Balancez chacune des équations suivantes.

  a) $Mg + O_2 \longrightarrow MgO$

  b) $Fe + O_2 \longrightarrow Fe_2O_3$

  c) $C_3H_8 + O_2 \longrightarrow CO_2 + H_2O$

  d) $KOH + H_2SO_4 \longrightarrow K_2SO_4 + H_2O$

8. L'oxyde de cuivre (CuO) se forme selon l'équation suivante:

$$2\ Cu + O_2 \longrightarrow 2\ CuO$$

Si l'on fait réagir quatre moles de cuivre avec suffisamment de dioxygène, combien de moles d'oxyde de cuivre obtiendra-t-on? Laissez des traces de vos calculs.

9. Soit la réaction suivante:

$$2\ Na + 2\ H_2O \longrightarrow 2\ NaOH + H_2$$

Combien de moles d'hydroxyde de sodium seront produites si l'on fait réagir complètement 46 g de sodium? Laissez des traces de vos calculs.

10. Voici la réaction de synthèse de l'ammoniac:

$$N_2 + 3\ H_2 \longrightarrow 2\ NH_3$$

Écrivez l'équation de la décomposition de l'ammoniac.

11. Lorsqu'on mélange une solution d'acide chlorhydrique avec du bicarbonate de sodium, il y a dégagement de dioxyde de carbone, selon l'équation suivante:

$$HCl_{(aq)} + NaHCO_{3(s)} \longrightarrow NaCl_{(aq)} + H_2O_{(l)} + CO_{2(g)}$$

Si l'on fait réagir 200 ml d'une solution d'acide chlorhydrique avec suffisamment de bicarbonate de sodium, quelle devrait être la concentration molaire de la solution si l'on veut obtenir 4,4 g de dioxyde de carbone? Laissez des traces de vos calculs.

12. Le fer rouille en présence de dioxygène selon l'équation suivante:

$$4\ Fe_{(s)} + 3\ O_{2(g)} \longrightarrow 2\ Fe_2O_{3(s)}$$

Quelle masse de fer a été transformée si l'on obtient 20 g de rouille? Laissez des traces de vos calculs.

13. Indiquez si chacun des phénomènes suivants décrit une réaction endothermique ou une réaction exothermique.

  a) La cuisson d'un œuf.

  b) L'électrolyse de l'acide chlorhydrique.

  c) Le fonctionnement d'une pile.

  d) $4\ Fe_{(s)} + 3\ O_{2(g)} \longrightarrow 2\ Fe_2O_{3(s)} + $ énergie

  e) $6\ C_{(s)} + 3\ H_{2(g)} + $ énergie $\longrightarrow C_6H_{6(l)}$

  f) La combustion du bois.

14. La synthèse de l'ammoniac est une réaction très répandue en industrie. Effectuez le bilan énergétique de cette réaction afin d'estimer la quantité d'énergie qu'elle dégage ou qu'elle absorbe.

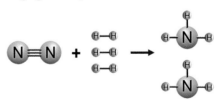

$$N_2 + 3\ H_2 \longrightarrow 2\ NH_3$$

15. La synthèse du dioxyde d'azote est un phénomène endothermique. Quelle quantité d'énergie faudra-t-il fournir pour produire six moles de NO_2?

$$N_{2(g)} + 2\ O_{2(g)} + 67,6\ kJ \longrightarrow 2\ NO_{2(g)}$$

Laissez des traces de vos calculs.

16. La combustion complète d'une mole de carbone dégage 393,5 kJ. Si l'on veut obtenir 900 kJ, quelle masse de carbone devra-t-on brûler ?

$$C_{(s)} + O_{2(g)} \longrightarrow CO_{2(g)} + 393,5 \text{ kJ}$$

Laissez des traces de vos calculs.

17. Lorsqu'on mélange une solution d'acide chlorhydrique (HCl) avec une solution d'hydroxyde de potassium (KOH), les deux substances réagissent.

  a) De quel type de réaction chimique s'agit-il ?

  b) Écrivez l'équation chimique de cette réaction.

18. Dans une réaction de neutralisation acidobasique, qu'arrive-t-il au pH de la solution acide ? Expliquez votre réponse.

19. Qu'est-ce qu'une oxydation ? Donnez deux exemples d'oxydation.

20. Afin d'apprendre à maîtriser les incendies, les pompiers doivent étudier les trois conditions indispensables à la naissance d'un feu. Quelles sont ces conditions ?

21. Quelle est la différence entre un comburant et un combustible ? Donnez un exemple pour chacun.

22. Pour chacun des énoncés suivants, indiquez s'il s'agit d'une combustion vive, d'une combustion spontanée ou d'une combustion lente.

  a) Un incendie est provoqué par un chiffon imbibé d'essence.

  b) Le fer rouille facilement dans les milieux humides.

  c) Il est agréable de se réunir autour d'un feu de camp.

  d) Plusieurs variétés de fruits coupés laissés à l'air libre se détériorent rapidement.

23. Qu'est-ce qui distingue la photosynthèse de la respiration cellulaire ? Nommez au moins cinq différences.

3 Les transformations nucléaires

(p. 124-131)

24. Ce type de rayons radioactifs est très dommageable pour la santé. Heureusement, il peut être bloqué par une simple feuille de papier. De quel type de rayons s'agit-il ?

25. L'irradiation des aliments est un procédé qui permet de tuer les micro-organismes nuisibles et de prolonger la conservation des aliments. On utilise des isotopes comme le cobalt 60 pour irradier les aliments. Sachant que les rayons radioactifs doivent parcourir une certaine distance et traverser complètement les aliments à irradier, quel type de rayons serait le plus approprié pour cette application ? Expliquez votre réponse.

26. La scintigraphie est une méthode d'imagerie médicale qui permet de visualiser certains organes en action. Pour l'utiliser, on injecte une substance radioactive au patient ou à la patiente. Les substances radioactives employées ont généralement un temps de demi-vie très court. Expliquez pourquoi.

27. Même si la radioactivité peut être néfaste pour la santé, elle présente tout de même de nombreux avantages. Nommez deux applications industrielles de la radioactivité.

28. Indiquez si chacune des réactions nucléaires suivantes décrit une fusion ou une fission. Expliquez votre réponse.

  a) $^{235}_{92}\text{U} + ^{1}_{0}\text{n} \longrightarrow ^{140}_{54}\text{Xe} + ^{94}_{38}\text{Sr} + 2\,^{1}_{0}\text{n}$

  b) $^{2}_{1}\text{H} + ^{2}_{1}\text{H} \longrightarrow ^{3}_{2}\text{He} + ^{1}_{0}\text{n}$

  c) $^{6}_{3}\text{Be} + ^{1}_{0}\text{n} \longrightarrow ^{4}_{2}\text{He} + ^{3}_{1}\text{H}$

  d) $^{14}_{7}\text{N} + ^{4}_{2}\text{He} \longrightarrow ^{17}_{8}\text{O} + ^{1}_{1}\text{p}^{+}$

  e) $^{27}_{13}\text{Al} + ^{4}_{2}\text{He} \longrightarrow ^{30}_{15}\text{P} + ^{1}_{0}\text{n}$

questions synthèses

A. La combustion d'un litre d'essence fournit environ 30 MJ, c'est-à-dire $3{,}0 \times 10^7$ J, tandis que la réaction d'une mole de zinc avec du dioxygène fournit environ 350 kJ, soit $3{,}5 \times 10^5$ J. Quelle masse de zinc faudrait-il utiliser pour obtenir autant d'énergie qu'avec la combustion de 20 litres d'essence ?

B. L'essence est principalement constituée d'octane (C_8H_{18}). Lorsque l'octane brûle dans le moteur d'une automobile, il réagit principalement selon l'équation chimique suivante :

$$C_8H_{18(l)} + O_{2(g)} \longrightarrow CO_{2(g)} + H_2O_{(g)} \text{ (équation non balancée)}$$

a) Balancez cette réaction.

b) Si une automobile consomme en moyenne 14 kg d'essence par semaine, combien de moles de dioxyde de carbone rejettera-t-elle dans l'air en moyenne par semaine ?

C. La rareté du pétrole et les changements climatiques motivent les scientifiques à chercher des solutions de rechange pour alimenter les voitures. L'une d'entre elles est l'utilisation de la poudre de métal. Par exemple, le zinc réagit avec le dioxygène gazeux en produisant de l'oxyde de zinc solide (ZnO) tout en libérant une grande quantité d'énergie. Les résultats préliminaires sont très prometteurs.

a) Écrivez l'équation balancée de cette réaction.

b) De quel type de transformation chimique s'agit-il ?

c) Normalement, lorsqu'un métal réagit en présence d'oxygène, l'énergie libérée est peu perceptible. Expliquez pourquoi.

d) Les chercheurs croient que l'utilisation de poudre de métal pour alimenter les voitures serait moins dommageable pour l'environnement que l'utilisation de l'essence. Expliquez pourquoi.

D. La combustion de la poudre de zinc est-elle une réaction endothermique ou exothermique ? Expliquez votre réponse.

E. Préparez votre propre résumé du chapitre 4 en construisant un réseau de concepts.

COMMENT BÂTIR UN RÉSEAU DE CONCEPTS

LES ENFANTS DE TCHERNOBYL

Le 26 avril 1986, la centrale nucléaire de Tchernobyl, en Ukraine, explosait. Il s'agit du plus grave accident nucléaire de l'histoire. Près de 70 % des retombées radioactives ont abouti au Bélarus, pays situé tout près. La Russie a aussi été touchée. Toute la chaîne alimentaire a été contaminée par des substances radioactives, dont le césium 137. À l'automne 2007, 21 ans après le drame, des scientifiques français ont mesuré la radioactivité du sol à Novozybkov, une ville historique russe affectée. Rares étaient les zones redevenues saines. À plusieurs endroits, des enfants naissent encore avec des malformations diverses. De plus, le système immunitaire des enfants est souvent fragile, entraînant plus de maladies et de problèmes de toutes sortes.

DE L'AIR PUR ET DE LA NOURRITURE SAINE

Accueillir un enfant de Tchernobyl chez soi quelques semaines par année peut l'aider à vivre en meilleure santé. Dans ce but, différentes associations sont nées dans de nombreux pays. «Les enfants de Tchernobyl», par exemple, a été fondé dans le Haut-Rhin, un département français près de l'Alsace. Ses membres organisent des campagnes de sensibilisation et de financement pour envoyer des médicaments ou pour aider des orphelinats dans des villes comme Novozybkov. Cependant, son activité la plus importante consiste à héberger des enfants pendant quelques semaines au cours de l'été, afin de leur donner la chance de respirer de l'air pur et de manger des aliments sains.

Au Québec, l'organisme «Séjour santé enfants Tchernobyl» travaille également dans ce sens. Au cours de l'été 2007, Cathy Quinaux et Steve Plante, eux-mêmes parents de quatre enfants, ont reçu chez eux, à Saint-Victor de Beauce, la petite Anastasia. Âgée de huit ans, Anastasia comprenait le français à la fin de l'été et cette enfant unique s'était bien amusée avec les autres enfants de la famille. Elle avait pris neuf livres et son taux de césium 137, un élément radioactif, était descendu sous les normes jugées dangereuses pour la santé. Son système immunitaire s'est ainsi renforcé et les bienfaits de ce séjour se poursuivront durant toute l'année. Les parents québécois, qui ont déboursé 2000 dollars pour son billet d'avion, ont bien l'intention de la recevoir à nouveau au cours des prochains étés.

Depuis 1991, des milliers d'enfants de 8 ans à 16 ans ont ainsi été accueillis dans des familles dans une vingtaine de pays, souvent plusieurs étés de suite.

LA CATASTROPHE CONTINUE

Le césium radioactif est toujours présent dans l'environnement de Tchernobyl, particulièrement dans un rayon de 30 kilomètres autour du lieu de l'accident. Mais les retombées sont aussi présentes loin de la source de contamination : on parle par exemple de contamination de la viande de renne, en Scandinavie, et de cancers de la thyroïde, en Corse. Il faut décontaminer et ces opérations coûtent cher. Il faut aussi

Encore aujourd'hui, les taux de radioactivité sont anormalement élevés à proximité du lieu de l'accident de Tchernobyl.

trouver de l'argent pour de la prévention et des soins. Les dirigeants des pays en cause ont généralement tendance à minimiser les dégâts. Les populations directement touchées n'ont souvent pas accès à de l'information juste. De plus, on ignore les effets des radiations sur les générations à venir.

Anastasia (à droite) dans sa famille d'accueil québécoise.

---

1. Pourquoi est-il difficile de se protéger des rayons émis par les éléments radioactifs ? Pourquoi ces rayons sont-ils dommageables pour la santé ?

2. Le césium 137 a une demi-vie d'environ 30 ans. Est-il normal qu'après plus de 20 ans, les taux de radioactivité dans le sol soient encore si élevés ? Expliquez votre réponse.

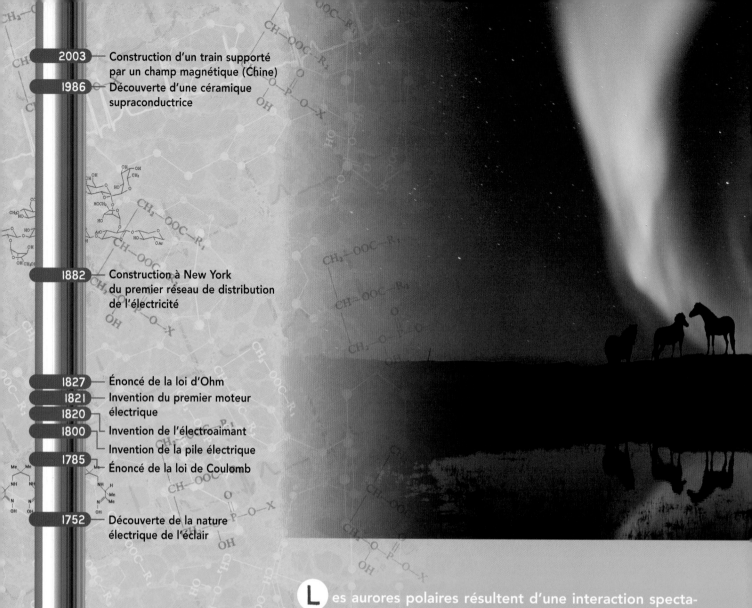

2003 — Construction d'un train supporté par un champ magnétique (Chine)

1986 — Découverte d'une céramique supraconductrice

1882 — Construction à New York du premier réseau de distribution de l'électricité

1827 — Énoncé de la loi d'Ohm

1821 — Invention du premier moteur électrique

1820 — Invention de l'électroaimant

1800 — Invention de la pile électrique

1785 — Énoncé de la loi de Coulomb

1752 — Découverte de la nature électrique de l'éclair

1672 — Construction d'une machine produisant de l'électricité statique

1600 — Découverte du champ magnétique terrestre

VERS 1120 — Utilisation de la boussole pour la navigation

VERS −585 — Découverte de la magnétite, un aimant naturel

L es aurores polaires résultent d'une interaction specta-culaire entre des charges électriques venues du Soleil et le champ magnétique terrestre. Ce phénomène est donc lié à la fois à l'électricité et au magnétisme. Ces derniers se sont taillé une place de choix dans notre quotidien. En effet, ils ont permis le développement d'une foule d'appli-cations technologiques. Quelle est l'origine des phéno-mènes électriques et des phénomènes magnétiques ? Quelles sont les conditions qui permettent de produire un courant électrique ou un champ magnétique ? Existe-t-il un lien entre ces deux domaines ? Voilà quelques-unes des questions auxquelles nous tenterons de répondre dans ce chapitre.

L'électricité
et le magnétisme

① Qu'est-ce que l'électricité ?

Plusieurs phénomènes naturels sont de nature électrique. La transmission de l'influx nerveux dans les cellules, la foudre, les réactions chimiques entre les atomes et les molécules en sont quelques exemples. Plusieurs applications technologiques mettent à profit les phénomènes électriques. En effet, l'électricité est l'une des principales formes d'énergie qui alimentent les appareils que nous utilisons quotidiennement.

CONCEPTS DÉJÀ VUS

- Atome
- Transformations de l'énergie

Il y a longtemps qu'on a découvert l'existence des phénomènes électriques. Environ 600 ans avant notre ère, le philosophe grec Thalès de Milet (vers 625 – vers 546 av. notre ère) a remarqué que, lorsqu'on frotte un morceau d'ambre jaune avec de la laine, il devient capable d'attirer de petits objets, comme des morceaux de paille. Cette propriété de l'ambre fut nommée l'«effet électrique».

«Électrique» vient du mot grec êlektron, qui signifie «ambre».

Au 16e siècle, William Gilbert (1540-1603), médecin et physicien anglais, observa que d'autres substances, comme le verre, la résine et le soufre, avaient des propriétés semblables à celles de l'ambre jaune. Depuis cette époque, on considère que tout matériau capable d'attirer de petits objets après avoir été frotté est «électrisé».

On remarqua aussi que les objets électrisés avaient la possibilité soit de s'attirer les uns les autres, soit de se repousser, et que cette faculté dépendait de la nature de la matière qui les constituait.

5.1 L'ambre jaune est un fossile dur et translucide provenant de la résine sécrétée par les conifères.

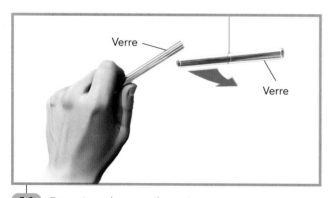

5.2 Deux tiges de verre électrisées se repoussent.

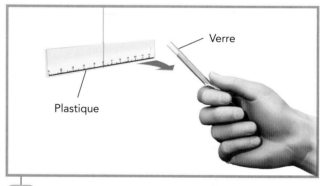

5.3 Une tige de verre électrisée et une règle de plastique électrisée s'attirent l'une l'autre.

À partir d'observations semblables à celles des figures 5.2 et 5.3, Benjamin Franklin (1706-1790), physicien, philosophe et politicien américain, distingua deux types d'électricité. Il établit que tout matériau se comportant comme le verre frotté était chargé d'«électricité positive». Au contraire, tous les matériaux se comportant comme le plastique frotté (à l'époque, la cire à cacheter ou la résine) étaient chargés d'«électricité négative».

Selon Franklin, il existait donc des charges positives et des charges négatives. De plus, ces charges pouvaient être transférées d'un objet à un autre.

> ● **L'ÉLECTRICITÉ** est l'ensemble des phénomènes provoqués par les charges positives et négatives.

1.1 # LES CHARGES ÉLECTRIQUES

D'où viennent les charges qui causent les phénomènes électriques ? Ce n'est qu'au 19ᵉ siècle, lors de la découverte des électrons et des protons, qu'on a pu donner une réponse satisfaisante à cette question (*voir la figure 5.4*).

Chaque proton porte une charge positive, tandis que chaque électron porte une charge négative. Les protons sont fortement retenus dans le noyau de l'atome. Au contraire, les électrons situés sur les couches les plus externes (les ÉLECTRONS DE VALENCE) peuvent être transférés d'un atome à un autre. En conséquence, les corps chargés négativement sont ceux qui possèdent un surplus de charges négatives (plus d'électrons que de protons), tandis que les corps chargés positivement sont ceux qui présentent un déficit de charges négatives (moins d'électrons que de protons).

> ⏵ La **CHARGE ÉLECTRIQUE** est une propriété des protons et des électrons. Un proton porte une charge positive, tandis qu'un électron porte une charge négative.

> ⏵ Un **CORPS CHARGÉ NÉGATIVEMENT** possède un surplus d'électrons (plus d'électrons que de protons).

> ⏵ Un **CORPS CHARGÉ POSITIVEMENT** présente un déficit d'électrons (moins d'électrons que de protons).

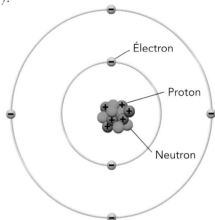

5.4 Les atomes, unités de base de la matière, comportent un noyau formé de protons (particules portant une charge positive) et de neutrons (particules non chargées), autour duquel gravitent des électrons (particules portant une charge négative).

L'unité de mesure de la charge électrique est le coulomb (C). Dans les équations mathématiques, on symbolise souvent la charge électrique à l'aide de la variable « q ». (Certains ouvrages emploient plutôt le symbole « Q ».)

Un coulomb est un multiple de la « charge élémentaire », c'est-à-dire de la charge que porte un électron ou un proton. Les expériences du physicien américain Robert Andrews Millikan (1868-1953) ont permis de trouver que la charge d'un électron vaut $1{,}602 \times 10^{-19}$ C.

> ⏵ La **CHARGE ÉLÉMENTAIRE** est la charge portée par un électron ou un proton. Elle vaut $1{,}602 \times 10^{-19}$ C.

> ⏵ Le **COULOMB** est l'unité de mesure de la charge électrique. Un coulomb équivaut à la charge de $6{,}25 \times 10^{18}$ électrons ou protons.

ST
STE
ATS ## LES FORCES D'ATTRACTION ET DE RÉPULSION ÉLECTRIQUES

Les observations du comportement de la matière électriquement chargée ont permis d'établir les faits suivants :

● les charges électriques de mêmes signes (c'est-à-dire deux charges positives ou deux charges négatives) se repoussent ;

● les charges électriques de signes opposés (soit une charge positive et une charge négative) s'attirent ;

- la force qui permet l'attraction ou la répulsion entre les charges est la «force électrique»;
- les charges électriques ne peuvent être ni créées ni détruites, elles peuvent seulement être transférées d'un corps à un autre. C'est ce qu'on appelle la «loi de la conservation de la charge».

1.2 LES CONDUCTEURS ET LES ISOLANTS

ST STE ATS

La plupart des objets sont électriquement neutres, c'est-à-dire qu'ils portent un nombre égal de charges positives (protons) et de charges négatives (électrons). On peut cependant donner une charge à certains objets en transférant des électrons d'un endroit à un autre. C'est ce qui s'appelle «électriser» la matière.

> **L'ÉLECTRISATION** consiste à créer un déséquilibre des charges dans la matière.

Le nombre de charges positives est toujours égal au nombre de charges négatives, de sorte que la charge globale reste neutre. Cela découle de la loi de la conservation de la charge.

On peut classer la matière en trois catégories, soit les conducteurs, les semi-conducteurs et les isolants, selon leur comportement lors d'un transfert de charges électriques.

Lorsqu'on électrise un conducteur métallique isolé, les électrons circulent rapidement de façon à s'éloigner le plus possible les uns des autres. Il se produit donc très vite un nouvel équilibre dans lequel l'intérieur du conducteur est neutre, tandis que les charges sont uniformément réparties à la surface du conducteur (*voir la figure 5.5*).

Lorsqu'on électrise un conducteur métallique placé dans un circuit, on force les électrons à dériver globalement selon une direction. On peut donc dire que les électrons poussent les uns sur les autres, ce qui produit un déplacement des charges dans le circuit.

Que se passe-t-il à l'échelle atomique lorsqu'on charge un conducteur métallique? Les noyaux des atomes des métaux exercent une faible attraction sur leurs électrons de valence. Ceux-ci peuvent donc facilement passer d'un atome à un autre.

Il existe une autre catégorie de substances permettant de faire circuler des charges électriques: ce sont les SOLUTIONS ÉLEC-TROLYTIQUES. Ces substances contiennent des IONS, c'est-à-dire des particules portant une charge électrique. Lorsqu'on place des électrodes dans une solution électrolytique, les ions positifs se déplacent en direction de la borne négative, tandis que les

Conducteur métallique isolé

5.5 Lorsqu'on électrise un conducteur métallique isolé, les charges se répartissent uniformément à la surface de l'objet.

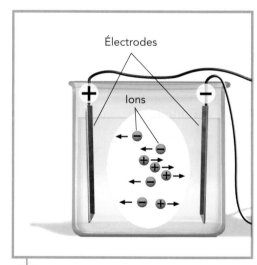

5.6 Lorsqu'on électrise une solution électrolytique, les charges positives se déplacent vers l'électrode négative, tandis que les charges négatives se déplacent vers l'électrode positive.

ions négatifs se déplacent en direction de la borne positive (*voir la figure 5.6, à la page précédente*).

Les métaux et les solutions électrolytiques sont donc généralement des conducteurs.

Un CONDUCTEUR est une substance qui permet aux charges de circuler librement.

5.7 Le corps humain est un conducteur d'électricité. Sur cette photo, les charges sont acquises lors du contact avec un générateur de Van de Graaff. Elles se répartissent ensuite uniformément sur toute la surface du corps. Les cheveux chargés cherchent à s'éloigner les uns des autres.

1901
1967

Robert Van de Graaff

En 1929, ce physicien américain inventa une machine permettant de produire par frottement de grandes quantités d'électricité statique. Cette invention porte le nom de «générateur de Van de Graaff».

Un isolant est une substance qui ne permet pas aux charges de circuler librement. Lorsqu'on électrise un isolant, les charges demeurent localisées au même endroit (*voir la figure 5.8*). À l'échelle atomique, les isolants sont des substances qui retiennent fortement leurs électrons de valence. Ceux-ci ont donc plus de difficulté à quitter l'atome. Les NON-MÉTAUX sont généralement des isolants, ainsi que diverses substances comme le bois, le plastique, le verre, le papier, la céramique, le caoutchouc, la soie, l'air, etc.

Un ISOLANT est une substance qui ne permet pas aux charges de circuler librement.

Il existe des substances dont la conductibilité peut varier selon différents facteurs. On les appelle les «semi-conducteurs». Ces substances sont très utilisées en électronique. Elles entrent notamment dans la fabrication des transistors. Les MÉTALLOÏDES et le carbone sont des exemples de semi-conducteurs.

Isolant

5.8 Lorsqu'on électrise un isolant, les charges demeurent localisées au même endroit.

STE 1.3 LES CHAMPS ÉLECTRIQUES

Les charges électriques interagissent entre elles. En effet, tout corps chargé placé à proximité d'un autre corps chargé est soumis à une force : la force électrique. Cette force peut agir à distance, c'est-à-dire sans qu'il y ait contact entre les objets chargés.

Pour expliquer comment une force peut agir à distance, on a souvent recours à la notion de «champ». En effet, on peut imaginer que les objets chargés produisent un champ électrique et que ce champ sert d'intermédiaire pour transmettre la force électrique à tout objet chargé traversant ce champ.

> Un **CHAMP ÉLECTRIQUE** correspond à la région de l'espace dans laquelle la force électrique d'un corps chargé peut agir sur un autre corps chargé.

Les champs électriques sont invisibles. On peut cependant les représenter à l'aide de «lignes de champ électrique», c'est-à-dire de lignes montrant la direction de la force que subirait une charge positive placée dans ce champ.

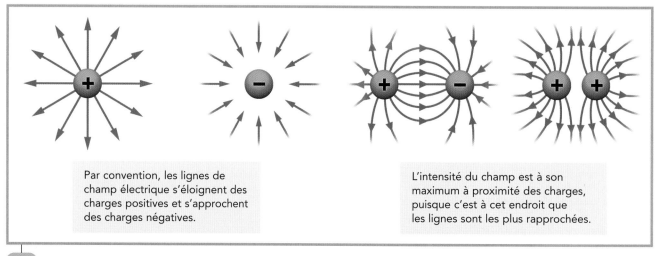

Par convention, les lignes de champ électrique s'éloignent des charges positives et s'approchent des charges négatives.

L'intensité du champ est à son maximum à proximité des charges, puisque c'est à cet endroit que les lignes sont les plus rapprochées.

5.9 Les champs électriques peuvent être représentés graphiquement à l'aide de lignes de champ électrique.

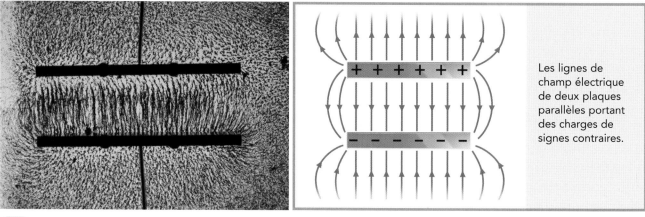

Les lignes de champ électrique de deux plaques parallèles portant des charges de signes contraires.

5.10 Des graines de gazon sur une couche d'huile soumises à un champ électrique s'orientent spontanément en direction des lignes de champ électrique.

2 L'électricité statique

Au fil de leurs recherches et de leurs découvertes, les scientifiques se sont rendu compte que les charges isolées avaient des propriétés et un comportement différents de ceux des charges placées dans un circuit. Ils ont donc créé deux domaines d'études distincts : l'électricité statique (aussi appelée l'«électrostatique») et l'électricité dynamique.

L'électricité statique s'intéresse aux phénomènes électriques liés à des charges isolées, c'est-à-dire généralement immobiles.

> «Statique» vient du grec *statikos*, qui signifie «qui demeure à l'équilibre».

> ▶ **L'ÉLECTRICITÉ STATIQUE** est l'ensemble des phénomènes liés aux charges électriques au repos.

L'électroscope à feuilles est un appareil qui permet de détecter la présence d'électricité statique dans un corps. La figure 5.11 explique son fonctionnement.

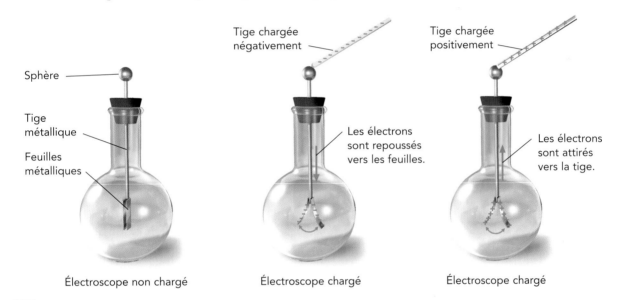

Sphère

Tige chargée négativement

Tige chargée positivement

Tige métallique

Feuilles métalliques

Les électrons sont repoussés vers les feuilles.

Les électrons sont attirés vers la tige.

Électroscope non chargé

Électroscope chargé

Électroscope chargé

5.11 Lorsqu'on touche la sphère de l'électroscope avec un objet chargé, la charge est transmise à la tige métallique. Comme les deux feuilles métalliques, au bout de la tige, acquièrent la même charge, elles se repoussent.

Les objets électrisés ne le restent pas éternellement. Parfois, ils se déchargent lentement, par exemple en se combinant aux molécules d'eau contenues dans l'air ambiant. Cela explique pourquoi les effets liés à l'électricité statique sont moins fréquents par temps humide. Parfois, au contraire, les objets chargés redeviennent neutres très rapidement. C'est le cas lorsque deux objets portant des charges de signes contraires se trouvent à proximité l'un de l'autre ou entrent en contact. Il se produit alors une «décharge électrique». Une décharge électrique s'accompagne parfois d'une étincelle, indiquant que des électrons ont traversé l'air et que l'air chauffé lors de ce passage est devenu lumineux (*voir la figure 5.13, à la page suivante*).

PARATONNERRE OU PARA-ÉCLAIR ?

Un paratonnerre est un instrument qui nous protège non pas du tonnerre, qui est une onde sonore, mais des éclairs, qui sont des décharges électriques intenses. Il fonctionne en offrant à la foudre un chemin facile à suivre pour se rendre jusqu'au sol, l'empêchant ainsi de frapper les bâtiments ou les êtres vivants. 📖 6

5.12 Plus les vêtements sortant d'une sécheuse sont secs, plus ils ont tendance à coller ensemble sous l'effet de l'électricité statique.

5.13 Un éclair est un exemple spectaculaire de décharge électrique, c'est-à-dire de neutralisation rapide entre deux objets chargés (par exemple, entre un nuage et le sol).

ST STE ATS 2.1 L'ÉLECTRISATION DE LA MATIÈRE

On peut électriser la matière de différentes façons: par frottement, par conduction ou par induction.

ST STE ATS L'ÉLECTRISATION PAR FROTTEMENT

LABO
N° 39

Lorsqu'on frotte deux corps neutres l'un contre l'autre, il arrive que certains atomes de l'un arrachent des électrons aux atomes de l'autre. Il en résulte deux corps chargés de signes contraires.

La direction de ce transfert dépend de l'affinité de la matière à recevoir ou à donner des électrons. Le tableau 5.14 en présente quelques exemples. Une substance placée en haut de ce tableau a davantage tendance à se charger négativement qu'une substance placée plus bas.

5.14 L'AFFINITÉ DE QUELQUES SUBSTANCES À RECEVOIR OU À DONNER DES ÉLECTRONS

Affinité	Substance
Grande affinité à recevoir des électrons (tendance à se charger négativement)	Plastique
	Or
	Nickel, cuivre
	Caoutchouc dur (ébonite)
	Soufre
	Bois, ambre jaune, résine
	Coton
	Papier
	Soie
	Plomb
Grande affinité à donner des électrons (tendance à se charger positivement)	Laine
	Verre

5.15 Lorsqu'on frotte une tige de verre sur de la soie, les atomes de la soie arrachent des électrons aux atomes du verre. La soie devient temporairement chargée négativement tandis que le verre devient temporairement chargé positivement.

L'ÉLECTRISATION PAR CONDUCTION

Il est possible d'électriser un objet en le mettant en contact avec un autre objet déjà électrisé. Les charges se partagent alors entre les deux objets. Il en résulte deux corps chargés de mêmes signes, mais dont la charge est plus faible que celle de l'objet chargé de départ.

Lorsqu'on touche la sphère d'un électroscope à feuilles avec un objet chargé, l'électroscope s'électrise par conduction, comme le montre la figure 5.11, à la page 145.

L'ÉLECTRISATION PAR INDUCTION

En science, le terme «induction» désigne une action qui se produit sans contact direct. Ainsi, lorsqu'on approche un objet électrisé d'un objet neutre, sans y toucher, des charges de signes opposés s'accumulent progressivement du côté du second objet qui fait face à l'objet chargé. En même temps, si le second objet est un conducteur, un nombre égal de charges inverses s'accumulent de l'autre côté de cet objet, conformément à la loi de la conservation de la charge.

Si le second objet est isolé, les charges contraires se neutraliseront mutuellement dès qu'on éloignera l'objet chargé. Pour charger le second objet de façon plus durable, il faut que son côté opposé soit en contact avec un conducteur, comme le montre la figure 5.17.

5.16 Grâce au phénomène de l'induction, un corps chargé (le peigne) peut attirer à lui de petits objets non chargés (les morceaux de papier).

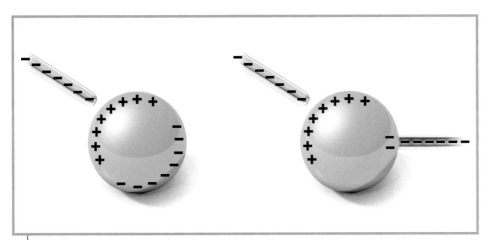

5.17 L'électrisation par induction produit une séparation des charges dans un conducteur précédemment neutre. À gauche : Si le second objet est isolé, il redeviendra neutre dès que l'objet chargé s'éloignera, car les charges contraires se neutraliseront mutuellement. À droite : Si le second objet est en contact avec un conducteur, une partie des charges qui s'accumulent du côté de ce conducteur y seront transférées par conduction. Lorsqu'on éloignera l'objet chargé, le second objet portera une charge de signe contraire.

Méthode	Avant	Pendant	Après
Frottement	Deux objets non chargés	Le frottement arrache des électrons à l'un des objets et les transfère à l'autre.	Deux objets de charges contraires
Conduction	Un objet chargé et un objet non chargé	La charge de l'objet chargé est partagée entre les deux objets lorsqu'ils entrent en contact.	Deux objets de mêmes charges
Induction	Un objet chargé et un objet non chargé	La proximité de l'objet chargé provoque une séparation des charges dans l'objet non chargé.	Un objet chargé et un objet portant une charge partielle positive d'un côté et une charge partielle négative de l'autre côté

ENVIRONNEMENT+

Filtrer la pollution à la source

Une des meilleures façons de lutter contre la pollution atmosphérique est de l'éliminer à la source. L'installation de filtres dans les cheminées des usines permet de capter une grande partie des particules de poussières et des gouttelettes en suspension, diminuant ainsi la quantité de contaminants dans l'air.

Il existe sur le marché différents types de filtres, dont les précipitateurs électrostatiques. Ces derniers sont plus coûteux que les collecteurs mécaniques, mais ils sont aussi plus efficaces pour retenir les particules très fines. Des électrodes à haute tension (de 30 000 V à 75 000 V) ionisent les impuretés en suspension dans l'air. Les particules devenues électriquement chargées sont ensuite attirées et captées par des plaques de charges contraires. Il ne reste plus qu'à nettoyer ces plaques de temps à autre.

L'installation d'un précipitateur électrostatique permet de réduire les émissions polluantes des cheminées d'usines.

Les premiers filtres électrostatiques ont été mis au point vers 1906. Ils ont contribué à diminuer la pollution de l'air non seulement dans les grandes villes, mais aussi dans certaines maisons. En effet, il existe des modèles résidentiels qui peuvent être reliés à un système de chauffage à air soufflé.

2.2 **LA LOI DE COULOMB**

En 1785, le physicien français Charles Augustin de Coulomb (1736-1806) mesura les forces d'attraction et de répulsion entre deux particules immobiles chargées électriquement. Il démontra que la force que l'une exerce sur l'autre dépend de leur charge et de la distance qui les sépare. Ainsi, plus la charge des particules est élevée, plus la force électrique est grande. À l'inverse, plus les particules sont éloignées, plus la force électrique est faible.

> La **LOI DE COULOMB** établit que la force qui s'exerce entre deux particules immobiles électriquement chargées est directement proportionnelle au produit de leur charge et inversement proportionnelle au carré de leur distance.

L'équation mathématique suivante exprime la loi de Coulomb:

$$F_é = \frac{kq_1q_2}{r^2}$$ où $F_é$ représente la force électrique (en N)

k représente la constante de Coulomb, soit $9 \times 10^9 \frac{Nm^2}{C^2}$

q_1 représente la charge de la première particule (en C)

q_2 représente la charge de la seconde particule (en C)

r représente la distance entre les deux particules (en m)

Prenons l'exemple de deux corps chargés positivement ayant chacun une charge de 5×10^{-8} C, placés à 1 cm de distance l'un de l'autre (soit 0,01 m). Voici comment calculer la force électrique entre ces deux corps:

$$F_é = \frac{kq_1q_2}{r^2}$$

$$= \frac{9 \times 10^9 \ Nm^2/C^2 \times 5 \times 10^{-8} \ C \times 5 \times 10^{-8} \ C}{(0,01 \ m)^2}$$

$$= 0,225 \ N$$

La force électrique qui agit sur chacun des corps est donc de 0,225 N.

La loi de Coulomb est valable uniquement pour des charges au repos. En effet, lorsque les charges sont en mouvement, d'autres forces entrent en jeu, dont il faut également tenir compte.

1736
1806

Charles Augustin de Coulomb

Expérimentateur rigoureux, Charles Augustin de Coulomb a imaginé et réalisé de nombreuses expériences sur les matériaux, le frottement, l'électricité et le magnétisme. Alors qu'il n'existait à son époque aucun moyen fiable pour mesurer la charge, Coulomb inventa la balance à torsion, ce qui lui permit de découvrir la loi qui porte son nom.

3 L'électricité dynamique

Lorsque des charges électriques sont placées dans un circuit plutôt que d'être isolées, c'est-à-dire lorsqu'elles ont la possibilité de circuler en boucle, on parle alors d'électricité dynamique.

> ▶ **L'ÉLECTRICITÉ DYNAMIQUE** est l'ensemble des phénomènes liés aux charges électriques en mouvement.

C'est grâce à l'électricité dynamique que l'électricité a changé notre mode de vie. En effet, l'électricité dynamique constitue une forme d'énergie capable d'alimenter une multitude d'applications.

3.1 LE COURANT ÉLECTRIQUE

En raison des forces de répulsion entre les charges semblables, les électrons des conducteurs placés dans un circuit sont constamment «poussés» d'un atome à un autre. C'est d'ailleurs ce qui permet au courant électrique d'agir si rapidement. Ainsi, dès qu'un courant est généré en un point d'un circuit, les électrons de l'ensemble du circuit se mettent en mouvement et leur effet se fait sentir quasi simultanément dans toutes les composantes du circuit.

> ▶ Un **COURANT ÉLECTRIQUE** est un déplacement ordonné des charges négatives portées par les électrons.

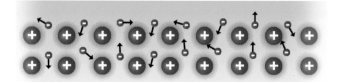 

5.19 À gauche : Lorsque les électrons se déplacent de façon désordonnée, il n'y a pas de courant électrique. À droite : Lorsque les électrons se déplacent de façon ordonnée, un courant électrique est produit.

Par convention, le sens du courant décrit le trajet que suivrait une particule positive parcourant le circuit. Cette convention fut établie avant qu'on connaisse la nature réelle du courant. Nous savons aujourd'hui que ce sont généralement des électrons qui circulent, autrement dit, des particules négatives. Le sens réel du courant est donc l'inverse du sens conventionnel.

> ▶ Le **SENS CONVENTIONNEL DU COURANT** correspond à la direction qu'emprunterait une particule positive dans un circuit électrique. C'est pourquoi il va de la borne positive de la source de courant vers sa borne négative.

Voyons maintenant les différentes caractéristiques du courant et comment elles se manifestent.

L'INTENSITÉ DU COURANT

L'intensité du courant correspond à la quantité de charges qui passent en un point d'un circuit électrique par seconde. Elle est symbolisée par la lettre «*I*» et se mesure en ampère (A). Cette unité de mesure fut nommée en l'honneur du physicien français André-Marie Ampère (1775-1836). Un courant de un ampère indique qu'une charge de un coulomb passe dans le circuit chaque seconde :

$$1 \text{ A} = \frac{1 \text{ C}}{1 \text{ s}}$$

▶ **L'INTENSITÉ DU COURANT** correspond au nombre de charges qui circulent en un point d'un circuit électrique par seconde.

La formule suivante permet de déterminer l'intensité du courant dans un circuit :

$I = \dfrac{q}{\Delta t}$ où I représente l'intensité du courant (en A)

q représente la charge (en C)

Δt représente un intervalle de temps (en s)

Par exemple, la fiche signalétique d'un phare d'automobile indique qu'il a besoin d'un courant de 15 A pour fonctionner. La charge nécessaire pour le faire fonctionner pendant une minute peut donc se calculer ainsi :

$I = \dfrac{q}{\Delta t}$

$q = I \times \Delta t$

$= 15 \text{ A} \times 60 \text{ s}$

$= 900 \text{ C}$

Après une minute, une charge de 900 C a donc été nécessaire pour faire fonctionner ce phare.

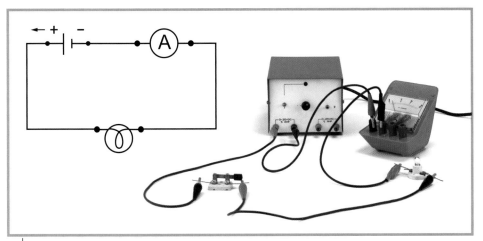

COMMENT DÉTERMINER LES CARACTÉRISTIQUES D'UN COURANT ÉLECTRIQUE

5.20 L'ampèremètre est l'instrument qui permet de mesurer l'intensité du courant. On peut le comparer à un poste de contrôle qui compte le nombre de charges qui circulent en un point donné du circuit pendant une seconde. C'est pourquoi on l'installe le long du trajet des charges.

LA DIFFÉRENCE DE POTENTIEL

Le potentiel électrique correspond à l'énergie que peut fournir chacune des charges d'un courant électrique. En se déplaçant d'un point à un autre dans un circuit, les charges transfèrent leur énergie à d'autres composantes afin qu'elle soit utilisée à diverses fins. Lorsqu'on mesure la différence de potentiel (symbolisée par la lettre «*U*») entre deux points d'un circuit, on évalue la quantité d'énergie transférée entre ces points. Plus la différence de potentiel entre deux points est grande, plus la quantité d'énergie transférée est importante. L'unité de mesure de la différence de potentiel est le volt (V), nommé ainsi en l'honneur du physicien italien Alessandro Volta (1745-1827). Un volt correspond à une énergie de un joule fournie par une charge de un coulomb :

$$1\,V = \frac{1\,J}{1\,C}$$

> ▶ La **DIFFÉRENCE DE POTENTIEL** correspond à la quantité d'énergie transférée entre deux points d'un circuit électrique.

La formule suivante permet de déterminer la différence de potentiel entre deux points d'un circuit :

$U = \dfrac{E}{q}$ où *U* représente la différence de potentiel (en V)

E représente l'énergie transférée (en J)

q représente la charge (en C)

Les circuits électriques de nos maisons fournissent en général une différence de potentiel de 120 V. Voici comment calculer la quantité d'énergie que peut fournir une charge de 200 C :

$$U = \frac{E}{q}$$

$$E = U \times q$$
$$= 120\,V \times 200\,C$$
$$= 24\,000\,J$$

Une charge de 200 C fournissant une différence de potentiel de 120 V peut donc transférer 240 000 J d'énergie (ou 240 kJ).

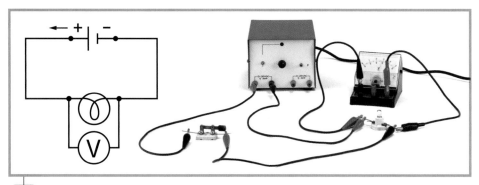

5.21 L'instrument qui permet de mesurer la différence de potentiel est le voltmètre. On peut le comparer à un poste de contrôle qui calcule la quantité d'énergie transférée à un élément du circuit électrique par chacune des charges. C'est pourquoi on l'installe à l'entrée et à la sortie de cet élément.

Dans un circuit, l'énergie des charges provient d'une source de courant électrique, c'est-à-dire d'un appareil capable de produire de l'énergie électrique. Les piles et les génératrices sont des exemples de sources d'électricité. En effet, une pile est un appareil capable de transformer de l'énergie chimique en énergie électrique. Une génératrice, pour sa part, transforme de l'énergie mécanique en électricité.

Un voltmètre mesure tout aussi bien l'énergie transférée de la source de courant électrique aux charges que l'énergie transférée des charges aux éléments du circuit.

ST STE ATS LA RÉSISTANCE

Chaque composante d'un circuit occupe une fonction précise. Ainsi, certaines ont pour rôle de transformer l'énergie électrique en une autre forme d'énergie. Ce sont les «résistances». Ces dernières peuvent prendre différentes formes. Par exemple, les éléments chauffants d'un grille-pain permettent de transformer l'énergie électrique en énergie thermique. Les pales d'un ventilateur tournent grâce à l'énergie mécanique produite par un moteur. Les éléments chauffants et les moteurs transforment donc l'énergie électrique en d'autres formes d'énergie, ce qui a pour effet de diminuer la quantité d'énergie que transportent les charges.

Du point de vue du circuit électrique, une résistance peut être décrite comme une entrave plus ou moins importante au passage du courant. Par conséquent, plus une résistance est grande, plus le courant doit dépenser d'énergie pour passer.

> ▶ La RÉSISTANCE ÉLECTRIQUE est la capacité d'un matériau de s'opposer au passage du courant électrique.

1942
–

Monique Frize

Cette ingénieure électricienne née à Montréal poursuit actuellement sa carrière au Nouveau-Brunswick où elle est notamment professeure en génie électrique. Soucieuse d'inciter les femmes à faire carrière en science et en technologie, elle donne chaque année de nombreuses conférences et maintient des sites Web sur le sujet.

5.22 LES FACTEURS QUI INFLUENT SUR LA RÉSISTANCE D'UNE SUBSTANCE AU PASSAGE DU COURANT

Facteur	Description
La nature de la substance	Les mauvais conducteurs offrent une plus grande résistance que les bons conducteurs.
La longueur	Plus un élément ou un fil est long, plus il offre de résistance au passage du courant.
Le diamètre	Un élément dont le diamètre est très petit (comme le filament d'une ampoule électrique) offre plus de résistance qu'un élément dont le diamètre est plus gros.
La température	Un élément chaud offre généralement plus de résistance qu'un élément froid.

La résistance (R) se mesure en ohms. On symbolise les ohms par la lettre grecque oméga (Ω). On peut dire que la résistance produit sur les charges un effet inverse de celui que produit la source de courant, puisqu'elle abaisse leur niveau d'énergie au lieu de l'augmenter.

Par définition, un ohm correspond à une différence de potentiel d'un volt par ampère:

$$1\ \Omega = \frac{1\ \text{V}}{1\ \text{A}}$$

LA LOI D'OHM

Le physicien allemand Georg Simon Ohm (1789-1854) a établi une relation mathématique entre l'intensité du courant, la différence de potentiel et la résistance. Grâce à ses expériences, il a découvert que, pour une résistance donnée, la différence de potentiel est directement proportionnelle à l'intensité du courant.

▶ La LOI D'OHM établit que, pour une résistance donnée, la différence de potentiel dans un circuit électrique est directement proportionnelle à l'intensité du courant.

Voici la formule mathématique de la loi d'Ohm :

$U = RI$ où U représente la différence de potentiel (en V)

           R représente la résistance (en Ω)

           I représente l'intensité du courant (en A)

On peut également écrire cette loi sous d'autres formes, soit :

$R = \dfrac{U}{I}$ (définition de la résistance)

ou

$I = \dfrac{U}{R}$ (autre définition de l'intensité du courant)

LE MYSTÈRE DES SUPRACONDUCTEURS SE DISSIPE

Une équipe dirigée par Louis Taillefer, physicien et professeur à l'Université de Sherbrooke, a fait une découverte qui pourrait entraîner une véritable révolution technologique. En effet, l'équipe a résolu un mystère vieux de 20 ans sur la nature des supraconducteurs à haute température. «Les supraconducteurs sont les matériaux les plus remarquables que l'on connaisse. Ils peuvent transmettre l'électricité sans résistance, sans perte d'énergie», explique Louis Taillefer.

«Depuis 20 ans, on est dans un brouillard total, à savoir pourquoi ces matériaux sont les meilleurs supraconducteurs.» C'est en observant le comportement des élec-

trons, un phénomène qui s'appelle «oscillations quantiques», que ce brouillard s'est finalement dissipé. On a prouvé hors de tout doute que ces matériaux sont des métaux.

Les supraconducteurs sont déjà utilisés dans les appareils d'imagerie par résonance magnétique et on projette de le faire pour le transport de l'électricité. Jusqu'à maintenant toutefois, les scientifiques n'ont pas pu exploiter leur plein potentiel parce que trop de questions demeuraient sans réponse.

Adaptation de : Isabelle PION,
«L'équipe de Louis Taillefer perce
le mystère des supraconducteurs»,
La Tribune, 1er juin 2007, p. 9.

Louis Taillefer est physicien et professeur à l'Université de Sherbrooke.

Voici quelques exemples d'utilisation de la loi d'Ohm:

- si l'on double l'intensité du courant dans un circuit, sans changer la résistance, alors la différence de potentiel doublera;
- si l'on divise la différence de potentiel en deux, pour une résistance donnée, alors l'intensité du courant diminuera de moitié;
- si l'on remplace un élément par un autre dont la résistance est plus élevée, tout en maintenant la différence de potentiel constante, alors l'intensité du courant diminuera.

Il est à noter que la loi d'Ohm s'applique uniquement aux conducteurs. En effet, les isolants et les semi-conducteurs ne suivent pas cette loi.

 3.2 LA PUISSANCE ÉLECTRIQUE

La puissance électrique d'un appareil est une indication de la quantité de travail qu'il peut effectuer, c'est-à-dire de la quantité d'énergie qu'il peut transformer pendant une certaine période de temps. Ainsi, plus un appareil est puissant, plus il travaille rapidement. De même, plus un appareil effectue de travail dans un intervalle de temps donné, plus il est puissant. On peut donc dire qu'il s'agit d'une mesure du taux de transformation de l'énergie électrique. L'unité de mesure de la puissance électrique est le watt (W). Un appareil ayant une puissance de un watt fournit un travail de un joule par seconde:

$$1\ \text{W} = \frac{1\ \text{J}}{1\ \text{s}}$$

> La **PUISSANCE ÉLECTRIQUE** est la quantité de travail que peut accomplir un appareil électrique par seconde.

L'équation mathématique de la puissance électrique est:

$P_é = \dfrac{W}{\Delta t}$ où $P_é$ représente la puissance électrique (en W)

W représente le travail (en J)

Δt représente le temps requis (en s)

| 1736 |
| 1819 |

James Watt

Ce mathématicien et ingénieur écossais a mis au point plusieurs dispositifs qui ont permis d'améliorer le rendement des machines à vapeur. Cela a entraîné la construction de machines plus puissantes et plus performantes. C'est pourquoi l'unité de la puissance a été nommée en son honneur.

On peut aussi exprimer la puissance électrique d'un appareil en fonction de la différence de potentiel à ses bornes et de l'intensité du courant qui le traverse.

$P_é = UI$ où $P_é$ représente la puissance électrique (en W)

U représente la différence de potentiel (en V)

I représente l'intensité du courant (en A)

En effet: $1\ \text{W} = 1\ \text{V} \times 1\ \text{A}$

$$= 1\ \frac{\text{J}}{\cancel{\text{C}}} \times 1\ \frac{\cancel{\text{C}}}{\text{s}} = 1\ \frac{\text{J}}{\text{s}}$$

LA RELATION ENTRE LA PUISSANCE ET L'ÉNERGIE ÉLECTRIQUE

Il est possible de déterminer la quantité d'énergie électrique consommée par un appareil en multipliant sa puissance électrique par le temps :

$$1\ W \times 1\ s = 1\ \frac{J}{s} \times 1\ s$$
$$= 1\ J$$

L'énergie électrique peut donc se mesurer en joules, mais on peut aussi l'exprimer en kilowattheures (kWh) :

$$1\ kWh = 1000\ W \times 3600\ s = 3\ 600\ 000\ J$$

Le kilowattheure est d'ailleurs l'unité utilisée dans le calcul des factures de consommation d'électricité.

La formule mathématique suivante établit la relation entre la puissance électrique et l'énergie électrique :

$E = P_é \Delta t$ où E représente l'énergie électrique consommée (en J ou en kWh)

                     $P_é$ représente la puissance électrique (en W ou en kW)

                     Δt représente l'intervalle de temps (en s ou en h)

Par exemple, si l'on fait fonctionner un four à micro-ondes de 1000 W pendant 6 min, la quantité d'énergie qu'il aura consommée sera :

- $E = P_é \Delta t$
  $= 1000\ W \times 360\ s$
  $= 360\ 000\ J$

- $E = P_é \Delta t$
  $= 1\ kW \times 0,1\ h$
  $= 0,1\ kWh$

Le four à micro-ondes aura donc consommé 360 000 J après 6 minutes d'utilisation ou 0,1 kWh.

Au Québec, le tarif de l'électricité est d'environ huit cents par kilowatt-heure. L'utilisation du four à micro-ondes de l'exemple précédent pendant une heure ajoutera donc huit cents à la facture mensuelle d'électricité.

3.3 LES CIRCUITS ÉLECTRIQUES

LABOS
Nᵒˢ 41 et 42

Pour pouvoir circuler, les charges doivent avoir la possibilité de décrire une boucle, c'est-à-dire de revenir à leur point de départ pour former ce qu'on appelle un « circuit fermé » (*voir la page 469, au chapitre 14*).

> ▶ Un **CIRCUIT ÉLECTRIQUE** est un montage qui permet à des charges électriques de circuler en boucle, c'est-à-dire de se maintenir en mouvement.

 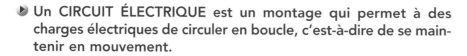

HALTE À LA MINIATURISATION

Dans l'univers de la microélectronique, plus on est petit, plus on est puissant. Les fabricants se livrent une lutte sans merci pour miniaturiser les transistors, éléments de base des microprocesseurs. En 2001, un transistor faisait 0,25 micron (soit 10^{-6} m). C'était déjà très petit! Mais en 2007, on fabriquait des transistors de 0,065 micron, c'est-à-dire de 65 nanomètres. Demain, ce sera 45 nanomètres, puis 32. Le principe est simple : plus le fabricant arrive à mettre de transistors sur une puce électronique, plus son produit est léger et performant.

Mais la miniaturisation a ses limites. Les technologies de fabrication des transistors sont très compliquées. On les grave directement sur une puce de silicium. À très petite échelle, il devient de plus en plus difficile de tracer des transistors parfaits, sans endommager les voisins.

Les scientifiques envisagent désormais le jour où les techniques de fabrication deviendront trop complexes et donc trop chères pour en valoir la chandelle. Ira-t-on jusqu'aux transistors de 12, 10, 6 nanomètres? Rien n'est moins sûr…

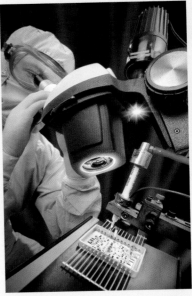

Les difficultés techniques liées à la fabrication des puces électroniques s'accumulent à mesure que celles-ci se miniaturisent.

Tous les appareils électriques comportent un circuit électrique. Certains circuits sont très simples, tandis que d'autres sont très complexes. Cependant, tous possèdent au minimum les trois composantes suivantes :

- une source d'énergie électrique, pour créer une différence de potentiel (qui se mesure en volts);
- un ou plusieurs éléments qui utilisent de l'énergie électrique, comme une ampoule, un élément chauffant, etc. (dont la résistance se mesure en ohms);
- des fils conducteurs, pour permettre aux charges de circuler de la source aux éléments, puis des éléments à la source (l'intensité du courant dans ces fils se mesure en ampères).

Pour représenter un circuit électrique, on utilise souvent des schémas et des symboles. En général, la direction du courant indiquée sur les schémas correspond au sens conventionnel du courant.

Lorsqu'un circuit comporte deux éléments ou plus, on peut relier les composantes de différentes façons. Les circuits en série et les circuits en parallèle représentent deux de ces façons.

COMMENT DESSINER UN SCHÉMA – LES SYMBOLES

COMMENT DESSINER UN SCHÉMA – LE SCHÉMA ÉLECTRIQUE

LES CIRCUITS EN SÉRIE

ST STE ATS

Dans un circuit en série, les composantes sont branchées les unes à la suite des autres. Le circuit ne présente donc aucun embranchement : le courant ne peut suivre qu'un seul chemin.

▶ Un **CIRCUIT EN SÉRIE** est un circuit dans lequel les éléments sont branchés les uns à la suite des autres.

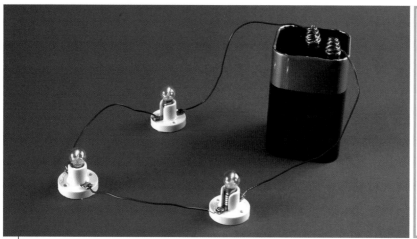
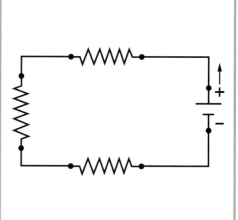

5.23 Dans ce circuit, tous les éléments sont reliés les uns à la suite des autres. Ils sont donc branchés en série.

Ce type de circuit présente quelques caractéristiques :

- si l'une des composantes du circuit est défectueuse, tout le circuit s'arrête, puisque les charges ne peuvent plus circuler;

- l'énergie utilisée par chacune des résistances s'additionne, ce qui fait que, chaque fois qu'on ajoute une résistance, il y a moins d'énergie disponible pour chacune (on peut d'ailleurs voir sur la figure 5.23 que les ampoules sont allumées faiblement).

Les FUSIBLES et les DISJONCTEURS doivent être installés en série pour pouvoir couper le courant en cas de surcharge et, ainsi, jouer correctement leur rôle de protection dans les circuits électriques.

5.24 Les lumières de Noël sont habituellement branchées en série.

LES CIRCUITS EN PARALLÈLE

Lorsqu'un circuit comporte au moins un embranchement, on dit que les éléments sont branchés en parallèle. Le courant peut alors suivre différents parcours. L'endroit où un circuit se sépare en deux chemins ou plus, de même que l'endroit où deux chemins ou plus fusionnent en un seul, porte le nom de «nœud».

▶ Un **CIRCUIT EN PARALLÈLE** est un circuit qui comporte au moins un embranchement.

Ce type de circuit possède les caractéristiques suivantes :

- si un élément du circuit est défectueux, les éléments qui se trouvent dans les autres embranchements peuvent continuer de fonctionner, puisque le courant y circule toujours;

Dans un circuit en série, il n'y a qu'un seul chemin possible. Le nombre de camions demeure donc le même en tout point du circuit. Ainsi:

$I_{total} = I_1 = I_2 = I_3 = I_4,$ (1re loi de Kirchhoff)

soit quatre camions par minute ou quatre ampères.

Chaque fois qu'un camion se rend chez un client, il lui livre une certaine quantité de boîtes (il lui transfère une partie de son énergie). La quantité de boîtes livrées correspond à la différence de potentiel aux bornes de chaque résistance. Dans cet exemple, le premier client reçoit six boîtes de chaque camion (ou six volts), le deuxième en reçoit trois et le troisième reçoit les trois qui restent. Autrement dit:

$U_{total} = U_1 + U_2 + U_3$ (2e loi de Kirchhoff)
$= 6 + 3 + 3$
$= 12,$

soit douze boîtes par camion ou douze volts.

STE ## LE CAS DES CIRCUITS EN PARALLÈLE

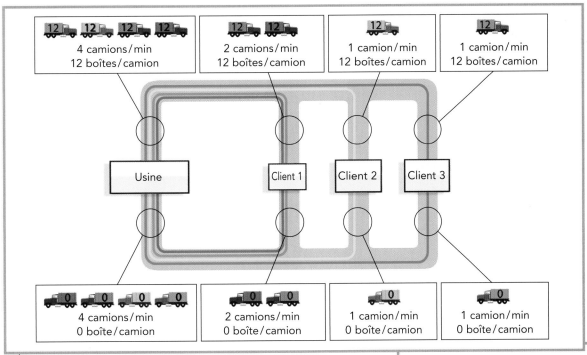

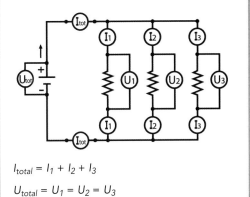

5.27 Dans un circuit en parallèle, le nombre de camions n'est pas le même partout, car chacun doit choisir un embranchement. Chaque camion ne dessert donc qu'un seul client.

$I_{total} = I_1 + I_2 + I_3$

$U_{total} = U_1 = U_2 = U_3$

Dans un circuit en parallèle, quand les camions rencontrent un embranchement, ils doivent faire un choix. Comme ils ne prennent pas tous le même chemin, ils se séparent. Cependant, si l'on compare le nombre de camions qui arrivent à un embranchement (un nœud) et le nombre de camions qui s'en éloignent, on obtient toujours le même nombre de camions. De plus, le nombre de camions dans chacun des embranchements correspond au nombre total de camions en circulation. Ainsi :

$$I_{total} = I_1 + I_2 + I_3 \qquad \text{(1}^{\text{re}}\text{ loi de Kirchhoff)}$$
$$= 2 + 1 + 1$$
$$= 4,$$

soit quatre camions par minute ou quatre ampères.

Dans un circuit en parallèle, la différence de potentiel dans chacun des trajets possibles doit correspondre à la différence de potentiel acquise à la source. Autrement dit, chaque camion doit livrer toutes les boîtes qu'il a reçues au départ, quel que soit le chemin qu'il choisit de suivre. Dans la figure 5.27, à la page précédente, chaque camion doit livrer tout son chargement à son client avant de revenir à l'usine. On peut donc dire que :

$$U_{total} = U_1 = U_2 = U_3 \qquad \text{(2}^{\text{e}}\text{ loi de Kirchhoff)}$$
$$= 12 = 12 = 12,$$

soit douze boîtes par camion ou douze volts.

STE LA RÉSISTANCE ÉQUIVALENTE

Dans certains contextes, il peut être utile de connaître la «résistance équivalente» ($R_{éq}$), c'est-à-dire la valeur de la résistance qui permettrait de remplacer toutes les résistances d'un circuit par une seule. Il est possible de le faire à l'aide de la loi d'Ohm et des lois de Kirchhoff.

Nous savons que, dans un circuit en série : $U_{total} = U_1 + U_2 + U_3 + ...$

Grâce à la loi d'Ohm, on peut remplacer U par RI : $R_{éq}\, I_{tot} = R_1\, I_1 + R_2\, I_2 + R_3\, I_3 + ...$

Comme l'intensité est la même partout, on peut diviser le tout par I. On obtient alors :
$$R_{éq} = R_1 + R_2 + R_3 + ...$$

La résistance équivalente dans un circuit en série est donc égale à la somme de toutes les résistances.

Dans un circuit en parallèle, le calcul de la résistance équivalente est un peu plus complexe.

Nous savons que, dans un circuit en parallèle : $I_{total} = I_1 + I_2 + I_3 + ...$

Grâce à la loi d'Ohm, on peut remplacer I par $\dfrac{U}{R}$: $\dfrac{U_{tot}}{R_{éq}} = \dfrac{U_1}{R_1} + \dfrac{U_2}{R_2} + \dfrac{U_3}{R_3} + ...$

Comme la différence de potentiel est la même partout, on peut diviser le tout par U. On obtient alors :
$$\frac{1}{R_{éq}} = \frac{1}{R_1} + \frac{1}{R_2} + \frac{1}{R_3} + ...$$

En isolant la résistance équivalente, on obtient la formule suivante :
$$R_{éq} = \frac{1}{\dfrac{1}{R_1} + \dfrac{1}{R_2} + \dfrac{1}{R_3} + ...}$$

Dans un circuit en parallèle, la valeur de la résistance équivalente est toujours inférieure à la valeur de la plus petite résistance du circuit.

Reprenons l'exemple des figures 5.26 et 5.27 (*aux pages 160 et 161*). Puisque nous connaissons l'intensité du courant et la différence de potentiel, nous pouvons trouver la résistance de chacun des éléments du circuit (les clients) à l'aide de la loi d'Ohm ($R = U/I$).

- Dans le cas de la figure 5.26 (circuit en série), on obtient :

$$R_1 = \frac{U_1}{I_1} = \frac{6\,\text{V}}{4\,\text{A}} = 1,5\ \Omega$$

$$R_2 = \frac{U_2}{I_2} = \frac{3\,\text{V}}{4\,\text{A}} = 0,75\ \Omega$$

$$R_3 = \frac{U_3}{I_3} = \frac{3\,\text{V}}{4\,\text{A}} = 0,75\ \Omega$$

La résistance équivalente peut alors se calculer ainsi :

$$\begin{aligned} R_{éq} &= R_1 + R_2 + R_3 \\ &= 1,5\ \Omega + 0,75\ \Omega + 0,75\ \Omega \\ &= 3\ \Omega \end{aligned}$$

- Dans le cas de la figure 5.27 (circuit en parallèle), on trouve :

$$R_1 = \frac{U_1}{I_1} = \frac{12\,\text{V}}{2\,\text{A}} = 6\ \Omega$$

$$R_2 = \frac{U_2}{I_2} = \frac{12\,\text{V}}{1\,\text{A}} = 12\ \Omega$$

$$R_3 = \frac{U_3}{I_3} = \frac{12\,\text{V}}{1\,\text{A}} = 12\ \Omega$$

La résistance équivalente devient donc :

$$\begin{aligned} R_{éq} &= \frac{1}{\dfrac{1}{6\ \Omega} + \dfrac{1}{12\ \Omega} + \dfrac{1}{12\ \Omega}} \\ &= 3\ \Omega \end{aligned}$$

5.28 L'APPLICATION DE LA LOI D'OHM ET DES LOIS DE KIRCHHOFF AUX CIRCUITS EN SÉRIE ET AUX CIRCUITS EN PARALLÈLE

	Circuit en série	Circuit en parallèle
Intensité du courant	$I_{total} = I_1 = I_2 = I_3 = \dots$	$I_{total} = I_1 + I_2 + I_3 + \dots$
Différence de potentiel	$U_{total} = U_1 + U_2 + U_3 + \dots$	$U_{total} = U_1 = U_2 = U_3 = \dots$
Résistance équivalente	$R_{éq} = R_1 + R_2 + R_3 + \dots$	$R_{éq} = \dfrac{1}{\dfrac{1}{R_1} + \dfrac{1}{R_2} + \dfrac{1}{R_3} + \dots}$

Qu'est-ce que le magnétisme ?

Vers 600 ans avant notre ère, les Grecs ont découvert, près d'une région nommée Magnésie, un minerai ayant la capacité d'attirer de petits objets en fer. Ce minerai, qu'ils nommèrent la «magnétite», est lui-même principalement composé de fer.

Nous savons de nos jours que le fer n'est pas le seul élément à posséder des propriétés semblables à celles de la magnétite. En effet, le cobalt et le nickel peuvent aussi agir comme des aimants ou être attirés par des aimants.

- **Un AIMANT est un objet capable d'attirer les objets contenant du fer, du cobalt ou du nickel.**

- **Le MAGNÉTISME est l'ensemble des phénomènes provoqués par les aimants.**

Comment expliquer que certaines substances agissent parfois comme des aimants, parfois non, tandis que d'autres substances n'acquièrent jamais de propriétés magnétiques ?

Si l'on examine un échantillon de fer au microscope, on peut constater qu'il est constitué d'un ensemble de régions appelées «domaines». Chacun de ces domaines agit comme un minuscule aimant, possédant son propre pôle nord et son propre pôle sud.

Lorsque le fer n'est pas aimanté, les directions des domaines sont aléatoires. Cependant, lorsqu'on aimante le fer, on provoque l'alignement des directions des domaines. Plus le nombre de domaines alignés est grand, plus l'aimant est puissant.

Fer non magnétisé

Fer magnétisé

5.29 Lorsque le fer n'est pas aimanté, ses domaines sont orientés de façon aléatoire. Lorsqu'il est aimanté, un grand nombre de domaines sont alignés.

ENVIRONNEMENT+

Le champ magnétique terrestre

La Terre se comporte comme un immense aimant dont un des pôles magnétiques est situé au Canada, à environ 1000 km du pôle Nord géographique. Les pôles magnétiques forment ainsi un angle d'environ 11,5° avec l'axe de rotation de la Terre. On croit que le champ magnétique terrestre tire son origine des mouvements des substances métalliques en fusion situées dans le centre de notre planète.

Le champ magnétique terrestre, qu'on appelle également la «magnétosphère», ressemble au champ magnétique d'un aimant droit. Cependant, il est écrasé du côté du Soleil et étiré de l'autre côté. Cette déformation est causée par le vent solaire, constitué d'un flux incessant de protons et d'électrons émis par notre étoile. La magnétosphère s'étend entre 200 km et 5000 km au-delà de la surface de la Terre.

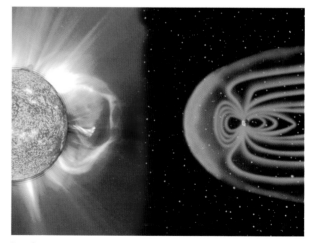

Le champ magnétique terrestre est déformé par le vent solaire. Il nous protège des particules venant de l'espace.

Le champ magnétique terrestre joue un rôle important de protection, car il dévie vers les pôles la majorité des particules provenant de l'espace.

LE JAPON AURA SON PREMIER TRAIN À LÉVITATION MAGNÉTIQUE EN 2025

Le Maglev (de l'anglais *Magnetic Levitation*) ressort des cartons. Ce train à lévitation électromagnétique, dont on parle depuis 30 ans et qui ne roule pour l'instant qu'en Chine, devrait circuler sur une deuxième ligne en 2025, au Japon, entre Tokyo et Nagoya. Ce train pourrait rouler à plus de 500 km/h avec des passagers à son bord.

À plus long terme, le Maglev pourrait remplacer l'actuel train à grande vitesse Tokaido Shinkansen, qui traverse le Japon d'est en ouest à 300 km/h. Il ne faudra alors plus qu'une heure pour parcourir les 550 kilomètres entre Tokyo et Osaka.

Le Maglev est un train qui utilise la force magnétique pour se soulever au-dessus des rails et avancer. En effet, à la différence des trains classiques, ce train n'est pas en contact avec les rails, ce qui permet de minimiser les frottements et d'atteindre des vitesses très élevées. En 2003, le Maglev a roulé à 583 km/h en essai.

Adaptation de : Fabrice AMEDO, «Le Japon aura son premier train à lévitation en 2025», *Le Figaro*, 27 décembre 2007, p. 17.

Actuellement, le Maglev ne roule qu'en Chine, où il relie Shanghai à son aéroport.

ST STE ATS LES FORCES D'ATTRACTION ET DE RÉPULSION MAGNÉTIQUES

Tous les aimants sont constitués d'un pôle nord et d'un pôle sud. Par convention, le pôle nord d'un aimant correspond à la partie qui s'oriente naturellement vers le pôle magnétique de la Terre situé le plus près du pôle Nord géographique, tandis que l'autre extrémité de l'aimant est son pôle sud. Il est à noter que cela implique que ce pôle magnétique de la Terre est en fait un pôle sud.

5.31 Grâce à une aiguille aimantée qui bouge librement, la boussole permet de repérer rapidement le Nord et, par conséquent, les quatre points cardinaux.

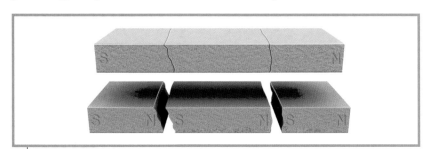

5.30 Si l'on fragmente un aimant, chaque morceau possédera son propre pôle nord et son propre pôle sud. On obtiendra donc autant de nouveaux aimants. Il est théoriquement impossible d'isoler un pôle nord ou un pôle sud, autrement dit, de créer un «monopôle».

🜂 Le **PÔLE NORD** d'un aimant est l'extrémité qui s'oriente naturellement vers le pôle magnétique de la Terre situé près du pôle Nord géographique. L'autre extrémité de l'aimant constitue son **PÔLE SUD**.

Les aimants interagissent entre eux avec des forces d'attraction ou de répulsion. Le pôle sud d'un aimant est attiré par le pôle nord d'un autre aimant. Par contre, il est repoussé par un autre pôle sud. De façon plus générale, on peut dire que:

- les pôles magnétiques contraires s'attirent;
- les pôles magnétiques semblables se repoussent.

 4.2 LES CHAMPS MAGNÉTIQUES

La force d'attraction et de répulsion entre les aimants porte le nom de «force magnétique». Cette force est capable d'agir à distance. Elle le fait par l'intermédiaire d'un champ magnétique, généré par tous les objets aimantés.

🜂 Un **CHAMP MAGNÉTIQUE** correspond à la région de l'espace dans laquelle la force magnétique d'un aimant peut agir sur un autre aimant.

On peut représenter un champ magnétique à l'aide de «lignes de champ magnétique», comme le montre la figure 5.33. Par convention, la direction des lignes de champ magnétique correspond à la direction que prendrait le pôle nord d'un aimant le long de chaque ligne. C'est pourquoi les lignes de champ magnétique sortent du pôle nord et entrent dans le pôle sud.

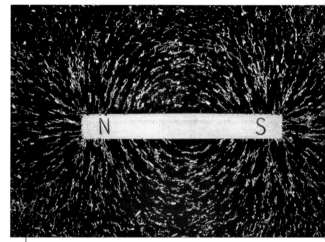

5.32 La limaille de fer s'oriente dans la direction des lignes de champ magnétique, parce que chaque particule de fer se comporte comme un minuscule aimant.

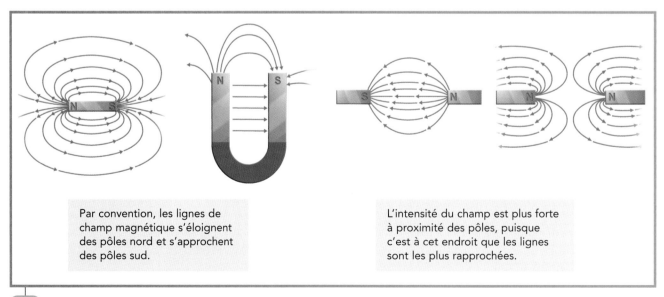

Par convention, les lignes de champ magnétique s'éloignent des pôles nord et s'approchent des pôles sud.

L'intensité du champ est plus forte à proximité des pôles, puisque c'est à cet endroit que les lignes sont les plus rapprochées.

5.33 La forme du champ magnétique dépend de la forme du ou des aimants.

4.3 ## LA MAGNÉTISATION DE LA MATIÈRE

La magnétite est un aimant naturel. Il est cependant possible de fabriquer des aimants artificiels à partir d'objets en fer, en cobalt ou en nickel. Pour cela, on peut les soumettre au champ magnétique d'un autre aimant. On dit des substances capables de devenir des aimants qu'elles sont «ferromagnétiques».

>  Une **SUBSTANCE FERROMAGNÉTIQUE** est une substance ayant la capacité d'acquérir des propriétés magnétiques.

Pour démagnétiser un aimant, on peut lui faire subir un choc violent, par exemple en le laissant tomber par terre. On peut aussi le démagnétiser en le chauffant ou en le plaçant dans un champ magnétique de sens opposé à son aimantation.

Nous pouvons distinguer deux types d'aimants, selon leur capacité à conserver ou non leurs propriétés magnétiques. Ceux qui les acquièrent et les perdent facilement, autrement dit ceux dont les domaines sont faciles à orienter et à désorienter, sont des «aimants temporaires». On dit qu'ils ont une faible «rémanence magnétique». Le fer contenant peu d'impuretés, qu'on appelle aussi le «fer doux», en est un exemple. Au contraire, les «aimants permanents» ont une forte rémanence magnétique. Il est donc à la fois difficile de les magnétiser et difficile de les démagnétiser (autrement dit, d'orienter et de désorienter leurs domaines). L'acier est un matériau souvent utilisé pour fabriquer des aimants permanents.

> La **RÉMANENCE MAGNÉTIQUE** est une propriété qui décrit la capacité d'un matériau d'acquérir et de conserver ses propriétés magnétiques.

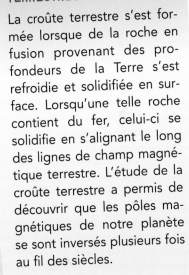

L'INVERSION DES PÔLES MAGNÉTIQUES TERRESTRES

La croûte terrestre s'est formée lorsque de la roche en fusion provenant des profondeurs de la Terre s'est refroidie et solidifiée en surface. Lorsqu'une telle roche contient du fer, celui-ci se solidifie en s'alignant le long des lignes de champ magnétique terrestre. L'étude de la croûte terrestre a permis de découvrir que les pôles magnétiques de notre planète se sont inversés plusieurs fois au fil des siècles.

ST
STE
ATS **5** # L'électromagnétisme

Il existe un lien entre l'électricité et le magnétisme. En effet, dans certaines conditions, un courant électrique peut générer un champ magnétique. L'inverse est également vrai : un champ magnétique peut, dans certains cas, générer un courant électrique.

> **L'ÉLECTROMAGNÉTISME** est l'ensemble des phénomènes résultant de l'interaction entre l'électricité et le magnétisme.

ST
STE
ATS **5.1** ## LA MAGNÉTISATION PAR L'ÉLECTRICITÉ

Pour produire un champ magnétique à l'aide de l'électricité, il faut que les charges électriques soient en mouvement. Autrement dit, seule l'électricité dynamique peut engendrer un champ magnétique. De plus, ce champ magnétique n'existe qu'aussi longtemps que le courant circule. Dès que le courant cesse, le champ magnétique disparaît.

5.34 À gauche : Lorsque le courant ne passe pas, les boussoles pointent vers le Nord.
À droite : Lorsque le courant passe, les boussoles suivent la direction
des lignes de champ magnétique engendrées par le courant électrique.

ST STE ATS LE CHAMP MAGNÉTIQUE D'UN FIL PARCOURU PAR UN COURANT ÉLECTRIQUE

LABO N° 45

En 1819, un savant danois, Hans Christian Oersted (1777-1851), remarqua que l'aiguille d'une boussole était déviée lorsqu'elle se trouvait à proximité d'un fil parcouru par un courant électrique. Avant ce jour, aucun lien n'avait été établi entre les phénomènes électriques et magnétiques.

Oersted découvrit que les lignes de champ magnétique formaient des cercles autour du fil et que leur direction dépendait du sens du courant électrique. Pour se représenter la direction des lignes de champ magnétique générées par un fil conducteur, on peut utiliser la règle de la main droite, telle qu'illustrée à la figure 5.35.

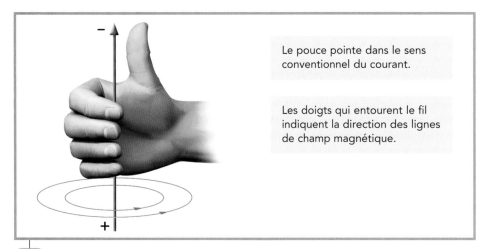

Le pouce pointe dans le sens conventionnel du courant.

Les doigts qui entourent le fil indiquent la direction des lignes de champ magnétique.

5.35 La règle de la main droite permet de déterminer la direction des lignes de champ magnétique générées par un courant électrique circulant dans un fil conducteur.

LE CHAMP MAGNÉTIQUE D'UN SOLÉNOÏDE

STE ATS

LABOS Nos 46 et 47

On peut intensifier le champ magnétiue d'un fil conducteur en l'enroulant en boucles de façon régulière. On forme ainsi un solénoïde.

> **Un SOLÉNOÏDE est constitué d'un fil conducteur enroulé en plusieurs boucles et parcouru par un courant électrique.**

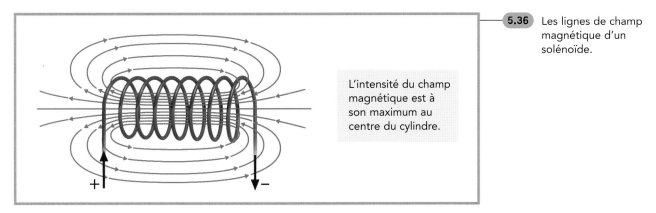

L'intensité du champ magnétique est à son maximum au centre du cylindre.

5.36 Les lignes de champ magnétique d'un solénoïde.

Afin de déterminer la direction des lignes de champ magnétique d'un solénoïde, une autre règle de la main droite s'applique (*voir la figure 5.37*).

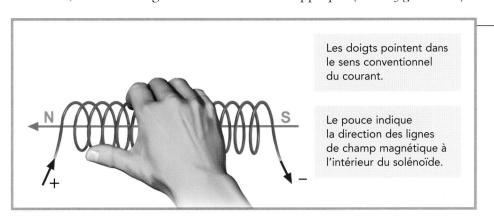

Les doigts pointent dans le sens conventionnel du courant.

Le pouce indique la direction des lignes de champ magnétique à l'intérieur du solénoïde.

5.37 La règle de la main droite permet de déterminer la direction des lignes de champ magnétique d'un solénoïde.

La figure 5.36 permet de constater que le champ magnétique d'un solénoïde est très semblable à celui d'un aimant droit. Il existe cependant trois différences entre les deux:

- le champ magnétique d'un solénoïde peut être «allumé» ou «éteint» à volonté, mais pas celui d'un aimant;
- on peut modifier la direction des lignes de champ magnétique d'un solénoïde en inversant la direction du courant électrique, tandis qu'on ne peut pas inverser celle d'un aimant puisqu'on ne peut pas inverser les pôles d'un aimant (à moins d'inverser l'aimant en entier);
- on peut modifier l'intensité du champ magnétique d'un solénoïde, mais pas celle d'un aimant.

Ces particularités des solénoïdes expliquent pourquoi ils sont largement utilisés dans les applications technologiques. D'autant plus qu'il est facile de transformer un solénoïde en électroaimant, comme le montre la section suivante.

LES ÉLECTROAIMANTS

Pour transformer un solénoïde en électroaimant, il suffit d'insérer une substance ferromagnétique à l'intérieur, c'est-à-dire de lui adjoindre un noyau. Le champ magnétique d'un électroaimant provient à la fois du courant électrique produit par le solénoïde et de la magnétisation de la substance ferromagnétique. Le résultat est un aimant très puissant, qu'on peut allumer ou éteindre à volonté.

1775
1836

André-Marie Ampère

Ce physicien français étudia plusieurs phénomènes électromagnétiques. En 1820, il inventa l'électroaimant en insérant un cylindre de fer doux à l'intérieur d'un solénoïde. Cette invention permit de mettre au point plusieurs applications, dont le moteur électrique, les haut-parleurs et le téléphone.

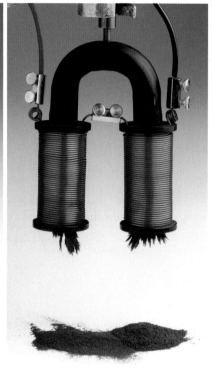

5.38 À gauche: Un électroaimant allumé. À droite: Un électroaimant éteint.

On peut augmenter la puissance d'un électroaimant de trois façons:

- en augmentant l'intensité du courant électrique qui passe dans le solénoïde;
- en ajoutant de nouvelles boucles au solénoïde;
- en utilisant un noyau dont la rémanence magnétique est plus faible (c'est-à-dire dont les domaines peuvent s'aligner plus facilement et plus rapidement).

Les électroaimants sont très utilisés dans le domaine de l'électricité. Ils servent, entre autres, à transformer l'énergie électrique en énergie mécanique.

ATS 5.2 L'ÉLECTRISATION PAR LE MAGNÉTISME

La découverte de la relation entre l'électricité et le magnétisme amena les scientifiques à effectuer plusieurs expériences. En effet, les scientifiques désiraient savoir s'il était possible de provoquer le processus inverse, c'est-à-dire d'obtenir un courant électrique à partir d'un champ magnétique. En 1831, Michael Faraday (1791-1867), physicien et chimiste britannique, démontra que c'était bel et bien le cas. Il mit ainsi en évidence les principes de ce qu'on appelle aujourd'hui l'«induction électromagnétique».

ATS L'INDUCTION ÉLECTROMAGNÉTIQUE

Pour qu'un champ magnétique puisse générer un champ électrique, il doit être en mouvement par rapport à une charge ou à un conducteur. On peut donc procéder de deux façons:

- en déplaçant un conducteur à l'intérieur d'un champ magnétique;
- en déplaçant un aimant autour d'un conducteur.

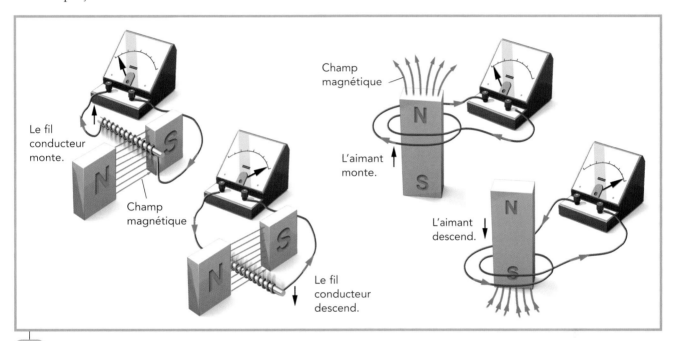

5.39 Les deux façons de produire une induction électromagnétique.
À gauche: En déplaçant un conducteur. À droite: En déplaçant un aimant.

Lorsqu'on produit une induction électromagnétique, ce n'est pas seulement l'intensité du champ magnétique qui importe, mais aussi la vitesse de son déplacement par rapport au conducteur.

> **L'INDUCTION ÉLECTROMAGNÉTIQUE** consiste à générer un courant électrique dans un conducteur en faisant varier un champ magnétique par rapport à ce conducteur.

L'induction électromagnétique est largement utilisée pour transformer l'énergie mécanique en énergie électrique. C'est d'ailleurs ainsi que fonctionnent la plupart des génératrices d'électricité.

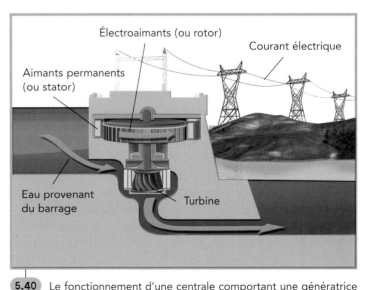

5.40 Le fonctionnement d'une centrale comportant une génératrice d'électricité: l'eau provenant du barrage fait tourner la turbine, ce qui entraîne la rotation des électroaimants, ce qui, à son tour, génère un courant électrique.

VERDICT

ST 1 à 5, 7 et 8, 10 à 18, 21 et 22, 24, A et D.

ATS 1 à 5, 7 et 8, 10 à 18, 21 et 22, 24 à 26, A et D.

STE 1 à 25, A à D.

SE Aucune.

1 Qu'est-ce que l'électricité ? (p. 140-144)

1. Vanessa constate qu'un objet est chargé positivement. A-t-il gagné ou perdu des électrons ? Expliquez votre réponse.

2. Les cinq sphères suivantes, identifiées A à E, portent une charge électrique. Si la charge de la sphère A est positive, quel est le signe des charges de chacune des autres sphères ? Expliquez votre réponse.

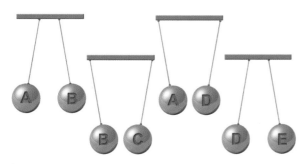

3. Lors d'un orage, on peut voir dans le ciel d'impressionnants éclairs. Ces éclairs sont provoqués par une décharge électrique brève mais intense. Si la décharge électrique d'un éclair vaut 20 C, combien d'électrons ont été impliqués dans ce processus de neutralisation ?

4. Après avoir chargé un morceau de tissu, Jonathan constate que celui-ci a perdu 2×10^{15} électrons.

a) Quelle est sa charge en coulombs ?

b) Cette charge est-elle positive ou négative ? Expliquez votre réponse.

5. On électrise une tige de cuivre et une tige de plastique. Le comportement des charges du point de vue des attirances et des répulsions sera-t-il le même dans les deux tiges ? Expliquez votre réponse.

6. Observez l'illustration suivante.

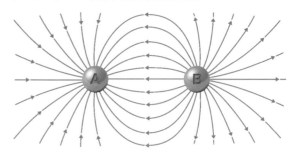

a) Quelle est la charge de la particule A ? Expliquez votre réponse.

b) Quelle est la charge de la particule B ? Expliquez votre réponse.

c) La force exercée par chaque particule sur l'autre particule est-elle une force d'attraction ou de répulsion ? Expliquez votre réponse.

2 L'électricité statique (p. 145-149)

7. Indiquez si l'électrisation des objets suivants a été obtenue par frottement, par conduction ou par induction.

a) Carl approche un peigne chargé de ses cheveux et ses cheveux se soulèvent sans même qu'il y touche.

b) Une certaine quantité de charges est transférée d'un corps à un autre. Il en résulte deux corps chargés de mêmes signes.

c) Lorsqu'on marche, notre corps peut accumuler une charge électrique.

8. Pour nettoyer son trophée en cuivre, Louis le frotte avec un chiffon en laine. Quelle sera la charge des deux objets ? Expliquez votre réponse.

9. Deux particules chargées positivement ayant respectivement une charge de 0,02 C et de 0,05 C sont placées à 2 cm l'une de l'autre. Quelle est l'intensité de la force électrique que chacune exerce sur l'autre ?

3 L'électricité dynamique (p. 150-163)

10. Dans chacun des cas suivants, précisez s'il s'agit d'un exemple d'électricité statique ou d'électricité dynamique. Expliquez votre réponse.

    a) La courroie d'un moteur qui se charge par frottement.

    b) Un baladeur nous permettant d'écouter notre musique préférée.

11. Dans quel(s) circuit(s) les ampèremètres sont-ils correctement branchés? Expliquez votre réponse.

a) 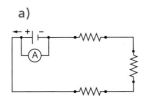   **b)**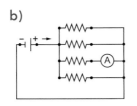

12. Un courant de 8 A circule dans un sèche-cheveux. Quelle charge aura contribué au fonctionnement de cet appareil après 5 min d'utilisation?

13. Un élément d'un circuit électrique est traversé par 5400 C en une heure. Quelle est l'intensité du courant électrique?

14. Dans quel(s) circuit(s) les voltmètres sont-ils correctement branchés? Expliquez votre réponse.

a) 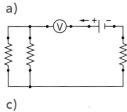   **b)**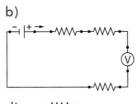

c) 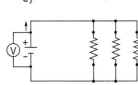   **d)**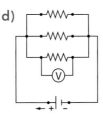

15. Il existe sur le marché une grande variété de piles. Quelle est l'énergie fournie par une pile de 1,5 V si 200 C traversent un appareil électrique en 20 min?

16. Afin de connaître la résistance d'un élément chauffant, Manon effectue une expérience. Elle trouve ainsi que, lorsque l'intensité du courant est de 3,5 A, la différence de potentiel aux bornes de cet élément est de 10 V. Quelle est la résistance de cet élément chauffant?

17. Quelle quantité d'énergie un appareil électrique aura-t-il consommée après 15 min d'utilisation si le courant qui le traverse est de 15 A et que la différence de potentiel est de 120 V?

18. Parmi les circuits suivants, distinguez ceux qui sont branchés en série de ceux qui sont branchés en parallèle.

a) 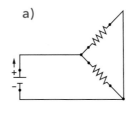   **b)**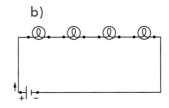

c) 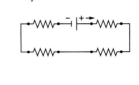   **d)**

19. Dans chacun des cas suivants, calculez la résistance équivalente.

a)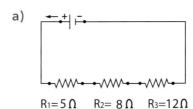

$R_1 = 5\,\Omega$ $R_2 = 8\,\Omega$ $R_3 = 12\,\Omega$

b)

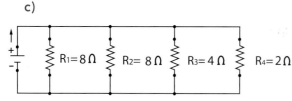

$R_1 = 2\,\Omega$
$R_2 = 4\,\Omega$

c)

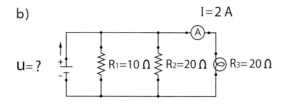

$R_1 = 8\,\Omega$ $R_2 = 8\,\Omega$ $R_3 = 4\,\Omega$ $R_4 = 2\,\Omega$

20. Trouvez la valeur manquante dans chacun des circuits suivants.

a)

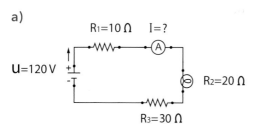

$R_1 = 10\,\Omega$ $I = ?$
$U = 120\,V$
$R_2 = 20\,\Omega$
$R_3 = 30\,\Omega$

b)

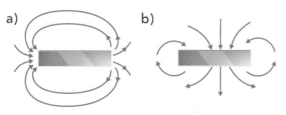

$I = 2\,A$
$U = ?$ $R_1 = 10\,\Omega$ $R_2 = 20\,\Omega$ $R_3 = 20\,\Omega$

4 **Qu'est-ce que le magnétisme ?**
   (p. 163-167)

21. Si l'on approche le pôle nord d'un aimant du pôle sud d'un autre aimant, le pôle nord sera-t-il repoussé ou attiré ? Expliquez votre réponse.

22. Parmi les illustrations suivantes, laquelle ou lesquelles représentent correctement le champ magnétique d'un aimant droit ? Expliquez votre réponse.

a)   b)

23. Une substance ferromagnétique est-elle nécessairement un aimant ? Expliquez votre réponse.

5 **L'électromagnétisme** (p. 167-171)

24. Parmi les illustrations suivantes, laquelle ou lesquelles représentent correctement le champ magnétique d'un fil parcouru par un courant électrique ? Expliquez votre réponse.

a)   b)

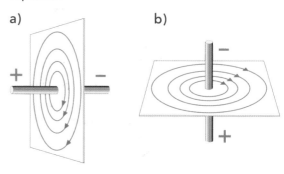

25. Parmi les illustrations suivantes, laquelle ou lesquelles représentent correctement le champ magnétique d'un solénoïde parcouru par un courant électrique ? Expliquez votre réponse.

a)

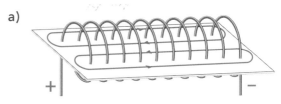

b)

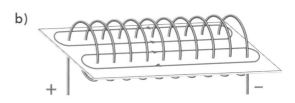

26. Maxime veut acheter une génératrice d'électricité afin de disposer d'une source d'énergie de secours à son chalet. Il demande à la vendeuse de lui expliquer brièvement les principes de fonctionnement de cet appareil. Si vous étiez à la place de la vendeuse, que lui répondriez-vous ?

questions synthèses

A. Valérie électrise un peigne en ébonite en le frottant sur son pantalon. Elle lui transfère ainsi une charge de 5×10^{-8} C. Elle essaie ensuite de soulever de petits morceaux de papier avec ce peigne chargé.

a) Si le pantalon de Valérie est en laine, quel sera le signe de la charge électrique accumulée sur le peigne ? Expliquez votre réponse.

b) Comment se répartiront les charges dans le peigne ? Expliquez votre réponse.

c) Lorsque Valérie approche le peigne des morceaux de papier, ceux-ci s'électrisent. Quel sera le signe des charges électriques qui s'accumuleront du côté le plus près du peigne ? Expliquez votre réponse.

d) Lorsqu'elle approche le peigne d'une règle métallique, Valérie observe une étincelle. Elle en conclut que les deux objets se sont mutuellement neutralisés. Si 5×10^{-8} C ont été transférés de l'un à l'autre objet en 0,001 s, quelle a été l'intensité de cette décharge électrique ?

e) L'air est un isolant dont la résistance est de 2×10^{10} Ω. Quelle est la différence de potentiel de la décharge électrique produite entre le peigne et la règle métallique ?

B. À quelle distance Valérie devra-t-elle approcher son peigne chargé pour soulever un morceau de papier ayant un poids de 0,01 N ? (On considère que le morceau de papier acquiert une charge équivalente à celle du peigne.)

C. Voici les schémas de deux circuits électriques différents. Si la source de courant fournit une différence de potentiel de 60 V et que la résistance de chaque ampoule est de 120 Ω, quelle sera l'intensité du courant mesurée par chacun des ampèremètres ? Laissez des traces de vos calculs.

a)

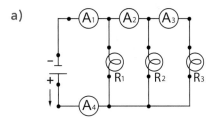

b)

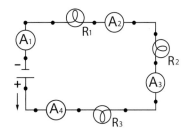

D. Préparez votre propre résumé du chapitre 5 en construisant un réseau de concepts.

COMMENT BÂTIR
UN RÉSEAU DE CONCEPTS

LE VIRAGE ÉOLIEN DU QUÉBEC

De 1985 à 2005, la demande énergétique mondiale a augmenté de 50 %. Toutes les sources traditionnelles d'énergie ont été touchées : charbon, pétrole, gaz naturel, hydroélectricité et énergie nucléaire. Au Canada cette augmentation a été de 18 % entre 1982 et 2002 et on prévoit une autre augmentation de près de 12 % de 2005 à 2014. Que faire pour répondre à cette demande ? L'énergie éolienne fait partie intégrante de la réponse du Québec à cette question.

SEMER DES ÉOLIENNES À TOUS VENTS : D'ABORD EN GASPÉSIE, PUIS DANS TOUT LE QUÉBEC

Dans sa stratégie énergétique 2006-2015, le gouvernement du Québec prévoit plusieurs moyens pour répondre à la hausse prévue de la demande d'énergie. Mentionnons, par exemple, la mise en chantier de nouveaux barrages hydroélectriques de grande envergure. Cependant, ce genre de projets est long à réaliser et les investissements requis sont énormes. Le gouvernement a donc également décidé d'ajouter progressivement, d'ici 2015, près de 4000 mégawatts d'énergie éolienne au réseau d'Hydro-Québec. Cela devrait permettre de combler 10 % de la demande d'électricité en période de pointe.

En avril 2007, le Québec comptait 272 éoliennes, fournissant un total de 322 mégawatts d'électricité. En 2011, environ 660 nouvelles éoliennes seront implantées dans le paysage gaspésien, portant la production d'énergie éolienne à près de 1500 mégawatts. Plusieurs autres projets suivront ensuite sur tout le territoire du Québec.

Les avantages de l'énergie éolienne sont nombreux. En effet, l'énergie éolienne connaît une croissance fulgurante en Europe, son coût de production est à la baisse et le potentiel éolien du Québec semble exceptionnel. De plus, un parc éolien peut être construit en deux ou trois ans seulement et l'agriculture peut se poursuivre sur le site choisi. L'énergie éolienne engendre peu de déchets et ne contribue pas à l'augmentation des émissions de gaz à effet de serre. Enfin, la technologie s'est beaucoup améliorée récemment, si bien que les nouvelles éoliennes fournissent quatre fois plus d'énergie que les anciennes.

La principale difficulté, pour Hydro-Québec, sera d'intégrer l'énergie éolienne à son réseau existant. Elle devra aussi apprendre à exploiter l'énergie hydroélectrique et l'énergie éolienne en complémentarité l'une de l'autre. En effet, l'énergie éolienne ne peut être qu'une énergie d'appoint : le vent n'est pas toujours disponible lorsqu'on en a besoin et les éoliennes ne permettent pas de stocker l'énergie, contrairement aux réservoirs des barrages.

QUI SÈME LE VENT RÉCOLTE LA TEMPÊTE ?

Bien entendu, rien n'étant parfait, l'énergie éolienne présente elle aussi des inconvénients. Les éoliennes, qui mesurent jusqu'à 100 mètres, soit l'équivalent d'un édifice de 20 étages, sont parfois accusées de défigurer le paysage. Certaines personnes craignent qu'elles fassent fuir les touristes ou même, qu'elles entraînent une baisse de la valeur des propriétés avoisinantes. D'autres demandent une évaluation des impacts possibles sur les oiseaux, en particulier le long des trajectoires empruntées par les oiseaux migrateurs. Toutefois, les critiques les plus sévères sont de nature économique. On craint, entre autres, la prise de contrôle d'un secteur en plein développement par des intérêts étrangers. En effet, les parcs éoliens sont développés par des entreprises privées. L'énergie produite est ensuite achetée par Hydro-Québec, qui la distribue par l'entremise de son réseau.

Le gouvernement devra donc réfléchir à des moyens pour mieux encadrer le développement de cette nouvelle forme d'énergie. Parmi les solutions proposées : l'imposition d'un tarif fixe pour l'achat de l'électricité produite par les éoliennes et la nationalisation de ce secteur d'activités.

LES PARCS ÉOLIENS AU QUÉBEC, EN 2007

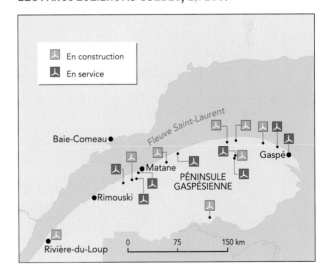

1. Expliquez brièvement comment une éolienne permet de produire de l'électricité à partir de l'énergie du vent.

2. D'après vous, serait-il avantageux de construire des éoliennes dans votre région ? Expliquez votre réponse en indiquant au moins un avantage et un inconvénient.

Rendez-vous DANS...

UNE STATION DE PRODUCTION D'EAU POTABLE

Quoi de mieux que de boire un bon verre d'eau... propre. Et pourtant, cette denrée se fait de plus en plus rare. Au Québec, afin d'assurer la qualité de l'eau potable distribuée dans les réseaux d'aqueduc, plusieurs villes se sont dotées de stations de production d'eau potable. Même si les procédés utilisés ne sont pas les mêmes partout, de façon générale, les stations filtrent et traitent chimiquement les eaux de surface provenant des plans d'eau se trouvant à proximité. L'eau est ensuite testée plusieurs fois par jour avant de sortir de nos robinets et de nous donner accès à de l'eau potable.

Voici quelques travailleurs qui œuvrent dans des usines de production d'eau potable.

Métier ou profession	Formation	Durée de la formation	Tâches principales
Superviseur ou superviseure d'usine de production d'eau potable	DEC en assainissement de l'eau	3 ans	• Contrôler les procédés d'assainissement • Gérer la main-d'œuvre
Mécanicien ou mécanicienne d'usine	DEP en mécanique industrielle de construction et d'entretien	1800 heures	• Installer, entretenir et réparer des systèmes mécaniques, hydrauliques, etc.
Chimiste	Maîtrise en chimie	5 ans	• Effectuer des tests afin d'évaluer la qualité de produits ou de procédés • Analyser les résultats obtenus
Technicien ou technicienne en laboratoire	DEC en techniques de laboratoire	3 ans	• Effectuer des analyses • Compiler et traiter des données
Opérateur ou opératrice d'usine de production d'eau potable	DEP en conduite de procédés de traitement de l'eau	1800 heures	• Faire fonctionner l'équipement des stations de purification • Effectuer les analyses de l'eau de consommation • Assurer la santé et la sécurité au travail

Claude Durivage, superviseur d'usine de production d'eau potable

Danielle Spinelli, opératrice d'usine de production d'eau potable, responsable des commandes

Michel Gobeil, mécanicien d'usine

Daniel Duchesne, chimiste

Martine Picard, technicienne en laboratoire

André L'Archevêque, opérateur d'usine de production d'eau potable, responsable du bon fonctionnement de l'usine

TERRE ET ESPACE

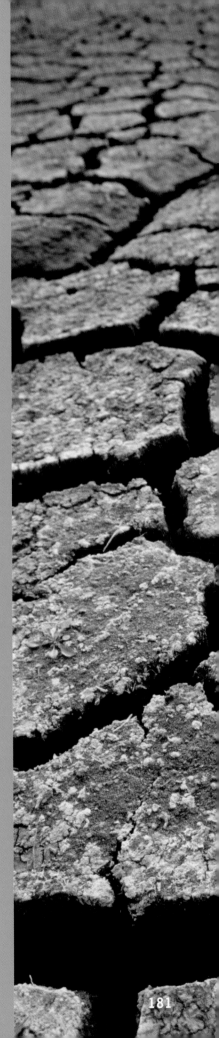

DE LA GOUTTE D'EAU QUI TOMBE SUR UN SOL ASSÉCHÉ
À LA LUNE QUI DICTE LE RYTHME DES MARÉES,
de nombreux phénomènes assurent l'équilibre de la vie
sur notre planète. Cet environnement unique a permis à l'humanité
de se développer et de prospérer.

L'être humain a appris à extraire les ressources de la Terre
pour en faire des matériaux. Afin de satisfaire ses besoins
en énergie, il a réussi à dompter l'eau des rivières, à soutirer
la chaleur terrestre et à brûler les combustibles fossiles.
Il a su apprivoiser les rayons du Soleil, les vents et les marées.

Avec une population mondiale qui avoisine les sept milliards,
l'humanité doit désormais repenser ses modes de production
et de consommation. La Terre, on le sait aujourd'hui, a ses limites.

Sur notre planète, la croûte terrestre et les océans regorgent de ressources naturelles qui ont permis à nos sociétés de survivre et de se développer. Grâce à ces ressources (minéraux, roches, terres cultivables, eau potable, etc.), on peut construire des gratte-ciel, fabriquer des ordinateurs, alimenter un moteur à réaction, chauffer les maisons ou se nourrir.

Comment les extrait-on de la croûte terrestre ? Est-ce que ces ressources existent en quantité illimitée ? Pourquoi certaines ressources sont-elles plus onéreuses que d'autres ? Ce chapitre présente les principales ressources naturelles que l'on trouve dans la lithosphère et l'hydrosphère, deux composantes de l'enveloppe terrestre.

La lithosphère
et l'hydrosphère

SOMMAIRE

183

1 La lithosphère

Si on disposait d'un ruban à mesurer extraordinairement long, on constate-
rait que la distance qui sépare le centre de la Terre et la surface du globe
s'étire sur plus de 6300 kilomètres. Pourtant, l'enveloppe rigide qui entoure
notre planète n'est épaisse que d'une centaine de kilomètres en moyenne. On
appelle cette enveloppe rigide la «lithosphère».
Elle englobe la croûte terrestre ainsi que la partie superficielle du manteau supérieur, deux
couches qui forment la structure externe de
notre planète.

CONCEPTS DÉJÀ VUS

– Lithosphère
– Structure interne
  de la Terre
– Types de roches
  (minéraux de base)

> «Lithosphère» provient des
> mots grecs lithos, qui signifie
> «pierre», et sphaira, qui dé-
> signe un objet sphérique.

▶ **La LITHOSPHÈRE est l'enveloppe rigide constituée de la croûte
terrestre et de la partie superficielle du manteau supérieur.**

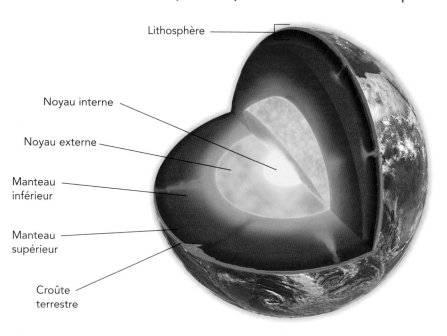

Lithosphère

Noyau interne

Noyau externe

Manteau
inférieur

Manteau
supérieur

Croûte
terrestre

6.1 La structure interne
de la Terre.

On trouve dans la lithosphère des minéraux et des roches essentiels au développement de nos sociétés. On en tire des matériaux de construction, des
métaux de toutes sortes et même des pierres précieuses pour orner les bijoux.

1.1 LES MINÉRAUX

LABO
N° 49

Les minéraux sont des corps inorganiques, c'est-à-dire qu'ils ne proviennent
ni d'un animal ni d'un végétal. Pour que des substances soient considérées
comme des minéraux, elles doivent avoir certaines caractéristiques. Par
exemple, on doit les trouver naturellement sur la Terre; les minéraux ne peuvent donc pas être produits par les êtres humains.

La plupart des minéraux possèdent une structure atomique ordonnée, c'est-
à-dire que les atomes sont organisés de façon à former des cristaux toujours
semblables. Par exemple, la figure 6.2 présente les cristaux de sel qui toujours une forme cubique.

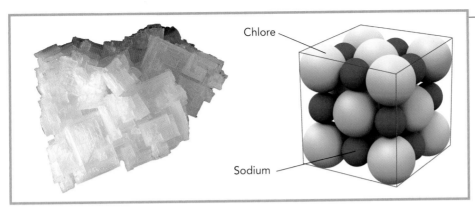

Chaque minéral se distingue également par sa composition chimique. Certains minéraux sont composés d'un seul élément chimique, comme l'or (Au), le cuivre (Cu) ou le fer (Fe). D'autres comprennent plusieurs éléments liés chimiquement. Le quartz (SiO_2), par exemple, comprend des atomes de silice (Si) et des atomes d'oxygène (O). Le sulfate de cuivre ($CuSO_4$) est composé d'atomes de cuivre (Cu), de soufre (S) et d'oxygène (O).

Parce qu'ils sont toujours composés des mêmes éléments chimiques et que leurs cristaux ont une forme précise, les minéraux sont dotés de propriétés bien définies, telles que : la dureté, la transparence, la couleur, la trace, etc. Nous en verrons quelques-unes dans la section suivante.

▶ Les MINÉRAUX sont des corps solides inorganiques. Leur composition et leurs propriétés sont bien définies.

6.3 Des petits cristaux d'or dans du quartz.

Il existe plus de 4000 minéraux différents connus sur Terre. Certains sont très abondants comme les feldspaths, le quartz ou les micas. D'autres minéraux, comme les diamants, les rubis, les saphirs ou les émeraudes, sont extrêmement rares, d'où leur grande valeur.

«Rubis» provient du mot latin rubeus, *qui signifie «rouge».*

LA CLASSIFICATION DES MINÉRAUX

ST STE ATS

Les géologues classent les minéraux selon leurs propriétés. Voici quelques exemples de ces propriétés.

La couleur

Plusieurs minéraux ont une couleur qui leur est propre. Bleu pour l'azurite, vert pour la malachite, rouge pour la rhodochrosite, etc. L'élément colorant fait partie de leur composition chimique. On les appelle «idiochromatiques». D'autres peuvent prendre plusieurs couleurs. Ce sont les minéraux «allochromatiques». Ces derniers seraient incolores s'ils étaient parfaitement purs. Cependant, des quantités minimes d'impuretés leur donnent différentes colorations.

«Idiochromatique» provient des mots grecs idios, *qui signifie «particulier», et* khrôma, *qui veut dire «couleur».*

«Allochromatique» provient des mots grecs allos, *qui signifie «autre», et* khrôma, *qui veut dire «couleur».*

PAS SI FOU !

On a surnommé la pyrite «l'or des fous» à cause de sa couleur semblable à celle de l'or. Ses reflets métalliques bernaient les chercheurs de métal précieux croyant être devenus riches; mais ce n'est pas si fou que ça, puisqu'on trouve parfois de l'or associé à la pyrite. 📖 7

6.4 Le quartz peut prendre différentes couleurs selon les impuretés qu'il contient. Il s'agit donc d'un minéral allochromatique.

La transparence

La transparence est la propriété permettant à un minéral de laisser passer la lumière. Certains minéraux laissent passer parfaitement la lumière. Ils sont «transparents». D'autres la laissent passer sans que l'on puisse distinguer un objet au travers; ils sont «translucides». D'autres enfin ne laissent passer aucun rayon; ils sont «opaques».

Cristal de roche   Olivine   Pyrite

6.5 Le cristal de roche est transparent, l'olivine, translucide et la pyrite, opaque.

La dureté

La dureté dépend de la force des liens qui unissent les atomes à l'intérieur d'un minéral. L'échelle de Mohs permet de mesurer la dureté des minéraux, selon des valeurs allant de 1 à 10, en fonction de leur résistance à la rayure. Les plus tendres, comme le talc, peuvent être facilement rayés et se classent tout en bas de l'échelle. Les plus durs, comme le diamant, trônent au sommet. Un minéral peut rayer tous les minéraux moins durs que lui, donc tous ceux qui ont un numéro inférieur dans l'échelle de Mohs. La dureté revêt une importance capitale pour les joailliers. Par exemple, ces derniers ne pourraient pas tailler aussi finement le diamant ni le polir s'il n'était pas si dur.

Talc	Gypse	Calcite	Fluorite	Apatite	Feldspath	Quartz	Topaze	Corindon	Diamant
1	2	3	4	5	6	7	8	9	10

6.6 L'échelle de dureté de Mohs.

  CHAPITRE 6

La trace

Lorsqu'on frotte un minéral sur une surface de porcelaine non émaillée, on obtient une trace de poudre dont la couleur peut être différente de celle du minéral. Cette trace colorée est toujours la même pour un minéral donné. Elle est considérée comme une caractéristique de celui-ci. Les minéraux idiochromatiques laissent une poudre de couleur vive. Les minéraux allochromatiques laissent une poudre blanche ou très peu colorée.

6.7 L'améthyste est une variété de quartz violet. Elle laisse une poudre blanche lorsqu'on la frotte.

ST STE ATS L'EXPLOITATION DES MINÉRAUX

Pour exploiter les minéraux et les transformer en toutes sortes d'objets utiles, les géologues doivent d'abord les repérer, puis les extraire de la lithosphère. On extrait alors ce qu'on appelle un «minerai», c'est-à-dire de la roche qui contient des minéraux. Lorsque la quantité et la concentration d'un minéral sur un site sont suffisamment intéressantes pour permettre l'exploitation, on parle alors d'un «gisement».

Le Québec est reconnu pour ses gisements d'or, de cuivre, de zinc, de nickel et de fer. La région de l'Abitibi-Témiscamingue est particulièrement réputée pour ses gisements, dont plusieurs sont parmi les plus importants au monde (*voir la carte 6.8*). Le tableau 6.9 (*à la page suivante*) montre à quoi servent certains minéraux du sous-sol québécois.

6.8 LES MINES ET LES PRINCIPAUX GISEMENTS DE MINÉRAUX D'UNE PARTIE DU QUÉBEC

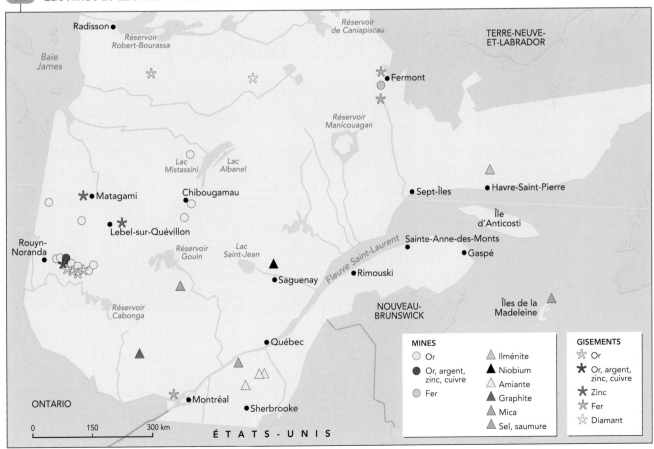

Minéral	Utilisations possibles
Or	Joaillerie Échanges commerciaux Équipements électroniques
Cuivre	Conduites de plomberie Fils électriques Équipements électroniques Construction (toitures)
Zinc	Placage de l'acier (pour accroître sa résistance à la corrosion) Pièces moulées pour l'industrie automobile
Nickel	Fabrication de l'acier inoxydable Pièces de monnaie Aimants
Fer	Fabrication de l'acier

6.10 Une mine d'or à ciel ouvert.

Extraire les minéraux nécessite des procédés coûteux et complexes. Si le gisement est situé près de la surface, on aménage une mine à ciel ouvert. Les couches de terres superficielles sont enlevées une à une. On récupère ensuite le minerai à l'aide de foreuses, de pelles mécaniques et d'énormes camions à benne.

CES DIAMANTS QUI FONT RÊVER

En moins de 20 ans, le Canada est passé d'une terre sans diamants au troisième rang mondial des pays producteurs de cette pierre si convoitée. Un sort similaire attend-il le Québec ?

Les monts Otish, à 350 km au nord de Chibougamau, ne sont accessibles ni par bateau ni par voie terrestre. Pourtant, ils reçoivent un nombre imposant de visiteurs chaque année. C'est qu'en 2001 la société minière Ashton, en partenariat avec la Société québécoise d'exploration minière (SOQUEM), y a découvert les premiers gisements de diamants de la province.

En 2006, le duo Ashton-SOQUEM a investi 29 millions de dollars pour prélever 6000 tonnes de minerai et en extraire près de 6000 carats (1,2 kg) de diamants. Malgré des

Des diamants taillés.

résultats encourageants, les géologues font preuve de prudence. Des études plus poussées sont nécessaires pour vérifier si la quantité et la grosseur des diamants sont suffisantes pour justifier l'ouverture d'une mine.

Adapté de : Thomas GERVAIS, «Ces diamants qui font rêver», *La Presse Affaires*, 26 avril 2007, p. 9.

Si le gisement est trop profond, il faut creuser des galeries souterraines. On aménage d'abord un immense trou vertical dans lequel on installe un ascenseur pour transporter le matériel et le personnel. Des galeries rayonnent à partir de ce trou et s'étirent à l'horizontale, le long du gisement. Elles sont dotées de canalisations qui acheminent de l'air et de l'eau.

6.11 Une galerie souterraine.

Une fois le minerai extrait, plusieurs étapes sont nécessaires pour séparer le minéral de la roche. Chaque minerai requiert un procédé différent. Par exemple, le minerai d'or est broyé puis traité avec des produits chimiques, comme le cyanure, pour détacher le précieux métal jaune. Ce dernier est fondu, puis coulé dans des moules pour former des lingots.

>
> **TOUT UN TRAVAIL !**
> Il faut extraire et traiter, en moyenne, une demi-tonne (500 kg) de minerai pour produire une bague en or de 6 grammes.

ST STE ATS 1.2 LES ROCHES

Dans la lithosphère, les minéraux sont rarement isolés les uns des autres. Ils s'assemblent pour former des amas hétérogènes : les roches. Les propriétés physiques et chimiques des roches ne sont pas strictement définies, contrairement aux minéraux.

> ▶ Les **ROCHES** sont des solides hétérogènes composés de plusieurs minéraux.

Comment les roches se forment-elles ? La question a longtemps fait l'objet d'un débat. Vers la fin du 18e siècle, le géologue allemand Abraham Werner (1750−1817) a émis une hypothèse baptisée «neptunisme» (d'après Neptune, dieu de la mer) selon laquelle tous les composés qui constituent les roches se seraient autrefois amassés sous un immense océan. Les roches se seraient créées sous l'action de la pression. Quelques années plus tard, le géologue britannique James Hutton (1726−1797) a avancé une autre théorie : le «plutonisme» (d'après Pluton, dieu des enfers). Cette théorie voulait que les roches soient plutôt issues de l'activité des volcans.

Qui avait raison ? Les deux ! On sait aujourd'hui que les roches peuvent être produites par ces deux mécanismes. Celles qui se forment sous l'action de la pression de l'eau sont appelées «sédimentaires». Celles qui sont dues à l'activité volcanique sont appelées «ignées». Il existe également un troisième type de roche, les roches «métamorphiques».

LES TYPES DE ROCHES

La lithosphère se compose de trois grandes familles de roches, définies par leur processus de formation.

Les roches ignées

Soumis à de fortes pressions, le magma qui bouillonne au centre de la Terre se fraie parfois un chemin jusqu'à la surface de la lithosphère, créant ainsi des volcans. Au contact de l'air, la lave se refroidit très rapidement et se solidifie, donnant naissance à des roches que l'on nomme «roches ignées extrusives».

> «Igné» provient du mot latin ignis, qui signifie «feu».

Parfois, le magma se solidifie avant d'avoir atteint la surface de la croûte terrestre. Il se forme alors des «roches ignées intrusives».

> ▶ Les ROCHES IGNÉES sont le résultat du refroidissement du magma.

Rhyolite

Granite

6.12 Le granite est une roche ignée intrusive. Elle est formée de différents minéraux : quartz, feldspaths et micas. La rhyolite est une roche ignée extrusive. Elle est essentiellement formée des mêmes minéraux que le granite, mais elle se forme au contact de l'air.

Les roches sédimentaires

Les roches finissent par s'effriter au contact de l'air et de l'eau, ce qu'on appelle l'«érosion». Les fragments se mêlent à des restants de végétaux et d'animaux, tombent au fond des plans d'eau et s'accumulent en couches successives. Sous l'effet de la pression, les couches plus basses se compactent et forment les roches sédimentaires.

6.13 On peut voir sur cette photo les couches de roches formées par les dépôts successifs de différents sédiments.

▶ Les **ROCHES SÉDIMENTAIRES** sont le résultat de l'accumulation et du compactage de débris.

Les roches métamorphiques

Dans les profondeurs de la Terre, les roches ignées ou sédimentaires sont souvent soumises à de fortes températures ou pressions, lorsque deux plaques tectoniques se compressent, par exemple. Les roches ignées ou sédimentaires se transforment alors, changent d'apparence et de propriétés. Les roches qui résultent de cette transformation sont dites « métamorphiques ». Par exemple, le calcaire, une roche sédimentaire,

> *« Métamorphique » provient des mots grecs* meta, *qui signifie « changement », et* morphê, *qui veut dire « forme ».*

peut se transformer en marbre, une roche métamorphique. De même, le granite, une roche ignée, peut se transformer en gneiss. Le processus de transformation peut prendre des millions d'années.

▶ Les **ROCHES MÉTAMORPHIQUES** sont d'anciennes roches ignées ou sédimentaires qui ont subi une transformation à cause de la chaleur ou de la pression.

Gneiss

Ardoise

6.14 Le gneiss se forme par la métamorphose de roches telles que le granite, alors que l'ardoise provient de la transformation de l'argile schisteuse.

ST STE ATS ## LEURS USAGES

Tout comme les minéraux, certaines roches sont extraites du sous-sol pour subvenir aux besoins des humains. Le tableau 6.15 présente quelques exemples d'utilisations possibles des roches.

6.15 QUELQUES ROCHES ET LEURS UTILISATIONS POSSIBLES

Roche	Type	Utilisations possibles
Granite	Ignée intrusive	Pierres ornementales
Diorite	Ignée intrusive	Pierres ornementales
Pierre ponce	Ignée extrusive	Matériaux de construction légers, industrie cosmétique
Basalte	Ignée extrusive	Laines minérales, dalles pour le sol, construction des routes
Grès	Sédimentaire	Matériaux de construction
Calcaire	Sédimentaire	Ciment, matériaux de construction
Gneiss	Métamorphique	Matériaux de construction
Marbre	Métamorphique	Décoration intérieure, objets décoratifs

ST STE SE 1.3 LES SOLS

LABOS
Nᵒˢ 50 et 51

CONCEPT DÉJÀ VU

└ Types de sols

Le sol est issu de la ROCHE MÈRE qui constitue la partie solide de la croûte terrestre. Avec le temps, le gel, le vent et la pluie usent les roches à la surface de la lithosphère. Leur dégradation mène à la formation du lithosol qui est un sol composé de gros fragments de roche. Ces fragments se mêlent à la matière organique composée de résidus de végétaux et d'animaux en décomposition. Ce mélange déclenche une série de réactions physiques et chimiques complexes qui donnent naissance au sol. Il faut en moyenne 200 ans pour former 1 cm d'épaisseur de sol !

ST STE SE LES HORIZONS DU SOL

Au fur et à mesure qu'il évolue, le sol s'épaissit et se différencie en couches distinctes. Chaque couche, qu'on appelle «horizon», se distingue par sa couleur, sa texture et sa composition. Les horizons sont identifiés par des lettres, comme on peut le voir à la figure 6.16.

> ▶ Les **HORIZONS DU SOL** sont des **couches différenciées, plus ou moins parallèles à la surface du terrain.**

Le sol absorbe, filtre et emmagasine l'eau. Il contient également de la matière de toutes sortes, de l'air, de petits organismes vivants ainsi que des micro-organismes qui décomposent la matière organique pour en faire des substances nutritives pour les plantes.

À la figure 6.16, on peut distinguer les différences entre les horizons du sol. De façon générale, les particules fines et foncées, qui sont associées à une forte teneur en matière organique, se trouvent dans les couches supérieures et tout particulièrement dans l'horizon A. C'est d'ailleurs dans cet horizon que plusieurs plantes logent leurs racines qui absorbent l'eau et les nutriments. Plus on s'enfonce en profondeur dans le sol, plus les particules deviennent grossières et pâles.

Trois conditions doivent être réunies pour constituer un sol fertile qui assure la croissance des plantes :

• Les minéraux (qui servent de nutriments lorsqu'ils sont en solution dans l'eau) se trouvent en quantité suffisante.

COUCHE SUPERFICIELLE
Elle est surtout composée d'humus (déchets végétaux et animaux en décomposition).
O

TERRE ARABLE
Il s'agit d'un mélange d'humus et de minéraux solubles dans l'eau. Elle sert de support à la croissance des plantes.
A

SOUS-SOL
Il est surtout composé de petites particules minérales. Les arbres aux longues racines y puisent des nutriments.
B

ROCHE MÈRE FRAGMENTÉE
Elle résulte de la dégradation de la roche mère sous-jacente.
C

ROCHE MÈRE NON ALTÉRÉE
C'est à partir de cette roche que le sol s'est formé.
R

6.16 La coupe ci-dessus montre les différents horizons du sol.

6.17 À certains endroits, où il y a peu ou pas de végétation, on peut apercevoir la roche mère.

- Le taux d'humidité est adéquat.
- Le pH du sol est approprié. En effet, un sol trop acide ou trop basique compromet le transfert des éléments nutritifs des minéraux vers les racines.

STE
SE LA **CAPACITÉ TAMPON**

On mesure l'acidité du sol, son pH, sur une échelle de 0 (très acide) à 14 (très basique). Un sol trop acide ou trop basique nuit à la croissance des plantes en rendant difficile l'absorption des nutriments par les racines. En général, les plantes s'accommodent d'un sol dont le pH varie entre 6 et 7. Toutefois, certaines espèces, comme les conifères, préfèrent des sols plus acides.

Les sols ont la capacité de neutraliser une certaine quantité de substances acides ou basiques sans que leur pH soit modifié. C'est ce qu'on appelle la «capacité tampon». Cette propriété leur permet de compenser, dans une certaine mesure, les variations de pH.

> La **CAPACITÉ TAMPON** d'un sol est la faculté de résister aux changements de pH si l'on ajoute des composés acides ou basiques.

COMMENT MESURER LE PH

COMMENT DÉTERMINER LES CARACTÉRISTIQUES DU SOL – LA TEXTURE

1638
1686

Nicolas Sténon

En 1669, l'anatomiste et géologue suédois Nicolas Sténon découvre que, dans une formation géologique, les couches sont disposées selon un ordre chronologique. Les couches plus anciennes se trouvent en profondeur, les plus récentes, à la surface.

Sable

Tourbe

Argile

6.18 La texture d'un sol peut donner des indices quant à sa capacité tampon. Plus il est fin, meilleure elle est. En effet, la matière organique et les grains d'argile, tous deux très fins, aident à contrer les variations de pH.

ST STE 1.4 LE PERGÉLISOL

Dans les régions nordiques, de grandes étendues de sol sont gelées en permanence. Il s'agit du pergélisol.

> ▶ Le **PERGÉLISOL** est un sol dont la température se maintient à 0 °C ou moins pendant au moins 2 ans.

Au Canada, près de 50 % du territoire est couvert de pergélisol. L'épaisseur de cette couche gelée peut atteindre 500 m à certains endroits. Le pergélisol ne se limite pas aux régions polaires, puisqu'on le rencontre également en haute altitude, par exemple au sommet des montagnes de l'Ouest canadien.

UNE BOMBE À RETARDEMENT ?

Si le pergélisol disparaissait un jour sous l'effet du réchauffement de la planète, les micro-organismes qu'il renferme dégèleraient aussi. Ils dégageraient alors une énorme quantité de méthane, un puissant gaz à effet de serre. 🗂 **8**

6.19 LA SUPERFICIE COUVERTE PAR LE PERGÉLISOL AU CANADA

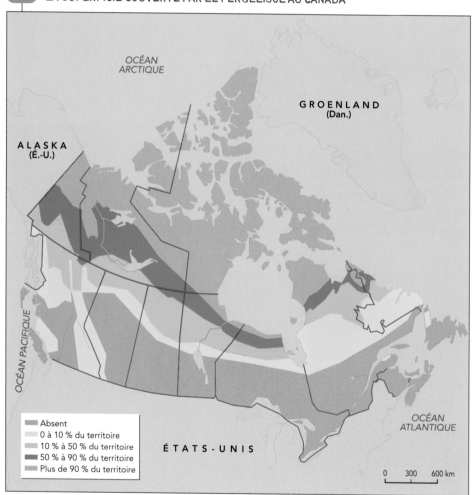

OCÉAN ARCTIQUE

GROENLAND (Dan.)

ALASKA (É.-U.)

OCÉAN PACIFIQUE

OCÉAN ATLANTIQUE

ÉTATS-UNIS

■ Absent
□ 0 à 10 % du territoire
□ 10 % à 50 % du territoire
■ 50 % à 90 % du territoire
■ Plus de 90 % du territoire

0   300   600 km

Dans certaines régions, la couche superficielle du pergélisol dégèle en été, permettant à quelques plantes et organismes de se développer durant la belle saison. Elle regèle l'hiver venu. On appelle cette couche «mollisol».

Le pergélisol rend l'agriculture impossible et la construction ardue. Les peuples du Nord ont toutefois mis au point des techniques astucieuses pour construire. Leurs maisons sont bâties sur des pilotis qui traversent le mollisol pour prendre appui directement sur le pergélisol.

Même s'il est dur comme le roc quand il est gelé, le pergélisol demeure extrêmement sensible aux influences extérieures. Quelques degrés supplémentaires suffisent parfois à amollir le sol, compromettant ainsi la stabilité de tous les bâtiments qui s'y trouvent.

ST STE ATS 1.5 LES RESSOURCES ÉNERGÉTIQUES

Les richesses de la lithosphère ne se limitent pas aux minéraux. Ses entrailles regorgent de ressources énergétiques – pétrole, gaz naturel, charbon – que les humains extraient en grandes quantités. Grâce à elles, on chauffe les bâtiments, on alimente les usines et les moteurs des camions et voitures.

6.21 Une tour de forage. Les opinions divergent quant à la quantité de gaz naturel, de pétrole et de charbon encore disponible. Toutefois, les intervenants s'entendent pour dire que les réserves de ces combustibles sont limitées et pourraient être épuisées d'ici quelques décennies.

LES COMBUSTIBLES FOSSILES

Près des deux tiers de l'électricité dans le monde sont produits à partir des combustibles fossiles comme le charbon, le gaz naturel ou le pétrole. L'énergie provenant de ces combustibles est appelée «ÉNERGIE FOSSILE».

Un de ces combustibles, le pétrole, provient de petits animaux marins et d'algues qui peuplaient autrefois les mers. Une fois morts, ces organismes ont coulé au fond des eaux. Ils ont été recouverts par du sable, de la vase ainsi que d'autres roches et d'autres minéraux au fil du temps. Sous la pression, ils se sont très lentement transformés en pétrole. Le gaz naturel provient de la même source que le pétrole.

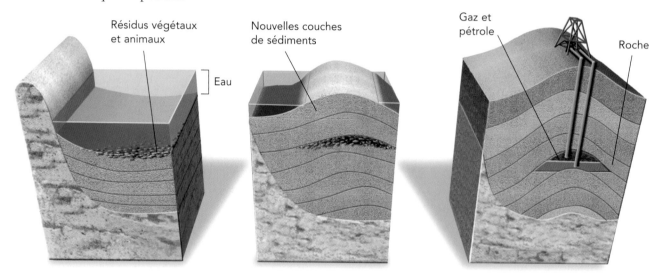

Le charbon ne provient pas d'organismes marins, mais plutôt de plantes terrestres et d'arbres qui poussaient autrefois dans les marécages. Avec le temps, ces marécages ont été ensevelis par le sable et la vase. Comprimés, les résidus organiques se sont transformés en charbon. Contrairement au pétrole qui est liquide et au gaz naturel qui est gazeux, le charbon est un solide.

6.22 La formation du pétrole et du gaz naturel.

▶ **Les COMBUSTIBLES FOSSILES proviennent de la transformation de résidus organiques. Ces sources d'énergie comprennent le pétrole, le gaz naturel et le charbon.**

6.23 La formation du charbon.

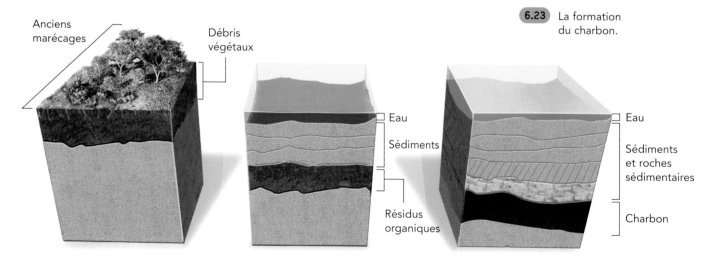

Impérissables plastiques

Le pétrole et le gaz naturel ne font pas qu'alimenter les moteurs. Ils servent aussi de matière première pour la fabrication des plastiques. On les trouve dans les bouteilles de boissons gazeuses, les sacs d'épicerie, les écrans d'ordinateurs… et éventuellement dans les sites d'enfouissement des déchets. Les plastiques peuvent mettre des centaines d'années avant de se dégrader.

Afin de réduire la consommation des précieuses ressources naturelles et de soulager les sites d'enfouissement qui débordent, les gouvernements misent sur le recyclage. Les matières plastiques sont récupérées avec les métaux, le verre et le papier, et acheminées vers des centres de tri. Certains systèmes informatisés peuvent séparer les différents plastiques, mais la grande partie du tri se fait à la main. Les thermoplastiques (ceux qui ramollissent facilement sous l'effet de la chaleur) sont fondus et transformés en nouveaux produits. Les plastiques thermodurcissables (qui, une fois

Un tri mécanique.

formés, restent durs en permanence) sont réduits en poudre et intégrés aux thermoplastiques.

Il existe également d'autres solutions : réduire sa consommation de nouveaux produits, réutiliser un produit plutôt que de le jeter, le réparer lorsque nécessaire, le valoriser en utilisant les déchets des thermoplastiques dans les revêtements routiers ou éduquer la population aux conséquences associées à la mise aux rebuts des déchets.

En brûlant, les combustibles fossiles dégagent de l'énergie thermique que l'on peut convertir en énergie électrique ou en ÉNERGIE MÉCANIQUE, pour actionner un moteur par exemple. La combustion dégage aussi des sous-produits : principalement du dioxyde de carbone (CO_2), premier gaz à effet de serre responsable du réchauffement climatique. Elle génère également d'autres polluants dont le dioxyde de soufre (SO_2) et les oxydes d'azote (NO_x), responsables des pluies acides. Soulignons que le gaz naturel est principalement composé de méthane (CH_4), un gaz à effet de serre 21 fois plus puissant que le CO_2.

ST STE ATS L'URANIUM

L'uranium est un élément radioactif que l'on trouve naturellement dans la croûte terrestre. Lorsqu'on fractionne son noyau, il se dégage une grande quantité d'énergie que l'on peut transformer en électricité. C'est ce qu'on appelle l'«énergie nucléaire». À partir d'une poignée d'uranium, on peut produire autant d'énergie électrique qu'environ 70 tonnes (70 000 kg) de charbon ! La FISSION des atomes, à l'origine de l'énergie nucléaire, n'entraîne pas la libération de gaz à effet de serre. Elle engendre toutefois d'autres problèmes.

▶ **L'ÉNERGIE NUCLÉAIRE** est l'énergie emmagasinée dans les liaisons qui unissent les particules du noyau d'un atome.

La chaleur émise par la fission nucléaire s'accompagne de radioactivité. On enferme donc dans d'épais boucliers de béton armé les réacteurs utilisés pour effectuer cette fission nucléaire. Ces boucliers sont capables de résister à un tremblement de terre. Toutefois, il existe toujours un risque qu'un accident se produise.

Autre problème associé à l'énergie nucléaire : les déchets. Les matières et les équipements en contact avec la radiation continuent d'émettre des rayons pendant des centaines d'années. On refroidit donc ces déchets dans d'immenses piscines, puis on les enfouit dans d'anciennes mines ou encore dans des fosses en béton expressément aménagées. Il n'existe aucun moyen à ce jour de neutraliser cette radioactivité. Au Québec, il n'y a qu'une seule centrale nucléaire, la centrale Gentilly-2.

ST
STE
ATS
LA GÉOTHERMIE

Sous la croûte terrestre se trouve de la roche en fusion qui contient énormément d'énergie. C'est ce qu'on appelle l'«énergie géothermique».

> «Géothermique» vient des mots grecs gê, qui signifie «Terre», et thermos, qui signifie «chaud».

▶ **L'ÉNERGIE GÉOTHERMIQUE** désigne l'énergie qui provient de la chaleur interne de la Terre.

Pour arriver à puiser l'énergie géothermique, on fait circuler un fluide dans les profondeurs de la Terre. Ce fluide se réchauffe et remonte chargé d'énergie qui peut être transformée en électricité ou utilisée directement pour le chauffage des bâtiments.

L'exploitation de l'énergie géothermique se fait surtout dans les endroits du globe où des roches chaudes se trouvent près de la surface, au sein des

6.24 À elle seule, l'Islande compte près de 200 centrales géothermiques. Le plan d'eau ci-contre sert à la fois de chaudière géothermique pour la centrale Svartsengi et de piscine.

régions volcaniques par exemple. Dans ces cas, l'eau souterraine chaude monte à la surface par elle-même. Il n'est pas nécessaire d'utiliser un autre fluide pour récupérer la chaleur.

En Amérique du Nord, quelques systèmes géothermiques ont fait leur apparition pour chauffer les maisons (*voir l'illustration 6.25*). Ces systèmes permettent de réduire les coûts de chauffage, de réduire l'émission de CO_2 et d'utiliser une énergie renouvelable. Cependant, pour l'instant, l'installation de tels systèmes demeure beaucoup plus coûteuse que les systèmes de chauffage traditionnels.

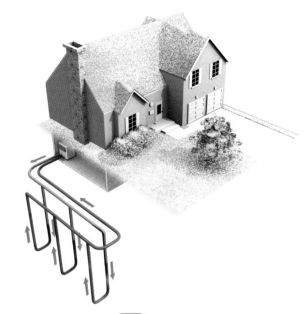

 **ET DEMAIN ?**

Parce que les combustibles fossiles risquent de s'épuiser d'ici quelques décennies, parce que la fission de l'uranium soulève les craintes de la population, parce que l'énergie géothermique est coûteuse, les ingénieurs multiplient les efforts pour découvrir de nouvelles sources d'énergie à la fois renouvelables et peu polluantes.

6.25 Un exemple de système géothermique résidentiel.

Ils travaillent par exemple sur les piles à combustible. Dans ce genre de pile, l'hydrogène réagit avec de l'oxygène pour former de l'électricité, de la chaleur, de l'eau… et aucun résidu. L'hydrogène est l'élément le plus abondant sur Terre. Le hic : il est presque toujours lié à d'autres atomes. L'isoler requiert beaucoup… d'énergie !

STE SE 1.6 LA POLLUTION ET LA DÉGRADATION

On boit l'eau de même qu'on respire l'air. Toutefois, la terre, elle, ne nous nourrit qu'indirectement. C'est peut-être la raison pour laquelle le sol n'est pas un sujet dont on entend beaucoup parler en environnement. Pourtant, les activités humaines modifient les sols.

STE L'ÉPUISEMENT DES SOLS

Pour répondre aux besoins alimentaires d'une population mondiale qui ne cesse de croître, les techniques agricoles se sont transformées au cours des dernières décennies.

L'utilisation massive de machinerie lourde facilite les récoltes, mais compacte les sols, privant ceux-ci d'un précieux apport en oxygène. La compaction empêche aussi la pluie de pénétrer dans la terre. L'eau ruisselle à sa surface, emportant vers les rivières et les lacs la matière organique, les micro-organismes et les nutriments utiles à la croissance des plantes. Les plantes n'ont plus accès à ce dont elles ont besoin pour croître. Les sols deviennent donc moins fertiles.

▶ **L'ÉPUISEMENT DES SOLS correspond à une perte de fertilité.**

Plutôt que de laisser la terre se reposer périodiquement, certains agriculteurs accélèrent la rotation des cultures, empêchant le sol de se régénérer naturellement. Pour compenser, ils multiplient les épandages d'engrais dont les excès peuvent se propager dans les lacs et favoriser la croissance des algues (comme les cyanobactéries, qu'on appelle aussi «algues bleues»).

L'usage abusif des pesticides est une autre cause de la dégradation des terres agricoles. Ces pesticides restent dans l'environnement et s'accumulent dans les tissus des organismes vivants. Ils tuent plusieurs micro-organismes, insectes et petits animaux utiles à l'équilibre des sols, et menacent la BIODIVERSITÉ.

STE SE LA CONTAMINATION

Outre les engrais et les pesticides, d'autres contaminants minent la qualité des sols. Certains réservoirs de stations-services laissent fuir des hydrocarbures, les sites d'enfouissement laissent parfois s'échapper des eaux chargées de métaux lourds, les déchets miniers répandent des résidus acides.

> ▸ La CONTAMINATION est caractérisée par la présence anormale d'une substance nuisible dans un milieu.

Les précipitations qui tombent sur les sols sont aussi chargées de toutes sortes de composés chimiques. Par exemple, les émissions de dioxyde de soufre (SO_2) et d'oxydes d'azote (NO_x) – qui sont relâchées dans l'atmosphère par les procédés industriels et l'utilisation de combustibles fossiles – se mélangent avec l'eau de pluie. Elles forment de l'acide sulfurique (H_2SO_4) et de l'acide nitrique (HNO_3), et constituent les PLUIES ACIDES.

Les pluies acides ont des conséquences néfastes sur les écosystèmes. Les sols acidifiés n'arrivent plus à retenir les nutriments essentiels à la vie végétale. Les précipitations acides tuent aussi les micro-organismes utiles aux plantes. Ces dernières poussent moins rapidement et leur croissance peut même être interrompue. Les sols de faible capacité tampon sont particulièrement vulnérables aux pluies acides.

DES EFFETS SECONDAIRES

Dans certains pays d'Amérique du Sud, l'essence à la pompe peut contenir jusqu'à 80% d'éthanol. On l'utilise pour rendre l'essence moins polluante. Mais lorsqu'il est produit à partir de grains, l'éthanol demande une culture intensive du maïs, nécessite de grandes superficies de terres agricoles, réduit la surface des terres boisées et accroît la dégradation des sols.

ST STE ATS SE 2 L'hydrosphère

Plus des deux tiers de la surface de la Terre sont couverts d'eau, c'est-à-dire d'océans, de mers, de lacs et de rivières. On trouve aussi de l'eau dans l'atmosphère, sous forme gazeuse, dans les nappes souterraines et dans les glaciers sous forme de neige et de glace. Pas étonnant qu'on surnomme la Terre la planète bleue! L'enveloppe d'eau qui entoure la Terre s'appelle l'«hydrosphère».

CONCEPTS DÉJÀ VUS
- Hydrosphère
- Eau (répartition)

«Hydrosphère» vient des mots grecs hudôr, qui signifie «eau», et sphaira, qui désigne un objet sphérique.

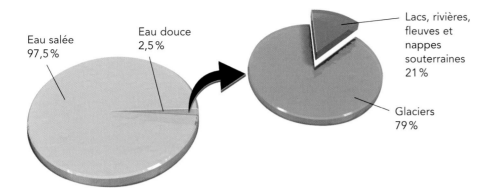

Eau salée 97,5 %

Eau douce 2,5 %

Lacs, rivières, fleuves et nappes souterraines 21 %

Glaciers 79 %

6.26 La répartition de l'eau sur la Terre.

▶ **L'HYDROSPHÈRE** correspond à l'enveloppe externe de la Terre qui regroupe l'eau sous ses états liquide, solide ou gazeux.

L'eau est une ressource précieuse, et tout particulièrement l'eau douce parce qu'elle représente seulement 2,5 % de l'eau sur Terre. De plus, elle est souvent difficile d'accès : 79 % de son volume est retenu dans les glaciers ! Sur les continents, l'eau douce circule dans les lacs, les rivières, les fleuves et les nappes souterraines.

ST STE ATS 2.1 LES EAUX CONTINENTALES

On appelle «eaux continentales» les eaux qui circulent sur les continents, par opposition à l'eau que l'on trouve dans les océans. Il s'agit de l'eau qui tombe sous forme de pluie ou de neige et qui s'écoule vers les ruisseaux, s'immisce dans les sols, s'infiltre dans les fissures naturelles des roches et des minéraux, rejoint les lacs et les rivières, se jette dans les fleuves, etc.

▶ Les **EAUX CONTINENTALES** sont les eaux douces qui circulent sur les continents dont les eaux des fleuves, des rivières, des lacs ainsi que les eaux souterraines.

Sur les continents, le trajet suivi par l'eau peut être complexe. Une goutte d'eau peut tomber sur le sol, s'infiltrer dans une crevasse, voyager dans les eaux souterraines et ressortir dans une rivière 100 km plus loin !

ST STE ATS LE BASSIN VERSANT

Pour gérer et préserver les eaux qui circulent sur les continents, les hydrologues (les spécialistes de l'eau) divisent le territoire en bassins versants. Il s'agit d'un territoire géographique dont les cours d'eau s'écoulent vers un même point. Un bassin versant est délimité par des frontières naturelles, c'est-à-dire une ligne qui suit la crête des montagnes, des collines et des hauteurs environnantes. On appelle ces frontières «les lignes de partage des eaux». La pente naturelle du terrain force les eaux à s'écouler dans une même direction.

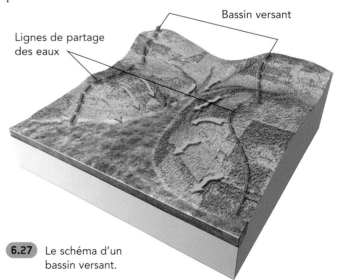

Bassin versant

Lignes de partage des eaux

6.27 Le schéma d'un bassin versant.

La lithosphère et l'hydrosphère

◗ Un **BASSIN VERSANT** désigne l'ensemble d'un territoire qui recueille toutes les eaux continentales pour les concentrer vers un même point.

Un bassin versant englobe plusieurs sous-bassins, imbriqués les uns dans les autres. Le Québec compte trois bassins versants principaux : le bassin du fleuve Saint-Laurent, le bassin de la baie d'Hudson et le bassin de la baie d'Ungava. Chacun englobe plusieurs sous-bassins. Le bassin de la rivière Chaudière, par exemple, est imbriqué dans le grand bassin du Saint-Laurent.

6.28 LES TROIS GRANDS BASSINS VERSANTS DU QUÉBEC

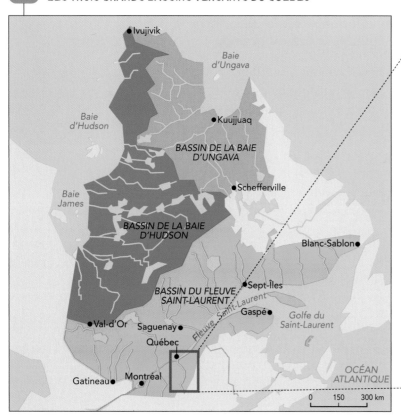

LE BASSIN DE LA RIVIÈRE CHAUDIÈRE

Plusieurs éléments peuvent influencer la façon dont circule l'eau à l'intérieur d'un bassin versant. Ils peuvent ralentir la circulation de l'eau, en créant des obstacles, ou l'accélérer. En voici quelques-uns :

- La topographie : forme, pente et relief du terrain. Par exemple : un terrain dont la pente est accentuée va favoriser l'écoulement de l'eau.
- La géologie : nature, profondeur et structure des roches. Par exemple : l'eau circule plus facilement dans la pierre concassée où il y a des trous que dans l'argile bien tassée.
- Le climat : chutes de pluie ou de neige, vents et température. Par exemple : l'eau circule plus rapidement après une averse qu'en période de sécheresse.
- La végétation : densité et diversité. Par exemple : lors d'une pluie, l'eau qui ruisselle sur le sol est ralentie par la présence d'un boisé en bordure d'une rivière. L'eau de pluie rejoint le cours d'eau moins rapidement.
- Les aménagements agricoles, industriels et urbains. Par exemple : un barrage peut empêcher la libre circulation de l'eau.

ST STE 2.2 LES OCÉANS

Les continents divisent les eaux océaniques qui couvrent la Terre en cinq zones principales : l'océan Pacifique, l'océan Atlantique, l'océan Indien, l'océan Arctique et l'océan Austral (reconnu officiellement en 2000). On rencontre également, en bordure du littoral océanique, des mers plus petites et moins profondes que les océans.

Les eaux des océans sont mues par des courants qui les déplacent partout sur le globe. Mais, avant d'étudier ces mouvements, portons notre attention sur deux paramètres importants de l'étude des océans, soit la température et la salinité des eaux.

Plusieurs facteurs peuvent influer sur la température de l'eau. En voici quelques-uns :

● **La profondeur.** Les rayons du Soleil pénètrent les premières couches des océans et réchauffent les eaux. Cette première couche, appelée «couche mixte», est plus ou moins épaisse, selon l'importance de la turbulence causée par les vagues, le vent ou les marées. Comme l'énergie solaire ne pénètre pas très profondément, la température de l'eau baisse très rapidement au-dessous de 200 mètres de profondeur. Cette zone s'appelle la «thermocline». Sous cette zone, l'eau devient très froide. Au fond de l'océan, il fait très noir et l'eau frise les 4 °C.

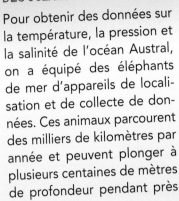

6.29 LES ZONES DE TEMPÉRATURE DANS L'OCÉAN

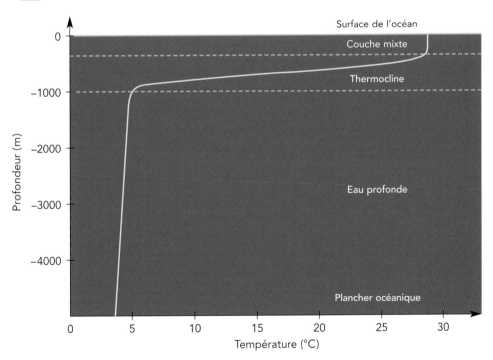

● **Les saisons.** Les saisons font aussi varier la température de l'eau. Durant l'hiver, l'océan perd une partie de la chaleur qu'il a emmagasinée pendant l'été. Les continents en perdent aussi, mais comme la chaleur emmagasinée par l'eau se dissipe plus lentement que celle emmagasinée par les

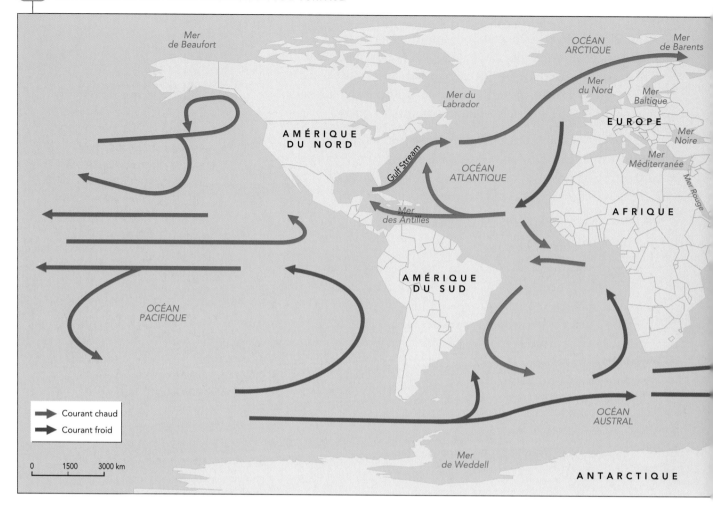

sols, les écarts de température entre les saisons sont moins prononcés en mer que sur les continents.

- **La latitude.** La latitude influe également sur la température de l'eau. Les eaux de surface atteignent de 25 °C à 28 °C en moyenne à l'équateur et de 12 °C à 17 °C dans les zones tempérées.

La salinité est un autre paramètre important dans l'étude des océans. Mais d'où vient-elle ? À force de se frotter aux roches de la lithosphère, l'eau dissout les sels qu'on y trouve. Les rivières et les nappes souterraines qui coulent sur les roches accumulent les sels et les transportent vers les océans. Puisque les sels ne s'évaporent pas, ils se concentrent dans l'eau et lui donnent un goût salé. La salinité moyenne de la plupart des océans se situe entre 3,4 % et 3,7 %.

> ▶ La **SALINITÉ** est la mesure de la quantité de sels dissous dans un liquide.

Près des pôles, la fonte de la banquise et des glaciers dilue les eaux de mer et réduit leur concentration en sel, c'est-à-dire leur salinité. Elle frôle les 3 %. Dans la mer Rouge, la chaleur et la sécheresse accélèrent l'évaporation de l'eau et concentrent les sels. La salinité grimpe à 4 %.

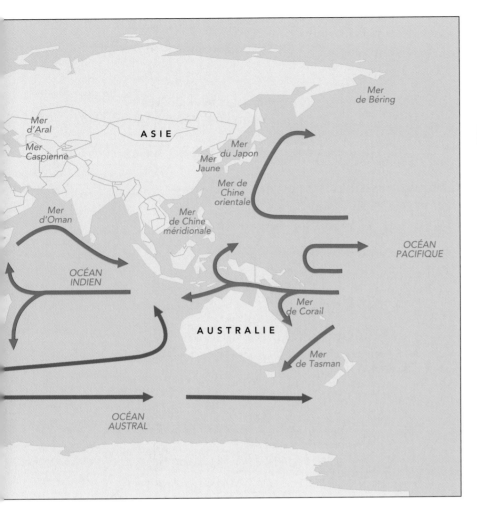

Mer de Béring

Mer d'Aral

Mer Caspienne

A S I E

Mer du Japon

Mer Jaune

Mer de Chine orientale

Mer de Chine méridionale

Mer d'Oman

OCÉAN INDIEN

OCÉAN PACIFIQUE

Mer de Corail

A U S T R A L I E

Mer de Tasman

OCÉAN AUSTRAL

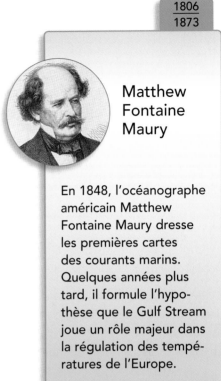

1806
1873

Matthew Fontaine Maury

En 1848, l'océanographe américain Matthew Fontaine Maury dresse les premières cartes des courants marins. Quelques années plus tard, il formule l'hypothèse que le Gulf Stream joue un rôle majeur dans la régulation des températures de l'Europe.

LA CIRCULATION OCÉANIQUE

ST STE

LABO N° 55

L'eau des océans est constamment en mouvement. Ces mouvements ne sont pas dus seulement aux vagues et aux marées. Il s'agit plutôt d'une circulation constante, tant en surface qu'en profondeur, provoquée par les courants marins.

> ◗ Un **COURANT MARIN** est un déplacement d'eau de mer caractérisé par une direction.

Il existe principalement deux types de courants marins : les courants de surface et les courants de profondeur. Étroitement liés, ces deux types de courants forment la circulation océanique.

> ◗ La **CIRCULATION OCÉANIQUE** est le résultat de l'ensemble des courants marins qui sillonnent les océans.

Les courants de surface

Les courants de surface sont surtout provoqués par les vents. Ces courants se déplacent à l'horizontale, généralement dans les premiers 400 mètres sous la surface de l'eau (*voir la carte 6.30*).

Le Gulf Stream est certainement le courant de surface le plus connu des Québécois. Il prend naissance près de l'équateur et, poussé par le vent, amène les eaux chaudes et salées de l'Atlantique vers le nord.

Les courants de profondeur

À des profondeurs de plus de 800 mètres, les vents n'ont plus d'influence sur la circulation des océans. Les courants de profondeur dominent. Ces mouvements de l'eau sont dus en grande partie à des variations de densité entre les couches d'eau. La densité correspond dans ce cas-ci au «degré de flottabilité». En effet, plus l'eau est dense, plus elle s'enfonce profondément dans l'océan sous l'eau moins dense.

La densité de l'eau varie selon la température. Plus l'eau est froide, plus elle est dense. Elle est donc portée à descendre au fond. Près des pôles, par exemple, l'eau en surface se refroidit au contact de l'air. Elle descend et se déplace alors au fond des océans.

Les courants de profondeur sont aussi causés par les différences de salinité dans l'eau de mer. Plus la salinité est élevée, plus l'eau est dense. Dans les régions où il y a beaucoup d'évaporation d'eau, la concentration en sel s'accroît et les eaux ont tendance à descendre sous les eaux moins salées.

La boucle thermohaline

Les courants de surface et les courants de profondeur sont très étroitement liés et forment une immense boucle de circulation qui déplace les eaux partout sur le globe. C'est ce qu'on appelle la «boucle de circulation thermohaline».

> «Thermohaline» vient des mots grecs thermos, qui signifie «chaud», et halos, qui signifie «sel».

La BOUCLE THERMOHALINE est responsable d'importants transferts de chaleur sur la planète. Sans elle, les écarts de température entre l'équateur et les pôles seraient beaucoup plus marqués. En effet, l'océan joue un rôle aussi essentiel que l'atmosphère dans la régulation du climat sur Terre.

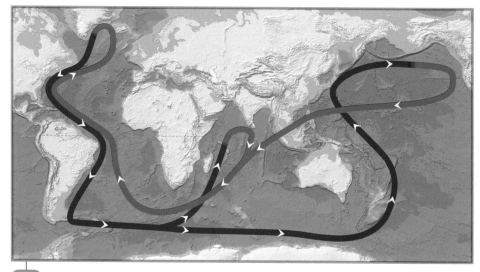

6.31 La circulation thermohaline.

ST STE 2.3 LA CRYOSPHÈRE

On appelle «cryosphère» la portion de la surface terrestre où l'eau se trouve à l'état solide. Elle comprend la banquise, les glaciers, les grandes étendues de neige, les lacs et les rivières gelés ainsi que la glace contenue dans le pergélisol.

> *«Cryosphère» vient des mots grecs* kruos, *qui signifie froid, et* sphaira, *qui désigne un objet sphérique.*

> ▶ La CRYOSPHÈRE comprend la portion de l'eau gelée à la surface de la Terre.

ST STE LA BANQUISE

Dans l'océan Arctique et autour du continent Antarctique, la couche superficielle de l'eau gèle au contact de l'air froid. Cela crée d'immenses plaques de glace qui s'entassent, se fracassent et se brisent: ensemble, elles forment la banquise.

> *Le mot «banquise» est d'origine scandinave. Il provient des mots* pakki, *qui signifie «paquet», et* iss, *qui signifie «glace».*

> ▶ La BANQUISE est constituée des glaces qui flottent sur les océans près des pôles Nord et Sud.

En Arctique, les plaques de glace se forment principalement du côté de la Russie. Les vents dominants les poussent ensuite vers le large. Les plaques s'entassent à la surface de l'océan Arctique. Au fil des saisons, la banquise s'étend puis se contracte. Elle s'étend en moyenne sur 12 millions de kilomètres carrés en hiver. À la fin de l'été, sa superficie est considérablement réduite.

Sous l'effet du réchauffement climatique, la banquise montre des signes de faiblesse. Sa superficie a chuté de quelques millions de kilomètres carrés en été depuis les années 1970.

 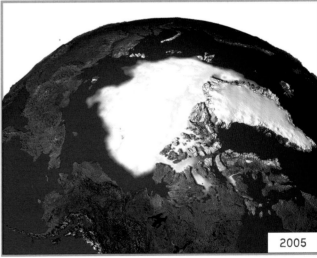

1979   2005

6.32 De 1979 à 2005, la banquise dans l'Arctique a perdu plus de deux millions de kilomètres carrés de superficie en été. Au cours des deux années suivantes, elle a perdu plus d'un million de kilomètres carrés.

6.33 La fonte de la banquise met en péril les espèces qui en dépendent, comme l'ours blanc ou le phoque annelé.

LES GLACIERS

Contrairement à la banquise, les glaciers ne flottent pas sur l'eau, mais reposent sur la terre. On en trouve au sommet des montagnes, mais les plus imposants se situent aux pôles : au Groenland et en Antarctique. Ensemble, ils renferment 79 % des réserves d'eau douce de la planète. On appelle ces grands glaciers «calottes glaciaires» ou encore «inlandsis».

«Inlandsis» est un mot d'origine danoise qui signifie «glace de l'intérieur du pays».

> ▶ Un GLACIER est une masse de glace qui se forme par le tassement de la neige accumulée sur la terre ferme.

Sur le glacier, la neige s'accumule en surface et comprime les couches inférieures qui se transforment en glace. Sous l'effet de la pression, la glace en surplus s'écoule vers les extrémités du glacier. La glace qui ne porte plus sur la roche se fracture et tombe dans la mer, donnant naissance aux icebergs.

Les changements climatiques menacent la stabilité de la calotte glaciaire du Groenland et de l'Antarctique. Le réchauffement fait fondre la glace à la surface du glacier. L'eau qui provient de cette fonte descend jusqu'à la base de l'inlandsis et lubrifie la roche mère, ce qui fait glisser le glacier plus rapidement.

La glace qui tombe dans l'océan fait monter le niveau de la mer, un peu comme un glaçon qui tombe dans un verre d'eau. Ce phénomène pourrait devenir inquiétant pour les populations de nombreux pays dont le territoire est peu élevé par rapport au niveau de la mer.

6.34 Environ 90 % du volume d'un iceberg se trouve sous la surface de l'eau.

6.35 Une inondation au Bangladesh. Dans ce pays, 17 millions de personnes vivent à moins d'un mètre au-dessus du niveau de la mer.

La fonte des calottes glaciaires du Groenland et de l'Antarctique pourrait entraîner d'autres problèmes environnementaux. Cette fonte libère des quantités anormalement élevées d'eau douce (les eaux des glaciers ne sont pas salées) dans la mer de Norvège qui se mélangent aux eaux du Gulf Stream. Du coup, les eaux deviennent moins denses et s'enfoncent moins facilement, ce qui pourrait ralentir les courants marins et avoir des répercussions sur les climats de plusieurs régions. Les scientifiques jugent toutefois qu'il est peu probable que la circulation thermohaline s'arrête complètement.

2.4 LES RESSOURCES ÉNERGÉTIQUES

La force de l'eau en mouvement représente une formidable source d'énergie : l'énergie hydraulique. La transformer en électricité représente cependant un immense défi. Il faut construire d'énormes installations pour produire l'électricité et la distribuer.

> **L'ÉNERGIE HYDRAULIQUE** est l'énergie que l'on peut tirer de l'eau en mouvement.

L'EAU DES RIVIÈRES ET DES CHUTES

Grâce à l'impressionnant débit de ses cours d'eau, le Québec produit la presque totalité de son électricité à l'aide de centrales hydroélectriques. Comment fonctionnent ces centrales ? On place d'abord des barrages en travers des rivières afin de bloquer les eaux. Ces eaux montent et s'accumulent, créant d'immenses bassins artificiels qui exercent une pression sur le barrage.

Pour produire l'électricité, on ouvre les vannes, laissant l'eau s'engouffrer dans des conduites qui mènent aux turbines. La force de l'eau fait tourner les turbines qui, à leur tour, entraînent un alternateur induisant un courant électrique. Ce courant est ensuite transporté jusqu'aux maisons et aux usines.

▶ Les **BARRAGES HYDROÉLECTRIQUES** servent à convertir l'énergie des rivières ou des fleuves en énergie électrique.

Contrairement à l'énergie fossile et à l'énergie nucléaire, l'énergie hydroélectrique est une énergie renouvelable. En plus, elle génère très peu de gaz à effet de serre. Elle a tout de même des impacts environnementaux importants. L'inondation de centaines de kilomètres carrés de forêts par les réservoirs engloutit des écosystèmes entiers.

Les scientifiques ont découvert également que le mercure émis par des activités industrielles, et qui s'est accumulé dans les sols, est maintenant en suspension dans l'eau des réservoirs. Les bactéries le convertissent en méthylmercure, un composé toxique qui s'accumule dans les poissons et s'introduit dans la chaîne alimentaire où il finit par être absorbé par les humains.

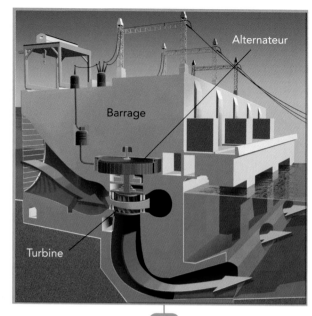

6.36 Le passage de l'eau dans une centrale hydroélectrique.

ST STE ATS — LES VAGUES ET LES COURANTS MARINS

Les vagues et les courants marins contiennent aussi de grandes quantités d'énergie. Les ingénieurs travaillent à mettre au point des systèmes qui transformeraient cette énergie en énergie électrique. Ils ont imaginé, entre autres, des bouées qui montent et descendent au gré des vagues, créant un mouvement qui actionne une turbine. D'autres ont pensé à des hydroliennes, espèces d'éoliennes sous-marines dont les pales seraient actionnées par les courants marins. À ce jour, ces systèmes demeurent trop coûteux et les seuls projets réalisés sont encore à l'étape du prototype.

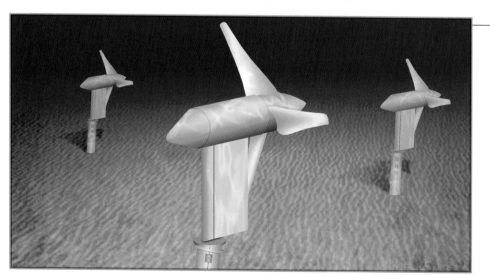

6.37 Cette illustration montre à quoi pourrait ressembler une hydrolienne.

Les activités humaines, qu'elles soient domestiques, industrielles, agricoles ou maritimes, peuvent affecter les plans d'eau et compromettre la qualité des sources d'eau potable, la santé des écosystèmes et la beauté des paysages.

Les substances chimiques ne représentent pas les seules menaces pour les écosystèmes. Les eaux chaudes qui proviennent de certaines usines et qui sont déversées dans un cours d'eau sont aussi une source de pollution. Le déversement d'eaux chaudes modifie le milieu naturel en augmentant la température et en diminuant la concentration d'oxygène dissous dans l'eau, ce qui peut être dommageable pour les animaux aquatiques. C'est ce qu'on appelle la «pollution thermique». En effet, comme on peut le voir dans la figure 6.38, la solubilité de l'oxygène diminue en fonction de la température.

6.38 SOLUBILITÉ DE L'OXYGÈNE DANS L'EAU EN FONCTION DE LA TEMPÉRATURE

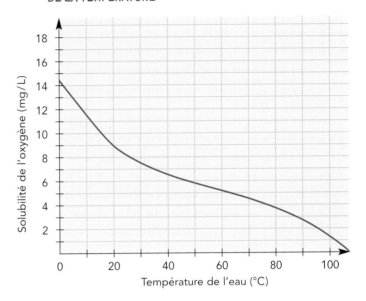

ENVIRONNEMENT+

Eau potable : des sources vulnérables

Au Québec, 75 % de la population s'approvisionne en eau à partir des «eaux de surface», essentiellement les rivières et le fleuve Saint-Laurent. Le reste de la population puise à même les eaux souterraines qui circulent dans le sol. Une fois captées dans le milieu naturel, les eaux sont généralement acheminées vers une usine de traitement. Elles traversent d'abord des grilles qui retiennent les plus gros objets comme des branches ou des débris flottants. Elles passent ensuite à travers différents filtres ou unités de traitement qui enlèvent les particules en suspension dans l'eau et les contaminants.

Les usines de traitement ne peuvent pas retirer tous les contaminants de l'eau. Certains virus, bactéries ou composés chimiques arrivent parfois jusqu'aux robinets. Toutefois, les risques pour la santé humaine sont minimes. Il importe malgré tout de protéger les sources d'eau potable de façon à préserver leur qualité. Les prises d'eau potable, par exemple, ne seront jamais placées en aval d'une usine qui rejette ses déchets dans une rivière.

La qualité des plans d'eau doit être préservée pour protéger les sources d'eau potable.

Dans certaines petites municipalités, il n'existe pas d'usine de traitement. La qualité des eaux est jugée suffisante pour que celles-ci soient acheminées directement au robinet. Dans un tel cas, il est d'autant plus crucial de protéger les sources d'approvisionnement.

LA CONTAMINATION ET L'EUTROPHISATION DES PLANS D'EAU

LABO
N° 56

Les sources de pollution qui contaminent les rivières et les lacs sont multiples. Elles peuvent être «ponctuelles», c'est-à-dire que la source de pollution émane d'un lieu géographique bien circonscrit.

D'autres sources de pollution sont diffuses. Réparties sur un grand territoire, il est difficile d'en retracer l'origine exacte. La pluie, par exemple, est chargée de contaminants atmosphériques qui ont été rejetés par les cheminées des usines à des centaines de kilomètres à la ronde.

Les organismes vivants présents dans les lacs, les rivières ou les milieux humides, comme les marais, ont la capacité de dégrader certains contaminants. Ils arrivent ainsi à maintenir l'équilibre des écosystèmes aquatiques dont la santé dépend de la température, de l'oxygénation et de la composition chimique de l'eau. Quand les polluants sont trop nombreux ou trop toxiques, les organismes vivants n'arrivent plus à maintenir le milieu en équilibre. Sans compter que certains contaminants ne sont pas du tout biodégradables, comme les plastiques, les métaux et certains pesticides.

6.39 Voici un exemple du phénomène de l'euthrophisation.

Un milieu aquatique devient pollué lorsque son équilibre est modifié de façon durable. Les contaminants s'accumulent alors dans le milieu naturel, mettant en péril les espèces plus fragiles et compromettant la qualité des sources d'eau potable. Les effets des polluants sur les milieux aquatiques dépendent de la nature et de la concentration des contaminants. Plus ils sont toxiques et concentrés, plus les impacts sont négatifs. Ils dépendent aussi des caractéristiques des écosystèmes. Dans un milieu où l'eau circule peu, dans un marais par exemple, les contaminants ont tendance à stagner et à se concentrer à un même endroit.

Les activités agricoles représentent une autre source de pollution diffuse. Les pesticides et les engrais en excès atteignent les rivières et les lacs. Le phosphore inquiète particulièrement les biologistes. Il favorise la croissance des algues et mène à l'eutrophisation des lacs, un phénomène qui correspond à la baisse de la concentration d'oxygène dans l'eau.

> ▶ **L'EUTROPHISATION** est le processus par lequel les plans d'eau perdent leur oxygène en raison d'une accumulation excessive de matières organiques et de nutriments.

Comment se produit l'eutrophisation? Les algues mortes coulent au fond du lac où des bactéries les décomposent. Les bactéries consomment de l'oxygène en grande quantité pour faire ce travail. La concentration d'oxygène alors disponible dans le plan d'eau se met à baisser aux dépens des poissons et des autres organismes vivants. Tranquillement, le lac meurt.

LES MENACES EN HAUTE MER

Depuis 1972, la Convention de Londres interdit le déversement de déchets dans la mer. Pourtant, toutes sortes de polluants trouvent encore leur chemin jusque dans les océans.

Un exemple ? Environ six millions de tonnes de pétrole sont déversées annuellement dans les océans. Les marées noires accidentelles sont responsables d'une faible proportion des déversements. Les plateformes de forage situées en haute mer perdent, dans les eaux qui les entourent, une partie des hydrocarbures qu'elles pompent. De plus, certains pétroliers, après avoir vidé leur pétrole, nettoient leurs réservoirs en haute mer.

6.40 Le nettoyage après un déversement de pétrole.

Les hydrocarbures flottent à la surface de l'eau et souillent les côtes. Ils engluent et empoisonnent les animaux marins. Ils peuvent mettre des années avant de se décomposer grâce au travail des bactéries.

LA RIVIÈRE YAMASKA POLLUE LES COURS D'EAU DE LA RÉGION

Le débordement de la rivière Yamaska aura des répercussions importantes sur le degré de pollution des cours d'eau de la région de la Montérégie. «Les conséquences seront graves», a déclaré Martine Ruel, directrice du Conseil de gestion du bassin versant de la Yamaska. «Au cours des deux dernières semaines, nous avons épandu beaucoup de fumier sur les terres. Aujourd'hui, à cause des inondations, ces engrais naturels s'en vont directement dans la rivière.» Parmi les contaminants qui atteignent la rivière Yamaska, il y a notamment du phosphore et de l'azote.

Bien peu de solutions s'offrent aux environnementalistes pour réduire la pollution de cette rivière présentement. La seule chose à faire serait de planter des arbres pour limiter le transport des particules du sol vers la rivière. Mais cela peut prendre des dizaines d'années...

Adapté de: PRESSE CANADIENNE, «Le débordement de la Yamaska contribue à polluer les cours d'eau de la région», *Les Affaires*, 22 mai 2006.

Du haut des airs, la pollution charriée dans le fleuve Saint-Laurent par la rivière Yamaska est visible d'un simple coup d'œil.

VERDICT

ST 1 à 10, 12 à 16, 20 à 33, A, C, D.

STE 1 à 36, A à D.

ATS 1 à 9, 15 et 16, 20 à 23, 33, A, D.

SE 1, 10 et 11, 19 à 21, 34 à 36, B.

1 La lithosphère (p. 184-200)

1. Observez l'illustration suivante.

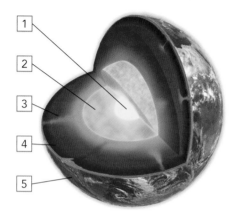

a) Nommez les différentes couches de la structure de la Terre.

b) Quelles couches forment la lithosphère ?

2. Qu'est-ce qui distingue un minéral d'une roche ?

3. Que suis-je ? Une roche, un minéral ou les deux ?

a) Je possède une forme cristalline.

b) Je ne proviens ni d'un animal, ni d'un végétal.

c) Je suis un corps solide.

d) Je suis un mélange.

e) On me trouve dans la lithosphère.

f) J'ai toujours la même composition chimique.

g) Je suis un produit de la lave refroidie.

4. Vrai ou faux ? Expliquez votre réponse.

a) Le cristal laisse parfaitement passer la lumière. Il s'agit d'un minéral translucide.

b) L'or est toujours jaune. Il s'agit d'un minéral idiochromatique.

c) L'améthyste se classe au septième rang sur l'échelle de Mohs. Elle est plus dure que la topaze.

5. À première vue, la pyrite ressemble à s'y méprendre à de l'or. Quels tests pourriez-vous faire pour tenter de les distinguer l'un de l'autre ?

Pyrite

Or

6. Que peut-on comparer grâce à l'échelle de Mohs ?

7. Un professeur retire de son jardin une énorme roche et la fragmente en petits morceaux. Chacun de ses élèves reçoit un morceau et doit en analyser la dureté, la couleur et la trace. Tous obtiennent des résultats différents. Pourquoi ?

8. De quel type de roche s'agit-il (ignée, sédimentaire ou métamorphique) ?

a) Le grès se forme par l'accumulation et la compaction de couches de sable.

b) L'ardoise se forme à partir de roches sédimentaires soumises à de fortes pressions.

c) Le granite est issu du refroidissement du magma.

9. Au nord du Québec, la mine Raglan produit du nickel. Quelles utilisations peut-on faire de ce minéral ?

10. Un entrepreneur en construction souhaite construire une tour d'habitation, dotée d'un garage souterrain de cinq étages. Avant de commencer, il doit retirer les couches de sol qui couvrent le roc. Nommez, dans l'ordre, les couches de sol que l'entrepreneur devra retirer.

11. Mathieu achète à la pépinière une hydrangée. Il veut aussi se procurer un sachet de sol qui servira à planter l'arbuste dans son jardin. Sachant que Mathieu habite près d'une autoroute et que les pluies qui tombent dans sa région sont plus acides que la normale, quel type de sol devrait-il choisir?

12. Dans l'Arctique canadien, des maisons s'enfoncent dans le sol et les pistes d'atterrissage se fissurent. Expliquez pourquoi.

13. Y a-t-il de la végétation dans la région située à l'extrême nord du Québec? Expliquez pourquoi.

14. Vicki, qui habite le village de Kuujjuaq, dans le nord du Québec, veut construire une maison sur pilotis.

a) Sachant que l'épaisseur du mollisol dans sa région est de 1,5 m, quelle longueur devraient avoir les pilotis? Pourquoi?

b) À long terme, la stabilité de la maison de Vicki sera-t-elle assurée?

15. Nommez trois combustibles qui viennent directement de la lithosphère.

16. Précisez la forme d'énergie dont il s'agit.

a) Elle provient de la fission d'un atome.

b) Elle est issue de la décomposition des végétaux et des animaux préhistoriques.

c) Elle est issue de la chaleur interne de la Terre.

d) C'est cette forme d'énergie qui émet le plus de gaz à effet de serre.

e) Elle laisse des déchets radioactifs.

f) Elle risque de s'épuiser d'ici quelques décennies.

17. Nommez trois techniques agricoles qui contribuent à l'épuisement des sols.

18. Nommez un avantage et un inconvénient à l'utilisation de la machinerie lourde dans les champs agricoles.

19. Les oxydes d'azote (NO_X) et le dioxyde de soufre (SO_2) sont émis par les moteurs des voitures et les procédés industriels.

a) Qu'advient-il lorsqu'ils entrent en contact avec l'eau de pluie?

b) Comment ces pluies affectent-elles les sols?

2 L'hydrosphère (p. 200-213)

20. Que suis-je? J'occupe 2,5% de l'hydrosphère et 79% de mon volume est pris dans les glaciers.

21. Nommez cinq formes que peut prendre l'eau dans l'hydrosphère.

22. Les experts en environnement divisent les eaux continentales en bassins versants. Comment en définissent-ils les limites?

23. Nommez quatre facteurs qui influencent la circulation de l'eau à l'intérieur d'un bassin versant.

24. Les écarts de température entre les saisons sont moins importants dans l'océan que sur le continent.

   a) Expliquez pourquoi.

   b) Nommez trois facteurs qui influencent la température des eaux océaniques.

25. L'eau des océans est-elle plus salée aux pôles ou dans les régions chaudes ? Expliquez votre réponse.

26. Que suis-je ?

   a) Je suis un type de courant marin poussé par les vents.

   b) Je suis un type de courant marin mû par les différences de densité de l'eau.

   c) Je suis un grand courant convoyeur qui transporte les eaux océaniques autour du globe.

27. Nommez les trois facteurs qui influencent la circulation océanique.

28. Des deux choix possibles, précisez quelles eaux sont les plus denses.

   a) Des eaux dont la salinité est de 3 % ou des eaux dont la salinité est de 4 % ?

   b) Des eaux à 12 °C ou des eaux à 18 °C ?

29. Qu'est-ce que la cryosphère ?

30. Voici deux photos prises lors d'un voyage dans l'Arctique.

a) Quelle photo illustre une banquise ?

b) Qu'est-ce qui distingue le glacier de la banquise ?

31. Quel impact peut avoir la fonte de la banquise sur l'environnement ?

32. Nommez deux impacts de la fonte des calottes glacières du Groenland et de l'Antarctique.

33. Il y a des avantages à produire de l'énergie hydroélectrique. Nommez-en un.

34. Observez le graphique suivant. Qu'est-ce que ce graphique démontre ?

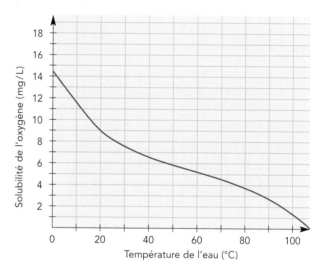

35. Une mine d'or, située en bordure d'une rivière, rejette des eaux qui ont servi à refroidir ses lingots. Les eaux déversées ont une température de 22 °C ; celles de la rivière, de 14 °C. Précisez l'impact qu'aura le déversement sur le cours d'eau.

36. Remettez les étapes de l'eutrophisation dans l'ordre.

   A. Baisse de la concentration d'oxygène dans l'eau.

   B. Croissance des algues.

   C. Augmentation de la concentration de phosphore dans l'eau.

   D. Dégradation des algues.

questions synthèses

A. Une compagnie de prospection minière a découvert un nouveau gisement d'or sur le territoire du Québec, dans une ceinture de roches volcaniques. Elle devra extraire ces roches volcaniques du sol pour récupérer les fragments d'or et former des lingots.

a) Comment nomme-t-on la roche qui contient des fragments d'or ?

b) Ces roches sont issues de l'activité volcanique. De quel type de roches s'agit-il ?

c) Pour confirmer qu'il s'agit bien d'or, les géologues effectuent différents tests. Nommez-en trois.

d) Les fragments d'or gisent profondément sous la surface du sol. Quel type de mine faudra-t-il aménager ?

B. Pour exploiter le gisement décrit dans la question précédente, la compagnie devra installer un camp.

a) Ce camp n'est pas relié à un réseau électrique. Les géologues installent donc des génératrices alimentées à l'essence. Quels gaz polluants s'échapperont du camp ?

b) Un des géologues qui doit passer l'été isolé au camp décide d'aménager un petit potager pour manger des légumes frais. Sachant que le gisement se trouve sur le Bouclier canadien, connu pour sa faible capacité tampon, de quel problème environnemental le géologue devra-t-il se méfier ?

C. Les bateaux de croisière amènent régulièrement les touristes sur les rives du Groenland. Les voyageurs peuvent y observer les spectaculaires blocs de glace qui se détachent de la côte et tombent dans l'eau.

a) Comment appelle-t-on ces blocs de glace ?

b) Quelques fragments de glace fondent dans l'eau de mer. Cette eau ne reste pas à proximité de la côte, elle se déplace. Quels sont les facteurs qui influenceront son mouvement ?

c) L'eau de fonte sera éventuellement à l'équateur. Pourquoi ?

d) À certains endroits, les glaciers du Groenland fondent deux fois plus vite qu'autrefois. Quel phénomène climatique explique cette accélération ?

D. Préparez votre propre résumé du chapitre 6 en construisant un réseau de concepts.

COMMENT BÂTIR
UN RÉSEAU DE CONCEPTS

LE SOL DÉGÈLE AU NORD

D epuis le début du 20e siècle, la Terre a connu un réchauffement climatique moyen de 0,74 degré alors que, dans le nord du Québec, l'augmentation est 2,2 degrés, soit de 3 à 4 fois plus qu'ailleurs. Il en résulte la fonte d'une grande partie du pergélisol, ce qui entraîne des changements majeurs, parfois dramatiques, du style de vie des communautés autochtones. Les glissements de terrain endommagent les voies d'accès et les maisons, ce qui force des populations à déménager. Les routes de glace traditionnelles se modifient ou disparaissent, rendant les territoires de chasse et de pêche moins accessibles. Les noyades, ainsi que les accidents de navigation et de motoneige causés par des ruptures de glace, ont augmenté. Le dégel endommage les pistes d'atterrissage, compliquant l'approvisionnement qui dépend beaucoup du transport aérien.

À LA RECHERCHE DE SOLUTIONS

Les Inuits du nord du Québec habitent une région appelée le Nunavik. Ils sont environ 10 000, et leur nombre augmente rapidement. Répartis dans 16 villages, dont le plus grand se nomme Kuujjuaq avec 1600 habitants, ils voient leur mode de vie traditionnel menacé. Des représentants inuits défendent leur «droit au froid» auprès des gouvernements et même des Nations unies. La solution la plus efficace est une réduction très importante de nos émissions de gaz à effet de serre, mais les efforts actuels en ce sens ne sont pas suffisants. À court terme, il faut trouver d'autres solutions qui leur permettent de s'adapter aux changements.

Pour agir efficacement, il faut bien comprendre les problèmes. Des équipes de recherche canadiennes et québécoises s'intéressent tout particulièrement aux conditions nordiques. Depuis une trentaine d'années, on creuse des puits dans les villages et des mesures de température à différentes profondeurs sont enregistrées tous les jours grâce à des câbles à thermistance.

D'autres tentent d'intégrer les données scientifiques au savoir des Inuits. On a entre autres constaté que les observations des glaces par les satellites confirment les dires des chasseurs qui ont connu, année après année, la formation de plus en plus tardive des glaces de la baie d'Hudson et de la baie d'Ungava.

Des chercheurs établissent des modèles de climat qui permettent de comprendre le rôle de la neige, du vent et de l'écoulement des eaux. Les ingénieurs du ministère des Transports peuvent ensuite utiliser ces résultats pour concevoir des technologies d'adaptation. On a pensé à mieux ventiler les remblais des pistes d'atterrissage et les routes d'accès pour ralentir la fonte du pergélisol et éviter que la terre gondole et s'enfonce. On installe des drains pour évacuer la chaleur sous les pistes ainsi que des surfaces qui bloquent les rayons du soleil.

Certains établissent aussi des cartes des types de sols, de leur pente et de l'état du pergélisol dans les villages inuits. Cela leur permet de repérer les endroits qui

risquent de se déformer et ainsi assurer une meilleure planification du développement des villes.

LES DÉFIS DU NORD

Malgré les efforts, de nombreux défis restent à relever. Les recherches sont à l'étape de la compréhension et des essais. Les mesures préventives coûtent très cher et ne fonctionnent pas toujours. Au Yukon, par exemple, on a déplacé des habitations traditionnelles loin du littoral pour éviter qu'elles ne s'effondrent, mais le nouvel emplacement est aussi menacé et il faudra trouver d'autres solutions. La croissance des populations est rapide et les jeunes trouvent de moins en moins de terrains stables pour s'installer.

Une piste d'atterrissage au nord du Québec.

1. Les Inuits se nourrissent principalement des produits de la chasse, de la pêche et de denrées expédiées des régions plus au sud. Comment les changements climatiques perturbent-ils leur alimentation?

2. Bien que les Inuits soient responsables d'une infime fraction des émissions de gaz à effet de serre sur la planète, ils sont plus affectés que n'importe quel autre peuple par les changements climatiques. Comment les habitants plus au sud peuvent-ils faire preuve de solidarité à leur égard?

À première vue, la Terre semble dotée de toutes les ressources nécessaires à notre survie et à notre confort. Toutefois, sans l'atmosphère et le Soleil, la vie y serait impossible. Le Soleil procure à notre planète une quantité énorme d'énergie, dont dépendent autant les espèces animales que les espèces végétales. L'atmosphère retient une partie de cette énergie et les vents aident à la répartir aux quatre coins du globe. De quelle façon cette énergie circule-t-elle sur la Terre ? Quelles sont ses manifestations dans l'atmosphère ? Comment l'être humain peut-il l'employer pour ses besoins sans nuire à l'environnement ? Voilà quelques-unes des questions auxquelles nous répondrons dans ce chapitre.

L'atmosphère
et l'espace

1 L'atmosphère

ST STE ATS SE

L'atmosphère est la couche d'air qui enveloppe la Terre. Les gaz qui la composent sont essentiels à la vie sur notre planète:

- ils agissent à la manière d'un filtre, en bloquant certains rayons dangereux du Soleil, comme les rayons ultraviolets;
- ils assurent une certaine stabilité du climat terrestre en retenant la chaleur sur la Terre;
- ils sont en partie constitués de dioxygène (O_2), indispensable à la RESPIRATION CELLULAIRE, et de dioxyde de carbone (CO_2), nécessaire à la PHOTOSYNTHÈSE des végétaux.

▶ L'ATMOSPHÈRE est la couche d'air qui entoure la Terre.

La force d'attraction de la Terre retient les particules qui constituent l'atmosphère autour du globe. C'est pourquoi les particules d'air sont plus rapprochées les unes des autres près de la surface de la Terre. Elles le sont beaucoup moins à haute altitude. En effet, 99% de la masse de l'atmosphère est concentrée dans les 30 premiers kilomètres au-dessus du sol.

Vue de l'espace, l'atmosphère apparaît comme un fin halo de lumière bleue qui borde la Terre. En fait, on considère que l'atmosphère se prolonge jusqu'à plus de 10 000 km au-dessus de la surface de la Terre.

7.1 Les satellites sont mis en orbite autour de la Terre dans la haute atmosphère, généralement à plus de 500 km d'altitude.

1.1 LA COMPOSITION DE L'ATMOSPHÈRE

ST STE ATS SE

L'atmosphère contient 21% de dioxygène (O_2), mais elle contient surtout 78% de diazote (N_2). On y trouve également d'autres gaz en très faibles quantités. C'est ce mélange gazeux que l'on nomme «air». La figure 7.2 montre les proportions des gaz qui composent l'air. Ces proportions ne changent qu'à très haute altitude (à environ 100 km du sol).

▶ L'AIR est le mélange gazeux, composé surtout de diazote et de dioxygène, qui constitue l'atmosphère.

Il est à noter que la vapeur d'eau (H_2O) est un composant de l'air très important en météorologie, puisqu'elle est à l'origine de la formation des nuages et des précipitations. On parle alors du «taux d'humidité» de l'air. Selon les régions et la journée, la vapeur d'eau peut représenter jusqu'à 4% du volume d'air.

«*Météorologie*» *provient des mots grecs meteora, qui signifie «élevé dans les airs», et logia, qui signifie «théorie».*

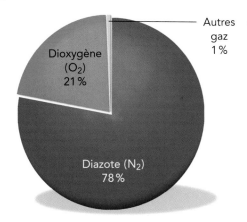

Dioxygène (O₂) 21 %

Diazote (N₂) 78 %

Autres gaz 1 %

QUELQUES CONSTITUANTS DE L'AIR

Gaz	Symbole	Volume (en %)
Vapeur d'eau	H_2O	0 à 4
Argon	Ar	0,93
Dioxyde de carbone	CO_2	0,038 (variable)
Néon	Ne	0,001 8
Hélium	He	0,000 52
Méthane	CH_4	0,000 17 (variable)
Krypton	Kr	0,000 11
Dihydrogène	H_2	0,000 05
Oxyde nitreux	N_2O	0,000 027 (variable)
Xénon	Xe	0,000 008 7
Ozone	O_3	0,000 001 (variable)
CFC (chlorofluorocarbures)	$C_nF_nCl_n$	0,000 000 1 (variable)

L'air contient également des particules solides et des particules liquides en suspension. Ces particules proviennent de la surface de la Terre (poussières, pollen, suie, fumée, gout-telettes, etc.) et se mêlent aux gaz de l'air.

ENVIRONNEMENT +

La pollution cosmique

L'espace qui entoure la Terre est pollué. En effet, depuis les débuts de la conquête de l'espace, dans les années 1950, les déchets ne cessent de s'accumuler dans l'exosphère (la couche de l'atmosphère la plus éloignée du sol). On y trouve des débris de fusées qui ont servi à propulser des engins dans l'espace, des satellites hors d'usage, des vieilles batteries ou encore des outils perdus par des astronautes, comme des tournevis ou des boulons.

Selon les estimations des spécialistes de la NASA, on trouverait dans l'espace environ 9000 gros objets, tels que des morceaux d'anciennes fusées, environ 110 000 débris moyens mesurant entre 1 et 10 cm, et environ 35 millions de débris de l'ordre de 1 mm, comme des éclats de peinture.

Dans l'exosphère, un simple boulon peut voyager à une vitesse de 8 km/s, soit 10 fois plus vite qu'une balle de fusil ! Un choc avec un tel projectile suffirait à faire éclater le hublot d'une navette spatiale ou à sérieusement endommager un satellite, voire à le faire exploser. C'est pourquoi les spé-

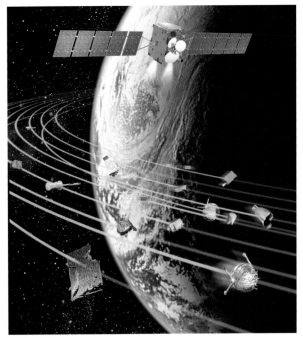

L'exosphère contient de nombreux débris provenant de l'exploration spatiale (ci-dessus, une représentation fictive).

cialistes de la NASA suivent de près la trajectoire des débris spatiaux.

L'atmosphère terrestre se divise en cinq grandes couches, qui sont illustrées à la figure 7.4. Cette figure fait également ressortir deux importantes caractéristiques de l'air, soit la pression et la température, qui varient notamment selon l'altitude. Il est à retenir que plus on monte en altitude, moins il y a de particules d'air dans l'atmosphère.

La section suivante porte sur la pression atmosphérique, l'un des éléments essentiels à l'étude de l'atmosphère.

ST STE ATS SE LA PRESSION ATMOSPHÉRIQUE

L'air étant un mélange gazeux, donc un FLUIDE COMPRESSIBLE, il exerce une pression à cause de ses particules qui entrent en collision les unes avec les autres. Ces collisions déterminent la pression de l'air ou «pression atmosphérique».

> ▶ La **PRESSION ATMOSPHÉRIQUE** est la pression de l'air dans l'atmosphère.

Plus il y a de collisions dans une région donnée, plus la pression atmosphérique y est grande. Au niveau de la mer, la pression atmosphérique s'élève en moyenne à 101,3 kilopascals (kPa), 1 kPa équivalant à la pression qu'exerce une masse de 100 kg sur une surface de 1 m^2.

Deux facteurs principaux ont un effet sur la pression atmosphérique:

- lorsque le nombre de particules augmente, les collisions sont plus fréquentes et la pression s'élève. À l'inverse, lorsque le nombre de particules diminue, la pression chute. C'est pour cette raison que la pression diminue lorsqu'on s'élève en altitude (*voir la figure 7.4*);

- lorsque l'air se réchauffe, les particules se déplacent plus vite et le nombre de collisions augmente. Sous une cloche de verre, où le volume est fixe, la pression augmente donc avec la température. Dans l'atmosphère cependant, la pression de l'air tend à l'équilibre. Quand la température augmente, les particules s'éloignent les unes des autres, ce qui ramène la pression vers une valeur plus près de la normale. Résultat: la MASSE VOLUMIQUE de l'air diminue. L'air chaud est ainsi plus léger que l'air froid et il a tendance à monter.

La pression atmosphérique varie d'un endroit à un autre et d'un moment à un autre. Ces variations de pression sont à l'origine de plusieurs phénomènes atmosphériques. En effet, les particules d'air se déplacent des zones de haute pression (où elles sont très nombreuses) vers les zones de basse pression (où elles sont moins nombreuses). C'est ce qui donne naissance aux vents.

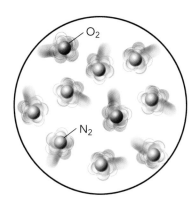

Haute pression

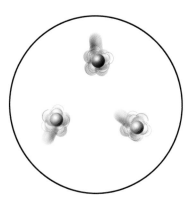

Basse pression

7.3 Plus il y a de particules d'air, plus la pression est grande, car plus il y a de collisions entre les particules.

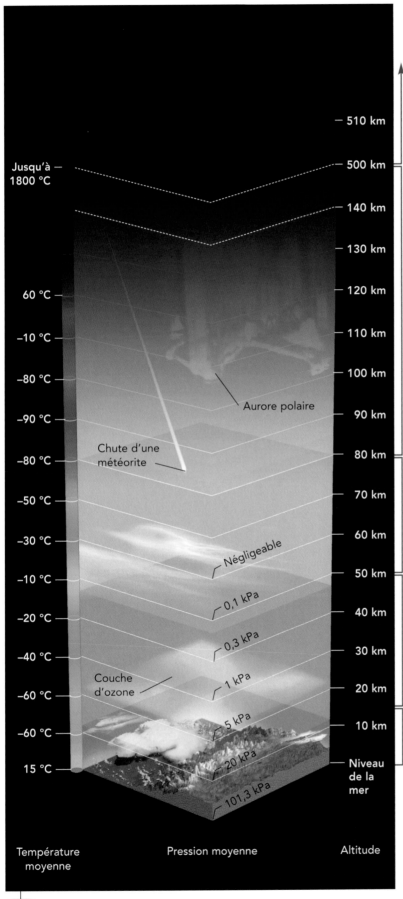

EXOSPHÈRE (500 km et plus)

- Cette couche de l'atmosphère est pratiquement vide. Les quelques particules d'air qu'on y trouve peuvent parcourir des milliers de kilomètres sans se heurter à d'autres particules.
- L'air y est tellement rare qu'on ne peut pas mesurer sa température (avec un thermomètre).
- C'est dans cette couche que voyagent la plupart des satellites envoyés dans l'espace pour surveiller la Terre ou pour assurer des services de communication.

THERMOSPHÈRE (80 à 500 km)

- Cette couche absorbe la plupart des rayons du Soleil. C'est d'ailleurs la plus chaude de l'atmosphère : sa température peut atteindre 1800 °C en haute altitude !
- Les corps extraterrestres qui entrent en contact avec la thermosphère (les météorites) brûlent rapidement. Naissent alors des traînées lumineuses, les «étoiles filantes».
- C'est dans cette couche que se forment généralement les aurores polaires.

MÉSOSPHÈRE (50 à 80 km)

- Il s'agit de la couche la plus froide de l'atmosphère. La température descend au fur et à mesure qu'on s'élève dans la mésosphère. La température chute sous la barre des –80 °C au sommet de la couche.
- La mésosphère contient très peu de particules d'air. Un être humain y suffoquerait en quelques minutes.

STRATOSPHÈRE (15 à 50 km)

- Une couche formée d'ozone (l'un des gaz constituants de l'air) y absorbe les rayons ultraviolets du Soleil.
- La température augmente au fur et à mesure qu'on s'élève en altitude dans la stratosphère, à cause de la présence de la couche d'ozone.
- Les particules d'air s'y font de plus en plus rares lorsqu'on monte en altitude.

TROPOSPHÈRE (0 à 15 km)

- La plupart des phénomènes météorologiques, comme la formation des nuages et des tempêtes, surviennent dans la troposphère.
- Plus on s'élève dans la troposphère, plus la température diminue. On perd environ 6,5 °C tous les 1000 m.

7.4 Les cinq couches de l'atmosphère terrestre.

1.2 LA CIRCULATION ATMOSPHÉRIQUE

LABO
N° 57

L'air qui entoure notre planète est constamment en mouvement. Il s'élève dans l'atmosphère au-dessus des régions chaudes et humides de l'équateur (zones de basse pression), se dirige vers les pôles et redescend au-dessus des régions froides et sèches (zones de haute pression). Parallèlement, l'air froid des pôles se dirige vers l'équateur. Ce phénomène de CONVECTION contribue à répartir sur le globe l'énergie qu'il reçoit du Soleil. Sans la circulation atmosphérique, les écarts de température seraient beaucoup plus importants entre l'équateur et les pôles.

▶ La **CIRCULATION ATMOSPHÉRIQUE** est le mouvement à l'échelle planétaire de la couche d'air entourant la Terre.

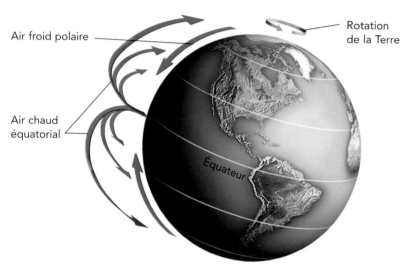

Air froid polaire

Rotation de la Terre

Air chaud équatorial

Équateur

LE POT AU NOIR ⓘ

Une zone de vents calmes, surnommée «pot au noir», se situe à l'équateur. Jadis, les bateaux à voile s'y trouvaient immobilisés en pleine mer pendant des semaines. Pour économiser l'eau douce, les marins jetaient leurs chevaux par-dessus bord. 🔖 9

7.5 L'air, chauffé à l'équateur, devient moins dense, plus léger et il se dirige vers les pôles. Il est remplacé par de l'air froid et plus lourd qui provient des pôles.

En principe, les déplacements d'air devraient se faire en ligne droite du nord vers le sud, ou du sud vers le nord. Cependant, la rotation de la Terre modifie ces trajectoires. C'est ce qu'on appelle l'EFFET DE CORIOLIS, mis en évidence par l'ingénieur et mathématicien français Gaspard Coriolis, en 1835. Cet effet se manifeste lorsqu'un corps se déplace dans un milieu qui est lui-même en rotation. Il agit perpendiculairement à la direction du mouvement du corps. L'effet de Coriolis entraîne une déviation des vents vers la droite dans l'hémisphère Nord, vers la gauche dans l'hémisphère Sud. Ce phénomène a un effet sur les trajectoires des masses d'air.

«Hémisphère» provient des mots grecs hêmi, *qui signifie* «moitié», *et* sphaira, *qui désigne un objet sphérique.*

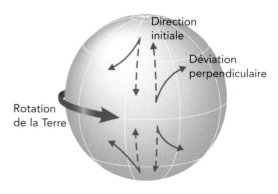

Direction initiale

Déviation perpendiculaire

Rotation de la Terre

7.6 Attribuable à la rotation de la Terre, l'effet de Coriolis entraîne une déviation des vents.

Ces mouvements d'air surviennent dans la troposphère. Ils jouent un rôle de premier plan dans les phénomènes météorologiques. Ils sont responsables, par exemple, de la formation des fronts froids, des fronts chauds et des nuages, qui surviennent lorsque des masses d'air de caractéristiques différentes se rencontrent.

LES VENTS DOMINANTS

La circulation atmosphérique qui se produit entre l'équateur et les pôles est plus complexe que ce que nous avons indiqué dans la section précédente. En fait, les vents forment de grandes boucles qu'on appelle des «cellules de circulation». Le mouvement de l'air à l'intérieur de ces cellules est très régulier.

> «Cellule» provient du mot latin cellula, qui signifie «petite chambre».

Comme le montre la figure 7.7, chaque hémisphère compte trois cellules de circulation : la cellule de Hadley, qui s'étend de l'équateur au 30ᵉ parallèle, la cellule de Ferrel, qui s'étire du 30ᵉ au 60ᵉ parallèle, et la cellule polaire, qui trône au-dessus du pôle.

- Dans la cellule de Hadley, l'air chaud qui se trouve au-dessus de l'équateur s'élève dans l'atmosphère. Une fois en altitude, il voyage vers le 30ᵉ parallèle en se refroidissant graduellement. Il finit par se heurter aux vents de la cellule de Ferrel, ce qui le force à redescendre et à repartir vers l'équateur.

- Dans la cellule de Ferrel, une partie de l'air qui descend au-dessus du 30ᵉ parallèle s'élance vers le pôle. Près du 60ᵉ parallèle, cet air entre en collision avec les vents de la cellule polaire. Il s'élève alors et repart vers le 30ᵉ parallèle.

- Dans la cellule polaire, l'air atteint sa température minimale au-dessus du pôle. Il descend vers le sol, puis il part en direction du 60ᵉ parallèle, où il se bute à la cellule de Ferrel. L'air est forcé de s'élever et de retourner vers le pôle.

7.7 Les cellules de circulation et les vents dominants.

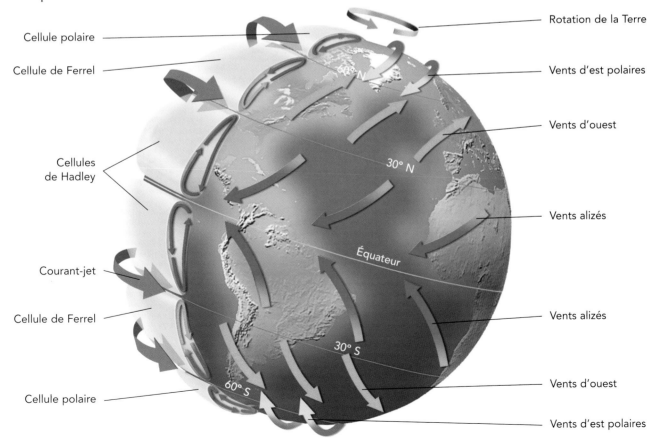

Cellule polaire

Cellule de Ferrel

Cellules de Hadley

Courant-jet

Cellule de Ferrel

Cellule polaire

Rotation de la Terre

Vents d'est polaires

Vents d'ouest

Vents alizés

Vents alizés

Vents d'ouest

Vents d'est polaires

60° N

30° N

Équateur

30° S

60° S

Au sol, les cellules de circulation atmosphérique engendrent les vents dominants, c'est-à-dire des vents qui soufflent dans des directions caractéristiques à l'échelle planétaire. Leur direction est déterminée par l'effet de Coriolis.

«Dominant» provient du mot latin dominus, *qui signifie «maître».*

> **Les VENTS DOMINANTS sont de grands courants atmosphériques qui soufflent dans une direction donnée à l'échelle planétaire.**

Les vents dominants sont illustrés sur la figure 7.7, à la page précédente. Ce sont:

- les vents d'est polaires, qui circulent entre le pôle et le 60ᵉ parallèle;
- les vents d'ouest, qui circulent aux latitudes moyennes, entre les 60ᵉ et 30ᵉ parallèles;
- les vents alizés, des vents d'est qui soufflent entre le 30ᵉ parallèle et l'équateur.

Les vents dominants jouent un rôle important dans les phénomènes météorologiques. Par exemple, au Québec, les vents dominants sont les vents d'ouest, ce qui explique pourquoi la plupart des systèmes météorologiques se déplacent d'ouest en est.

Toutefois, à l'échelle régionale, les vents ne suivent pas toujours la direction des grands vents dominants. Ils sont influencés par des systèmes locaux de haute pression et de basse pression.

À très haute altitude, des vents puissants, les «courants-jets», circulent d'ouest en est autour de la Terre, entre les cellules de circulation (*voir la figure 7.7*). Ils sont particulièrement vigoureux en hiver.

Chaque hémisphère compte deux courants-jets: un courant-jet subtropical et un courant-jet polaire. Le courant-jet subtropical souffle entre 11 000 et 14 000 m d'altitude autour du 30ᵉ parallèle et peut atteindre 400 km/h en hiver. Le courant-jet polaire voyage entre 9000 et 10 000 m d'altitude près du 60ᵉ parallèle et souffle jusqu'à 300 km/h en hiver.

Ces courants sont bien connus des pilotes d'avion, qui doivent les éviter quand ils voyagent dans le sens est-ouest, à contre-sens du vent. Quand les pilotes se déplacent vers l'est, ils en profitent pour se laisser pousser par le vent, ce qui leur permet de réaliser des économies d'essence!

7.8 Cet arbre a poussé dans le sens d'un vent dominant.

7.9 Cette photo satellite montre un courant-jet subtropical transportant des nuages avec lui à une vitesse de 160 km/h, au-dessus de l'Égypte et de la mer Rouge.

LES MASSES D'AIR

Les masses d'air sont de grandes étendues atmosphériques qui ont séjourné dans une région suffisamment longtemps pour acquérir une température et une humidité précises. Poussées par les vents, les masses d'air amènent avec elles des changements de température. Les météorologues les suivent donc de près.

> 🔵 Une **MASSE D'AIR** est une grande étendue atmosphérique dont la température et l'humidité sont relativement homogènes.

Au Québec, le climat subit l'effet de masses d'air chauffées dans les régions tropicales et de masses d'air provenant des régions polaires (*voir la figure 7.10*).

Quand deux masses d'air se rencontrent, elles ne se mélangent pas. L'air froid, plus dense, se glisse en dessous de l'air chaud, plus léger. La ligne de rencontre entre les deux masses se nomme le «front». C'est une zone de transition où la direction des vents, les températures et le taux d'humidité changent rapidement. Il existe des fronts chauds et des fronts froids, qui peuvent s'étendre sur plusieurs milliers de kilomètres.

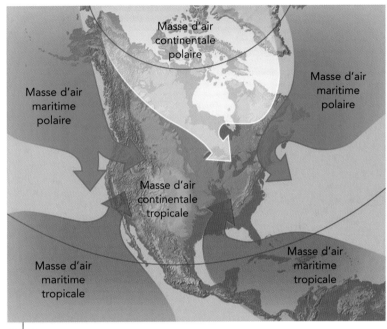

7.10 Les masses d'air nord-américaines agissent sur le climat du Québec.

Un front froid se produit lorsqu'une masse d'air froid se heurte à une masse d'air chaud (*voir la figure 7.11*). L'air chaud s'élève rapidement en suivant une pente raide, puis il se refroidit. Des nuages épais, qu'on appelle des «cumulus», se forment alors par condensation, générant souvent du vent et de fortes précipitations.

«*Cumulus*» vient du latin et signifie «amas».

7.11 Sur les cartes météo, les fronts froids sont symbolisés par un trait et une rangée de triangles, souvent de couleur bleue.

Brusque montée de l'air chaud

Masse d'air chaud

Fortes pluies

Masse d'air froid

Front froid

Un front chaud se forme lorsqu'une masse d'air chaud s'avance vers une masse d'air froid (*voir la figure 7.12*). L'air chaud s'élève en pente douce au-dessus de l'air froid, ce qui donne naissance à des nuages légers, les «nimbostratus», formés de plusieurs couches stratifiées. Un front chaud entraîne souvent un temps nuageux et des averses qui durent un certain temps, car il se déplace plus lentement qu'un front froid.

> «Nimbostratus» vient des mots latins nimbus, *qui signifie «nuage de pluie»,* et stratus, *qui signifie «couche».*

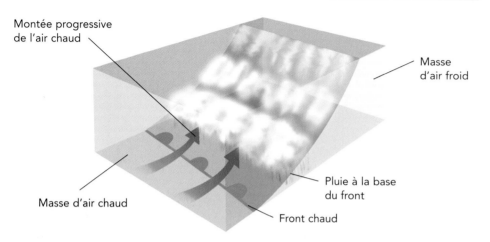

Montée progressive de l'air chaud

Masse d'air froid

Masse d'air chaud

Pluie à la base du front

Front chaud

7.12 Sur les cartes météo, les fronts chauds sont symbolisés par un trait et une rangée de demi-cercles, souvent de couleur rouge.

ST STE ATS — LES ANTICYCLONES ET LES DÉPRESSIONS

La plupart des mouvements des masses d'air s'effectuent à l'horizontale, de façon parallèle à la surface de la Terre. Toutefois, d'autres mouvements se produisent dans le sens vertical.

En effet, lorsque l'air se refroidit, les collisions entre ses particules deviennent moins fréquentes et la pression tend à diminuer. Pour compenser, les particules se rapprochent, ce qui fait augmenter la masse volumique de l'air. Ainsi, la masse d'air devient plus lourde et descend vers le sol, comprimant les particules qui se trouvent sous elle. Il se crée alors une zone de haute pression, qu'on appelle «anticyclone» (on le symbolise par un A sur les cartes météo).

Quand, au contraire, l'air se réchauffe, sa masse volumique diminue. La masse d'air devient ainsi plus légère et s'élève en altitude, créant un vide sous elle. Il se forme alors une zone de basse pression, appelée «dépression» (on la symbolise par un D sur les cartes météo).

Autour des anticyclones et des dépressions, l'effet de Coriolis est tel que l'air se met à tourner alors qu'il s'élève ou qu'il descend. Dans l'hémisphère Nord, le vent tourne dans le sens des aiguilles d'une montre (sens horaire) autour d'un anticyclone et dans le sens inverse (anti-horaire) autour d'une dépression. Dans l'hémisphère Sud, c'est le contraire.

−384
−322

Aristote

Ce philosophe et savant grec a fourni de nombreux écrits qui couvrent tous les aspects de la connaissance de son époque. Dans *les Météorologiques*, il tente d'expliquer certains phénomènes atmosphériques, comme le vent, la pluie, la rosée et l'arc-en-ciel. C'est de cette œuvre que vient le mot «météorologie».

L'air chaud
monte.

L'air froid
descend.

7.13 Une dépression et
un anticyclone dans
l'hémisphère Nord.

Zone de basse
pression,
ou dépression

Zone de haute
pression, ou
anticyclone

Déplacement de l'air
vers la zone de basse
pression (vent)

> 🔹 Un **ANTICYCLONE** est une zone de circulation atmosphérique qui se déploie autour d'un centre de haute pression. L'air tourne dans le sens horaire dans l'hémisphère Nord et dans le sens anti-horaire dans l'hémisphère Sud.

> 🔹 Une **DÉPRESSION** est une zone de circulation atmosphérique qui se déploie autour d'un centre de basse pression. L'air tourne dans le sens anti-horaire dans l'hémisphère Nord et dans le sens horaire dans l'hémisphère Sud.

Les anticyclones et les dépressions sont intimement liés à la météo. Dans un anticyclone, la descente des particules d'air vers le sol empêche les mouvements générateurs de nuages. On se retrouve avec un ciel dégagé et un temps stable : sec et ensoleillé en été, froid en hiver.

À l'inverse, là où se forme une dépression, l'élévation de l'air facilite la formation de nuages, ce qui amène des précipitations.

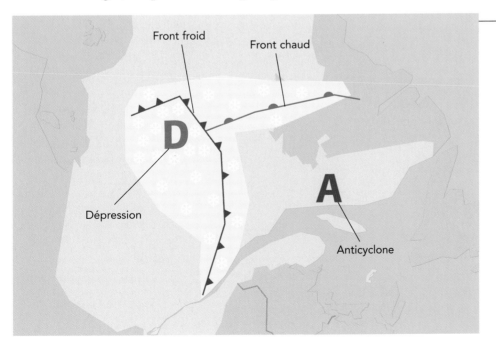

Front froid

Front chaud

D

A

Dépression

Anticyclone

7.14 Cette carte montre
les symboles utilisés
en météorologie pour
représenter les fronts,
les anticyclones
et les dépressions.
L'information qu'on
y lit aide à prévoir
les précipitations
et la température.

Au-dessus des eaux chaudes des océans tropicaux, il arrive que de fortes dépressions se développent. Une immense spirale se forme alors. Elle peut atteindre 800 km de diamètre. À l'intérieur, les vents tournent jusqu'à 360 km/h. Ces tempêtes, qu'on appelle «cyclones», «ouragans» ou «typhons» selon les régions, transportent des pluies violentes. Elles peuvent être assez puissantes pour faire déborder des rivières, provoquer des glissements de terrain, déraciner des arbres, arracher des toitures et briser des fenêtres.

ARTHUR, BERTHA, CRISTOBAL...

Chaque année, les météorologues préparent une liste de prénoms pour nommer les ouragans. Ils procèdent par ordre alphabétique et alternent entre un prénom féminin et un prénom masculin.

▶ **Un CYCLONE est une tempête tropicale, caractérisée par des vents très violents qui tournent autour d'une zone de basse pression.**

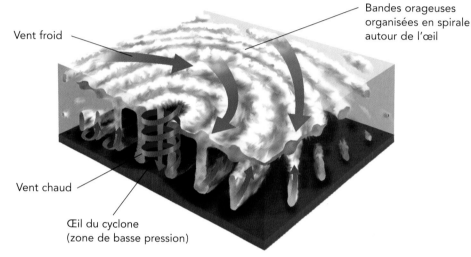

Bandes orageuses organisées en spirale autour de l'œil

Vent froid

Vent chaud

Œil du cyclone (zone de basse pression)

7.15 Un schéma montrant une coupe d'un cyclone.

L'OURAGAN DEAN FRAPPE LE MEXIQUE

Le matin du 21 août 2007, l'ouragan Dean a frappé le Yucatan, dans l'est du Mexique, avec des pluies diluviennes. Les vents dépassaient 300 km/h lorsqu'il a touché la côte. Dean s'est toutefois affaibli au cours de la matinée, passant de la puissance maximale, la catégorie 5 sur l'échelle de Saffir-Simpson, à la catégorie 1, correspondant à des vents de 140 km/h.

Les autorités mexicaines se sont réjouies de l'absence de victimes et du fait que les zones touristiques aient repris une activité normale après le passage de Dean. L'une des principales craintes des autorités était le danger d'inondation de zones situées en dessous du niveau de la mer, d'où la plupart des habitants ont été évacués.

Adapté de: AFP, «L'ouragan Dean frappe le Mexique, puis s'affaiblit», *La Presse*, 22 août 2007 p. A18.

Cette image satellite montre l'œil de l'ouragan Dean et la spirale de nuages qui se forme autour sous l'effet de vents très violents.

1.3 L'EFFET DE SERRE

Les gaz à effet de serre – principalement la vapeur d'eau (H_2O), le dioxyde de carbone (CO_2), le méthane (CH_4) et l'oxyde nitreux (N_2O) – ont toujours existé dans l'atmosphère. En suspension autour de la Terre, ils agissent un peu comme une serre en retenant sur notre planète une partie de l'énergie émise par le Soleil. C'est ce qu'on appelle l'«effet de serre». Heureusement que ce phénomène existe! Sans lui, la température moyenne sur notre planète serait de −18 °C!

> ▶ **L'EFFET DE SERRE est un processus naturel qui permet de retenir sur Terre une partie de la chaleur émise par le Soleil.**

La figure 7.16 explique en quoi consiste l'effet de serre:

1. La majorité des rayons solaires qui arrivent à la surface de la Terre sont absorbés par le sol.

2. Une fois réchauffé, le sol émet des rayons INFRAROUGES dans l'atmosphère. Certains rayons infrarouges traversent l'atmosphère et vont se perdre dans l'espace.

3. Les gaz à effet de serre piègent une partie des rayons infrarouges et les renvoient vers la Terre, ce qui réchauffe la surface terrestre.

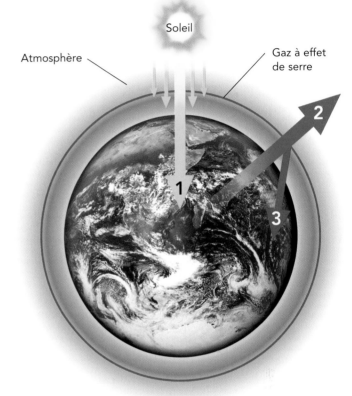

Soleil

Atmosphère

Gaz à effet de serre

L'AUGMENTATION DE L'EFFET DE SERRE

 **7.16** L'effet de serre.

Pendant des millénaires, la concentration des gaz à effet de serre dans l'atmosphère est demeurée à peu près constante. Dans le cas du CO_2, par exemple, les émissions provenaient surtout des feux de forêt, des éruptions volcaniques et de la respiration cellulaire. Ces émissions étaient en équilibre avec l'absorption de CO_2 par les végétaux en croissance, grâce à la photosynthèse, et par les océans, capables de capter de grandes quantités de ce gaz. Cet équilibre a permis aux températures de demeurer plus ou moins stables sur Terre.

Au cours du dernier siècle toutefois, cet équilibre s'est rompu. La consommation accrue de combustibles fossiles par les êtres humains (pour faire rouler les voitures ou pour alimenter des usines en énergie, par exemple) a entraîné la libération d'énormes quantités de CO_2 dans l'atmosphère. En effet, le CO_2 est le principal produit de la COMBUSTION du pétrole, du gaz naturel et du charbon. Ce gaz n'est pas dangereux en soi. Nous en expirons à chaque respiration! Toutefois, les milliards de tonnes relâchées par les activités humaines ont bouleversé le climat.

Par ailleurs, le déboisement des forêts au profit de terres agricoles contribue aussi à l'augmentation du taux de CO_2 dans l'atmosphère. Lorsqu'on brûle les forêts ou que les végétaux coupés se décomposent, le carbone emmagasiné dans les forêts retourne dans l'atmosphère sous forme de CO_2.

Le CO_2 en surplus s'accumule dans l'atmosphère. De ce fait, une proportion toujours plus grande des rayons infrarouges émis par la Terre se fait piéger dans l'atmosphère. Ce phénomène est à l'origine du réchauffement de la Terre et de changements dans le régime des précipitations, des vents ainsi que d'autres facteurs climatiques.

7.17 L'usage accru de l'automobile entraîne la libération de CO_2 dans l'atmosphère et contribue à l'augmentation de l'effet de serre.

▶ Les **CHANGEMENTS CLIMATIQUES** correspondent à une modification anormale des conditions climatiques sur Terre, causée par les activités humaines.

Outre le surplus de CO_2, celui d'autres gaz à effet de serre entraîne ces changements climatiques. L'impact de ces autres gaz sur l'environnement est moindre parce que nous en rejetons une moins grande quantité dans l'atmosphère. C'est le cas du méthane et de l'oxyde nitreux.

- À concentrations égales, le méthane (CH_4) cause un effet de serre 21 fois plus important que le dioxyde de carbone. La digestion des animaux d'élevage, comme les moutons et les bovins, l'entreposage et la gestion des fumiers, la culture en rizière, la décomposition des ordures ménagères ainsi que la distribution du gaz naturel comptent parmi les principales sources d'émission de méthane liées aux activités humaines.

- L'oxyde nitreux (N_2O), quant à lui, provient principalement de l'épandage d'engrais contenant de l'azote sur les terres agricoles et de certains procédés chimiques.

7.18 La décomposition des ordures ménagères est l'une des sources de méthane dans l'atmosphère.

LE FLEUVE SAINT-LAURENT SE RÉCHAUFFE

Les eaux du fleuve Saint-Laurent se réchauffent et le processus ne fait que commencer...

Selon les chercheurs, d'ici la fin du siècle, le Québec pourrait connaître une augmentation de ses températures de 2 °C à 5 °C, selon les saisons et selon les régions.

Sur le Saint-Laurent, la période navigable s'accroît d'année en année. Les glaces se forment de plus en plus tard et s'en vont de plus en plus tôt à cause du réchauffement des eaux. Une bonne journée, il se pourrait qu'on puisse naviguer sur le Saint-Laurent toute l'année sans brise-glace.

Plusieurs espèces de poissons seraient cependant appelées à disparaître si le réchauffement de la température du Saint-Laurent s'am-

Le Saint-Laurent pourrait devenir navigable toute l'année tellement ses eaux se réchauffent.

plifiait. Les températures plus chaudes favorisent les espèces d'eau chaude, comme le crapet-soleil et l'achigan, au détriment des

espèces d'eau froide, telles que le doré et l'esturgeon.

Adapté de : «Le fleuve a chaud»,
Le Journal de Québec, 9 octobre 2007.

Selon un rapport déposé en 2007 par le Groupe intergouvernemental sur l'évolution du climat (GIEC), la température moyenne de la Terre se serait accrue de 0,76 °C entre 1850 et 2005. Les scientifiques estiment qu'un accroissement de la température moyenne de 2 °C est une limite à ne pas dépasser pour éviter des perturbations graves du climat. Ces perturbations se caractériseraient par une augmentation des sécheresses, des canicules, des inondations et par une hausse du niveau des mers.

STE SE 1.4 LA CONTAMINATION DE L'ATMOSPHÈRE

LABO
N° 60

La composition de l'atmosphère subit un déséquilibre à cause de la présence humaine. L'accroissement de l'émission des gaz à effet de serre décrit dans la section précédente en est un exemple.

Outre ces gaz, d'autres substances sont des CONTAMINANTS de l'atmosphère. En voici une brève liste :

- le dioxyde de soufre (SO_2) et les oxydes d'azote (NO_x), qui contribuent à la formation des PLUIES ACIDES (*voir à la page 200*). Ils sont également à l'origine du smog (*voir plus loin*) ;

- des métaux comme le mercure (Hg), l'arsenic (As) ou le plomb (Pb), qui proviennent notamment de la combustion du charbon et du pétrole, de l'incinération des déchets et de la production de verre. Même s'ils sont présents en faibles quantités dans l'atmosphère, ces métaux sont toxiques pour la santé humaine, car ils s'accumulent dans les organismes vivants;

- les chlorofluorocarbures (CFC), des composés chimiques qui ont pour effet de détruire les molécules d'ozone (*voir la section suivante*);

- des poussières et des particules en suspension, qui sont relâchées par les cheminées des usines et les tuyaux d'échappement des véhicules automobiles.

Ces divers polluants atmosphériques ont un effet contaminant du fait de leur trop grande quantité dans l'atmosphère et de leurs réactions chimiques avec des constituants atmosphériques. Une fois mêlés à l'air, ils peuvent parcourir des milliers de kilomètres, poussés par les vents. La CONTAMINATION de l'atmosphère peut donc survenir à une grande distance d'un point d'émission. C'est ainsi qu'une substance émise dans les régions habitées peut finir par contaminer l'air d'une région peu habitée comme l'Arctique.

Nous nous attarderons à deux phénomènes particuliers de contamination de l'atmosphère, soit l'amincissement de la couche d'ozone et la formation de smog.

7.19 Certaines usines rejettent des produits toxiques dans l'atmosphère.

STE SE L'AMINCISSEMENT DE LA COUCHE D'OZONE

L'ozone (O_3) est une molécule formée de trois atomes d'oxygène, que l'on trouve à l'état gazeux dans l'atmosphère. Sa concentration est plus élevée dans la stratosphère, entre 20 et 30 km d'altitude. L'ozone forme une enveloppe protectrice, la «couche d'ozone». Cette couche absorbe une partie des rayons nocifs émis par le Soleil, soit les rayons ultraviolets, responsables notamment de cancers de la peau. Contrairement aux lunettes qui agissent comme un filtre physique en bloquant les rayons, la couche d'ozone est un filtre chimique qui absorbe les ultraviolets.

> La **COUCHE D'OZONE** désigne la partie de l'atmosphère qui contient une concentration élevée de molécules d'ozone et qui absorbe une partie des rayons ultraviolets émis par le Soleil.

À la fin des années 1970, des images prises à l'aide de satellites ont montré que l'épaisseur de la couche d'ozone au-dessus du pôle Sud avait

MINCE ALORS !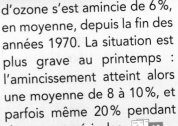

Au sud du Canada, la couche d'ozone s'est amincie de 6 %, en moyenne, depuis la fin des années 1970. La situation est plus grave au printemps : l'amincissement atteint alors une moyenne de 8 à 10 %, et parfois même 20 % pendant de courtes périodes. 📄 10

considérablement diminué. Des études scientifiques ont révélé que les chlorofluorocarbures (CFC), des composés chimiques utilisés dans les systèmes de réfrigération ou dans les bombes aérosols, étaient responsables de la destruction des molécules d'ozone dans la stratosphère. En effet, lorsqu'un rayon ultraviolet est absorbé par une molécule de CFC, cette dernière libère un atome de chlore (Cl). C'est cet atome de chlore qui se lie à une molécule d'ozone et qui la détruit.

En 1987, des environnementalistes et des diplomates se sont réunis à Montréal pour discuter de la menace à la couche d'ozone : 190 pays ont signé le Protocole de Montréal pour réduire graduellement l'utilisation des CFC. En vertu du Protocole, toute production de CFC devrait cesser d'ici 2010. La couche d'ozone retrouverait son état de 1980 entre 2055 et 2065, selon les prévisions.

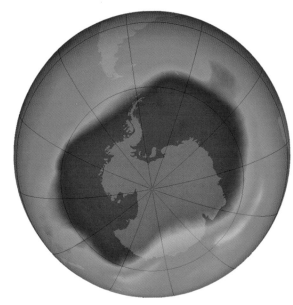

7.20 Cette photo a été prise le 24 septembre 2006. La zone du pôle Sud où la couche d'ozone est la plus mince apparaît ici en violet. L'Antarctique est le continent qui ressort en mauve.

STE SE LE SMOG

Alors que les molécules d'ozone de la stratosphère jouent un rôle bénéfique en nous protégeant des rayons ultraviolets, celles que l'on trouve à très basse altitude, dans la troposphère, entrent dans nos poumons et nuisent à notre santé.

Les molécules d'ozone troposphérique (O_3) se forment lorsque des rayons solaires percutent les molécules d'oxydes d'azote (NO_x) qui sont relâchées principalement dans les gaz d'échappement des voitures ou des usines.

L'ozone troposphérique peut causer de sérieux troubles respiratoires. Il se combine à d'autres polluants atmosphériques, comme le dioxyde d'azote (NO_2) ou le dioxyde de soufre (SO_2), pour former le smog. Ce dernier est un épais brouillard de pollution qui surplombe les centres urbains quand un système de haute pression l'empêche de monter dans l'atmosphère.

7.21 Du smog sur la ville de Montréal.

« Smog » vient des mots anglais smoke, qui signifie « fumée », et fog, qui signifie « brouillard ».

> 🔹 Le SMOG désigne un mélange épais de brouillard, de fumée et de polluants atmosphériques.

L'intensité du smog dépend des conditions météorologiques, et sa composition varie selon la période de l'année.

1.5 **LES RESSOURCES ÉNERGÉTIQUES**

Depuis des siècles, les êtres humains ont appris à tirer profit de l'énergie du vent, qu'on appelle l'«énergie éolienne». Les moulins à vent – dont les ailes, en tournant, entraînaient une meule de pierre pour moudre le grain – convertissaient l'énergie du vent en énergie mécanique. Aujourd'hui, les ingénieurs vont encore plus loin : ils convertissent l'énergie du vent en électricité pour alimenter des régions entières à l'aide d'immenses éoliennes.

CONCEPTS DÉJÀ VUS

- Manifestations naturelles de l'énergie
- Ressources énergétiques renouvelables et non renouvelables
- Formes d'énergie (chimique, thermique, mécanique, rayonnante)
- Transformations de l'énergie

ST STE ATS L'ÉNERGIE ÉOLIENNE

L'énergie éolienne, l'énergie que l'on peut tirer du vent, est une ressource renouvelable, c'est-à-dire qu'elle se régénère naturellement, en quantité suffisante, au même rythme que celui auquel on l'utilise.

«Éolienne» tire son nom d'«Éole», le nom donné au dieu du vent dans la Grèce antique.

> ▶ L'ÉNERGIE ÉOLIENNE est l'énergie que l'on peut tirer du vent.

Les éoliennes qu'on emploie de nos jours sont des dispositifs qui peuvent atteindre 120 m de hauteur. Elles sont équipées de pales gigantesques. Quand le vent frappe ces pales, ces dernières tournent et activent une génératrice d'électricité cachée dans la nacelle (*voir la figure 7.23*). L'énergie produite est ensuite acheminée jusqu'aux consommateurs. Une éolienne de puissance de 1 MW (un mégawatt) fournit suffisamment d'électricité pour alimenter de 150 à 300 foyers.

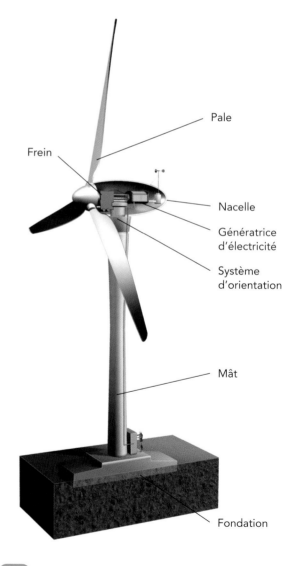

Frein

Pale

Nacelle

Génératrice d'électricité

Système d'orientation

Mât

Fondation

7.22 Un champ d'éoliennes en Gaspésie.

7.23 Les différentes parties d'une éolienne.

Comme le vent est une ressource renouvelable, les éoliennes sont souvent perçues comme une solution écologique pour combler nos besoins énergétiques. De plus, elles ne produisent aucun GAZ À EFFET DE SERRE durant leur vie active.

Néanmoins, l'utilisation d'éoliennes comporte des désavantages. D'une part, certains trouvent que ces hautes structures nuisent à la beauté du paysage, surtout lorsqu'elles sont concentrées sur un même territoire. D'autre part, il est impossible de prédire à quelle heure ou à quelle vitesse soufflera le vent, et on ne peut pas l'emmagasiner. Pour cette raison, les éoliennes sont généralement couplées à un autre système de production électrique, comme des barrages hydroélectriques. De cette façon, les barrages prennent le relais des éoliennes pour la production d'énergie électrique lorsqu'il n'y a pas de vent.

DES ÉOLIENNES EN VILLE

Produire de l'électricité en milieu urbain à l'aide d'éoliennes ? Est-ce possible ? Des concepteurs ont mis à l'essai des prototypes de petites éoliennes, qu'ils ont placées sur les toits de hauts immeubles. Le concept, au stade de la recherche, est très prometteur.

ST STE ATS 2 L'action du Soleil et de la Lune sur la Terre

Le Soleil et la Lune sont les deux astres du système solaire qui exercent le plus d'influence sur la Terre. Le Soleil est d'une importance capitale, car son émission d'énergie nous apporte lumière et chaleur. Par sa proximité avec la Terre, la Lune exerce une force gravitationnelle qui est à l'origine du phénomène des marées.

CONCEPTS DÉJÀ VUS

- Système solaire
- Spectre électromagnétique

ST STE ATS 2.1 L'ÉMISSION D'ÉNERGIE PAR LE SOLEIL

Le Soleil est une étoile composée de 75 % d'hydrogène (H) et de 25 % d'hélium (He). La température élevée du cœur de cette étoile, soit 15 millions de degrés Celsius, entraîne des RÉACTIONS NUCLÉAIRES qui transforment l'hydrogène en hélium. Cette activité solaire produit une énergie qui se disperse dans l'espace sous forme de rayonnement. C'est pourquoi le Soleil brille ! L'énergie solaire, transportée par les ondes électromagnétiques, ne met que 8 minutes pour franchir les 150 millions de kilomètres qui séparent le Soleil de la Terre.

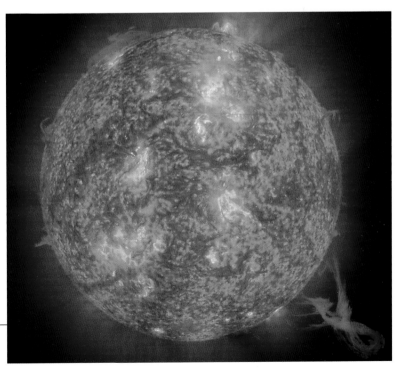

7.24

L'énergie produite par le Soleil provient de réactions nucléaires.

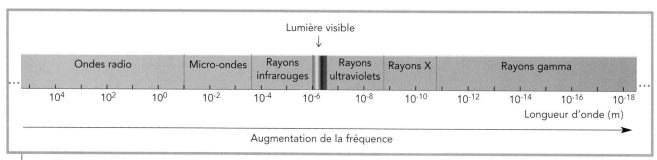

Lumière visible
↓

| Ondes radio | | | Micro-ondes | Rayons infrarouges | | Rayons ultraviolets | Rayons X | Rayons gamma | |

10^4 10^2 10^0 10^{-2} 10^{-4} 10^{-6} 10^{-8} 10^{-10} 10^{-12} 10^{-14} 10^{-16} 10^{-18}

Longueur d'onde (m)

→ Augmentation de la fréquence

7.25 Le spectre électromagnétique.

Le rayonnement émis par le Soleil correspond à toutes les ondes du spectre électromagnétique, mais il n'y a qu'une partie de ces ondes qui se rend jusqu'à la Terre. En effet, seules la lumière visible, une partie des rayons infrarouges et une infime partie des rayons ultraviolets parviennent jusqu'à la surface de la Terre.

«Infrarouge» est formé du mot latin infra, *qui signifie «au-dessous», pour indiquer que la fréquence de ces ondes est moindre que celle de la lumière rouge du spectre visible.*

«Ultraviolet» est formé du mot latin ultra, *qui signifie «au-delà de», pour indiquer que la fréquence de ces ondes est plus grande que celle de la lumière violette du spectre visible.*

Ces rayons réchauffent l'atmosphère, les océans et le sol. À cause de la courbure du globe, les régions tropicales reçoivent plus d'énergie solaire que les pôles. C'est ce qui explique les grands écarts de température entre l'équateur et les pôles. Ces différences de température créent des mouvements de l'atmosphère (des vents) et des courants marins, qui font circuler la chaleur de l'équateur vers les pôles. Cette répartition inégale des températures du globe est à l'origine de plusieurs phénomènes naturels.

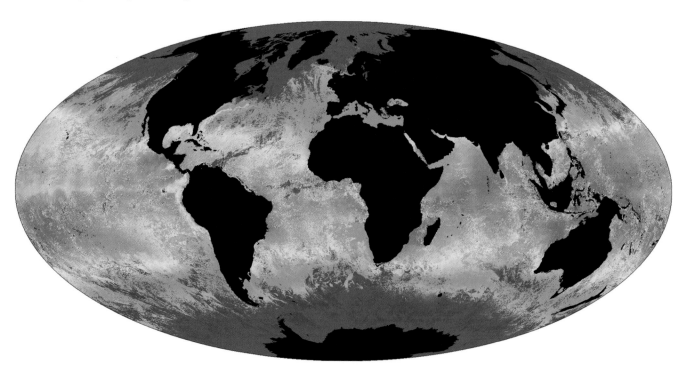

7.26 La température des océans mesurée par satellite. Les zones en rouge sont celles qui reçoivent le plus d'énergie solaire et les zones en mauve, celles qui en reçoivent le moins.

L'ÉNERGIE SOLAIRE

En une heure, la Terre reçoit suffisamment d'énergie du Soleil, sous forme de chaleur et de lumière, pour combler les besoins énergétiques de la planète pendant un an! Capter cette énergie et la transformer de façon qu'elle puisse répondre à nos besoins représente toutefois un immense défi.

▶ **L'ÉNERGIE SOLAIRE** est l'énergie que dispense le Soleil par son rayonnement à travers l'atmosphère.

Différentes technologies ont été mises au point pour profiter de l'énergie solaire:

- Les systèmes de chauffage passifs.

  Ces systèmes consistent à orienter les maisons, dès l'étape de leur conception, de façon qu'elles tirent le maximum de lumière et de chaleur du Soleil. Les rayons solaires pénètrent au travers de grandes fenêtres, majoritairement orientées vers le sud, et réchauffent l'air. À l'intérieur de la maison, des matériaux comme le béton absorbent l'énergie solaire excédentaire pour l'émettre, plus tard, quand le soleil se couche.

- Les cellules photovoltaïques.

  Elles servent à alimenter différents appareils ou des résidences en électricité. Les matériaux

  «Photovoltaïque» vient du mot grec photo, *qui signifie «lumière», et de «Volta», le nom de l'inventeur de la pile électrique.*

  qui composent ces cellules, souvent du silicium, mettent en mouvement des ÉLECTRONS lorsqu'ils sont frappés par la lumière. Ce mouvement d'électrons crée un courant électrique. Généralement, plusieurs cellules photovoltaïques sont reliées ensemble pour former de grands panneaux, qu'on trouve par exemple sur certaines maisons ou sur des satellites dans l'espace.

1564
1642

Galilée (Galileo Galilei)

Ce scientifique italien construisit une lunette d'approche qui lui permit d'observer des taches sur le Soleil ainsi que des montagnes et des cratères sur la Lune. Ses diverses observations montrèrent qu'il était impossible que la Terre soit au centre de l'Univers, ce qui était une idée révolutionnaire à son époque.

7.27 La Station spatiale internationale est pourvue d'immenses panneaux solaires photovoltaïques pour combler ses besoins en électricité.

● Les capteurs solaires.

Ils sont utilisés essentiellement pour chauffer l'air dans les bâtiments, pour chauffer l'eau des résidences ou l'eau des piscines. Il s'agit de grands panneaux de verre qui captent la chaleur des rayons solaires. Sous les panneaux se trouvent des conduites de cuivre remplies d'eau en circulation. L'eau se réchauffe au contact de la chaleur emmagasinée. Elle est ensuite envoyée vers des calorifères ou vers tout autre appareil de chauffage.

L'utilisation de l'énergie solaire à grande échelle est peu répandue. D'une part, les coûts de construction des systèmes de captage et de transformation sont très élevés. D'autre part, la quantité d'énergie disponible varie constamment, selon la position du Soleil dans le ciel et la présence de nuages.

7.28 Cette maison est conçue pour profiter de l'énergie solaire.

L'énergie solaire offre toutefois plusieurs avantages. D'abord, il s'agit d'une source d'énergie renouvelable, qui n'émet pas de gaz à effet de serre. Ensuite, l'énergie solaire permet d'alimenter des installations qui se trouvent dans des endroits isolés, où il n'existe pas de réseau de distribution électrique, dans le Grand Nord ou dans l'espace, par exemple.

ENVIRONNEMENT+

L'éco-construction

Ces dernières années, la prise de conscience des problèmes environnementaux a favorisé le développement de principes d'éco-construction. L'objectif de l'éco-construction est de construire ou de rénover des bâtiments en respectant l'environnement, tout en offrant un maximum de confort aux occupants.

D'abord, il s'agit de maximiser l'efficacité énergétique du bâtiment. Une isolation adéquate et l'utilisation des technologies d'énergie renouvelable telles que les panneaux solaires et les éoliennes sont des exemples de bons choix énergétiques.

Ensuite, il faut tenir compte du confort et de la santé des occupants. Les matériaux choisis ne doivent pas être toxiques. L'emploi du bois, de la céramique et des finis naturels, ainsi qu'une ventilation adéquate, évite les problèmes de santé reliés à l'humidité et aux poussières.

L'emploi de matériaux naturels comme le bois est l'un des principes de base en éco-construction.

Enfin, il faut éviter le gaspillage des matériaux de construction en réduisant la consommation de matériaux neufs, en réutilisant les anciens matériaux ou en utilisant des produits recyclés.

Ce ne sont là que quelques-uns des principes de l'éco-construction, un domaine qui ne cesse d'évoluer depuis quelques années.

2.2 LE SYSTÈME TERRE-LUNE

La Lune tourne autour de la Terre depuis des milliards d'années. Son diamètre moyen est de 3476 km, soit un peu plus du quart de celui de notre planète.

CONCEPT DÉJÀ VU
└ Gravitation universelle

L'analyse d'échantillons de roches lunaires, rapportés d'expéditions spatiales, a permis d'avancer une théorie sur les origines de cet astre. Il y a 4,6 milliards d'années, la Terre aurait été heurtée par une météorite aussi grosse que la planète Mars. L'impact aurait fait exploser une partie de la Terre. Les morceaux éparpillés dans l'espace se seraient ensuite réunis pour former la Lune.

La Lune ne fait pas que tourner autour de la Terre. Elle tourne aussi sur elle-même. Ces deux mouvements sont synchronisés. En effet, la Lune met 27,3 jours pour faire le tour de notre planète, soit exactement le même temps qu'il lui faut pour effectuer une rotation complète sur elle-même.

ST STE ATS LES MARÉES

Comme la Terre tourne sur elle-même, le côté de notre planète qui fait face à la Lune change au cours de la journée. Quoi qu'il en soit, un même phénomène s'opère toujours: les masses d'eau qui font face à la Lune sont attirées par l'astre lunaire. Résultat: les eaux se gonflent, formant un léger renflement en direction de la Lune (*voir la figure 7.29*). En effet, tout comme la Terre, la Lune exerce une force d'attraction sur les corps qui l'entourent, une FORCE GRAVITATIONNELLE.

Au même moment où se produit ce renflement, les eaux se gonflent aussi sur la face opposée de la Terre, celle qui est la plus éloignée de la Lune. Pourquoi? Parce que ces eaux sont moins attirées vers la Lune que la Terre elle-même.

LA TERRE AU RALENTI
À cause de l'attraction de la Lune sur la Terre et du phénomène des marées, la rotation de la Terre a ralenti au cours des âges. Ainsi, il y a 350 millions d'années, les jours duraient 22 heures et une année, 400 jours.

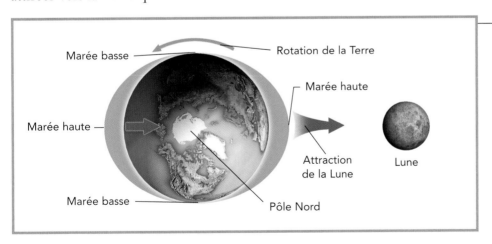

7.29 Deux marées hautes et deux marées basses surviennent chaque jour, à cause de la rotation de la Terre.

Ce phénomène d'attraction est responsable des marées. Les points du globe où il y a un renflement sont dits «à marée haute». Le niveau de l'eau est élevé. Les points du globe où il n'y a pas de renflement sont dits «à marée basse». Le niveau de l'eau est bas.

Puisque la Terre tourne sur elle-même en 24 heures et que la position de la Lune par rapport à la Terre ne change presque pas au cours d'une journée, les océans se gonflent 2 fois par jour: d'abord lorsqu'ils se trouvent du côté qui fait face à la Lune, ensuite lorsqu'ils se trouvent du côté opposé à la Lune. C'est pourquoi il y a deux marées hautes et deux marées basses par jour.

La différence entre le niveau de l'eau à marée basse et à marée haute est appelée «amplitude». Elle varie d'un endroit à un autre et d'une saison à l'autre. De nombreuses composantes influencent l'amplitude des marées, comme le découpage des côtes, la profondeur des eaux et la distance de la Lune ou du Soleil par rapport à la Terre.

En effet, la Lune n'est pas seule à attirer la Terre vers elle et à provoquer les marées. Le Soleil le fait aussi, mais dans une moindre mesure parce qu'il est très éloigné de la Terre (à environ 150 000 000 km). Lorsque le Soleil et la Lune sont alignés dans le même axe par rapport à la Terre, les marées ont une amplitude maximale, comme le montre la figure 7.31.

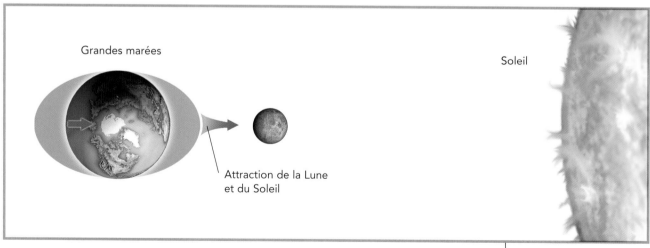

Grandes marées

Attraction de la Lune et du Soleil

Soleil

7.31 L'attraction des masses d'eau de la Terre par le Soleil joue un rôle dans l'amplitude des marées.

▶ La **MARÉE** est le mouvement ascendant puis descendant des eaux des mers et des océans. Elle est causée par la force gravitationnelle de la Lune, et par celle du Soleil dans une moindre mesure.

La baie de Fundy, située entre le Maine, le Nouveau-Brunswick et la Nouvelle-Écosse, possède des marées pouvant atteindre une amplitude de plus de 17 m! Ce sont les plus hautes marées du monde. De petites marées sont aussi observées dans les Grands Lacs et dans l'estuaire du Saint-Laurent.

ST STE ATS L'ÉNERGIE MARÉMOTRICE

La marée qui monte et redescend est dotée d'une puissante énergie que l'être humain a appris à convertir en électricité, en construisant des usines marémotrices.

> ▶ **L'ÉNERGIE MARÉMOTRICE est l'énergie que l'on tire de la force des marées qui montent et descendent.**

Comment fonctionnent les usines marémotrices? Un peu comme une usine hydroélectrique (*voir la figure 6.36, à la page 210*). Pendant que la marée monte, les eaux remplissent graduellement un immense bassin. Elles y restent prisonnières tandis que la marée redescend, ce qui crée une dénivellation entre le niveau des eaux dans le bassin et le niveau des eaux de la mer. Une porte s'ouvre, ce qui permet à l'eau piégée de sortir. Sur son passage, l'eau entraîne la rotation d'une turbine, qui génère un courant électrique.

Les avantages de l'énergie marémotrice sont nombreux. Son utilisation n'entraîne aucune émission de gaz à effet de serre. De plus, il s'agit d'une source d'énergie entièrement renouvelable. Par ailleurs, contrairement à l'énergie éolienne, elle est parfaitement prédictible, c'est-à-dire qu'on sait exactement à quelle heure la marée monte et redescend, grâce à l'étude de la position de la Lune et du Soleil.

Malgré ces avantages, la production d'électricité à partir de l'énergie marémotrice connaît plusieurs obstacles. La construction des usines est complexe et coûteuse, puisque les installations doivent résister aux conditions hostiles de l'océan. En plus, il existe peu de sites propices à la construction de telles usines dans le monde. Pour être efficace, l'usine doit pouvoir profiter d'une grande amplitude de marée, de 5 m au minimum.

UNIQUE EN AMÉRIQUE DU NORD

L'usine d'Annapolis, située en Nouvelle-Écosse, est la seule centrale marémotrice en Amérique du Nord. Elle se trouve entre la rivière Annapolis et la baie de Fundy. Elle exploite les fortes marées de cette baie depuis 1984.

VERDICT

ST 1 à 9, 12 à 17, 21 à 32, A, C et D.

STE 1 à 32, A à D.

ATS 1 à 9, 12 à 14, 21 à 32, A, C et D.

SE 1 à 11, 15 à 20, B, C et D.

1 L'atmosphère (p. 222-239)

1. Vrai ou faux ? Expliquez votre réponse.

a) L'atmosphère est la couche d'air de 30 km d'épaisseur qui entoure la Terre.

b) L'atmosphère est composée principalement de dioxygène.

c) L'atmosphère nous protège contre les rayons nocifs du Soleil.

2. À quelle couche de l'atmosphère correspond chacune des descriptions suivantes ?

a) Il s'agit de la couche la plus froide de l'atmosphère.

b) Les phénomènes météorologiques se produisent dans cette couche.

c) Elle abrite la couche d'ozone.

d) C'est la couche la plus chaude de l'atmosphère.

e) La plupart des satellites spatiaux circulent dans cette couche.

3. Le 23 octobre 2007, la navette spatiale *Discovery* a décollé du Centre spatial Kennedy, en Floride, pour aller livrer de l'équipement à la Station spatiale internationale. Nommez, dans l'ordre, les couches de l'atmosphère traversées par l'équipage.

4. Nommez trois caractéristiques de l'air qui sont importantes en météorologie.

5. Pour mesurer les caractéristiques de l'atmosphère en altitude, les météorologues emploient des ballons-sondes qui peuvent s'élever jusqu'à 30 km. Ces ballons sont dotés de matériel de mesure et de radars, qui envoient les données recueillies vers la Terre. En s'élevant, les ballons gonflés d'air prennent de l'expansion. Expliquez pourquoi.

6. Les particules d'air exercent-elles une pression plus faible ou plus forte quand la température augmente ? Expliquez votre réponse.

7. Qu'est-ce qui cause le vent ?

8. Une cycliste de haut niveau quitte Montréal et roule vers Québec. Au même moment, une cycliste de même calibre effectue ce trajet en sens inverse. Si un système de haute pression surplombe Montréal et qu'un système de basse pression se trouve au-dessus de Québec, qui arrivera en premier ? Expliquez votre réponse.

9. Qu'est-ce qui permet la répartition de la chaleur reçue du Soleil entre l'équateur et les pôles ? Expliquez votre réponse.

10. Le globe est ceinturé de grandes cellules de circulation à l'intérieur desquelles se déplacent les vents dominants. Combien y a-t-il de cellules de circulation au total ? Comment se nomment-elles ?

11. Un vol entre Montréal et Paris a duré 6 h 25 min. Au retour, le vol a duré 7 h 35 min. Pourquoi ?

12. À quoi chacune des descriptions suivantes correspond-elle ?

a) Une grande étendue atmosphérique dont la température et l'humidité sont relativement homogènes.

b) La limite d'une masse d'air froid qui percute une masse d'air chaud, et qui entraîne la formation de nuages épais, les cumulus.

c) La limite d'une masse d'air chaud qui percute une masse d'air froid, et qui entraîne la formation de nuages allongés et superposés en couches.

13. Observez bien la photo ci-dessous.

a) La région illustrée se trouve-t-elle dans une zone de basse pression atmosphérique ou de haute pression atmosphérique ?

b) Quel nom donne-t-on à une telle zone ?

c) Dans quel sens les vents tournent-ils si cette zone se trouve dans l'hémisphère Nord ?

d) Comment se nomme le phénomène inverse ?

14. En général, les vents soufflent-ils en ligne droite d'une zone de haute pression vers une zone de basse pression ? Pourquoi ?

15. Vrai au faux ? Expliquez votre réponse.

a) L'effet de serre est un phénomène récent, engendré par les activités humaines sur Terre.

b) En s'accumulant dans l'atmosphère, les gaz à effet de serre piègent de plus en plus de rayons ultraviolets.

c) Le déboisement entraîne une augmentation de l'effet de serre à cause de la libération de dioxyde de carbone lors de la décomposition des arbres coupés.

d) La photosynthèse par les végétaux joue un rôle majeur dans la stabilité des températures sur Terre.

16. Pour chacun des gaz à effet de serre suivants, nommez une source d'émission associée aux activités humaines.

a) Dioxyde de carbone (CO_2)

b) Méthane (CH_4)

c) Oxyde nitreux (N_2O)

17. La décomposition des déchets dans les sites d'enfouissement génère du méthane (CH_4). Dans plusieurs sites, on recueille ce gaz et on le brûle, pour le transformer en dioxyde de carbone (CO_2). Ce geste a-t-il un impact positif ou négatif sur l'environnement ? Expliquez votre réponse.

18. Expliquez la différence entre l'ozone troposphérique et l'ozone stratosphérique.

19. Quelles molécules sont principalement responsables de l'amincissement de la couche d'ozone ? À quels usages ont servi (ou servent encore) ces molécules ?

20. Observez bien la photo ci-dessous.

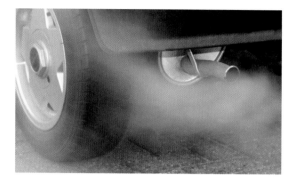

a) De quels gaz dégagés par les voitures l'ozone de la troposphère provient-il ?

b) Comment nomme-t-on l'épais brouillard de pollution que forment l'ozone et d'autres polluants atmosphériques dans certaines conditions ?

c) Ce brouillard a-t-il toujours la même composition ? Expliquez votre réponse.

21. Indiquez deux avantages et deux inconvénients associés à l'énergie éolienne.

② L'action du Soleil et de la Lune sur la Terre (p. 239-245)

22. Comment nomme-t-on les réactions qui transforment l'hydrogène en hélium au cœur du Soleil ?

23. Sous quelle forme l'énergie solaire nous parvient-elle sur la Terre ?

24. Quelles ondes électromagnétiques provenant du Soleil parviennent jusqu'à la Terre ?

25. Expliquez le sens de l'affirmation suivante : la courbure du globe est à l'origine de plusieurs phénomènes atmosphériques.

26. À quoi chacune des descriptions suivantes correspond-elle ?

a) Un grand panneau de verre qui capte la chaleur du Soleil et la transmet à un liquide qui circule sous sa surface.

b) Un dispositif qui convertit la lumière du Soleil en courant électrique.

27. Décrivez deux éléments qui font partie des systèmes de chauffage passif.

28. Indiquez deux avantages et deux inconvénients associés à l'énergie solaire.

29. À 11 h, Geneviève a laissé sa serviette et son livre sur la plage pour aller se promener. À son retour, une heure plus tard, ses effets personnels avaient été emportés par la marée. Elle est surprise : la veille, la marée était à son plus haut vers minuit. Comment peut-elle de nouveau être si haute ?

30. Vrai ou faux ? Expliquez votre réponse.

a) Les marées sont provoquées uniquement par l'attraction de la Lune.

b) À tout moment, il y a deux marées hautes et deux marées basses sur la Terre.

c) La force gravitationnelle de la Lune est due au fait qu'elle tourne sur elle-même.

31. Remettez dans le bon ordre les étapes suivantes, associées à la production d'énergie marémotrice.

– La marée descend.

– La marée monte.

– L'eau sort et fait tourner une turbine.

– Une porte s'ouvre.

– L'eau est captée dans un bassin.

32. Indiquez deux avantages et deux inconvénients associés à l'énergie marémotrice.

questions synthèses

A. Afin de faire sa part pour l'environnement, Sophie choisit de laisser sa voiture à la maison deux jours par semaine et de se rendre au bureau à pied. Avant de quitter son domicile, elle écoute la radio. Au bulletin météo, on annonce qu'une zone de haute pression s'est installée au-dessus de la ville où elle habite.

    a) Comment se nomme le système météorologique qui trône au-dessus de la ville ?

    b) Sophie devrait-elle songer à emporter un parapluie au bureau ? Expliquez votre réponse.

B. Répondez aux questions suivantes à l'aide de l'information donnée en A.

    a) Grâce à sa nouvelle routine, quels gaz polluants bien connus Sophie évite-t-elle d'émettre ?

    b) Quels problèmes environnementaux Sophie aide-t-elle ainsi à prévenir ?

    c) Les concitoyens de Sophie n'ont pas tous eu la même idée et des milliers d'automobilistes sont coincés dans les bouchons pour se rendre au centre-ville. Une fumée jaunâtre est visible au-dessus de la ville. Cette fumée devrait-elle disparaître au cours de la journée ? Expliquez votre réponse.

C. La famille Tremblay et la famille Therrien ont toutes les deux construit un chalet de chasse en région isolée, dans le nord du Québec. Le réseau électrique de la province ne dessert pas leurs chalets. Les Tremblay ont choisi de construire une petite éolienne pour subvenir à leurs besoins. Les Therrien ont installé des capteurs solaires et des panneaux photovoltaïques.

    a) Sur le plan des émissions de gaz à effet de serre, quelle famille affichera le bilan le plus avantageux ? Expliquez votre réponse.

    b) À quel problème fera face chacune des familles en ce qui concerne l'alimentation en énergie ?

    c) Les deux familles envisagent de coupler leurs systèmes de production pour créer un petit réseau qui alimenterait les deux chalets. Qu'en pensez-vous ? La solution est-elle parfaite ?

D. Préparez votre propre résumé du chapitre 7 en construisant un réseau de concepts.

COMMENT BÂTIR
UN RÉSEAU DE CONCEPTS

La qualité de l'air au Canada

LUTTER CONTRE LE SMOG, ÉTÉ COMME HIVER

Le smog rend l'air opaque, jaunâtre et nocif pour la santé. Il stagne dans les villes et occasionne des problèmes respiratoires comme la bronchite et l'asthme. Il peut aussi causer des allergies ainsi que des affections cardiaques et neurologiques. En 2006, le smog a été responsable de près de 6000 décès dans 8 grandes villes canadiennes, incluant Québec et Montréal. Le smog survient surtout l'été, mais le smog hivernal est en progression. Il est temps de réagir.

 CHAPITRE 7

AMÉLIORER LES MÉTHODES DE CHAUFFAGE

Outre les émissions des véhicules motorisés, le chauffage est une cause importante de la formation du smog. Au cours de l'hiver particulièrement froid de 1952, les habitants de Londres ont vécu un épisode majeur de smog. La fumée s'échappant des cheminées des habitations chauffées au charbon est restée emprisonnée au-dessus de la ville, triplant le nombre habituel de morts par jour pendant une semaine.

Encore aujourd'hui, la combustion du charbon demeure un problème. Elle produit des oxydes d'azote (NO_x) qui réagissent avec des gaz volatils pour former le principal constituant du smog : l'ozone troposphérique (O_3).

De nombreuses industries américaines et canadiennes hors Québec, notamment des centrales électriques, utilisent du charbon. Ces industries émettent des fumées qui sont ensuite transportées au Québec par les vents. De plus, les cendres volantes qu'elles produisent se mélangent à l'ozone troposphérique, ce qui favorise la formation du smog. Dans les entreprises, l'une des solutions consiste à recueillir ces cendres à la source à l'aide de dépoussiéreurs électrostatiques. On peut ensuite les utiliser pour le remblai des mines désaffectées ou dans la fabrication du ciment.

Le chauffage au bois est lui aussi à surveiller. En 2005, Montréal a subi neuf jours consécutifs de smog hivernal. Ce record est attribuable en majeure partie au chauffage au bois, utilisé dans plus de trois millions de résidences au Canada. À l'automne 2007, la Ville de Montréal demandait à ses citoyens de réduire ce type de chauffage au strict minimum, d'utiliser du bois sec et de ne jamais brûler de plastiques, de carton et de bois peint ou traité. Heureusement, les appareils de chauffage au bois sont de plus en plus efficaces et de moins en moins polluants. Cependant, certains suggèrent d'aller plus loin et de réglementer la vente de poêles à bois, comme cela s'est fait aux États-Unis.

D'autres efforts ont été entrepris pour réduire les émissions polluantes. En 2002, l'Accord entre le gouvernement du Canada et le gouvernement des États-Unis d'Amérique sur la qualité de l'air a été modifié

Le chauffage au bois est l'un des facteurs qui entraînent des épisodes de smog hivernal dans le sud du Québec.

pour ajouter une annexe spécialement consacrée à l'ozone troposphérique.

INTERPELLER LES DIRIGEANTS

Malgré les efforts, les ententes et les déclarations de bonne volonté de la part des gouvernements, le smog est toujours en progression. En mai 2007, on apprenait que l'Alberta ne serait pas obligée de réduire ses émissions de deux polluants (composés organiques volatils et oxydes d'azote) à l'origine du smog. Voilà un exemple montrant que ce problème complexe est loin d'être résolu. Néanmoins, les citoyens ne doivent pas oublier qu'ils ont le pouvoir d'orienter les décisions gouvernementales en matière d'environnement.

En attendant des résultats concrets, la prévention est de rigueur côté santé : Info-Smog, créé au Québec en 1994, fournit de l'information sur la qualité de l'air au jour le jour.

1. Au Québec, les taux de smog ont augmenté en moyenne de 15 % depuis le début des années 1990, essentiellement dans le sud de la province. Expliquez pourquoi.

2. Le Québec ne peut agir seul pour régler le problème du smog sur son territoire. Il doit collaborer avec ses voisins des autres provinces et les États américains. Expliquez pourquoi.

1995 — Conférence internationale sur les réserves de biosphère (à Séville)

1926 — Description des cycles biogéochimiques

1918 — Classification des climats du globe

1901 — Mise en évidence du processus de fixation de l'azote

1876 — Parution de volumes portant sur la répartition géographique des animaux

1875 — Création du terme «biosphère»

1805 — Parution d'un essai sur la géographie des plantes

1772 — Découverte de l'azote

1669 — Découverte du phosphore

1638 — Découverte du dioxyde de carbone

Les êtres vivants forment des ensembles divers sur notre planète. Ces ensembles dépendent du climat particulier à la zone habitée. Par exemple, les palmiers, les perroquets et les singes peuplent les régions chaudes. Les épinettes et les orignaux vivent plutôt dans les régions froides, comme au Canada. Toutefois, partout sur la Terre, la vie forme une boucle sans fin, dans laquelle la matière se recycle par divers processus. De quels processus s'agit-il exactement ? Comment fonctionnent-ils ? Quels sont les facteurs qui déterminent la diversité des formes de vie et des milieux sur la Terre ? L'étude de la biosphère, dont il sera question dans ce chapitre, apportera des réponses à ces questions.

La biosphère

ST STE ❶ Qu'est-ce que la biosphère ?

La Terre est composée de quatre «enveloppes»:

- la LITHOSPHÈRE (une enveloppe solide);
- l'HYDROSPHÈRE (une enveloppe d'eau);
- l'ATMOSPHÈRE (une enveloppe d'air);
- la biosphère (une enveloppe de vie).

> *«Biosphère» provient des mots grecs bios, qui signifie «vie», et sphaira, qui désigne un objet sphérique.*

CONCEPTS DÉJÀ VUS

- Atmosphère
- Hydrosphère
- Lithosphère

La biosphère correspond ainsi à l'ensemble des organismes vivants et des milieux où ils vivent. Toutes les formes de vie qui existent dans les trois autres enveloppes de la Terre font partie de la biosphère. Les sols et les sédiments de la lithosphère, les océans, les glaciers et les autres masses d'eau de l'hydrosphère, de même que les régions les plus basses de l'atmosphère sont des régions de la biosphère, dès lors que des êtres vivants peuvent y vivre.

> ▶ La **BIOSPHÈRE** est l'enveloppe de la Terre qui abrite l'ensemble des organismes vivants.

8.1 Les quatre enveloppes de la Terre sont présentes sur cette photo.

Au sein de la biosphère, les éléments chimiques essentiels à la vie circulent sans cesse. Ils sont engagés dans des boucles de recyclage infinies, les cycles biogéochimiques. La prochaine section de ce chapitre décrit ces cycles.

ST STE ② Les cycles biogéochimiques

Les organismes vivants ont besoin, pour vivre et se développer, d'ingérer des quantités relativement importantes de certains éléments essentiels, notamment le carbone, l'hydrogène, l'oxygène, l'azote, le phosphore et le soufre. Ces éléments se trouvent dans le sol et les roches, dans les gaz atmosphériques, de même que dans les tissus des végétaux et des animaux.

Les éléments passent constamment d'un milieu à un autre, d'une forme à une autre. On appelle cette circulation continuelle des éléments des «cycles biogéochimiques», car ces cycles regroupent à la fois des processus biologiques (comme la respiration ou la digestion), des processus géologiques (comme l'érosion des roches ou la sédimentation) et des processus chimiques (comme la combustion ou la synthèse).

> ▶ Un CYCLE BIOGÉOCHIMIQUE correspond à un ensemble de processus grâce auxquels un élément passe d'un milieu à un autre, puis retourne dans son milieu original, en suivant une boucle de recyclage infinie.

Les sections suivantes portent sur trois cycles biogéochimiques: le cycle du carbone, le cycle de l'azote et le cycle du phosphore.

LA POLLUTION ? ON L'ENTERRE !

Une technique révolutionnaire promet d'éliminer une partie du dioxyde de carbone (CO_2) qui est rejeté dans l'atmosphère et qui perturbe le cycle du carbone. Elle est testée à Weyburn, au sud-est de la Saskatchewan, où l'on exploite des puits de pétrole, dont plusieurs sont presque à sec.

À Weyburn, on emprisonne le CO_2 dans un gisement de pétrole.

Des scientifiques ont découvert le moyen d'emprisonner dans ce gisement 5500 tonnes de CO_2 par jour, issu d'une usine du Dakota du Nord et acheminé par pipeline jusqu'en Saskatchewan. C'est l'équivalent de ce que 107 000 Canadiens rejettent quotidiennement dans l'atmosphère !

Si l'expérience remplit ses promesses, ce sera le coup double rêvé pour l'industrie pétrolière. D'un côté, elle diminuera les émissions de CO_2 dans l'atmosphère. De l'autre, elle prolongera l'exploitation des gisements, car l'injection de CO_2 en profondeur permet d'extraire du pétrole qui, avec les techniques traditionnelles, resterait sous terre.

Toutefois, il reste à s'assurer que la technique est sans danger et efficace à long terme.

Adapté de: Valérie BORDE, «La pollution ? On l'enterre !», *L'Actualité*, vol. 31, n° 14, 15 septembre 2006, p. 46.

ST STE 2.1 LE CYCLE DU CARBONE

Le carbone (C) est l'élément de base des molécules complexes, comme les protéines, les lipides et les glucides, qui servent à la construction des tissus des organismes vivants. Le carbone entre aussi dans la formation de molécules telles que le dioxyde de carbone (CO_2) et le méthane (CH_4), deux gaz présents en petites quantités dans l'atmosphère terrestre.

Les atomes de carbone font l'objet d'un échange permanent entre les organismes vivants, les organismes morts, l'atmosphère, les océans, les roches et le sol. C'est ce qu'on appelle le «cycle du carbone» (*voir la figure 8.2*).

CONCEPTS DÉJÀ VUS

- Photosynthèse et respiration
- Plaque tectonique
- Volcan

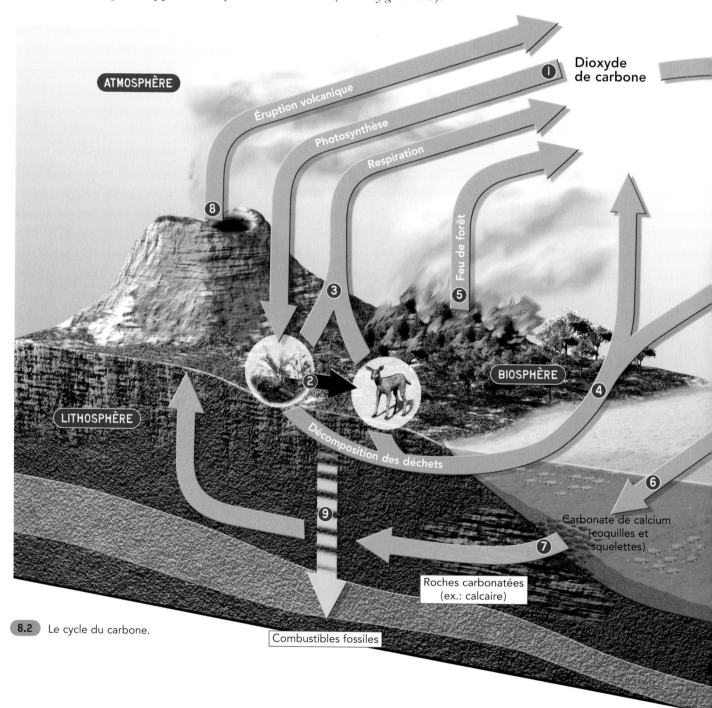

ATMOSPHÈRE

Éruption volcanique

Photosynthèse

Respiration

Dioxyde de carbone

Feu de forêt

BIOSPHÈRE

LITHOSPHÈRE

Décomposition des déchets

Carbonate de calcium (coquilles et squelettes)

Roches carbonatées (ex.: calcaire)

Combustibles fossiles

8.2 Le cycle du carbone.

> ● Le CYCLE DU CARBONE est un cycle biogéochimique qui correspond à l'ensemble des échanges de carbone sur la planète.

Les activités humaines, tout particulièrement depuis l'avènement de l'ère industrielle, à la fin du 19ᵉ siècle, ont brisé l'équilibre naturel du cycle du carbone. La combustion des carburants fossiles, utile à la propulsion des voitures et à l'activation de plusieurs procédés industriels, a pour effet de transférer une importante quantité de dioxyde de carbone vers l'atmosphère. L'émission accélérée de méthane, à cause notamment de la décomposition des déchets engendrés par les êtres humains, met également en péril l'équilibre du cycle.

Méthane

HYDROSPHÈRE

❶ **La photosynthèse:** les végétaux utilisent l'énergie solaire pour capter le dioxyde de carbone en suspension dans l'atmosphère ou dissous dans l'eau. Le dioxyde de carbone est ainsi transformé en glucose, une molécule complexe qui sert de source d'énergie, notamment pour la fabrication des tissus des végétaux.

❷ **La consommation:** pour ingérer le carbone nécessaire à leur croissance, les animaux mangent des végétaux (s'ils sont herbivores) ou d'autres animaux (s'ils sont carnivores).

❸ **La respiration:** lorsque les êtres vivants respirent, une partie du carbone qu'ils ont ingéré retourne dans l'atmosphère sous forme de dioxyde de carbone.

❹ **La décomposition des déchets:** la portion du carbone qui n'est pas dégagée par la respiration s'élimine dans les déchets végétaux et animaux (urine, selles, organismes morts, etc.). Ceux-ci sont décomposés par des organismes qu'on appelle les «décomposeurs», ce qui produit du dioxyde de carbone et du méthane.

❺ **Les feux de forêt:** ils dégagent de grandes quantités de carbone dans l'atmosphère. Sous l'action de la combustion, le carbone contenu dans les troncs et les feuilles des arbres se transforme en dioxyde de carbone.

❻ **Les coquilles et les squelettes:** une portion du dioxyde de carbone dissous dans l'eau réagit avec des molécules d'eau, puis avec du calcium, et devient du carbonate de calcium. Cette substance entre dans la composition des coquilles et squelettes des organismes marins.

❼ **Les roches carbonatées:** le carbonate de calcium des coquilles et des squelettes qui tombe au fond des océans et qui s'accumule dans les sédiments se transforme pour donner naissance à des roches carbonatées (contenant des carbonates). Ces dernières suivent le mouvement des plaques tectoniques et peuvent éventuellement être ramenées à la surface.

❽ **Les éruptions volcaniques:** certaines roches carbonatées peuvent fondre au contact du magma. Une fraction du carbone qu'elles renfermaient retourne dans l'atmosphère sous forme de dioxyde de carbone, lors d'éruptions volcaniques.

❾ **Les combustibles fossiles:** lorsque les organismes morts tombent au fond des océans, le carbone qu'ils contenaient peut demeurer enfoui dans les sédiments. Il se transforme parfois en combustibles fossiles, comme le charbon et le pétrole. Ce processus prend des centaines de millions d'années.

Les organismes vivants ont besoin d'azote (N), notamment pour fabriquer des protéines et de l'ADN. Cependant, la plupart d'entre eux ne peuvent utiliser le diazote (N_2), le gaz le plus abondant de l'atmosphère terrestre (l'air en contient 78%). Ils ont besoin de bactéries capables de transformer l'azote de l'atmosphère en ammoniac (NH_3), en ammonium (NH_4^+), en nitrites (NO_2^-) ou en nitrates (NO_3^-). C'est grâce à son cycle biogéochimique que l'azote peut passer d'une forme à une autre. La figure 8.3 décrit le cycle de l'azote. Il est à noter que les mêmes processus se produisent dans la lithosphère et dans l'hydrosphère.

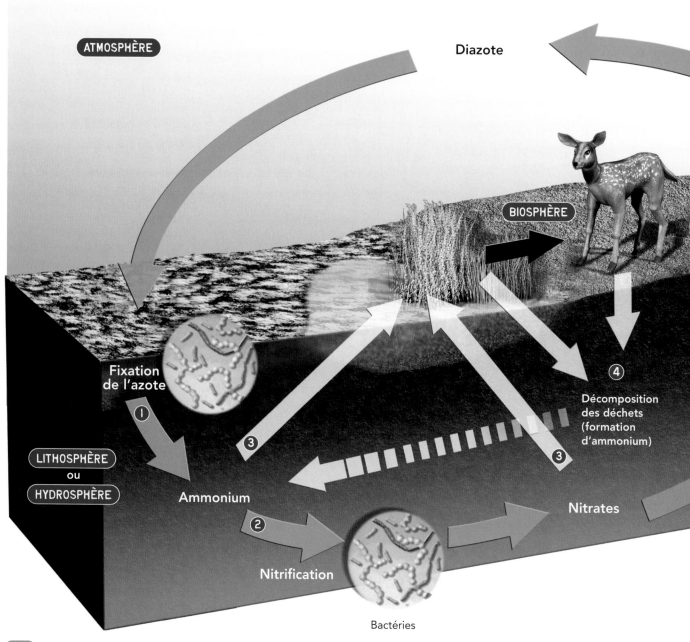

8.3 Le cycle de l'azote.

▶ Le **CYCLE DE L'AZOTE** est un cycle biogéochimique qui correspond à l'ensemble des échanges d'azote sur la planète.

Plusieurs facteurs naturels, dont la température, le taux d'humidité et le pH, peuvent modifier le cycle de l'azote. L'impact des activités humaines est cependant beaucoup plus important. Pour améliorer le rendement des champs agricoles, on épand sur les terres des engrais riches en ammoniac, en ammonium et en nitrates. Des composés azotés s'écoulent aussi dans les effluents de plusieurs usines. Des surplus d'azote altèrent l'équilibre des sols et, à long terme, nuisent à la croissance des végétaux.

DES PLANTES INGÉNIEUSES

Les plantes carnivores vivent dans des milieux pauvres en azote (marais, tourbières, parois rocheuses, etc.). Pour se procurer l'azote dont elles ont besoin, elles attrapent des insectes à l'aide de structures collantes, remplies de liquide ou à ressort, et elles les digèrent grâce à des enzymes.

11

❶ La fixation de l'azote : certaines bactéries du sol ou de l'eau captent le diazote de l'atmosphère et le transforment en ammoniac. Une portion de l'ammoniac réagit avec de l'hydrogène pour former de l'ammonium.

❷ La nitrification : des bactéries oxydent l'ammonium pour former des nitrites. D'autres bactéries oxydent les nitrites pour former des nitrates.

❸ L'absorption d'azote par les végétaux et les animaux : les végétaux sont capables de puiser l'ammonium et les nitrates dans le sol ou dans l'eau. Les végétaux représentent la seule source d'azote disponible pour les animaux herbivores. En effet, ces derniers ingèrent leur azote en mangeant des végétaux. Les carnivores, eux, ingèrent leur azote en mangeant les herbivores ou d'autres animaux.

❹ La décomposition des déchets : certaines bactéries et certains champignons décomposent les substances qui contiennent de l'azote dans les déchets végétaux et animaux (urine, selles, organismes morts, etc.). Ils produisent de l'ammoniac, qui se dissout pour former de l'ammonium.

❺ La dénitrification : certaines bactéries transforment les nitrates en diazote, qui retourne dans l'atmosphère.

⑤ **Dénitrification**

2.3 LE CYCLE DU PHOSPHORE

Comme le carbone et l'azote, le phosphore (P) est un élément essentiel à la vie. Il sert, notamment, de matériau de base à l'ADN. En outre, plusieurs animaux ont besoin de phosphore pour fabriquer leurs coquilles, leurs os et leurs dents. Le phosphore est constamment échangé entre la lithosphère, l'hydrosphère et les organismes vivants, sous forme de phosphates (PO_4^{3-}). La figure 8.4 décrit le cycle du phosphore.

CONCEPT DÉJÀ VU

Érosion

> ▶ Le **CYCLE DU PHOSPHORE** est un cycle biogéochimique qui correspond à l'ensemble des échanges de phosphore sur la planète.

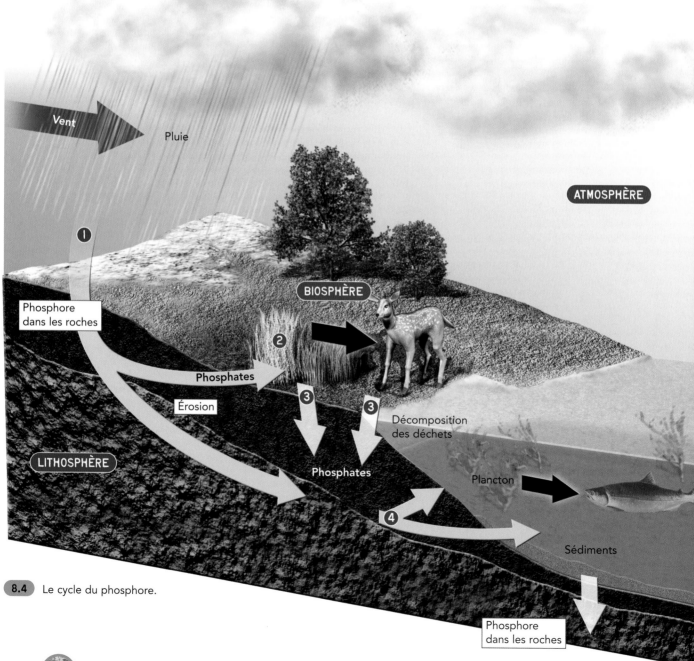

8.4 Le cycle du phosphore.

Le cycle naturel du phosphore est déstabilisé par les activités humaines, en raison de l'épandage de grandes quantités d'engrais riches en phosphates sur les terres agricoles. De même, le rejet de résidus de savons phosphatés dans les eaux usées des résidences et des industries entraîne un déséquilibre dans ce cycle biogéochimique. Un excès de phosphore dans les rivières, les lacs et les eaux marines côtières accélère la croissance des algues. Cet excès favorise le processus d'EUTROPHISATION des milieux aquatiques, c'est-à-dire une baisse de la concentration de dioxygène en eaux profondes, à cause d'un excès de substances nutritives.

DES PARTICULES VOYAGEUSES

L'érosion par le vent contribue à transporter du phosphore contenu dans les sols sablonneux. Le phosphore peut ainsi voyager entre des zones aussi éloignées l'une de l'autre que le désert du Sahara (au nord de l'Afrique) et l'Amazonie (en Amérique du Sud)!

❶ L'érosion: dans la nature, le phosphore est surtout présent dans les roches. Lorsque ces dernières sont soumises à l'action du vent et de la pluie, une petite quantité de phosphore s'échappe, généralement sous forme de phosphates.

❷ L'absorption par les êtres vivants: les végétaux peuvent rapidement absorber les phosphates, nécessaires à leur croissance. Les herbivores ingèrent des phosphates en mangeant des végétaux. Les carnivores ferment la marche, en mangeant les herbivores ou d'autres animaux.

❸ La décomposition des déchets: les phosphates ingérés retournent dans le sol. En effet, tous les animaux rejettent des phosphates dans leurs selles et dans leur urine. En outre, la dégradation des animaux et des végétaux morts par les décomposeurs libère des phosphates.

❹ La prolifération du plancton et la sédimentation: des phosphates provenant des roches ou excrétés par les animaux et les décomposeurs rejoignent les océans. Une fraction favorise la prolifération du plancton, des petits organismes qui vivent en suspension dans l'eau et qui servent de nourriture à plusieurs organismes marins. Une autre partie tombe au fond des plans d'eau et se mélange aux sédiments. Très lentement, sur des millions d'années, ce mélange forme des roches et le phosphore retrouve sa forme d'origine.

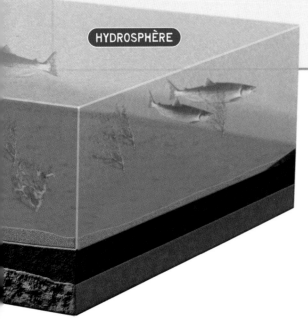

HYDROSPHÈRE

ST STE ATS ③ Les biomes

La biosphère n'est pas uniforme à l'échelle de la planète. Elle est divisée en grandes régions climatiques, chacune caractérisée par une faune et une flore typiques. On nomme ces régions des «biomes».

▶ **Les BIOMES correspondent aux grandes régions de la planète qui se différencient par leur climat, leur faune et leur végétation.**

On divise généralement les biomes en deux grandes catégories : les biomes terrestres et les biomes aquatiques. Nous nous attarderons à décrire les principaux biomes appartenant à chaque catégorie dans les sections 3.2 et 3.3. Mais d'abord, nous verrons brièvement, dans la section suivante, quels sont les facteurs qui influent sur la distribution des biomes.

CONCEPTS DÉJÀ VUS

- Espèce
- Habitat
- Adaptations physiques et comportementales
- Cycle du jour et de la nuit
- Relief
- Saisons
- Types de sols
- Eau (répartition)
- Cycle de l'eau

ST STE ATS 3.1 LES FACTEURS DÉTERMINANT LA DISTRIBUTION DES BIOMES

La répartition des biomes sur la planète et les espèces qui les composent dépendent de plusieurs facteurs. Ces facteurs sont différents selon qu'il s'agit de biomes terrestres ou de biomes aquatiques, comme le montre le tableau 8.5.

8.5 QUELQUES FACTEURS QUI DÉTERMINENT LA DISTRIBUTION DES BIOMES

Biomes terrestres	Biomes aquatiques
Latitude	Salinité
Altitude	Turbidité (limpidité de l'eau)
Température	Température
Précipitations	Sens et force du courant
Type de sol	Présence de dioxygène (O_2) et de dioxyde de carbone (CO_2) pour la respiration et la photosynthèse
Énergie solaire (durée et quantité d'ensoleillement)	Énergie solaire (durée et quantité d'ensoleillement)
Vents	Substances nutritives (type, quantité, etc.)
Proximité d'étendues d'eau	Profondeur de l'eau

Les facteurs énumérés dans le tableau ci-dessus déterminent les espèces végétales et les espèces animales qui peuvent vivre dans un biome. Par exemple, certaines espèces de végétaux ont besoin de beaucoup d'eau : elles s'installeront dans un milieu où les précipitations sont abondantes, ou près d'un cours d'eau. Pour ce qui est des biomes aquatiques, le degré de salinité est un facteur important : certaines espèces aquatiques sont mieux adaptées à vivre dans l'eau douce et d'autres, dans l'eau salée.

262   CHAPITRE 8

8.6 Les nymphéas, comme les plantes illustrées sur cette photo, ne peuvent vivre que dans des biomes d'eau douce, dans de la vase peu profonde qui leur permet de s'enraciner. Les grenouilles léopards ne peuvent vivre que dans des biomes d'eau douce ou dans des forêts ou des prairies humides.

Dans les sections suivantes, nous verrons plus en détail comment ces facteurs varient dans les divers types de biomes.

ST STE 3.2 LES BIOMES TERRESTRES

LABO
N° 62

Les biomes terrestres sont principalement caractérisés par la température et les précipitations. En effet, ces facteurs déterminent les espèces végétales qui peuvent vivre dans un milieu. Par la suite, les espèces végétales déterminent les espèces animales qui peuvent habiter ce même milieu.

La carte 8.8 montre les principaux biomes terrestres, que nous étudierons tout au long de cette section.

8.7 Les écureuils roux habitent deux biomes terrestres : les forêts boréales et les forêts tempérées. Cela est dû à la présence d'espèces végétales qui leur fournissent leur nourriture préférée (graines, noix, cônes, écorce, samares, etc.). De plus, ils ont besoin d'arbres pour faire leurs nids.

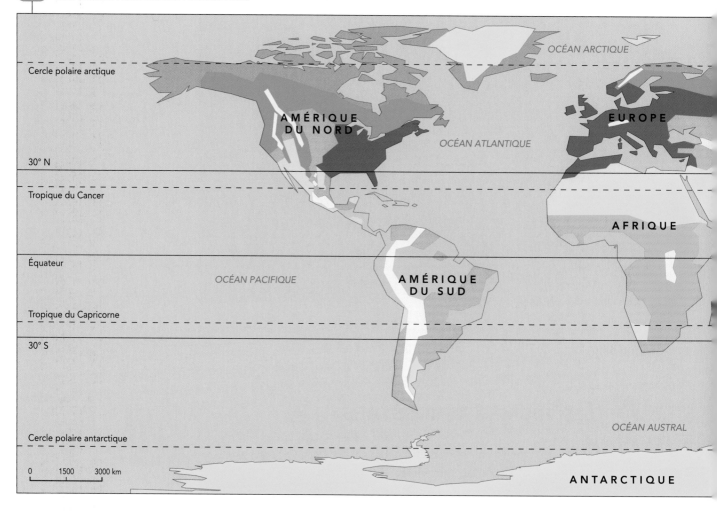

Cercle polaire arctique

OCÉAN ARCTIQUE

AMÉRIQUE
DU NORD

EUROPE

OCÉAN ATLANTIQUE

30° N

Tropique du Cancer

AFRIQUE

Équateur

OCÉAN PACIFIQUE

AMÉRIQUE
DU SUD

Tropique du Capricorne

30° S

OCÉAN AUSTRAL

Cercle polaire antarctique

0   1500   3000 km

ANTARCTIQUE

ST STE LES FORÊTS TROPICALES

Les forêts tropicales se situent de part et d'autre de l'équateur, essentiellement entre le tropique du Cancer et le tropique du Capricorne. À ces latitudes, la température moyenne annuelle varie entre 20 °C et 34 °C.

Selon le climat et le type de sol, les forêts tropicales peuvent être sèches ou humides. Dans les forêts tropicales sèches, une saison sèche alterne généralement avec une saison des pluies. Dans les forêts tropicales humides, il n'y a pas de saison sèche et les pluies sont abondantes tout au long de l'année. Il peut y tomber jusqu'à 10 m de pluie par année à certains endroits! Les forêts tropicales sèches se trouvent surtout en Afrique et les forêts tropicales humides, en Amérique du Sud et en Asie.

8.9 Une forêt tropicale humide.

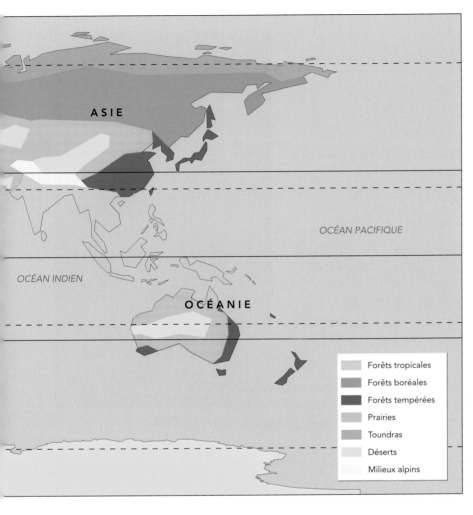

ASIE

OCÉAN PACIFIQUE

OCÉAN INDIEN

OCÉANIE

- Forêts tropicales
- Forêts boréales
- Forêts tempérées
- Prairies
- Toundras
- Déserts
- Milieux alpins

1846
1940

Wladimir Köppen

En 1918, ce climatologue et botaniste allemand élabore un système de classification des climats: climats tropicaux, climats arides, climats tempérés chauds, climats tempérés froids et climats polaires. Encore aujourd'hui, ces grandes divisions permettent de définir les biomes terrestres.

Bien qu'elles occupent moins de 10 % des terres émergées, les forêts tropicales humides abritent de 50 % à 80 % des espèces animales et végétales terrestres.

Malheureusement, les forêts tropicales sont menacées. Depuis 30 ans, des millions d'hectares ont été détruits. Les forêts sont brûlées ou coupées principalement pour convertir les terres en zones agricoles, ou encore pour exploiter le bois. Ce déboisement entraîne de lourdes conséquences aussi bien pour la faune et la flore que pour l'être humain. En effet, en plus d'abriter une riche BIODIVERSITÉ, les forêts tropicales jouent un rôle essentiel dans la régulation du climat mondial.

8.10 Les singes, comme ces orangs-outans, sont des espèces caractéristiques des forêts tropicales.

LES FORÊTS BORÉALES

Les forêts boréales représentent un peu plus du quart des forêts mondiales. Elles dessinent une ceinture de verdure au-dessous du cercle polaire, dans l'hémisphère Nord. Elles couvrent la majeure partie des terres du Canada et du nord de la Russie.

«Boréal» provient du mot latin borealis, qui signifie «nord».

Les forêts boréales sont composées de conifères, principalement d'épinettes noires, et d'un tapis de mousses et de lichens. Ce biome est également caractérisé par ses nombreux lacs et marais. Malgré un sol acide, mince et pauvre en nutriments, et des hivers longs et froids, la croissance des végétaux y est importante. Les arbres profitent des longues heures d'ensoleillement en été pour pousser (jusqu'à 18 heures par jour dans certaines régions). Ils absorbent l'eau et les minéraux du sol grâce à un vaste réseau de racines. Ces forêts denses abritent une faune variée et représentent une importante source de matières premières pour l'être humain. Le bois qu'on en tire sert à la fabrication de maisons, de meubles, de cartons et de papiers.

L'équilibre des forêts boréales est menacé par les perturbations naturelles, comme les incendies, les insectes et les maladies, mais surtout par les perturbations d'origine humaine, comme les coupes forestières.

8.11 Une forêt boréale.

ENVIRONNEMENT+

La tordeuse, hantise des forestiers

La tordeuse des bourgeons de l'épinette ne mesure que quelques millimètres à son état larvaire. Et pourtant, l'insecte est l'un des plus grands adversaires des forestiers. Au cours des années 1970, au Québec uniquement, elle a dévasté 235 millions de mètres cubes de bois. L'équivalent de 10 années de récoltes pour l'industrie forestière !

La tordeuse est présente dans toutes les forêts de conifères du Canada. En temps normal, elle ne cause pas trop de dommages. Mais tous les 30 ans environ, la population augmente de façon importante et déclenche une épidémie. À l'état de larve (avant qu'elle se transforme en chenille, puis en papillon gris tacheté de blanc), la tordeuse se nourrit goulûment des aiguilles et des bourgeons

Des tordeuses des bourgeons de l'épinette.

des arbres. Après quatre ou cinq années de dommages, l'arbre attaqué finit généralement par mourir. Contrairement à ce que son nom indique, la tordeuse préfère le sapin baumier à l'épinette.

Les forestiers s'attendent à ce qu'une épidémie survienne dans les prochaines années. Cette fois, les scientifiques disposent de meilleurs outils pour la combattre, dont des pesticides biologiques.

LES FORÊTS TEMPÉRÉES

On trouve les forêts ⎢tempérées⎢ dans le sud du Canada, aux États-Unis et en Europe. Elles couvrent aussi une partie de l'Asie. Dans les régions plus nordiques telles que le Québec, les forêts

«Tempéré» vient du mot latin temperare, *qui signifie* «mélangé».

tempérées sont composées d'un mélange de feuillus comme les érables, les hêtres et les bouleaux, et de conifères. Plus au sud, ce sont surtout des forêts de feuillus.

8.12 Une forêt tempérée, en automne.

Au Canada, les forêts tempérées occupent le territoire des Grands Lacs et la vallée du Saint-Laurent, là où la moyenne annuelle des températures est de 8 °C à 10 °C et où les précipitations sont abondantes tout au long de l'année.

Grâce aux feuilles mortes qui se décomposent, le sol est riche en éléments nutritifs. Il permet ainsi aux végétaux de croître rapidement et de former une forêt dense divisée en strates. Au niveau du sol poussent les herbacées, puis les arbustes, et finalement les arbres. Cette végétation abrite de nombreux mammifères tels que les ours noirs, les écureuils et les ratons laveurs.

Étant donné leur situation géographique, les forêts tempérées ont été considérablement détruites par la présence humaine. Aujourd'hui, de grands centres urbains comme Montréal et Toronto occupent le territoire autrefois peuplé par les forêts tempérées et de nombreuses terres sont utilisées à des fins agricoles. La forêt d'origine est très rare.

8.13 Les porcs-épics fréquentent les forêts tempérées du Québec.

LES PRAIRIES

Les prairies occupent une grande partie du centre de l'Amérique du Nord. Ces étendues couvertes d'herbes existent toutefois un peu partout dans le monde, là où il ne pleut pas suffisamment pour favoriser la croissance des arbres, mais assez pour éviter la formation de déserts.

L'une des particularités de ce biome réside dans sa capacité à survivre aux incendies, à la sécheresse et au fauchage. En effet, contrairement aux autres végétaux, les herbes consacrent beaucoup plus d'énergie à développer leurs racines que leurs tiges. Elles poussent et se reproduisent donc rapidement grâce à leurs réserves enfouies dans le sol.

8.14 Une prairie tempérée, en Alberta.

On peut distinguer principalement trois types de prairies :

● Les prairies tempérées. Les étés y sont souvent chauds et les hivers, longs et froids. Les plus vastes prairies tempérées se trouvent en Amérique du Nord, en Asie et en Amérique du Sud.

● Les savanes. Ces prairies tropicales ou subtropicales s'étendent dans des régions où il fait chaud toute l'année comme en Afrique, mais aussi en Océanie et dans le nord de l'Amérique du Sud.

● Les prairies artificielles. Elles ont graduellement remplacé les prairies d'origine au fil des siècles. En effet, avec le développement de l'agriculture, de nombreux territoires sont devenus des champs cultivés. En Amérique du Nord, plus de 90% des prairies ont été transformées en terres agricoles.

8.15 Une savane, en Afrique.

LES TOUNDRAS

ST STE

Au nord des forêts boréales, les toundras forment une ceinture de végétation autour du pôle Nord, de plus de 8 millions de kilomètres carrés, soit 6 % des terres émergées. L'Extrême Nord canadien est recouvert par la toundra.

> «Toundra» vient du mot finnois tunturi, *qui signifie* «terre dénudée».

8.16 La toundra, au Yukon.

La toundra se compose essentiellement d'herbes, d'arbustes rabougris, de mousses et de lichens. Les hivers longs et froids et les étés très courts ralentissent la croissance des végétaux. Même durant les mois d'été où la température moyenne atteint 10 °C, le sol ne dégèle pas complètement. Une mince couche d'environ un mètre se réchauffe au soleil alors que la couche profonde, le PERGÉLISOL, reste gelée en permanence.

Malgré la courte période de végétation, les oiseaux migrateurs viennent en grand nombre passer la saison estivale dans la toundra, pour se nourrir et se reproduire. Aussi, des animaux adaptés aux conditions climatiques extrêmes, comme le caribou, le renard arctique et le lemming, y demeurent toute l'année. Les milieux et les espèces qui y vivent sont particulièrement menacés par les changements climatiques. En effet, en moyenne, l'Arctique se réchauffe deux fois plus vite que le reste de la planète.

> «Arctique» vient du mot grec arktos, *qui signifie* «ours».

8.17 Le harfang des neiges se reproduit dans la toundra arctique, où il passe l'été. Il descend plus au sud en hiver.

Les déserts couvrent environ un tiers de la surface des continents. Ces zones, peu propices à la vie en raison de faibles précipitations et de températures extrêmes, se rencontrent sous toutes les latitudes. Il existe des déserts froids, comme les déserts de glace de l'Arctique, des déserts chauds, des déserts de sable, de cailloux, etc. Les caractéristiques communes des déserts sont :

- Des précipitations inférieures à 25 cm par an. Par exemple, le désert d'Atacama, en Amérique du Sud, reçoit moins de 1,5 cm d'eau par an !

- Des températures très élevées ou très basses. Elles ont déjà atteint 52,5 °C dans le désert de Thar, en Asie, et –89 °C en Antarctique !

- Une végétation rare.

- Quelques animaux, adaptés aux conditions désertiques.

DES RACINES PERFORMANTES

Dans le désert de Sonora (à la limite des États-Unis et du Mexique), le saguaro, un cactus mesurant jusqu'à 15 m, peut absorber 800 L d'eau lors d'une averse grâce à ses racines. De plus, ses tiges peuvent se gonfler et conserver l'eau pour ses besoins futurs. 📖 12

8.18 Le Sahara, le plus vaste désert du monde.

Les déserts chauds et arides comme le [Sahara], en Afrique, connaissent des écarts de température très importants entre le jour et la nuit. En effet, l'absence de nuages et d'humidité dans l'air favorise le passage

«Sahara» vient du mot arabe Ar-Sahhra, qui signifie «désert».

des rayons du soleil, qui chauffent le sol. Cependant, dès le coucher du soleil, le thermomètre chute et s'abaisse parfois au-dessous de 0 °C. Cet écart est aussi dû à l'absence d'eau. En effet, l'eau a la capacité de retenir la chaleur, ce qui permet de diminuer les écarts de température.

LE RETOUR DES ANTILOPES DANS LE DÉSERT

Animaux emblématiques des déserts africains du Sahel et du Sahara, l'addax et l'oryx, deux espèces d'antilopes, ne vivent plus que dans des zoos et des parcs protégés. Un programme lancé en Tunisie promet de les ramener sur les pistes de la liberté.

En effet, les autorités tunisiennes ont organisé le déplacement de 30 antilopes d'un parc où elles se reproduisent en semi-captivité vers 3 autres parcs nationaux. Il s'agissait de la première étape d'un ambitieux programme de réintroduction dans la zone sahélo-saharienne.

Vingt addax et dix oryx ont été endormis, puis transportés par camion. Les bêtes vont peu à peu s'acclimater à leur environnement avant de rejoindre des espaces de plus en plus vastes. Dans quelques années, elles évolueront en pleine nature sauvage.

Adapté de : Laure NOUALHAT, «Antilopes: le retour au désert», *Libération*, 10 mars 2007, p. 37 à 39.

L'oryx est un animal du désert qu'on ne trouve plus à l'état sauvage.

ST STE LES MILIEUX ALPINS

Les milieux alpins sont définis en fonction de l'altitude plutôt qu'en fonction de la latitude. Ils sont présents un peu partout sur la planète. Les montagnes Rocheuses, en Amérique du Nord, la cordillère des Andes, en Amérique du Sud, et la chaîne de l'Himalaya, en Asie, sont quelques exemples des plus hautes chaînes de montagnes que l'on peut considérer comme des milieux alpins.

Plus on s'élève en altitude, plus la température moyenne diminue, soit d'environ 0,6 °C par 100 m. Ce changement de température, comparable à celui induit par la latitude, façonne le paysage en étages de végétation. On passe ainsi d'une forêt de feuillus au bas de la montagne à une forêt de conifères, puis à une végétation de toundra et de désert neigeux au sommet.

- L'étage collinéen se situe à moins de 1300 m d'altitude. C'est l'étage où l'être humain vit habituellement. On y observe des cultures céréalières, mais aussi des forêts de feuillus.

- L'étage montagnard se trouve entre 1300 m et 1800 m. À cette altitude, les conifères remplacent petit à petit les feuillus, qui s'adaptent moins bien au froid. La température annuelle moyenne est de 8 °C à 15 °C.

- L'étage subalpin occupe les terres comprises entre 1800 m et 2400 m. C'est le dernier étage forestier. Les conifères y sont moins nombreux. La moyenne des températures annuelles se maintient autour du point de congélation et le sol reste gelé plus de la moitié de l'année.

Étage nival

Étage montagnard

Étage collinéen

8.19 Le milieu alpin est caractérisé par un changement de végétation en fonction de l'altitude.

- À l'étage alpin, à partir de 2400 m, seuls les arbustes et les herbes subsistent. La période de végétation est de deux à trois mois et il fait froid pratiquement toute l'année.

- L'étage nival succède à l'étage alpin. Il se situe généralement au-delà de 3000 m d'altitude. Il est recouvert par les «neiges éternelles». La végétation est quasi absente, bien que certaines plantes comme le lichen se soient particulièrement bien adaptées à ce climat.

> «Nival» vient du mot latin *nivalis*, qui signifie «neigeux».

ST STE 3.3 LES BIOMES AQUATIQUES

LABO
Nº 63

Les biomes aquatiques occupent une grande partie de la surface terrestre, soit environ 75 %. Ils se divisent en biomes d'eau douce (environ 2,5 %) et en biomes marins (97,5 %). Dans les biomes d'eau douce, la salinité de l'eau (la quantité de sel dissous dans l'eau) est inférieure à 0,05 %; dans les biomes marins, la salinité est supérieure à 3 %. Cet écart peut paraître minime, mais il fait toute la différence entre les espèces qui ne peuvent vivre que dans de l'eau douce, comme dans un lac, et celles qui ne peuvent vivre que dans de l'eau salée, comme dans l'océan.

La distribution des biomes aquatiques ne se définit pas par la latitude ou par l'altitude, comme dans le cas des biomes terrestres. On peut trouver des biomes aquatiques un peu partout sur la Terre. En ce qui concerne les biomes d'eau douce cependant, il est certain qu'ils seront plus nombreux dans des régions qui reçoivent beaucoup de précipitations, comme les forêts tropicales, que dans des régions arides, comme les déserts.

La carte 8.20 illustre quelques biomes aquatiques du Québec, soit des lacs, des rivières et une portion de l'océan Atlantique. (Les baies d'Ungava, d'Hudson et James ainsi que le golfe du Saint–Laurent sont considérés comme faisant partie de l'océan Atlantique.)

8.20 QUELQUES BIOMES AQUATIQUES DU QUÉBEC

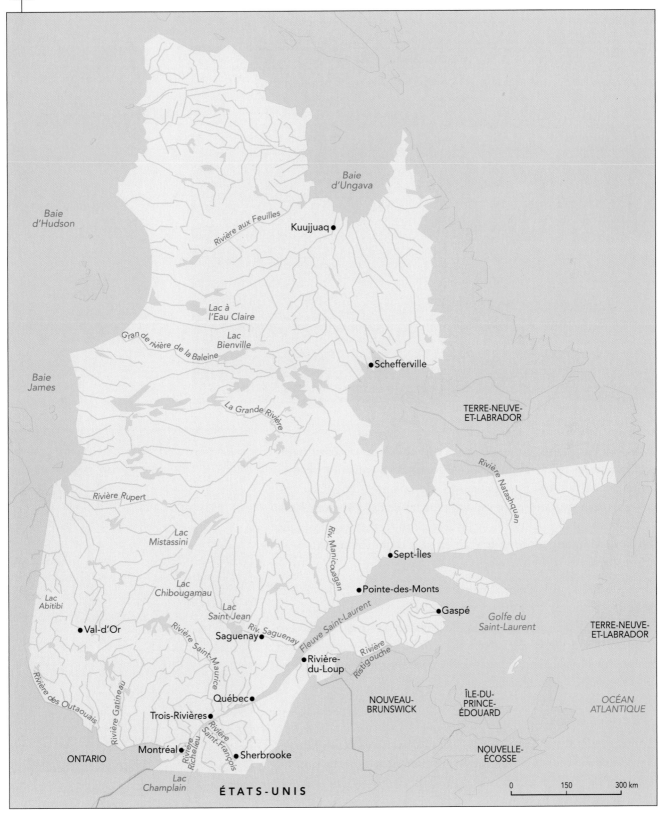

LES BIOMES D'EAU DOUCE

Les biomes d'eau douce comprennent les lacs, les cours d'eau et les terres humides. Ils varient selon la température de l'eau et sa composition chimique, la profondeur, l'éclairement et la vitesse du courant.

Les lacs

Les lacs sont des masses d'eau entourées de terres et alimentées par des sources, des cours d'eau ou par les précipitations. Le Québec est particulièrement bien pourvu en lacs : il en compte plus d'un demi-million.

8.21 Le lac Témiscouata, au Québec.

Dans les lacs, toutes les espèces vivent en interrelations et participent à l'équilibre écologique du milieu. On y observe habituellement les mêmes grandes catégories d'organismes vivants, notamment des micro-organismes, des plantes, du plancton, des poissons, des amphibiens, des reptiles et des oiseaux. Malheureusement, les activités agricoles et industrielles ainsi que l'urbanisation engendrent de plus en plus de problèmes de pollution dans ces milieux.

Il est à noter que la végétation des berges joue un rôle crucial pour la survie et l'équilibre des lacs. Elle offre un habitat à plusieurs espèces et attire ainsi de nombreux organismes qui peuvent s'y nourrir ou y trouver refuge. Les berges jouent également le rôle de remparts. Elles nettoient les eaux de ruissellement qui s'écoulent vers les lacs.

Les cours d'eau

Contrairement aux lacs, les ruisseaux, les rivières et les fleuves forment des voies d'écoulement permanentes ou saisonnières des eaux de surface. Les mousses et les herbages y sont souvent nombreux. Dans les cours d'eau, la végétation doit s'adapter

8.22 La truite arc-en-ciel vit dans des lacs et des cours d'eau du Québec.

aux courants ainsi qu'à une forte oxygénation de l'eau. En général, les rivières prennent leur source plus en altitude et s'écoulent le long des pentes naturelles jusqu'à des lacs ou des fleuves. Ces derniers se jettent ensuite dans les océans.

8.23 Les espèces végétales et animales qui vivent dans les cours d'eau doivent s'adapter à la force du courant.

Au Québec, la qualité des cours d'eau s'est fortement dégradée à cause des activités agricoles et industrielles. Plusieurs cours d'eau de la vallée du Saint-Laurent dépassent la norme concernant le phosphore, un contaminant issu principalement de l'agriculture. En 2002, une Politique nationale de l'eau a été lancée par le gouvernement québécois pour conserver la ressource en eau. Cette politique vise la protection des territoires, la réduction des rejets de contaminants et la lutte contre le gaspillage de l'eau.

Les terres humides

Les terres humides sont des zones recouvertes en permanence ou temporairement par une étendue d'eau. Elles abritent des plantes adaptées aux sols saturés en eau. Ces zones peuvent être imbibées d'eau douce ou d'eau salée. Parmi les terres humides, on distingue :

- les marais (nappes d'eau stagnante où l'on ne trouve pas d'arbres qui émergent des eaux);
- les marécages (nappes d'eau stagnante ou à écoulement lent, dans lesquelles poussent des arbres ou des bosquets);
- les tourbières (sols mal drainés et tapissés de mousses).

Les terres humides couvrent environ 9% du territoire au Québec et 14% au Canada. Elles se trouvent aussi bien à proximité du rivage des océans, des lacs et des cours d'eau que dans la région des Prairies, où des millions de cuvettes se remplissent d'eau à la fonte des neiges. En plus de servir d'habitats pour de nombreuses espèces d'animaux et de végétaux, les terres humides agissent comme de grosses éponges qui absorbent l'eau des pluies et réduisent les risques d'inondation.

DES TÉMOINS DE L'HISTOIRE

Les tourbières sont des milieux gorgés d'eau, dans lesquels des débris végétaux s'accumulent à un rythme très lent, pendant des milliers d'années. Grâce à leur composition chimique, acide et sans oxygène, les tourbières permettent de conserver intacts des fossiles qui témoignent du passé des environs.

Jusqu'à récemment, les terres humides étaient considérées comme des terrains de peu de valeur et environ 90 % d'entre elles ont été détruites dans les zones rurales du Québec.

ENVIRONNEMENT+

Alerte aux cyanobactéries!

La prolifération des cyanobactéries dans les lacs du Québec inquiète les riverains. Ces micro-organismes, souvent appelés «algues bleues», minent la qualité de l'eau. Leur présence rend parfois la consommation d'eau dangereuse et elle gâche le plaisir des baigneurs.

Le problème provient du fait que certaines espèces de cyanobactéries produisent des toxines, les «cyanotoxines». Lorsque ces micro-organismes sont peu abondants, la concentration en toxines est insuffisante pour nuire à la santé. Cependant, lorsque des analyses de laboratoire révèlent des concentrations en toxines dangereuses pour la santé, les riverains doivent arrêter de boire l'eau et éviter de se baigner, jusqu'à nouvel ordre.

Pour réduire la quantité de cyanobactéries dans un plan d'eau, la meilleure solution consiste à éliminer la présence d'éléments nutritifs, et tout particulièrement du phosphore. Dans les lacs, le phosphore provient principalement de l'épandage d'engrais à

La prolifération des cyanobactéries peut donner à la surface de l'eau l'apparence d'un déversement de peinture.

proximité des cours d'eau, d'installations septiques inadéquates et de l'utilisation de savons phosphatés. C'est donc sur ces sources qu'il faut agir.

LES BIOMES MARINS

Les biomes marins, constitués d'eaux salées, regroupent les estuaires, les océans et les mers, ainsi que les récifs de coraux. Comme les biomes d'eau douce, ils varient selon la température de l'eau et sa composition chimique, la profondeur, l'éclairement, la vitesse et le sens du courant.

Les estuaires

À l'embouchure d'un fleuve, une zone plus évasée sert d'interface entre les milieux maritime et fluvial. Cette zone est un estuaire. À cet endroit,

> «Estuaire» provient du mot latin oestuarium, *qui signifie* «mouvement des flots».

l'eau douce se mélange à l'eau salée et des dépôts importants de sédiments s'accumulent. L'eau est donc plutôt trouble (on dit qu'elle est «turbide»). On y observe des espèces marines d'eau douce et des espèces caractéristiques des estuaires, comme les huîtres et les éponges. L'estuaire du Saint-Laurent, le seul qu'on trouve au Québec, s'étend depuis Trois-Rivières jusqu'à Pointe-des-Monts (*ces municipalités sont indiquées sur la carte 8.20, à la page 273*).

8.25 L'estuaire du Saint-Laurent abrite une population isolée de bélugas, qui se renouvelle depuis 7000 ans.

8.26 L'estuaire du Saint-Laurent, près de Québec.

Les océans et les mers

Les océans et les mers n'offrent pas les mêmes conditions de vie partout. On peut subdiviser les milieux qu'ils forment selon la profondeur de l'eau. Cette profondeur peut atteindre plus de 3800 m.

Ainsi, à plus de 200 m de profondeur, les rayons du soleil n'agissent plus sur le milieu : l'obscurité est totale et les températures moyennes ne dépassent guère 4°C. En surface, par contre, l'énergie solaire permet au phytoplancton, des végétaux de petite taille qui vivent en suspension dans l'eau de mer, de se reproduire. Les espèces qui évoluent dans les eaux libres des océans et des mers dépendent directement ou indirectement de ce plancton pour la nourriture. Cette faune – qui regroupe des crustacés, des poissons, des méduses, des mollusques, quelques oiseaux, comme les pingouins, et des mammifères – a dû s'adapter à un milieu exempt d'abris pour se protéger des prédateurs.

8.27 Certains poissons vivent dans les eaux libres, loin du fond de l'océan.

L'ensemble des fonds marins constitue un autre type de milieu de vie. Les organismes qui habitent dans ou sur le fond des mers et des océans forment ce qu'on appelle le «benthos». Ils comprennent notamment des mollusques, des crustacés et certains poissons bien adaptés aux eaux profondes, qui se nourrissent des détritus qui jonchent les fonds marins. La majorité du benthos occupe la zone côtière, située entre 0 km et 350 km des côtes, à moins de 200 m de profondeur. Cette zone est fortement touchée par les activités humaines, puisque 80% de la pêche a lieu près des côtes.

8.28

Les oursins et les étoiles de mer font partie du benthos.

Les récifs de coraux

Dans les océans et les mers, on remarque des biomes particuliers : les récifs de coraux. Ces biomes comptent parmi les plus anciens de la planète : ils existent depuis plus de 200 millions d'années. Au même titre que les forêts tropicales, ces récifs renferment une biodiversité extrêmement riche, soit entre 500 000 et 2 millions d'espèces végétales et animales. Les coraux sont des invertébrés de diverses formes mais qui possèdent tous une bouche centrale et des tentacules. Bien que certaines espèces se développent en eaux froides, la plupart des coraux habitent dans les mers tropicales. Les coraux vivent généralement en colonies, qui peuvent comporter des milliers d'individus et mesurer plusieurs mètres de hauteur et de diamètre.

C'est par le calcaire produit par les coraux que se forment les récifs. Ces derniers représentent un habitat pour des milliers d'espèces marines, qui y trouvent nourriture, protection et refuge. En outre, les récifs de coraux sont d'une importance économique, sociale et culturelle majeure pour plus de 30 millions de personnes qui vivent à proximité. Or, la pollution, la surpêche, le réchauffement climatique et la sédimentation accrue par les activités humaines menacent leur survie. À l'heure actuelle, 20 % des récifs ont été détruits à travers le monde.

TOUT UN MONDE !

La Grande Barrière, le plus grand récif de corail de la planète, se situe à l'est de l'Australie. Quelque 400 espèces de coraux, 1500 espèces de poissons et 4000 espèces de mollusques y vivent. Ce récif mesure 2000 km de long et peut être vu de l'espace !

8.29 Un récif de corail peut abriter plusieurs espèces végétales et animales.

VERDICT

ST 1 à 6, 10 à 22, A à C.

STE 1 à 22, A à C.

ATS 10.

SE Aucune.

1 Qu'est-ce que la biosphère ? (p. 254)

1. L'eau d'un lac pourrait-elle être considérée comme une partie de la biosphère ? Expliquez pourquoi.

2 Les cycles biogéochimiques (p. 255-261)

2. Énumérez les processus du cycle du carbone qu'on peut observer sur les photos suivantes.

3. Le dioxyde de carbone (CO_2) est une source importante de carbone pour les organismes vivants.

    a) Quels sont les deux processus par lesquels le carbone entre dans la biosphère ?

    b) Le carbone ingéré par les êtres humains finit par retourner dans l'atmosphère, le plus souvent sous forme de CO_2. Résumez les deux processus qui permettent ce transfert.

4. À quoi correspond chacune des descriptions suivantes ?

    a) Processus grâce auquel des bactéries captent le diazote de l'atmosphère pour le transformer en ammoniac.

    b) Processus grâce auquel des bactéries transforment l'ammonium en nitrites.

    c) Processus grâce auquel des bactéries transforment les nitrates en diazote.

5. Sans l'existence des végétaux, les herbivores ne pourraient pas fabriquer les molécules d'ADN nécessaires au stockage de leur information génétique. Expliquez pourquoi.

6. Le cycle de l'azote est perturbé par les activités humaines.

    a) Quelle pratique agricole est principalement à l'origine de cette perturbation ?

    b) Quelles sont les conséquences de cette pratique ?

7. Observez bien la photo ci-dessous.

    a) Sur cette photo, où se trouve principalement le phosphore ?

    b) Indiquez trois sources de phosphore accessibles aux êtres humains.

    c) Le phosphore assimilé par les végétaux et les êtres humains finit par retourner à l'état rocheux. Expliquez comment.

8. Le cycle naturel du phosphore est perturbé par les activités humaines.

a) Quelles sont les activités humaines qui exercent le plus d'impact?

b) Comment se traduisent les effets de ces activités sur les lacs, les rivières et les autres plans d'eau?

c) Quelle mesure peut-on prendre dans la vie de tous les jours pour réduire ces effets?

9. À quel cycle biogéochimique chacun des énoncés suivants se rapporte-t-il?

a) L'ammoniac réagit avec de l'hydrogène pour former de l'ammonium.

b) Les roches s'érodent sous l'action de la pluie et du vent.

c) Grâce à la photosynthèse, les végétaux fabriquent le glucose qui leur sert de source d'énergie.

d) Le carbonate de calcium entre dans la composition des coquilles et squelettes de certains organismes marins.

e) La décomposition des déchets produit du méthane.

f) La décomposition des déchets produit de l'ammoniac.

3 **Les biomes** (p. 262-279)

10. Répondez aux questions suivantes sur les facteurs déterminant la distribution des biomes.

a) En quoi la latitude peut-elle avoir un effet sur la distribution des biomes terrestres?

b) D'après vous, quels facteurs pourraient déterminer la présence d'arbres dans un milieu?

c) Quel est le principal facteur qui différencie les biomes aquatiques?

11. Répondez aux questions suivantes à l'aide de la photo ci-dessous.

a) De quel type de forêt s'agit-il?

b) Quelles sont les principales différences entre une forêt tropicale, une forêt boréale et une forêt tempérée?

12. La forêt tropicale est le biome terrestre le plus riche en biodiversité. Pourtant, elle est menacée par certaines activités humaines. De quelles activités s'agit-il?

13. Au Québec et en Ontario, une grande partie de la forêt tempérée a été rasée. Expliquez pourquoi.

14. De quelles prairies s'agit-il?

a) On les trouve notamment en Afrique et en Amérique du Sud, dans les régions où il fait chaud toute l'année.

b) On les trouve sur une grande partie du territoire de l'Alberta, de la Saskatchewan et du Manitoba, dans les régions où l'agriculture occupe une place prépondérante.

c) On les trouve dans certaines régions de l'Asie et de l'Amérique du Nord, où les étés sont chauds et les hivers sont froids.

15. Pour chacune des descriptions suivantes, indiquez l'étage du milieu alpin correspondant.

a) Seuls les arbustes et les herbes y persistent.

b) On y observe un mélange de conifères et de feuillus.

c) Les cultures céréalières et les forêts de feuillus dominent le paysage.

d) Les neiges y sont éternelles.

e) Il correspond au dernier étage des arbres.

16. Observez les deux photos ci-dessous.

a) De quel biome s'agit-il?

b) Quelles sont les caractéristiques communes à ces deux milieux et à tous les milieux faisant partie de ce biome?

17. Est-il vrai qu'il fait chaud nuit et jour dans les déserts de sable? Expliquez votre réponse.

18. Nommez trois facteurs qui caractérisent les biomes aquatiques.

19. Quel biome aquatique est illustré sur la photo ci-dessous? Expliquez votre réponse.

20. Les terres humides aident à réduire les risques d'inondation. Expliquez comment.

21. De quels biomes aquatiques s'agit-il?

a) Ils abritent plus de 500 000 espèces animales et végétales.

b) Ils correspondent aux points de rencontre entre les fleuves et les océans.

c) Ce sont des masses d'eau douce entourées de terres.

d) Ils contiennent la plus grande partie de l'eau de la Terre.

22. Observez la photo ci-dessous.

a) Quel est le biome illustré sur cette photo?

b) Pourquoi ce biome est-il menacé?

c) Pourquoi est-il important de le protéger?

questions synthèses

A. La photo ci-contre illustre un ours noir, l'ours le plus commun en Amérique du Nord. Il préfère vivre dans les forêts et les montagnes où il trouve sa nourriture et peut se cacher. Il grimpe facilement aux arbres pour échapper à un danger. Il est omnivore, même si son régime alimentaire est dominé par les végétaux. Il se nourrit parfois d'insectes, de rongeurs et de faons. L'ours noir est un bon nageur et il pêche des poissons dans les rivières pour compléter son régime.

a) La forêt dans laquelle vit cet ours noir contient un mélange de conifères et de feuillus. De quel type de forêt s'agit-il ?

b) Comment les végétaux arrivent-ils à capter le carbone et l'azote dont ils ont besoin ?

c) Quelles sont les sources d'azote de l'ours noir ?

d) Les feuilles et les arbres morts qui jonchent le sol seront décomposés par les vers de terre et des micro-organismes. Nommez quelques-uns des produits qui peuvent se retrouver dans l'environnement à la suite de cette décomposition.

B. Indiquez à quel biome appartient chacune des espèces décrites ci-dessous.

a) Le renard arctique vit dans un environnement où la végétation se résume à quelques arbustes rabougris, des mousses et des lichens. Pour se cacher de ses prédateurs, il profite d'une adaptation particulière : sa fourrure tourne au blanc durant l'hiver pour l'aider à se fondre dans le paysage enneigé.

b) Le sapin Fraser plante ses racines dans un sol acide. Il vit entouré de mousses et de lichens.

c) Le vairon est un petit poisson de 10 cm qui affectionne les courants rapides et les eaux bien oxygénées.

d) Le yucca du Mohave (*illustré ci-contre*) reçoit en moyenne 13 cm de pluie par année.

e) L'alligator vit dans les eaux peu profondes, à écoulement lent et riches en végétation.

C. Préparez votre propre résumé du chapitre 8 en construisant un réseau de concepts.

COMMENT BÂTIR
UN RÉSEAU DE CONCEPTS

La dégradation des tourbières
DES PROJETS DE RÉGÉNÉRATION

Au Québec, la «tourbe» est souvent associée, à tort, au gazon. Elle provient plutôt de milieux humides particuliers, les «tourbières», composés d'un épais tapis végétal gorgé d'eau, dont la formation s'est échelonnée sur des milliers d'années. Ces milieux assurent l'évacuation des eaux, abritent des variétés de plantes parfois uniques et emprisonnent le carbone. L'industrie extrait la tourbe pour son emploi comme combustible, isolant, matériau absorbant, etc. On assèche les tourbières pour en faire des terres agricoles, des parcs industriels et des villes. Cette exploitation des tourbières, accélérée au cours des 50 dernières années, suscite des craintes pour l'environnement.

CHAPITRE 8

REPLANTER DES MOUSSES DANS LES TOURBIÈRES

Les tourbières se sont formées dans les lits d'anciens lacs, rivières, fleuves ou étangs datant de la dernière glaciation. Les mousses qui les composent, notamment des sphaignes, ont proliféré depuis 10 000 ans, s'accumulant au rythme de 6 cm d'épaisseur par siècle. La régénération naturelle des tourbières est donc extrêmement lente.

Au début des années 1990, Line Rochefort, chercheuse à l'Université Laval, est venue au secours des tourbières exploitées au Québec. Elle a décidé d'aider la nature et de faire repousser des sphaignes.

Pendant trois ans, madame Rochefort a vérifié l'efficacité d'une vingtaine de paillis dans le but de rétablir les conditions d'humidité nécessaires à la croissance des sphaignes. Elle a aussi essayé différents pulvérisateurs et pare-soleil. Les meilleurs résultats, c'est avec de la paille qu'elle les a obtenus.

Une autre de ses découvertes se rapporte au fait que la compétition entre les diverses espèces de mousses favorise la croissance des sphaignes. La présence de l'espèce *Sphagnum fuscum*, l'une des 46 espèces de sphaignes québécoises étudiées lors d'expériences au Lac-Saint-Jean, facilite particulièrement la régénération des tourbières.

D'après les connaissances acquises par ces expérimentations, il faut 1 m^2 de sphaignes, et beaucoup de patience, pour régénérer 12 m^2 d'une tourbière. La régénération peut prendre jusqu'à 20 ans. Une dizaine de projets de restauration de tourbières sont en cours, notamment à la station de recherche de Bois-des-Bel, dans le Bas-Saint-Laurent.

Les tourbières n'ont pas livré tous leurs secrets, loin de là. Les sphaignes que Line Rochefort a réussi à faire repousser proviennent de tourbières existantes. Son prochain défi consiste à les cultiver hors de leur milieu naturel et à grande échelle. Elle dirige un tel projet dans une station expérimentale de Shippagan, au Nouveau-Brunswick.

RENOUVELER LA RESSOURCE

Comme les expériences prouvent qu'on peut reconstituer un couvert de sphaignes, il est permis d'envisager la culture de ces mousses. De plus, au lieu

Les sphaignes sont des mousses qui forment des coussins gorgés d'eau dans les tourbières.

d'abandonner les tourbières une fois utilisées, les entreprises pourraient éventuellement exploiter une portion de tourbière à la fois, laissant les autres portions de la tourbière se régénérer. Si la récolte de la tourbe était gérée de façon écologique, on éviterait l'épuisement de la ressource. La recherche québécoise dans ce domaine est reconnue sur la scène internationale. L'Indonésie, le Chili, les États-Unis (l'Alaska) et des pays européens souhaitent l'appliquer.

Ces sarracénies pourpres, des plantes carnivores, sont typiques des tourbières du Québec.

1. Quels seraient les inconvénients de la disparition des tourbières ?

2. Pourquoi est-il si difficile de faire repousser une tourbière dévastée ?

Rendez-vous SUR...
LE *SEDNA IV*

Pour enquêter sur les changements climatiques, rien de tel que d'aller directement sur le terrain et de constater leurs impacts sur l'un des écosystèmes les plus fragiles de la planète : l'Antarctique. De septembre 2005 à novembre 2006, une douzaine de scientifiques, cinématographes et autres passionnés d'aventure ont vécu à bord du *Sedna IV*. Leur mission : mesurer les impacts du réchauffement et partager leurs découvertes avec le public du monde entier.

Voici quelques membres de l'équipage.

Jean Lemire, chef de mission, producteur et réalisateur

Mariano Lopez, intervenant en santé mentale

Geneviève Lagacée, responsable des communications

Stevens Pearson, mécanicien et plongeur

Pascale Otis, biologiste

Joëlle Proulx, cuisinière

Métier ou profession	Formation	Durée de la formation	Tâches principales
Réalisateur ou réalisatrice	BAC en études cinématographiques	3 ans	• Préparer, organiser et coordonner la production de films • Connaître et utiliser les diverses techniques et les divers équipements de tournage
Intervenant ou intervenante en santé mentale	BAC en psychologie	3 ans	• Comprendre le comportement des êtres humains • Traiter et chercher les moyens de prévenir les problèmes d'adaptation de la personne à son milieu
Responsable des communications	DEC en art et technologie des médias	3 ans	• Rechercher, traiter et transmettre l'information • Concevoir et produire des messages
Mécanicien ou mécanicienne	DEP en mécanique marine	1350 heures	• Faire la mise au point et réparer les différents moteurs marins • Poser ou enlever les pompes à injection
Biologiste	BAC en biologie	3 ans	• Travailler à la protection de l'environnement • Assurer la conservation des ressources naturelles
Cuisinier ou cuisinière	DEP en cuisine d'établissement	1350 heures	• Utiliser de façon sécuritaire l'équipement de cuisson • Apprêter les denrées alimentaires

L'UNIVERS

VIVANT

ACTUELLEMENT, LA TERRE EST LE SEUL ENDROIT CONNU
DE L'UNIVERS OÙ S'EST DÉVELOPPÉE LA VIE
TELLE QUE NOUS LA PERCEVONS.

La vie s'y perpétue presque partout, même dans les dures
conditions climatiques des contrées glaciaires de l'Antarctique,
des abysses des fonds marins, des dunes des déserts de sable
et des flancs rocailleux ou enneigés des montagnes.

Parmi toutes les espèces vivantes, la nôtre semble être celle
dont les actions peuvent avoir les répercussions les plus notables
sur les autres espèces et sur les ressources de la Terre.
Pour bien comprendre toute la portée de nos actions,
il convient donc d'étudier comment s'organisent les êtres vivants,
comment ils interagissent entre eux ainsi qu'avec leur milieu
et comment sont transmis les caractères d'un être vivant
vers ses descendants.

D ans un groupe d'êtres vivants, les liens que les individus entretiennent sont plus ou moins étroits. Certaines espèces, comme les oies des neiges, forment des colonies; d'autres, comme les lynx, vivent de façon isolée. Inévitablement, les individus d'espèces différentes qui se côtoient établissent également des relations, car ils doivent partager les ressources d'un même milieu. Quelles sont ces relations que les êtres vivants entretiennent à l'intérieur d'un groupe ? Comment savoir si une espèce se porte bien ou si elle est en voie de disparition ? Ces questions relèvent de l'écologie, qui se base d'abord sur l'étude des populations et des communautés d'êtres vivants. Nous verrons quelques éléments de cette étude dans ce chapitre.

Les **populations** et les **communautés**

ST STE 1 L'étude des populations

Dans le langage courant, lorsqu'on parle d'une population, on pense à une population humaine. Par exemple, on parlera de la population de Laval en incluant toutes les personnes qui y habitent. Cependant, en écologie, le mot «population» concerne toutes les espèces vivantes. On pourra ainsi parler de la population de grenouilles vertes d'un marais ou de la population de sapins baumiers d'une montagne. C'est de ces populations «écologiques» qu'il sera question ici.

> *«Écologie» provient des mots grecs oikos, qui signifie «maison», et logia, qui signifie «théorie».*

CONCEPTS DÉJÀ VUS
- Population
- Espèce
- Habitat

Quelles sont les caractéristiques d'une population ? Il s'agit d'un ensemble d'individus de la même ESPÈCE qui vivent dans un espace commun. Comme les individus d'une population partagent le même milieu de vie, ils profitent des mêmes ressources, comme l'eau, la nourriture et la lumière du Soleil. De plus, les probabilités qu'ils interagissent ensemble, par exemple au moment de la reproduction, sont très élevées.

> ► Une **POPULATION** est un ensemble d'individus d'une même espèce vivant dans un espace commun à un moment déterminé.

9.1 Des caribous qui vivent ensemble et qui partagent un même espace forment une population.

La plupart du temps, pour décrire une population, il faut préciser l'espace qu'elle occupe. Par exemple, on peut distinguer plusieurs populations de caribous au Québec, dont la population des caribous de la Gaspésie et celle de la rivière aux Feuilles (*voir la figure 9.2*).

L'étude des populations permet de connaître l'évolution des diverses espèces. De cette façon, il est possible de savoir si une espèce se porte bien ou si elle est sur le déclin. Trois caractéristiques importantes décrivent une population : sa taille, sa densité et sa distribution.

1.1 LA TAILLE D'UNE POPULATION

La taille d'une population, c'est tout simplement le nombre d'individus qu'elle comporte. Par exemple, en 2001, selon le ministère québécois des Ressources naturelles et de la Faune, la population de caribous de la Gaspésie comptait entre 200 et 250 individus. Au même moment, la population de caribous de la rivière aux Feuilles atteignait environ 628 000 individus. Étant donné que la population de caribous de la Gaspésie est peu abondante, elle a été désignée comme vulnérable. Des mesures spéciales ont été prises pour tenter de la sauver. Cet exemple montre qu'il peut être très utile de connaître la taille d'une population.

> 🕊 La **TAILLE D'UNE POPULATION** correspond au nombre d'individus qui la composent.

Au fil du temps, la taille d'une population peut augmenter, rester stable ou diminuer. Quatre facteurs expliquent les variations de la taille d'une population. Il s'agit de la natalité, de la mortalité, de l'immigration et de l'émigration. Le tableau 9.3 décrit ces facteurs.

9.2 L'ESPACE OCCUPÉ PAR DEUX POPULATIONS DE CARIBOUS DU QUÉBEC

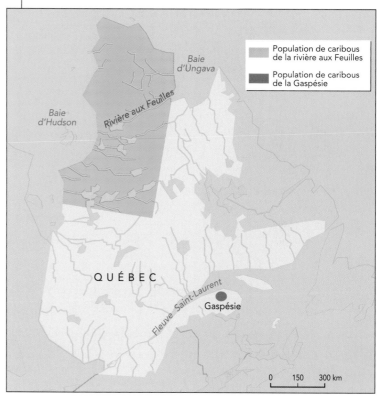

Source : Québec, ministère des Ressources naturelles et de la Faune, 2002.

9.3 LES FACTEURS FAISANT VARIER LA TAILLE D'UNE POPULATION

Facteur	Description
Natalité	Naissance d'individus à l'intérieur de la population
Mortalité	Décès d'individus à l'intérieur de la population
Immigration	Arrivée d'individus provenant d'autres régions au sein de la population
Émigration	Départ d'individus vers d'autres régions

9.4

La natalité est un facteur qui fait augmenter la taille d'une population.

Pour savoir si la taille d'une population est restée stable, si elle a augmenté ou si elle a diminué au cours d'une certaine période, il suffit de comparer la valeur de ces quatre facteurs au cours de cette période (*voir la figure 9.5*). Si la natalité et l'immigration sont égales à la mortalité et à l'émigration, la population est restée stable. Sinon, la taille de la population a augmenté ou a diminué, selon le cas.

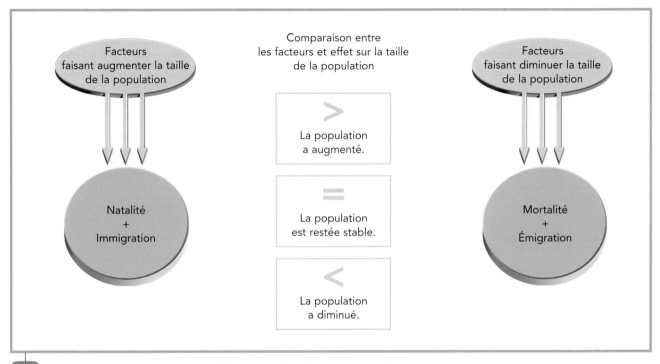

9.5 La comparaison entre les facteurs faisant varier la taille d'une population permet de savoir comment la population a évolué au cours d'une certaine période.

LABO
N° 64

ST STE LES MÉTHODES DE MESURE DE LA TAILLE D'UNE POPULATION

Il existe plusieurs méthodes permettant de mesurer la taille d'une population. Parmi les plus utilisées figurent le comptage des individus, l'utilisation de parcelles de terrain et la méthode de capture-recapture.

Le comptage des individus

Lorsque c'est possible, on peut mesurer la taille d'une population en comptant tous les individus qui se trouvent à l'intérieur de l'espace occupé par la population. Par exemple, on peut compter le nombre de nénuphars dans un étang.

Les scientifiques calculent parfois la taille d'une population de grands animaux vivant dans des habitats ouverts à l'aide de photographies aériennes. Ils se servent alors de l'ensemble des photographies pour compter le nombre total d'individus.

Lorsque le comptage des individus n'est pas possible, on peut employer l'une des deux autres méthodes mentionnées ci-dessus et décrites dans les pages suivantes pour estimer la taille de la population à l'aide d'échantillons.

9.6 Des photographies aériennes de zèbres peuvent servir à compter le nombre total d'individus qui se trouvent dans une certaine région.

L'utilisation de parcelles de terrain

La méthode utilisant des parcelles de terrain consiste à compter les individus se trouvant dans des parcelles délimitées au hasard, puis à estimer la taille totale de la population par le calcul suivant.

$$\frac{\text{Nombre moyen d'individus par parcelle}}{\text{Aire d'une parcelle}} = \frac{\text{Taille de la population}}{\text{Aire totale du terrain}}$$

Par conséquent :

$$\text{Taille de la population} = \frac{\text{Nombre moyen d'individus par parcelle} \times \text{Aire totale du terrain}}{\text{Aire d'une parcelle}}$$

Souvent, on se sert de quadrats, c'est-à-dire de zones rectangulaires délimitées par des cordes ou par des rubans, pour délimiter les parcelles de terrain. La figure 9.7 montre un exemple d'utilisation de cette méthode.

Quadrat

9.7 Pour connaître la taille de la population de marguerites dans un champ ayant une aire de 10 000 m², on peut compter le nombre de marguerites dans des quadrats de 1 m². La taille totale de la population correspondra au nombre moyen d'individus comptés dans les quadrats multiplié par 10 000.

La méthode des parcelles de terrain est utile pour estimer la taille de populations de végétaux. Elle peut aussi servir dans le cas d'animaux qui ne se déplacent pas rapidement ou qui ne fuient pas les êtres humains, comme la fourmi ou le ver de terre.

La méthode de capture-recapture

La méthode de capture-recapture est couramment employée par les scientifiques pour estimer la taille de populations d'animaux très mobiles, comme les oiseaux, les poissons, les mammifères très dispersés dans leur habitat (les lièvres, par exemple) ou les mammifères marins (les phoques, les baleines, etc.). Cette méthode comporte les étapes suivantes:

- L'installation de cages ou de filets dans la région où habite la population.

- Le comptage des animaux capturés et leur marquage à l'aide d'étiquettes, de bagues, de colliers ou de taches de peinture.

- La remise en liberté des animaux marqués de façon que ces individus se mêlent aux individus non marqués de la population.

- La remise en place des cages ou des filets.

- Le comptage des individus capturés la deuxième fois et le comptage de ceux d'entre eux qui avaient été marqués.

- L'estimation de la taille de la population à l'aide du calcul suivant:

9.8 L'étude d'une population de bernaches peut se faire à l'aide de la méthode de capture-recapture.

$$\frac{\text{Nombre d'animaux marqués et recapturés}}{\text{Nombre total d'animaux capturés la deuxième fois}} = \frac{\text{Nombre d'animaux marqués}}{\text{Taille de la population}}$$

Par conséquent:

$$\text{Taille de la population} = \frac{\text{Nombre d'animaux marqués} \times \text{Nombre total d'animaux capturés la deuxième fois}}{\text{Nombre d'animaux marqués et recapturés}}$$

Supposons qu'on capture 100 bernaches, qu'on les marque et qu'on les relâche. Si, à la seconde capture, 50 bernaches sur 200 portent une étiquette, on estime que la taille de la population est de 400 individus.

$$\text{Taille de la population} = \frac{100 \times 200}{50} = 400 \text{ individus}$$

1.2 LA DENSITÉ D'UNE POPULATION

LABO
N° 65

La taille d'une population nous renseigne sur le nombre total d'individus, tandis que la densité d'une population nous indique le nombre d'individus que l'on trouve, en moyenne, dans une aire ou un volume donné. Par exemple, sur l'île d'Anticosti, en 2006, on comptait en moyenne 21 cerfs de Virginie par kilomètre carré.

> ▶ La **DENSITÉ D'UNE POPULATION** correspond au nombre d'individus par unité d'aire ou par unité de volume.

Pour déterminer la densité d'une population, il s'agit d'effectuer le calcul suivant :

$$\text{Densité de la population} = \frac{\text{Nombre d'individus}}{\text{Espace (aire ou volume) occupé}}$$

Supposons qu'un aquarium de 100 litres d'eau contienne 5 poissons rouges, la densité de la population de poissons rouges dans l'aquarium sera alors de 0,05 poisson par litre d'eau.

$$\text{Densité de la population} = \frac{5 \text{ individus}}{100 \text{ litres d'eau}} = 0,05 \text{ individu par litre d'eau}$$

Pour une même espèce, la densité de population peut varier selon l'habitat. L'accès à l'eau et à la nourriture est un facteur important de la densité. Si le milieu offre beaucoup de nourriture et d'eau, la densité de population sera plus élevée que dans le cas contraire. D'autres facteurs, tels que le climat, la présence de prédateurs, de parasites ou de maladies, ainsi que les catastrophes naturelles ou d'origine humaine, peuvent aussi faire varier la densité d'une population.

QUI A VU L'OURS ?

En 1896, 220 cerfs de Virginie furent transportés sur l'île d'Anticosti. En 2006, leur population atteignait environ 166 000 individus (soit 21 individus/km²). Parallèlement, les ours noirs, jadis abondants, disparurent peu à peu de l'île, parce que les cerfs détruisaient leur principale source d'alimentation, les baies. **13**

9.9 La densité de population des ratons laveurs est souvent plus élevée en milieu urbain (jusqu'à 100 individus par kilomètre carré) qu'en milieu agricole (en moyenne de 5 à 10 individus par kilomètre carré), puisque la nourriture y est plus facilement accessible.

ST STE 1.3 LA DISTRIBUTION D'UNE POPULATION

Les individus qui forment une population se répartissent de différentes façons dans l'espace qu'ils habitent. En effet, il existe trois modes principaux de distribution d'une population, comme le montre la figure 9.10.

▶ La **DISTRIBUTION D'UNE POPULATION** est la façon dont sont répartis les individus à l'intérieur de l'espace occupé par la population.

9.10 Les modes de distribution des individus à l'intérieur d'une population.

LA DISTRIBUTION EN AGRÉGATS (OU CONTAGIEUSE)
Mode de distribution le plus fréquent, dans lequel les individus forment des groupes. S'observe souvent lorsque des zones de l'espace occupé par la population fournissent de meilleures conditions de vie.

Bien des poissons se déplacent en bancs dans leur milieu. Cela leur permet de nager en faisant moins d'efforts, de réduire les risques de prédation et de s'alimenter plus efficacement.

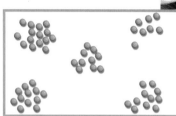

LA DISTRIBUTION UNIFORME
Mode de distribution dans lequel les individus sont également répartis dans l'espace occupé par la population. Survient souvent à cause de la compétition pour les ressources naturelles.

Les fous de Bassan espacent leurs nids de façon régulière, de manière à respecter le territoire minimal acceptable pour chaque individu.

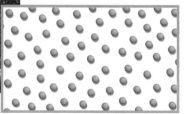

LA DISTRIBUTION ALÉATOIRE
Mode de distribution rencontré peu fréquemment dans la nature, dans lequel les individus sont répartis au hasard et de façon imprévisible dans l'espace occupé par la population.

Ces arbustes sont répartis au hasard dans ce champ, puisqu'il n'y a ni attirance ni répulsion entre les individus de cette population.

ST STE 1.4 LES FACTEURS ÉCOLOGIQUES

Dans un milieu de vie, plusieurs éléments peuvent agir sur les individus d'une population et, par le fait même, sur la densité de la population. La quantité de nourriture disponible, le nombre de prédateurs, la température, la quantité de précipitations en sont des exemples. Ces éléments sont appelés des «facteurs écologiques».

> ⚫ Un FACTEUR ÉCOLOGIQUE est un élément du milieu qui peut avoir un effet sur les êtres vivants qui y habitent.

Les facteurs écologiques sont de deux types:

- les facteurs abiotiques (non vivants) sont des éléments physiques ou chimiques du milieu. Par exemple, le pH de l'eau est un facteur abiotique qui peut avoir un effet sur une population de truites mouchetées dans un lac;

  «Abiotique» a le sens contraire de «biotique» (voir ci-dessous), car il est formé du préfixe «a», qui signifie «sans».

- les facteurs biotiques (vivants) sont des éléments liés aux actions des êtres vivants du milieu. Par exemple, la prédation par les loups est un facteur biotique qui peut avoir

  «Biotique» provient de biôtikos, un mot grec signifiant «qui concerne la vie».

un effet sur la population des orignaux d'une montagne.

9.11 Sur une plage, la population de crabes dépend de plusieurs facteurs écologiques: certains sont abiotiques, comme la force des vagues et la salinité de l'eau; d'autres sont biotiques, comme la quantité de nourriture disponible et la compétition entre mâles pour la reproduction.

LES TORTUES EN TÊTE D'UNE COURSE DANGEREUSE

Les tortues sont en train de battre de vitesse les autres espèces vivantes : elles affichent le rythme de déclin le plus élevé jamais enregistré au Québec. Six des huit espèces de la province sont en situation de précarité sérieuse.

Plusieurs facteurs expliquent la vulnérabilité de ces animaux. D'abord, les adultes commencent à se reproduire très tard, ce qui limite le nombre d'œufs pondus au cours de leur vie. Ensuite, les bêtes sont sujettes à une forte prédation, malgré leur carapace qui leur donne des allures de char d'assaut. Enfin, les tortues sont très dépendantes des facteurs météorologiques : les intempéries peuvent compromettre l'éclosion de leurs œufs enfouis dans le sable.

Cette tortue traverse une route à ses risques et périls.

Au Québec, la destruction des milieux humides, la modification du régime des eaux par des barrages, la construction de routes qui empêchent le libre mouvement des tortues et certaines pratiques de foresterie entraînent le déclin des populations de ces animaux vulnérables.

Adapté de : Louis-Gilles FRANCOEUR, «Les tortues en tête d'une course dangereuse», *Le Devoir*, 18 novembre 2005, p. B8.

▶ Les **FACTEURS ABIOTIQUES** sont les facteurs écologiques d'origine physique ou chimique.

▶ Les **FACTEURS BIOTIQUES** sont les facteurs écologiques liés aux actions des êtres vivants.

Le tableau 9.12 présente quelques exemples de facteurs abiotiques et biotiques.

9.12 DES EXEMPLES DE FACTEURS ABIOTIQUES ET BIOTIQUES

Facteurs abiotiques	Facteurs biotiques
La quantité de lumière	La natalité
Le pH du sol ou de l'eau	Les maladies
Le relief du sol	La quantité de nourriture
L'épaisseur de la neige	La prédation
La température	La compétition
L'humidité de l'air	Les activités humaines

L'intensité d'un facteur écologique détermine son effet sur la population. Dans certains cas, le facteur peut contribuer à réduire la densité d'une population ou l'empêcher de croître. On dit alors de ce facteur écologique qu'il est un facteur limitant.

▶ Un **FACTEUR LIMITANT** est un facteur écologique qui a pour effet de réduire la densité d'une population.

DE LA NEIGE, MAIS PAS TROP !

L'épaisseur de la neige est un facteur écologique pour les bœufs musqués qui vivent dans la toundra arctique canadienne. Ces animaux trouvent leur nourriture en creusant sous la neige avec leurs sabots. Toutefois, la couverture neigeuse ne doit pas dépasser 20 cm.

Un facteur écologique peut être limitant s'il est absent d'un milieu, s'il se trouve en quantité insuffisante ou s'il est en excès. Voici quelques exemples de facteurs limitants :

- S'il y a absence ou insuffisance de lumière dans un milieu, les rosiers ne peuvent pas effectuer suffisamment de photosynthèse. Leur densité de population aura tendance à diminuer ou à devenir nulle. Dans ce cas, l'intensité de la lumière est un facteur limitant.

- S'il y a un excès d'eau dans le sol, les racines des cactus pourrissent et la taille de leur population diminue. Dans ce cas, la quantité d'eau est un facteur limitant.

- Si les grenouilles disparaissent d'un étang par suite d'un déversement de matières toxiques, les populations de prédateurs, comme celles des couleuvres, diminuent. Dans ce cas, la taille de la population de grenouilles est un facteur limitant.

Ce sont les facteurs limitants qui expliquent la présence ou l'absence d'individus dans un milieu donné.

1932
1985

Dian Fossey

Cette scientifique américaine a consacré plus de 20 ans à l'étude de la population des gorilles des montagnes, au Rwanda. Ses milliers d'heures passées en présence des gorilles ont apporté de nouvelles connaissances sur leur façon de vivre.

ST STE **1.5** LES CYCLES BIOLOGIQUES DES POPULATIONS

Dans la nature, certaines espèces connaissent de façon continue des périodes d'accroissement de la taille de leur population, suivies de périodes de diminution. Ces populations suivent des cycles biologiques.

> Le **CYCLE BIOLOGIQUE** d'une population comprend des périodes d'augmentation et des périodes de diminution de sa taille. Ces périodes sont d'une durée fixe et se répètent continuellement.

Parmi les cycles biologiques les plus étudiés au Québec figurent ceux du lièvre d'Amérique et du lynx du Canada. Les populations de lièvres et de lynx ont un cycle biologique d'une durée d'environ 10 ans. Si les populations de ces deux espèces connaissent ces cycles réguliers, c'est parce que le lynx est l'un des principaux prédateurs du lièvre.

9.13 Le lynx est un prédateur du lièvre.

Comme le montre la figure 9.14, un cycle de 10 ans comprend des moments où les lièvres sont très abondants et d'autres où la taille de la population est très réduite.

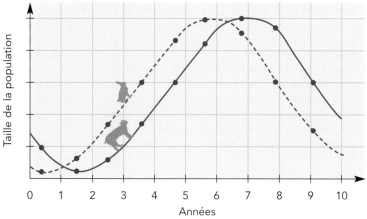

- Lorsque les lièvres deviennent plus abondants, les lynx ont alors plus de nourriture. Ces derniers consomment assez de lièvres pour être en bonne santé et pour se reproduire facilement.

  Ainsi, lorsque la taille de la population de lièvres augmente, la taille de la population de lynx augmente aussi.

- Lorsque les lynx deviennent plus abondants, ils chassent plus de lièvres. À la longue, le nombre de lièvres diminue et les lynx n'arrivent plus à combler leurs besoins alimentaires.

  Ainsi, lorsque la taille de la population de lièvres diminue, la taille de la population de lynx diminue aussi.

- Lorsque la taille de la population de lynx diminue, les lièvres sont moins chassés.

  Alors, le nombre de lièvres augmente et le cycle se poursuit.

ENVIRONNEMENT+

Le pistage radioélectrique

Pour vérifier si la prédation avait réellement des impacts importants sur le cycle biologique d'une population de lièvres, des chercheurs ont fixé des colliers émetteurs à des individus de cette espèce. Grâce à cette technologie, les écologistes ont pu déterminer la cause de la mort des lièvres. Ainsi, aucun des individus n'était mort de faim, mais 90 % d'entre eux avaient été tués par des prédateurs (les prédateurs ne mangent pas le collier émetteur). L'hypothèse de l'importance de la prédation était donc confirmée.

Les colliers comme ceux utilisés dans cette étude comprennent des dispositifs qui émettent des ondes radio à une fréquence déterminée. Ces ondes radio peuvent être captées par des récepteurs qui indiquent la position des animaux. C'est ainsi qu'on peut arriver à suivre les déplacements d'animaux dans leur milieu de vie. Lorsqu'on s'aperçoit que

Il est possible de pister le déplacement d'animaux portant des colliers émetteurs à l'aide d'une antenne réceptrice.

l'animal ne s'est pas déplacé pendant une longue période de temps, on a de bonnes raisons de croire qu'il est mort.

ST STE ② L'étude des communautés

En été, une promenade en forêt nous permet d'observer des écureuils qui sautent d'un arbre à l'autre, des champignons qui poussent sur des troncs d'arbres morts, sans oublier les moustiques qui essaient de nous piquer!

Quand plusieurs espèces cohabitent dans un même milieu, l'ensemble des populations qu'elles forment constitue une communauté. Ainsi, les écureuils, les champignons, les arbres et les mous-

> «Communauté» vient du latin communitas, qui signifie «communauté, relations communes, sociabilité».

tiques de la forêt font partie de la même communauté. Les populations habitant un lac, une montagne ou la savane africaine, par exemple, forment aussi des communautés.

9.15 Dans la savane africaine, plusieurs populations d'espèces différentes vivent ensemble : elles forment une communauté.

> ◗ Une COMMUNAUTÉ est un ensemble de populations d'espèces différentes habitant le même milieu de vie.

Comme les populations ne vivent généralement pas seules dans leur milieu de vie, l'étude des communautés, c'est-à-dire de plusieurs populations d'un milieu et des interactions qu'elles ont entre elles, s'avère indispensable en écologie.

ST STE 2.1 LA BIODIVERSITÉ

Le nombre d'espèces varie considérablement d'une communauté à une autre. Les espèces habitant la forêt tropicale d'Amazonie diffèrent énormément de celles habitant l'Antarctique, par exemple. Dresser l'inventaire des espèces qui vivent au sein d'une communauté, c'est s'intéresser à la biodiversité de cette communauté.

> ◗ La BIODIVERSITÉ correspond à la variété d'espèces que comporte une communauté.

Pour mesurer la biodiversité d'une communauté, on doit s'attarder à deux composantes:

- le nombre d'espèces que la communauté contient. C'est aussi ce qu'on appelle la «richesse spécifique»;
- l'abondance relative de chaque espèce, c'est-à-dire le nombre d'individus d'une espèce par rapport au nombre total d'individus de la communauté.

Comparons la biodiversité de deux forêts fictives, soit les communautés 1 et 2, qui sont présentées à la figure 9.16. Voici ce que nous pouvons observer en ce qui concerne les espèces d'arbres de ces communautés:

- les deux communautés comportent chacune quatre espèces d'arbres. Leur richesse spécifique est donc la même;
- dans la communauté 1, chaque espèce compte à peu près le même nombre d'individus: l'abondance relative est la même pour chaque espèce. Dans la communauté 2, c'est surtout l'espèce A qui est abondante: l'abondance relative des trois autres espèces est plutôt faible.

Ainsi, la biodiversité de la communauté 1 est plus élevée que celle de la communauté 2, en ce qui concerne les espèces d'arbres. Pour établir le degré réel de biodiversité des communautés 1 et 2, il faudrait également étudier la diversité des autres espèces végétales et des espèces animales.

1885
1944

Frère Marie-Victorin (né Conrad Kirouac)

Après avoir fondé le Jardin botanique de Montréal, ce Québécois dressa un inventaire de la flore québécoise. En 1935, il publie le fruit de ses travaux dans un ouvrage, *La Flore laurentienne*, qui comprend plus de 900 pages et 2800 illustrations. Cet ouvrage a été réédité et est toujours utilisé.

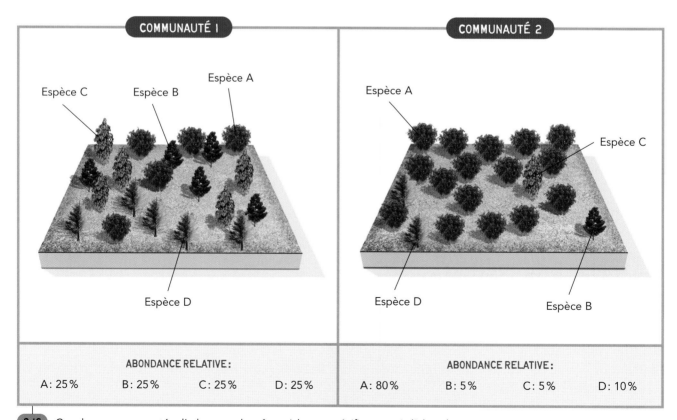

COMMUNAUTÉ 1			
ABONDANCE RELATIVE:			
A: 25%	B: 25%	C: 25%	D: 25%

COMMUNAUTÉ 2			
ABONDANCE RELATIVE:			
A: 80%	B: 5%	C: 5%	D: 10%

9.16 Ces deux communautés d'arbres ont la même richesse spécifique, mais l'abondance relative de chaque espèce n'est pas la même.

UNE PROFUSION D'ARAIGNÉES, C'EST BON SIGNE !

Au Québec, on compte plus de 650 espèces d'araignées connues. C'est plus que le nombre total de mammifères, d'oiseaux, de reptiles et d'amphibiens qu'on trouve dans la province ! Malgré leur physique peu attrayant, les araignées nous sont très utiles, car elles sont de redoutables prédatrices. Sans elles, nous serions envahis par les mouches !

Au cours de l'année 2006, des biologistes ont dressé l'inventaire des araignées qui vivent dans le Parc national de la Yamaska, en Estrie. Huit mille araignées, appartenant à plus de 210 espèces, ont été prélevées. Sept de ces espèces étaient vues pour la première fois dans la province. La découverte la plus enthousiasmante pour les chercheurs : deux espèces étaient inconnues au Québec et à travers le monde.

Cette recherche a démontré la biodiversité de notre patrimoine naturel du Québec, un patrimoine qui est encore à découvrir.

Adapté de : Chantal VALLÉE,
« Découvertes surprenantes »,
La Voix de l'Est, 27 octobre 2007.

Les araignées sont de redoutables prédatrices.

En résumé, la biodiversité d'une communauté est élevée lorsque :

- le nombre d'espèces est élevé ;
- l'abondance relative des différentes espèces est similaire.

Dans l'exemple qui précède, la mesure de la biodiversité est assez simple. Lorsqu'il s'agit de véritables communautés, mesurer la biodiversité s'avère beaucoup plus difficile. Cependant, cela en vaut la peine quand vient le temps d'élaborer des plans de conservation pour des milieux naturels. De cette façon, il est possible de tenir compte de chacune des espèces présentes dans la communauté.

Selon un inventaire des espèces publié en septembre 2007 par l'Union mondiale pour la nature (UICN), la biodiversité mondiale diminue rapidement. Sur les 41 415 espèces répertoriées dans cette étude, 16 306 sont menacées d'extinction, soit 1 amphibien sur 3, 1 mammifère sur 4, 1 oiseau sur 8 et près de 3 plantes sur 4. Des mesures de conservation ont heureusement freiné le déclin de certaines espèces, mais il est important de soutenir les efforts en ce sens.

DES ÎLES PLEINES DE VIE !

Les îles du globe ne représentent que 3 % de la masse de la Terre, mais on y trouve 15 % de toutes les espèces vivantes. Certaines de ces espèces ne vivent que sur une île ou sur un archipel, comme celui des îles Galapagos.

LES RELATIONS ENTRE LES INDIVIDUS D'UNE COMMUNAUTÉ

À l'intérieur d'une communauté, les individus et les populations ne vivent pas isolément les uns des autres. Ils établissent différentes relations. Un lion qui mange une antilope et une mésange qui bâtit son nid sur les branches d'un pin sont deux exemples de relations qui peuvent s'établir entre des individus de populations différentes.

Dans les sections suivantes, nous verrons plus en détail les quatre principales formes de relations qui peuvent exister entre les individus d'une communauté, soit:

- la compétition;
- la prédation;
- le mutualisme;
- le commensalisme.

ST STE LA COMPÉTITION

Dans un milieu de vie, certaines ressources sont limitées. Par exemple, dans un désert, toutes les espèces de plantes se disputent l'accès à l'eau et aux nutriments du sol. Dans une forêt, les lynx, les renards et d'autres prédateurs se disputent des proies comme le lièvre. On dit alors que ces espèces sont en compétition .

> «Compétition» vient du latin competitio, qui signifie «rivalité».

Il est toutefois important de préciser que, pour qu'il y ait compétition, il faut que la ressource du milieu soit en quantité limitée. Ainsi, pour une communauté vivant dans un lac, l'eau n'est pas une ressource limitée. Cependant, pour des arbres qui vivent dans une forêt, l'eau peut devenir une ressource limitée lors de périodes de sécheresse.

> ► **La COMPÉTITION est la relation qui s'établit entre des êtres vivants qui luttent pour une ressource du milieu.**

Il existe deux types de compétition. Il s'agit de:

- la compétition intraspécifique, qui s'opère entre des individus de la même espèce;
- la compétition interspécifique, qui s'opère entre des individus d'espèces différentes.

1910
1997

Jacques-Yves Cousteau

Accompagné d'une équipe de chercheurs, cet océanographe français explora les fonds marins de la planète pendant des dizaines d'années. Il produisit de nombreux films pour faire connaître les communautés du monde sous-marin.

9.17 Dans ce désert, il y a compétition intraspécifique pour l'eau entre les cactus. Il y a également compétition interspécifique pour l'eau entre les cactus et les autres espèces de végétaux.

LA PRÉDATION

Le mot «prédation» évoque des images comme celles d'un crocodile qui tue un zèbre traversant une rivière afin de le dévorer. Or, pour les scientifiques, la prédation est aussi l'action d'un cerf qui broute du feuillage. La mort de l'organisme qui est mangé n'est pas nécessaire pour qu'il y ait prédation.

> *«Prédation» vient du latin* praedatio, *qui signifie «pillage, brigandage».*

> ▶ La **PRÉDATION** est la relation qui unit deux êtres vivants, au cours de laquelle un être vivant se nourrit d'un autre être vivant.

L'individu qui se nourrit d'un autre être vivant s'appelle le «prédateur», tandis que celui qui se fait manger en tout ou en partie s'appelle la «proie». Sur la figure 9.18, la lionne est la prédatrice et le koudou est la proie.

Le parasitisme est une forme de prédation. Plutôt que de parler de relation «prédateur-proie», on parle plutôt de relation «parasite-hôte». Le parasite puise sa nourriture chez son hôte en vivant à l'intérieur de celui-ci ou à sa surface. Le parasite y voit un avantage, mais il cause des torts à l'hôte. Sur la figure 9.19, la chenille est le parasite et l'arbre est l'hôte.

> *«Parasitisme» vient du mot grec* parasitos, *formé de* para, *«à côté», et* sitos, *«nourriture».*

9.18 Cette lionne qui chasse un koudou (une sorte d'antilope) montre un exemple de prédation.

9.19 Cette chenille qui vit sur un arbre et qui se nourrit de ses feuilles montre un exemple de parasitisme.

LE MUTUALISME

Dans les communautés, il arrive parfois que deux espèces différentes aient des interactions qui sont bénéfiques pour les deux espèces. Il s'agit alors de mutualisme.

> *«Mutualisme» vient du latin* mutuus, *qui signifie «réciproque».*

> ◗ Le **MUTUALISME** est la relation qui unit deux êtres vivants et qui permet à chacun d'en retirer des bénéfices.

La relation qui existe entre l'anémone de mer et le poisson-clown est un exemple de mutualisme. Pour se nourrir, l'anémone agrippe ses proies à l'aide de ses tentacules. Elle peut aussi sécréter un venin qui neutralise ses proies. Or, le poisson-clown produit, à la surface de sa peau, du mucus qui le protège contre l'action des tentacules de l'anémone de mer. L'anémone peut ainsi servir d'abri au poisson-clown, ce qui est bénéfique pour ce dernier, tandis que le poisson-clown peut servir d'appât pour les proies de l'anémone, ce qui est bénéfique pour cette dernière. Ainsi, les deux espèces tirent un bénéfice de cette relation.

Un autre exemple de mutualisme, qui est très courant, concerne toutes les espèces qui permettent la pollinisation en se nourrissant du nectar des fleurs, comme le font les colibris, les abeilles et les papillons. Cette relation est bénéfique pour les fleurs, qui peuvent se reproduire, et pour les pollinisateurs, qui peuvent se nourrir.

9.20 La relation entre l'anémone de mer et le poisson-clown est une forme de mutualisme.

LE COMMENSALISME

Dans la nature, certaines relations entre deux espèces avantagent l'une sans toutefois défavoriser l'autre. C'est ce qu'on appelle le «commensalisme».

> *«Commensalisme» vient du latin* commensalis, *qui signifie «compagnon de table».*

> ◗ Le **COMMENSALISME** est la relation qui unit deux êtres vivants, par laquelle l'un est avantagé, tandis que l'autre n'est ni avantagé ni désavantagé.

La relation qui s'établit entre l'être humain et certaines espèces d'oiseaux, comme les moineaux, est un exemple de commensalisme. Ces oiseaux sauvages sont des commensaux de l'être humain (qui est leur «hôte»): les oiseaux profitent de l'abondance de nourriture dans les villes, mais leur présence ne nuit pas à notre espèce ou ne l'avantage pas.

De même, lorsque des oiseaux ou d'autres animaux se fabriquent un nid dans un arbre, l'animal tire avantage de cette relation, tandis que l'arbre n'en retire ni avantage, ni inconvénient. Certains animaux utilisent parfois le nid abandonné d'un autre animal: c'est aussi du commensalisme.

9.21 Ce nid de parulines ne nuit pas au pin sur lequel il est construit, et il ne l'avantage pas non plus. Il s'agit donc d'une relation de commensalisme entre la paruline (la commensale) et le pin (l'hôte).

L'EFFET DES RELATIONS ENTRE LES POPULATIONS SUR LEUR DENSITÉ

Dans une communauté, les populations sont liées entre elles de la même façon que les individus qui les composent. Ces relations ont un effet sur la densité des populations.

Le tableau 9.22 présente les quatre principales formes de relations qui peuvent exister entre les individus d'une communauté, ainsi que leur effet sur la densité des populations en cause.

9.22 L'EFFET DES RELATIONS ENTRE LES POPULATIONS SUR LEUR DENSITÉ

Type de relation	Effet sur la population A	Effet sur la population B
Compétition	–	–
Prédation et parasitisme	+	–
Mutualisme	+	+
Commensalisme	+	0

- Le signe «+» montre que la relation a tendance à faire augmenter la densité de la population.
- Le signe «–» montre que la relation a tendance à faire diminuer la densité de la population.
- Le signe «0» montre que la relation n'a pas d'effet sur la densité de la population.

TOUTE UNE ASSOCIATION !

Le rémora est un poisson qui peut se fixer par une ventouse à des animaux comme le requin. Il peut ainsi se déplacer sur de longues distances et éviter les prédateurs. Comme il se nourrit de certains parasites de son hôte, celui-ci profite aussi de cette relation.

ENVIRONNEMENT+

À la découverte des communautés marines

Plus des deux tiers de la surface de notre planète est recouverte d'eau qui recèle de nombreuses communautés. Pendant longtemps, la plupart de ces communautés ont été peu ou pas du tout accessibles pour l'être humain.

L'avènement du scaphandre autonome, mis au point au milieu du 20e siècle par Jacques-Yves Cousteau et Émile Gagnan, a rendu possible l'exploration de la biodiversité marine. En effet, le scaphandre autonome permet à un plongeur d'évoluer librement dans les lacs, les océans et les mers grâce à une réserve d'air.

De plus, récemment, la technologie a connu plusieurs innovations favorisant l'étude des fonds marins. Par exemple, des submersibles, des petits engins conçus pour fonctionner sous l'eau, sont capables d'atteindre des profondeurs dépassant les 10 000 m. Ces engins ont permis notamment de

révéler l'existence de communautés présentes sur les grands fonds océaniques.

Grâce au scaphandre autonome, il est possible d'explorer la communauté marine de l'estuaire du Saint-Laurent, aux Escoumins.

VERDICT

ST 1 à 19, A à C.   ATS Aucune.

STE 1 à 19, A à C.   SE Aucune.

1 L'étude des populations (p. 292-302)

1. Qu'ont en commun les êtres vivants qui forment une population ?

2. Donnez deux exemples de populations végétales et deux exemples de populations animales.

3. À quoi peut servir la connaissance de la taille d'une population de loups ?

4. Pour chacun des exemples suivants, indiquez le facteur qui fait varier la taille de la population (natalité, mortalité, immigration ou émigration). Précisez également l'effet qu'a ce facteur sur la taille de la population.

a) Chaque printemps, des bernaches reviennent s'installer sur les bords du lac Tranquille.

b) Lors d'une coupe forestière, le bruit généré par les véhicules forestiers a fait fuir les cerfs de Virginie des alentours.

c) Dans sa tanière, au printemps, une ourse allaite ses trois petits.

d) Des éleveurs procèdent à l'ensemencement de saumons dans une rivière.

e) L'installation de pièges dans la toiture d'un chalet permet d'éliminer les campagnols qui s'y trouvent.

Vous pouvez consigner vos réponses dans un tableau semblable à celui ci-dessous.

Exemple	Facteur	Effet sur la taille de la population
a)		

5. Qu'arrive-t-il lorsque la mortalité et l'émigration sont plus fortes que la natalité et l'immigration à l'intérieur d'une population ?

6. Les photos ci-dessous montrent une limace (A), un merle d'Amérique (B) et un bison (C). Indiquez la méthode de mesure de la taille de la population qui serait la plus appropriée pour chacune de ces espèces.

7. Des scientifiques veulent déterminer la taille d'une population de truites mouchetées dans un lac. Pour y arriver, ils capturent d'abord 50 truites, ils les marquent, puis ils les relâchent. Quelques jours plus tard, ils capturent 55 truites, dont 11 sont marquées.

a) Quelle méthode de mesure de la taille d'une population les scientifiques ont-ils utilisée ?

b) Quelle est l'estimation de la taille de la population des truites mouchetées dans ce lac ? Indiquez vos calculs.

8. La coccinelle maculée se nourrit d'œufs de doryphore (un insecte qui ravage les plants de pomme de terre).

Des biologistes souhaitent étudier la population de ce type de coccinelle dans un champ de pommes de terre de 10 000 m². Pour y arriver, ils ont recensé le nombre d'individus de cette espèce qui se trouvaient dans des quadrats de 1 m². Le tableau suivant montre les résultats de cet échantillonnage.

N° du quadrat	Nombre de coccinelles maculées	N° du quadrat	Nombre de coccinelles maculées
1	2	6	0
2	1	7	0
3	0	8	1
4	1	9	1
5	0	10	0

a) Quelle est la taille de la population de coccinelles maculées dans le champ étudié ? Indiquez vos calculs.

b) Quelle est la densité de la population de coccinelles maculées dans le champ étudié ? Indiquez vos calculs.

c) Si la population de coccinelles maculées était plus nombreuse que la population de doryphores, que se produirait-il ?

9. Voici les statistiques portant sur la taille de la population humaine et sur la superficie des provinces et des territoires au Canada (selon Statistique Canada, 1er avril 2007).

Province ou territoire(s)	Population	Superficie totale (en km²)
T.-N.-L.	506 548	405 212
Î.-P.-É.	138 800	5 660
N.-É.	932 966	55 284
N.-B.	748 878	72 908
Québec	7 687 068	1 542 056
Ontario	12 753 702	1 076 395
Manitoba	1 182 921	647 797
Saskatchewan	990 212	651 036
Alberta	3 455 062	661 848
C.-B.	4 352 798	944 735
Yukon	30 883	482 443
T.N.-O.	41 795	1 346 106
Nunavut	31 216	2 093 190

a) Dans quelle province ou dans quel(s) territoire(s) la densité de la population est-elle la plus faible ?

b) Dans quelle province ou dans quel(s) territoire(s) la densité de la population est-elle la plus élevée ?

c) Quel rang le Québec occupe-t-il en ce qui concerne la densité de sa population ?

10. a) Quel est le principal facteur qui peut faire varier la densité d'une population ?

b) Nommez deux autres facteurs qui ont un effet sur la densité d'une population.

11. Sachant que la majorité de la population canadienne habite dans des villes, quel est le mode de distribution de la population de notre pays ?

12. De quel mode de distribution s'agit-il dans chacun des cas suivants?

a) Dans une forêt, les sapins sont distribués au hasard.

b) Des champignons poussent en groupes sur les troncs d'arbres morts.

c) Plusieurs nuées d'éphémères volent au-dessus d'un lac.

d) Dans une vallée, les colibris défendent agressivement leur territoire : ils ont tendance à garder la même distance entre leurs nids.

13. Pour chacune des études décrites ci-dessous, indiquez si elle porte sur un facteur biotique ou sur un facteur abiotique.

a) Un écologiste étudie l'effet qu'a le broutement des lièvres sur une population de sapins.

b) Des chimistes évaluent l'acidité d'un sol.

c) Une spécialiste des cours d'eau évalue la quantité de lumière présente à diverses profondeurs d'un lac.

d) Des écologistes évaluent la quantité de phosphore provenant d'engrais agricoles dans une rivière.

14. La quantité de dioxygène dans un lac est-elle un facteur limitant pour une population de poissons (pour des achigans ou des truites, par exemple)? Expliquez votre réponse.

15. Pourquoi, au Québec, la taille de la population de lièvres diminue-t-elle lorsque la taille de la population de lynx augmente?

2 L'étude des communautés (p. 303-309)

16. Sur la Terre, il existe de nombreuses communautés.

a) Qu'ont en commun les êtres vivants qui forment une communauté?

b) De quoi est composée une communauté?

17. La forêt amazonienne, en Amérique du Sud, est considérée comme la forêt la plus diversifiée de la Terre. Sur quels critères les scientifiques se basent-ils pour établir le degré de biodiversité d'une communauté?

18. Observez la photo suivante et répondez aux questions ci-dessous, qui s'y rapportent.

a) Comment appelle-t-on la relation qui existe entre l'abeille et la fleur?

b) Si un bourdon s'approche de la fleur pour se nourrir de son nectar, quelle sera la relation qui s'établira entre l'abeille et le bourdon?

c) Si un oiseau mange l'abeille, de quelle sorte de relation sera-t-il question?

d) Si des pucerons s'installent sur la fleur et qu'ils causent des dommages à ses feuilles, quelle sera la relation qui s'établira entre les pucerons et la fleur?

e) Si une araignée tisse sa toile en attachant l'un de ses fils à la tige de la fleur, quelle sera la relation qui unira l'araignée et la fleur?

19. Vrai ou faux? Expliquez votre réponse.

a) On peut affirmer qu'une communauté est dotée d'une grande biodiversité lorsqu'une espèce de cette communauté est très abondante par rapport aux autres espèces.

b) Dans une relation de parasitisme, l'un des êtres vivants est un parasite et l'autre est sa proie.

c) Lorsque des populations d'une communauté vivent une relation de mutualisme, cette relation a tendance à faire augmenter la densité des populations en cause.

d) La compétition est bénéfique pour la densité des populations.

e) Le parasitisme correspond exactement au même phénomène que la prédation.

questions synthèses

A. La méthode de capture-recapture a servi à l'estimation de la taille d'une population de marmottes communes dans un champ. D'après cette estimation, la population comprendrait 50 individus.

    a) À la suite de cette estimation, des études portant sur le comportement des marmottes montrent que ces bêtes peuvent plus facilement reconnaître un piège si elles ont déjà été capturées. D'après cette nouvelle information, l'estimation de la taille de la population est-elle trop élevée ou trop faible? Expliquez votre réponse.

    b) La recapture a eu lieu au mois de mai. On a alors remarqué que plusieurs femelles étaient sur le point d'avoir des petits. Selon cette information, la taille de la population de marmottes aura-t-elle tendance à augmenter ou à diminuer? Quel est le nom du facteur en cause?

    c) Expliquez pourquoi l'emploi de quadrats n'aurait pas été approprié pour estimer la taille de la population de marmottes.

B. Au cours d'une étude effectuée sur une population de renards roux, on apprend que plusieurs d'entre eux vivent près de la population de marmottes étudiée à la question précédente.

    a) Puisque le renard peut se nourrir de marmottes, quelle est la relation qui lie ces deux populations?

    b) Les populations de renards et de marmottes forment-elles une communauté? Justifiez votre réponse.

    c) Quel effet a la présence de renards sur la densité de la population de marmottes?

    d) Expliquez pourquoi le calcul de la taille de la population de renards roux ne pourrait pas se faire à l'aide de photographies aériennes. Proposez aussi une méthode appropriée pour estimer la taille de cette population.

C. Préparez votre propre résumé du chapitre 9 en construisant un réseau de concepts.

COMMENT BÂTIR UN RÉSEAU DE CONCEPTS

Sauver une espèce en péril
À LA RESCOUSSE DU FAUCON PÈLERIN

L e faucon pèlerin est un rapace qui peut foncer sur ses proies, principalement des oiseaux, à plus de 300 km à l'heure. Pendant la Seconde Guerre mondiale, le nombre de faucons pèlerins a considérablement diminué, car on les abattait pour protéger les pigeons voyageurs utilisés pour transmettre des renseignements. Par la suite, les faucons pèlerins ont connu un déclin important au Canada, en raison de l'emploi d'un pesticide très efficace en agriculture, le DDT, et ce, pendant une vingtaine d'années. Aujourd'hui interdit, le DDT entraînait la ponte d'œufs aux coquilles minces et fragiles, qui se brisaient pendant l'incubation. Le nombre de naissances de fauconneaux diminuait. L'espèce était en danger : il fallait agir.

DES NAISSANCES EN CAPTIVITÉ

Au début des années 1970, il ne restait que 90 faucons pèlerins au Canada. Aucun ne subsistait dans le sud du pays. Quelques dizaines de couples vivaient encore au Yukon et dans les Territoires du Nord-Ouest. C'est à cette époque que l'usage du DDT a été sérieusement restreint en agriculture, à cause de ses effets néfastes sur l'environnement, notamment sur les faucons pèlerins. Les scientifiques ont cependant constaté que cette seule mesure ne serait pas suffisante. Il fallait faire plus.

Un programme audacieux a alors été mis sur pied: on allait élever des faucons en captivité pour les réintégrer par la suite dans leurs habitats naturels. Il s'agissait d'une expérience nouvelle, et de nombreuses personnes n'y croyaient tout simplement pas. Les premières tentatives ont été difficiles, mais les scientifiques ont persévéré. Ils ont ainsi compris qu'en retirant les œufs du nid à mesure qu'ils étaient pondus, les femelles en pondaient d'autres rapidement. Les chercheurs ont appris peu à peu comment s'y prendre avec les jeunes faucons. L'insémination artificielle a aussi été utilisée en plus de l'accouplement naturel. Ces recherches ont, du même coup, fait évoluer les connaissances dans le domaine de l'élevage en captivité d'autres espèces.

Il a fallu près de 25 ans pour relever le défi. À la fin du programme, en 1996, on avait relâché dans la nature canadienne plus de 1600 faucons à partir des installations de recherches en Alberta et d'universités du Québec et de la Saskatchewan. La même année, le gouvernement canadien élaborait un Cadre national pour la protection des espèces en péril. En 1999, on comptait 600 couples de faucons pèlerins sur le territoire canadien et près du double en 2000. La Loi sur les espèces en péril, qui prévoyait une collaboration entre le gouvernement fédéral et les gouvernements des provinces, était adoptée en 2002. Cette loi interdisait notamment de tuer, de capturer et de harceler les faucons pèlerins.

Aujourd'hui, le Comité sur la situation des espèces en péril au Canada (COSEPAQ) effectue des évaluations scientifiques régulières qui nous permettent de connaître l'évolution des espèces animales. Le faucon pèlerin *anatum*, le plus répandu dans le sud du pays,

Un fauconneau.

était classé dans la catégorie «espèce en voie de disparition» en 1978. Grâce aux efforts de conservation, il fait maintenant partie de la catégorie «espèce préoccupante», c'est-à-dire qu'il n'est plus en voie de disparition, mais qu'il suscite toujours des inquiétudes à cause de caractéristiques qui le rendent vulnérable aux activités humaines ou à certains phénomènes naturels.

L'AVENIR DU FAUCON PÈLERIN

Les quantités de DDT présentes dans l'environnement sont aujourd'hui trop faibles pour représenter une menace pour le faucon pèlerin. L'avenir de cette espèce pourrait être assuré à la condition, bien sûr, de maintenir son habitat en santé. Par ailleurs, certains faucons pèlerins migrent vers l'Amérique du Sud, où des pays utilisent encore du DDT pour tuer les moustiques qui transmettent la malaria aux êtres humains. Voilà une preuve tangible que la protection de la biodiversité est un problème mondial.

---

1. D'après vous, les moyens utilisés pour sauver les faucons pèlerins pourraient-ils permettre de sauver toute autre espèce menacée d'extinction ?

2. Les faucons pèlerins se nourrissent d'oiseaux, notamment de pigeons. Aujourd'hui, on introduit ces oiseaux de proie dans les aéroports. Expliquez leur utilité dans ces lieux.

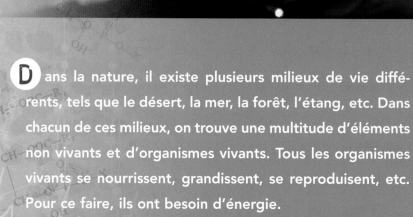

Dans la nature, il existe plusieurs milieux de vie différents, tels que le désert, la mer, la forêt, l'étang, etc. Dans chacun de ces milieux, on trouve une multitude d'éléments non vivants et d'organismes vivants. Tous les organismes vivants se nourrissent, grandissent, se reproduisent, etc. Pour ce faire, ils ont besoin d'énergie.

Mais où trouvent-ils cette énergie? Que se produit-il quand un milieu de vie est perturbé? Les êtres humains produisent beaucoup de déchets. Quel est l'impact de ces rejets sur les milieux de vie?

C'est en étudiant les écosystèmes que l'on arrive à répondre à ces questions. Mais commençons d'abord par comprendre ce qu'est un écosystème.

L'UNIVERS VIVANT

Les **écosystèmes**

10

ST STE ATS 1 Qu'est-ce qu'un écosystème ?

CONCEPTS DÉJÀ VUS

- Niche écologique
- Formes d'énergie
  (chimique, thermique,
  rayonnante, mécanique)

Au chapitre précédent, nous avons examiné les trois premiers niveaux écologiques que l'on trouve dans la nature, soit l'individu, la population et la communauté. Ces trois premiers niveaux concernent les organismes qui vivent dans un même milieu.

| 1ᵉʳ niveau : | 2ᵉ niveau : | 3ᵉ niveau : | 4ᵉ niveau : |
| Individu | Population | Communauté | Écosystème |

Or, un milieu de vie n'est pas uniquement constitué d'organismes vivants. Il comprend aussi des éléments non vivants comme la température, la lumière, les éléments contenus dans le sol, etc. Ces éléments non vivants peuvent avoir des effets sur les organismes vivants. Lorsqu'on considère les non-vivants avec les vivants dans un milieu de vie, il s'agit alors d'un quatrième niveau écologique, qu'on appelle l'«écosystème».

10.1 Après l'individu, la population et la communauté, l'écosystème constitue le quatrième niveau écologique.

▶ Un **ÉCOSYSTÈME** est un ensemble d'organismes vivants qui interagissent entre eux et avec les éléments non vivants du milieu qu'ils occupent.

Les exemples d'écosystème sont nombreux. Une forêt, un lac, un aquarium, une île, une montagne constituent tous des écosystèmes. La taille et les éléments d'un écosystème varient donc de l'un à l'autre.

10.2 Les écosystèmes peuvent être petits ou grands et très variés.

1.1 LES INTERACTIONS DANS UN ÉCOSYSTÈME : LES RELATIONS TROPHIQUES

Pour les scientifiques, les écosystèmes sont des «machines» naturelles qui transforment la matière et l'énergie dans un milieu. En effet, tous les organismes vivants d'un écosystème ont besoin d'énergie pour vivre, qu'ils obtiennent en se nourrissant de matière. Cette nourriture, ils la trouvent dans leur milieu. Les organismes vivants d'un écosystème ont donc entre eux des relations alimentaires. C'est ce qu'on appelle les «relations trophiques».

> *«Trophique» vient du mot grec* trophê, *qui signifie «nourriture».*

> ▶ Les **RELATIONS TROPHIQUES** sont les liens de nature alimentaire qui existent entre les organismes vivants d'un écosystème.

Arthur George Tansley

Écologiste britannique qui, en 1935, créa le terme «écosystème» pour désigner l'interaction qui s'établit entre les organismes vivants et leur environnement. Avant lui, l'écologie était plutôt une science visant à déterminer les raisons pour lesquelles des espèces sont présentes dans un milieu.

Les relations trophiques qui existent entre des organismes vivants sont souvent représentées par une CHAÎNE ALIMENTAIRE. Cette chaîne est une suite d'organismes vivants dans laquelle chacun mange celui qui le précède. La position qu'occupe chaque organisme vivant dans une chaîne alimentaire correspond à son NIVEAU TROPHIQUE. Dans les chaînes alimentaires, on distingue les niveaux trophiques suivants :

- les producteurs ;
- les consommateurs ;
- les décomposeurs.

La figure 10.3 présente une chaîne alimentaire contenant des exemples de ces trois niveaux trophiques.

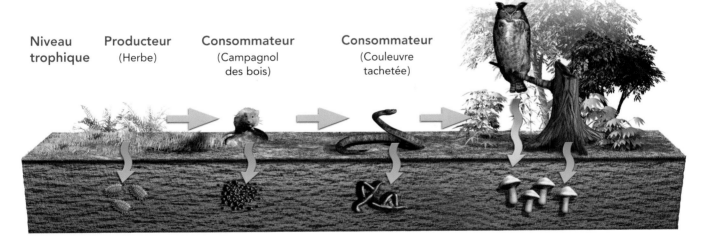

| Niveau trophique | Producteur (Herbe) | Consommateur (Campagnol des bois) | Consommateur (Couleuvre tachetée) | Consommateur (Grand-duc d'Amérique) |

| Niveau trophique | Décomposeur (Cloportes) | Décomposeur (Micro-organismes) | Décomposeur (Vers de terre) | Décomposeur (Champignons) |

10.3 Un exemple de chaîne alimentaire dans un écosystème boisé. Les flèches indiquent les liens alimentaires entre chaque organisme.

LES PRODUCTEURS

Des organismes comme les plantes, les algues et certaines bactéries sont capables de transformer la matière inorganique du milieu en matière organique. (Le tableau 10.4 présente la distinction qui existe entre la MATIÈRE ORGANIQUE et la MATIÈRE INORGANIQUE.) Cela signifie qu'ils peuvent utiliser de la matière comme l'eau, les éléments du sol, la lumière solaire, etc., pour produire de la matière vivante. Ainsi, ils peuvent se nourrir sans avoir à ingérer d'autres organismes. Ce sont des autotrophes.

> *«Autotrophe» provient des mots grecs* autos, *qui signifie «soi-même», et* trophê, *qui signifie «nourriture».*

10.4 LES DEUX CATÉGORIES DE MATIÈRE

Catégorie de matière	Description	Exemples
Matière inorganique	Matière qui n'est pas nécessairement produite par les organismes vivants.	Eau, sels minéraux, etc.
Matière organique	Matière qui entre dans la composition des organismes vivants et qui est généralement créée par ceux-ci.	Protéines, lipides, etc.

Les organismes AUTOTROPHES sont à la base de la chaîne alimentaire, car ce sont eux qui font entrer l'énergie dans l'écosystème. Ils utilisent, entre autres, la lumière du Soleil, le dioxyde de carbone et les éléments nutritifs du sol pour produire de la matière organique. C'est pourquoi on appelle ces organismes les «producteurs».

> ▶ Les **PRODUCTEURS** sont les organismes autotrophes d'un écosystème capables de créer de la matière organique à partir de matière inorganique.

10.5 Dans les écosystèmes terrestres, les plantes sont les principaux producteurs. Dans les écosystèmes aquatiques, ce sont surtout des micro-organismes, appelés «phytoplancton», et les algues qui sont les producteurs.

Dans la nature, la PHOTOSYNTHÈSE est le principal mécanisme à la base de la transformation de la matière inorganique en matière organique. En utilisant l'énergie du Soleil pour produire l'énergie dont ils ont besoin, les végétaux se nourrissent et peuvent croître.

LES CONSOMMATEURS

Dans un écosystème, plusieurs organismes vivants sont incapables de produire eux-mêmes leur nourriture. Ce sont des organismes HÉTÉROTROPHES. Parmi les hétérotrophes, on

> *«Hétérotrophe» provient des mots grecs heteros, qui signifie «autre», et trophê, qui signifie «nourriture».*

trouve des organismes qui obtiennent leur énergie en mangeant d'autres organismes vivants ou leurs produits (œufs, fruits, etc.). On les appelle les «consommateurs».

> ▶ **Les CONSOMMATEURS sont des organismes hétérotrophes qui se nourrissent d'autres organismes vivants.**

Il existe plusieurs types de consommateurs, comme l'illustre la figure 10.3 (*à la page 319*) :

- Les consommateurs de premier ordre se nourrissent des producteurs ou des graines et des fruits de ces derniers. Ainsi, les herbivores, les granivores et les frugivores sont habituellement des consommateurs de premier ordre. Dans la figure 10.3, le campagnol des bois est un consommateur de premier ordre.

- Les consommateurs de deuxième, de troisième et de quatrième ordre, respectivement, se nourrissent des consommateurs de l'ordre qui les précède. Ainsi, les consommateurs de deuxième ordre et plus

10.6 Un grand-duc d'Amérique.

sont normalement des carnivores. Dans la chaîne alimentaire de la figure 10.3, la couleuvre tachetée est un consommateur de deuxième ordre et le grand-duc d'Amérique, un consommateur de troisième ordre.

Il est à noter que le même animal peut être un consommateur d'un ordre différent selon la position qu'il occupe dans une autre chaîne alimentaire. Par exemple, si c'était le grand-duc qui avait mangé le campagnol des bois, il serait alors un consommateur de deuxième ordre.

Certains animaux, les omnivores, sont des consommateurs de plusieurs ordres. Les ours, entre autres, se nourrissent de plantes et d'autres animaux. Ils peuvent donc être des consommateurs de premier

> *«Omnivore» provient des mots latins omnis, qui signifie «tout», et vorare, qui signifie «dévorer».*

ordre, de deuxième ordre ou de troisième ordre, selon ce qu'ils mangent.

LES DÉCOMPOSEURS

Enfin, dans une chaîne alimentaire, on trouve également les décomposeurs qui sont liés à tous les niveaux trophiques. En effet, les décomposeurs se nourrissent des détritus, c'est-à-dire de la matière organique non vivante comme les feuilles tombées, le bois des arbres morts, les cadavres des animaux, les excréments, etc. Ils décomposent la matière organique en matière inorganique.

Les décomposeurs sont donc des DÉTRITIVORES. Certains vers, les champignons, certaines bactéries et certains insectes, comme les cloportes, sont des décomposeurs. Ils sont des hétérotrophes et peuvent être mangés par des consommateurs.

> ▶ Les DÉCOMPOSEURS sont des organismes qui se nourrissent des déchets et des cadavres d'autres organismes vivants.

10.7 Des consommateurs peuvent se nourrir de décomposeurs. C'est le cas notamment des oiseaux (dans ce cas-ci, le merle d'Amérique) lorsqu'ils se nourrissent de vers de terre.

Dans un écosystème, il existe plus d'une chaîne alimentaire possible. En effet, l'herbe dans une forêt peut être broutée par différents animaux qui, eux, peuvent être mangés par plusieurs prédateurs. Les relations trophiques dans un écosystème sont donc nombreuses. Lorsqu'on tente de les représenter, on réalise alors un RÉSEAU TROPHIQUE (ou réseau alimentaire).

Renard

Couleuvre

Pic

Musaraigne

Termite

Lièvre

Mulot

Sauterelle

Champignons et micro-organismes

10.8 Ce schéma représente le réseau trophique simplifié d'un écosystème boisé. Les flèches illustrent les différentes chaînes alimentaires possibles. Les flèches blanches montrent que les décomposeurs sont liés à tous les niveaux trophiques.

1.2 LA DYNAMIQUE D'UN ÉCOSYSTÈME

Comme on a pu le voir, dans un écosystème, il y a transformation de la matière et, par conséquent, transfert d'énergie. Grâce aux relations trophiques, la matière et l'énergie circulent d'un organisme à un autre. On trouve donc, à l'intérieur de chaque écosystème, une circulation ou ce qu'on appelle un «flux de matière et d'énergie».

> ▶ Le **FLUX DE MATIÈRE ET D'ÉNERGIE** dans un écosystème correspond à la circulation de la matière et de l'énergie entre les organismes vivants ainsi qu'entre le milieu et les organismes vivants.

ST STE ATS **LE FLUX DE LA MATIÈRE ET LE RECYCLAGE CHIMIQUE**

Selon la loi de la conservation de la masse énoncée par Antoine Laurent de Lavoisier, rien ne se perd, rien ne se crée, tout se transforme. Il en va ainsi pour la matière dans un écosystème.

Les producteurs transforment continuellement la matière inorganique du milieu en matière organique. On pourrait croire qu'à ce rythme, au bout d'un certain temps, toute la matière inorganique serait épuisée. Les producteurs ne pourraient plus trouver leur nourriture et mourraient donc, mettant en péril tout l'écosystème.

UN ÉCOSYSTÈME SOUS LA GLACE

Une équipe de chercheurs a découvert un écosystème en Antarctique, sous 200 mètres de glace, qui existe depuis près de 10 000 ans. Il compte environ 1000 espèces variées; des araignées, des petits crustacés, des méduses et des coraux y vivent dans les conditions froides des profondeurs marines.

LABO
N° 67

ENVIRONNEMENT +

Le vermicompostage

Au Québec, on estime qu'entre 40 % et 50 % du volume de nos déchets domestiques sont des restes de table ou des résidus provenant des jardins et des pelouses. Pour revaloriser ces déchets, au lieu de les envoyer au dépotoir, le vermicompostage est une biotechnologie qui peut être adoptée. Elle utilise des vers de terre capables de vivre dans des boîtes, comme *Eisenia fœtida*, mieux connus sous le nom de vers rouges du fumier. Il s'agit d'une méthode simple et propre, qui permet de faire du compost même à l'intérieur des habitations.

Pour arriver à préparer du compost, il suffit de se doter d'une boîte de compostage contenant des vers de terre, puis de leur donner de la nourriture. Ils mangent à peu près n'importe quel déchet de cuisine et de jardin qu'ils transforment en compost. Deux raisons principales font que le compostage

Les vers rouges du fumier sont des décomposeurs qui peuvent être utilisés pour faire du compost.

de nos déchets organiques est de plus en plus populaire. D'abord, il assure la réduction du volume des déchets domestiques. Ensuite, il permet d'obtenir un engrais naturel à peu de frais, puisque le compost est riche en éléments nécessaires pour la croissance de nos pelouses, de nos plantes d'intérieur et d'extérieur, de nos fruits et de nos légumes.

Mais les décomposeurs, qui se nourrissent de la matière organique contenue dans les détritus, la décomposent en matière inorganique nécessaire aux végétaux, telle que l'azote, le potassium ou le phosphore. C'est ce qui se produit lorsqu'on fait du compostage. Les producteurs ont donc continuellement accès à de la matière inorganique pour créer de la matière organique. C'est le phénomène de recyclage chimique dans un écosystème.

> ▶ Le **RECYCLAGE CHIMIQUE** est un phénomène naturel qui, par l'action des décomposeurs, permet de remettre en circulation de la matière inorganique dans un écosystème à partir de la matière organique.

La matière passe d'un état à un autre, mais reste toujours en circulation dans l'écosystème. Par exemple, lorsqu'un lièvre broute du trèfle, la matière contenue dans le trèfle est transférée à l'animal. Ensuite, si un lynx mange le lièvre, le prédateur a alors accès à la matière contenue dans le lièvre et ainsi de suite. À la fin, les décomposeurs ont accès à la matière contenue dans les détritus laissés par les organismes vivants, ils la décomposent en matière inorganique et la retournent dans l'écosystème. Cette matière inorganique pourra à nouveau être utilisée par le trèfle.

Flux de la matière inorganique
Flux de la matière organique

10.9 Sous l'action des décomposeurs, la matière inorganique qui est utilisée par les producteurs pour fabriquer de la matière organique est recyclée. Il s'agit du recyclage chimique dans les écosystèmes.

ST STE ATS LE FLUX DE L'ÉNERGIE

Il n'y a pas que la matière qui circule dans un écosystème. En effet, l'énergie emmagasinée par les végétaux se trouve elle aussi en circulation.

La première source d'énergie pour un écosystème est généralement la lumière du Soleil. Grâce à l'action des organismes autotrophes, une partie de l'énergie rayonnante qui entre dans l'écosystème est transformée en énergie chimique qui est ensuite transmise aux consommateurs. À chaque niveau, les organismes emmagasinent dans leurs tissus de l'énergie contenue dans leur nourriture.

Cependant, une grande partie de cette énergie est toujours perdue lors du passage d'un niveau trophique à un autre. À chaque niveau, les organismes rejettent un peu d'énergie sous forme de déchets. Ils en utilisent aussi une bonne part pour effectuer différentes activités comme se déplacer, croître ou se reproduire, dont une partie se perd sous forme de chaleur. Par exemple, lorsqu'on court pendant une certaine période de temps, on utilise beaucoup d'énergie et une quantité de chaleur est dégagée.

Ainsi, contrairement à la matière, l'énergie dans un écosystème n'est jamais recyclée. Un écosystème doit donc continuellement recevoir de l'énergie du Soleil.

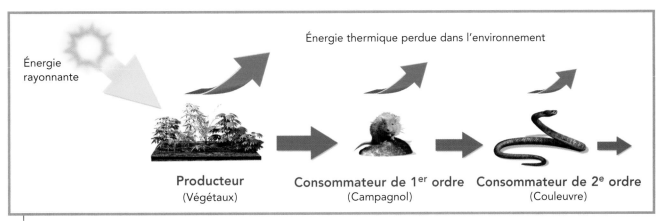

10.10 Un exemple de flux d'énergie dans un écosystème. Les flèches bleues illustrent le transfert d'énergie d'un niveau trophique à un autre et les rouges, la perte d'énergie à chaque niveau.

ST STE ATS 1.3 LA PRODUCTIVITÉ PRIMAIRE DES ÉCOSYSTÈMES

LABO
N° 68

Un des paramètres les plus importants lorsqu'on étudie les écosystèmes est de connaître la masse de la nouvelle matière organique qu'ils produisent. La masse totale de toute la matière organique (végétale et animale) d'un écosystème s'appelle la «biomasse».

MENACE SUR LE PHYTOPLANCTON

Des données satellites montrent que la concentration de phytoplancton dans l'Atlantique Nord a chuté de 30 % depuis 1979. Une observation inquiétante lorsqu'on sait que ces micro-organismes qui vivent en suspension dans la couche supérieure des océans jouent un rôle essentiel dans la chaîne alimentaire et le recyclage du dioxyde de carbone (CO_2).

Le phytoplancton assure près de la moitié de la photosynthèse de la planète. Grâce à cette activité, il capte environ le tiers du CO_2 émis dans l'atmosphère par les humains (de 6 à 7 milliards de tonnes par année), puis le transforme en matière organique utile à sa croissance. Le phytoplancton sert de nourriture au zooplancton (autres organismes qui ne font pas de photosynthèse), qui alimente à son tour de nombreux animaux marins.

Selon les scientifiques, deux paramètres expliqueraient la baisse de sa concentration : l'augmentation de la température de surface des mers et le changement de force des vents.

Cette image satellite nous montre la concentration en chlorophylle dans les océans, c'est-à-dire la quantité de phytoplancton. Plus la couleur est pâle (jaune), plus il y a de phytoplancton dans cette zone. (Données recueillies par l'instrument MODIS sur le NASA's AQUA entre le 1er juillet 2002 et le 31 décembre 2004.)

Adapté de : Alain PEREZ, «Menace sur le phytoplancton, jardin des océans», *Les Échos*, 24 août 2006, p. 9.

> ▶ La **BIOMASSE** est la masse totale de la matière organique présente à un moment donné dans un écosystème.

Comme nous l'avons vu précédemment, l'action des producteurs permet d'obtenir de la nouvelle matière organique. Cette matière correspond à la nouvelle biomasse d'un écosystème. Lorsqu'on mesure la quantité de cette nouvelle biomasse, on obtient la productivité primaire d'un écosystème.

> ▶ La **PRODUCTIVITÉ PRIMAIRE** d'un écosystème est la quantité de nouvelle biomasse obtenue par l'action des producteurs de l'écosystème.

Cette mesure est importante, car elle représente la quantité d'énergie disponible pour les consommateurs de premier ordre. Elle a, ainsi, une influence directe sur la quantité d'êtres vivants qui se développeront dans un écosystème. Plus le milieu de vie crée de la nouvelle matière organique, plus l'écosystème est en mesure de fournir de l'énergie pour un plus grand nombre d'êtres vivants.

Quelques facteurs peuvent faire varier la productivité primaire dans les écosystèmes. En effet, cette dernière étant liée à la création de nouvelle biomasse par les producteurs, il faut donc que la croissance des producteurs (végétaux, phytoplancton, etc.) soit soutenue pour que la productivité primaire soit élevée. Les facteurs suivants sont parmi ceux qui influencent la productivité primaire d'un écosystème:

- la quantité de lumière, puisque c'est l'énergie rayonnante du Soleil qui permet la photosynthèse;
- la quantité d'eau disponible, puisque l'eau est nécessaire à la photosynthèse;
- l'accès à des nutriments essentiels pour les producteurs, notamment du carbone, de l'azote, du phosphore et du potassium;
- la température, car certaines conditions climatiques sont favorables à la croissance des producteurs.

UNE BIOSPHÈRE SUR UNE AUTRE PLANÈTE? ⓘ

En Arizona, aux États-Unis, Biosphère 2, un écosystème complet sous verre, a été construit au début des années 1990 dans le but d'y faire vivre plantes, animaux et huit humains de façon autonome. Mais l'écosystème n'a pas atteint l'équilibre souhaité. Si une autre tentative de ce type réussissait, on pourrait peut-être un jour vivre sur une autre planète!

10.11 Un écosystème polaire est moins productif qu'un écosystème forestier parce qu'on y trouve moins de végétaux, les conditions climatiques étant moins favorables à leur développement.

ST STE ATS ② Les perturbations

À un moment ou à un autre, les écosystèmes sont soumis à des perturbations. Une période de sécheresse, une tempête de neige ou un déversement de pétrole, par exemple, auront pour effet de modifier la dynamique d'un écosystème.

> ◗ Une **PERTURBATION** est un événement qui cause des dommages à un écosystème. Elle peut entraîner l'élimination d'organismes et modifier la disponibilité des ressources.

Le type, la fréquence et la gravité des perturbations qui surviennent dans un écosystème peuvent varier selon le cas.

10.12 Un déversement de pétrole est une perturbation qui peut être catastrophique pour un écosystème.

- Les perturbations peuvent être de différents types. Dans des écosystèmes comme ceux du Québec, il est courant que des tempêtes de neige se produisent. Dans d'autres écosystèmes, ce sera plutôt des tempêtes de sable, des ouragans ou des éruptions volcaniques qui surviendront.

- Les perturbations peuvent être plus ou moins fréquentes. Au Québec, certaines rivières ont tendance à inonder les terres chaque printemps. D'autres rivières inondent les terres occasionnellement, lorsque surviennent des pluies torrentielles.

- Les perturbations peuvent être plus ou moins graves. Une tempête de verglas sera moins dommageable à un écosystème si elle dure quelques heures que si elle dure plusieurs jours, comme ce fut le cas au Québec en janvier 1998.

Les perturbations peuvent être d'origine naturelle, mais elles peuvent aussi être d'origine humaine.

ST STE ATS 2.1 LES PERTURBATIONS NATURELLES

Les perturbations naturelles sont nombreuses. Il s'agit d'événements qui ne sont pas causés par l'être humain, mais qui entraînent des dommages à des écosystèmes.

Les tempêtes sont des perturbations naturelles. Elles peuvent avoir des conséquences sur presque toutes les sortes d'écosystèmes, même sur ceux qui se trouvent au fond des océans. En effet, à cause du brassage des eaux, l'eau de surface et l'eau du fond se mélangent. Des populations qui vivent au fond de l'eau peuvent donc être affectées par les tempêtes qui se produisent à la surface.

1911
–

Pierre Dansereau

Parmi les écologistes les plus connus au Canada figure Pierre Dansereau. Il fut l'un des premiers à tenir compte du rôle de l'être humain dans la dynamique des écosystèmes. Son expertise en écologie et ses recherches sur les écosystèmes sont connues mondialement.

Outre les tempêtes, les éruptions volcaniques, les feux de forêt, les périodes de sécheresse, les inondations, les périodes de gel ou de canicule sont des exemples de perturbations naturelles.

DES CENDRES PERSISTANTES

En juin 1991, le volcan Pinatubo, situé aux Philippines, a rejeté dans la stratosphère d'énormes quantités de cendres et de gaz. Ces polluants couvrirent 42 % de la surface de la Terre en à peine 2 mois. À l'échelle de la planète, ils engendrèrent des perturbations climatiques dans les 2 années suivantes et une baisse des températures moyennes de 0,5 °C en 1992. 14

 Un ouragan est un exemple de perturbation naturelle qui peut entraîner d'énormes dommages dans un écosystème.

ST STE ATS 2.2 LES PERTURBATIONS HUMAINES

L'être humain demeure le principal agent de perturbation écologique sur la Terre. Plusieurs activités humaines produisent des effets sur les écosystèmes.

Ainsi, une coupe de bois perturbe un écosystème forestier. Les déversements de pétrole qui surviennent en mer perturbent les organismes vivant dans les écosystèmes marins : des plantes aquatiques, des oiseaux et des animaux marins meurent à cause de ces incidents.

10.14 L'exploitation minière est un exemple de perturbation humaine des écosystèmes.

Après avoir subi une perturbation, que devient un écosystème ? Il connaît une série de changements progressifs, qui s'échelonnent parfois sur des centaines d'années, afin de retrouver un état d'équilibre. Cette série de changements qui surviennent dans un écosystème s'appelle la «succession écologique».

> ▸ La **SUCCESSION ÉCOLOGIQUE** est une série de changements qui s'opèrent dans un écosystème à la suite d'une perturbation, jusqu'à ce que l'écosystème atteigne un état d'équilibre.

Tout changement dans un écosystème entraîne des changements au sein des populations animales et végétales notamment. Par exemple, si les arbres disparaissent d'un milieu à la suite d'une perturbation, les oiseaux qui y faisaient leur nid quitteront le milieu. D'autres espèces, qui étaient absentes du milieu, comme des mulots, s'y installeront parce qu'elles y trouveront nourriture et habitat. Par ailleurs, la présence ou l'absence d'êtres vivants transforme le milieu : la présence de mulots, par exemple, attirera leurs prédateurs dans l'écosystème. Chaque changement succède ainsi à un autre.

SAUVER LES ARBRES OU LES CHOUETTES, IL FAUT CHOISIR !

Les écologistes préconisent parfois les coupes à blanc plutôt que les coupes sélectives par l'industrie forestière, aussi destructeur que cela puisse paraître. En effet, dans certaines forêts de la Colombie-Britannique, les entreprises n'abattent que les cèdres rouges et préservent les autres espèces. Le hic : les jeunes cèdres rouges ont besoin de beaucoup de lumière et ne peuvent pas survivre dans une forêt déjà constituée. Il faudrait faire de plus grandes trouées pour qu'ils puissent repousser.

En contrepartie, les coupes à blanc sont catastrophiques pour la faune. Elles pourraient notamment sonner le glas de la chouette tachetée du Nord. Le Canada comptait autrefois plusieurs centaines de couples reproducteurs. On estime qu'il ne reste actuellement plus que 17 individus. La cause ? La destruction de son habitat et l'abattage des arbres.

Faudrait-il choisir entre le cèdre rouge et la chouette tachetée du Nord ? La conservation est décidément une chose complexe.

Adapté de : Richard BLACK, «Sauver les arbres ou les chouettes, il faut choisir», *Courrier international*, n° 839, 30 novembre 2006, p. 73.

La chouette tachetée du Nord est une espèce vulnérable aux coupes forestières.

STE 2.4 L'EMPREINTE ÉCOLOGIQUE

Sur notre planète, de nombreux écosystèmes sont perturbés par les êtres humains puisque nous devons exploiter une partie des ressources de la planète pour vivre. Par exemple, une certaine surface de la Terre sert à cultiver des fruits et des légumes, à élever du bétail, à faire pousser du bois et à extraire du pétrole pour nous permettre de vivre. De plus, tous les déchets que nous produisons au cours de notre vie, toutes les usines qui servent à produire nos biens et toutes les habitations qui nous abritent occupent une place sur la planète. Lorsqu'on estime la surface qui est exploitée pour permettre à un humain de vivre, on détermine son empreinte écologique. Cet outil permet de mesurer l'impact des activités humaines sur les écosystèmes.

> ⓘ **L'EMPREINTE ÉCOLOGIQUE** est une estimation de la surface nécessaire permettant à un être humain d'avoir toutes les ressources pour répondre à l'ensemble de ses besoins et assurer l'élimination de ses déchets.

| Empreinte écologique d'une population | = | Terre et eau occupées par la population | + | Terre et eau utilisées pour produire des biens et services pour la population | + | Terre et eau utilisées pour éliminer les déchets de la population |

10.15 Équation de l'empreinte écologique.

Les ressources des écosystèmes de la Terre que nous pouvons exploiter constituent la capacité écologique disponible. Selon l'Organisation mondiale pour la protection de l'environnement, en 2003, la capacité écologique disponible de la Terre était d'environ 1,8 hectare par personne. En effet, si on divisait la surface totale de la Terre disponible pour répondre à nos besoins par le nombre d'êtres humains, qui dépasse actuellement les 6,5 milliards d'individus, on estime que chacun disposerait alors de 1,8 hectare, soit 18 000 m².

Donc, si l'empreinte écologique de chaque être humain est de 1,8 hectare, cela signifie que toute la surface de la Terre est exploitée. Si elle est plus importante, cela veut dire que la Terre ne suffit plus à répondre à nos besoins. Si elle est moindre, la Terre peut répondre aux besoins des êtres humains, aux besoins des générations futures et même aux besoins de populations d'autres espèces.

10.16 Voici un exemple où une surface de la forêt a été utilisée par l'être humain. Dans ces cas, on utilise une surface de la Terre pour installer un camp forestier et on utilise aussi une autre surface pour le bois dont nous avons besoin.

Comme on peut le remarquer sur l'illustration 10.17, au Canada, l'empreinte écologique moyenne est de 7,6 hectares par personne, soit 4 fois plus que la capacité écologique disponible de la Terre. Selon le concept d'empreinte écologique, cela signifie que si tous les humains consommaient comme les Canadiens, nous aurions besoin de quatre planètes comme la nôtre pour subvenir à nos besoins.

10.17 L'EMPREINTE ÉCOLOGIQUE ESTIMÉE, SELON L'ORGANISATION MONDIALE POUR LA PROTECTION DE L'ENVIRONNEMENT, EN 2003

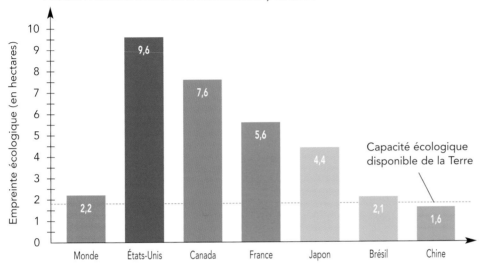

STE SE ③ L'écotoxicologie

On a vu que les êtres humains perturbent les éco-systèmes de la planète. En effet, nos activités industrielles et agroalimentaires, ainsi que certains de nos déchets, rejettent dans l'environnement des substances ou des radiations qui peuvent avoir un effet sur les éco-systèmes. L'écotoxicologie est la science qui étudie les torts causés aux écosystèmes par les substances et les radiations.

« Écotoxicologie » provient du mot grec oikos, qui signifie « habitat », du mot latin toxicum, qui signifie « poison », et du mot grec logia, qui signifie « théorie ».

▷ **L'ÉCOTOXICOLOGIE** est l'étude des conséquences écologiques de la pollution de l'environnement par les substances et les radiations qu'on y rejette.

10.18

Les activités humaines ont pour effet de rejeter dans les écosystèmes des substances qui ne s'y trouvent pas de façon naturelle ou qui augmentent leurs concentrations de façon significative. Sur cette photo prise en Chine, on voit les rejets d'une usine de pâtes et papiers. Au Québec, des mesures importantes ont été prises pour éviter ces situations.

3.1 LES CONTAMINANTS

Lorsqu'une substance ou une radiation reje-tée dans l'environnement est susceptible de lui causer du tort, il s'agit d'un contaminant. Selon leur nature, les contaminants peu-vent être séparés en quatre principales classes. Le tableau 10.19 présente ces classes.

> *« Contaminant » provient du latin contaminatio, qui signifie « souillure ».*

1909
1994

René
Truhaut

> ◗ Un **CONTAMINANT** est une substance ou une radia-tion susceptible de causer du tort à un ou plusieurs écosystèmes.

10.19 LES PRINCIPALES CLASSES DE CONTAMINANTS

Classe de contaminants	Exemples
Contaminants inorganiques	Plomb, arsenic, mercure, oxydes d'azote, phosphore, etc.
Contaminants organiques	Insecticides, pesticides, biphényles polychlorés (BPC), benzène, etc.
Contaminants microbiologiques	Virus et bactéries nuisibles
Contaminants radioactifs	Uranium, plutonium, radon, etc.

C'est le professeur René Truhaut, expert français en toxicologie, qui, en 1969, a défini l'éco-toxicologie comme étant une branche de la toxi-cologie. L'écotoxicologie tente de mesurer l'impact des contami-nants non seulement sur les individus, mais aussi sur les écosystèmes.

Lorsqu'un contaminant cause effectivement du tort à un organisme, on dit alors qu'il est toxique pour cet organisme. La toxicité de chaque contami-nant dépend notamment des trois facteurs suivants:

◗ **Sa concentration.** Plus un contaminant est concentré, plus il y a de risques qu'il soit toxique. Par exemple, selon la réglementation québé-coise, la concentration de plomb dans l'eau potable ne doit pas dépasser 0,01 ppm (0,01 mg/L). Au-delà de cette concentration, on considère que le plomb est toxique et peut causer des problèmes de santé aux êtres humains.

10.20 En 1990, un incendie dans un dépotoir de pneus à Saint-Amable, près de Montréal, libéra, entre autres, une grande quantité de BPC. Les eaux environnantes et souterraines ont été contaminées.

- **Le type d'organisme avec lequel il est en contact.** Certains contaminants sont toxiques pour des organismes mais ils ne le sont pas pour d'autres. C'est le cas notamment de certains herbicides qui sont, par exemple, toxiques seulement pour les herbes à feuilles larges.

- **La durée de l'exposition.** Généralement, plus longtemps un contaminant est en contact avec un organisme, plus il risque d'être toxique. Par exemple, plus une personne fume ou est exposée à la fumée secondaire de la cigarette, plus elle risque de développer un cancer du poumon.

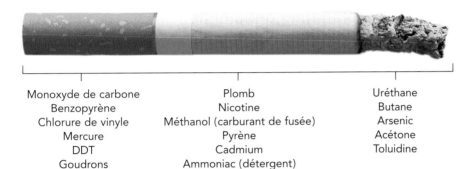

Monoxyde de carbone	Plomb	Uréthane
Benzopyrène	Nicotine	Butane
Chlorure de vinyle	Méthanol (carburant de fusée)	Arsenic
Mercure	Pyrène	Acétone
DDT	Cadmium	Toluidine
Goudrons	Ammoniac (détergent)	

10.21 La cigarette contient des centaines de contaminants toxiques néfastes pour la santé des êtres humains et celle d'autres organismes.

ENVIRONNEMENT +

Le DDT, menace ou solution ?

Parmi les produits chimiques qui ont été le plus utilisés dans le monde figure le dichlorodiphényltrichloroéthane. Il s'agit d'un insecticide mieux connu sous le nom de DDT.

Après que le chimiste suisse Paul Hermann Müller s'aperçut, en 1939, que le DDT tuait la plupart des insectes, ce produit fut utilisé à grande échelle en agriculture afin d'éliminer les insectes qui ravageaient les cultures.

Cependant, dès la fin des années 1950, on commença à prendre conscience des effets néfastes du DDT. Des scientifiques constatèrent que ce produit tuait aussi les oiseaux et d'autres espèces et que les organismes visés acquéraient une résistance aux produits chimiques. Ainsi, les insectes ravageurs n'avaient plus d'ennemis naturels. C'est pourquoi, dès le début des années 1970, l'utilisation du DDT fut interdite dans de nombreux pays, dont le Canada.

Malgré ses effets néfastes sur l'environnement, certains pays n'ont pas encore interdit son utilisation, notamment dans les pays en voie de dévelop-

Dans les années 1950 et 1960, le DDT fut utilisé au Canada pour protéger les cultures contre les insectes ravageurs.

pement. En effet, le DDT est l'un des produits les moins chers permettant de tuer des insectes qui contaminent les humains. Par exemple, le paludisme, appelé aussi «malaria», est transmis par des moustiques, comme l'anophèle. D'ailleurs, le DDT est considéré comme un agent qui a contribué à éradiquer le paludisme ainsi que le typhus en Europe et en Amérique du Nord.

LE SEUIL DE TOXICITÉ

Pour déterminer quand un contaminant devient toxique, les scientifiques évaluent son seuil de toxicité. Ce seuil de toxicité correspond à la concentration minimale d'un contaminant pour qu'il produise un effet néfaste sur un organisme.

> ▶ Le **SEUIL DE TOXICITÉ** correspond à la concentration au-delà de laquelle un contaminant produit un ou plusieurs effets néfastes sur un organisme.

Par exemple, selon l'Organisation mondiale de la santé, le seuil de toxicité moyen du dioxyde de soufre (SO_2) pour les végétaux est fixé à 30 µg / m^3 d'air. Cela signifie qu'au-delà de cette concentration, le dioxyde de soufre peut avoir des effets néfastes sur la végétation.

10.22 Certaines cyanobactéries, communément appelées «algues bleues», peuvent libérer dans l'eau des microcystines. Le seuil de toxicité de ces contaminants est fixé à 16 µg/L d'eau pour l'être humain. Lorsque ce seuil de toxicité est atteint ou dépassé, ces contaminants peuvent causer des nausées, des vomissements et même la jaunisse. C'est pourquoi il arrive que des plages soient fermées à cause des cyanobactéries.

Les contaminants toxiques peuvent avoir de nombreux effets différents sur la santé des êtres humains. La plupart du temps, chaque contaminant a un effet toxique particulier. Par exemple, l'un peut causer des rougeurs à la peau, tandis que l'autre peut provoquer des vomissements. Il devient alors difficile de comparer la toxicité des contaminants entre eux simplement en observant leurs effets.

Pour comparer la toxicité des contaminants, les scientifiques peuvent déterminer leur DOSE LÉTALE. Cette donnée indique la quantité de contaminant qui provoque la mort d'un organisme lorsqu'il l'ingère en une seule fois.

«Létale» provient du latin letalis, *qui signifie «mortel».*

Puisque, à l'intérieur d'une même espèce, certains individus sont plus résistants que d'autres à un contaminant, l'indicateur utilisé la plupart du temps pour comparer la toxicité des contaminants est la DL_{50}, c'est-à-dire la dose qui cause la mort de 50 % des individus.

STE SE 3.2 LA BIOACCUMULATION ET LA BIOCONCENTRATION DES CONTAMINANTS

Beaucoup de contaminants rejetés à la suite des activités humaines résistent à la dégradation naturelle et peuvent ainsi polluer des écosystèmes pendant des années. Lorsque ces contaminants se trouvent mélangés avec la matière inorganique du milieu, comme l'eau, les organismes vivants peuvent alors les assimiler lorsqu'ils se nourrissent ou se désaltèrent.

Une fois dans l'organisme, certains contaminants, comme des métaux lourds, des produits chimiques appelés BPC (une substance aux propriétés isolantes) et le DDT (un insecticide puissant) ne peuvent pas être éliminés. Ainsi, avec le temps, ils s'accumulent dans les tissus des organismes. Il s'agit du phénomène de la bioaccumulation.

10.23 Il arrive que certains cours d'eau soient contaminés au point de causer la mort de plusieurs organismes vivants.

> ► La BIOACCUMULATION est la tendance qu'ont certains contaminants à s'accumuler dans les tissus des organismes vivants avec le temps.

10.24 Certains des déchets que nous rejetons dans la nature laissent échapper des contaminants qui peuvent s'accumuler dans les organismes vivants de l'écosystème. Dans ce cas-ci, l'ours a peut-être ingéré un contaminant contenu dans le dépotoir.

Dans une chaîne alimentaire, un être vivant d'un niveau trophique supérieur se nourrit des organismes vivants d'un niveau trophique inférieur. Donc, lorsqu'il y a eu bioaccumulation de contaminants, un être vivant consomme les contaminants qui se sont accumulés dans l'organisme vivant d'un niveau trophique inférieur. C'est pourquoi, plus on monte dans la chaîne alimentaire, plus la concentration de ces contaminants va augmenter. C'est le phénomène de bioconcentration (ou bioamplification).

> ◗ La BIOCONCENTRATION (ou bioamplification) est un phénomène qui fait en sorte que la concentration d'un contaminant dans les tissus des vivants a tendance à augmenter à chaque niveau trophique.

Les êtres humains n'échappent pas à ce phénomène. Comme ils se situent aux niveaux trophiques supérieurs des chaînes alimentaires, c'est donc eux qui peuvent se trouver aux prises avec des concentrations élevées de contaminants dans leur organisme. Par exemple, dans la figure 10.25, les pesticides épandus dans les champs sont charriés par l'eau de pluie vers les rivières. Ils sont alors ingérés jour après jour par des organismes, le phytoplancton, qui sont mangés par les éphémères, qui, à leur tour, sont ingérées par les truites que les êtres humains consomment. Ces derniers absorbent ainsi une certaine quantité de contaminants.

1907
1964

Rachel Carson

Cette zoologiste et biologiste américaine a publié, en 1962, un livre sur les effets secondaires du DDT, qui souleva de vives réactions. On considère que cet ouvrage, *Silent Spring*, fut le point de départ du mouvement écologiste actuel.

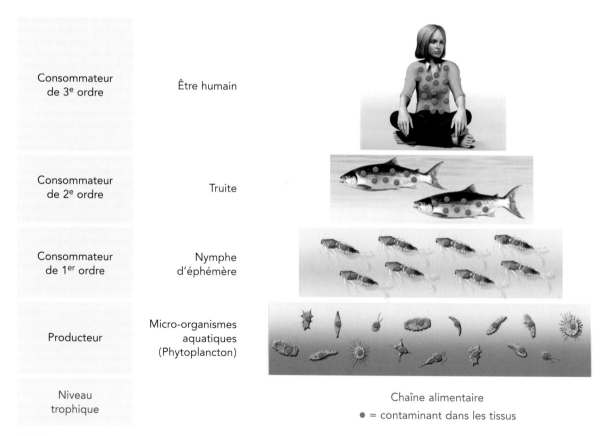

Consommateur de 3ᵉ ordre	Être humain
Consommateur de 2ᵉ ordre	Truite
Consommateur de 1ᵉʳ ordre	Nymphe d'éphémère
Producteur	Micro-organismes aquatiques (Phytoplancton)
Niveau trophique	

Chaîne alimentaire

● = contaminant dans les tissus

10.25 Le phénomène de bioconcentration fait en sorte que plus on monte dans les niveaux trophiques d'une chaîne alimentaire, plus la concentration des contaminants est élevée.

STE 4 Des biotechnologies au service des écosystèmes

Bien des problèmes environnementaux que connaît notre planète sont dus au rejet de contaminants par nos industries, nos voitures et nos déchets domestiques. Malheureusement, il n'est pas toujours possible de simplement retirer l'eau et les sols contaminés pour dépolluer un milieu.

Des solutions en BIOTECHNOLOGIE ont été développées pour remédier à certains problèmes écologiques. Ainsi, des organismes vivants sont utilisés soit pour limiter le rejet des contaminants, soit pour les dégrader. On peut donc dépolluer par biorestauration ou phytoremédiation. On peut aussi éviter de polluer en traitant les eaux usées avant leur rejet dans les écosystèmes.

> «Biotechnologie» provient des racines grecques bios, *qui veut dire «vie»*, tekhnê, *qui veut dire «procédé»*, et logia, *qui veut dire «théorie»*.

STE 4.1 LA DÉPOLLUTION DES SOLS PAR BIODÉGRADATION DES POLLUANTS

Comme on l'a vu précédemment, on trouve dans le sol des micro-organismes, tels des bactéries et des champignons, qui sont des décomposeurs. Pour se nourrir, ils dégradent de la matière organique en matière inorganique. En biotechnologie, ce phénomène s'appelle la «biodégradation».

> ▶ La BIODÉGRADATION est la décomposition de la matière organique en matière inorganique par des micro-organismes.

En étudiant diverses espèces de bactéries et de champignons microscopiques, les scientifiques se sont aperçus que des espèces peuvent vivre dans des environnements très toxiques et se nourrir des contaminants en les dégradant.

Alors, pour dépolluer des sols, on a introduit des micro-organismes qui biodégradent les polluants présents lorsqu'ils se nourrissent. Ils transforment ainsi les polluants en matière inoffensive pour l'environnement. C'est ce que les scientifiques appellent la «biorestauration».

> ▶ La BIORESTAURATION est une biotechnologie qui consiste à dépolluer un milieu par l'action de micro-organismes qui y décomposent les contaminants.

10.26 Un travailleur pulvérise des engrais sur une plage imbibée de pétrole. Les engrais stimulent la croissance des micro-organismes qui dégradent le pétrole.

DES CHAMPIGNONS GLOUTONS

Un champignon qui se nourrit normalement de bois pourrait aussi dégrader certains plastiques résistants qui s'entassent dans les sites d'enfouissement de déchets. Ces plastiques, à base de résine phénolique, sont quasi indestructibles. Ils ne peuvent être fondus ni réutilisés. Pour les recycler, il faut les pulvériser et mélanger les fragments à d'autres plastiques. Mais ce procédé est coûteux!

Des chercheurs américains ont découvert qu'un champignon pouvait attaquer ces résines. Baptisé *Phanerochaete chrysosporium*, il se nourrit habituellement de lignine, une molécule qui donne sa rigidité au bois. Or, la lignine est faite de molécules dont la structure est semblable à celle des résines phénoliques. Les chercheurs ont mis le champignon à

Ce champignon *Phanerochœte chrysosporium* se trouve souvent sur les souches d'arbres en décomposition.

l'essai et ont découvert qu'il pouvait dégrader le plastique.

L'idée est encore loin de pouvoir être utilisée commercialement. L'équipe n'a pas encore montré si le champignon dévorait le plastique assez rapidement, et ce, en quantité suffisante.

Adapté de: Helen PEARSON, «Le retour des enzymes gloutons», *Courrier international*, 15 juin 2006, p. 57.

STE 4.2 LA PHYTOREMÉDIATION

Non seulement les micro-organismes peuvent être utilisés pour dépolluer des milieux, mais les plantes peuvent l'être également. Certains végétaux absorbent les contaminants présents dans le sol, dans l'air ou dans l'eau. Ils accumulent ces contaminants dans leur organisme. On peut alors les cueillir pour récupérer et détruire les contaminants qu'ils ont absorbés. Dans ce cas, la biotechnologie utilisée est la phytoremédiation.

> «Phytoremédiation» provient du mot grec phuton, qui signifie «plante», et du mot latin remediare, qui signifie «guérir».

▶ La **PHYTOREMÉDIATION** est une biotechnologie qui utilise des plantes ou des algues pour éliminer les contaminants d'un milieu.

UNE USINE ÉCOLOGIQUE ⓘ

En Suède, on a établi un système de phytoremédiation en plantant des saules à proximité d'une usine de traitement des eaux usées. Les arbres sont irrigués par les eaux de la ville et en absorbent l'azote excédentaire. En plus de se transformer ainsi en une installation naturelle de traitement des eaux, qui complète le travail de l'usine, les arbres bénéficient de l'apport en azote pour leur croissance.

Par exemple, les choux peuvent être utilisés pour retirer des métaux lourds d'un sol. En effet, ces plants ont la propriété d'absorber beaucoup de métaux lourds, sans que cela leur cause de tort. Par contre, les plantes ne dégradent pas ces métaux; elles ne font que les concentrer. Il faut donc s'assurer qu'elles ne soient pas mangées et qu'on les cueille avant qu'elles meurent. On peut alors disposer des choux et des métaux lourds qu'ils contiennent de façon sécuritaire.

10.27 En plantant des choux dans un sol contaminé par des métaux lourds, on peut arriver à retirer ces contaminants.

STE 4.3 LE TRAITEMENT DES EAUX USÉES

Nous avons vu qu'il existe des solutions en biotechnologie qui permettent de dépolluer un milieu. Mais il existe aussi des méthodes qui permettent de limiter le déversement des polluants dans l'environnement. On applique ces méthodes principalement pour traiter les eaux usées.

L'eau est nécessaire à de nombreuses activités; elle est ensuite rejetée dans l'environnement. Par exemple, dans nos maisons, nous utilisons l'eau pour les tâches ménagères. Dans certaines industries, l'eau a servi de solvant pour de nombreux produits chimiques. Ainsi, après usage, l'eau que l'on rejette est de l'eau dite usée.

> ▶ Les **EAUX USÉES** sont les eaux rejetées après leur utilisation domestique ou industrielle et qui sont polluées à cause des activités humaines.

Les eaux usées peuvent contenir les éléments indésirables suivants:

- du sable et d'autres matières en suspension;
- des micro-organismes pathogènes qui peuvent causer des maladies;
- des déchets organiques en décomposition;
- des éléments nutritifs qui stimulent la croissance des algues, des cyanobactéries et des végétaux aquatiques de façon excessive;
- des produits chimiques.

«Pathogène» provient des mots grecs pathos, qui signifie «malade», et genos, qui signifie «origine».

C'est pourquoi quelques moyens biotechnologiques ont été développés pour traiter les eaux usées et les rendre propres avant leur rejet dans l'environnement. On distingue deux principaux moyens:

- la fosse septique utilisée pour les habitations qui ne sont pas reliées à un système d'égouts;
- les stations d'épuration des eaux usées, aménagées près des milieux urbains.

DE L'EAU PROPRE... UN PRIVILÈGE?

Il existe aujourd'hui plus de 50 000 stations d'épuration dans le monde. Cependant, environ 40% de la population mondiale n'a pas encore accès à un système de traitement des eaux usées quel qu'il soit. 15

LES FOSSES SEPTIQUES

Le principe du fonctionnement des fosses septiques est assez simple. Les eaux usées de la maison sont dirigées dans un contenant, soit la fosse septique. Dans cette fosse, les déchets solides se déposent dans le fond et forment des boues. De temps en temps, les boues sont ramassées par des compagnies spécialisées qui vont les traiter afin de les rendre inoffensives pour l'environnement.

Quant à la partie liquide des eaux usées, celle-ci peut s'écouler de la fosse septique et être drainée par le terrain. Alors, des micro-organismes déjà présents, ou qui ont été introduits dans le sol, peuvent traiter ces liquides.

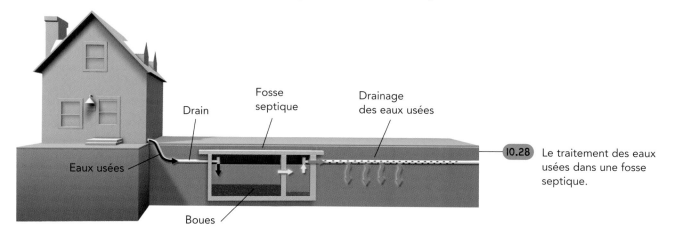

Drain

Fosse
septique

Drainage
des eaux usées

Eaux usées

Boues

10.28 Le traitement des eaux usées dans une fosse septique.

LES STATIONS D'ÉPURATION DES EAUX USÉES

Les stations d'épuration utilisent divers procédés pour traiter les eaux usées. Étant donné qu'elles coûtent cher à construire et qu'il faut un réseau d'égouts pour les alimenter, on n'en rencontre normalement que dans les centres urbains.

10.29 Certaines stations d'épuration ont notamment recours au lagunage pour traiter les eaux usées. Des étangs d'épuration permettent alors aux particules solides de décanter et aux micro-organismes d'oxyder la matière organique.

À l'intérieur des stations d'épuration, les eaux usées subissent habituellement trois traitements (*illustrés ci-dessous*) avant de retourner dans l'environnement.

TRAITEMENT PRIMAIRE OU PHYSIQUE

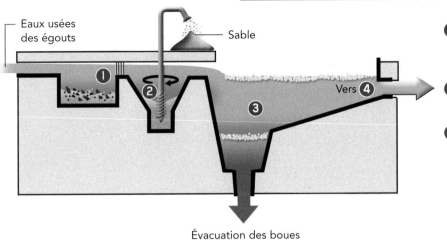

— Eaux usées des égouts

Sable

Vers ❹

Évacuation des boues

❶ Dégrillage des eaux usées, pour retenir les gros débris (sacs de plastique, chiffons, etc.).

❷ Désablage dans un collecteur pour enlever les matières inorganiques fines.

❸ Décantation primaire : les matières organiques lourdes se déposent dans le décanteur. L'écume (mousse blanchâtre flottant sur l'eau) est pompée vers le fond. L'écume et les matières organiques lourdes forment des boues qui sont évacuées du décanteur.

TRAITEMENT SECONDAIRE OU BIOLOGIQUE

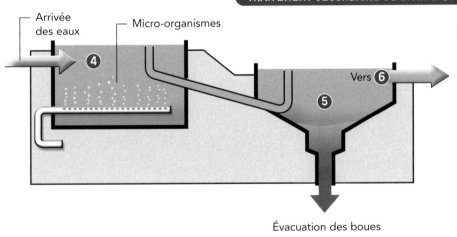

— Arrivée des eaux

Micro-organismes

Vers ❻

Évacuation des boues

❹ Transfert des eaux usées dans une cuve où elles sont mélangées avec des micro-organismes et une grande quantité d'air. Les micro-organismes digèrent les matières organiques fines en suspension et en solution, et les éliminent des eaux usées.

❺ Décantation secondaire. Les solides qui n'ont pas décanté dans le premier décanteur et ceux qui ont été créés par l'action des micro-organismes se déposent dans le fond du décanteur secondaire.

DÉSINFECTION

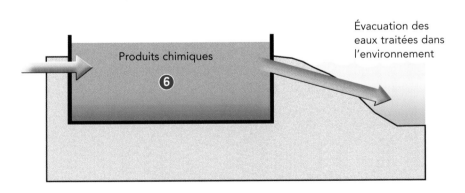

Évacuation des eaux traitées dans l'environnement

Produits chimiques

❻ Traitement des eaux avec des produits chimiques ou par rayonnement afin d'éliminer les micro-organismes pouvant causer des maladies. Les composés de chlore, l'ozone ou les rayons ultraviolets sont souvent utilisés.

10.30 Les principales étapes du traitement des eaux usées dans une station d'épuration. Dans certaines stations d'épuration, les eaux usées sont rejetées dans l'environnement avant la désinfection.

VERDICT

ST 1 à 15, A, C. ATS 1 à 15, A, C.

STE 1 à 26, A, B, C. SE 18 à 23, B.

1 Qu'est-ce qu'un écosystème ?

(p. 318-326)

1. Indiquez à quel niveau écologique font référence les énoncés suivants.

   a) Une meute de loups.

   b) Des loups chassant un cheptel de caribous.

   c) Un loup solitaire.

   d) Une meute de loups s'abreuvant dans un lac.

2. Quelle est la différence entre une communauté et un écosystème ?

3. Comment nomme-t-on les relations alimentaires qui existent entre les organismes vivants d'un écosystème ?

4. Pourquoi, dans une chaîne alimentaire, un carnivore ne peut-il pas être un consommateur de premier ordre ?

5. À quel niveau trophique appartiennent les détritivores ? Expliquez votre réponse.

6. Qu'est-ce qui circule d'un organisme à l'autre à l'intérieur de chaque écosystème ?

7. Expliquez le rôle des décomposeurs dans le flux de la matière d'un écosystème.

8. Quelle est la source principale d'énergie dans un écosystème ?

9. Environ 10 % de l'énergie absorbée par un consommateur est disponible pour le consommateur suivant dans une chaîne alimentaire. Qu'arrive-t-il à l'énergie qui se perd à chaque niveau d'une chaîne alimentaire ? Donnez deux explications.

10. Dans un écosystème, tous les organismes vivants ont besoin de matière organique pour vivre.

   a) Quels sont les organismes qui sont responsables de la production de nouvelle matière organique (biomasse) ?

   b) Qu'obtient-on quand on mesure la quantité de nouvelle biomasse produite par ces organismes pendant une certaine période de temps ?

   c) Indiquez quatre facteurs qui peuvent faire varier la production de nouvelle biomasse.

11. À partir des photos ci-dessous :

   a) construisez une chaîne alimentaire ;

   b) précisez le niveau trophique pour chacun des organismes vivants de votre chaîne alimentaire.

1

2

3

4

12. Observez la figure ci-contre.

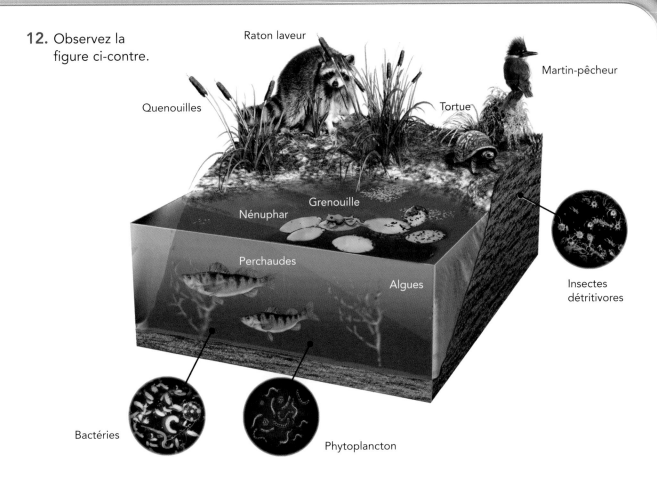

Raton laveur

Martin-pêcheur

Quenouilles

Tortue

Grenouille

Nénuphar

Perchaudes

Algues

Insectes détritivores

Bactéries

Phytoplancton

a) Parmi les organismes représentés dans la figure, nommez ceux qui sont:

– des producteurs;

– des consommateurs;

– des décomposeurs.

b) Construisez une chaîne alimentaire possible à partir des organismes représentés sur cette figure.

13. Si on tentait d'établir les liens alimentaires entre tous les organismes du lac représentés dans l'illustration de la question 12, est-ce qu'on établirait une chaîne alimentaire ou un réseau trophique? Expliquez votre réponse.

2 Les perturbations (p. 327-331)

14. Vrai ou faux? Expliquez votre réponse.

a) Lorsqu'un lac gèle, il s'agit d'une perturbation naturelle.

b) La chasse et la pêche excessives sont des perturbations humaines des écosystèmes.

c) Tous les types de perturbations naturelles peuvent survenir au Québec.

d) La succession écologique ne se produit qu'après une perturbation naturelle.

e) La transformation de forêts en terres agricoles est une perturbation naturelle.

f) Une inondation à la suite de pluies importantes est une perturbation naturelle.

15. Qu'est-ce que la succession écologique ?

16. Que signifie l'expression «empreinte écologique» ?

17. Lequel des énoncés suivants est exact concernant les empreintes écologiques, selon l'étude menée par l'Organisation mondiale pour la protection de l'environnement en 2003 ?

   a) L'empreinte écologique des habitants de l'Amérique du Nord n'excède pas la capacité écologique de la Terre.

   b) Si tous les habitants de la Terre consommaient autant que les habitants du Japon, il faudrait environ 2,5 planètes comme la nôtre pour subvenir à leurs besoins.

   c) En moyenne, dans le monde, l'empreinte écologique des humains n'excède pas la capacité écologique de la Terre.

③ L'écotoxicologie (p. 331-336)

18. Qu'est-ce qu'un contaminant ?

19. Qu'est-ce qui peut rendre un contaminant toxique ? Nommez au moins deux facteurs.

20. À quoi correspond le seuil de toxicité d'un contaminant ?

21. Que nous indique la DL_{50} d'un contaminant ?

22. Qu'est-ce que la bioaccumulation ?

23. Certaines usines au Québec déversent parfois des contaminants en faible concentration dans l'environnement. Expliquez pourquoi les contaminants déversés en faible quantité peuvent tout de même être dangereux pour les humains ou d'autres organismes qui se situent au sommet des chaînes alimentaires.

④ Des biotechnologies au service des écosystèmes (p. 337-341)

24. Indiquez à quelle biotechnologie de l'environnement font référence les énoncés suivants. Choisissez entre la biorestauration, la phytoremédiation et le traitement des eaux usées.

   a) Biotechnologie qui permet de rendre propres pour l'environnement les eaux que nous avons utilisées.

   b) Biotechnologie qui peut se réaliser à l'aide d'une fosse septique.

   c) Biotechnologie qui consiste à dépolluer un milieu par l'action de micro-organismes qui dégradent les contaminants.

   d) Biotechnologie qui utilise des plantes ou des algues pour éliminer des contaminants dans un milieu.

25. Expliquez pourquoi il est très dangereux de manger un chou qui provient d'un sol contenant une quantité appréciable de métaux lourds.

26. Observez l'emplacement des fosses septiques par rapport aux puits sur les deux illustrations ci-dessous. Quelle installation serait-il préférable d'utiliser ? Expliquez pourquoi.

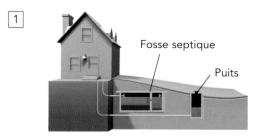

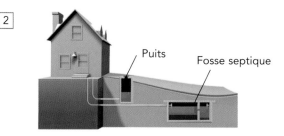

questions synthèses

A. Observez les trois chaînes alimentaires suivantes :

Chaîne 1

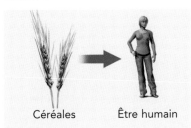

Céréales   Être humain

Chaîne 2

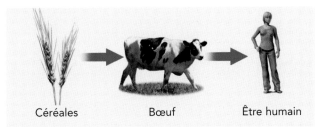

Céréales   Bœuf   Être humain

Chaîne 3

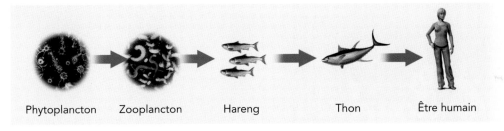

Phytoplancton Zooplancton Hareng Thon Être humain

a) Pour chacune des chaînes alimentaires, indiquez le niveau trophique occupé par l'être humain.

b) Pourquoi peut-on affirmer que les organismes formant le phytoplancton dans la chaîne 3 sont des producteurs ?

c) Supposons que 10 % de l'énergie est reconvertie en biomasse à chaque passage d'un niveau trophique à l'autre. Pour les trois chaînes alimentaires, calculez le pourcentage d'énergie provenant des producteurs que les êtres humains reconvertissent en biomasse.

B. Supposons qu'on introduit un produit contaminant dans le milieu de vie des chaînes alimentaires de la question A. Ce contaminant peut s'accumuler dans les céréales et le phytoplancton. Dans quelle chaîne alimentaire y a-t-il le plus de risque qu'il soit dangereux pour la santé humaine ? Justifiez votre réponse.

C. Préparez votre propre résumé du chapitre 10 en construisant un réseau de concepts.

COMMENT BÂTIR
UN RÉSEAU DE CONCEPTS

LA SANTÉ DU SAINT-LAURENT

Pendant longtemps, au Canada, on ne s'est pas préoccupé de préserver la qualité de l'eau, notamment celle du fleuve Saint-Laurent. Les villes et les villages, les fermes, les entreprises de produits chimiques, les raffineries de pétrole, les fonderies et autres usines rejetaient leurs déchets toxiques directement dans l'eau du fleuve. Ce n'est que dans les années 1970, avec l'éveil d'une conscience environnementale, que l'on a commencé à vouloir protéger le fleuve, sa faune et ses riverains. Les gouvernements, fédéral et provinciaux, et les municipalités ont adopté des lois à cette fin. Certaines usines, notamment les grandes pétrolières, ont construit leurs propres installations pour traiter leurs eaux usées avant de les rejeter dans l'environnement. Mais les résidences et des milliers d'entreprises ne pouvaient agir de manière individuelle.

TRAITER LES EAUX USÉES

Au début des années 1980, le Québec lançait son programme d'assainissement des eaux avec un portefeuille de 6,4 milliards de dollars. Les résultats ont été rapides: entre 1986 et 1992, le pourcentage de la population riveraine du Saint-Laurent desservie par une station d'épuration est passé de 10% à 65%.

Il existe aujourd'hui plus de 600 stations d'épuration en opération au Québec, où plus de 50% de la population vit sur les rives du Saint-Laurent.

De Cornwall (Ontario) à Trois-Rivières, 42 stations d'épuration rejetaient en 2006 près de 4 millions de mètres cubes d'eaux traitées par jour, soit l'équivalent du contenu de 1500 piscines olympiques. Près des trois quarts provenaient des municipalités de l'île de Montréal.

Depuis 1996, toutes les eaux usées de l'île de Montréal passent par la station d'épuration située à Rivière-des-Prairies. Il s'agit en réalité d'un vaste réseau de collecte, d'interception et d'épuration des eaux usées. Avec une capacité de 7,6 millions de mètres cubes par jour, elle est la plus importante station d'épuration en Amérique du Nord. La conception et le début des travaux remontent à 1970. Il a fallu 25 ans et 1,4 milliard de dollars pour réaliser l'ensemble de ce réseau qui traite à lui seul la moitié de toutes les eaux usées du Québec. L'eau de 2 millions de personnes et de plus de 4000 entreprises passe par cette station. Il en coûte plus de 50 millions de dollars par année et il faut quelque 300 personnes pour la faire fonctionner.

AGIR À LA SOURCE

Même si elles sont nécessaires, les usines d'épuration ne sont pas l'ultime solution. Le traitement à la station de Montréal permet d'enlever environ 80% des quantités de matières en suspension dans l'eau et de phosphore. Le reste, 20%, aboutit dans le fleuve, tout comme d'autres contaminants tels des métaux lourds, des cyanures, et des résidus d'antibiotiques. Même si les quantités rejetées chaque jour ne sont pas alarmantes, les chercheurs s'inquiètent. L'accumulation, avec le temps, de petites quantités de produits toxiques dans l'organisme pourrait causer des problèmes. Sébastien Sauvé, chimiste à l'Université de Montréal,

La station d'épuration des eaux usées de Rivière-des-Prairies.

croit que les antibiotiques rejetés dans l'environnement pourraient être à l'origine de la résistance de plus en plus grande des bactéries. Ces déchets s'ajoutant aux engrais chimiques pourraient diminuer la fertilité des humains. Il faudra apprendre à agir à la source et le meilleur moyen consiste à rejeter le moins de déchets possible dans l'eau.

Le traitement des eaux usées permet au fleuve Saint-Laurent de retrouver sa vocation récréative.

1. Des tests effectués par Santé Canada indiquent qu'il est maintenant possible de se baigner à plusieurs plages qui bordent le Saint-Laurent. Cependant, il est recommandé de ne pas se baigner dans les jours suivant de grandes pluies. Expliquez pourquoi.

2. Quelles précautions doivent être prises par les gens vivant près des cours d'eau où les eaux usées sont envoyées dans des fosses septiques plutôt que vers une station d'épuration?

2006	Guérison d'une souris atteinte de la chorée de Huntington
2004	Publication de la séquence complète du génome humain
1996	Obtention d'un premier mammifère par clonage
1967	Déchiffrement de l'ensemble du code génétique
1953	Découverte de la structure de l'ADN
1952	Identification de l'ADN en tant que porteuse de l'information génétique
1909	Premières définitions des termes «gène», «génotype» et «phénotype»
1902	Découverte du rôle des hormones
1900	Redécouverte des lois de l'hérédité
1896	Découverte des quatre bases azotées de l'ADN
1872	Description de la chorée de Huntington, une maladie génétique
1865	Formulation des lois de Mendel sur l'hérédité; ces lois seront oubliées jusqu'en 1900
1839	Formulation de la théorie cellulaire précisant que la cellule est l'unité de base de la vie
1833	Découverte de la première enzyme
VERS 1830	Découverte des protéines

Vous avez sûrement déjà entendu: «Elle a les yeux de son père.» Vous avez aussi sans doute observé que les membres d'une même famille ont beaucoup de ressemblances entre eux. C'est la même chose pour les animaux. Mais d'où viennent ces ressemblances? Comment peut-on les expliquer? Pourquoi les oiseaux d'une même espèce sont-ils tous semblables? Pourquoi deux parents aux yeux bruns peuvent-ils avoir un enfant aux yeux bleus?

Dans ce chapitre, il sera question de la génétique. Vous apprendrez comment les ressemblances se transmettent d'une génération à une autre. Mais aussi pourquoi il existe autant de différences entre les individus.

La génétique

STE **1** Les responsables des caractères chez les êtres vivants

Si vous observez deux oiseaux de la même espèce, vous remarquez qu'ils se ressemblent énormément. Par exemple, leur plumage, la forme de leur bec et la position de leurs yeux sont semblables.

Le même phénomène peut être observé chez les individus de l'espèce humaine. Regardez les gens autour de vous; ils se ressemblent beaucoup. La position des yeux, du nez, des oreilles et de la bouche par exemple est sensiblement la même pour tous. Bref, les êtres humains ont plusieurs caractéristiques en commun.

Par ailleurs, ils présentent aussi plusieurs différences. Par exemple, la couleur des yeux ou bien celle des cheveux peut varier d'une personne à l'autre. Ces différences au sein d'une même espèce sont appelées des «caractères».

«Caractère» provient du grec kharactêr, *qui signifie «signe gravé».*

▶ Un **CARACTÈRE** est une propriété physique, psychologique ou physiologique qui peut varier d'un individu à l'autre au sein d'une même espèce.

Mais pourquoi ces caractères varient-ils d'un individu à l'autre? Pour bien comprendre, il faut regarder à l'intérieur des cellules.

CONCEPTS DÉJÀ VUS
- Mitose
- ADN
- Cellules végétales et animales
- Décomposition et synthèse

11.1 Dans une portée, les porcelets ont plusieurs caractères communs, par exemple la position des pattes. Par contre, chacun a aussi ses propres caractères. La forme d'une tache le distingue des autres et en fait un individu unique.

1.1 **LES CHROMOSOMES**

La plupart des cellules EUCARYOTES comprennent un noyau qui contient l'essentiel de l'information génétique d'un individu. Le constituant principal de ce noyau, la chromatine, est composé d'une molécule d'ADN (<u>a</u>cide <u>d</u>ésoxyribo<u>n</u>ucléique), mélangée à des protéines. Lorsque la chromatine est observée au microscope, elle apparaît comme un amas de filaments diffus, comme le montre la figure 11.2 (*à gauche*).

▶ La **CHROMATINE** est un amas d'ADN et de protéines qu'on observe à l'intérieur du noyau de la plupart des cellules qui ne sont pas en division.

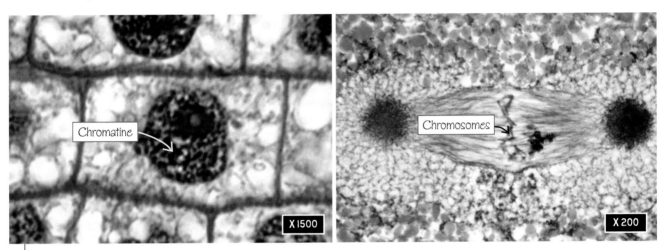

11.2 Sur la photo de gauche, on peut voir la chromatine colorée qui apparaît au microscope comme un amas diffus de filaments. Sur la photo de droite, lors de la division de la cellule, on peut distinguer les chromosomes.

Cependant, au moment où une cellule est sur le point de se diviser, pour se reproduire ou former des cellules sexuelles, la chromatine se condense afin de former des bâtonnets visibles : les chromosomes. Le nombre de chromosomes est constant chez chaque espèce animale. Chez l'être humain, par exemple, une cellule forme 46 chromosomes.

34 chromosomes   78 chromosomes   64 chromosomes

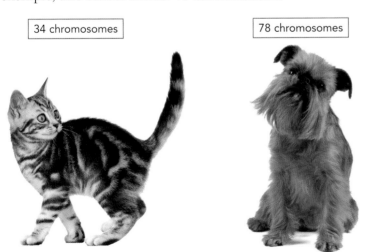
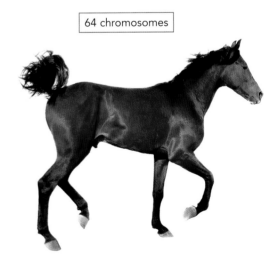

11.3 Le nombre de chromosomes ne détermine pas si un organisme est plus complexe qu'un autre.

▶ Un **CHROMOSOME** est une structure, visible au microscope, qui résulte de la condensation de la chromatine.

Il est possible de classer les chromosomes dans une cellule d'après leur taille et leurs particularités. On observe alors que, pour chaque chromosome, on en trouve un autre qui a la même taille et la même forme. Il s'agit de chromosomes homologues. Ainsi, les 46 chromosomes de l'être humain forment 23 paires de chromosomes homologues. Il en va de même pour le cheval : ses 64 chromosomes forment 32 paires homologues. Lorsqu'on établit une représentation ordonnée des chromosomes d'un individu, on prépare son caryotype.

▶ Un **CARYOTYPE** est une représentation ordonnée des chromosomes d'un individu obtenue par le regroupement de ceux-ci par paires et en fonction de leur taille.

Normalement, seule une des paires peut présenter des chromosomes qui n'ont pas la même taille. Il s'agit de la paire des chromosomes sexuels. Chez les êtres humains, comme chez la plupart des animaux, les deux chromosomes sexuels sont semblables pour la femelle (paire XX) alors que chez le mâle, un des deux chromosomes est plus petit (paire XY).

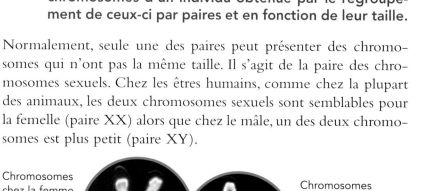

Martha Chase

1927
2003

Au milieu du 20e siècle, la communauté scientifique se demandait si c'était l'ADN ou les protéines qui contenaient les informations génétiques d'un organisme. Alors qu'elle était assistante de laboratoire, Martha Chase réalisa avec Alfred Hershey (1908-1997) des travaux qui démontrèrent que c'est bel et bien l'ADN qui contient les informations génétiques d'un individu.

Chromosomes chez la femme

Chromosomes chez l'homme

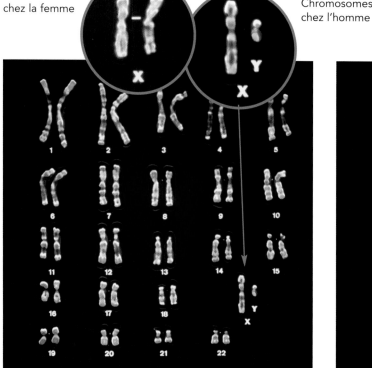

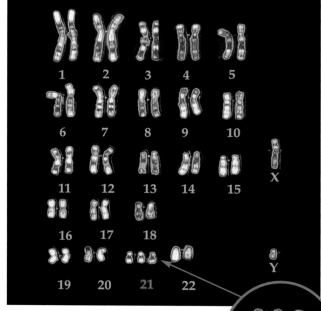

Chromosomes d'un trisomique

II.4 Ces caryotypes montrent chacun les 23 paires de chromosomes d'un être humain. Observez que dans la 23e paire, les chromosomes sexuels, la forme d'un des deux peut varier. De plus, parfois, on remarque la présence de 3 chromosomes 21. Dans ce cas, la personne est atteinte de trisomie 21 (ou syndrome de Down). Il peut arriver que d'autres chromosomes que ceux de la paire 21 soient en surnombre.

1.2 L'ADN ET LES GÈNES

Chaque chromosome est constitué d'ADN. L'ADN a la forme d'une échelle enroulée sur elle-même. C'est pourquoi on dit souvent aussi que l'ADN a la forme d'une double hélice. Elle est constituée d'une succession d'unités chimiques appelées «nucléotides». Chaque nucléotide comporte trois entités chimiques :

- un sucre, le désoxyribose ;

- un groupement phosphate ;

- une base azotée parmi un choix de quatre, soit l'adénine (A), la thymine (T), la guanine (G) ou la cytosine (C).

Comme le montre la figure 11.5 (*voir la page suivante*), dans une molécule d'ADN, les nucléotides se succèdent et sont réunis deux par deux. L'alternance des sucres et des groupements phosphate forme les montants de l'échelle qui représente l'ADN, alors que les bases azotées reliées par paires forment les barreaux.

ENVIRONNEMENT+

Les mutations de l'ADN causées par l'environnement

En biologie, une mutation est un changement dans la séquence des nucléotides de l'ADN. La plupart des mutations n'ont aucun effet négatif sur la santé d'un organisme, parce que nos cellules ont des mécanismes de contrôle qui permettent de contrer leurs effets. Mais certaines mutations peuvent tout de même causer du tort, par exemple le cancer.

Bien des mutations dans un organisme surviennent lorsque les cellules se divisent. Elles sont provoquées par des erreurs lors de la duplication de l'ADN. Mais il y a aussi des agents dans l'environnement qui causent des mutations. On les appelle les «agents mutagènes». Comme les mutations peuvent causer des cancers, on les appelle aussi les «agents cancérigènes». Certains de ces agents se trouvent naturellement dans l'environnement, comme les rayons ultraviolets ou la radioactivité naturelle.

Par contre, d'autres agents s'y trouvent à cause des activités humaines et augmentent le taux naturel de mutation que subit notre ADN. Nos cellules ont alors de la difficulté à contrôler toutes les mutations, risquant ainsi d'affecter notre santé. On n'a qu'à penser aux déchets nucléaires, à certains pesticides, à la fumée de cigarette et à certains déchets industriels tels que les BPC et les autres dérivés du

Dans la nature, certains tigres sont blancs parce qu'ils portent un gène muté qui change la couleur de leur pelage.

benzène qui sont rejetés dans l'environnement. C'est pourquoi, de plus en plus, des règlements régissent le rejet d'agents mutagènes dans l'environnement, afin de préserver l'intégrité de notre ADN et de celui des autres organismes vivants.

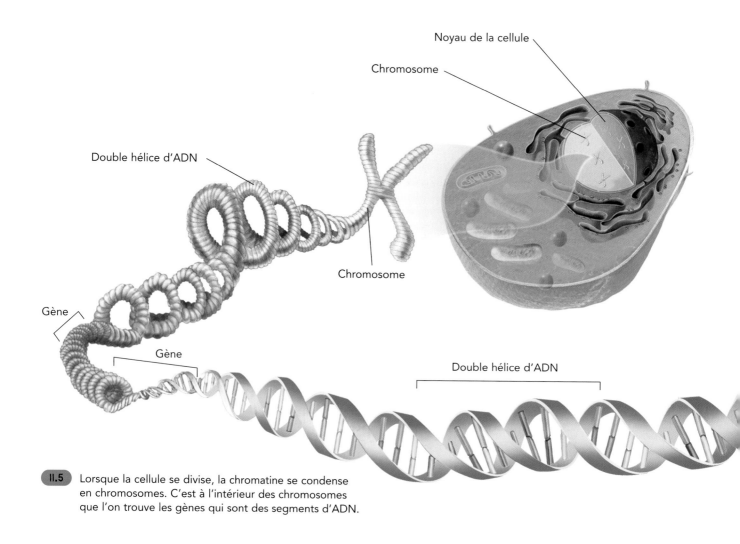

Noyau de la cellule

Chromosome

Double hélice d'ADN

Chromosome

Gène

Gène

Double hélice d'ADN

11.5 Lorsque la cellule se divise, la chromatine se condense en chromosomes. C'est à l'intérieur des chromosomes que l'on trouve les gènes qui sont des segments d'ADN.

L'appariement des bases azotées dans l'ADN ne se fait pas au hasard. Chaque base azotée se lie toujours à la même base azotée qui lui est complémentaire. Ainsi, l'appariement s'effectue toujours de cette façon :

- L'adénine se lie toujours à la thymine et vice-versa, soit A–T ou T–A.
- La cytosine se lie toujours à la guanine et vice-versa, soit C–G ou G–C.

Une succession précise de ces bases constitue un gène. Un gène est donc un segment d'ADN et il contient sa propre succession de bases azotées, ce qui le différencie d'un autre gène. Tout comme des séquences de lettres nous permettent de former des mots, la succession des bases azotées forme un gène précis.

Tous les gènes que nous recevons de notre père et de notre mère composent notre GÉNOME. Dans nos cellules, nous disposons de plusieurs milliers de gènes : ils fournissent les instructions nécessaires pour fabriquer les protéines. Ce sont ces protéines qui donnent, par exemple, les taches de rousseur, une peau mate, un nez plus pointu, etc.

> **UNE DIFFÉRENCE BIEN CACHÉE**
>
> Quelle est la différence entre un être humain et un chimpanzé ? Seulement 1 % de leurs gènes. En effet, près de 99 % des 2 génomes sont identiques.

▶ **Les GÈNES sont des segments d'ADN contenant l'information pour la fabrication des protéines.**

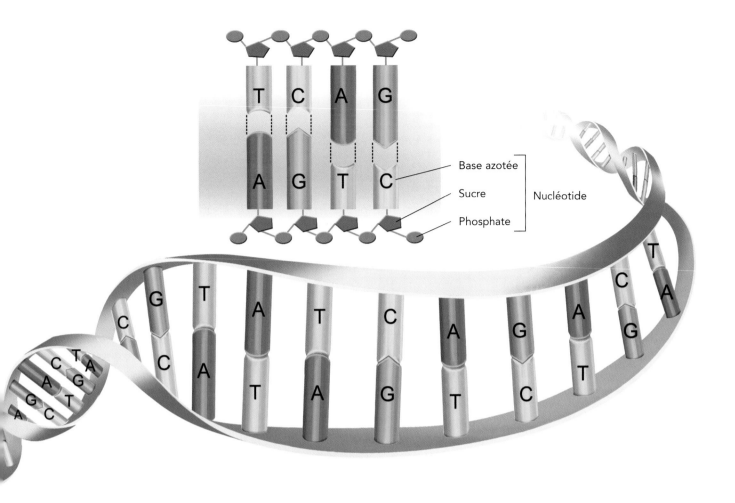

Base azotée
Sucre   Nucléotide
Phosphate

Les protéines déterminent les caractères d'un organisme. Ce sont donc ces molécules qui nous donnent notre apparence physique et qui permettent aussi à notre corps de fonctionner. Le tableau 11.6 présente quelques tâches accomplies par les protéines.

> ▶ Une **PROTÉINE** est une molécule qui joue un rôle précis dans le fonctionnement d'un organisme et dans l'expression de ses caractères.

11.6 QUELQUES TÂCHES DES PROTÉINES DANS L'ORGANISME

Tâche	Exemple
Soutien	L'élastine est une protéine qui donne de la rigidité à la peau tout en la gardant élastique.
Transport de substances	L'hémoglobine est une protéine qui permet le transport de l'oxygène dans le sang.
Contrôle et message	Les hormones sont des protéines qui jouent le rôle de contrôleur ou de messager dans l'organisme. Par exemple, l'insuline participe au contrôle de la quantité de sucre présent dans le sang.
Immunité	Les anticorps sont des protéines qui nous protègent contre des maladies.
Catalyse	Les enzymes sont des protéines qui permettent des réactions biochimiques dans l'organisme. Par exemple, l'amylase permet la digestion de l'amidon.

Chez l'être humain, on trouve plus de 100 000 protéines différentes qui ont chacune un rôle très précis dans l'organisme comme le montrent les exemples du tableau 11.6 (*à la page précédente*). Mais qu'est-ce qui détermine le rôle de chaque protéine ?

STE ## LA STRUCTURE DES PROTÉINES

Le rôle que devra jouer une protéine est déterminé par sa structure. En effet, les protéines sont des molécules constituées d'une ou de plusieurs chaînes de petites unités que l'on appelle les «acides aminés». C'est la succession des acides aminés dans une chaîne qui détermine la fonction que remplit une protéine. En tout, il existe dans la nature 20 acides aminés différents qui entrent dans la composition des protéines. Le nom et le symbole attribués à chacun de ces acides sont fournis à l'annexe 4 de ce manuel.

> ▶ Un ACIDE AMINÉ est une molécule qui peut se lier à d'autres acides aminés pour former des protéines.

Comme certaines chaînes sont gigantesques, elles contiennent parfois plus de 600 acides aminés. Toutefois, les protéines comportent en moyenne de 100 à 200 acides aminés.

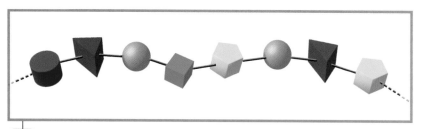

11.7 Les protéines sont formées d'une chaîne d'acides aminés. Cette figure illustre une partie de la chaîne d'acides aminés qui composent une protéine.

Nous avons vu à la section précédente que les gènes, qui sont des segments d'ADN, contiennent les instructions qui permettent de fabriquer les protéines. Or, la structure des protéines est très différente de celle de l'ADN. Les protéines sont constituées d'acides aminés alors que l'ADN est fait de nucléotides. Comment une cellule peut-elle alors fabriquer des protéines à partir de l'ADN ? C'est ce que nous verrons dans la prochaine section.

STE ## 1.4 LA SYNTHÈSE DES PROTÉINES

Une des particularités des cellules est qu'elles ont la capacité de fabriquer elles-mêmes les protéines dont elles ont besoin. Les gènes qui contiennent les instructions pour leur fabrication se trouvent dans le noyau de la cellule, alors que cette production s'effectue plutôt à l'aide de ribosomes, situés à l'extérieur du noyau. Lorsqu'il est question de fabrication de protéines, les scientifiques emploient plutôt l'expression «synthèse des protéines».

1802
1880

Gerardus Mulder

Dans les années 1830, ce chimiste néerlandais effectua des analyses du blanc d'œuf. Il découvrit alors que celui-ci était principalement constitué de molécules contenant surtout du carbone, de l'hydrogène, de l'oxygène et de l'azote, mais aussi un peu de soufre et de phosphore. Il venait de découvrir la composition des protéines. D'autres travaux lui permirent de conclure que les protéines composent tous les êtres vivants.

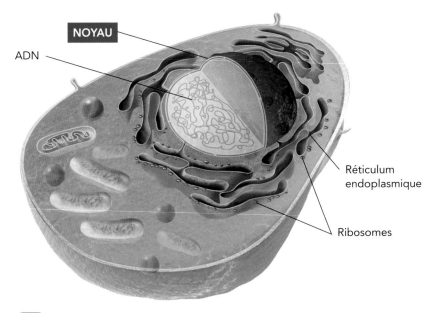

NOYAU

ADN

Réticulum
endoplasmique

Ribosomes

11.8 Dans les cellules comportant un noyau, les gènes sont des segments d'ADN à l'intérieur du noyau, alors que les ribosomes se trouvent surtout sur les parois du réticulum endoplasmique, à l'extérieur du noyau.

UNE PROTÉINE
INDIGESTE ?

La caséine, une protéine du lait, constitue 80 % des protéines du lait de vache et 40 % des protéines du lait maternel. En présence des sucs digestifs de notre estomac, elle fait cailler le lait. Comme elle est en plus grande concentration dans le lait de vache, elle forme alors de plus gros caillots. Cela pourrait expliquer l'intolérance de certains bébés au lait de vache. 📄 16

▶ La **SYNTHÈSE D'UNE PROTÉINE** est la fabrication d'une protéine par la cellule.

Comme l'ADN ne peut pas quitter le noyau, un messager doit transporter l'information de l'ADN vers le ribosome. Ce messager est en fait une molécule d'ARN ou acide ribonucléique. La structure d'une molécule d'ARN est très semblable à celle d'une molécule d'ADN, mais comporte tout de même quelques différences. Celles-ci sont illustrées à la figure 11.9.

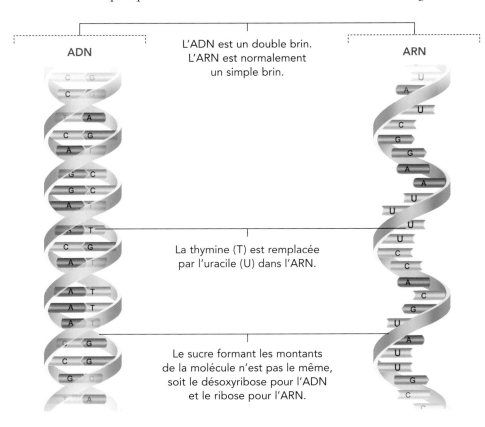

ADN

ARN

L'ADN est un double brin.
L'ARN est normalement
un simple brin.

La thymine (T) est remplacée
par l'uracile (U) dans l'ARN.

Le sucre formant les montants
de la molécule n'est pas le même,
soit le désoxyribose pour l'ADN
et le ribose pour l'ARN.

11.9 Les différences entre la molécule d'ADN (acide désoxyribonucléique) et la molécule d'ARN (acide ribonucléique).

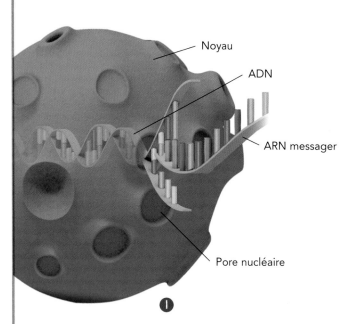

Noyau

ADN

ARN messager

Pore nucléaire

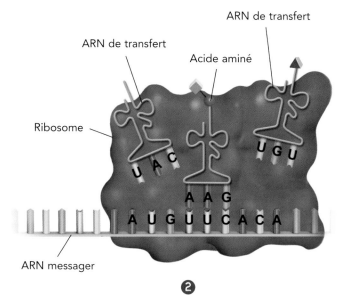

ARN de transfert

ARN de transfert

Acide aminé

Ribosome

U A C

U G U

A A G

A U G U U C A C A

ARN messager

①

②

TRANSCRIPTION DE L'ADN EN ARN MESSAGER

La double hélice d'ADN s'ouvre et une molécule d'ARN messager est construite par l'ajout de nucléotides un à un en suivant les règles d'appariement (U-A, C-G). L'information génétique de l'ADN est ainsi copiée à l'ARN messager.

ATTACHEMENT DE L'ARN MESSAGER AU RIBOSOME

Lorsque l'ARN messager sort du noyau, il s'attache à un ribosome. Ce dernier glisse sur l'ARN messager en lisant les nucléotides par triplet (groupe de trois). Lorsqu'il rencontre un triplet AUG, la construction de la protéine débute.

 11.10 La synthèse des protéines.

Deux types d'ARN sont impliqués dans la synthèse des protéines :

- Les ARN messagers, ou ARN_m, qui, comme leur nom l'indique, agissent en tant que messagers pour transporter les instructions du gène vers le ribosome.

- Les ARN de transfert, ou ARN_t, qui vont transférer les acides aminés se trouvant dans le cytoplasme de la cellule vers les ribosomes pour fabriquer les protéines.

Maintenant que nous connaissons les structures de la cellule et les molécules nécessaires à la synthèse des protéines, voyons comment, à partir d'un gène dans le noyau, on peut fabriquer une protéine à l'aide d'un ribosome. La figure 11.10 illustre ce phénomène.

STE **2** Les principes de l'hérédité

Il existe des traits communs entre les êtres vivants et leur descendance. Généralement, un enfant ressemble à ses parents, c'est un phénomène connu. Toutefois, comment expliquer certaines différences évidentes ? En effet, pourquoi, par exemple, certains enfants ont les yeux bleus quand les deux parents ont les yeux bruns ?

CONCEPTS DÉJÀ VUS

- Reproduction asexuée ou sexuée
- Méiose et cycle de développement sexué (méiose, fécondation)

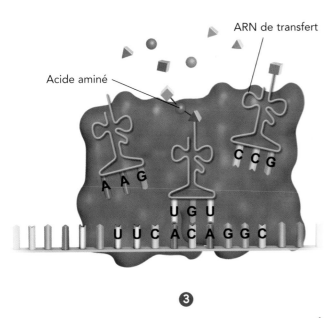

Acide aminé

ARN de transfert

CCG

AAG

UGU

UUCACAGGC

❸

TRADUCTION DE L'ARN MESSAGER EN PROTÉINE

Le ribosome lit les triplets de nucléotides les uns après les autres. Chaque triplet détermine l'acide aminé qui doit s'ajouter selon un code appelé «code génétique», présenté à l'annexe 4 de ce manuel. Les acides aminés sont acheminés vers la chaîne par les ARN de transfert qui portent, d'un côté, le triplet de nucléotides complémentaire à celui de l'ARN messager et de l'autre, l'acide aminé désigné. Les acides aminés sont alors reliés ensemble et l'ARN$_t$ est libéré.

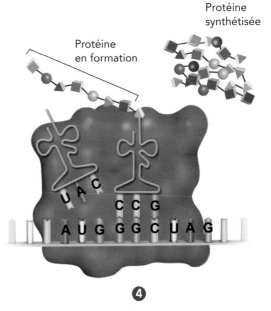

Protéine synthétisée

Protéine en formation

UAC

CCG

AUGGGCUAG

❹

FIN DE LA SYNTHÈSE DE LA PROTÉINE

Lorsque le ribosome rencontre un triplet de nucléotides UAA, UAG ou UGA, cela signifie que la chaîne d'acides aminés est complétée. La protéine est alors libérée du ribosome, peut se replier sur elle-même et accomplir son rôle dans l'organisme.

En fait, c'est la façon dont se transmettent les caractères des parents qui expliquent les ressemblances, mais aussi les différences, entre les individus d'une même famille. Ce phénomène de transmission s'appelle l'hérédité.

> «Hérédité» provient du mot latin hereditas, qui signifie «ce dont on hérite».

◗ **L'HÉRÉDITÉ est la transmission des caractères des parents à leurs descendants.**

II.II Le phénomène qui explique pourquoi les personnes d'une même famille se ressemblent s'appelle l'«hérédité».

Ainsi, lorsqu'on dit d'un caractère qu'il est héréditaire, cela signifie qu'il peut se transmettre des parents à leurs descendants. Par exemple, la couleur des yeux chez les êtres humains, tout comme la couleur des fleurs chez les plants de pois, est un caractère héréditaire.

STE 2.1 LES CROISEMENTS

C'est le scientifique Gregor Mendel qui fut le premier à comprendre comment les caractères sont transmis d'une génération à l'autre lors de la REPRODUCTION SEXUÉE. Grâce à des croisements qu'il effectua avec des plants de pois, il réussit à définir les bases de l'hérédité.

Mendel a choisi le plant de pois pour ses travaux, car cette plante peut procéder à sa propre pollinisation, phénomène appelé AUTOPOLLINISATION. Cela signifie que la pollinisation d'une fleur de ce plant est assurée par le pollen de cette même fleur. Ainsi, on peut produire des lignées pures, c'est-à-dire des plants capables de transmettre un caractère en particulier de génération en génération, sans variation.

> **Une LIGNÉE PURE est un groupe d'individus d'une même espèce qui, pour un caractère particulier, n'engendre que des descendants ayant le même caractère, sans variation.**

À partir de plants de pois de lignée pure, Mendel décida d'étudier un caractère particulier: la couleur des fleurs. Il choisit des plants aux fleurs blanches et des plants aux fleurs violettes. Pour comprendre comment la transmission de la couleur se faisait d'une génération à l'autre, il effectua des croisements, c'est-à-dire un échange de GAMÈTES entre ces plants.

> **Un CROISEMENT est un échange de gamètes entre deux individus différents qui se réalise lors de la reproduction sexuée.**

11.12 C'est sur les plants de pois que Mendel effectua ses travaux pour comprendre les mécanismes de l'hérédité.

11.13 Le croisement de plants de pois aux fleurs violettes et de plants de pois aux fleurs blanches effectué par Mendel.

Comme le montre la figure 11.13, pour s'assurer qu'il y ait croisement entre des plants aux fleurs violettes et des plants aux fleurs blanches, Mendel a dû s'assurer que l'autopollinisation soit impossible. Il coupa donc les étamines (organes mâles fabriquant le pollen) des fleurs violettes et, à l'aide d'un pinceau, il déposa du pollen provenant d'une fleur blanche sur le carpelle (organe femelle contenant les ovules) des fleurs violettes. Il observa alors que tous les plants de pois obtenus à la suite du croisement étaient des plants aux fleurs violettes. Les plants ainsi obtenus étaient des hybrides, puisqu'ils provenaient du croisement entre deux plants génétiquement différents.

> ▶ Un **HYBRIDE** est un individu obtenu à la suite du croisement de deux individus génétiquement différents.

Pour poursuivre son étude, Mendel laissa les hybrides se reproduire entre eux. Comme le montre la figure 11.14, son travail s'est donc effectué sur trois générations : la première génération pour la génération des parents de lignée pure, puis les deuxième et troisième générations.

> ▶ Une **GÉNÉRATION** est l'ensemble des individus qui sont les descendants des mêmes individus.

Mendel constata que la couleur blanche pour les fleurs réapparut à la troisième génération. En effet, sur les 929 plants qu'il obtint à la troisième génération, 705 présentaient des fleurs violettes alors que 224 présentaient des fleurs blanches. Donc, il y avait trois fois plus de plants aux fleurs violettes que de plants aux fleurs blanches.

Pour expliquer la réapparition de la couleur blanche des fleurs chez le plant de pois, Mendel supposa qu'il y avait dans nos cellules des informations qui se transmettaient d'une génération à l'autre.

UN LION À RAYURES

Connaissez-vous le ligre ? C'est un animal issu du croisement entre une tigresse et un lion. Avec ses quelque 450 kg et ses 4 mètres de long, il est près de 2 fois plus gros que ses parents.

1822
1884

Gregor Mendel

Ce moine et botaniste autrichien est considéré comme le père fondateur de la génétique. C'est lui qui est à l'origine des lois de base en hérédité qu'on appelle maintenant les «lois de Mendel». Ces lois, publiées en 1865, passent alors inaperçues. Ce n'est qu'en 1900 que des scientifiques constatèrent leur importance dans le domaine de l'hérédité.

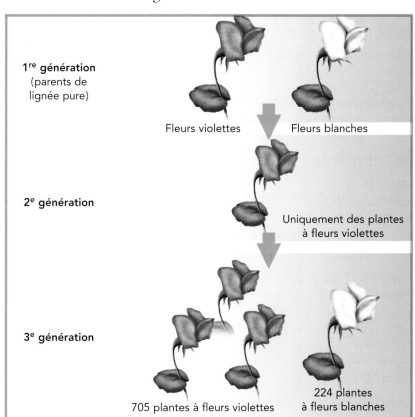

1re génération
(parents de lignée pure)

Fleurs violettes   Fleurs blanches

2e génération

Uniquement des plantes à fleurs violettes

3e génération

705 plantes à fleurs violettes

224 plantes à fleurs blanches

11.14 Le résumé des travaux de Mendel sur la couleur des fleurs.

2.2 LA PRÉSENCE D'ALLÈLES

Au moment où Mendel a effectué ses travaux sur les mécanismes de l'hérédité, lui et les autres scientifiques de son époque ne connaissaient pas encore l'existence des chromosomes, et encore moins celle des gènes. Mais il comprit tout de même qu'il existait des unités d'information, qu'il a nommées «facteurs héréditaires», responsables de l'expression des caractères chez les êtres vivants. Comme les connaissances en génétique se sont développées depuis, nous savons maintenant que les facteurs héréditaires évoqués par Mendel sont en fait des gènes. Ainsi, plutôt que de parler de facteur héréditaire lorsqu'il sera question de ses travaux, nous utiliserons le terme «gène».

Pour comprendre comment Mendel a réussi à découvrir certains mécanismes de l'hérédité, revenons sur la couleur des fleurs des plants de pois qu'il a utilisés. On s'aperçoit que ce caractère apparaît sous deux versions différentes, soit le blanc et le violet. Pour expliquer pourquoi il est possible d'avoir plus d'une version pour un caractère donné, Mendel supposa qu'il devait y avoir plusieurs variantes possibles pour chacun des gènes responsable de chacun des caractères. Ces variantes sont appelées les «allèles» d'un gène.

11.15 La couleur des yeux est un caractère qui peut varier d'une personne à l'autre. Cette différence s'explique par la présence de plusieurs allèles pour ce même caractère dans la population humaine.

Aujourd'hui, nous savons que les différents allèles possibles pour un gène sont dus à des différences dans la séquence des nucléotides. Ainsi, dans le cas du plant de pois, l'allèle donnant la couleur violette aux fleurs n'a pas la même séquence de nucléotides que l'allèle donnant la couleur blanche.

> ▶ Un **ALLÈLE** est une variante possible d'un gène. La séquence des nucléotides de deux allèles différents n'est pas la même.

STE LES HOMOZYGOTES ET LES HÉTÉROZYGOTES

Comme nous l'avons vu précédemment dans ce chapitre, le caryotype d'un être humain contient 23 paires de chromosomes homologues. Ces chromosomes homologues, dont un vient du père et l'autre de la mère, portent tous les deux les gènes qui déterminent les mêmes caractères. Par exemple, sur un des chromosomes provenant du père, on trouve un gène pour déterminer la couleur des yeux et on aura aussi ce gène sur le chromosome provenant de la mère. Comme ces gènes peuvent avoir différents allèles (brun, bleu, etc.), il est possible qu'un individu porte deux allèles distincts pour le même caractère.

Lorsque les deux allèles pour un caractère donné sont identiques chez un individu, on le dit homozygote pour ce caractère. Par contre, lorsque les deux allèles sont différents, on dit alors que l'individu est hétérozygote pour ce caractère.

▶ Un **HOMOZYGOTE** est un individu qui possède deux allèles identiques pour un caractère donné.

▶ Un **HÉTÉROZYGOTE** est un individu qui possède deux allèles différents pour un caractère donné.

Prenons l'exemple des fleurs du plant de pois illustré à la figure 11.16. Le gène à l'origine de leur couleur se trouve sur une paire de chromosomes homologues dans les cellules du plant de pois. Ce gène existe sous deux formes différentes : l'allèle de la couleur violette et l'allèle de la couleur blanche. Un plant homozygote peut donc avoir des fleurs blanches ou violettes, tandis qu'un plant hétérozygote aura nécessairement des fleurs violettes. Mais pourquoi un plant hétérozygote peut-il seulement avoir des fleurs violettes ? Cela s'explique par la dominance et la récessivité des allèles.

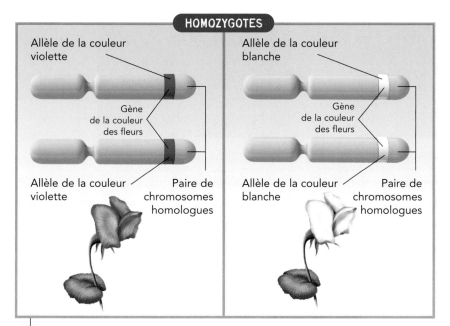

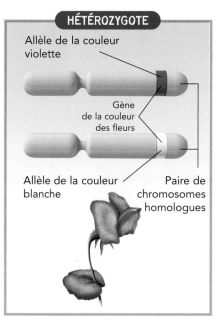

11.16 Le gène à l'origine de la couleur des fleurs occupe une position précise sur un certain chromosome et sur son homologue dans les cellules du plant de pois. Il existe deux allèles possibles pour ce caractère. Un individu homozygote peut avoir soit des fleurs violettes ou des fleurs blanches, alors qu'un individu hétérozygote a nécessairement des fleurs violettes.

STE   ## LA DOMINANCE ET LA RÉCESSIVITÉ DES ALLÈLES

Grâce à ses travaux, Mendel a découvert que certains allèles sont dominants alors que d'autres sont récessifs. Lorsque, chez un individu, les deux allèles sont différents, celui qui s'exprime est considéré comme étant dominant. On dit qu'un allèle s'exprime quand il a un effet sur l'apparence ou le fonctionnement d'un organisme. Par exemple, si un individu porte deux allèles différents pour la couleur des yeux, l'un donnant la couleur bleue et l'autre donnant la couleur brune, et que cet individu a les yeux bruns, on dira que l'allèle de la couleur brune est l'allèle dominant. Ainsi l'individu porteur d'un allèle dominant exprime le caractère dominant. L'individu peut alors être soit hétérozygote, soit homozygote dominant pour ce caractère.

Deux allèles normaux,
pas d'albinisme
(homozygote dominant).
OU

Un allèle normal
et un défectueux,
pas d'albinisme
(hétérozygote).

Deux allèles défectueux,
albinisme
(homozygote récessif).

II.17 Ces deux jeunes Africaines sont des sœurs, mais l'une est albinos. Il lui manque la pigmentation dans les cheveux, la peau et les yeux. L'allèle qui provoque cet état est récessif. Il faut donc qu'elle en possède deux pour être albinos.

> ▶ Un **ALLÈLE DOMINANT** est un allèle qui s'exprime lorsque l'individu possède deux allèles différents pour un gène.

D'autre part, lorsqu'un allèle ne s'exprime pas en présence d'un allèle différent, on dit qu'il est récessif. Conséquemment, pour qu'un allèle récessif s'exprime chez un individu, il faut que les deux allèles pour le même caractère soient identiques. On dira alors que l'individu est homozygote récessif ou qu'il porte le caractère récessif.

> ▶ Un **ALLÈLE RÉCESSIF** est un allèle qui ne s'exprime pas lorsque les deux allèles sont différents.

STE 2.3 LE GÉNOTYPE ET LE PHÉNOTYPE

Les phénomènes de dominance et de récessivité des allèles font en sorte que tous les allèles que porte un individu peuvent ne pas s'exprimer, ce qui signifie qu'ils ne changent rien pour cet individu, même s'il les possède. C'est le cas notamment de la sœur qui n'est pas albinos à la figure 11.17. Elle porte peut-être un gène qui contient l'allèle menant à l'albinisme sans pour autant en être atteinte.

Les scientifiques font une distinction entre le phénotype d'un individu et son génotype. Le génotype décrit l'ensemble des allèles d'un individu, tandis que le phénotype décrit la façon dont ce génotype se manifeste.

- Le **GÉNOTYPE** est le patrimoine génétique d'un individu. Il décrit l'ensemble des allèles d'un individu pour certains gènes.

- Le **PHÉNOTYPE** est la façon dont le génotype se manifeste. Il décrit donc l'apparence ou l'état d'un individu pour un ou plusieurs caractères.

Pour décrire le génotype d'un individu, les scientifiques appliquent généralement les règles suivantes :

- Chaque allèle est représenté par une lettre. Habituellement, la lettre choisie est la première lettre de l'adjectif qui qualifie le caractère exprimé par l'allèle dominant. Par exemple, V pour la couleur violette des fleurs des plants de pois.

- Pour représenter un allèle dominant, on utilise une lettre majuscule alors que pour représenter un allèle récessif, on utilise la même lettre en minuscule.

Ainsi, pour décrire quelques caractères du plant de pois que Mendel a étudiés, on peut utiliser les notations du tableau 11.18.

11.18 QUELQUES CARACTÈRES HÉRÉDITAIRES ÉTUDIÉS PAR MENDEL CHEZ LE POIS

Caractère	Allèle dominant	Allèle récessif	Phénotypes		Génotypes
Couleur des fleurs	V	v	Fleurs **v**iolettes		VV ou Vv
			Fleurs blanches		vv
Couleur des graines	J	j	Graines **j**aunes		JJ ou Jj
			Graines vertes		jj
Forme des graines	R	r	Forme **r**onde		RR ou Rr
			Forme ridée		rr
Longueur de la tige	L	l	Tige **l**ongue (environ 3 m)		LL ou Ll
			Tige courte (environ 30 cm)		ll

LA LOI DE LA SÉGRÉGATION DES ALLÈLES

Lors de la reproduction sexuée, il y a formation de gamètes grâce à un phénomène de division cellulaire qui s'appelle la MÉIOSE. Cette division cellulaire permet de créer des gamètes qui contiennent la moitié des chromosomes présents normalement dans les cellules de l'organisme. Ainsi, dans les gamètes, plutôt que d'avoir des paires de chromosomes, on ne trouve qu'un seul chromosome de chaque paire. Par conséquent, plutôt que d'avoir deux allèles, on n'en trouve plus qu'un seul.

Par la suite, l'enfant étant le résultat d'une fusion entre un gamète du père et un gamète de la mère, la moitié de ses chromosomes viendra du père et l'autre moitié, de la mère. Toutefois, même si la moitié des gènes présents sur ses chromosomes vient de son père et l'autre moitié, de sa mère, il ne ressemble pas «à moitié» à son père et «à moitié» à sa mère. Pourquoi?

Lors de ses travaux, sans même connaître le phénomène de la méiose, Mendel arriva tout de même à formuler la loi de la ségrégation des allèles. Cette loi spécifie que les deux allèles pour un même caractère se séparent lors de la formation des gamètes. Ainsi, 50% des gamètes obtiennent l'un des deux allèles et 50% obtiennent l'autre. C'est la loi de la ségrégation des allèles. Par exemple, dans le cas de la couleur des fleurs (*voir la figure 11.19*), les individus homozygotes forment des gamètes – présentés ici dans des cercles – ayant tous le même allèle, alors que chez un individu hétérozygote, 50% des gamètes portent l'allèle V et 50% portent l'allèle v.

> *«Ségrégation» provient du latin* segregare, *qui signifie «séparer».*

1902
1992

Barbara McClintock

Le travail de cette scientifique porta notamment sur la structure du génome du maïs. Elle a mis au point des techniques qui lui ont permis de visualiser le comportement des chromosomes et de leurs gènes lors de la formation des gamètes. Ces travaux lui valurent un prix Nobel en 1983.

	Fleurs violettes	Fleurs violettes	Fleurs blanches
Phénotype	Fleurs violettes	Fleurs violettes	Fleurs blanches
Génotype	Homozygote VV	Hétérozygote Vv	Homozygote vv
Gamètes	Ⓥ 50% Ⓥ 50%	Ⓥ 50% Ⓥ 50%	Ⓥ 50% Ⓥ 50%

11.19 Allèles de la couleur des fleurs présents dans les gamètes selon les différents génotypes possibles, en concordance avec la loi de la ségrégation.

LA DÉTERMINATION DES GÉNOTYPES POSSIBLES ET LEUR PROBABILITÉ

Lors de la reproduction, la fusion des gamètes se fait au hasard. Donc, on peut obtenir différentes combinaisons d'allèles toutes aussi possibles les unes que les autres. Certains chercheurs ont voulu étudier tous les génotypes concevables lors de la fusion des gamètes et évaluer les probabilités d'obtenir chacun d'entre eux. C'est ainsi qu'une grille a été élaborée, qu'on appelle la « grille de Punnett », en l'honneur du scientifique qui a popularisé cet outil. Pour l'utiliser adéquatement, il faut observer les étapes suivantes.

1. On détermine le génotype des deux parents.

2. On trouve tous les génotypes possibles pour les gamètes de chacun des parents et on inscrit ces génotypes dans des cercles. Ces cercles représentent les gamètes possibles.

3. On place ensuite les gamètes possibles d'un parent au-dessus d'une grille de Punnett et les gamètes possibles de l'autre parent à gauche de la même grille.

4. On représente dans la grille de Punnett toutes les possibilités de rencontre des gamètes et on inscrit le génotype ainsi que le phénotype obtenus.

Ainsi, à la figure 11.20, on peut voir les résultats obtenus lors du croisement d'un plant de pois aux fleurs violettes hétérozygote avec un plant de pois aux fleurs blanches homozygote. Les résultats montrent qu'il y a 50 % des chances d'avoir des plants aux fleurs violettes et 50 % des chances d'avoir des plants aux fleurs blanches.

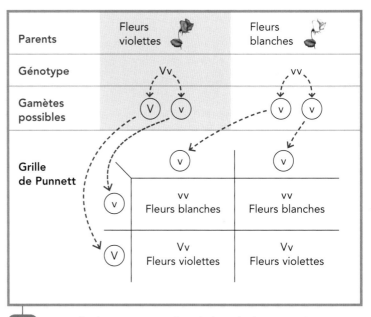

11.20 Exemple d'un croisement lors de l'étude d'un caractère.

Cet exemple montre ce qui se produit lorsqu'on étudie la transmission d'un seul caractère. Or, il peut aussi être intéressant d'étudier la transmission de plusieurs caractères en même temps. C'est ce que Mendel a fait et c'est ce qui lui a permis d'énoncer une deuxième loi en hérédité : la loi de la répartition indépendante des caractères.

LA LOI DE LA RÉPARTITION INDÉPENDANTE DES CARACTÈRES

Lors de la formation des gamètes, les allèles pour des caractères différents, jusque-là en paires, se séparent les uns des autres. Pour connaître le génotype des gamètes pouvant être obtenu lorsqu'on considère plus d'un caractère à la fois, il faut donc s'assurer de considérer toutes les combinaisons possibles entre les allèles des différents caractères.

Examinons la figure 11.21 pour comprendre comment on arrive à prédire le génotype ou le phénotype des descendants lorsqu'on considère plus d'un caractère. Dans cet exemple, il est important de préciser que les graines peuvent avoir deux couleurs (jaune ou verte) et que la couleur jaune des graines est dominante. De plus, les graines peuvent se présenter sous deux formes (ronde ou ridée) et la forme ronde est dominante. Les autres allèles possibles pour ces deux caractères sont donc nécessairement récessifs.

On établit d'abord les gamètes possibles à partir des génotypes des parents. Dans ce cas-ci, on croise un plant de pois portant le génotype JjRr, c'est-à-dire un plant aux graines jaunes et rondes, avec un plant dont le génotype est Jjrr, c'est-à-dire un plant aux graines jaunes et ridées.

Parents	Graine jaune et ronde		Graine jaune et ridée	
Génotype	Jj Rr		Jj rr	
Gamètes possibles	JR Jr		Jr Jr	
	jR jr		jr jr	

Grille de Punnett	Jr	Jr	jr	jr
JR	JJRr Jaune ronde	JJRr Jaune ronde	JjRr Jaune ronde	JjRr Jaune ronde
Jr	JJrr Jaune ridée	JJrr Jaune ridée	Jjrr Jaune ridée	Jjrr Jaune ridée
jR	JjRr Jaune ronde	JjRr Jaune ronde	jjRr Verte ronde	jjRr Verte ronde
jr	Jjrr Jaune ridée	Jjrr Jaune ridée	jjrr Verte ridée	jjrr Verte ridée

11.21 Exemple d'un croisement lors de l'étude de plus d'un caractère.

UNE AVERSION POUR LES ÉPINARDS ? C'EST GÉNÉTIQUE !

Les enfants en bas âge sont souvent des mangeurs difficiles. Ils préfèrent les pâtes et les frites aux légumes verts et aux poissons. Lucy Cooke, de l'University College de Londres, s'est penchée sur le sujet. Son équipe a analysé les habitudes alimentaires de 5390 paires de jumeaux, âgés entre 8 et 11 ans. Elle a découvert que le dédain des enfants face aux nouveaux aliments est en grande partie une question d'hérédité. Le message aux parents ? Ce n'est pas votre cuisine, ce sont vos gènes !

Cette étude est la première à utiliser un barème standard pour étudier le rôle que jouent les gènes et l'environnement dans la réaction des enfants face aux aliments. Selon le rapport, 78 % des cas seraient reliés aux gènes et l'autre 22 % à l'environnement. Même si le dédain semble être génétique, les médecins affirment que les parents de mangeurs difficiles ne peuvent pas abdiquer. Une initiation calme et répétée à de nouveaux aliments pendant cinq jours à deux semaines est un moyen efficace de surmonter les répugnances d'un enfant.

Adapté de : Kim SEVERSON, «Vos enfants sont difficiles et néophobes ? Ils retiennent de vous !», *La Presse, Cahier Actuel Gourmand*, 3 novembre 2007, p. 2.

Devant un plat d'épinards, la réaction d'une personne peut dépendre de ses gènes.

Après avoir inscrit toutes les possibilités de fusion ainsi que tous les génotypes et phénotypes obtenus, on peut observer qu'on a, par exemple, 2 chances sur 16 d'obtenir un plant aux graines vertes et ridées.

STE 3 Le clonage

Dans la nature, il existe deux modes de reproduction. Il s'agit de la reproduction sexuée et de la reproduction asexuée. Les principes de l'hérédité que nous venons d'aborder concernent la reproduction sexuée, car celle-ci nécessite la participation de deux individus d'une même espèce. Elle crée une plus grande diversité génétique, puisque les individus engendrés héritent d'une combinaison unique de gènes provenant du mélange de ceux des parents. Ainsi, chaque enfant est génétiquement unique, à l'exception des vrais jumeaux.

Par contre, la reproduction asexuée ne nécessite que la participation d'un seul parent. Les nouveaux individus sont donc des copies conformes qui possèdent les mêmes gènes que leur unique parent. Lorsqu'on obtient des copies conformes d'un individu, d'une partie de celui-ci ou de l'un de ses gènes, il s'agit d'une forme de clonage. L'individu engendré par clonage sera identique génétiquement à son seul parent et on pourra dire qu'il est un clone.

> ▶ Le CLONAGE est la reproduction d'un individu, d'une partie de celui-ci ou de l'un de ses gènes afin d'en obtenir des copies exactes.

STE 3.1 LE CLONAGE NATUREL

Lorsque le clonage se réalise dans la nature, sans aucune intervention humaine, on parle alors de clonage naturel. Le tableau 11.22 présente quelques formes de ce type de clonage.

> ▶ Le CLONAGE NATUREL engendre des individus génétiquement identiques grâce à la reproduction asexuée.

11.22 QUELQUES FORMES DE CLONAGE DANS LA NATURE

Forme de reproduction asexuée	Description
Bourgeonnement	Dans cette forme de reproduction, un nouvel individu se développe à partir d'une excroissance qui se détache du parent.
Marcottage	Dans cette forme de reproduction spécifique aux végétaux, des racines sont développées à partir d'une branche du plant, appelée «stolon», qui est en contact avec le sol. Si le stolon se détache de la plante mère, il forme un nouvel individu.
Bouturage	Dans cette forme de reproduction spécifique aux végétaux, un nouvel individu est formé à partir d'une partie isolée d'une plante, autre que ses graines, qui se retrouve sur le sol.

STE 3.2 LE CLONAGE ARTIFICIEL VÉGÉTAL

Depuis des siècles, les techniques de marcottage et de bouturage qui existent naturellement chez les végétaux sont utilisées par les êtres humains. En effet, beaucoup de gens vont couper une partie de leur plante pour obtenir une bouture et la placer dans l'eau jusqu'à ce qu'elle forme des racines. Une fois les racines formées, ils pourront transférer la nouvelle plante dans un pot. Puisqu'il y a alors intervention humaine, on parle de clonage artificiel végétal.

Le clonage artificiel chez les végétaux est une méthode de plus en plus répandue en agriculture. Elle permet aux agriculteurs et aux fleuristes d'obtenir des copies identiques d'individus qui présentent des caractéristiques recherchées. Par exemple, un agriculteur pourrait être tenté de cloner un plant qui donne des carottes bien orangées, grosses et savoureuses. La figure 11.23 illustre la méthode de culture *in vitro* qui permet de cloner une carotte.

ENVIRONNEMENT+

Des usines pharmaceutiques végétales

Des plantes aux vertus médicinales, il n'y a rien de nouveau là-dedans. On n'a qu'à penser aux membres de l'équipage de Jacques Cartier qui, en 1536, furent sauvés du scorbut en buvant une potion concoctée par des Amérindiens à partir d'écorce et de feuilles de thuya.

Jusqu'à tout récemment, on se contentait d'extraire des plantes les médicaments dont on avait besoin. Maintenant, la génétique nous permet d'utiliser des plantes pour fabriquer des remèdes qu'elles n'élaborent pas naturellement. Il suffit de développer des gènes qui contiennent les instructions pour le médicament recherché et de les insérer dans des plantes, puis de cultiver ces dernières. Ce procédé de fabrication s'appelle la moléculture.

Cependant, la moléculture peut avoir des effets indésirables. Dans une étude de cas présentée par le gouvernement du Québec, on apprend qu'en 2001, du maïs produisant un vaccin contre une maladie du porc fut cultivé dans un champ aux États-Unis, puis récolté. L'année suivante, on fit pousser du soya dans le même champ, mais celui-ci était destiné à l'alimentation humaine.

Des repousses de maïs ont émergé à travers le soya qui a tout de même été récolté. Des êtres

Un jour, peut-être, du maïs cultivé dans des champs pourra être utilisé pour produire des médicaments, mais il faut avant tout s'assurer d'éliminer le risque de contamination alimentaire.

humains risquaient alors de consommer de la nourriture contenant un médicament pour le porc. Heureusement, les autorités américaines se sont aperçues du problème et ont retiré la récolte du marché.

Notre société technologique se trouve donc face à un défi: établir une réglementation visant à réduire au minimum les effets de la moléculture sur notre alimentation, notre santé et l'environnement, tout en encourageant cette innovation technologique qui permet d'obtenir des médicaments à moindre coût.

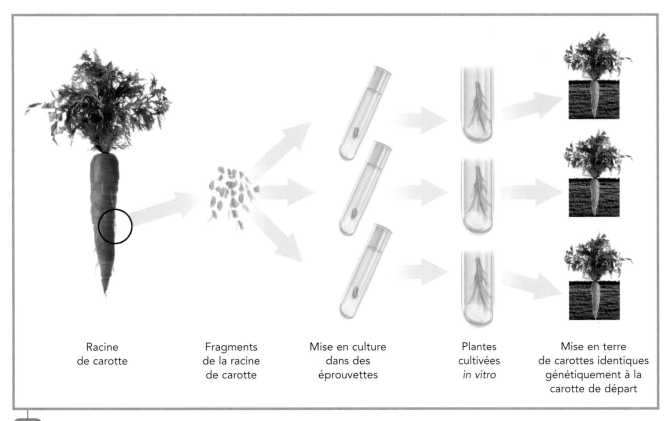

II.23 En agronomie, lorsqu'un végétal présente des caractéristiques intéressantes, il est possible de le cultiver *in vitro* afin d'en obtenir plusieurs copies.

STE 3.3 LE CLONAGE ANIMAL

Contrairement aux végétaux, les animaux dont nous nous nourrissons, comme le bœuf, ou qui produisent des substances qui nous sont utiles, comme la laine du mouton, ne peuvent pas se reproduire de façon asexuée. Il leur est donc impossible de se cloner naturellement. Par contre, une technique a été développée pour permettre de cloner des animaux artificiellement. Chez les mammifères, elle consiste à :

1. prélever une cellule de l'individu que l'on désire cloner ;

2. prélever un ovule provenant d'un autre individu dont on retire le noyau, donc l'ADN ;

3. fusionner la cellule et l'ovule sans noyau. Un embryon dont le matériel génétique est le même que celui de l'individu à cloner est alors obtenu ;

4. implanter l'embryon dans l'utérus d'une mère porteuse. L'embryon peut alors s'y développer et la mère porteuse donnera naissance à un clone de l'individu que l'on désire copier.

La figure 11.24 (*à la page suivante*) illustre cette technique appliquée au clonage d'un taureau, ce qui a permis d'obtenir Starbuck II. Le clonage possible d'un mammifère sème la controverse dans notre société. Puisque nous-mêmes sommes des mammifères, il est donc théoriquement possible de cloner des êtres humains.

UNE SOURIS IMPRUDENTE ?

Une souris qui n'a pas peur des chats ? Des chercheurs japonais ont réussi cet exploit, en 2007, en modifiant les gènes responsables de son odorat. Cette souris ne reconnaît plus l'odeur caractéristique de ses prédateurs et ne se sauve plus à leur approche.

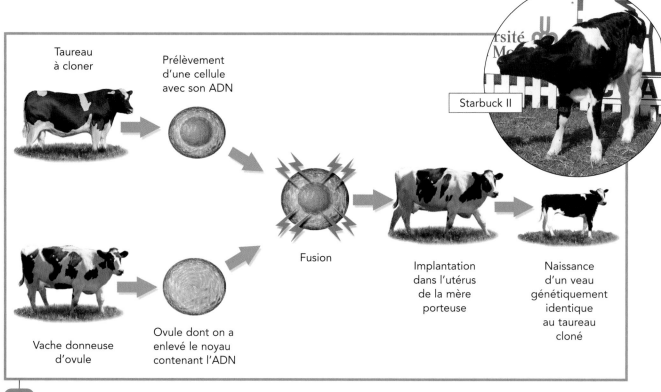

Starbuck II

Taureau à cloner

Prélèvement d'une cellule avec son ADN

Fusion

Implantation dans l'utérus de la mère porteuse

Naissance d'un veau génétiquement identique au taureau cloné

Vache donneuse d'ovule

Ovule dont on a enlevé le noyau contenant l'ADN

II.24 Le taureau Starbuck, qui aurait plus de 200 000 descendants dans le monde, fut cloné 2 ans après sa mort. Son clone, Starbuck II, né en septembre 2000, possède le même matériel génétique que le célèbre taureau.

LES CLONES D'ÉQUIDÉS SORTENT DU LABORATOIRE

Treize chevaux clonés ont vu le jour en 2006 grâce à la technique mise au point pour la brebis Dolly. Cinq d'entre eux sont nés du même étalon, Smart Little Lena, une star de l'équitation western aux États-Unis. «Notre objectif était d'obtenir un seul clone, mais la technique a été plus efficace que prévu», s'étonne encore Katrin Hinrichs, responsable du laboratoire d'embryologie équine de l'université Texas A&M.

Les scientifiques prélèvent des cellules de peau sur l'animal à cloner. Ils se procurent ensuite des ovules, généralement auprès des abattoirs. Ils retirent les noyaux de ces ovules et les remplacent par les noyaux des cellules du cheval à cloner. Prix du poulain ? Plus de 100 000 $.

Le prochain objectif des scientifiques est de faire naître un clone de Calvaro V, cheval légendaire champion du saut d'obstacles mort en 2003, mais dont des cellules ont été conservées.

Adapté de : Jérôme TOURNIER, «Les clones d'équidés sortent du laboratoire», *Les Échos*, 24 avril 2007, p. 19.

Calvaro V. Dans quelques années, les compétitions équestres auront peut-être lieu entre les clones de ce cheval.

STE 3.4 LE CLONAGE CHEZ L'ÊTRE HUMAIN

Lorsqu'il est question de clonage humain, on distingue deux formes de clonage :

- le clonage reproductif ;
- le clonage thérapeutique.

Le clonage reproductif vise à permettre la naissance de bébés génétiquement identiques aux personnes qui se font cloner. Cette forme de clonage, et toute expérience tentée en ce sens, est présentement interdite au Canada et dans bien d'autres pays.

> Le **CLONAGE REPRODUCTIF** est l'utilisation de techniques en vue d'obtenir un nouvel individu génétiquement identique à celui qui se fait cloner.

Le clonage thérapeutique vise plutôt à produire des tissus ou des organes humains de rechange. Puisque ces tissus ou ces organes contiennent la même information génétique que celle de la personne qui a été clonée, on élimine tout risque de rejet de la greffe.

> Le **CLONAGE THÉRAPEUTIQUE** est l'utilisation de techniques en vue d'obtenir des tissus ou des organes génétiquement identiques à une personne devant subir une greffe.

STE 3.5 LE CLONAGE GÉNIQUE

Jusqu'à présent, nous avons vu que le clonage sert à produire des individus entiers, comme de nouvelles plantes ; ou des parties de ceux-ci, comme des organes ou des tissus, pour traiter des gens malades ou qui ont subi un accident. Or, de nombreuses maladies ont des causes génétiques, c'est-à-dire qu'elles sont dues à des gènes défectueux. C'est pourquoi les scientifiques sont tentés de cloner les gènes afin d'en obtenir de multiples copies et ainsi mieux les étudier. On parle alors de clonage génique.

> Le **CLONAGE GÉNIQUE** est la production de multiples copies d'un même gène.

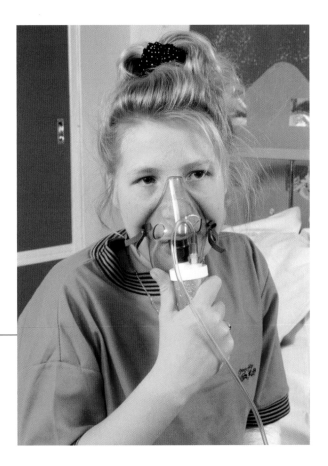

II.25

La fibrose kystique est une maladie qui frappe 1 enfant sur 2500. Elle est imputable à un gène défectueux dans l'organisme. Les voies respiratoires des gens atteints sont engorgées de mucus, ce qui offre un milieu propice pour le développement de bactéries. Grâce au clonage génique, les scientifiques espèrent pouvoir un jour traiter cette maladie.

VERDICT

1 Les responsables des caractères chez les êtres vivants (p. 350-358)

1. Observez les deux cellules suivantes.

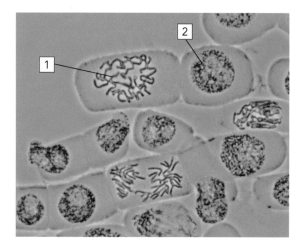

a) Sous quelle forme apparaît l'ADN dans la cellule 1 ?

b) Sous quelle forme apparaît l'ADN dans la cellule 2 ?

2. Tous les individus d'une même espèce comptent un nombre identique de chromosomes dans leurs cellules.

a) Au total, combien de chromosomes l'espèce humaine possède-t-elle dans la plupart de ses cellules ?

b) Quel est le nom de la représentation obtenue quand on place de façon ordonnée, et par paires, nos chromosomes ?

c) Comment appelle-t-on un segment d'ADN formant les chromosomes et qui contient des informations pour fabriquer une protéine ?

d) Donnez trois exemples de caractères qui sont exprimés grâce aux protéines que nous fabriquons.

3. Observez l'illustration ci-contre représentant l'ADN de façon simplifiée.

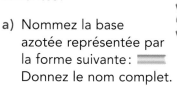

À partir des indices donnés sur l'illustration, répondez aux questions suivantes :

a) Nommez la base azotée représentée par la forme suivante : ▬▬ Donnez le nom complet.

b) Nommez la base azotée représentée par la forme suivante : ◀▬ Donnez le nom complet.

c) Nommez la base azotée représentée par la forme suivante : ◀▬ Donnez le nom complet.

d) Nommez la base azotée représentée par la forme suivante : ▬▶ Donnez le nom complet.

e) Si ● représente un groupement phosphate, que représente ⬟ ?

4. On sait que les lettres sont les unités de base pour former des mots.

a) Comment appelle-t-on les unités de base servant à former les protéines ?

b) L'alphabet contient 26 lettres. Combien d'unités de base différentes peuvent être utilisées pour former les protéines ?

c) Vrai ou faux ? Les unités de base pour former les protéines des bactéries et des champignons sont différentes de celles que nous utilisons pour fabriquer nos propres protéines. Expliquez votre réponse.

5. L'hormone de croissance stimule, entre autres, la croissance et le métabolisme. Cette molécule est une suite de 191 acides aminés.

a) Pourquoi peut-on affirmer que cette hormone est une protéine ?

b) L'hormone de croissance a une fonction de contrôleur et de messager dans notre organisme. Nommez quatre autres rôles pouvant être joués par nos protéines.

6. La synthèse des protéines se réalise à la suite de certains processus dans la cellule. Placez les étapes ci-dessous dans l'ordre.

A. Un ARN_m est formé.

B. Des ARN_t se lient à l'ARN_m. Des acides aminés sont liés les uns aux autres.

C. La protéine synthétisée se détache et s'enroule sur elle-même.

D. Les deux brins de l'ADN se séparent.

E. Un ARN_m s'attache à un ribosome.

7. Précisez, pour chacun des énoncés suivants, s'ils font référence à l'ADN ou à l'ARN.

a) Mon nom complet est l'acide ribonucléique.

b) Le sucre qui entre dans ma composition est le désoxyribose.

c) Je ne contiens pas de thymine.

d) La plupart du temps, je suis une molécule comportant deux brins complémentaires.

e) Une de mes bases azotées est de l'uracile.

f) Je suis un messager lors de la synthèse des protéines.

❷ Les principes de l'hérédité (p. 358-369)

8. Pour conduire des expériences en génétique, des drosophiles, aussi appelées «mouches à fruits», sont souvent utilisées. Pour se reproduire, les spermatozoïdes des mouches mâles fécondent des ovules des mouches femelles et les œufs sont ensuite pondus par la femelle. Pourquoi peut-on affirmer que les drosophiles se reproduisent par croisement ?

9. Parmi les caractères étudiés chez la drosophile figure la longueur des ailes. Il existe deux formes possibles pour ce caractère, soit des ailes normales ou des ailes miniatures.

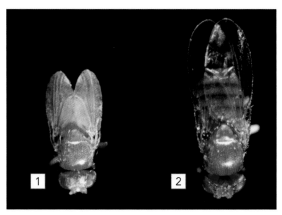

1. Drosophile aux ailes miniatures.
2. Drosophile aux ailes normales.

Si on croise deux individus aux ailes normales d'une lignée pure pour ce caractère, indiquez quel pourcentage des drosophiles obtenues auront aussi des ailes normales. Expliquez votre réponse.

10. Lorsqu'une drosophile possède un allèle pour les ailes normales et un allèle pour les ailes miniatures, son phénotype pour ce caractère est «ailes normales».

a) S'agit-il d'un individu homozygote ou hétérozygote pour ce caractère ? Expliquez votre réponse.

b) Lequel de ces deux allèles est dominant ?

c) Lequel de ces deux allèles est récessif ?

d) Quel serait le ou les génotypes possibles pour une drosophile aux ailes normales ?

e) Quel serait le ou les génotypes possibles pour une drosophile aux ailes miniatures ?

11. Pour chacun des caractères suivants, indiquez s'il est héréditaire ou non héréditaire.

    a) Le bronzage de la peau.

    b) La couleur des yeux.

    c) La longueur des cheveux.

    d) La présence d'une cicatrice.

    e) La grosseur de la main.

    f) Le fait de souffrir de la fibrose kystique.

    g) Le fait de souffrir d'une grippe.

12. Chez le cochon d'Inde, l'allèle (N) donnant une coloration noire au pelage est dominant par rapport à l'allèle (n) donnant une coloration blanche. Un individu au pelage noir de lignée pure pour ce caractère est croisé avec un individu au pelage blanc. Quelle est la probabilité qu'un individu noir issu de ce croisement soit hétérozygote pour ce caractère ? Justifiez votre réponse à l'aide d'une grille de Punnett.

13. Chez le lapin, l'allèle (N) donnant une coloration noire au poil est dominant sur l'allèle (n) donnant une coloration brune. De plus, l'allèle (C) pour le poil court est dominant sur l'allèle (c) pour le poil long. On croise un lapin au poil long et hétérozygote pour la couleur du poil avec une lapine au poil court et noir, homozygote pour ces deux caractères. À l'aide d'une grille de Punnett :

    a) précisez le ou les génotypes possibles des descendants issus de ce croisement ;

    b) précisez le ou les phénotypes possibles des descendants issus de ce croisement.

14. Chez la tomate, l'allèle (P) donnant une tige pourpre est dominant sur l'allèle (p) donnant une tige verte. De plus, l'allèle (R) donnant des fruits rouges est dominant sur l'allèle (r) donnant des fruits jaunes. On croise deux plants de tomates hétérozygotes pour ces deux caractères.

À l'aide d'une grille de Punnett, si on obtient 160 descendants, déterminez théoriquement :

    a) le nombre de descendants qui auront une tige pourpre et des fruits jaunes ;

    b) le nombre de descendants qui auront une tige pourpre et des fruits rouges ;

    c) le nombre de descendants qui auront une tige verte et des fruits jaunes ;

    d) le nombre de descendants qui auront une tige verte et des fruits rouges.

3 Le clonage (p. 369-373)

15. Pourquoi peut-on affirmer que les vrais jumeaux sont des clones l'un de l'autre ?

16. Distinguez clonage naturel et clonage artificiel. Donnez un exemple pour chacun.

17. Observez les deux figures suivantes.

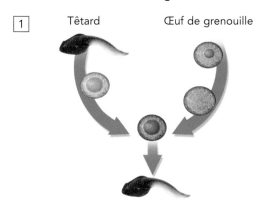

1   Têtard   Œuf de grenouille

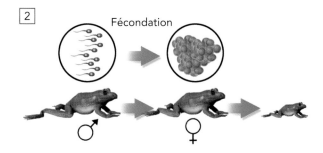

2   Fécondation

    a) Laquelle des deux figures illustre le clonage ? Expliquez pourquoi.

    b) S'agit-il de clonage naturel ou artificiel ? Justifiez votre réponse.

questions synthèses

A. Pour répondre aux questions ci-dessous, lisez d'abord le texte suivant.

Au Canada, 1 personne sur 10 000 souffre de la chorée de Huntington. Cette maladie entraîne la destruction de neurones dans le cerveau. La personne qui en est atteinte a alors de la difficulté à contrôler ses mouvements, jusqu'à devenir totalement immobile et mourir.

Sur notre quatrième paire de chromosomes, nous avons tous un gène appelé «gène de Huntington». Il contient les instructions pour la synthèse d'une protéine appelée «huntingdine» dont la fonction exacte dans nos neurones est encore inconnue. On sait cependant que dans sa structure se trouve la répétition d'un même acide aminé. Si cet acide aminé est répété moins de 35 fois de suite, la personne ne souffre normalement pas de la chorée de Huntington. Par contre, lorsqu'il y a plus de 35 répétitions de suite, la personne est malade.

Malheureusement, aussitôt qu'une personne porte un allèle qui provoque la maladie de Huntington dans son ADN, elle développe la maladie. Normalement, les premiers symptômes de cette maladie héréditaire apparaissent entre l'âge de 30 et 45 ans, si bien qu'une personne aux prises avec cette maladie peut avoir des enfants avant de s'en apercevoir.

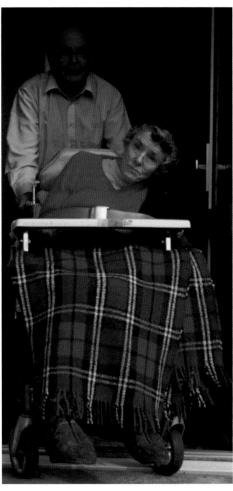

Puisque les gens atteints de la maladie de Huntington ont de la difficulté à contrôler leurs mouvements, ils doivent souvent avoir recours à un fauteuil roulant.

a) Quel ARN_m aura la séquence de nucléotides la plus longue? Celui transcrit à partir de l'allèle provoquant la chorée de Huntington ou celui transcrit à partir de l'allèle qui ne la provoque pas? Expliquez votre réponse.

b) Lequel de ces deux allèles est dominant? Celui qui provoque la maladie ou celui qui ne la provoque pas? Justifiez votre réponse.

c) Quels sont le ou les génotypes possibles pour qu'une personne soit atteinte de la maladie?

d) Si le père d'un enfant est hétérozygote pour ce caractère et que la mère n'est pas atteinte de la chorée de Huntington, quelle est la probabilité que l'enfant soit atteint de cette maladie? Vous pouvez utiliser une grille de Punnett pour répondre à cette question.

B. Préparez votre propre résumé du chapitre 11 en construisant un réseau de concepts.

COMMENT BÂTIR
UN RÉSEAU DE CONCEPTS

SAUVER DES VIES ET PRÉSERVER LA BIODIVERSITÉ

L'if du Pacifique, appelé aussi «if de l'Ouest», est un conifère à croissance très lente à l'état sauvage. Il peut atteindre 40 cm de diamètre et 15 m de hauteur. On le rencontre surtout le long de la côte du Pacifique, depuis l'Alaska jusqu'au centre de la Californie. Les Premières Nations utilisaient son bois très dur pour fabriquer des lances, des flèches, des arcs, des avirons, des cadres de raquette, etc.

Dans les années 1960, le gouvernement américain, résolu à vaincre le cancer, organisait une vaste collecte de plantes sur son territoire. L'if du Pacifique (*taxus brevifolia*) recelait une surprise : un de ses gènes contient la recette pour fabriquer une molécule aux propriétés anticancéreuses appelée «taxol». En fractionnant plusieurs fois l'écorce et en analysant chacune des fractions, les biologistes ont réussi à isoler le taxol, qu'on emploie encore aujourd'hui pour traiter un grand nombre de cancers.

Le taxol représente seulement de 0,01 % à 0,03 % de la masse sèche de l'écorce de l'if. Ainsi, pour prolonger d'environ un an la vie d'un seul patient, il faut près de 30 kilos d'écorce obtenus en abattant de 4 à 6 arbres centenaires. L'if fit donc l'objet d'une coupe intensive et, au début des années 1990, il était menacé de disparition. Les environnementalistes sonnèrent l'alarme et invoquèrent l'importance de préserver cette espèce en raison de son potentiel génétique et moléculaire utile pour l'être humain. Il fallait trouver une solution de rechange.

DIVERSIFIER LES SOURCES DE TAXOL

La première réaction eut lieu aux États-Unis, où le problème se posait avec le plus d'acuité. Pour protéger l'if du Pacifique et contrer le gaspillage exercé par l'industrie forestière, on a réglementé la coupe du bois. Mais cette mesure n'allait pas être suffisante. En 1992, le médicament Taxol était approuvé pour traiter les cancers des ovaires qui ne répondaient pas à la chimiothérapie. La demande pour le taxol était alors très grande. Même si elle s'est entendue avec l'industrie forestière pour qu'elle lui fournisse plus d'écorce d'if, l'entreprise pharmaceutique Bristol-Myers Squibb, qui avait obtenu le droit de développer le médicament, a rapidement compris l'avantage de diversifier ses sources. Deux solutions s'offraient : trouver d'autres arbres ou synthétiser le médicament en laboratoire.

Deux équipes de recherche, l'une en Floride et l'autre en Californie, ont réussi presque simultanément en 1994 à synthétiser la molécule aux propriétés anticancéreuses. Le procédé était intéressant d'un point de vue scientifique, mais trop complexe pour que sa commercialisation soit rentable. L'entreprise pharmaceutique a donc entrepris de fabriquer son médicament à partir de l'if himalayen (*taxus wallichiani*), une variété plus commune d'if. Elle allait utiliser des brindilles et des aiguilles de cet arbre, ce qui n'aurait aucun effet négatif sur l'environnement.

À la même époque, en France, une équipe a réussi à obtenir, à partir des aiguilles de l'if commun (*taxus baccata*), une molécule similaire au taxol, le taxodère. On a aussi trouvé d'autres arbres de la même famille qu'il était facile de faire pousser, notamment en Italie.

Les aiguilles de certaines espèces d'ifs permettent de fabriquer un médicament agissant contre divers types de cancers.

Au Canada, des règlements et des projets de recherche ont permis de protéger l'if du Pacifique. Et dans l'est du pays, on a identifié une variété d'if (*taxus canadensis*) et développé des manières de le récolter dans une perspective de développement durable, c'est-à-dire en protégeant l'arbre et la forêt. Plus récemment, la molécule a aussi été repérée dans les diverses composantes du noisetier, et même dans les champignons qui le recouvrent.

SURVEILLER LE PATRIMOINE GÉNÉTIQUE MONDIAL

Grâce à ces précieuses découvertes, l'if du Pacifique n'est plus en danger. Mais le pillage des ressources naturelles, notamment des plantes qui recèlent peut-être des médicaments, reste toujours un sujet d'inquiétude. Les plantes et les arbres contiennent dans leurs gènes des informations qui, comme dans le cas de l'if du Pacifique, peuvent conduire à des produits utiles pour l'être humain, qu'il s'agisse de nourriture, de médicaments ou de matériaux. Il est donc important de préserver le patrimoine mondial et la biodiversité, même si les bienfaits ne sont pas encore connus. Il faut établir des normes, surveiller les entreprises pharmaceutiques et poursuivre les recherches.

1. Pourquoi les chercheurs s'intéresseraient-ils à la séquence de nucléotides du gène responsable de la synthèse du taxol ?

2. Au Québec, la phytothérapie, c'est-à-dire le traitement des maladies par les plantes, est de plus en plus populaire. Expliquez pourquoi la protection du patrimoine génétique est importante pour cette industrie.

Rendez-vous DANS...

UN CENTRE DE COLLECTE ET DE TRAITEMENT DES MATIÈRES RECYCLABLES

Pour fabriquer une tonne (1000 kg) de papier, il faut environ 19 arbres adultes. En moyenne, chacun des 7 millions de Québécois utilise 210 kilogrammes de papier chaque année. Pour éviter la déforestation, il faut donc recycler efficacement le papier. C'est ce à quoi s'active le personnel de nombreux centres de tri à travers la province, en plus de traiter toutes les autres matières recyclables. Au Québec, plusieurs millions de tonnes de matières recyclables sont traitées chaque année.

Voici quelques travailleurs qui œuvrent dans des centres de collecte et de traitement des matières recyclables.

Jennifer Smith,
coordonnatrice aux ventes

Marie Nguyen,
agente technique de bureau
de dépannage

Marc-André Gouin,
gérant d'usine

Patrice Hamel,
contremaître des opérations

Véronique Laroche, conseillère
en relations humaines et en
relations de travail

Claude Daoust, superviseur de
la maintenance et des achats

Métier ou profession	Formation	Durée de la formation	Tâches principales
Coordonnateur ou coordonnatrice aux ventes	DEC en gestion de commerces	3 ans	• Veiller à atteindre des objectifs de vente • Promouvoir et mettre en marché des produits ou services
Contremaître des opérations	Certificat de 1er cycle universitaire en gestion des opérations	1 an	• Assurer la gestion des opérations dans une usine • Planifier la formation des employés
Conseiller ou conseillère en relations humaines	BAC en relations industrielles	3 ans	• Gérer les ressources humaines • Représenter l'employeur dans les relations avec les employés
Superviseur ou superviseure de la maintenance	ASP en mécanique d'entretien préventif et prospectif industriel	450 heures	• Poser des diagnostics afin de prévenir ou de détecter des bris éventuels • Entretenir différents systèmes
Agent ou agente technique de bureau de dépannage	DEP en soutien informatique	1800 heures	• Aider les utilisateurs d'ordinateurs éprouvant des difficultés • Consulter des guides d'utilisateurs, manuels techniques et autres documents pour réparer et implanter des solutions
Gérant ou gérante d'usine	Maîtrise en administration	5 ans	• Planifier, coordonner et diriger les opérations

TECHNOLOGIQUE

GRÂCE À SON INTELLIGENCE, L'ÊTRE HUMAIN CONÇOIT DES OBJETS ET DES SYSTÈMES TECHNOLOGIQUES DE PLUS EN PLUS INGÉNIEUX.

Certains, inventés depuis longtemps, nous sont toujours utiles, comme le marteau ou l'ampoule électrique.

Pour concevoir les objets et les systèmes qui nous entourent, nous utilisons des matériaux de plus en plus diversifiés, des dessins aux conventions nombreuses et nous faisons appel à des techniques de fabrication de plus en plus sophistiquées. Les pièces que nous employons dans ces objets et ces systèmes ont des rôles précis qui sont essentiels à leur fonctionnement.

Tout le processus qui permet de concevoir, de fabriquer, d'entretenir et de réparer des objets et des systèmes relève de la technologie. C'est donc grâce à elle que nous pouvons combler de mieux en mieux nos nombreux besoins et désirs.

SOMMAIRE

2000 Adoption d'un règlement au Québec visant la récupération des contenants et des surplus de peinture et de vernis

1989 Invention des premiers plastiques biodégradables

1933 Invention du polyéthylène, un thermoplastique très utilisé pour la fabrication de sacs

1915 Invention du pyrex, un verre extrêmement résistant à la chaleur

1886 Découverte du procédé de l'électrolyse pour la fabrication de l'aluminium

1865 Synthèse du celluloïd, première matière plastique

1836 Invention de la fibre de verre

1650 Obtention de vernis, de cires, de graisse et d'huile à lampe à partir du pétrole

1311 Construction des premiers hauts fourneaux pour l'extraction du fer

VERS 620 Premières productions de porcelaine, un type de céramique

VERS -100 Invention de la technique du soufflage du verre

VERS -1500 Début de la trempe du fer

VERS -3500 Invention de la soudure

VERS -4000 Découverte du verre

VERS -5000 Début de l'extraction du plomb, du cuivre et de l'étain

VERS -10 000 Fabrication des premiers pots en céramique

Depuis le début de son histoire, l'être humain n'a pas cessé d'améliorer ses conditions de vie. Dans cette quête d'un monde meilleur, il a imaginé, conçu et fabriqué de nombreux outils et une foule d'objets de toutes sortes. En ce début de 21e siècle, rares sont les gestes que nous posons qui ne sont pas redevables aux inventions multiples et ingénieuses de l'être humain, que nous appellerons ici «objets techniques».

Quels sont les matériaux le plus souvent utilisés pour fabriquer ces objets? À quels types de dessins a-t-on le plus fréquemment recours pour déterminer la forme des pièces qui en font partie ainsi que leur agencement? Enfin, quelles principales techniques de fabrication ainsi que quels outils et quelles machines sont le plus couramment employés pour la production d'objets techniques? Dans ce chapitre, nous donnerons des réponses à ces questions.

L'UNIVERS TECHNOLOGIQUE

12

La **fabrication**
des **objets techniques**

ST STE ATS ① Les matériaux dans les objets techniques

Notre vie de tous les jours dépend de plus en plus de l'utilisation d'objets techniques diversifiés. Le livre que vous lisez, la chaise sur laquelle vous vous assoyez et les souliers que vous portez sont des exemples d'objets techniques. Tous les objets techniques, quels qu'ils soient, sont fabriqués à partir d'un ou de plusieurs matériaux.

> «Matériau» est dérivé du latin materia, qui signifie «ce dont une chose est composée».

Les objets techniques sont destinés à des fins précises. Leurs usages les exposent à différentes contraintes. Ces dernières peuvent entraîner des déformations des matériaux. Pour établir quels sont les matériaux appropriés à la fabrication d'un objet technique, il faut donc déterminer les contraintes auxquelles ils seront exposés ainsi que les déformations qui peuvent en découler. Il faut également connaître les propriétés de ces matériaux.

CONCEPTS DÉJÀ VUS

– Matériau
– Contraintes (traction, compression, torsion)
– Propriétés mécaniques

ST STE ATS 1.1 LES CONTRAINTES ET LES DÉFORMATIONS

TECH
Nº 1

Les pièces dans les objets techniques sont susceptibles d'être soumises à une ou plusieurs FORCES extérieures qui tendent à les déformer. Par exemple, comme l'illustre la figure 12.2, le poids d'une alpiniste fera tendre la corde accrochée à la montagne. Lorsqu'on s'attarde aux effets causés à un matériau par une force externe, on étudie les contraintes que subit ce matériau. Ainsi, le poids de l'édifice de la figure 12.1 exerce une contrainte de compression sur les piliers.

12.1 Les piliers de cet édifice subissent une contrainte de compression.

12.2 L'alpiniste impose une contrainte de traction à la corde accrochée à la montagne.

> Une **CONTRAINTE** décrit l'effet causé à un matériau par des forces externes exercées sur lui.

Les principaux types de contraintes sont présentés dans le tableau 12.3.

12.3 LES PRINCIPAUX TYPES DE CONTRAINTES

Type de contrainte	Description	Symbole	Exemples
Compression	Il y a une contrainte de compression dans un matériau qui subit des forces tendant à l'écraser.		Un clou que l'on enfonce dans du bois. Un pied qui écrase une canette.
Traction	Il y a contrainte de traction dans un matériau qui subit des forces tendant à l'étirer.		Du cuivre que l'on étire pour en faire des fils. Deux équipes qui tirent sur une corde.
Torsion	Il y a contrainte de torsion dans un matériau qui subit des forces tendant à le tordre.		Une secousse sismique qui tord un pont. Des fils électriques que l'on torsade.
Flexion	Il y a contrainte de flexion dans un matériau qui subit des forces tendant à le courber.		Un poisson qui fait fléchir une canne à pêche. Des vêtements qui font courber une corde à linge.
Cisaillement	Il y a contrainte de cisaillement dans un matériau qui subit des forces tendant à le découper.		Du papier que l'on coupe. Du métal que l'on découpe.

Dans un objet, un matériau peut présenter trois types de DÉFORMATION à la suite des contraintes qu'il a subies. Ces types sont présentés dans le tableau 12.4.

12.4 LES TROIS TYPES DE DÉFORMATION DES MATÉRIAUX

Type de déformation	Description
Élastique	La contrainte conduit à un changement temporaire de la forme ou des dimensions du matériau. Lorsque le matériau ne subit plus de contrainte, il reprend sa forme initiale.
Permanente	La contrainte conduit à un changement permanent de la forme ou des dimensions du matériau. Même lorsque le matériau ne subit plus de contrainte, il reste déformé.
Rupture	La contrainte est si intense que le matériau se casse.

Dans le cas de la corde tendue par le poids de l'alpiniste (*voir la figure 12.2*), la déformation est élastique puisque la corde retrouve normalement sa forme initiale quand on la décroche. Par contre, à partir du moment où la corde commence à s'effriter ou à ne plus reprendre sa forme lorsqu'on la détache, il s'agit alors d'une déformation permanente. Enfin, si la corde est coupée, on parle alors de rupture.

1.2 LES PROPRIÉTÉS

Comme nous l'avons vu dans la section précédente, tous les matériaux ne réagissent pas de la même manière aux contraintes qu'ils subissent. La façon dont un matériau réagit face à une contrainte dépend souvent des propriétés de ce matériau. Ainsi, en définissant les propriétés du matériau, on arrive à prédire son comportement face aux contraintes. Par exemple, avant de construire un pont, un ingénieur doit pouvoir comparer les propriétés de divers matériaux pour choisir adéquatement ceux qui seront utilisés. Il tente alors de s'assurer, notamment, que le pont ne s'effondrera pas sous les contraintes de flexion imposées par le passage des véhicules.

LES PROPRIÉTÉS MÉCANIQUES

Lorsqu'un ingénieur compare les propriétés de matériaux pour résister à une flexion, par exemple, il compare leurs propriétés mécaniques, puisque la flexion est une contrainte mécanique.

> ▶ Les **PROPRIÉTÉS MÉCANIQUES** d'un matériau décrivent son comportement lorsqu'il est soumis à une ou à plusieurs contraintes.

Il existe plusieurs propriétés mécaniques. Quelques-unes sont présentées dans le tableau 12.6.

12.5 Cette planche à neige est suffisamment élastique pour reprendre sa forme.

12.6 QUELQUES PROPRIÉTÉS MÉCANIQUES DES MATÉRIAUX

Propriété mécanique	Définition
Dureté	Propriété de résister à la pénétration
Élasticité	Propriété de reprendre sa forme après avoir subi une contrainte
Résilience	Propriété de résister aux chocs sans se rompre
Ductilité	Propriété de s'étirer sans se rompre
Malléabilité	Propriété de s'aplatir ou de se courber sans se rompre
Rigidité	Propriété de garder sa forme, lorsque soumis à diverses contraintes

12.7 Ce casque de moto est assez résilient pour résister aux chocs.

D'AUTRES PROPRIÉTÉS

Nous venons de voir les propriétés mécaniques des matériaux. Par ailleurs, d'autres propriétés que celles de résister à des contraintes peuvent être recherchées dans les matériaux. Par exemple, un ingénieur qui doit concevoir un objet résistant à la corrosion cherchera un matériau qui possède une telle qualité. Le tableau 12.8 présente d'autres propriétés intéressantes dont les ingénieurs peuvent tenir compte lors du choix des matériaux.

12.8 D'AUTRES PROPRIÉTÉS DES MATÉRIAUX

Propriété	Définition
Résistance à la corrosion	Capacité du matériau à résister à l'action de substances corrosives, telles que l'eau, divers sels et certaines substances contenues dans des fumées, qui provoquent, par exemple, la formation de rouille
Conductibilité électrique	Capacité du matériau à transmettre le courant électrique
Conductibilité thermique	Capacité du matériau à transmettre la chaleur

12.9 Le cuivre de ces fils est un excellent conducteur électrique.

12.10 Le matériau de ces enjoliveurs de roue résiste efficacement à la corrosion.

12.11 L'acier inoxydable de cette casserole transmet très bien la chaleur.

1.3 LA DÉGRADATION ET LA PROTECTION

Tous les matériaux se dégradent plus ou moins vite. Tôt ou tard, leurs propriétés initiales sont attaquées et diminuées par le milieu ambiant. Si rien n'intervient pour contrer ces effets néfastes, à plus ou moins long terme, ils sont voués à la destruction.

▶ La **DÉGRADATION DES MATÉRIAUX** est la diminution de certaines de leurs propriétés due aux effets du milieu ambiant.

Si tous les matériaux se dégradent à une vitesse plus ou moins grande, il existe cependant des moyens pour empêcher ou retarder leur dégradation. Ce sont des moyens de protection qui varient selon les matériaux. Par exemple, certaines voitures subissent un traitement antirouille qui a pour effet d'empêcher ou de retarder la formation de rouille sur les matériaux de la carrosserie.

> La PROTECTION DES MATÉRIAUX consiste à utiliser des procédés qui empêchent ou retardent leur dégradation.

ST STE ATS 2 Les catégories de matériaux et leurs propriétés

Le bois est l'un des premiers matériaux utilisés par l'être humain pour améliorer ses conditions de vie. Néanmoins, tôt dans son histoire, l'être humain a dû faire appel à son imagination pour trouver un autre matériau capable de satisfaire d'autres besoins : la céramique. Un peu plus tard, il découvrait l'usage du métal. Longtemps il se contenta principalement de ces matériaux de base et de leurs dérivés, avec les textiles. L'apparition des plastiques marque une véritable révolution dans la fabrication des objets techniques. S'y ajoutent les matériaux composites qui viennent de la combinaison de matériaux de catégories différentes. Il sera question de ces différents matériaux, de leurs propriétés et des façons de les protéger dans les pages qui suivent.

CONCEPTS DÉJÀ VUS

– Bois et bois modifiés
– Métaux et alliages non ferreux
– Alliages à base de fer
– Matières plastiques (thermoplastiques) (ATS)

ST STE ATS 2.1 LES BOIS ET LES BOIS MODIFIÉS

Parmi les matériaux qui ont été utilisés les premiers dans l'histoire de l'humanité figure le bois.

> Le BOIS est un matériau provenant de la coupe et de la transformation des arbres.

On classe généralement les bois en deux catégories. Ceux dont la dureté est plus élevée sont les bois durs. Ils proviennent généralement des arbres feuillus, comme le chêne et l'érable. Ceux dont la dureté est moins élevée sont les bois mous. Ils proviennent généralement des conifères, tels que le pin et l'épinette. Dans le domaine industriel, on appelle souvent «essence» les différentes espèces d'arbre.

Les propriétés mécaniques varient d'un bois à l'autre. Les principaux facteurs de leurs variations sont les suivants:

- l'espèce d'arbre dont le bois est issu;
- la vitesse de croissance et les blessures qu'a subies l'arbre;
- la teneur en eau du bois.

Bien des objets comme des armoires ou des meubles sont fabriqués en bois en raison de sa beauté. Mais plusieurs autres propriétés peuvent être prises en considération dans le choix de cette catégorie de matériau:

- la dureté, l'élasticité et la résilience;
- la faible conductibilité thermique et électrique;
- la facilité d'assemblage et de façonnage;
- la couleur et la teinte;
- la légèreté.

Les bois modifiés

Actuellement, la majeure partie des arbres coupés dans nos forêts ne servent plus à fabriquer des planches, des panneaux ou des poutres en bois, mais plutôt des matériaux appelés «bois modifiés». Comme l'indique leur nom, ils contiennent principalement du bois, mais aussi d'autres substances comme de la colle, des plastiques ou des agents de conservation.

> ▶ Les **BOIS MODIFIÉS sont des bois traités ou des matériaux faits de bois mélangés à d'autres substances.**

Les bois modifiés sont principalement obtenus en collant ensemble des morceaux, des feuilles ou des résidus provenant de la coupe du bois. On en fait, par exemple, des contreplaqués, des panneaux de particules et des panneaux de fibres. Alors que les propriétés des bois varient énormément d'une espèce à l'autre, celles des bois modifiés sont généralement plus constantes.

12.13 Les bois sont encore très utilisés dans la fabrication des meubles, puisque plusieurs personnes recherchent les qualités esthétiques de ce matériau.

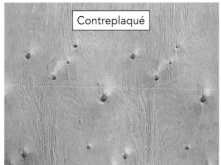
Contreplaqué

Panneau de particules

Panneau de fibres

12.14 Le contreplaqué, le panneau de particules et le panneau de fibres sont des bois modifiés.

LA DÉGRADATION ET LA PROTECTION DES BOIS ET DES BOIS MODIFIÉS

Les bois sont des matériaux qui peuvent se dégrader rapidement. L'une des principales raisons de leur dégradation rapide réside dans le fait que les bois sont des matériaux d'origine vivante. Ainsi, plusieurs champignons, micro-organismes et insectes peuvent infester le bois, s'en nourrir, causer sa pourriture et ainsi diminuer ses propriétés mécaniques. Par exemple, un bois qui est pourri est moins dur qu'un bois qui ne l'est pas.

Pour protéger le bois contre l'action des organismes qui le dégradent, on peut utiliser divers moyens. Par exemple, on peut le vernir, le peindre ou le traiter à l'aide de divers enduits protecteurs.

Il existe aussi de nombreux bois sur le marché qui ont subi un traitement afin de les protéger contre la dégradation. On les appelle alors des «bois traités». Ils sont préparés principalement de l'une ou l'autre de ces deux façons :

- par trempage dans une solution basique contenant du cuivre. Les bois ainsi traités ont une couleur verdâtre ;
- par chauffage à haute température. L'aspect des bois change alors beaucoup moins, mais le procédé coûte généralement plus cher.

12.15 Les bois qui sont exposés à l'eau sont plus susceptibles d'être ravagés par des organismes causant leur pourriture que ceux qui ne le sont pas.

ST STE ATS **2.2** LES CÉRAMIQUES

Si le bois est le plus ancien matériau utilisé par l'être humain, les céramiques sont aussi une catégorie de matériau utilisé depuis fort longtemps dans l'histoire de l'humanité. Les céramiques sont obtenues en chauffant de la matière première inorganique contenant divers composés, le plus souvent des OXYDES, comme le dioxyde de silicium (SiO_2).

Les procédés de chauffage permettent la vaporisation de l'eau contenue dans la matière première servant à fabriquer une céramique ainsi que le réarrangement des liens entre les composés qui la constituent. Ainsi, une céramique est toujours solide à température ambiante.

> ▶ Une **CÉRAMIQUE** est un matériau solide obtenu par le chauffage de matière inorganique, contenant divers composés, le plus souvent des oxydes.

12.16

Armée d'argile grandeur nature en Chine, façonnée vers 210 avant notre ère.

Traditionnellement, les objets en céramique étaient fabriqués grâce aux techniques de la poterie pour obtenir notamment de la vaisselle, des pots et des objets d'art. Ces objets étaient réalisés surtout à partir d'argile que l'on façonnait et que l'on cuisait, mais aussi avec du sable, particulièrement pour la fabrication du verre.

> «Céramique» provient du grec keramikos, qui signifie «argile».

Bien que l'argile et le sable soient encore beaucoup exploités puisqu'ils sont abondants et bon marché, les industries ont aussi recours à d'autres matières premières, naturelles ou artificielles, pour fabriquer des matériaux céramiques.

12.17 Quelques exemples des nombreuses céramiques disponibles sur le marché.

Les propriétés des céramiques varient selon la matière première qui est utilisée lors de leur confection ainsi que les méthodes de cuisson. Certaines de leurs propriétés font qu'elles sont très utilisées dans différents secteurs.

- En raison de leur faible conductibilité électrique, les céramiques sont souvent employées, dans le secteur de l'électronique, comme isolants.

- Leur dureté généralement élevée fait que les céramiques sont très en demande dans le secteur des matériaux de construction (briques, tuiles, etc.) et certains outils de coupe (lames à carbure de titane, au quartz, etc.).

- En raison de leur résistance à la chaleur et de leur faible conductibilité thermique, les céramiques sont utilisées dans la cuisine pour la vaisselle et comme isolant thermique, notamment dans des fours.

- Leur résistance à la corrosion fait en sorte qu'elles peuvent servir de conduits pour la fumée ou pour l'eau.

- La plupart des céramiques sont fragiles. Cependant, en contrôlant bien la composition en matières premières et la cuisson, certaines industries arrivent à fabriquer des céramiques si résilientes qu'elles peuvent être utilisées dans des moteurs qui subissent, pourtant, plusieurs chocs.

FRAGILES MAIS RÉSISTANTES

Les navettes spatiales américaines sont constituées d'un bouclier thermique comprenant près de 24 000 tuiles de céramique conçues pour les protéger d'une température allant jusqu'à 1650 °C lors de l'entrée dans l'atmosphère. Ces tuiles sont minces, très légères et fragiles, mais très résistantes à la chaleur. Un dommage à ce bouclier pourrait mettre en danger le retour d'une navette.

LA DÉGRADATION ET LA PROTECTION DES CÉRAMIQUES

En général, les céramiques sont des matériaux très durables. C'est ce qui explique que des archéologues découvrent fréquemment des poteries antiques très bien conservées.

Cependant l'action de certains ACIDES, comme l'acide sulfurique (H_2SO_4), et de certaines BASES, comme le dihydroxyde de calcium ($Ca(OH)_2$), peut dégrader les céramiques. De plus, lorsqu'une céramique subit un choc thermique, c'est-à-dire qu'elle subit une variation brusque de température, ses propriétés ont tendance à se dégrader.

Puisque les céramiques sont très durables, peu de moyens de protection existent pour ces matériaux. Néanmoins, il faut éviter de les exposer à des acides ou des bases ainsi qu'aux chocs thermiques, lorsque c'est possible. Par ailleurs, comme nous l'avons vu, le choix des matières premières et des températures de cuisson appropriées peut améliorer encore davantage certaines propriétés des céramiques.

AU CŒUR DE L'ÉCONOMIE

Dans l'Antiquité, les céramiques étaient des matières indispensables au commerce. Elles servaient notamment à la fabrication d'amphores, dans lesquelles on conservait et transportait de multiples denrées. Cependant, au premier siècle avant notre ère, deux innovations, le soufflage du verre et des fours assez puissants pour liquéfier le sable, favorisèrent la production d'un autre type de céramique à grande échelle, le verre.

2.3 LES MÉTAUX ET LES ALLIAGES

Alors que les céramiques sont fabriquées à partir d'argile ou d'autres matières inorganiques, les métaux sont fabriqués à partir de substances extraites des MINERAIS. Ce sont des matériaux généralement brillants, possédant une bonne CONDUCTIBILITÉ ÉLECTRIQUE et thermique. Plusieurs métaux sont recherchés pour leur ductilité et leur malléabilité. Dans cette catégorie de matériaux, les deux les plus utilisés sont le fer et l'aluminium. D'autres fréquemment employés sont présentés à l'annexe 5 à la fin du volume.

> Un MÉTAL est un matériau extrait d'un minerai. Les métaux sont généralement brillants et bons conducteurs d'électricité et de chaleur.

Les matériaux métalliques sont rarement faits de métal pur. Généralement, ils sont mélangés à d'autres substances, métalliques ou non, qui permettent d'améliorer leurs propriétés. C'est ce qu'on appelle des «alliages».

> Un ALLIAGE est le résultat du mélange d'un métal avec une ou plusieurs autres substances, métalliques ou non.

On distingue deux types d'alliages. Les plus abondants sont les ALLIAGES FERREUX, dont le principal constituant est le fer. Tous les autres alliages dont le principal constituant est un autre métal que le fer sont des ALLIAGES NON FERREUX. Les alliages les plus utilisés sont présentés à l'annexe 5 à la fin du volume.

1945
1995

Marianne Mareschal

D'origine belge, Marianne Mareschal est diplômée en géophysique. En 1987, elle se joint, comme chercheure, à l'Institut de recherche minérale de l'École Polytechnique de Montréal où elle devient professeure en 1989, tout en poursuivant ses travaux. Elle est une pionnière de l'utilisation des méthodes électromagnétiques pour détecter les minerais, méthodes qu'elle a d'ailleurs perfectionnées.

LA DÉGRADATION ET LA PROTECTION DES MÉTAUX ET DES ALLIAGES

La principale cause de dégradation des métaux et des alliages est l'OXYDATION, qui cause la corrosion.

12.18 Ces deux clous sont en fer. Comme celui de droite est galvanisé, c'est-à-dire qu'il a un revêtement de zinc, il se dégrade beaucoup plus lentement que le clou de gauche.

Pour prémunir les métaux et les alliages contre la dégradation, la protection par revêtement et traitement des surfaces est souvent utilisée. Elle consiste à isoler le matériau de son environnement. On traite alors la surface afin d'y faire adhérer un revêtement qui le protège (*voir le tableau 12.19*).

12.19 QUELQUES REVÊTEMENTS UTILISÉS POUR LA PROTECTION DES MÉTAUX

Type de revêtement	Exemples
Revêtements métalliques	Zinc, chrome, or, argent, nickel, aluminium, plomb
Autres revêtements	Peinture, émail, graisse, résine

Certaines techniques permettent même d'améliorer les propriétés des métaux et des alliages. C'est le cas des traitements thermiques utilisés pour l'acier.

> **Les TRAITEMENTS THERMIQUES DE L'ACIER sont des méthodes qui améliorent certaines propriétés mécaniques de l'acier grâce à des épisodes de chauffage.**

L'acier est un alliage fait en majorité de fer et de carbone. Lors d'un traitement thermique, la chaleur a pour effet de réorganiser les différents atomes à l'intérieur du matériau.

La TREMPE et le REVENU permettent d'obtenir des aciers plus durs.

1813
1898

Henry Bessemer

Parmi les scientifiques qui ont contribué au développement de l'acier comme matériau figure cet ingénieur britannique. En effet, il développa, dans la décennie 1850, les fours Bessemer pour la production de l'acier. Ce fut une révolution qui permit une production industrielle massive de cet alliage.

12.20 LES ÉTAPES ET LES EFFETS DE LA TREMPE ET DU REVENU DE L'ACIER

N°	Étape	Description	Effet
1	Chauffage (trempe)	Élévation de la température de la pièce au-delà de 800 °C	Il y a réorganisation des atomes à l'intérieur de la pièce d'acier.
2	Refroidissement (trempe)	Baisse rapide de la température par trempage dans une solution ou pulvérisation d'une solution	L'organisation des atomes est fixée. L'acier est plus dur, mais aussi plus fragile.
3	Chauffage (revenu)	Élévation de la température de la pièce à un degré inférieur à la température de la trempe	Il y a réorganisation des atomes qui rend l'acier moins fragile.

Le RECUIT, un autre traitement thermique, permet de restaurer les propriétés de l'acier après sa déformation, par exemple à la suite d'une soudure.

2.4 LES MATIÈRES PLASTIQUES

TECH
N° 3

Les matières plastiques sont des matériaux élaborés principalement à partir du pétrole et du gaz naturel. En usine, on extrait de ces COMBUSTIBLES FOSSILES des unités de base, appelées « monomères », qui servent à synthétiser les matières plastiques. Les monomères sont agencés en chaîne pour former des polymères. Ainsi, les matières plastiques sont constituées de différents polymères qui varient selon la nature du plastique. Les matières plastiques les plus utilisées sont présentées à l'annexe 5 à la fin du volume.

«Monomère» provient des mots grecs monos, qui signifie «seul», et meros, qui signifie «partie».

«Polymère» provient des mots grecs polus, qui signifie «nombreux», et meros, qui signifie «partie».

Pour fabriquer des matières plastiques, on peut ajouter diverses substances aux polymères afin d'obtenir les propriétés désirées.

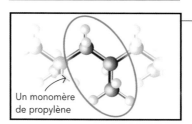

Un monomère de propylène

12.21 Le polypropylène est un polymère formé d'un agencement de plusieurs monomères de propylène, souvent utilisé pour la fabrication de nombreux contenants alimentaires.

ENVIRONNEMENT+

Les sacs pour nos emplettes

Au Québec, pour transporter nos emplettes, ce sont les sacs en plastique qui sont les plus populaires. La plupart d'entre eux sont fabriqués en polyéthylène de basse densité, un thermoplastique recyclable. Cependant, peu d'entre eux sont recyclés, et même peu d'entre eux sont réutilisés, ce qui fait qu'environ un milliard sont envoyés chaque année dans des sites d'enfouissement de déchets au Québec. Puisqu'ils sont très peu biodégradables, ils prennent de nombreuses années avant d'être décomposés. Ils s'accumulent ainsi dans les sites d'enfouissement et prennent de plus en plus de place. Le vent attrape plusieurs d'entre eux et les disperse dans l'environnement, même dans des régions éloignées comme l'Arctique. Ils peuvent alors être ingérés par des animaux, surtout des animaux aquatiques, provoquant leur mort.

Il existe des solutions de rechange à l'utilisation des sacs en polyéthylène de basse densité. Les sacs en papier et en tissu en sont des exemples. On fabrique aussi de plus en plus de sacs en plastique biodégradable. Cependant, la dégradation de ces sacs produit du méthane, un puissant gaz à effet de serre. Tous les sacs peuvent donc avoir

Plusieurs sacs entassés dans les dépotoirs sont dispersés par le vent un peu partout dans l'environnement.

des effets nocifs sur l'environnement. La principale façon de minimiser leurs impacts sur l'environnement est de les utiliser le plus souvent possible avant de les jeter.

> ► Une **MATIÈRE PLASTIQUE** est un matériau fait de polymères auxquels on peut ajouter d'autres substances pour obtenir les propriétés désirées.

L'apparition des matières plastiques est considérée comme une véritable révolution dans le monde des matériaux. En effet, la popularité des matières plastiques ne fait plus de doute : elles servent à la fabrication de nombreux objets techniques. En général, elles sont réparties en deux sous-catégories : les thermoplastiques et les thermodurcissables. Voyons les caractéristiques de ces deux sous-catégories de matières plastiques.

Les thermoplastiques

Les thermoplastiques ont la propriété de ramollir à la chaleur et de durcir au froid. Ainsi, lorsqu'un thermoplastique est ramolli, il est possible de lui donner une nouvelle forme. En le refroidissant, sa forme est fixée.

> ► Un **THERMOPLASTIQUE** est une matière plastique qui ramollit suffisamment sous l'action de la chaleur pour pouvoir être modelée ou remodelée et qui durcit suffisamment lors de son refroidissement pour conserver sa forme.

Cette sous-catégorie de matières plastiques regroupe plus des trois quarts de toutes les matières plastiques qui sont produites dans le monde. Elle comprend, entre autres, toutes sortes de contenants. Certains thermoplastiques sont recyclables, là où les installations nécessaires existent. Ils portent alors un code de recyclage (*voir l'annexe 5 à la fin du volume*).

Les thermodurcissables

Contrairement aux thermoplastiques qui ramollissent sous l'action de la chaleur, les thermodurcissables constituent un groupe de matières plastiques qui restent dures en permanence, même sous l'effet de la chaleur. Ainsi, si l'on applique de la chaleur à un thermodurcissable, celui-ci garde la même rigidité jusqu'à ce qu'il atteigne sa température de décomposition.

> ► Un **THERMODURCISSABLE** est une matière plastique qui reste dure en permanence, même sous l'effet de la chaleur.

Le terme « thermodurcissable » ne signifie donc pas que l'on peut rendre ce groupe de matières plastiques plus dures avec la chaleur. Il désigne plutôt leur procédé de fabrication. En effet, les thermodurcissables sont obtenus en mélangeant les monomères dans un moule chaud. Dès lors qu'un thermodurcissable est durci, sa forme ne peut plus être modifiée. C'est d'ailleurs une des raisons qui expliquent pourquoi les thermodurcissables sont moins utilisés que les thermoplastiques, bien qu'ils soient commercialisés sous plusieurs formes, comme la mélamine et les polyesters.

UN PLASTIQUE INDICATEUR

Des chercheurs brésiliens travaillent au développement d'un nouveau type de pellicule plastique biodégradable et même comestible pour l'emballage des aliments. Cette pellicule, qui serait faite à partir de manioc et de sucre, pourrait indiquer si l'aliment est contaminé en changeant de couleur au contact de micro-organismes. 📄 **17**

1896 / 1937

Wallace Carothers

Ce chimiste américain est à l'origine d'une invention qui a révolutionné le monde des matériaux : le nylon. C'est en 1935 qu'il synthétisa, pour la première fois, ce thermoplastique de la famille des polyamides. Aujourd'hui, de nombreuses variantes du nylon sont fabriquées et servent, notamment, à la production de vêtements et de toiles.

Par contre, certaines propriétés mécaniques des thermodurcissables sont généralement plus intéressantes que celles des thermoplastiques. En effet, leur dureté et leur résilience sont souvent plus élevées que celles des thermoplastiques.

De plus, lorsqu'on recherche des matériaux qui sont de mauvais conducteurs d'électricité et de chaleur, les thermodurcissables, tout comme les thermoplastiques, sont généralement un bon choix. Néanmoins, au Québec, les thermodurcissables ne sont pas recyclables, ce qui constitue un désavantage environnemental de taille par rapport à plusieurs thermoplastiques.

12.22 Les coques de certains kayaks sont fabriquées à partir de thermodurcissable.

ST STE ATS | LA DÉGRADATION ET LA PROTECTION DES PLASTIQUES

Avec le temps, les matières plastiques ont tendance à se dégrader. Leur dégradation se manifeste le plus souvent par l'apparition de fissures ou un changement de couleur. Elle est souvent lente, mais elle est toujours irréversible.

Le tableau 12.23 expose trois causes qui entraînent la dégradation des matières plastiques. Leurs effets dépendent de la nature de la matière plastique. Par exemple, une solution concentrée d'acide sulfurique aura tendance à dégrader rapidement le nylon alors qu'elle n'aura pratiquement aucun effet sur le polystyrène ; pourtant il s'agit de deux thermoplastiques. Pour chacune des causes de dégradation, un moyen de protection est proposé dans le tableau.

12.23 LES PRINCIPALES CAUSES DE LA DÉGRADATION DES PLASTIQUES

Cause	Description	Exemple de moyen de protection
Pénétration de liquide	Des substances en phase liquide, comme l'eau, ou des solutions, comme un acide, peuvent pénétrer à l'intérieur de certaines matières plastiques et causer leur dégradation.	Protection par un revêtement imperméable
Oxydation	Le dioxygène et d'autres gaz ayant des propriétés semblables peuvent réagir avec les polymères contenus dans certaines matières plastiques, causant leur dégradation.	Ajout d'antioxydants, comme le noir de carbone
Rayons ultraviolets	Les rayons ultraviolets émis notamment par le Soleil peuvent altérer les polymères des matières plastiques.	Ajout de pigments qui absorbent les rayons ultraviolets

Parfois, pour arriver à avoir un matériau aux propriétés désirées, il faut associer des matériaux de différentes catégories. On obtient alors des matériaux composites, dont les propriétés sont améliorées par rapport à celles des matériaux de départ.

> **Un MATÉRIAU COMPOSITE est formé de matériaux provenant de différentes catégories afin d'obtenir un matériau possédant des propriétés améliorées.**

Dans un matériau composite, on distingue deux principales composantes : la matrice et le renfort. C'est dans la matrice que sont insérés les renforts.

«Matrice» provient du latin matrix, *qui signifie «source, origine».*

Par exemple, dans de nombreux avions, du plastique armé de fibres de verre, une forme de céramique, est utilisé. La matière plastique constitue alors la matrice alors que les fibres de verre constituent les renforts. Ainsi, on combine les propriétés de ces deux matériaux de base. En effet, les matières plastiques sont généralement peu rigides mais très résilientes, alors que le verre est généralement peu résilient mais très rigide. En les associant, on obtient un matériau composite rigide et résilient.

SECONDE VIE POUR LA FIBRE DE VERRE

Contrairement aux matières plastiques, les matériaux composites renforcés par la fibre de verre – qui servent notamment à la fabrication de kayaks, de douches, de bains ou des coques de navires – ne sont pas recyclés. Ils ne trouvent actuellement aucun autre débouché que l'enfouissement. Une situation que le Regroupement des Industries des Composites du Québec (RICQ) aimerait bien changer. Ce regroupement se creuse les méninges pour trouver des façons de broyer, de neutraliser et de recycler ces matériaux. Quelques options sont à l'étude.

«Même s'il ne s'agit pas de déchets qui sont considérés dangereux pour l'environnement, nous tenons à être proactifs», a déclaré le président du RICQ, François Chevarie. Selon ce

Plutôt que de prendre le chemin du site d'enfouissement, les rebuts de fibre de verre, comme ceux qui s'accumulent chez cet entrepreneur de la Beauce, auront bientôt une seconde vie.

dernier, les fabricants feraient d'une pierre deux coups. En plus de réduire le montant de la facture engendrée par l'enfouissement de leurs déchets, ils feraient baisser leurs coûts de production en réutilisant des matières recyclées !

Adaptation de : Gilbert LEDUC, «Seconde vie pour la fibre de verre», *Le Soleil*, 4 décembre 2007, Affaires, p. 39.

Le tableau 12.24 présente les principales matrices utilisées ainsi que les principaux renforts. Habituellement, le nom d'un matériau composite provient du type de renfort utilisé. Par exemple, dans les planches à surf, on utilise souvent des composites à matrice plastique avec des fibres de verre comme renfort. On dira alors que la planche est en fibres de verre.

12.24 LES PRINCIPALES MATRICES ET LES PRINCIPAUX RENFORTS UTILISÉS DANS LES MATÉRIAUX COMPOSITES

		Description	Propriétés souvent recherchées dans les matériaux composites
Matrices	Matrices plastiques	Bien que les thermoplastiques soient aussi utilisés, ce sont surtout les thermodurcissables que l'on privilégie comme matrices plastiques. On leur donne alors souvent le nom de résine.	• Durabilité • Légèreté • Résilience • Faible coût
	Matrices métalliques	Faites à partir de métaux ou d'alliages.	• Ductilité • Conductibilité thermique et électrique • Rigidité
	Matrices céramiques	Faites à partir de céramique, souvent du verre.	• Durabilité • Résistance à la chaleur
Renforts	Fibres de verre	Constituées de verre (une céramique) sous forme de fibres. Leur longueur et leur diamètre ainsi que le type de verre utilisé peuvent varier.	• Rigidité • Résistance à la corrosion
	Fibres aramides	Connu sous le nom commercial «Kevlar», ce type de fibres est l'une des seules matières plastiques utilisées comme renfort.	• Faible masse volumique • Résilience
	Fibres de carbone	Obtenues en carbonisant des polymères, principalement les polyacrylonitriles.	• Rigidité • Faible masse volumique • Conductibilité électrique

12.25 Cette planche à surf et la coque de ce voilier ont été fabriquées à partir de matériaux composites.

Ainsi, selon la matrice et le type de renfort, chaque matériau composite possède ses propres caractéristiques. De plus en plus de domaines en tirent profit, dont :

- le secteur de l'aéronautique, par exemple dans les ailes d'avion ;
- le secteur des sports, notamment dans la fabrication de piscines, de casques et de cadres pour les vélos, de raquettes, d'équipements et de bâtons de hockey, de planches à voile, etc. ;
- le secteur artistique, entre autres, dans les archets de violons ;
- le secteur de la mécanique, en particulier dans les freins de haute performance et les moteurs ;
- le secteur militaire et policier, spécialement dans les gilets pare-balles.

12.26 Le secteur des sports utilise de plus en plus les matériaux composites afin d'augmenter la performance de l'équipement.

ST STE ATS — LA DÉGRADATION ET LA PROTECTION DES MATÉRIAUX COMPOSITES

Tout comme pour les autres catégories, les matériaux composites peuvent aussi se dégrader. Leur dégradation se manifeste principalement de deux façons :

- par la déformation ou la rupture de la matrice ou des renforts ;
- par une perte d'adhérence entre la matrice et les renforts.

La vitesse de dégradation dépend de la nature de la matrice, des renforts employés, ainsi que des conditions dans lesquelles le matériau composite est utilisé. Par exemple, un matériau composite à matrice plastique aura normalement tendance à se dégrader plus rapidement s'il est plongé dans de l'eau salée que s'il est utilisé à l'air libre.

Pour arriver à protéger les matériaux composites de la dégradation, il faut donc s'assurer que les matériaux qui entrent dans leur conception n'auront pas tendance à se déformer ou à se rompre dans les conditions auxquelles ils seront soumis. Il faut aussi s'assurer que la matrice et les renforts adhèrent fortement ensemble.

STE ATS — ③ Les dessins techniques

Lorsqu'on a choisi les matériaux appropriés pour un objet technique, avant de passer à la fabrication, il faut aussi savoir quelle forme donner aux différentes pièces de l'objet et déterminer leurs dimensions. C'est, entre autres, grâce aux dessins techniques qu'on peut obtenir ces informations. De plus en plus, les dessins utiles à la fabrication des objets techniques sont réalisés à l'aide d'ordinateurs. Pour bien comprendre la signification de ces dessins, il faut notamment savoir reconnaître et analyser différentes projections.

CONCEPTS DÉJÀ VUS
- Tracés géométriques
- Lignes de base
- Échelles
- Cotation
- Coupes

3.1 LES PROJECTIONS

La difficulté principale des dessins réside dans le fait que les objets ont trois dimensions alors que le dessin se réalise sur une surface qui ne possède que deux dimensions, comme une feuille de papier. C'est pour surmonter cette difficulté que des projections sont utilisées.

> ▶ Une PROJECTION est la représentation d'un objet en trois dimensions sur une surface à deux dimensions.

Parmi toutes les projections pouvant être réalisées en dessin technique, deux d'entre elles sont les plus utilisées. Il s'agit de la projection isométrique et de la projection à vues multiples.

CONCEPTS DÉJÀ VUS

— Formes de représentation (croquis, perspective et projection oblique)
— Projections orthogonales (vues multiples, isométrie)

LA PROJECTION ISOMÉTRIQUE

Lorsque l'objet est placé de façon à ce que les arêtes associées à la longueur, à la hauteur et à la profondeur de l'objet forment entre elles des angles de 120° sur la feuille, on obtient une projection isométrique. La figure 12.27 illustre une projection isométrique.

COMMENT RÉALISER DES DESSINS EN PROJECTION

COMMENT DESSINER LES LIGNES DE BASE EN DESSIN TECHNIQUE

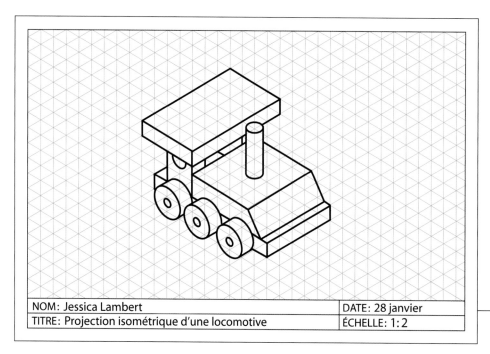

| NOM: Jessica Lambert | DATE: 28 janvier |
| TITRE: Projection isométrique d'une locomotive | ÉCHELLE: 1:2 |

12.27 Un dessin en projection isométrique d'une locomotive.

LA PROJECTION À VUES MULTIPLES

Pour obtenir une projection à vues multiples d'un objet, il faut se l'imaginer au centre d'un cube transparent. En dessinant à l'aide des lignes de base du dessin technique les différentes vues de l'objet telles qu'elles apparaîtraient sur les côtés du cube, on obtient une projection à vues multiples. Généralement, ce sont seulement les vues de face, de dessus et de droite qu'on illustre dans une projection à vues multiples.

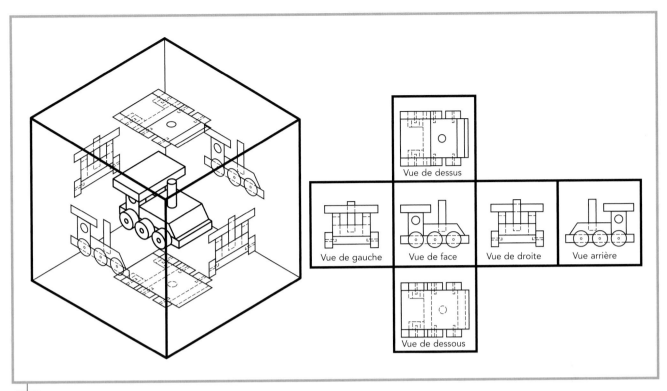

12.28 Un dessin en projection à vues multiples d'une locomotive.

La projection isométrique et la projection à vues multiples répondent chacune à un besoin particulier lorsque vient le temps de fabriquer un objet. En effet, la projection isométrique présente l'objet en PERSPECTIVE, c'est-à-dire qu'elle permet de présenter les trois dimensions de l'objet dans une seule vue.

La projection à vues multiples, quant à elle, nécessite l'emploi d'au moins trois vues pour présenter un objet dans son ensemble. Par contre, elle offre l'avantage de donner plus de détails sans les déformer.

Maintenant que les deux principales projections utilisées en dessin technique ont été présentées, voyons comment elles sont utilisées dans les dessins techniques.

STE ATS 3.2 LE DESSIN DE FABRICATION

Pour fabriquer un objet, il est souvent utile d'avoir accès à un dessin qui en décrit l'allure générale. Le type de dessin qui remplit cette fonction est un dessin d'ensemble. Généralement, il est produit à l'ÉCHELLE.

> ▶ Un **DESSIN D'ENSEMBLE** est un dessin technique présentant l'allure générale d'un objet.

Pour produire des dessins d'ensemble, la projection à vues multiples convient très bien, car elle permet d'illustrer plusieurs détails de l'objet. On ajoute souvent une projection isométrique, parce qu'elle offre l'avantage de représenter l'objet en perspective dans une seule vue. La figure 12.29 (*à la page suivante*) montre un dessin d'ensemble avec un CARTOUCHE.

CONCEPT DÉJÀ VU

└ Projection axonométrique : vue éclatée (lecture) (ATS)

COMMENT RÉALISER
UN DESSIN À L'ÉCHELLE

TECH
N° 4

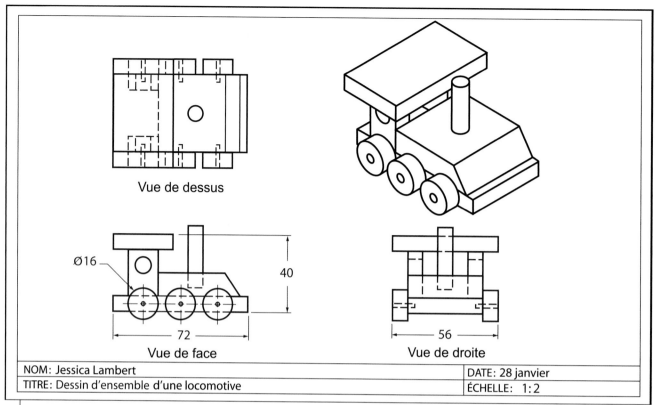

| NOM: Jessica Lambert | DATE: 28 janvier |
| TITRE: Dessin d'ensemble d'une locomotive | ÉCHELLE: 1:2 |

12.29 Le dessin d'ensemble d'une locomotive.

LE DESSIN D'ENSEMBLE ÉCLATÉ

Pour visualiser l'ensemble des pièces que comporte un objet, le dessin d'ensemble éclaté est utilisé. L'ensemble de l'objet est alors montré à l'aide d'une projection isométrique, mais les pièces sont dissociées les unes des autres. Généralement, il est produit à l'échelle.

▶ **Un DESSIN D'ENSEMBLE ÉCLATÉ est un dessin sur lequel les diverses pièces de l'objet sont dissociées les unes des autres.**

12.30

Le dessin en vue d'ensemble éclaté d'une locomotive.

| NOM: Jessica Lambert | DATE: 16 janvier |
| TITRE: Dessin d'ensemble éclaté | ÉCHELLE: 1:2 |

Ce type de dessin est souvent inclus dans les feuillets d'instruction qui présentent les étapes pour assembler soi-même un objet. Souvent, le dessin est accompagné de la nomenclature des pièces, c'est-à-dire la liste des noms attribués à chaque pièce ainsi que leur nombre. La figure 12.30 présente un dessin d'ensemble éclaté d'une locomotive.

STE ATS LE DESSIN DE DÉTAIL

Pour fabriquer un objet, il est indispensable de connaître les dimensions et tous les autres détails relatifs à chacune des pièces. C'est dans un dessin de détail que seront fournies ces informations. Ce type de dessin est presque toujours réalisé à l'échelle en utilisant une ou plusieurs vues de la pièce.

> ▶ Un DESSIN DE DÉTAIL est un dessin qui précise tous les détails utiles à la fabrication d'une pièce.

Les dessins de détails sont exécutés en utilisant une ou plusieurs vues de la pièce décrite. La figure 12.31 montre un dessin de détail d'une pièce d'une locomotive décorative.

1895
1985

Esther Marjorie Hill

Le dessin technique ne sert pas qu'en ingénierie, il est aussi indispensable en architecture. En 1920, Esther Marjorie Hill est la première femme à obtenir un diplôme d'architecte au Canada. Après des débuts difficiles, sa carrière atteint son apogée dans les années 1950 et au début des années 1960. Cette Canadienne établit son propre cabinet et effectue elle-même ses travaux de conception ainsi que tous les dessins pour ses projets.

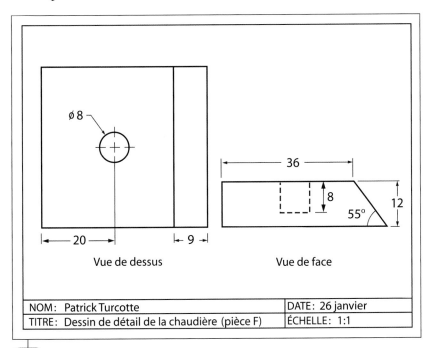

| NOM: Patrick Turcotte | DATE: 26 janvier |
| TITRE: Dessin de détail de la chaudière (pièce F) | ÉCHELLE: 1:1 |

12.31 Le dessin de détail permet de donner les informations nécessaires pour la fabrication d'une pièce.

Les tolérances dimensionnelles

Comme les machines, les outils et les instruments utilisés lors de la fabrication des objets ne sont pas parfaits, il arrive souvent que les dimensions réelles des pièces produites soient différentes de celles qui sont indiquées sur le dessin de détail. Pour fixer la marge d'erreur acceptable entre la COTE et la dimension réelle à la suite de la fabrication de la pièce, on détermine une tolérance.

CONCEPT DÉJÀ VU

└ Tolérances (ATS)

◗ La **TOLÉRANCE DIMENSION-NELLE** est une indication de l'écart maximal acceptable entre une mesure spécifiée et la mesure réelle sur l'objet.

Par exemple, dans les roues de la locomotive, si le diamètre du trou interne est trop grand, l'essieu aura tendance à glisser. S'il est trop petit, il sera impossible de lier les roues aux essieux. C'est pourquoi il est approprié d'indiquer la tolérance pour le diamètre de ce trou. Si la tolérance s'applique à l'ensemble des dimensions d'un dessin, elle est alors indiquée dans le cartouche. La figure 12.32 montre une façon d'indiquer la tolérance du trou.

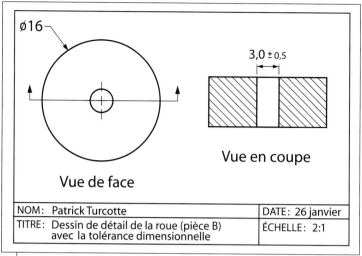

NOM: Patrick Turcotte	DATE: 26 janvier
TITRE: Dessin de détail de la roue (pièce B) avec la tolérance dimensionnelle	ÉCHELLE: 2:1

12.32 Dans un dessin technique, on peut indiquer la tolérance dimensionnelle en faisant précéder le chiffre qui la représente du signe ±.

La cotation fonctionnelle

Pour assurer le fonctionnement de certains objets techniques ou de certains systèmes, des conditions à respecter lors de l'agencement des différentes pièces doivent être assurées. Ces conditions de fonctionnement peuvent être indiquées dans des dessins de détail à l'aide de cotes dites fonctionnelles. Lorsqu'un dessin est coté en vue de préciser des informations nécessaires au fonctionnement de l'objet, on réalise une cotation fonctionnelle.

COMMENT COTER UN DESSIN

◗ La **COTATION FONCTIONNELLE** d'un dessin précise des informations nécessaires au fonctionnement d'un objet.

Prenons l'exemple d'un couteau à lame rétractable. Pour pouvoir faire glisser la lame, il faut qu'il y ait un certain espace, qu'on appelle le «jeu», entre la lame et le coulisseau dans lequel elle glisse. Lorsqu'on indique une telle information, on réalise alors une cotation fonctionnelle. Ainsi, pour réaliser la cotation fonctionnelle d'un objet, il faut en analyser le fonctionnement.

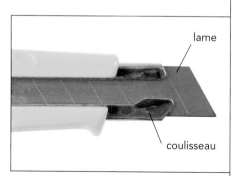

lame

coulisseau

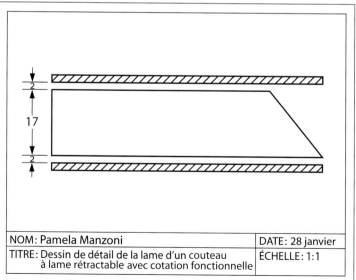

NOM: Pamela Manzoni	DATE: 28 janvier
TITRE: Dessin de détail de la lame d'un couteau à lame rétractable avec cotation fonctionnelle	ÉCHELLE: 1:1

12.33 Puisqu'on précise dans ce dessin l'espace essentiel entre la lame et son coulisseau pour le bon fonctionnement de l'objet, on réalise une cotation fonctionnelle.

Les développements

Pour fabriquer certains objets techniques, on utilise des métaux en feuilles. En les pliant, il est possible d'obtenir des pièces aux formes variées. Sur un dessin de détail, pour connaître la surface d'un matériau nécessaire pour fabriquer une pièce par pliage, il faut avoir recours à un dessin en développement. La figure 12.34 illustre des exemples de développements de pièces en forme de prisme rectangulaire, de cône, de pyramide à base carrée et de cylindre.

> ▶ Un **DÉVELOPPEMENT** est la représentation de la surface nécessaire pour fabriquer une pièce par pliage.

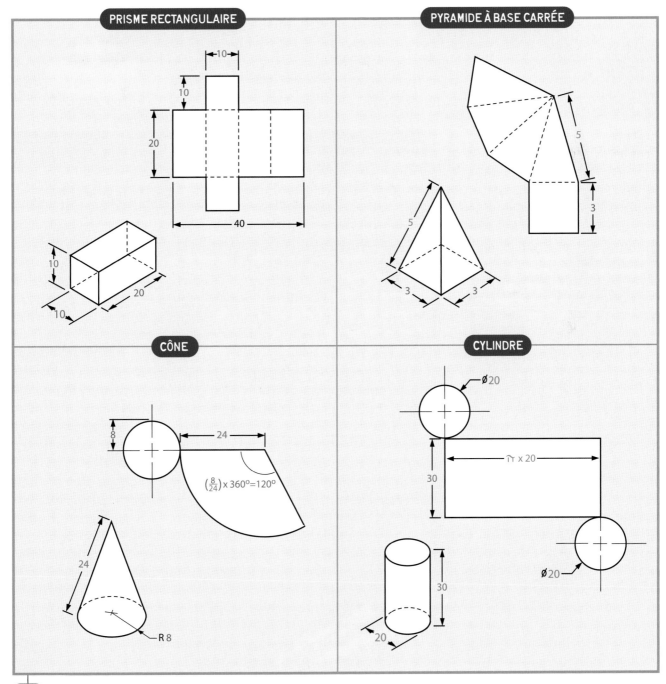

I2.34 Les développements de quatre pièces différentes.

En plus des formes et des dimensions des pièces des objets, il est souvent utile de comprendre les principes de fonctionnement d'un objet et ses particularités lors de sa construction. Ces informations peuvent être fournies grâce à des dessins techniques que l'on appelle les «schémas».

CONCEPT DÉJÀ VU

⌐ Standards et représentations (schémas, symboles)

> ◗ Un SCHÉMA est une représentation simplifiée d'un objet, d'une partie d'un objet ou d'un système.

ATS **LES TYPES DE SCHÉMAS**

Selon l'information que l'on désire illustrer, il existe divers types de schémas. Les plus utilisés sont le schéma de principe, le schéma de construction et le schéma électrique. Le tableau 12.35 présente ces trois types de schéma.

COMMENT DESSINER UN SCHÉMA

12.35 LES TYPES DE SCHÉMAS LES PLUS UTILISÉS

Type de schéma	Utilité	Informations généralement présentes
Schéma de principe	Renseigne sur un ou plusieurs principes de fonctionnement d'un objet.	• Nom des pièces • Mouvement des pièces • Forces impliquées dans le fonctionnement de l'objet • Toute autre information utile à la compréhension du fonctionnement de l'objet
Schéma de construction	Renseigne sur les solutions de construction retenues pour le fonctionnement de l'objet.	• Formes et dimensions importantes à considérer pour la fabrication des pièces • Nom des pièces • Matériaux à utiliser • Organes de liaison à employer, s'il y a lieu • Formes de guidage, s'il y a lieu • Toute autre information utile pour la construction de l'objet
Schéma électrique	Renseigne sur l'agencement des diverses composantes d'un circuit électrique.	• Différentes composantes du circuit • Toute autre information utile permettant de comprendre comment le circuit électrique doit être construit

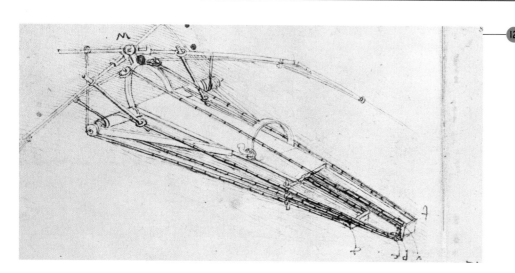

12.36 Ce croquis d'une machine volante, par Léonard de Vinci (1452-1519), est l'ancêtre de nos schémas de principe et de construction.

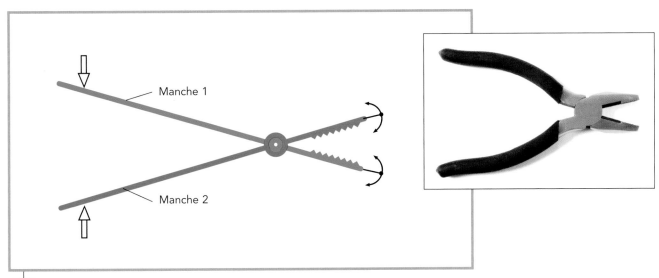

12.37 Schéma de principe d'une paire de pinces.

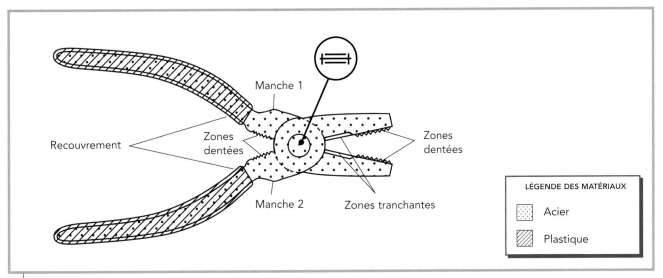

12.38 Schéma de construction d'une paire de pinces.

Recouvrement

Zones dentées

Manche 1

Zones dentées

Manche 2

Zones tranchantes

LÉGENDE DES MATÉRIAUX

Acier

Plastique

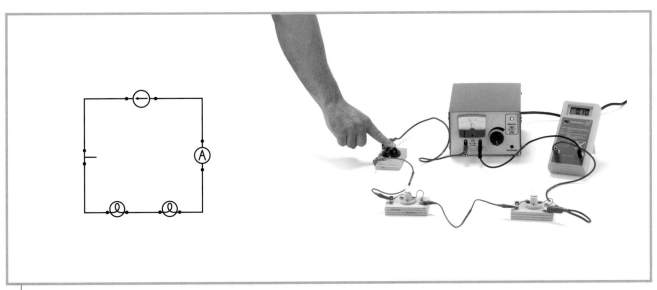

12.39 Schéma du montage d'un circuit électrique.

Pour que les schémas puissent donner des informations le plus simplement possible, des symboles standardisés sont utilisés. Ceux-ci servent à représenter les forces et les mouvements dans les objets, les composantes électriques, les formes de guidage, etc. Le tableau 12.40 présente quelques exemples de symboles.

12.40 QUELQUES EXEMPLES DE SYMBOLES UTILISÉS DANS LES SCHÉMAS

Éléments symbolisés	Exemples			
Forces et contraintes	Force	Compression	Tension	Cisaillement
Mouvements	Translation unidirectionnelle	Translation bidirectionnelle	Rotation unidirectionnelle	Mouvement hélicoïdal bidirectionnel
Liaison et guidage	Liaison totale	Guidage en translation	Guidage en rotation	Guidage en rotation et en translation
Composantes électriques	Pile électrique	Ampoule	Fil électrique	Interrupteur à bouton-poussoir

STE ATS 4 La fabrication: outils et techniques

Une fois que les matériaux appropriés ont été sélectionnés et que les dimensions et les formes des pièces ont été déterminées et dessinées, on peut amorcer la fabrication de l'objet. Elle s'effectue grâce à plusieurs manipulations qui permettent d'obtenir l'objet souhaité.

▶ **La FABRICATION est une suite de manipulations permettant d'obtenir un objet technique.**

Les différentes manipulations essentielles au fonctionnement d'un objet nécessitent l'emploi de plusieurs instruments. Voyons-en quelques exemples et, ensuite, nous décrirons diverses techniques de fabrication.

Les instruments utiles à la fabrication d'un objet peuvent être classés en deux catégories: les outils et les machines-outils. Tout instrument qui sert à

CONCEPTS DÉJÀ VUS

- Gamme de fabrication
- Machines et outillage (ATS)
- Ébauchage et finition (ATS)
- Caractéristiques du traçage (ATS)
- Mesure directe (règle) (ATS)

effecteur un travail afin de fabriquer un objet constitue un outil. Par exemple, une scie à dos permet de découper des pièces en bois et un tournevis permet de visser ensemble diverses pièces.

▶ Un **OUTIL** est un instrument utile à la fabrication d'un objet.

La plupart des outils doivent être actionnés et maintenus grâce à la force de celui qui les utilise. Par exemple, pour scier à l'aide d'une scie à dos, c'est le scieur qui fournit la force nécessaire pour imprimer un mouvement de va-et-vient à l'outil. Par contre, certains outils peuvent être maintenus et actionnés par des dispositifs qui assurent leur fonctionnement. Pour une scie à ruban, par exemple, c'est un moteur qui actionne le mouvement de la scie. Dans ce cas, il s'agit plutôt d'une machine-outil.

▶ Une **MACHINE-OUTIL** est un outil actionné et maintenu par des forces autres que la force humaine.

L'ensemble des outils et des machines-outils nécessaires à la fabrication d'une pièce constitue l'outillage. L'illustration 12.41 en montre quelques exemples.

Lors de la fabrication des objets techniques, plusieurs outils et machines-outils peuvent être utilisés. Le processus de fabrication des objets se divise généralement en trois étapes:

• le mesurage et le traçage des pièces;

• l'usinage des pièces;

• l'assemblage et la finition des pièces.

Voyons comment un objet est fabriqué en suivant ces trois étapes.

1856
1915

Frederick
Winslow
Taylor

Cet ingénieur américain est considéré comme un pionnier dans l'organisation du travail en atelier et en usine. En effet, il proposa aux ingénieurs des moyens pour analyser l'organisation de la production des objets techniques. Avec ses méthodes, les ingénieurs arrivèrent à donner des responsabilités limitées et spécifiques à chaque ouvrier et à leur fournir des outils appropriés.

12.41 Un atelier est équipé de divers outils et de différentes machines-outils.

LA MACHINE-À-TOUT-FAIRE

Certains amateurs de science-fiction rêvent de la machine domestique de l'avenir, capable de fabriquer n'importe quel objet dont rêverait son propriétaire. L'utilisateur n'aurait qu'à sélectionner sur son écran d'ordinateur un casse-noisette, une radio FM ou un grille-pain. Un peu comme une imprimante qui injecte de l'encre sur du papier, la machine-à-tout-faire projetterait de la matière et des composantes en trois dimensions.

S'agit-il d'un rêve complètement irréaliste? Peut-être pas. Neil Gershenfeld, professeur et chercheur au Media Lab du célèbre Massachusetts Institute of Technology (MIT), considère «la généralisation de ce genre d'usines personnelles comme inévitable». Selon lui, les technologies nécessaires à la mise en place de telles machines existent déjà. Verra-t-on un jour disparaître les industries et la production de masse?

Adaptation de: Jean-François ARNAUD, «Chacun pourra enfin satisfaire toutes ses envies», *Le Figaro*, 20 octobre 2007, Économie, p. 20.

Neil Gershenfeld, professeur et chercheur au Media Lab du célèbre Massachusetts Institute of Technology (MIT).

STE ATS 4.1 LE MESURAGE ET LE TRAÇAGE

Pour amorcer la fabrication d'un objet technique, il faut tout d'abord déterminer l'emplacement des traits ou des points de repère sur les matériaux, puis les tracer sur chaque pièce de l'objet technique à concevoir. L'information nécessaire pour y arriver se trouve dans les dessins de détails de l'objet ou sa GAMME DE FABRICATION.

COMMENT FABRIQUER UN OBJET – LE MESURAGE ET LE TRAÇAGE DES PIÈCES

> ▶ Le MESURAGE est l'action de déterminer une grandeur ou l'emplacement d'un trait.

> ▶ Le TRAÇAGE est l'action de tracer des traits ou des repères sur un matériau.

Le mesurage ne consiste pas uniquement à déterminer la longueur d'un trait. Par exemple, lors de la fabrication d'un objet, on peut aussi avoir à mesurer la valeur d'un angle ou la profondeur d'un trou. Selon le type de mesure à effectuer, il existe différents outils.

Le traçage d'une pièce, quant à lui, est une opération délicate. En effet, si un traçage est mal effectué, la configuration de la pièce risque d'être inadéquate, ce qui peut entraîner des problèmes au cours du processus de fabrication et occasionner des pertes de matériaux. C'est pourquoi il faut tracer des traits propres qui indiquent clairement et sans erreur les emplacements où devront s'effectuer les opérations d'usinage comme le sciage ou le perçage. Bien que les outils de mesure puissent servir à désigner l'emplacement des traits, il existe aussi des instruments plus spécifiques au traçage, comme l'équerre combinée, la fausse équerre et le pointeau.

12.42 Le mesurage et le traçage sont deux étapes importantes du processus de fabrication d'un objet technique.

STE ATS 4.2 L'USINAGE

Une fois que les pièces ont été tracées sur les matériaux appropriés, on peut les usiner. Normalement, l'usinage d'une pièce débute en coupant grossièrement dans le matériau afin d'obtenir la forme approximative de la pièce. Il s'agit de l'ÉBAUCHAGE. Ensuite, diverses techniques permettent de donner la configuration désirée à la pièce. Finalement, tout au long de l'usinage, plusieurs contrôles permettent de vérifier notamment si la configuration des pièces est conforme au plan.

COMMENT FABRIQUER UN OBJET - L'USINAGE DES PIÈCES

▶ **L'USINAGE** consiste à façonner un matériau et à s'assurer qu'il possède la configuration désirée.

Parmi les techniques d'usinage les plus employées pour fabriquer des objets techniques figurent le découpage, le perçage, le taraudage et le filetage ainsi que le cambrage. Voyons ces techniques de plus près.

12.43

Dans une usine, le personnel est affecté à différentes tâches prédéfinies.

LES CARACTÉRISTIQUES DU DÉCOUPAGE

STE ATS

Lors de la fabrication des objets techniques, il arrive fréquemment que l'on doive couper un matériau afin de lui donner la forme désirée pour en faire une pièce. Il s'agit alors de découpage.

▶ Le **DÉCOUPAGE** consiste à découper un matériau afin de lui donner la forme désirée.

Le découpage peut s'effectuer à l'aide de plusieurs outils. Le choix de l'outil approprié pour effectuer le découpage dépend de plusieurs facteurs, dont la nature du matériau et son épaisseur. En effet, on peut par exemple couper un morceau de métal assez mince à l'aide d'une cisaille aviation pour le métal, alors qu'il faudra plutôt utiliser une scie à ruban si le morceau de métal est trop épais pour les cisailles. Pour un morceau de plastique, on peut, par exemple, opter pour un couteau à lame rétractable muni d'une lame appropriée ou de la scie à ruban, selon l'épaisseur du matériau.

12.44 Il faut toujours porter des lunettes de sécurité lorsqu'on effectue un découpage.

LES CARACTÉRISTIQUES DU PERÇAGE

STE ATS

Lors de la fabrication des objets techniques, il arrive fréquemment qu'il y ait des trous à réaliser. Pour y parvenir, il faut utiliser des techniques de perçage.

▶ Le **PERÇAGE** consiste à faire un trou dans un matériau.

Le perçage s'effectue normalement à l'aide d'une mèche ou d'un foret monté sur un outil comme la chignole ou la perceuse électrique. Pour distinguer une mèche d'un foret, il faut observer leur queue. Comme le montre la figure 12.45, la queue des forets est cylindrique tandis que celle des mèches a une autre forme que le cylindre.

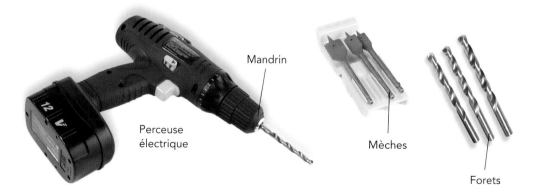

Mandrin

Perceuse électrique

Mèches

Forets

12.45 Pour distinguer les mèches des forets, il faut observer leur queue, c'est-à-dire la partie qui entre dans le mandrin de la perceuse.

Le choix du foret ou de la mèche pour réaliser le perçage ne se fait pas au hasard. Tout d'abord, il faut faire le choix en fonction du diamètre du trou à percer. De plus, il est toujours préférable de tenir compte du type de matériau que l'on perce. En effet, il existe des mèches et des forets qui sont adaptés pour certains types de matériaux comme le bois et le métal. La vitesse de rotation que doit avoir le foret ou la mèche lors du perçage dépend aussi de la nature du matériau et du diamètre du trou à percer.

STE ATS LES CARACTÉRISTIQUES DU TARAUDAGE ET DU FILETAGE

Le taraudage et le filetage sont des techniques d'usinage qui permettent d'obtenir des pièces avec des filets. Dans certains cas, comme celui des écrous, il faut former des filets à l'intérieur d'un trou. Il s'agit alors de taraudage, qui se réalise à l'aide d'un taraud, comme le montre la figure 12.46.

> ◗ Le TARAUDAGE est une technique d'usinage qui consiste à fabriquer des filets à l'intérieur de trous percés dans un matériau.

Dans d'autres cas, comme celui des vis, les filets doivent être fabriqués autour d'une tige. Il s'agit de filetage, qui se réalise à l'aide d'une filière montée dans un porte-filière, comme le montre la figure 12.47.

> ◗ Le FILETAGE est une technique d'usinage consistant à fabriquer des filets autour d'une tige.

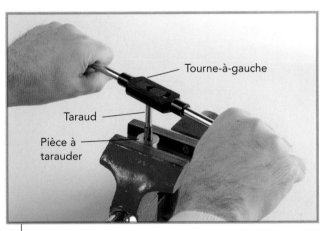

Tourne-à-gauche

Taraud

Pièce à tarauder

12.46 Le taraudage d'une pièce.

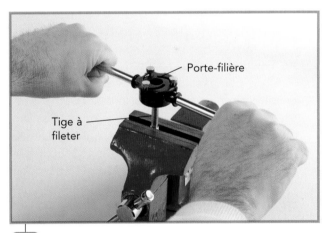

Porte-filière

Tige à fileter

12.47 Le filetage d'une pièce.

ATS LES CARACTÉRISTIQUES DU CAMBRAGE

Lors de l'usinage des pièces, il arrive fréquemment qu'elles soient façonnées grâce au cambrage. Cette technique correspond au pliage d'un matériau afin de lui donner une forme quelconque. Les matériaux les plus susceptibles d'être usinés par cambrage sont les métaux et les thermoplastiques.

> *« Cambrage » vient du latin* camurum, *qui signifie « courbé ».*

> ◗ Le CAMBRAGE est une technique d'usinage qui consiste à plier un matériau afin de lui donner une forme.

Lors de l'usinage, il convient de procéder à divers contrôles pour s'assurer que la configuration des pièces est conforme aux dessins de détails. Plusieurs vérifications peuvent s'avérer utiles, par exemple :

* contrôler la longueur, la largeur et l'épaisseur de la pièce ;
* s'assurer que les trous sont placés aux bons endroits et qu'ils ont le bon diamètre ;
* vérifier si la pièce a la forme voulue (carrée, hexagonale, triangulaire, etc.) et si les angles de pliage sont conformes ;
* s'assurer que les surfaces des pièces sont planes.

Si une pièce comporte des erreurs, on peut en corriger certaines grâce à différentes techniques comme le ponçage et le limage.

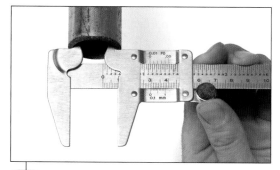

12.48 Pour contrôler les pièces, le pied à coulisse est un instrument qui est souvent utilisé.

ENVIRONNEMENT+

De la récupération haute en couleurs pour l'environnement

Au Québec, chaque année, plusieurs millions de litres de peinture et de vernis sont vendus pour décorer les murs de nos maisons et pour d'autres usages domestiques. Bien que les peintures embellissent et protègent nos demeures grâce aux agents anti-moisissure qu'elles comportent, il reste qu'elles sont potentiellement dangereuses pour l'environnement, essentiellement parce qu'elles contiennent des contaminants en phase liquide. Elles peuvent donc pénétrer facilement le sol et l'eau pour les contaminer.

Malheureusement, lorsqu'on achète de la peinture ou du vernis, il arrive souvent qu'il en reste et qu'on veuille se départir de ce surplus. En outre, les contenants vides que l'on souhaite jeter contiennent toujours des résidus de ces produits dangereux pour l'environnement. Heureusement, depuis le 1er juin 2000, un règlement adopté par l'organisme gouvernemental Recyc-Québec oblige toutes les entreprises qui vendent de la peinture au Québec à instaurer un système visant à récupérer ces sur-

Dépôt municipal pour les contenants et les surplus de peinture.

plus. Pour y arriver, la plupart des entreprises ont choisi de s'associer à l'organisme Éco-peinture, qui, par exemple, trie les surplus, vérifie et ajuste la composition des peintures, et les filtre afin de pouvoir les revendre. On obtient alors de la peinture recyclée.

Entre 1998 et 2004, la récupération de peinture et de vernis a presque quintuplé. Pour 2008, Recyc-Québec vise la récupération de 75% des contenants et des surplus de peinture et de vernis.

STE ATS 4.3 L'ASSEMBLAGE ET LA FINITION

Une fois que les différentes pièces d'un objet ont été façonnées, contrôlées et corrigées, il faut les assembler. C'est l'étape de l'assemblage.

> ⊙ **L'ASSEMBLAGE** est un ensemble de techniques grâce auxquelles les différentes pièces d'un objet sont réunies afin de former un objet technique.

Les techniques d'assemblage sont nombreuses. On peut citer, par exemple :
- le clouage ;
- le vissage ;
- le collage ;
- le rivetage ;
- le jointage ;
- le boulonnage ;
- le soudage.

Pour terminer la fabrication d'un objet, on réalise sa finition. Elle vise notamment à protéger les matériaux contre les intempéries ou l'usure et à améliorer l'apparence de l'objet.

> ⊙ La **FINITION** est un ensemble de techniques qui complètent la fabrication des pièces d'un objet.

Il existe de nombreuses techniques de finition dont le polissage, le vernissage et la teinture. Généralement, la finition se réalise après l'assemblage. Par contre, puisque certaines pièces peuvent être difficilement accessibles une fois assemblées, leur finition peut parfois s'effectuer avant leur assemblage.

COMMENT FABRIQUER UN OBJET – L'ASSEMBLAGE ET LA FINITION DES PIÈCES

1879
1951

Peter Lymburner Robertson

Après s'être coupé la main en utilisant un tournevis à lame plate, cet ingénieur canadien a inventé la vis et le tournevis à tête carrée. Son invention connut rapidement un vif succès, puisqu'on pouvait alors visser plus rapidement et d'une seule main. Elle permettait ainsi d'accélérer la production en atelier et de réduire la quantité de pièces endommagées. C'est pourquoi les tournevis à tête carrée sont encore de nos jours appelés « tournevis Robertson ».

12.49 Le vernissage d'une table

ST   1 à 5, A et D.
STE 1 à 7, 9, 11 et 14, A, B et D.
ATS 1 à 14, A à D.
SE   Aucune.

1 Les matériaux dans les objets techniques (p. 386-390)

1. En fonction de leur utilisation, les objets techniques sont susceptibles de subir des contraintes. Nommez la contrainte qui est subie par la partie de l'objet pointée dans les photos ci-dessous.

A

B

C

D

E

2. Lors de la fabrication d'un objet technique, il est souvent nécessaire de définir les propriétés mécaniques des matériaux afin de faire le meilleur choix. Indiquez quelle propriété mécanique est recherchée dans les exemples suivants.

a) Un plastique qui conserve bien sa forme, même lorsqu'on tente de le tordre.

b) Pour des planchers, un bois qui résiste bien à la pénétration d'objets pointus comme les talons de soulier.

c) Un métal qui s'étire bien pour faire des fils.

d) Une coque de bateau qui résiste aux chocs causés par des roches sous-marines ou des hauts-fonds.

e) Un matériau qui se plie facilement, sans se rompre, pour faire des gouttières.

2 Les catégories de matériaux et leurs propriétés (p. 390-401)

3. Précisez de quelle catégorie font partie les matériaux qui ont été utilisés pour fabriquer les objets énumérés ci-après.

Choisissez parmi les catégories suivantes, chacune d'elles ne pouvant être choisie qu'une fois :
– bois et bois modifiés ;
– matières plastiques ;
– matériaux composites ;
– métaux et alliages ;
– céramiques.

a) Des pièces de monnaie.

b) Une feuille de contreplaqué.

c) Une vitre.

d) Une bouteille de boisson gazeuse.

e) Un gilet pare-balle.

4. Indiquez quelle catégorie de matériau vous suggéreriez pour répondre aux besoins suivants. Choisissez parmi les mêmes catégories que celles de la question précédente. Chaque catégorie ne peut être choisie qu'une seule fois.

a) Un matériau d'aspect brillant, bon conducteur d'électricité.

b) Un matériau durable, léger et peu coûteux à fabriquer.

c) Un matériau qui combine des propriétés de plusieurs catégories de matériaux.

d) Un matériau d'aspect naturel, pouvant présenter des variations de couleur et de teinte, que l'on peut facilement façonner et assembler.

e) Un matériau durable dont la conductibilité électrique est faible, résistant très bien à la chaleur et d'une dureté élevée.

5. Lors d'une expérience, un élève dépose deux clous en fer dans un bécher contenant une solution aqueuse. L'un des deux clous a préalablement été recouvert de graisse. Lequel des deux clous rouillera le moins rapidement ? Expliquez pourquoi.

6. Du temps des chevaliers au Moyen Âge, lors de la confection des épées, les lames en acier étaient chauffées puis trempées dans de l'eau.

Nommez le traitement thermique qui est décrit pour la confection des épées et précisez le principal avantage d'un tel traitement sur les propriétés de la lame.

③ Les dessins techniques (p. 401-410)

7. Observez les deux dessins suivants d'une tour à disques compacts.

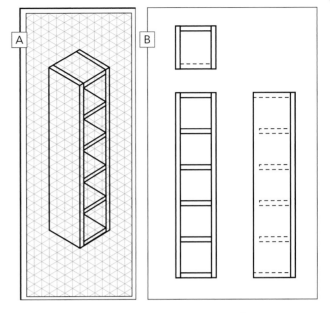

a) Pour chaque dessin, nommez la projection qui a été utilisée.

b) Peut-on affirmer que ces deux dessins sont des dessins d'ensemble ? Expliquez pourquoi.

8. Observez le dessin suivant qui représente une luge de type trois skis.

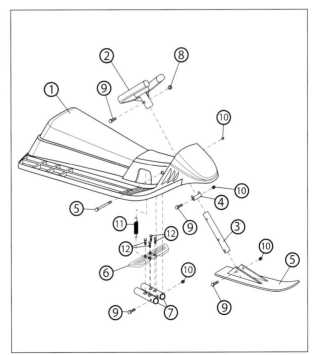

a) De quel type de dessin s'agit-il ?

b) Les pièces n° 12 sont des vis à métal. Déterminez combien il faut de ces vis pour assembler cet objet technique.

c) Si l'on souhaitait représenter toutes les pièces à l'aide de dessins de détails, combien de dessins au minimum devrait-on réaliser ? Expliquez pourquoi.

d) On peut usiner la pièce n° 3 par pliage. Comment peut-on représenter la surface nécessaire pour fabriquer cette pièce dans un dessin de détail ?

9. Pour fabriquer une pièce, un élève se fie notamment au dessin ci-dessous.

a) Au moment de la vérification des dimensions de la pièce, on s'aperçoit que la largeur de l'entaille est de 22 mm. Est-ce que cette pièce est conforme ou non au dessin ? Expliquez pourquoi.

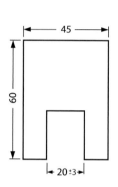

b) Quelle est la dimension minimale que peut avoir la largeur de l'entaille ?

10. Pour chacun des solides ci-dessous, trouvez le développement correspondant.

Solides

Développements

 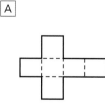 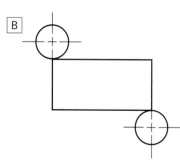

4 **La fabrication : outils et techniques**

(p. 410-417)

11. Parmi les techniques les plus utilisées lors de la fabrication d'un objet figure le perçage.

a) À quoi sert le perçage ?

b) Quels sont les deux principaux facteurs dont il faut tenir compte lors du choix de la mèche ou du foret à utiliser pour le perçage ?

c) Est-ce que les deux facteurs énumérés en b) sont les mêmes dont il faut tenir compte pour déterminer la vitesse de rotation de la mèche ou du foret ? Sinon, indiquez-les.

12. Le toit du nichoir ci-dessous a été recouvert d'aluminium, obtenu à partir d'une seule feuille de métal. Quelle technique d'usinage a permis de donner la forme à cette feuille d'aluminium ? Expliquez pourquoi.

13. Donnez trois exemples de vérifications qui peuvent être effectuées lors du contrôle des pièces.

14. Indiquez pour quelle technique d'assemblage chacun des outils suivants est le plus souvent utilisé :

a) Un marteau.

b) Un pot de colle à menuiserie.

c) Un fer à souder.

d) Une vis.

questions synthèses

A. La photo ci-dessous montre une égoïne, un outil qui est très utilisé pour scier le bois. La pièce coupante de cet outil est fabriquée en acier, tandis que la poignée est fabriquée à partir d'acrylonitrile butadiène styrène (ABS).

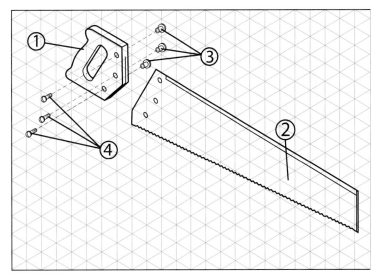

a) À quelle catégorie de matériaux appartient la pièce coupante ?

b) Sachant que l'ABS peut être remodelée lorsqu'on la chauffe, à quelle sous-catégorie de matière plastique appartient ce matériau ?

c) Lorsqu'on scie à l'aide d'une égoïne, il peut arriver que la lame plie et reprenne sa forme. Quelle contrainte est alors subie par cette pièce et quelle propriété mécanique lui permet de reprendre sa forme ?

d) Une des particularités importantes de la poignée est qu'il est difficile de la déformer de façon permanente. De quelle propriété mécanique s'agit-il ?

B. L'acier utilisé pour fabriquer la lame de la scie illustrée à la question précédente a subi une trempe. Quelle était l'utilité d'un tel traitement thermique ?

C. Observez le dessin ci-contre.

a) Déterminez de quel type de dessin il s'agit.

b) Dessinez le schéma de construction de l'égoïne.

c) Est-ce que l'égoïne peut être considérée comme une machine-outil ? Expliquez pourquoi.

d) À quelle étape du processus de fabrication des objets est principalement utilisé cet outil ?

D. Préparez votre propre résumé du chapitre 12 en construisant un réseau de concepts.

COMMENT BÂTIR
UN RÉSEAU DE CONCEPTS

POUR UNE EXPLOITATION FORESTIÈRE DURABLE

L' exploitation forestière pose problème un peu partout sur la planète, car très souvent on devrait plutôt parler de «surexploitation». Qu'il s'agisse d'agriculture extensive basée sur la technique des cultures itinérantes sur brûlis, des coupes à blanc, de la destruction d'écosystèmes uniques, du reboisement qui s'effectue principalement avec des essences à croissance rapide, etc., la gestion des forêts était devenue assez préoccupante pour retenir l'attention lors du Sommet de la Terre de Rio, qui a eu lieu au Brésil en 1992.

LA CERTIFICATION FSC

Après le Sommet de la Terre de Rio, des groupes environnementaux, des détaillants, des industriels et des regroupements communautaires se sont réunis pour chercher des solutions concrètes à la gestion des forêts. Ils voulaient trouver une manière d'inciter les grandes entreprises à pratiquer une exploitation durable des ressources forestières qui respecte l'environnement écologique, économique et humain. Ils ont d'abord fondé, en 1994, le Forest Stewardship Council (FSC). Une des premières initiatives de cet organisme a été d'établir une norme de certification internationale, la norme FSC, qui s'appuie sur 10 grands principes de foresterie durable (quelques-uns de ces principes sont présentés dans l'encadré ci-contre). Ces principes sont suffisamment larges pour s'appliquer à des forêts tropicales, tempérées et boréales. Néanmoins, chaque pays peut y ajouter ou adapter des critères particuliers à son climat. Au Canada, on a, par exemple, créé en 2004 une norme boréale spécifique à l'exploitation de 85 % du territoire forestier canadien situé dans ce type de région.

À la demande d'une entreprise, des inspecteurs indépendants évaluent les pratiques de celle-ci et lui accordent, si elle la respecte, la certification FSC. Finalement, les consommateurs qui achètent du bois peuvent s'assurer qu'il a été obtenu dans des conditions de développement durable. Il existe d'autres types de certification, mais la norme FSC est en général très bien acceptée par les environnementalistes, notamment parce qu'elle fait appel à des évaluateurs extérieurs, alors que pour d'autres normes, ce sont les entreprises elles-mêmes qui établissent leurs objectifs et qui les évaluent.

PROMOUVOIR LA NORME FSC

Depuis la diffusion du film de Richard Desjardins, *L'erreur boréale*, en 1999, le développement durable des forêts a progressé. On doit cependant rester vigilant. Il faut encore inciter plusieurs exploitants forestiers à se préoccuper sérieusement de développement durable. Il est tout aussi important de convaincre les consommateurs de demander et d'acheter du bois certifié FSC ou portant une autre certification.

Quelques principes de la norme FSC

1. Les droits légaux et coutumiers des peuples indigènes à la propriété, à l'usage et à la gestion de leurs territoires et de leurs ressources doivent être reconnus et respectés.

2. Les opérations de gestion forestière doivent maintenir ou améliorer le bien-être social et économique à long terme des travailleurs forestiers et des communautés locales.

3. L'aménagement forestier doit maintenir la diversité biologique et les valeurs qui y sont associées, les ressources hydriques, les sols, ainsi que les paysages et les écosystèmes uniques et fragiles.

4. Les plantations doivent être planifiées et gérées en accord avec les principes de développement durable et elles devraient compléter la gestion des forêts naturelles, réduire la pression exercée sur celles-ci, et promouvoir leur restauration et leur conservation.

Le reboisement planifié est une étape essentielle de l'exploitation forestière durable.

1. Si vous prévoyez l'achat de planches en bois, comment pouvez-vous vous assurer que le bois que vous choisirez a été coupé dans une perspective de développement durable ?

2. Le papier est l'un des principaux produits dérivés de la coupe du bois. Donnez quelques moyens qui permettent d'en limiter la consommation.

2001 — Installation du bras robotisé Canadarm2 sur la station spatiale internationale

1961 — Commercialisation du premier robot industriel pour les chaînes de montage

1948 — Invention de la bande auto-agrippante Velcro

1925 — Conception de la première souffleuse à neige

1893 — Conception du moteur de type diesel

1889 — Invention du dérailleur pour la bicyclette

1879 — Invention de la chaîne à rouleaux

1859 — Invention du premier moteur à combustion interne utilisable

1829 — Construction du premier ascenseur à moteur

1825 — Mise en service de la première ligne de chemin de fer au monde

1816 — Invention de la draisienne, ancêtre de la bicyclette

1602 — Invention des premiers rails pour le guidage des roues de chariots

VERS −200 — Invention des engrenages

VERS −3500 — Invention de la roue

L'être humain a toujours cherché à créer des objets pour améliorer sa condition. Il n'a d'abord confectionné que des outils très simples pour répondre à ses besoins immédiats. Il a peu à peu perfectionné ses procédés, puis certains individus se sont spécialisés dans des domaines précis. Longtemps la fabrication d'objets est restée artisanale. Avec le progrès technique, les machines-outils sont nées, puis l'humanité est entrée dans l'ère industrielle. Aujourd'hui, les objets techniques sont de plus en plus sophistiqués. Pourtant, leur conception repose sur certains principes élémentaires. Pour comprendre le fonctionnement de ces objets, il faut remonter aux pièces qui les composent. Comment peut-on les lier et guider leurs mouvements ? Ces derniers peuvent-ils être transférés d'une partie à l'autre de l'objet ? Peut-on en changer la vitesse ou la nature ? Nous répondrons à ces questions dans ce chapitre.

L'ingénierie mécanique

1 Qu'est-ce que l'ingénierie mécanique ?

En science et technologie, une branche d'études se concentre plus particulièrement sur l'analyse et l'exécution de projets technologiques, comme la fabrication de ponts, de routes, de vélos, de voitures, de téléviseurs, etc. Il s'agit de l'ingénierie, aussi souvent appelée «génie».

> «Ingénierie» provient du latin *ingenium, qui signifie* «talent, intelligence».

L'ingénierie se divise en plusieurs champs de compétences. Il y a, par exemple, l'ingénierie civile qui s'occupe des infrastructures telles que les routes, les ponts et les viaducs, l'ingénierie informatique qui traite des systèmes informatiques et l'ingénierie électrique qui se spécialise dans les circuits électriques. Dans ce chapitre, il sera plutôt question d'ingénierie mécanique. Cette branche du génie se penche surtout sur les objets dont le fonctionnement implique le mouvement de certaines pièces.

> ▶ **L'INGÉNIERIE MÉCANIQUE** est une branche de l'ingénierie qui se concentre sur la conception, la production, l'analyse, le fonctionnement et le perfectionnement des objets techniques dans lesquels des pièces sont en mouvement.

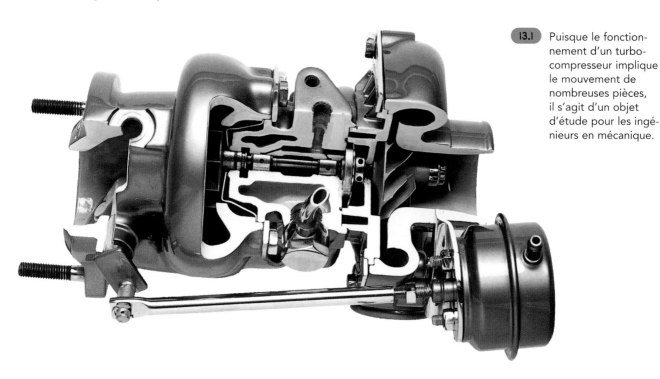

13.1 Puisque le fonctionnement d'un turbocompresseur implique le mouvement de nombreuses pièces, il s'agit d'un objet d'étude pour les ingénieurs en mécanique.

Parmi les aspects importants dont il faut tenir compte en ingénierie mécanique figure tout ce qui concerne le mouvement : son guidage, sa transmission, les changements de sa vitesse ainsi que sa transformation. Néanmoins, avant d'aborder ces différents sujets, il faut d'abord comprendre comment les pièces d'un objet sont liées les unes aux autres et quels sont leurs degrés de liberté.

2 Les liaisons dans les objets techniques

Dès qu'un objet technique comporte deux ou plusieurs pièces, il faut trouver des façons de les maintenir ensemble, c'est-à-dire d'assurer leur liaison. Il peut y avoir plus d'une liaison dans un objet technique.

> ▶ Une LIAISON permet de maintenir ensemble deux ou plusieurs pièces dans un même objet.

Toute pièce, comme un clou, et tout fluide, comme de la colle, qui servent à la liaison dans un objet technique remplissent une fonction mécanique appelée «fonction liaison». On dit alors qu'il s'agit d'ORGANES DE LIAISON.

> ▶ En mécanique, un ORGANE est une pièce ou un fluide qui remplit une fonction mécanique.

> ▶ La FONCTION LIAISON est une fonction mécanique assurée par tout organe qui lie ensemble différentes pièces d'un objet technique.

CONCEPTS DÉJÀ VUS

– Fonctions mécaniques élémentaires (liaison, guidage)
– Types de mouvements

1907
1990

George de Mestral

Parmi les organes de liaison très utilisés pour attacher les souliers, figurent les bandes Velcro. George de Mestral, un ingénieur suisse, les inventa au début de la décennie 1940. On raconte qu'il aurait eu l'idée de ces bandes en observant des graines de bardane qui avaient collées sur son gilet et la fourrure de son chien après une promenade.

13.2 Dans ces conduits de gaz naturel, plusieurs pièces sont liées ensemble à l'aide de vis et d'écrous qui agissent comme organes de liaison. Ces vis et ces écrous ont donc une fonction liaison.

2.1 LES CARACTÉRISTIQUES DES LIAISONS

Il existe plusieurs façons de lier ensemble des pièces dans un objet technique. Malgré la multitude de liaisons possibles, chaque liaison comporte quatre caractéristiques, soit une pour chacune des quatre paires présentées dans le tableau 13.3 à la page suivante.

Liaison directe	Liaison indirecte
Une liaison est directe lorsque les pièces tiennent ensemble sans l'intermédiaire d'un organe de liaison.	Une liaison est indirecte lorsque les pièces ont besoin d'un organe de liaison pour tenir ensemble.
Liaison rigide	**Liaison élastique**
Une liaison est rigide lorsque les surfaces des pièces liées ou l'organe de liaison sont rigides.	Une liaison est élastique lorsque les surfaces des pièces liées ou l'organe de liaison sont déformables. Les ressorts et le caoutchouc servent souvent à créer des liaisons élastiques.
Liaison démontable	**Liaison indémontable**
Une liaison est démontable lorsque la séparation des pièces liées n'endommage ni leur surface, ni l'organe de liaison s'il y en a un. Les vis et les écrous sont des exemples d'organes de liaison permettant de créer des liaisons démontables.	Une liaison est indémontable lorsque la séparation des pièces endommage leur surface ou l'organe de liaison.
Liaison totale	**Liaison partielle**
Une liaison est totale lorsqu'elle ne permet aucun mouvement indépendant des pièces liées l'une par rapport à l'autre.	Une liaison est partielle lorsqu'elle permet à au moins une pièce de bouger indépendamment par rapport à l'autre.

Pneu

Roue

LIAISON ENTRE LE PNEU ET LA ROUE
Caractéristiques: directe, élastique, démontable, totale.

Platine

Roue

LIAISON ENTRE UNE ROUE ET LA PLATINE
Caractéristiques: indirecte, rigide, démontable, partielle.

13.4 Les caractéristiques de deux liaisons différentes.

STE ATS **2.2** LES DEGRÉS DE LIBERTÉ D'UNE PIÈCE

Dans un objet technique, une liaison a pour effet de restreindre les possibilités de mouvements indépendants d'une pièce par rapport à une autre. Comme nous venons de le voir à la section précédente, une liaison totale, par exemple celle entre le pneu et la roue de la bicyclette dans l'illustration 13.4, restreint totalement les possibilités de mouvements indépendants d'une pièce par rapport à l'autre. En effet, le pneu aura toujours le même mouvement que la roue.

Par contre, dans le cas des liaisons partielles, comme celle entre la roue et la platine d'un patin à roues alignées, les possibilités de mouvements indépendants d'une pièce par rapport à l'autre ne sont que partiellement restreintes. En effet, il est possible de faire tourner la roue sans que la platine ne bouge.

Comme le montre la figure 13.5, il existe six possibilités de mouvements indépendants, soit trois en translation et trois en rotation, par rapport aux trois axes usuels pour définir les dimensions : l'axe x, l'axe y et l'axe z.

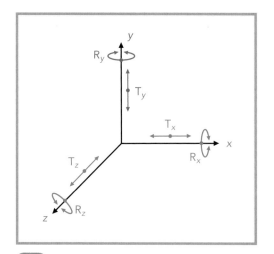

Possibilités		Notation
Possibilités en translation	Translation de gauche à droite ou de droite à gauche	T_x
	Translation de haut en bas ou de bas en haut	T_y
	Translation d'avant en arrière ou d'arrière en avant	T_z
Possibilités en rotation	Rotation par rapport à l'axe x	R_x
	Rotation par rapport à l'axe y	R_y
	Rotation par rapport à l'axe z	R_z

13.5 Les six possibilités de mouvement indépendant.

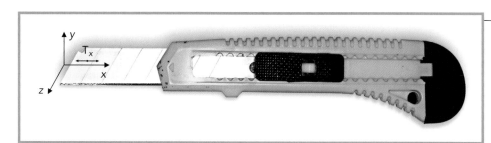

13.6 La lame de ce couteau à lame rétractable n'a qu'un seul mouvement indépendant : une translation bidirectionnelle par rapport à l'axe x.

13.7 Ce tiroir de classeur n'a qu'un seul mouvement indépendant : une translation bidirectionnelle par rapport à l'axe z.

Lorsqu'on analyse les possibilités de mouvements indépendants que peut avoir une pièce liée à une autre, on détermine ses degrés de liberté. Ainsi, une pièce peut avoir un maximum de six degrés de liberté, qui correspondent aux six possibilités de mouvements indépendants. Les figures 13.8 et 13.9 montrent les degrés de liberté de deux pièces différentes.

▶ **Les DEGRÉS DE LIBERTÉ sont les mouvements indépendants possibles pour une pièce dans un objet technique.**

13.8 La porte qui est liée au mur n'a qu'un seul degré de liberté, puisque le seul mouvement indépendant qu'elle peut avoir est une rotation par rapport à l'axe y.

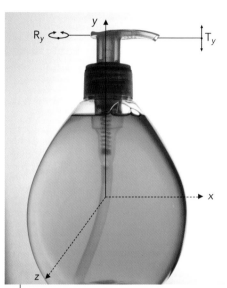

13.9 Pour obtenir du savon de ce réservoir, on peut faire tourner le bec versoir et appuyer dessus. Ce bec possède donc deux degrés de liberté, un en translation et un en rotation par rapport à l'axe y.

LA JAMBE ROBOTISÉE DE TOYOTA

Le groupe Toyota, surtout connu comme constructeur automobile, est aussi un as de la robotique. Ses ingénieurs ont développé une jambe robotisée capable de sauter jusqu'à quatre centimètres dans les airs et de retomber sur son pied. Même s'il peut sembler simple pour les humains, il s'agit d'un mouvement complexe qui fait franchir un nouveau pas à la robotique humanoïde.

Cette jambe autonome, de un mètre de hauteur, est montée sur un pied doté d'orteils articulés. Elle peut avancer à cloche-pied en utilisant les «degrés de liberté» de son pied pour la propulser.

«Le mouvement de la jambe et du pied est difficile à robotiser, cela a exigé le développement de plusieurs prototypes», a expliqué un porte-parole de Toyota. La compagnie espère intégrer ce genre de jambe à des robots plus complexes qui mimeront parfaitement la démarche humaine.

Adaptation de : Agence France-Presse, «La jambe robotisée de Toyota», *Le Soleil*, 14 septembre 2006, Affaires, p. 50.

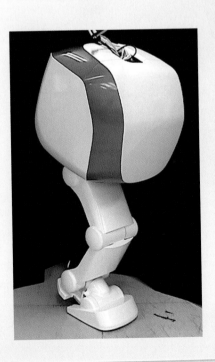

ST STE ATS ③ La fonction guidage

Dans plusieurs objets techniques, certains organes ont pour fonction d'imposer une trajectoire précise à des pièces mobiles. On dit alors que ces organes assurent la fonction guidage.

> ▶ La **FONCTION GUIDAGE** est une fonction mécanique assurée par tout organe qui dirige le mouvement d'une ou de plusieurs pièces mobiles.

Comme le montre la figure 13.10, dans de nombreux meubles, des glissières permettent aux tiroirs de pouvoir s'ouvrir et se refermer. Elles guident donc le mouvement des tiroirs. Puisque les glissières assurent une fonction guidage, on dit alors que ce sont des organes de guidage.

> ▶ Un **ORGANE DE GUIDAGE** est un organe dont la fonction mécanique est la fonction guidage.

Dans les objets techniques, il existe trois principales formes de guidage, soit le guidage en translation, le guidage en rotation et le guidage hélicoïdal. Voyons maintenant ces trois formes de guidage.

13.10 Les glissières de ce tiroir assurent une fonction guidage. Elles constituent donc un organe de guidage.

ST STE ATS ③.1 LES PRINCIPAUX TYPES DE GUIDAGE

Lorsqu'un guidage ne permet qu'un mouvement en translation de la pièce guidée, il s'agit alors d'un guidage en translation. Les glissières et les organes comportant des rainures conviennent particulièrement bien à ce type de guidage.

> ▶ Le **GUIDAGE EN TRANSLATION** assure un mouvement de translation rectiligne à une pièce mobile.

13.11 Les rainures présentes de chaque côté de cette fenêtre à guillotine permettent un guidage en translation lorsqu'on veut l'ouvrir ou la fermer.

Lorsqu'un guidage ne permet qu'un mouvement en rotation de la pièce guidée, il s'agit d'un guidage en rotation. Les organes de forme cylindrique conviennent particulièrement bien à ce type de guidage.

▸ Le **GUIDAGE EN ROTATION** assure un mouvement de rotation à une pièce mobile.

13.12 Le moyeu de la roue est guidé en rotation par un essieu fixé à la fourche.

Lorsqu'un guidage oblige, lors d'un mouvement de rotation de la pièce guidée, un mouvement de translation selon le même axe, il s'agit d'un guidage hélicoïdal. Les organes comportant des filets conviennent particulièrement bien à ce type de guidage.

▸ Le **GUIDAGE HÉLICOÏDAL** assure un mouvement de translation d'une pièce mobile lorsqu'il y a rotation selon le même axe de cette pièce.

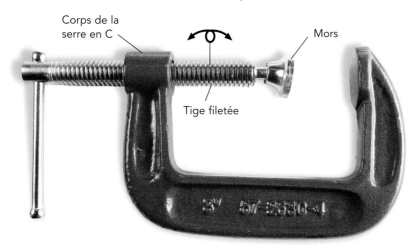

13.13 Les filets présents dans le corps de la serre en C permettent un guidage hélicoïdal de la tige filetée.

Elisha Graves Otis

Parmi les pièces guidées en translation figurent les cabines d'ascenseur. Avant l'invention d'Elisha Graves Otis, un mécanicien américain, peu de personnes osaient faire confiance à ces appareils pour monter ou descendre dans les immeubles. Ce n'est qu'en 1852 qu'il inventa le premier dispositif permettant de bloquer la cabine d'ascenseur lors de la rupture du câble qui la soutient. C'est notamment grâce à son invention que les gratte-ciel devinrent de plus en plus populaires.

En voiture, lorsqu'il faut s'arrêter en plein milieu d'une côte, les pneus permettent au véhicule de rester collé à la route et l'empêchent de glisser. Le phénomène qui permet aux pneus d'agripper la voiture à la route s'appelle l'«adhérence». Sans adhérence entre les pneus et la route, le véhicule glisserait lors d'un arrêt au milieu d'une côte. D'ailleurs, lorsqu'une route est glacée, l'adhérence est diminuée, ce qui entraîne souvent des sorties de route.

> ▶ **L'ADHÉRENCE est un phénomène qui se manifeste lorsque deux surfaces ont tendance à rester accolées, s'opposant ainsi au glissement.**

L'intensité de l'adhérence entre deux surfaces dépend principalement de cinq facteurs:

- La nature des matériaux mis en contact. Par exemple, l'adhérence entre le caoutchouc et l'asphalte n'est pas la même que celle entre l'acier et l'asphalte.

- La présence ou non d'un lubrifiant. L'adhérence est normalement diminuée en présence d'un lubrifiant. Par exemple, un pneu adhère beaucoup moins à la route s'il s'y trouve une tache d'huile.

- La température. Généralement, plus il fait froid, plus l'adhérence entre deux surfaces tend à diminuer. Par exemple, plus il fait froid, moins un pneu a tendance à adhérer à la route.

- L'état des surfaces mises en contact. Généralement, plus une surface est rugueuse, plus elle aura tendance à adhérer à une autre surface. C'est pourquoi l'adhérence d'un pneu à l'asphalte diminue avec l'usure.

- La FORCE perpendiculaire exercée par une surface sur l'autre. L'adhérence augmente avec l'accroissement de cette force. Par exemple, il est plus difficile de tirer un traîneau chargé qu'un traîneau vide.

13.14 Si les semelles de ces souliers n'adhéraient pas correctement au sol, la personne glisserait, comme cela se produit l'hiver sur des surfaces glacées.

Une pièce mobile dans un objet technique est généralement guidée par une autre pièce. Ainsi, des surfaces de la pièce mobile et de l'organe de guidage glissent l'une sur l'autre. En raison du phénomène d'adhérence qui tend à accoler les pièces, il se crée alors une force qui s'oppose au glissement de la pièce mobile sur l'autre. C'est ce qu'on appelle le frottement. Donc, plus l'adhérence entre deux pièces est grande, plus grand est le frottement lorsque ces deux pièces glissent l'une sur l'autre.

> ▶ **En mécanique, le FROTTEMENT est une force qui s'oppose au glissement d'une pièce mobile sur une autre.**

Pour diminuer le frottement entre des pièces, un des principaux moyens utilisés est l'emploi d'un lubrifiant. Ces substances ont la propriété de diminuer le frottement lorsqu'elles sont appliquées entre deux surfaces qui glissent l'une sur l'autre. Leur fonction mécanique est alors la fonction lubrification. Les huiles, comme celles que l'on utilise dans les moteurs à combustion, sont des exemples de lubrifiants.

> La **FONCTION LUBRIFICATION** est la fonction mécanique assurée par tout organe qui permet de réduire le frottement entre deux pièces.

13.15 Dans son mouvement de va-et-vient, la surface du piston glisse sur la surface interne du cylindre qui le guide. Il s'ensuit un frottement.

ENTRE LA GOMME ET LA PISTE, C'EST LA MAGIE NOIRE

En formule 1, l'adhérence, c'est la clé de toute victoire. Les ingénieurs ne pensent qu'à elle. Entre chaque Grand Prix, ils passent d'innombrables journées à tester les gommes, c'est-à-dire la bande de caoutchouc naturel ou synthétique, de différents pneus. Une gomme plus tendre qu'une autre, qui adhère mieux, peut permettre de gagner une seconde ou davantage au tour.

Il faut se représenter le phénomène: à 300 km/h, les roues tournent si vite qu'un morceau de gomme n'est en contact avec la piste que pendant 2 millièmes de seconde, 40 fois par seconde! Un éclair pendant lequel la gomme doit adhérer à la piste. Si l'on pouvait observer ce qui se passe avec un microscope, on verrait le pneu littéralement accrocher ses molécules aux aspérités de l'asphalte. C'est ce qui permet à la voiture d'adhérer, et donc de tourner.

L'obsession des écuries envers les pneus est devenue telle que la Fédération internationale de l'automobile (FIA) a décidé de légiférer. Dès 2008, les écuries devront faire affaire avec un seul manufacturier de pneus.

Adaptation de: Luc DOMENJOZ, «Entre la gomme et la piste, c'est la magie noire», *La Presse*, 25 juin 2006, p. S8.

Une voiture de formule 1 dans un tournant.

Forme de lubrifiant	Exemples
Liquide	Eau, huiles (végétales, animales et minérales)
Semi-solide	Suif, vaseline, graisses animales, graisses végétales
Solide	Graphite, paraffine

De plus, pour diminuer le frottement, on peut aussi avoir recours au polissage. En effet, si l'on regarde la plupart des matériaux au microscope, on s'aperçoit que de minuscules crêtes émergent de leur surface. Ces minuscules crêtes causent l'adhérence et le frottement, puisqu'elles ont tendance à s'accrocher à l'autre pièce lors d'un mouvement. Lorsqu'on procède au polissage d'une surface, on élimine une partie de ces minuscules pointes, diminuant ainsi le frottement.

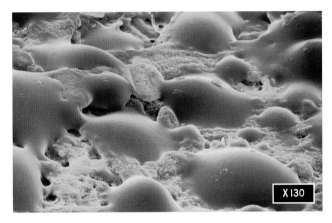

13.17 L'illustration de gauche montre un feuillet autocollant vu à l'œil nu. À droite, une partie de la bande encollée du même matériau vue au microscope permet d'en distinguer les aspérités, c'est-à-dire les saillies, les irrégularités.

ST STE ATS 4 Les systèmes de transmission du mouvement

TECH Nº 11

Dans plusieurs objets techniques, il est utile de transmettre le mouvement que possède une pièce vers une ou plusieurs autres pièces. Les organes qui permettent de transmettre un mouvement d'une partie à une autre dans un objet technique remplissent la fonction mécanique de transmission du mouvement.

> La **TRANSMISSION DU MOUVEMENT** est une fonction mécanique qui consiste à communiquer un mouvement d'une pièce à une autre sans en modifier la nature.

Par exemple, dans la bicyclette illustrée à la figure 13.19, le mouvement de rotation que donnent les jambes au pédalier est transféré à la roue arrière par un ensemble de trois organes : une roue dentée liée au pédalier, une roue dentée liée à la roue arrière et une chaîne. Puisque ces trois organes remplissent

CONCEPTS DÉJÀ VUS

- Système (fonction globale, intrants, procédés, extrants, contrôle)
- Composantes d'un système
- Fonction, composantes et utilisation des systèmes de transmission du mouvement (roues de friction, poulies et courroie, engrenage, roues dentées et chaîne, roue et vis sans fin)

tous la même fonction, c'est-à-dire la transmission du mouvement, on considère qu'ils forment un système de transmission du mouvement.

> ◗ Un **SYSTÈME DE TRANSMISSION DU MOUVEMENT** est un ensemble d'organes qui remplissent la fonction de transmission du mouvement.

Comme le montre le tableau 13.18, tout système en mécanique comporte un organe moteur et au moins un organe mené. De plus, certains systèmes, comme celui utilisé dans la bicyclette, ont aussi un organe intermédiaire.

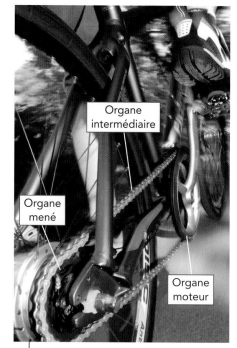

13.19 Le système de transmission du mouvement d'une bicyclette est un système à chaîne et à roues dentées.

 LES TYPES D'ORGANE D'UN SYSTÈME EN MÉCANIQUE

Type d'organe	Description
Organe moteur	Organe qui reçoit la force nécessaire pour actionner le système.
Organe mené	Organe qui reçoit le mouvement et le transfère à une autre pièce.
Organe intermédiaire	Organe situé entre l'organe moteur et l'organe mené. On ne rencontre pas d'organe intermédiaire dans tous les systèmes.

ST STE ATS **4.1** LES PARTICULARITÉS DU MOUVEMENT DANS LES SYSTÈMES DE TRANSMISSION

En ingénierie mécanique, il arrive fréquemment que des systèmes de transmission du mouvement soient utilisés dans les objets techniques. Les plus souvent rencontrés sont :

- les systèmes à roues dentées ;
- les systèmes à chaîne et à roues dentées ;
- les systèmes à roue dentée et à vis sans fin ;
- les systèmes à roues de friction ;
- les systèmes à courroie et à poulies.

Tous ces systèmes permettent la transmission du mouvement de rotation. Par contre, certaines particularités les distinguent. D'abord, comme le montre la figure 13.21, le sens de rotation des divers organes est parfois identique dans tout le système, parfois différent. La figure 13.20 illustre les deux sens de rotation possible.

Sens horaire

Sens anti-horaire

13.20 Les deux sens du mouvement de rotation sont le sens horaire et le sens anti-horaire.

Roues
droites

Roues
coniques

Archimède

-287
-212

Ce savant de la Grèce antique est considéré par plusieurs comme le père de la mécanique. Il utilisa notamment des roues dentées pour fabriquer des engrenages dans des machines permettant la défense de sa patrie. On lui attribue également l'invention de la vis et de l'écrou. De plus, ses contributions aux autres branches de la science sont nombreuses.

13.24 Dans le système à roues dentées d'une montre, les axes de rotation des roues sont parallèles. Des roues droites sont donc généralement utilisées. Dans une chignole, un outil servant à percer des trous, les axes de rotation des roues sont perpendiculaires. Des roues coniques sont donc généralement utilisées.

ST STE ATS LES SYSTÈMES À CHAÎNE ET À ROUES DENTÉES

Tout comme les systèmes à roues dentées, les systèmes à chaîne et à roues dentées sont aussi composés d'au moins deux roues dentées. Par contre, elles ne se croisent pas. Elles sont plutôt reliées par une chaîne. C'est pourquoi les systèmes à chaîne et à roues dentées sont généralement utilisés pour transmettre le mouvement entre deux ou plusieurs pièces éloignées les unes des autres. Les principaux éléments dont il faut tenir compte lors de la construction d'un système à chaîne et à roues dentées sont présentés dans la figure 13.25.

Roue

Chaîne

13.25 Les principaux éléments dont il faut tenir compte lors de la construction d'un système à chaîne et à roues dentées.

Ⓐ Les dents sur les différentes roues du système doivent être identiques.

Ⓑ Les maillons de la chaîne doivent pouvoir s'engrener facilement sur les dents des roues.

Ⓒ Il faut souvent lubrifier ce système, pour éviter que les dents et la chaîne ne s'usent trop rapidement.

Ⓓ Plus une roue est petite, plus elle tourne rapidement.

LES SYSTÈMES À ROUE DENTÉE ET À VIS SANS FIN

Les systèmes à roue dentée et à vis sans fin sont composés d'une seule vis sans fin dont le mouvement de rotation est transmis à une ou à plusieurs roues dentées. On dit que la vis est sans fin par qu'elle peut entraîner indéfiniment la roue dentée. Il faut tenir compte de certains éléments lors de la construction d'un tel système. Les principaux sont présentés à la figure 13.26.

Vis sans fin

Roue dentée

Ⓐ Le sillon de la vis doit permettre aux dents de la roue de s'y engrener.

Ⓑ L'organe moteur (celui sur lequel la force est appliquée) doit être la vis sans fin.

13.26 Les principaux éléments dont il faut tenir compte lors de la construction d'un système à roue dentée et à vis sans fin.

LES SYSTÈMES À ROUES DE FRICTION

Les systèmes à roues de friction se comparent au système à roues dentées, sauf que les roues n'ont pas de dent. En effet, le mouvement est plutôt transmis par frottement entre les roues. Tout comme les systèmes à roues dentées, les systèmes à roues de friction sont généralement employés lorsqu'on désire transmettre un mouvement de rotation entre deux ou plusieurs pièces rapprochées.

Puisqu'il n'y a pas de dents à construire sur les roues de friction, ces systèmes sont généralement moins coûteux et moins complexes à produire que les systèmes à roues dentées. Par contre, les systèmes à roues de friction sont moins performants que les systèmes à roues dentées, car il y a possibilité de glissement entre les roues. Le tableau 13.28 présente les principaux éléments dont il faut tenir compte lors de la construction d'un système à roues de friction.

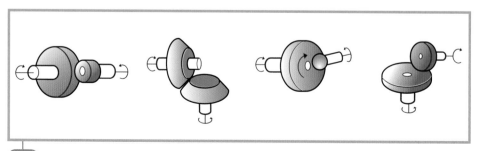

13.27 Les différentes formes de roues. En rouge, ce sont des roues droites, en bleu, des roues coniques, et la roue en vert est une roue sphérique.

Élément	Description
La forme des roues	Comme le montre la figure 13.27, il existe trois principales formes de roues de friction : les roues droites, les roues coniques et les roues sphériques. Ces trois formes de roues permettent d'avoir des axes de rotation parallèles, perpendiculaires ou autre.
La taille des roues	Dans un système à roues de friction, plus le diamètre d'une roue est élevé, moins grande est sa vitesse de rotation.
Adhérence des matériaux	Pour qu'un système à roues de friction soit efficace, il faut que le frottement entre les roues soit élevé. C'est pourquoi il faut choisir des matériaux qui ont une adhérence élevée entre eux sur le rebord des roues.

ST
STE
ATS

LES SYSTÈMES À COURROIE ET À POULIES

Les systèmes à courroie et à poulies se comparent aux systèmes à chaîne et à roues dentées. Cependant, les roues qui prennent le nom de poulie n'ont pas de dents et sont reliées par une courroie plutôt que par une chaîne. De plus, les systèmes à courroie et à poulies sont généralement utilisés lorsqu'on désire transmettre un mouvement de rotation entre deux ou plusieurs pièces éloignées, tout comme les systèmes à chaîne et à roues dentées. Les principaux éléments dont il faut tenir compte lors de la construction d'un système à courroie et à poulies sont présentés dans la figure 13.29.

A Les poulies doivent présenter une partie creuse permettant à la courroie de s'y insérer. La partie creuse doit être lisse pour ne pas endommager la courroie.

B La courroie doit adhérer aux poulies, pour éviter au maximum le glissement.

C Plus une poulie est petite, plus elle tourne rapidement.

13.29 Les principaux éléments dont il faut tenir compte lors de la construction d'un système à courroie et à poulies.

4.3 LES CHANGEMENTS DE VITESSE DANS LES SYSTÈMES DE TRANSMISSION DU MOUVEMENT

Les systèmes que nous venons d'étudier permettent de communiquer un mouvement d'un organe moteur vers un ou plusieurs organes menés sans en changer la nature. Par contre, il est possible dans ces systèmes de faire varier la vitesse du mouvement lors de sa transmission, comme le montre la figure 13.30.

CONCEPT DÉJÀ VU

└ Changement de vitesse (ATS)

▶ Il y a CHANGEMENT DE VITESSE dans un système de transmission du mouvement lorsque l'organe moteur ne tourne pas à la même vitesse que le ou les organes menés.

Voyons, pour les principaux systèmes de transmission du mouvement, comment arriver à produire un changement de vitesse.

ST STE ATS LES CHANGEMENTS DE VITESSE DANS LE SYSTÈME À ROUE DENTÉE ET À VIS SANS FIN

Le système à roue dentée et à vis sans fin est surtout utilisé dans les cas où l'on cherche une très grande diminution de la vitesse du mouvement de rotation lors de sa transmission. En effet, comme le montre la figure 13.30, pour chaque tour complet de la vis sans fin, la roue dentée ne se déplace que d'une distance équivalente à la largeur d'une dent. Ainsi, plus le nombre de dents est grand sur la roue dentée, plus la diminution de la vitesse est importante.

CHANGEMENT DE ROUE

Entre l'invention de la première bicyclette et la commercialisation du premier dérailleur, plusieurs décennies ont passé. Dans les années 1890, les coureurs cyclistes devaient retourner leur roue arrière pour changer de vitesse. Puis, au début du siècle dernier, le dérailleur, tel qu'on le connaît aujourd'hui, était commercialisé. Il s'agissait, et il s'agit toujours, d'un mécanisme qui permet de changer de vitesse sur un vélo, en faisant passer la chaîne d'une roue dentée à une autre. 📄 18

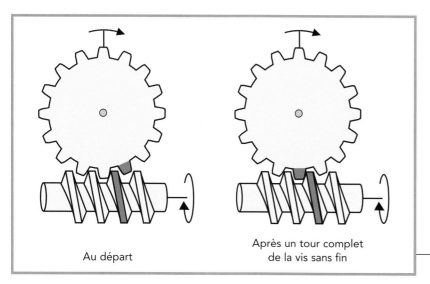

Au départ

Après un tour complet de la vis sans fin

13.30 Le changement de vitesse dans un système à roue et vis sans fin.

ST STE ATS LES CHANGEMENTS DE VITESSE DANS LES AUTRES SYSTÈMES DE TRANSMISSION DU MOUVEMENT

Dans les autres systèmes de transmission du mouvement que nous avons étudiés, il y a changement de vitesse lorsque le diamètre des roues n'est pas le même. Puisque les dents des roues doivent toutes être identiques, dans le système à roues dentées et dans le système à chaîne et à roues dentées, le diamètre des roues dentées varie donc aussi en fonction du nombre de dents. C'est pourquoi, dans ces deux systèmes, les changements de vitesse dépendent du nombre de dents sur les roues dentées. Le tableau 13.31 explique comment changer la vitesse de rotation dans ces deux systèmes ainsi que dans le système à roues de friction et le système à courroie et à poulies.

13.31 LES CHANGEMENTS DE VITESSE DANS LES SYSTÈMES DE TRANSMISSION DU MOUVEMENT À PLUSIEURS ROUES

Changement de vitesse	Système à roues de friction Système à courroie et poulies	Système à roues dentées Système à chaîne et à roues dentées
Augmentation	Lorsque le mouvement est transmis d'une roue ou d'une poulie d'un diamètre plus grand vers une roue ou une poulie d'un diamètre plus petit.	Lorsque le mouvement est transmis d'une roue dentée ayant plus de dents vers une roue dentée ayant moins de dents.
Diminution	Lorsque le mouvement est transmis d'une roue ou d'une poulie d'un diamètre plus petit vers une roue ou une poulie d'un diamètre plus grand.	Lorsque le mouvement est transmis d'une roue dentée ayant moins de dents vers une roue dentée ayant plus de dents.
Aucun changement	Lorsque le mouvement est transmis entre deux roues ou deux poulies de même diamètre.	Lorsque le mouvement est transmis entre deux roues ayant le même nombre de dents.

Souvent, il est utile de connaître dans quel rapport la vitesse est augmentée ou diminuée dans un système de transmission du mouvement. Pour y arriver, il s'agit de calculer le rapport entre le diamètre des roues ou leur nombre de dents.

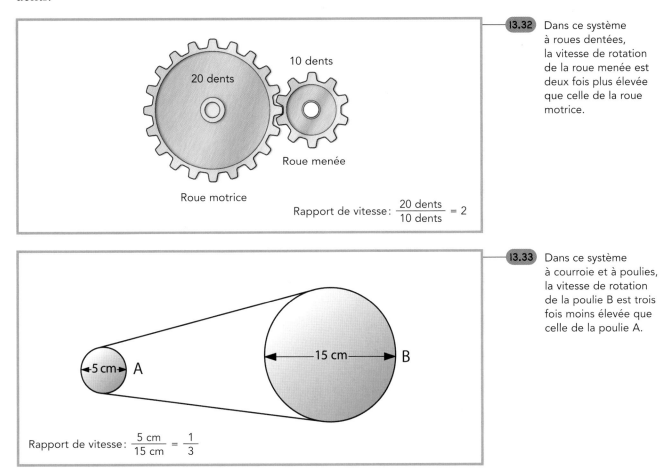

13.32 Dans ce système à roues dentées, la vitesse de rotation de la roue menée est deux fois plus élevée que celle de la roue motrice.

10 dents

20 dents

Roue menée

Roue motrice

Rapport de vitesse : $\dfrac{20 \text{ dents}}{10 \text{ dents}} = 2$

13.33 Dans ce système à courroie et à poulies, la vitesse de rotation de la poulie B est trois fois moins élevée que celle de la poulie A.

5 cm A

15 cm B

Rapport de vitesse : $\dfrac{5 \text{ cm}}{15 \text{ cm}} = \dfrac{1}{3}$

Des changements de vitesse dans les éoliennes

Au Québec, l'utilisation des éoliennes pour produire de l'énergie électrique s'avère de plus en plus populaire. C'est l'énergie du vent qui permet de faire tourner les pales des éoliennes. Le mouvement de rotation des pales est transmis à l'alternateur qui transforme l'énergie du vent en énergie électrique. Le système permettant cette transmission du mouvement est schématisé ci-contre.

Au Québec, sous des vents d'environ 50-60 km/h, la vitesse de rotation des pales des éoliennes branchées au réseau d'Hydro-Québec est d'environ 20 à 30 tours par minute. Or, pour produire un courant électrique ayant les mêmes caractéristiques que celui du réseau d'Hydro-Québec, il faut atteindre un mouvement de rotation d'environ 1800 tours par minute. C'est grâce à un système à roues dentées, compris entre les pales et l'alternateur, qu'il est possible d'augmenter cette vitesse de rotation.

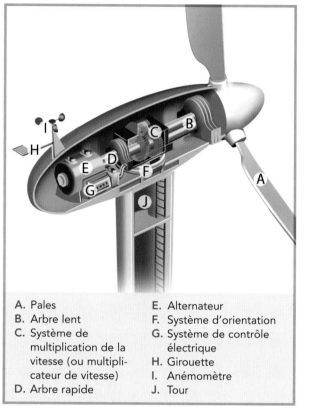

A. Pales
B. Arbre lent
C. Système de multiplication de la vitesse (ou multiplicateur de vitesse)
D. Arbre rapide
E. Alternateur
F. Système d'orientation
G. Système de contrôle électrique
H. Girouette
I. Anémomètre
J. Tour

Une éolienne est principalement composée de ces éléments.

ATS **4.4** LES COUPLES DANS LES SYSTÈMES

Comme le montre la figure 13.34, pour produire un mouvement de rotation autour d'un axe, deux forces de même intensité et aux directions opposées sont nécessaires. Pour désigner ces deux forces, on utilise le terme «couple».

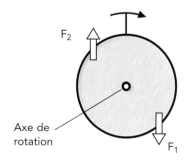
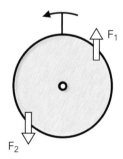

13.34 Le couple qui est appliqué sur la roue de gauche entraîne un mouvement de rotation dans le sens horaire, tandis que sur la roue de droite, c'est un mouvement de rotation dans le sens anti-horaire qui est provoqué par le couple.

▶ Un COUPLE est une paire de forces de même intensité, mais de directions opposées, permettant, notamment, de donner à un organe un mouvement de rotation autour d'un axe.

Dans les systèmes de transmission du mouvement, lorsqu'un couple a pour effet d'augmenter la vitesse de rotation des organes, on dit alors qu'il s'agit d'un couple moteur. Par contre, lorsqu'un couple a pour effet de ralentir ou d'arrêter le mouvement de rotation des organes, on dit alors qu'il s'agit d'un couple résistant.

▶ Un COUPLE MOTEUR a pour effet d'augmenter la vitesse de rotation des organes d'un système mécanique.

▶ Un COUPLE RÉSISTANT a pour effet de freiner la vitesse de rotation des organes d'un système mécanique.

Pour actionner un système de transmission du mouvement ou pour augmenter la vitesse de rotation de ses organes, il faut donc que le couple moteur soit plus grand que le couple résistant. Par exemple, lorsqu'on monte une côte à bicyclette, il faut que le couple moteur déployé par la force des jambes soit supérieur à toutes les forces responsables du couple résistant, dont les forces de frottement avec le sol, l'air ainsi que la force gravitationnelle.

I3.35 Dans ce fardier, le moteur génère les forces responsables du couple moteur qui permet au véhicule d'accélérer. Le poids des billots de bois contribue au couple résistant.

I3.36 LES CHANGEMENTS DE VITESSE DE ROTATION OCCASIONNÉS PAR LA DIFFÉRENCE D'INTENSITÉ DES COUPLES MOTEURS ET DES COUPLES RÉSISTANTS

Comparaison de l'intensité des couples	Effet sur la vitesse des organes
Couple moteur = couple résistant	Aucun changement de vitesse
Couple moteur > couple résistant	Augmentation de la vitesse
Couple moteur < couple résistant	Diminution de la vitesse

ST STE ATS ⑤ Les systèmes de transformation du mouvement

TECH
N° 12

CONCEPT DÉJÀ VU

Fonction, composantes et utilisation des systèmes de transformation du mouvement (vis et écrou, cames, bielles, manivelles, coulisses et systèmes bielle et manivelle, pignon et crémaillère)

Jusqu'ici, les systèmes que nous avons examinés sont ceux qui transfèrent le mouvement sans en modifier la nature. Néanmoins, dans plusieurs objets techniques, il est souvent utile de transférer un mouvement tout en modifiant sa nature. Alors, des systèmes de transformation du mouvement sont utilisés.

▶ La TRANSFORMATION DU MOUVEMENT est une fonction mécanique qui consiste à communiquer un mouvement d'une pièce à une autre tout en modifiant sa nature.

LES PARTICULARITÉS DU MOUVEMENT DANS LES SYSTÈMES DE TRANSFORMATION

Les principaux systèmes de transformation du mouvement que l'on trouve dans les objets techniques sont présentés ci-dessous.

 13.37 Les particularités du mouvement dans les principaux systèmes de transformation du mouvement.

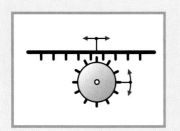

LES SYSTÈMES À PIGNON ET CRÉMAILLÈRE

TRANSFORMATIONS POSSIBLES

Rotation   ⟶   Translation
Ou Translation ⟶ Rotation

POSSIBILITÉ DE RÉVERSIBILITÉ
Oui

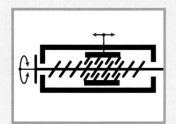

LES SYSTÈMES À VIS ET À ÉCROU TYPE I

TRANSFORMATION POSSIBLE
Rotation ⟶ Translation

POSSIBILITÉ DE RÉVERSIBILITÉ
Non

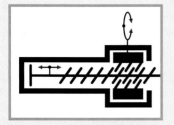

LES SYSTÈMES À VIS ET À ÉCROU TYPE II

TRANSFORMATION POSSIBLE
Rotation ⟶ Translation

POSSIBILITÉ DE RÉVERSIBILITÉ
Non

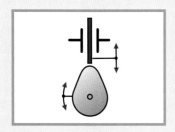

LES SYSTÈMES À CAME ET À TIGE-POUSSOIR

TRANSFORMATION POSSIBLE
Rotation ⟶ Translation

POSSIBILITÉ DE RÉVERSIBILITÉ
Non

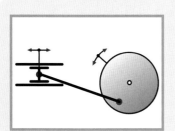

LES SYSTÈMES À BIELLE ET À MANIVELLE

TRANSFORMATIONS POSSIBLES

Rotation   ⟶   Translation
Ou Translation ⟶ Rotation

POSSIBILITÉ DE RÉVERSIBILITÉ
Oui

La figure 13.37 indique, pour chacun de ces systèmes, les mouvements des pièces qui les composent et précise les transformations de mouvement qu'ils peuvent exécuter. Lorsqu'un système de transformation du mouvement peut être utilisé autant pour transformer un mouvement de rotation en mouvement de translation que l'inverse, il est alors réversible.

ST STE ATS 5.2 LA CONSTRUCTION DES SYSTÈMES DE TRANSFORMATION DU MOUVEMENT

Pour construire les systèmes de transformation du mouvement, les ingénieurs doivent tenir compte de divers facteurs, selon le système qu'il leur faut concevoir. Voyons, pour les systèmes de transformation du mouvement les plus utilisés, les principaux éléments qu'il faut prendre en considération lors de leur conception.

13.38 Le moulin à vent, ancêtre de l'éolienne, est parfois doté d'un système de transformation du mouvement.

ST STE ATS LES SYSTÈMES À PIGNON ET À CRÉMAILLÈRE

Les systèmes à pignon et à crémaillère comportent au moins une roue dentée appelée «pignon» et une tige dentée qu'on appelle «crémaillère».

Crémaillère

Pignon

A Les dents du pignon et de la crémaillère doivent être identiques.

B Il faut souvent lubrifier ce système pour éviter qu'il ne s'use.

C Plus un pignon a un nombre de dents élevé, moins grande sera sa vitesse de rotation.

13.39 Les principaux éléments dont il faut tenir compte lors de la construction d'un système à pignon et à crémaillère.

LES SYSTÈMES À VIS ET À ÉCROU

ST
STE
ATS

Il existe deux types de systèmes à vis et à écrou qui permettent de transformer un mouvement. Dans le premier type, c'est la vis qui est l'organe moteur et son mouvement de rotation est transformé en mouvement de translation de l'écrou. Par exemple, ce type de système à vis et à écrou entre dans la conception des crics servant, entre autres, à soulever des voitures.

Dans le deuxième type, c'est plutôt un écrou qui est l'organe moteur, et son mouvement de rotation est transformé en mouvement de translation de la vis. Ce type de système à vis et à écrou est utilisé, notamment, dans des clefs à tuyau. La figure 13.40 montre les éléments dont il faut tenir compte lors de la construction de tels systèmes.

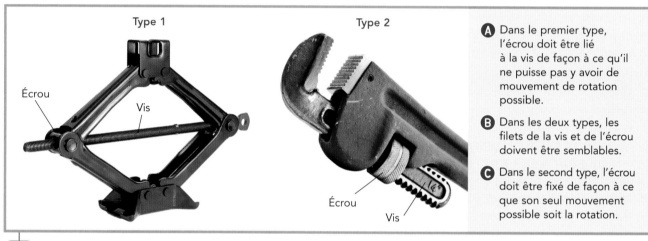

Type 1 — Écrou, Vis

Type 2 — Écrou, Vis

A Dans le premier type, l'écrou doit être lié à la vis de façon à ce qu'il ne puisse pas y avoir de mouvement de rotation possible.

B Dans les deux types, les filets de la vis et de l'écrou doivent être semblables.

C Dans le second type, l'écrou doit être fixé de façon à ce que son seul mouvement possible soit la rotation.

13.40 Les principaux éléments dont il faut tenir compte lors de la construction des systèmes à vis et à écrou.

LES SYSTÈMES À CAME ET À TIGE-POUSSOIR, ET LES EXCENTRIQUES

ST
STE
ATS

Les systèmes à came et à tige-poussoir servent à transformer le mouvement de rotation d'une came en un mouvement de translation alternatif d'une tige, c'est-à-dire un mouvement de va-et-vient, comme celui des machines à coudre. La figure 13.41 montre les principaux éléments dont il faut tenir compte lors de la construction d'un tel système.

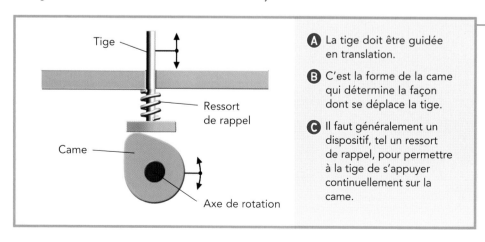

Tige, Ressort de rappel, Came, Axe de rotation

A La tige doit être guidée en translation.

B C'est la forme de la came qui détermine la façon dont se déplace la tige.

C Il faut généralement un dispositif, tel un ressort de rappel, pour permettre à la tige de s'appuyer continuellement sur la came.

13.41 Les principaux éléments dont il faut tenir compte lors de la construction des systèmes à came et à tige-poussoir.

Dans ces systèmes, on emploie parfois des cames particulières qu'on appelle des «excentriques». Comme le montre la figure 13.42, l'axe de rotation des cames est placé en son centre, tandis que celui des excentriques n'est pas placé en son centre.

«Excentrique» provient du latin *excentricus*, qui signifie «qui est hors du centre».

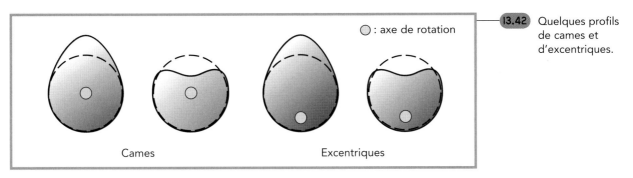

13.42 Quelques profils de cames et d'excentriques.

Cames   Excentriques

ST STE ATS LES SYSTÈMES À BIELLE ET À MANIVELLE

Les systèmes à bielle et à manivelle sont, entre autres, utilisés dans les moteurs à combustion interne pour transformer le mouvement de translation du piston en un mouvement de rotation du vilebrequin, entraînant la rotation des roues. La figure 13.43 illustre les principaux éléments à prendre en compte lors de la construction d'un tel système.

1858
1913

Rudolph Diesel

Parmi les objets techniques comportant un système à bielle et à manivelle figurent les moteurs de type Diesel. Ils sont ainsi nommés en l'honneur de Rudolph Diesel, un ingénieur allemand, qui conçut le premier un moteur de ce type, dont la combustion se fait sans bougie d'allumage, mais plutôt grâce à la compression d'un mélange d'air et d'huile vaporisée.

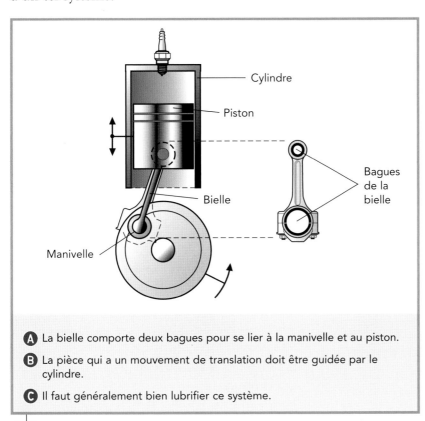

Cylindre

Piston

Bagues de la bielle

Bielle

Manivelle

Ⓐ La bielle comporte deux bagues pour se lier à la manivelle et au piston.

Ⓑ La pièce qui a un mouvement de translation doit être guidée par le cylindre.

Ⓒ Il faut généralement bien lubrifier ce système.

13.43 Les principaux éléments dont il faut tenir compte lors de la construction d'un système à bielle et à manivelle.

VERDICT

ST 1, 2 et 4, 7 à 13, 15 à 17, A, C et E.

ATS 1 à 17, A à E.

STE 1 à 13, 15 à 17, A à E.

SE Aucune.

1 Qu'est-ce que l'ingénierie mécanique ? (p. 426)

1. Quelle branche en science et en technologie se concentre plus particulièrement sur l'étude des objets techniques comportant des pièces en mouvement ?

2 Les liaisons dans les objets techniques (p. 427-430)

2. Observez cette bicyclette.

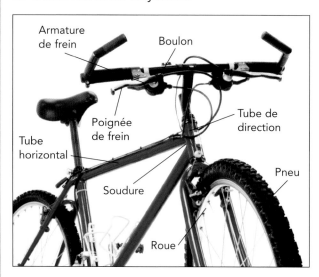

a) Quelles sont les quatre caractéristiques de la liaison entre les pneus et leur roue ? Justifiez chacune des caractéristiques.

b) Quelles sont les quatre caractéristiques de la liaison entre l'armature du frein et la poignée du frein ? Justifiez chacune des caractéristiques.

c) Quelles sont les caractéristiques de la liaison entre le tube horizontal et le tube de direction ? Justifiez chacune des caractéristiques.

3. Combien de degrés de liberté possède la roue avant de la bicyclette illustrée à la question 2 ? Expliquez votre réponse.

3 La fonction guidage (p. 431-435)

4. Observez les trois objets suivants.

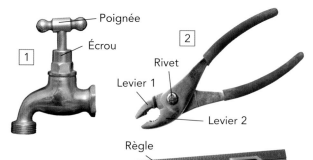

a) Pour chacun de ces trois objets, précisez le type de guidage utilisé.

b) Identifiez les organes de guidage dans chacun des objets.

5. Pour chacun des énoncés suivants, précisez quel facteur de variation de l'adhérence entre deux surfaces est mis en évidence.

a) Sur les marches d'un escalier, on appose des bandes rugueuses afin d'éviter que des personnes glissent lorsqu'elles y montent.

b) Généralement, plus il fait froid, mieux un ski de fond glisse sur la neige.

c) Pour faire du sport dans un gymnase, il ne faut pas porter de souliers avec des semelles en cuir, pour éviter les blessures.

d) Chaque printemps, Youri applique de l'huile sur la chaîne de sa bicyclette, afin d'éviter qu'elle s'use prématurément.

6. Lors de plusieurs compétitions sportives en gymnastique, par exemple au cours de l'épreuve de la barre fixe, les athlètes recouvrent leurs mains de poudre.

a) Quelle est la fonction mécanique de la poudre ?

b) Quelle est l'utilité de la poudre lors de cette épreuve ?

4 Les systèmes de transmission du mouvement (p. 435-445)

7. Observez ci-contre le système de transmission du mouvement souvent utilisé pour orienter le conduit d'éjection d'une souffleuse à neige.

a) Comment s'appelle ce système de transmission du mouvement ?

b) Précisez le nom de l'organe moteur de ce système et indiquez de quelle couleur il est illustré.

c) Précisez le nom de l'organe mené de ce système et indiquez de quelle couleur il est illustré.

d) Ce système de transmission du mouvement comporte-t-il un organe intermédiaire ? Si oui, quel est son nom ?

e) Si un utilisateur décide d'orienter le conduit d'éjection en forçant directement sur cette pièce, cela risque d'endommager le système de transmission du mouvement. Expliquez pourquoi.

8. On propose comme défi à Inès de fabriquer un système à roues dentées comportant deux roues dentées à partir des roues dentées suivantes.

a) Quelles roues Inès devra-t-elle choisir pour réaliser son système à roues dentées ?

b) Sur quelle particularité des roues s'est-elle penchée pour faire son choix ?

A   B   C

9. Parmi les systèmes de transmission du mouvement ci-dessous, déterminez ceux où les mouvements de rotation sont correctement illustrés.

a)   b)

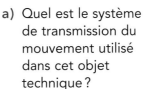

c)   d)

10. Observez le mécanisme ci-contre.

a) Quel est le système de transmission du mouvement utilisé dans cet objet technique ?

b) Quel type de roue est utilisé dans ce système ?

11. À partir des informations données dans les illustrations, calculez le rapport de vitesse des roues dans chacun des systèmes de transmission du mouvement suivants.

a)

20 cm — 10 cm

b)

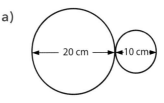

20 cm — 4 cm

12. Observez les deux systèmes à roue dentée et à vis sans fin ci-dessous.

a) 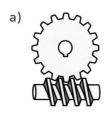 b)

Identifiez le système où la diminution de la vitesse de rotation est la plus importante. Expliquez pourquoi.

13. Dans le système à chaîne et à roues dentées ci-dessous, la vitesse de rotation de la roue motrice est de 60 tours par minute. À partir des informations données dans l'illustration, calculez la vitesse de rotation de l'autre roue. Exprimez votre réponse en tours/minute.

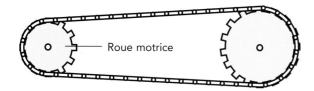

Roue motrice

14. L'objet ci-dessous est une chignole. Elle permet de percer des trous en actionnant la manivelle.

a) Quelle est la couleur de la roue dentée sur laquelle s'applique le couple moteur lorsqu'on perce un trou?

b) Sachant que l'acier est plus dur que l'épinette, est-ce que le couple résistant sera plus intense lors de la perforation dans un morceau d'acier ou dans un morceau d'épinette? Justifiez votre réponse.

5 **Les systèmes de transformation du mouvement** (p. 445-449)

15. Observez le système de transformation du mouvement ci-dessous.

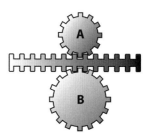

a) Comment s'appelle ce système de transformation du mouvement?

b) Laquelle des deux roues dentées aura la vitesse de rotation la plus élevée? Expliquez pourquoi.

16. Pour arriver à tendre la corde d'une corde à linge, on peut employer un tendeur, tel que le montre la figure ci-dessous. Précisez quel système de transformation du mouvement est utilisé dans ce cas.

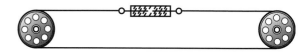

17. Observez les systèmes de transformation du mouvement ci-dessous.

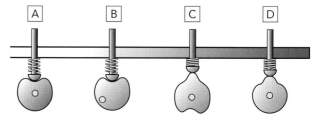

a) Comment appelle-t-on ces systèmes de transformation du mouvement?

b) Précisez lequel de ces quatre systèmes est construit à l'aide d'un excentrique. Expliquez pourquoi.

c) Quelle est l'utilité du ressort dans ces systèmes?

d) Dans lequel des quatre systèmes la tige se soulèvera-t-elle le plus haut?

questions synthèses

A. Observez le contenant de correcteur liquide ci-contre.

   a) Quelles sont les caractéristiques de la liaison entre le couvercle et la tige du pinceau?

   b) Quelles sont les caractéristiques de la liaison entre le couvercle et le réservoir?

   c) Dans cet objet, quelle pièce agit à titre d'organe de guidage?

   d) Quelle forme de guidage est présente dans cet objet?

   e) Quelle particularité possède l'organe de guidage qui lui permet d'offrir ce type de guidage?

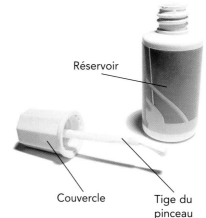

Réservoir

Couvercle

Tige du pinceau

B. Précisez combien de degrés de liberté ont les pièces suivantes dans le contenant de correcteur liquide illustré à la question précédente.

   a) Le couvercle, lorsqu'il est lié au réservoir.

   b) La tige du pinceau, lorsqu'elle est liée au couvercle.

C. Parmi les types de colle les plus utilisés figure la colle en bâton. Dans le tube, le bâton de colle est lié à un écrou. Pour faire sortir ou entrer le bâton de colle du tube, il suffit de tourner la tête de la vis à la base du tube.

   a) Dans les objets techniques, quelle fonction mécanique a habituellement la colle?

   b) Quelle pièce agit comme organe de guidage pour le mouvement du bâton de colle? Précisez quel est le type de guidage.

   c) Le système permettant de faire entrer ou sortir le bâton de colle du tube est-il un système de transmission du mouvement ou un système de transformation du mouvement? Spécifiez de quel système il s'agit.

   d) Donnez les quatre caractéristiques de la liaison entre le couvercle et le tube.

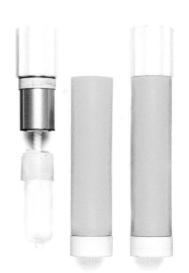

D. Observez le tube de colle en bâton illustré à la question précédente.

   a) Combien de degrés de liberté possède l'écrou dans le tube de colle? Précisez lequel ou lesquels.

   b) Le couvercle jouit de combien de degrés de liberté lorsqu'il est lié au tube de colle? Spécifiez lequel ou lesquels.

   c) Expliquez pourquoi il est important qu'il y ait de l'adhérence entre une colle et les pièces qui sont à lier.

E. Préparez votre propre résumé du chapitre 13 en construisant un réseau de concepts.

COMMENT BÂTIR UN RÉSEAU DE CONCEPTS

LES VOITURES HYBRIDES

Au 19e siècle, l'avènement de l'automobile a été accueilli comme une amélioration environnementale importante : plus besoin de ramasser les excréments de chevaux qui empestaient, transportaient des maladies et dans lesquels on risquait, à tout moment, de mettre le pied. Il aura fallu à peine plus de 100 ans pour que l'automobile pose, à son tour, un problème environnemental beaucoup plus important. Les gaz qu'elle émet contribuent de manière significative au réchauffement climatique. Au Canada, les transports sont responsables d'environ 25 % des émissions de gaz à effet de serre (GES), qui ont augmenté de 27 % entre 1990 et 2004.

L'ALIMENTATION HYBRIDE

À la fin du 20e siècle, les constructeurs d'automobiles ont tenté de trouver des solutions à ce problème. La plupart des véhicules de transport, comme les automobiles, les motocyclettes et les camions, fonctionnent avec un moteur à combustion interne : l'énergie thermique dégagée par la combustion d'essence est transformée en énergie mécanique qui entraîne les roues. Pour réduire les émissions de GES par les voitures, on a pensé diversifier la source d'énergie. Dans une voiture hybride, le moteur à combustion est secondé par un moteur électrique qui prend le relais à certains moments.

En 1997, alors que la première voiture hybride apparaissait sur le marché japonais, l'industrie de l'automobile prenait un nouveau virage. Peu performants et très coûteux au départ, les véhicules hybrides se comparent presque, aujourd'hui, aux véhicules traditionnels, et les ingénieurs continuent d'améliorer leur technologie.

Le fonctionnement d'un véhicule hybride varie d'une voiture à l'autre. Néanmoins, il a tour à tour recours à deux modes d'alimentation. À haute vitesse, sur l'autoroute par exemple, il utilise le moteur à combustion. Celui-ci entraîne le véhicule tout en rechargeant la batterie du moteur électrique qui récupère et stocke les surplus d'énergie. Puis, en cas de grande accélération, le moteur à combustion et le moteur électrique fonctionnent en même temps, ce qui assure une performance au moins égale à une voiture traditionnelle. Enfin, seul le moteur électrique est utilisé lorsque le conducteur roule à 50 km/h ou moins, ainsi que pour démarrer et freiner. La voiture hybride est donc idéale pour la conduite en ville où elle réduit de 50 % les émissions de GES comparativement à 10 % sur les autoroutes.

VERS DES VOITURES À ÉNERGIE RENOUVELABLE

Les voitures hybrides coûtent encore cher. Malgré les subventions accordées par les gouvernements, l'acheteur paie tout de même davantage que pour une voiture similaire conventionnelle. Ces coûts sont

La voiture hybride, surtout de petite taille, est l'une des solutions au problème toujours croissant de la pollution engendrée par les transports qui contribue, de façon significative, au réchauffement climatique.

appelés à baisser, mais, en même temps, le nombre de voitures croît rapidement dans le monde. En 2025, prévoient les experts, il aura doublé, en raison, surtout, de l'industrialisation de la Chine. Éliminer les GES émis par les voitures est un combat difficile et les voitures hybrides ne règlent pas tout. De plus, les véhicules utilitaires sport, même hybrides, émettent plus de GES que les petites voitures à essence. Donc, une autre solution serait de réduire la taille des véhicules, ce qui, en général, est contraire à la tendance en Amérique du Nord.

Plusieurs constructeurs étudient actuellement la possibilité de mettre sur le marché, d'ici 2012, une voiture hybride rechargeable, ce qui permettrait une autonomie électrique d'environ 60 kilomètres : on pourrait recharger le véhicule le soir à la maison avant de retourner au travail le lendemain. À plus long terme, on espère éliminer complètement l'utilisation des moteurs à essence pour les remplacer par des moteurs qui fonctionneraient uniquement avec des énergies renouvelables, comme l'électricité.

---

1. Pourquoi considère-t-on l'énergie mécanique qui provient d'un moteur électrique plus verte que celle d'un moteur à combustion ? Donnez au moins deux raisons.

2. Comment pouvez-vous contrer les effets néfastes de l'utilisation du moteur à combustion lors du choix d'un moyen de transport ? Donnez quelques exemples.

1999 — Lancement du baladeur MP3 à disque dur

1979 — Premières consoles portables de jeux électroniques et premiers téléphones portables

1971 — Premier microprocesseur et premier micro-ordinateur

1947 — Invention du transistor

1943 — Premier ordinateur électronique programmable

1929 — Première théorie cohérente sur les semi-conducteurs

1904 — Invention de la diode

1887 — Premier réseau électrique à courant alternatif

1874 — Invention de l'ampoule électrique

1861 — Invention du four électrique

1837 — Premier télégraphe électrique

1745 — Mise au point du premier condensateur électrique

1729 — Découverte des conducteurs et des isolants électriques

L'invention de l'ampoule électrique, il y a près de 150 ans, a révolutionné le mode de vie des sociétés modernes. Depuis, les ingénieurs ont utilisé des circuits électriques dans une multitude d'applications, telles que les grille-pain et les réfrigérateurs. Au fil des ans, les circuits se sont perfectionnés à un point tel qu'ils peuvent maintenant traiter les signaux électriques pour en extraire de l'information. C'est l'univers de l'électronique, qui a donné naissance aux micro-ordinateurs, aux baladeurs MP3 et aux lecteurs de DVD. Quelles sont les composantes qui permettent de construire des circuits électriques et électroniques ? Quelles sont leurs fonctions ? Comment les choisir et les assembler ? C'est ce que nous verrons dans ce chapitre.

L'ingénierie
électrique

1 Qu'est-ce que l'ingénierie électrique ?

ST STE ATS

De nos jours, il serait inconcevable de vivre sans électricité. Une panne de quelques heures suffit à prouver notre dépendance au réseau électrique. En effet, l'électricité sert à l'éclairage, au chauffage et à la climatisation. Elle alimente les appareils ménagers et les appareils électroniques, comme les téléviseurs, les téléphones portables et les ordinateurs.

La conception et le développement de tous ces objets et systèmes électriques relèvent de l'ingénierie électrique, aussi appelée «génie électrique». Cette science couvre un champ très vaste d'applications: elle porte autant sur les systèmes de production, de transport et d'utilisation de l'énergie électrique que sur les systèmes de communication et l'avionique.

L'ingénierie électrique comprend deux grands domaines: l'électricité et l'électronique. Nous verrons la différence entre ces deux domaines dans la section qui suit.

CONCEPTS DÉJÀ VUS

- Composantes d'un système
- Standards et représentations (schémas, symboles)

14.1 Les réseaux électriques sont conçus grâce à l'ingénierie électrique.

1.1 L'ÉLECTRICITÉ ET L'ÉLECTRONIQUE

ST STE ATS

Tous les dispositifs électriques, comme les fers à repasser, et électroniques, comme les ordinateurs, fonctionnent à l'aide de CIRCUITS ÉLECTRIQUES. La principale différence entre l'électricité et l'électronique réside dans la conception des composantes de ces circuits.

- Les composantes électroniques (diodes, transistors, etc.) sont fabriquées à l'aide d'un matériau particulier, appelé «SEMI-CONDUCTEUR» (le silicium pour l'essentiel), au lieu des CONDUCTEURS, métaux et alliages, utilisés généralement en électricité (le cuivre surtout).

- Les composantes électroniques se distinguent par une miniaturisation très poussée et des courants très faibles, alors que la plupart des composantes électriques sont conçues pour faire fonctionner des circuits de plus forte puissance, comme des moteurs électriques.

- Dans les composantes électroniques, la conduction électrique peut être commandée de manière plus fine que dans les composantes électriques. C'est ce qui permet le traitement de l'information.

Malgré ces différences non négligeables, les composantes électroniques ne dérogent pas aux lois générales de l'électricité.

14.2 L'installation du circuit électrique d'une maison relève du domaine de l'électricité.

14.3 Le travail sur des circuits d'ordinateur relève du domaine de l'électronique.

ST STE ATS **1.2** LES CIRCUITS ÉLECTRIQUES

Un circuit électrique (ou électronique) consiste en un ensemble simple ou complexe de conducteurs et de composantes parcouru par un COURANT ÉLECTRIQUE. La figure 14.4 présente un exemple de circuit électrique. Comme le montre cette figure, le SENS CONVENTIONNEL DU COURANT va de la borne positive vers la borne négative. En réalité, les électrons se déplacent dans le sens opposé (*voir à la page 150*).

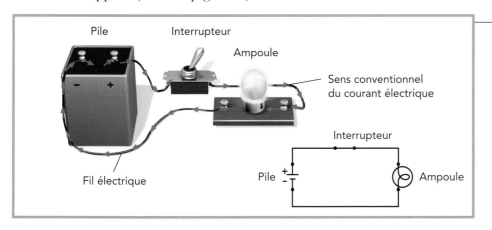

14.4 Voici un exemple de circuit électrique (à gauche) et son schéma (à droite).

La figure 14.4 (*à la page précédente*) montre aussi le schéma du circuit illustré. En fait, le schéma est à l'électricité ce que la partition est à la musique. Il s'agit d'une représentation symbolique montrant l'assemblage des diverses composantes formant un circuit électrique. On y emploie des symboles conventionnels pour représenter les composantes. Le tableau 14.5 indique quelques-uns de ces symboles.

COMMENT DESSINER
UN SCHÉMA

14.5 QUELQUES SYMBOLES DE COMPOSANTES DE CIRCUITS ÉLECTRIQUES

Nom	Symbole	Nom	Symbole
Source de courant continu		Dispositifs de protection (fusible, disjoncteur)	
Source de courant alternatif		Résistance ou appareil consommant de l'électricité	
Pile électrique		Ampoule	
Cellule photoélectrique		Condensateur	
Interrupteur		Diode	
Prise de courant		Diode électroluminescente (DEL)	
Fil électrique		Transistor	

ST
STE
ATS **LE COURANT CONTINU ET LE COURANT ALTERNATIF**

Le courant électrique peut être continu ou alternatif. Tout dépend de la façon dont les ÉLECTRONS circulent dans le circuit.

Dans un courant continu (abréviation CC, ou DC, de l'anglais *direct current*), les électrons se déplacent continuellement dans le même sens. Les piles et les batteries sont des exemples de sources de courant continu.

▶ Un **COURANT CONTINU** est un courant électrique dans lequel les électrons se déplacent continuellement dans la même direction.

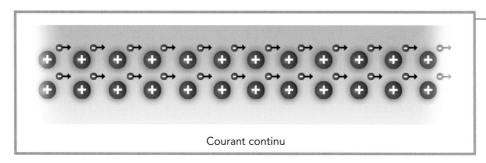

Courant continu

14.6 Un courant continu est un courant dans lequel la circulation des électrons se fait dans un seul sens.

DES VERRES DE CONTACT FUTURISTES

Une équipe de chercheurs de l'Université de Washington a mis au point des verres de contact révolutionnaires. Flexibles et sécuritaires, ces verres intègrent un circuit électrique.

Cette percée permettra aux usagers de consulter des documents superposés à la vision régulière, qui restera inchangée. En regardant sur un mur blanc, on pourra par exemple voir apparaître le carnet d'adresses que l'on vient de télécharger. L'œil bionique permettra aussi à son utilisateur de jouer à des jeux ou de naviguer sur Internet.

Le dispositif n'obstrue pas la vue normale. En effet, il existe une large zone, en périphérie de l'œil, où l'information peut être placée.

Le prototype a été expérimenté sur des lapins pendant plus de 20 minutes et aucun effet secondaire n'a été observé.

Adapté de : «Des lentilles cornéennes futuristes», Radio-Canada.ca [en ligne]. (Consulté le 18 janvier 2008.)

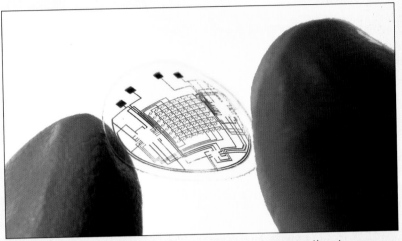

Les verres de contact du futur pourraient disposer de circuits électriques intégrés.

Dans un courant alternatif (abréviation CA, ou AC, de l'anglais *alternating current*), les électrons changent de direction plusieurs fois par seconde. Les centrales électriques sont des générateurs de courant alternatif. En Amérique du Nord, la fréquence du courant est de 60 Hz (hertz), c'est-à-dire que les électrons effectuent 60 mouvements de va-et-vient par seconde.

> ▶ Un **COURANT ALTERNATIF** est un courant électrique dans lequel les électrons se déplacent selon un mouvement de va-et-vient régulier.

L'ALTERNATIF L'EMPORTE ⓘ

Jusqu'au début du 20ᵉ siècle, on utilisait essentiellement le courant électrique continu, même dans les lignes de distribution. Petit à petit, le courant alternatif l'a remplacé, car il est plus facile à produire et à transporter sur de longues distances.

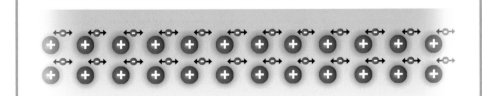

Courant alternatif

I4.7 Un courant alternatif est un courant dans lequel les électrons effectuent un mouvement de va-et-vient.

Quand les biologistes s'unissent aux ingénieurs électriciens

Les biologistes et les ingénieurs électriciens ont imaginé un moyen original de mesurer la toxicité des polluants d'un cours d'eau.

La méthode consiste à ajouter des bactéries de l'espèce *Vibrio fischeri* dans un échantillon d'eau prélevé sur le terrain. Ces bactéries sont lumines-centes: elles ont la particularité d'émettre de la lumière. Lorsqu'on les plonge dans un milieu toxique toutefois, cette lumière faiblit.

Pour mesurer la luminescence, on insère l'échantil-lon dans un appareil qui comporte une diode, une composante électronique, sensible à la lumière. Cette diode est reliée à un circuit électrique.

Lorsque la diode est exposée à une lumière intense, elle induit un important courant électrique dans le circuit. Lorsque la lumière est faible cependant, le

À l'aide d'appareils électroniques, on peut mesurer le degré de toxicité de l'eau en mesurant la luminescence d'une bactérie.

courant chute. Un ampèremètre inséré dans le circuit mesure l'intensité du courant. Il est ensuite pos-sible de convertir cette valeur en degré de toxicité.

ST STE ATS 1.3 LES FONCTIONS ÉLECTRIQUES

TECH
N° 13

Un circuit électrique ou électronique est constitué de composantes qui remplissent chacune une fonction. Selon le cas, les composantes serviront à l'alimentation, à la conduction, à l'isolation, à la protection, à la commande ou à la transformation d'énergie.

Par exemple, dans la figure 14.4 (*à la page 459*), la pile sert à la fonction ali-mentation et l'interrupteur, à la fonction commande.

> ◗ Une **FONCTION ÉLECTRIQUE** est le rôle que joue une compo-sante dans le contrôle ou la transformation du courant électrique.

Les prochaines sections de ce chapitre portent sur les fonctions électriques et sur quelques-unes des composantes qui remplissent ces fonctions dans les circuits.

ST STE ATS 2 La fonction alimentation

Pour qu'un circuit électrique ou électronique s'active, il faut qu'une source d'alimentation fournisse l'énergie nécessaire afin de faire circuler le courant dans les fils et les composantes du circuit. La figure 14.8 présente quelques sources d'alimentation électrique.

CONCEPT DÉJÀ VU

└ Fonction d'alimentation (ATS)

▶ La **FONCTION ALIMENTATION** est la fonction assurée par toute composante pouvant générer ou fournir un courant électrique dans un circuit.

LA PILE

C'est un dispositif qui transforme l'énergie d'une réaction chimique en énergie électrique.

AVANTAGES ET INCONVÉNIENTS

Les appareils équipés d'une pile sont portatifs. La pile, toutefois, doit être remplacée après une durée de temps limitée. Les piles rejetées dans les sites d'enfouissement peuvent contaminer le milieu environnant en laissant s'échapper des métaux lourds.

EXEMPLES D'APPLICATIONS

Baladeur MP3, montre, télécommande.

LA PRISE DE COURANT

C'est un dispositif muni de contacts destinés à recevoir les lames d'une fiche d'alimentation et relié de façon permanente au réseau électrique.

AVANTAGES ET INCONVÉNIENTS

Les appareils branchés à une prise murale profitent d'une source d'alimentation stable de très longue durée. Au Québec, où le réseau est surtout alimenté par les barrages hydroélectriques, cette source d'alimentation génère très peu de gaz à effet de serre, bien qu'elle nécessite l'inondation de vastes territoires. Toutefois, les appareils ne peuvent pas être déplacés très loin de la prise de courant. Ils s'éteignent lorsque survient une panne du réseau électrique.

EXEMPLES D'APPLICATIONS

Téléviseur, réfrigérateur, ordinateur.

LA CELLULE PHOTOVOLTAÏQUE (OU PHOTOÉLECTRIQUE)

C'est un dispositif électronique qui, exposé à la lumière, génère un courant électrique.

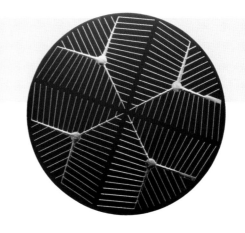

AVANTAGES ET INCONVÉNIENTS

Les cellules photovoltaïques peuvent alimenter les installations situées en région isolée, loin des réseaux électriques. Elles peuvent aussi alimenter des objets portatifs ou mobiles, comme des calculatrices ou des voitures. Elles ne génèrent pas de gaz à effet de serre et ont une durée de vie de 20 à 30 ans. Leur fonctionnement dépend toutefois de l'ensoleillement. Elles sont beaucoup plus coûteuses que les autres sources d'alimentation.

EXEMPLES D'APPLICATIONS

Maison solaire, calculatrice, voiture solaire.

14.8 Quelques sources d'alimentation électrique.

3 Les fonctions conduction, isolation et protection

De la source d'alimentation, le courant circule dans des fils électriques. C'est ce qu'on appelle la «conduction». Les fils doivent être isolés à l'aide de matériaux non conducteurs pour éviter les incidents tels que des chocs électriques ou des COURTS-CIRCUITS. Souvent, on ajoute également des éléments de protection dans les circuits électriques, par exemple des fusibles. Nous verrons plus en détail en quoi consistent la conduction, l'isolation et la protection des circuits électriques dans les sections suivantes.

CONCEPT DÉJÀ VU

└ Fonction de conduction, d'isolation et de protection (ATS)

ST STE ATS 3.1 LA FONCTION CONDUCTION

La fonction conduction est principalement assurée par les fils électriques. Ces derniers servent à transporter les électrons, c'est-à-dire le courant électrique, tout au long du circuit. Ils sont composés de matériaux conducteurs, principalement de cuivre.

D'autres composantes que les fils peuvent servir à des fonctions de conduction. Par exemple, deux pièces métalliques en contact permettent le passage du courant. Le corps humain peut aussi conduire l'électricité. C'est pourquoi il faut être prudent quand on travaille sur des circuits électriques.

> La **FONCTION CONDUCTION** est la fonction assurée par toute composante pouvant transmettre un courant électrique d'une partie à une autre d'un circuit électrique.

ENCORE ET TOUJOURS UTILE : LE CUIVRE

Le cuivre possède une conductibilité électrique exceptionnelle. Depuis l'invention du téléphone, c'est le matériau de choix pour les réseaux de communication. Bien qu'on ait tendance à le remplacer par des fibres optiques, le cuivre est toujours le matériau de choix pour la fabrication des câbles souterrains. 📖 19

14.9 Le cuivre est le métal le plus souvent utilisé pour fabriquer des fils électriques.

LE CIRCUIT IMPRIMÉ

Depuis l'avènement de l'ère électronique, une véritable course à la miniaturisation s'est engagée dans le monde de l'ingénierie. Les épais fils de cuivre, gainés de caoutchouc et connectés à des interrupteurs, ne conviennent pas aux téléphones cellulaires, aux baladeurs MP3 et aux consoles portables de jeux vidéo. Pour les remplacer, on fait appel aux circuits imprimés.

Un circuit imprimé se compose essentiellement d'une plaquette d'environ 1 mm d'épaisseur, souvent faite de matières plastiques et doublée d'une fine couche de cuivre. À l'aide d'opérations de gravure, puis de dissolution, de larges portions de la couche de cuivre sont enlevées pour ne laisser que le circuit électrique, imprimé sur la plaquette. De petits trous sont ensuite percés dans la plaquette pour y placer, par soudure, toutes les composantes électriques et électroniques utiles au fonctionnement du circuit.

14.10 Presque tous les dispositifs électroniques sont construits à l'aide de circuits imprimés.

▶ Un **CIRCUIT IMPRIMÉ** est un circuit électrique, imprimé sur une plaquette rigide qui lui sert de support.

Les plaquettes les plus modernes peuvent supporter plusieurs épaisseurs de circuits, séparées par un isolant.

LE TÉLÉPHONE SANS FIL RECHARGÉ... SANS FIL

Après les télécommandes sans fil, les téléphones sans fil et les ordinateurs sans fil, disposerons-nous bientôt de chargeurs de batterie... sans fil? C'est ce que nous promettent actuellement les chercheurs.

Depuis plus de 200 ans, les scientifiques savent qu'il est possible de transférer de l'énergie d'un système à un autre sans qu'il y ait nécessairement un contact physique entre eux. Par exemple, un courant qui circule dans un bobinage induit un courant dans un second bobinage, avec lequel il n'est pas en contact.

Bien sûr, ces transferts sans fil se déroulent à de petites distances: quelques millimètres. Ce que les chercheurs se proposent de mettre au point est un système similaire qui fonctionnerait à plus grande échelle. Ce nouveau système utiliserait l'énergie d'ondes électromagnétiques perceptibles uniquement pour l'appareil auquel elles sont destinées.

La tendance est à l'élimination des fils de plusieurs appareils électroniques.

ST STE ATS 3.2 LA FONCTION ISOLATION

Comme le corps humain est un bon conducteur d'électricité, pour éviter les chocs électriques, les fils sont gainés d'un matériau isolant tel qu'une matière plastique. Très mauvais conducteurs, les ISOLANTS empêchent les électrons de quitter les fils électriques. Non seulement protègent-ils les êtres humains, mais ils préviennent aussi les courts-circuits en empêchant deux fils d'entrer en contact.

D'autres composantes, comme des boîtiers de plastique ou de céramique, peuvent servir à isoler les circuits électriques de leur environnement.

La FONCTION ISOLATION est la fonction assurée par toute composante pouvant empêcher un courant électrique de passer.

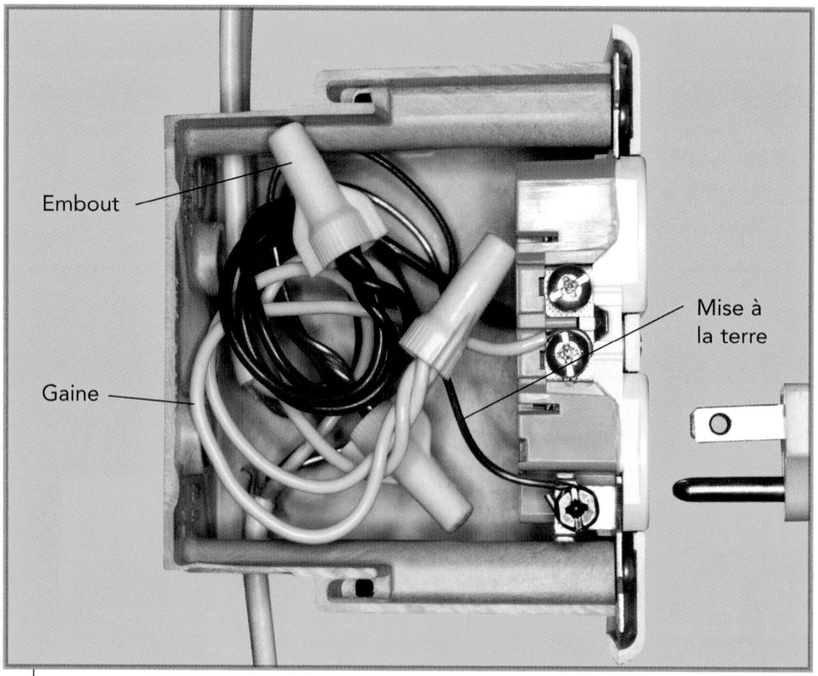

14.11 À l'intérieur de cette prise électrique, tous les fils sont isolés par des gaines ou des embouts isolants. Le fil de mise à la terre n'est pas isolé, car il ne circule habituellement aucun courant dans ce dispositif de sécurité.

1683
1744

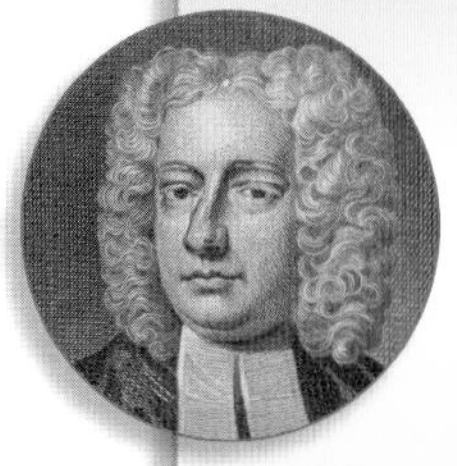

Jean Théophile Désaguliers

Né en France, élevé en Angleterre, Jean Théophile Désaguliers s'est fait connaître par ses travaux scientifiques, notamment en électricité. Il a été le premier à utiliser les mots «isolants» et «conducteurs» pour distinguer les corps qui conduisent l'électricité de ceux qui ne le font pas.

ST STE ATS 3.3 LA FONCTION PROTECTION

TECH N° 14

Il peut arriver qu'un circuit électrique fasse défaut, comme lorsque survient un court-circuit ou une surcharge du circuit (lorsque trop d'appareils sont branchés à une prise, par exemple). Pour éviter qu'un accident grave (incendie ou choc électrique) ne se produise dans ce cas, on peut brancher un dispositif de protection, tel qu'un fusible ou un disjoncteur, au circuit électrique.

«Disjoncteur» vient du latin disjungere, qui signifie «séparer».

▶ La **FONCTION PROTECTION** est la fonction assurée par toute composante pouvant interrompre automatiquement la circulation d'un courant électrique en cas de situation anormale.

La figure 14.12 décrit le fonctionnement du fusible et celui du disjoncteur.

«Fusible» vient du mot latin fusum, qui signifie «fondu».

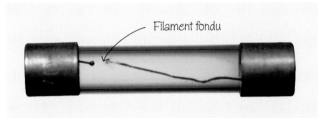

Filament fondu

LE FUSIBLE

Pendant le fonctionnement normal du circuit, le courant électrique traverse le fusible en empruntant un filament conducteur. Dès que l'intensité du courant dépasse un certain seuil, le filament fond et se rompt, ce qui empêche le courant de passer. Une fois brûlé, le fusible ne peut plus être utilisé. Il faut le remplacer.

LE DISJONCTEUR

Le disjoncteur est un dispositif de protection qui peut être réarmé autant de fois que nécessaire. Certains disjoncteurs sont dotés d'un bilame dans lequel passe le courant électrique. Lorsque l'intensité du courant est trop élevée, le bilame devient chaud, se courbe et coupe le contact. Un mécanisme se déclenche alors pour maintenir le circuit ouvert. D'autres disjoncteurs fonctionnent à l'aide d'un mécanisme électromagnétique.

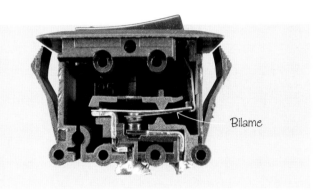

Bilame

14.12 Des dispositifs de protection.

STE ATS **3.4** LA RÉSISTANCE ÉLECTRIQUE

Les résistances sont des composantes qui servent à limiter le passage des électrons dans un circuit électrique. Elles fonctionnent un peu comme un tuyau de petit diamètre que l'on aurait inséré dans un système de canalisation. Même si une pompe est disponible pour envoyer de grands volumes d'eau dans le réseau, la circulation sera restreinte par le diamètre du petit tuyau. Les résistances fonctionnent de façon analogue, en limitant le passage des électrons dans un circuit.

▶ Une **RÉSISTANCE** est une composante conçue pour limiter le passage des électrons dans un circuit électrique.

Toutes les résistances n'ont pas la même valeur. Certaines restreignent plus le passage des électrons que d'autres. On exprime la valeur de la résistance en ohms (*voir à la page 153*), que l'on représente à l'aide de la lettre grecque oméga : Ω.

La plupart des résistances sont marquées par un code de couleurs qui indique leur valeur. Elles portent généralement quatre bandes de couleur, comme le montre la figure 14.13, à la page suivante.

COMMENT DÉTERMINER LES CARACTÉRISTIQUES D'UN COURANT ÉLECTRIQUE

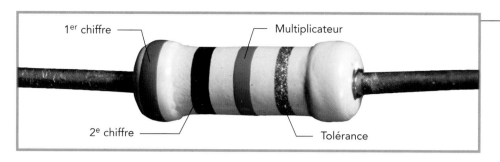

14.13 La valeur d'une résistance électrique est indiquée par un code de couleurs.

- La couleur de la première bande correspond au premier chiffre de la valeur recherchée.
- La couleur de la deuxième bande correspond au deuxième chiffre de la valeur recherchée.
- La couleur de la troisième bande correspond au facteur multiplicateur.
- La couleur de la quatrième bande correspond à la TOLÉRANCE.

Le tableau 14.14 donne les valeurs associées à chaque couleur.

14.14 LE CODE DE COULEURS DES RÉSISTANCES ÉLECTRIQUES

Chiffre	0	1	2	3	4	5	6	7	8	9	Or	Argent
Multiplicateur	1	10	10^2	10^3	10^4	10^5	10^6	10^7	10^8	10^9		
Tolérance	± 20%										± 5%	± 10%

Revenons à l'exemple de la résistance illustrée à la figure 14.13. Dans l'ordre, les bandes sont marron, noire, rouge et or:

- la bande marron correspond au chiffre 1 et la noire, au chiffre 0. On obtient donc 10;
- la bande rouge correspond à un facteur multiplicateur de 10^2. La résistance a donc une valeur de 10 × 100, soit 1000 Ω;
- la dernière bande, de couleur or, correspond à un facteur de tolérance de 5%. En effet, la valeur d'une résistance n'est pas précise à 100%. Dans le cas qui nous intéresse, sa valeur est de 1000 Ω ± 5%, c'est-à-dire qu'elle se situe entre 950 Ω et 1050 Ω.

Dans un circuit électrique tel que celui illustré à la figure 14.15, les besoins en intensité électrique peuvent varier d'un segment à l'autre. Les résistances permettent ainsi de contrôler l'intensité du courant dans les différents segments du circuit. Elles servent également à protéger les composantes sensibles du circuit en limitant le courant électrique qui les traverse.

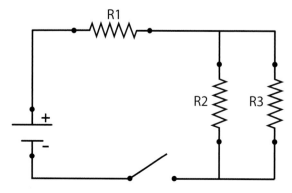

14.15 Ce circuit comporte plusieurs résistances de valeurs différentes (R1, R2 et R3).

4 La fonction commande

Pour que le courant puisse circuler dans un circuit électrique, il faut que ce dernier forme une boucle fermée. Les électrons peuvent alors circuler dans tout le circuit. La figure 14.16 montre un circuit fermé.

CONCEPT DÉJÀ VU

└ Fonction de commande (types : levier, poussoir, bascule, commande magnétique) (ATS)

> ◗ Un **CIRCUIT ÉLECTRIQUE FERMÉ** est un circuit qui permet au courant de circuler en boucle.

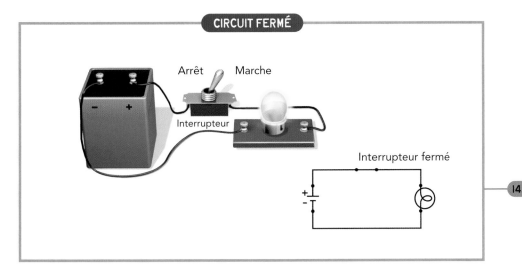

CIRCUIT FERMÉ

14.16 Quand le circuit est fermé, le courant peut circuler. Ici, l'ampoule s'allume.

Lorsque la boucle n'est pas complète, le circuit est ouvert. Dans ce cas, le courant électrique ne peut pas circuler dans le circuit, comme le montre la figure 14.17.

> ◗ Un **CIRCUIT ÉLECTRIQUE OUVERT** est un circuit qui ne permet pas au courant de circuler en boucle.

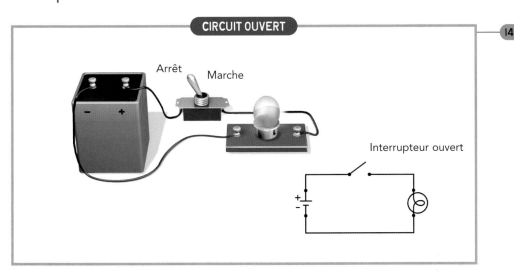

CIRCUIT OUVERT

14.17 Quand le circuit est ouvert, le courant ne peut pas circuler. Ici, l'ampoule ne s'allume pas.

La fonction commande permet d'ouvrir et de fermer le circuit à volonté. Elle est assurée par un interrupteur.

> ◗ La **FONCTION COMMANDE** est la fonction assurée par toute composante pouvant ouvrir et fermer un circuit électrique.

Il existe plusieurs types d'interrupteurs. Par exemple, l'interrupteur illustré à la figure 14.16 (*à la page précédente*) est un interrupteur unipolaire unidirectionnel. Voyons de quoi il s'agit.

● Le terme «unipolaire» signifie que l'interrupteur permet d'ouvrir ou de fermer un seul contact à la fois. Certains interrupteurs sont «bipolaires». Ils peuvent ouvrir ou fermer deux contacts à la fois. Par exemple, si la position «Marche» de la figure 14.16 permettait la circulation du courant dans deux circuits différents, l'interrupteur serait bipolaire.

● Dans certains circuits, les électrons ne peuvent prendre qu'un seul chemin. On utilise alors un interrupteur «unidirectionnel».

● Dans les circuits plus complexes où les électrons ont la possibilité de suivre deux chemins distincts, on se sert plutôt d'un interrupteur «bidirectionnel». La position de l'interrupteur bidirectionnel détermine le chemin que suivront les électrons. La figure 14.18 illustre ce type de circuit: un interrupteur bidirectionnel permet de diriger le courant vers l'ampoule 1 ou vers l'ampoule 2, selon sa position.

Le tableau 14.19 présente les différents types d'interrupteurs.

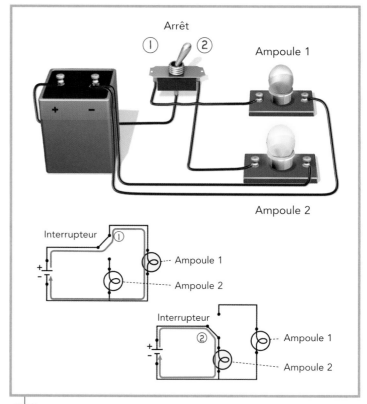

14.18 Selon la position de cet interrupteur unipolaire bidirectionnel, les électrons peuvent suivre le chemin 1 vers l'ampoule 1 ou le chemin 2 vers l'ampoule 2, mais un seul contact s'ouvre à la fois.

14.19 LES DIFFÉRENTS TYPES D'INTERRUPTEURS

Interrupteur	Nombre de contacts qui s'ouvrent ou se ferment à la fois	Nombre de chemins possibles pour les électrons	Symbole	Exemple
Unipolaire unidirectionnel	1	1		Figure 14.16
Unipolaire bidirectionnel	1	2		Figure 14.18
Bipolaire unidirectionnel	2	1		Figure 14.16, mais avec 2 circuits
Bipolaire bidirectionnel	2	2		Figure 14.18, mais avec 2 circuits par position (1 ou 2) de l'interrupteur

Interrupteur à bascule

Interrupteur à levier

Interrupteur à bouton-poussoir

I4.20 Différentes formes d'interrupteurs.

Les interrupteurs peuvent prendre plusieurs formes. L'interrupteur le plus répandu est l'interrupteur à bascule. L'interrupteur à levier et l'interrupteur à bouton-poussoir sont également communs. En actionnant ces trois types d'interrupteurs, on met en mouvement un contact qui s'ouvre ou se ferme dans le circuit électrique.

L'interrupteur à commande magnétique est moins répandu, mais il est souvent utilisé dans les systèmes d'alarme, par exemple pour déceler l'ouverture d'une porte. Un aimant contenu dans le mécanisme maintient le système armé. Lorsque la porte s'ouvre, l'aimant s'éloigne, ce qui déclenche la sonnerie d'alarme.

Interrupteur à commande magnétique

ST STE ATS **5** La fonction transformation d'énergie

TECH N° 16

Plusieurs circuits électriques servent à convertir l'énergie électrique en une autre forme d'énergie, utile pour les êtres humains, notamment l'énergie lumineuse, l'énergie thermique ou l'énergie mécanique.

> ▶ La **FONCTION TRANSFORMATION D'ÉNERGIE** est la fonction assurée par toute composante pouvant transformer l'énergie électrique en une autre forme d'énergie.

La figure 14.21 (*à la page suivante*) présente quelques exemples de composantes électriques servant à la transformation de l'énergie électrique en une autre forme d'énergie.

CONCEPTS DÉJÀ VUS

– Transformations de l'énergie
└ Formes d'énergie (chimique, thermique, mécanique, rayonnante)

L'AMPOULE INCANDESCENTE

Les électrons qui arrivent jusqu'à l'ampoule doivent traverser un filament de tungstène. Ce dernier oppose une résistance au passage du courant électrique. Il s'échauffe, au point d'émettre une lumière blanche.

FORME D'ÉNERGIE OBTENUE
Énergie lumineuse.

EXEMPLES D'APPLICATIONS
Lampe de poche, plafonnier.

L'ÉLÉMENT CHAUFFANT

Comme dans l'ampoule, les électrons doivent traverser un matériau qui offre une résistance à leur passage. Le matériau s'échauffe, ce qui convertit l'énergie électrique en chaleur.

FORME D'ÉNERGIE OBTENUE
Énergie thermique.

EXEMPLES D'APPLICATIONS
Four, bouilloire.

LE CRISTAL PIÉZO-ÉLECTRIQUE

Lorsqu'on soumet un cristal piézo-électrique à un courant électrique, le cristal se met à vibrer.

FORME D'ÉNERGIE OBTENUE
Énergie mécanique ou énergie sonore (vibrations).

EXEMPLES D'APPLICATIONS
Montre au quartz, haut-parleur.

Cristal piézo-électrique

L'ÉLECTROAIMANT

Les électrons parcourent un fil électrique embobiné sur lui-même. Au centre de la bobine se trouve un noyau de fer. Le passage du courant électrique dans la bobine aimante le noyau de fer, créant ainsi un champ magnétique.

FORME D'ÉNERGIE OBTENUE
Énergie magnétique.

EXEMPLES D'APPLICATIONS
Magnétophone, appareil de tri des déchets métalliques.

14.21 Des composantes électriques servant à la transformation de l'énergie.

6 Les composantes ayant d'autres fonctions

Les circuits électriques et électroniques comprennent plusieurs composantes qui leur permettent de réaliser d'autres fonctions que celles décrites dans les sections précédentes. Le texte qui suit présente quelques-unes de ces composantes.

6.1 LE CONDENSATEUR

Après les résistances, les condensateurs viennent au deuxième rang des composantes les plus utilisées dans les circuits électroniques. Ils agissent un peu comme des réservoirs d'électricité. En effet, ils emmagasinent de l'énergie électrique. Cette faculté est appelée «capacité». Elle s'exprime en farads, représentés par la lettre F.

«Condensateur» vient du mot latin condensare, *qui signifie «presser, serrer».*

Un condensateur est formé de deux «armatures», des feuilles métalliques très rapprochées. Les armatures sont séparées par un isolant, le «diélectrique», dans lequel les électrons ne peuvent pas circuler. Le diélectrique est fait de céramique, de mica, de plastique, ou même d'air.

> ● Un **CONDENSATEUR** est un dispositif composé de deux surfaces électriques séparées par un isolant. Il peut accumuler des charges électriques.

Lorsqu'une source d'alimentation est reliée à un condensateur, des charges électriques s'accumulent sur les armatures. Prenons l'exemple de la figure 14.22, illustrant un circuit électrique très simple, composé d'une pile et d'un condensateur. L'armature de gauche, reliée à la borne négative de la pile, accepte les électrons fournis par la pile. En contrepartie, l'armature de droite, qui est liée à la borne positive de la pile, perd des électrons qui sont attirés par la pile. Elle devient chargée positivement.

MÉLI-MÉLO ÉLECTRIQUE ⓘ
Une pile ne peut pas être rechargée. Ce qu'on appelle communément une «pile rechargeable» devrait être appelé «accumulateur». Une batterie (ex.: une batterie d'automobile), c'est une réunion d'éléments de même type (accumulateurs, piles, condensateurs, etc.).

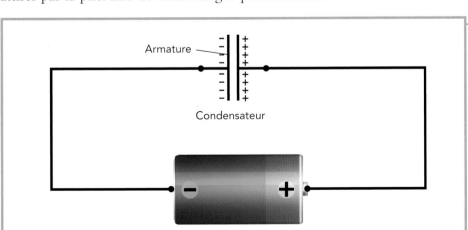

14.22 Des charges électriques s'accumulent sur les armatures du condensateur.

Armature

Condensateur

Les électrons qui s'accumulent à l'armature de gauche se retrouvent dans une impasse. Ils sont fortement attirés par l'armature de droite, mais l'isolant leur barre la route. Dès qu'on élimine cet obstacle, une décharge électrique se produit.

Alors qu'une pile se vide de son énergie progressivement, le condensateur peut débiter ses charges quasi instantanément. Cela lui permet de fournir une charge importante en peu de temps. Dans le flash d'un appareil photo, par exemple, une pile recharge le conden-sateur du flash, jusqu'à ce qu'un témoin lumineux s'allume. Lorsqu'on appuie sur le déclencheur pour prendre la photo, le con-densateur déverse toute la charge qu'il a accumulée dans le flash, en une fraction de seconde. C'est ainsi qu'une lumière éblouis-sante jaillit.

Les condensateurs ont d'autres usages. Ils peuvent notamment servir à stabiliser une source d'alimentation électrique fluctuante. Les condensateurs se déchargent lorsque des chutes de tension surviennent dans le circuit et se rechargent lors des hausses de tension.

14.23 Voici l'une des multiples formes de condensateurs.

STE ATS **6.2** LA DIODE

Une diode est un petit dispositif qui, lorsqu'il est inséré dans un circuit élec-trique, laisse passer le courant dans un sens, mais pas dans l'autre. On peut la comparer à un tourniquet à l'entrée d'une station de métro ou d'un grand magasin : il permet d'aller dans une direction, et non dans l'autre. Une diode est faite d'un matériau semi-conducteur, généralement du silicium.

> ▶ Une **DIODE** est un dispositif qui ne laisse passer un courant électrique que dans un sens.

14.24 Une diode et son symbole. La flèche du symbole montre que le courant ne circule que dans un sens.

Il existe plusieurs types de diodes. Dans un circuit, certaines occupent une fonction de guidage et de blocage. Les appareils électroniques qui fonctionnent avec des piles, par exemple une télécommande pour le téléviseur, sont tous équipés de diodes. Ces dernières empêchent les électrons de circuler lorsque l'usager place la pile à l'envers. Elles protègent ainsi les dispositifs électroniques fragiles qui se trouvent dans le circuit.

D'autres diodes sont employées dans le «redressement», c'est-à-dire la conversion d'un courant alternatif en courant continu. En effet, puisqu'elles n'acceptent que les électrons qui se déplacent dans un sens, elles empêchent leur mouvement de va-et-vient.

Il existe également des diodes électroluminescentes (DEL), qui émettent une lumière lorsqu'un courant les traverse. Elles consomment moins d'énergie qu'une ampoule et sont de plus en plus utilisées dans les systèmes d'éclairage.

«Électroluminescent» vient du préfixe électro-, qui signifie «électricité», et du mot latin lumen, *qui signifie «lumière».*

1849
1945

John Ambrose Fleming

Ce physicien et ingénieur électricien britannique a inventé et fait breveter la première diode en 1904. On la surnommait alors «valve de Fleming». Cette invention est souvent considérée comme le début de l'électronique.

14.25 Des diodes électroluminescentes (DEL).

ET LA LUMIÈRE FUT!

Avant l'an 2000, les DEL servaient principalement de témoins lumineux sur les appareils électriques. Depuis, des DEL de forte puissance ont vu le jour. Selon les chercheurs, elles pourraient remplacer les ampoules à incandescence et les tubes fluorescents dans l'avenir.

ATS 6.3 LE TRANSISTOR

Le transistor est un petit dispositif semi-conducteur (souvent en silicium) très répandu dans les circuits électroniques. Il peut agir de deux façons différentes. D'une part, il peut

«Transistor» est dérivé de l'expression anglaise transfer resistor, *qui signifie «résistance de transfert».*

servir d'interrupteur, en empêchant le courant de passer. D'autre part, il peut modifier le courant, généralement en l'amplifiant.

> Un **TRANSISTOR** est un dispositif électronique utilisé pour bloquer ou pour amplifier un courant.

Le transistor est composé de trois éléments essentiels à son fonctionnement (*voir la figure 14.27*): le collecteur, la base et l'émetteur. Le courant circule du collecteur vers l'émetteur, en passant par la base. Cette dernière agit un peu comme une porte. Elle peut soit bloquer le passage du courant, soit le faciliter. L'action de la porte est contrôlée grâce à un faible courant électrique (*venant de la gauche sur la figure 14.27*).

14.26 Divers types de transistors.

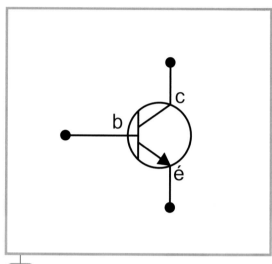

14.27 Le transistor est formé de trois composantes: le collecteur (c), la base (b) et l'émetteur (é).

ENVIRONNEMENT+

Micro-ordinateurs, maxi-pollution

Les ordinateurs personnels, qui nous rendent de si grands services, ont un impact sur l'environnement que la plupart des utilisateurs ne soupçonnent pas.

Prenons l'exemple de la fabrication d'un microprocesseur (l'unité centrale d'un ordinateur). Il faut imprimer des millions de transistors sur une plaque de silicium pour produire un seul microprocesseur. Le procédé est complexe: il requiert environ 400 étapes ! Il s'effectue dans un milieu aseptisé et le nettoyage de la plaque doit se faire avec de l'eau distillée et des solutions acides. Il entraîne une énorme dépense d'énergie et de matières premières.

La fabrication d'un ordinateur nécessite la consommation de milliers de litres d'eau et de dizaines de kilogrammes de produits chimiques. Elle génère des quantités importantes d'eaux usées et de déchets.

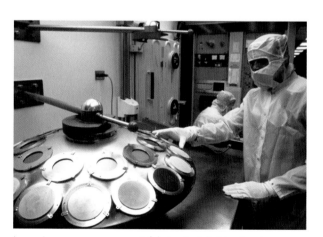

Les microprocesseurs sont fabriqués à l'aide de plaques de silicium.

Sachant qu'une usine peut fabriquer des milliers de microprocesseurs chaque semaine, on comprend la pression que la production des micro-ordinateurs exerce sur l'environnement. Cette cadence rapide n'est pas étrangère au fait que les utilisateurs ne conservent leur micro-ordinateur que quelques années avant de le remplacer.

Les transistors revêtent une importance toute particulière en électronique. C'est grâce à cette invention datant de 1947 que les ordinateurs ont connu un immense progrès en quelques décennies. En effet, les ordinateurs effectuent leurs calculs en traitant de longues séries de 0 et de 1. C'est le «code binaire». Le 0 correspond à une absence de courant (lorsqu'un transistor empêche son passage). Le 1 correspond au passage du courant (lorsque le transistor agit comme un amplificateur).

«Binaire» provient du mot latin binarius, *qui signifie «composé de deux éléments».*

14.28 Le code binaire est une série de 0 et de 1 qui correspond à de l'information.

Lorsqu'on appuie sur la touche «A» d'un clavier d'ordinateur, par exemple, plusieurs transistors sont activés. Le microprocesseur décode la série de 0 et de 1 correspondante et un A s'affiche à l'écran.

Un microprocesseur, le «cerveau» d'un ordinateur, peut réunir des millions de transistors sur une plaque de silicium de quelques centimètres carrés. Ces microprocesseurs ne servent pas que dans les ordinateurs. Ils servent dans tous les dispositifs électroniques qui peuvent traiter de l'information, comme des téléphones cellulaires, des calculatrices, des baladeurs MP3, des lecteurs de DVD, etc.

14.29 Un microprocesseur moderne comporte des millions de transistors miniatures.

ATS **6.4** LE RELAIS

Un relais est une composante qui permet d'ouvrir ou de fermer un circuit électrique grâce à un signal électrique provenant d'un autre circuit. Ce signal peut provenir d'un interrupteur, d'un ordinateur ou d'une cellule photoélectrique.

L'avantage de l'emploi d'un relais, c'est qu'il permet d'isoler électriquement le circuit de commande et le circuit commandé. Aucun contact électrique n'existe entre les deux circuits. Un relais est donc composé de deux parties (*voir la figure 14.30*) : l'une qui reçoit le signal d'un premier circuit et envoie une commande ; l'autre qui reçoit la commande et met en route le second circuit. Ces deux parties sont isolées l'une de l'autre.

On utilise surtout les relais lorsqu'on veut commander à distance des dispositifs consommant beaucoup d'énergie, comme un système d'éclairage dans une salle de spectacle, le chauffage dans un édifice public, des moteurs industriels ou des appareils fonctionnant à haute tension.

> ▶ Un **RELAIS** est une composante qui permet la commande à distance d'un circuit à haute tension par un circuit à basse tension.

La figure 14.30 montre un exemple d'utilisation d'un relais. Il s'agit d'un appareil de radiographie, un dispositif fonctionnant à haute tension (de 50 000 V à 100 000 V environ), qui est commandé à distance par un ordinateur, un dispositif fonctionnant à basse tension. On évite ainsi les risques de chocs électriques et d'exposition à de trop fortes doses de rayons X pour la personne qui manipule l'appareil.

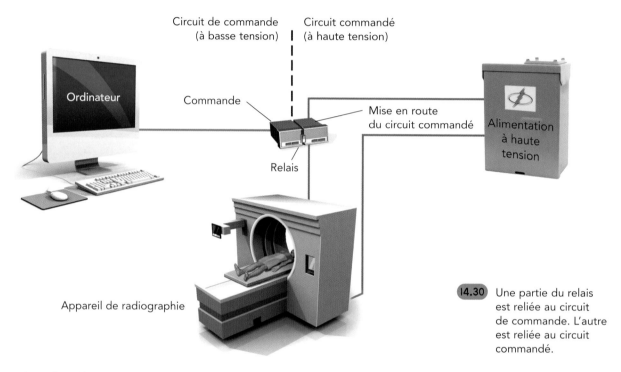

14.30 Une partie du relais est reliée au circuit de commande. L'autre est reliée au circuit commandé.

Il existe des relais électromécaniques et des relais à semi-conducteurs (ou relais statiques) :

● Dans un relais électromécanique, la commande s'effectue par l'entremise du champ magnétique d'un électroaimant, qui entraîne le mouvement de pièces métalliques. Généralement, ce type de relais a une durée de vie plus courte qu'un relais à semi-conducteurs à cause du mouvement mécanique des pièces, et il est beaucoup plus volumineux. Cependant, il est en mesure de commander des circuits plus puissants.

● Un relais à semi-conducteurs ne contient pas de pièces en mouvement. La commande se fait généralement à l'aide d'une source lumineuse (DEL) et de cellules photosensibles. Ce type de relais est généralement étanche, ce qui n'est pas toujours le cas des relais électromécaniques, qui peuvent accumuler de la poussière et subir une corrosion au fil du temps. De plus, les relais à semi-conducteurs ont une meilleure compatibilité avec les circuits numériques.

DE PLUS EN PLUS PETIT

Le silicium, l'élément le plus abondant sur Terre après le fer et l'oxygène, est le matériau de base en électronique. On l'emploie depuis plus de 40 ans dans les semi-conducteurs. Toutefois, l'avenir est à l'électronique moléculaire, qui utilise des composantes beaucoup plus petites que les circuits intégrés au silicium.

VERDICT

ST 1 à 8, 10, 11, 13, 15, A et C.   ATS 1 à 21, A à C.

STE 1 à 18, A et C.   SE Aucune.

1 Qu'est-ce que l'ingénierie électrique ? (p. 458-462)

1. Énumérez cinq objets techniques que vous utilisez tous les jours et qui auraient pu être conçus par des ingénieurs électriciens. Expliquez votre réponse.

2. Quelles sont les principales différences entre les composantes électriques et les composantes électroniques ?

3. De quel outil les ingénieurs électriciens se servent-ils pour illustrer les circuits et les renseignements qui s'y rapportent ?

4. Les piles sont des sources de courant continu. Les centrales électriques génèrent un courant alternatif. Expliquez la différence entre ces deux sortes de courant.

5. Expliquez pourquoi les affirmations suivantes sont fausses.
   a) Les électrons circulent de la borne positive d'une pile à la borne négative.
   b) Un circuit électrique n'est constitué que de composantes ayant pour fonction de conduire le courant.

2 La fonction alimentation (p. 462-463)

6. Un ingénieur électricien doit choisir une source d'alimentation pour du matériel électrique. Quelles sont les sources d'alimentation les plus appropriées pour chacun des cas suivants ?
   a) Une tour de communication qui sera installée dans le Grand Nord québécois, loin du réseau électrique.
   b) Un appareil photo numérique.
   c) Un photocopieur.

7. Trouvez un avantage et un inconvénient pour chacune des sources d'alimentation de la question précédente.

3 Les fonctions conduction, isolation et protection (p. 464-468)

8. Lesquels des éléments suivants assurent la fonction conduction dans un circuit électrique ? Expliquez pourquoi.
   a) La gaine de plastique d'un fil électrique.
   b) Une vis de métal entourée d'un fil électrique dans un interrupteur.
   c) Le boîtier de céramique d'une prise électrique.
   d) Des fils électriques reliés à une pile.

9. Pour économiser de l'espace à l'intérieur d'un ordinateur, quel genre de circuit utilise-t-on ?

10. Les fils électriques sont généralement gainés de matière plastique.
    a) Expliquez pourquoi.
    b) Comment se nomme la fonction électrique assurée par la gaine ?

11. Le fusible et le disjoncteur jouent le même rôle dans les circuits électriques.
    a) Quelle fonction assurent-ils ?
    b) Laquelle de ces composantes constitue l'option la plus intéressante ? Expliquez pourquoi.

12. Observez la résistance électrique illustrée ci-dessous.

   a) Quelle est la valeur de cette résistance ?
   b) Quelles sont ses valeurs minimale et maximale déterminées par la tolérance ?
   c) Quelle unité de mesure sert à exprimer la résistance ?
   d) Indiquez l'un des avantages d'utiliser une résistance dans un circuit électrique.

4 La fonction commande (p. 469-471)

13. Lorsqu'une lampe est éteinte, le circuit électrique qui se rend à l'ampoule est-il ouvert ou fermé ? Expliquez votre réponse.

14. Choisissez le type d'interrupteur approprié pour remplir les fonctions suivantes.

   a) L'interrupteur doit permettre d'ouvrir ou de fermer deux contacts à la fois.

   b) L'interrupteur doit offrir la possibilité d'ouvrir l'un ou l'autre de deux circuits.

5 La fonction transformation d'énergie (p. 471-472)

15. Dans chacun des appareils illustrés ci-dessous, l'énergie électrique est transformée en une autre forme d'énergie. Quelle est la forme d'énergie obtenue ?

A

B

C

6 Les composantes ayant d'autres fonctions (p. 473-478)

16. Anaïs conçoit un circuit électrique pour un ordinateur portable. Les pièces de son circuit sont fragiles et elle veut s'assurer que le courant qui les parcourra sera stable, même lorsque l'ordinateur sera branché sur une prise de courant dont la source fluctue légèrement. Quelle composante électrique devrait-elle placer à l'entrée de son circuit ? Expliquez brièvement comment fonctionne cette pièce.

17. Quelle unité de mesure utilise-t-on pour exprimer la capacité ?

18. Indiquez trois fonctions assurées par les diodes dans les circuits électriques.

19. Le transistor a révolutionné le monde de l'électronique. Les ordinateurs ne pourraient pas exister sans eux.

   a) Quels sont les trois éléments de base du transistor ?

   b) Quelles sont les deux fonctions que peut accomplir un transistor ?

   c) Quelle est la signification de chacun des chiffres du code binaire ?

20. À votre avis, les objets suivants renferment-ils des transistors ? Pourquoi ?

A

B

21. À quoi sert un relais, qu'il soit électromagnétique ou à semi-conducteurs ?

questions synthèses

A. En arrivant chez un ami, vous appuyez sur la sonnette placée près de la porte d'entrée. Un circuit électrique est activé et la sonnerie se fait entendre.

   a) En appuyant sur le bouton-poussoir (sonnette), vous avez permis la fermeture du circuit électrique. Quelle fonction joue ce bouton dans le circuit?

   b) Le bouton-poussoir est recouvert de plastique. Pourquoi? Quelle fonction joue cette petite rondelle de plastique?

   c) Lorsque les électrons se mettent à voyager dans le circuit, ils traversent un fil électrique embobiné sur lui-même. Au centre se trouve une petite tige de fer. Comment appelle-t-on ce dispositif?

   d) Quelle forme d'énergie obtient-on grâce à cette transformation?

   e) La tige de fer au centre de la bobine est attirée par une plaque de métal. En la heurtant, elle la fait résonner. Quelle est la forme d'énergie finale produite par le dispositif?

   f) Une semaine plus tard, vous retournez chez votre ami. Vous cognez à la porte, car la sonnette ne fonctionne plus. Votre ami vous explique que c'est depuis le moment où, la veille, il a tenté de brancher une guirlande de lumières pour décorer sa maison. Les ampoules se sont allumées une fraction de seconde, puis elles se sont éteintes. Que lui conseillez-vous de faire?

B. Les souris optiques comprennent une diode qui émet une lumière vers la surface plane sur laquelle l'usager déplace sa souris. La lumière est réfléchie, puis captée par un détecteur optique. Un microprocesseur analyse l'information reçue et détermine le mouvement de la souris. Un signal est envoyé vers l'ordinateur, qui déplace le curseur en conséquence.

   a) Quel type de diode est utilisé dans la souris optique?

   b) Dans une souris, quelle composante assure la fonction isolation?

   c) Le microprocesseur doit traiter l'information captée par le détecteur optique, puis relayer les résultats de son analyse vers l'ordinateur grâce à une série de 0 et de 1. Quelle composante permet le traitement de cette information?

   d) Les résistances utilisées dans la souris sont miniaturisées et numérotées. Une résistance qui affiche l'indication 473 a une valeur de 47×1000, soit $47\,000\ \Omega$. Sur une résistance conventionnelle, de quelles couleurs seraient les trois premières bandes?

C. Préparez votre propre résumé du chapitre 14 en construisant un réseau de concepts.

COMMENT BÂTIR
UN RÉSEAU DE CONCEPTS

Les déchets électroniques s'accumulent

L'HEURE DU RECYCLAGE EST VENUE

La quantité de déchets électroniques croît à une vitesse vertigineuse. En 2006, l'Association internationale des recycleurs électroniques estimait qu'un milliard d'ordinateurs étaient en opération dans le monde. Puisque la durée d'utilisation d'un ordinateur est de trois à cinq ans, trois milliards se retrouveront dans la nature en 2010. C'est sans compter les autres déchets: appareils ménagers, baladeurs MP3, téléviseurs, téléphones cellulaires, consoles de jeux, etc. Au Canada seulement, plus de 272 000 tonnes de déchets électroniques aboutissent dans les dépotoirs chaque année, soit l'équivalent du poids de 30 000 éléphants africains adultes. En raison des matériaux toxiques qu'ils contiennent, comme le plomb ou le mercure, ces déchets sont dangereux pour l'environnement.

LE RECYCLAGE ET LA FORMATION DES JEUNES

Au Québec, des projets de recyclage des déchets électroniques ont été mis en œuvre. Quelques-uns d'entre eux se déroulent dans les Centres de formation en entreprise et récupération (CFER), fondés par M. Normand Maurice.

Plusieurs considèrent M. Maurice comme le père du recyclage au Québec. Pédagogue convaincu, il refusait d'accepter le décrochage scolaire comme inévitable. C'est ainsi qu'en 1970, il mit sur pied des ateliers de culture pour intéresser les jeunes des cours professionnels aux matières comme le français, les mathématiques ou la morale. Puis, il eut l'idée d'aider les décrocheurs en les initiant au recyclage. En 1990, avec des collègues de la polyvalente du Boisé, à Victoriaville, il ouvre le premier CFER consacré à la formation en récupération d'objets de toutes sortes : peinture, mobilier, papier, carton, etc. En outre, comme il n'existait aucune infrastructure pour recycler les ordinateurs, M. Maurice s'attaque au problème.

Aujourd'hui, 9 des 22 CFER du Québec récupèrent des composantes électroniques. Les élèves y apprennent à remettre des ordinateurs à neuf. Ils y recyclent les métaux, tels que le cuivre, l'aluminium ou le plomb, qui sont fondus et revendus. Ils récupèrent les plastiques, qui sont broyés avant d'entrer dans la fabrication de nouveaux produits. Une fois triées, toutes ces matières sont expédiées dans des centres de recyclage à travers l'Amérique du Nord.

Deux CFER, celui de Québec et celui du Saguenay, s'approvisionnent en ordinateurs usagés auprès de la corporation Ordinateurs pour les écoles du Québec. Cette dernière récupère des ordinateurs auprès d'entreprises pour les recycler et les distribuer aux écoles qui en ont besoin.

D'autres projets semblables existent au Québec. L'École-Entreprise du Centre Saint-Michel, située à Sherbrooke, participe elle aussi au programme Ordinateurs pour les écoles. L'entreprise sociale Insertech Angus, à Montréal, assure la réinsertion sociale et professionnelle de plus de 40 jeunes adultes chaque année en leur montrant à fabriquer et à recycler des ordinateurs, qui sont ensuite vendus au public.

Certains métaux contenus dans le matériel électronique peuvent être fondus, puis réutilisés.

ENCORE PLUS DE RECYCLAGE

Ces projets de recyclage du matériel électronique sont intéressants et stimulants, mais encore très insuffisants pour répondre aux besoins. Pour régler ce problème grandissant de la gestion des déchets électroniques, il importe de s'organiser et d'agir rapidement sur une plus grande échelle.

Le programme Ordinateurs pour les écoles permet la réutilisation des ordinateurs qui ne répondent plus aux besoins des entreprises.

---

1. D'après vous, qu'est-ce qui peut rendre difficile le recyclage des déchets électroniques ?

2. Que pouvez-vous faire personnellement pour réduire l'impact des déchets électroniques sur l'environnement ?

Rendez-vous DANS...

UNE CENTRALE ÉLECTRIQUE AU BIOGAZ

Depuis des décennies, plusieurs tonnes de matières résiduelles ont été enfouies dans différents dépotoirs. Malheureusement, la décomposition des matières résiduelles enfouies entraîne la formation de biogaz, comme le méthane, qui sont de puissants gaz à effet de serre. Mais ces gaz représentent en même temps une importante source d'énergie. C'est pourquoi des centrales électriques s'installent près des dépotoirs et profitent de ces biogaz pour produire de l'électricité.

Voici quelques travailleurs qui œuvrent dans des centrales électriques au biogaz.

Isabelle Simard, technicienne en génie électronique

Martin Lapointe, aide-opérateur, responsable du bon fonction-nement des installations

Réal Cormier, aide-opérateur, responsable de la santé et de la sécurité au travail

Pierre Auger,
opérateur de procédés

Barbara Lee,
ingénieure en mécanique

Métier ou profession	Formation	Durée de la formation	Tâches principales
Technicien ou technicienne en génie électronique	DEC en technologie de l'électronique industrielle	3 ans	• Assembler et régler les éléments d'appareils de production (alternateurs et turbines)
Aide-opérateur ou aide-opératrice	DEP en mécanique de machines fixes, classe 2	1800 heures, + certificat de qualification	• Assurer le bon fonctionnement des installations
Opérateur ou opératrice de procédés	DEP en mécanique de machines fixes, classe 1	1800 heures, + certificat de qualification	• Superviser le fonctionnement d'une centrale thermique
Ingénieur ou ingénieure en mécanique (énergie)	BAC en génie électromécanique	4 ans	• Concevoir des centrales permettant de produire de l'électricité • Superviser les travaux de construction

LES PROBLÉMATIQUES

environnementales

Les changements climatiques

Les météorologues ont l'habitude des grandes premières. Année après année, les records de température sont battus. Depuis le début de l'ère industrielle, autour des années 1880, la température moyenne sur Terre a grimpé de 0,76 degré Celsius environ. Et l'ascension n'est pas terminée!

Pendant que la Terre se réchauffe, les événements climatiques extrêmes comme les tempêtes, les pluies violentes et les inondations des côtes se multiplient.

PE.1 L'ÉVOLUTION DES TEMPÉRATURES MOYENNES SUR TERRE DE 1880 À 2005

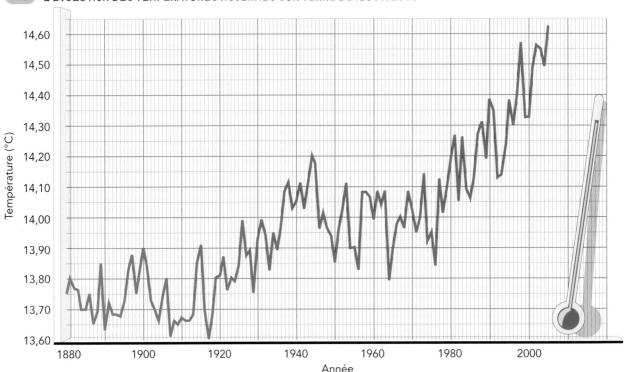

Source: World Resources Institute/Goddard Institute for Space Studies (GISS), 2006.

LES GRANDS RESPONSABLES

Ce n'est pas un hasard si le réchauffement du climat concorde avec l'avènement de l'ère industrielle. Jusqu'en 1880, la concentration de dioxyde de carbone (CO_2) dans l'atmosphère est demeurée relativement stable. Elle s'est ensuite mise à croître graduellement, au fur et à mesure que les êtres humains se sont mis à brûler des combustibles fossiles (pétrole, gaz naturel, charbon) pour alimenter les moteurs des équipements industriels ou des voitures. En effet, le CO_2 est le principal sous-produit de la combustion des combustibles fossiles.

Le CO_2 s'accumule dans l'atmosphère et alimente la couche de gaz à EFFET DE SERRE. Présente depuis des milliers d'années autour de la Terre, cette couche emprisonne une partie des rayons infrarouges émis par la Terre (*voir l'illustration PE.2*).

Outre le CO_2, d'autres gaz à effet de serre contribuent au réchauffement du climat, comme le méthane (CH_4), qui provient notamment de la digestion des animaux d'élevage ou de la gestion des fumiers, et l'oxyde nitreux (N_2O), associé à l'épandage d'engrais et aux activités industrielles. Comme on peut le constater en regardant le graphique PE.3, les Canadiens sont de gros producteurs de gaz à effet de serre.

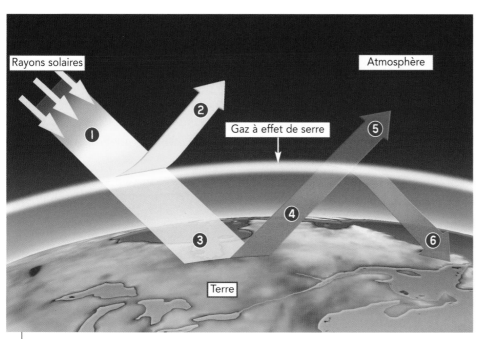

1 Les rayons du Soleil passent à travers l'atmosphère.

2 Une partie des rayons du Soleil sont réfléchis par les gaz à effet de serre.

3 L'énergie solaire est absorbée par la surface de la Terre et la réchauffe.

4 La Terre émet vers l'atmosphère une partie de la chaleur qu'elle a absorbée sous forme de rayons infrarouges.

5 Une partie du rayonnement infrarouge passe à travers l'atmosphère.

6 Les gaz à effet de serre emprisonnent une partie des rayons infrarouges et les renvoient vers la Terre.

PE.2 L'effet de serre.

PE.3 LES ÉMISSIONS DE CO_2 PAR HABITANT POUR QUELQUES PAYS

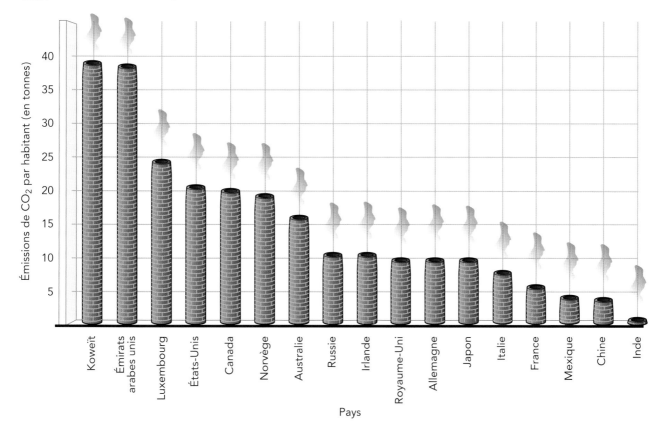

Source : World Resources Institute, 2005.

LIRE LE FUTUR

Réunissant des spécialistes de 120 pays, le Groupe intergouvernemental d'experts sur l'évolution du climat (GIEC) estime que, d'ici 2100, la température moyenne sur Terre pourrait croître de 3 à 5 degrés Celsius par rapport à l'ère préindustrielle (*voir l'illustration PE.4*).

Comment le GIEC fait-il ces prédictions? En utilisant des modèles climatiques, de complexes programmes informatiques qui simulent virtuellement le climat futur grâce à des milliers d'équations mathématiques qui représentent les phénomènes atmosphériques.

Un réchauffement de quelques degrés peut sembler souhaitable aux habitants des pays froids comme le Canada. Cependant, les scientifiques estiment qu'une augmentation de la température de deux degrés pourrait entraîner des impacts dévastateurs. Près d'un million d'espèces pourraient alors disparaître d'ici 2050. De plus, l'élévation du niveau des mers pourrait submerger des zones côtières. Une partie de la Floride serait alors engloutie.

LES IMPACTS

Pas besoin d'attendre que la Floride soit submergée pour ressentir l'impact des changements climatiques.

Plusieurs conséquences sont d'ores et déjà apparentes. En voici quelques exemples.

La surchauffe au nord

Dans l'Arctique, la température se réchauffe deux fois plus vite qu'ailleurs sur le globe. La banquise – immense étendue de glace qui flotte sur la mer – perd du terrain à un rythme alarmant, ce qui constitue une menace pour la faune et le mode de vie des Inuits. Le glacier qui repose sur le Groenland est aussi en voie de se liquéfier, ce qui risque de faire augmenter le niveau de la mer et d'engloutir les zones côtières.

PE.5 La fonte de la banquise menace la survie de l'ours polaire.

PE.4 L'AUGMENTATION DE TEMPÉRATURE PRÉVUE D'ICI 2041-2060 PAR RAPPORT À LA MOYENNE ENTRE 1981 ET 2000

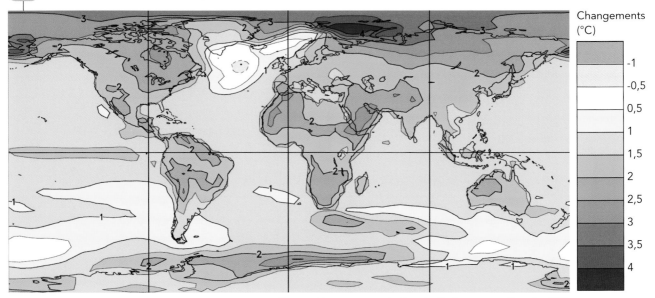

Source : Gouvernement du Canada, Environnement Canada, 2008.

La menace du paludisme

Le paludisme, qu'on appelle communément «malaria», est causé par un parasite, transmis aux êtres humains par un moustique du genre *Anopheles*. Cet insecte est friand de chaleur. Pratiquement absent en Amérique du Nord, on pourrait le voir apparaître d'ici 2020 à la suite du réchauffement du climat.

Des champs assoiffés

Des températures plus élevées sur les continents vont de pair avec une augmentation de l'évaporation de l'eau. Résultat : il est de plus en plus difficile d'irriguer les champs agricoles dans certaines régions du monde.

PE.6 Les sécheresses sont tout particulièrement sévères dans les pays du Sahel (une région qui s'étend sous le désert du Sahara, en Afrique), déjà aux prises avec des problèmes de malnutrition.

À LA RECHERCHE D'UNE SOLUTION MONDIALE

Même si un pays parvenait à réduire à zéro ses émissions de gaz à effet de serre, il serait victime du réchauffement occasionné par les émissions des autres pays. Ainsi, pour lutter efficacement contre les changements climatiques, toutes les nations doivent unir leurs efforts.

La Convention-cadre des Nations Unies

Lors du Sommet de la Terre à Rio de Janeiro, en 1992, 154 États, en plus de la Communauté européenne, ont adopté la Convention-cadre des Nations Unies sur les changements climatiques. Les pays, dont le Canada, reconnaissaient ainsi l'urgence d'agir. Ils s'engageaient à stabiliser la concentration des gaz à effet de serre dans l'atmosphère de façon à empêcher toute perturbation dangereuse du système climatique. Aucun objectif concret n'avait toutefois été fixé.

Le protocole de Kyoto

Depuis 1995, les pays qui se sont engagés envers la Convention-cadre des Nations Unies sur les changements climatiques se rencontrent une fois par année. On appelle ces réunions «Conférence des parties» ou «CdP». La CdP 1 a eu lieu à Berlin en 1995.

Lors de la CdP 3, qui s'est tenue à Kyoto au Japon en 1997, les pays se sont engagés à atteindre des cibles précises concernant la réduction de leurs émissions de gaz à effet de serre. Globalement, les pays industrialisés se sont entendus pour réduire leurs émissions de 5 % par rapport au niveau de 1990. Les résultats seraient mesurés au cours des cinq années 2008 à 2012. Pour sa part, le Canada s'est engagé à atteindre un objectif de 6 %.

La suite ?

Dix ans après la rencontre à Kyoto, les émissions canadiennes de gaz à effet de serre n'ont pas cessé de grimper. En 2007, elles avaient augmenté de 25 % par rapport au niveau de 1990.

Pour réduire les émissions de gaz à effet de serre, des technologies émergent à l'horizon. Il est question, par exemple, d'enterrer le CO_2 émis par certaines usines dans les couches profondes de la Terre, de privilégier des sources d'énergie propre comme l'énergie éolienne (plutôt que des centrales qui brûlent du charbon) ou encore de miser sur les modes de transport en commun.

L'eau potable

Plus que toute autre ressource, l'eau est indispensable à l'être humain. Pour survivre, il doit en consommer 1,5 litre par jour et il lui suffit de 4 jours sans boire pour mourir. À titre de comparaison, on peut survivre pendant plusieurs semaines sans manger.

UNE RESSOURCE RARE

En regardant la carte du monde, on constate que l'eau est abondante sur notre planète. Elle recouvre plus des deux tiers de sa surface ! Toutefois, seule une fraction de cette eau est potable et accessible. En effet, 97,5 % de l'eau sur Terre est trop salée pour être consommée par l'être humain. Des 2,5 % restants, la majorité est emprisonnée dans les glaciers ou dans des nappes souterraines inaccessibles.

En outre, l'eau potable est inégalement répartie à l'échelle du globe, moins de 10 pays se partageant 60 % des réserves d'eau potable. La carte PE.7 illustre le pourcentage des populations par pays qui avaient accès à des sources d'eau potable en 2004.

POTABLE OU NON ?

Pour être jugée potable, l'eau doit répondre à toute une série de critères de qualité. On peut les classer en différentes catégories.

PE.8 LES CRITÈRES DE QUALITÉ D'UNE EAU POTABLE

Critère de qualité	Définition
La qualité organoleptique	Elle correspond à la couleur, à la turbidité (limpidité), à l'odeur et à la saveur. Le non-respect de ces critères n'est pas nécessairement dangereux pour la santé, mais nuit grandement à la satisfaction des consommateurs d'eau potable.
Les paramètres physico-chimiques	Le pH, la température ou la salinité de l'eau ne doivent pas dépasser certaines limites. Un pH trop acide, par exemple, aura un effet corrosif sur les conduites qui servent à la distribution de l'eau.
Les substances toxiques	La concentration de substances dangereuses pour la santé comme l'arsenic, les pesticides ou le plomb, ne doit pas dépasser certains seuils.
Les paramètres microbiologiques	L'eau ne doit pas contenir de virus ou de bactéries susceptibles de causer des maladies.

Dans les pays industrialisés, ces paramètres sont réglementés par les gouvernements. Au Québec, par exemple, toute eau qui arrive à un robinet doit être conforme au Règlement sur la qualité de l'eau potable.

PE.7 L'ACCÈS À DES SOURCES D'EAU POTABLE

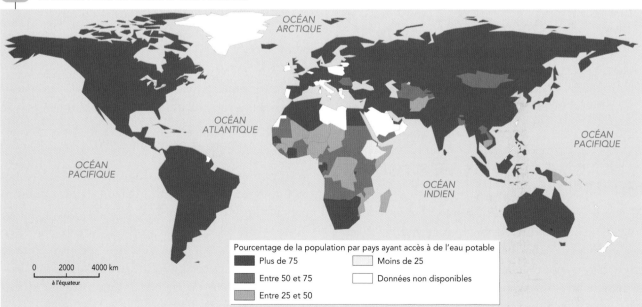

Pourcentage de la population par pays ayant accès à de l'eau potable
- Plus de 75
- Entre 50 et 75
- Entre 25 et 50
- Moins de 25
- Données non disponibles

0   2000   4000 km
à l'équateur

Source : Programme des Nations Unies pour le développement (PNUD), *Rapport sur le développement humain 2007/2008*, données de 2004.

QUELQUES LIMITES DE CONCENTRATION PRESCRITES PAR LE RÈGLEMENT SUR LA QUALITÉ DE L'EAU POTABLE

Substance	Concentration maximale (en ppm)
Arsenic	0,025
Benzène	0,005
Cyanures	0,2
Mercure	0,001
Plomb	0,01
Trichloroéthylène	0,05
Uranium	0,02

Source : Gouvernement du Québec, *Gazette officielle du 23 janvier 2008*.

PURIFIER L'EAU

L'eau puisée dans le milieu naturel répond rarement à tous les critères de qualité nécessaires à la satisfaction et à la santé de ceux qui la boivent. Avant d'emprunter les conduites du réseau de distribution qui l'amèneront vers les résidences, les commerces ou les industries, l'eau passe à travers une usine de production d'eau potable. Le schéma PE.10 illustre les principaux équipements employés dans ces usines.

Dans le monde, on compte quatre milliards d'êtres humains qui ne sont pas raccordés à un système qui rend l'eau potable. Chaque année, l'eau contaminée tue cinq millions d'individus, ce qui en fait le premier facteur de mortalité dans le monde.

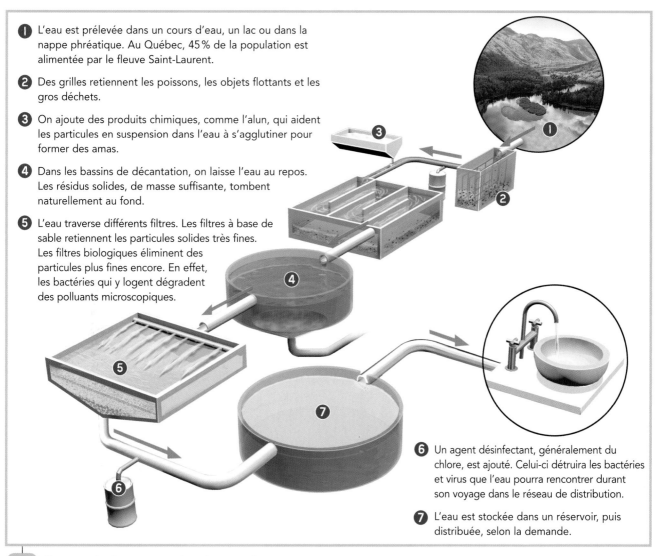

❶ L'eau est prélevée dans un cours d'eau, un lac ou dans la nappe phréatique. Au Québec, 45 % de la population est alimentée par le fleuve Saint-Laurent.

❷ Des grilles retiennent les poissons, les objets flottants et les gros déchets.

❸ On ajoute des produits chimiques, comme l'alun, qui aident les particules en suspension dans l'eau à s'agglutiner pour former des amas.

❹ Dans les bassins de décantation, on laisse l'eau au repos. Les résidus solides, de masse suffisante, tombent naturellement au fond.

❺ L'eau traverse différents filtres. Les filtres à base de sable retiennent les particules solides très fines. Les filtres biologiques éliminent des particules plus fines encore. En effet, les bactéries qui y logent dégradent des polluants microscopiques.

❻ Un agent désinfectant, généralement du chlore, est ajouté. Celui-ci détruira les bactéries et virus que l'eau pourra rencontrer durant son voyage dans le réseau de distribution.

❼ L'eau est stockée dans un réservoir, puis distribuée, selon la demande.

PE.10 Un exemple du processus de traitement des eaux.

DES SOURCES MENACÉES

Bien des lacs et des rivières qui servent à alimenter des usines de production d'eau potable sont menacés par les activités humaines. Des polluants issus des activités agricoles, industrielles ou domestiques contaminent les sources, rendant leur traitement difficile, voire impossible.

La pollution

Parmi les polluants les plus communs figurent des pesticides et des engrais, épandus sur les terres agricoles, des métaux lourds, déchargés dans les eaux usées d'usines, ou des bactéries, présentes dans les eaux usées évacuées par les résidences vers les égouts. Dans plusieurs régions industrialisées, des stations d'épuration recueillent les eaux usées qui circulent dans les égouts pour les nettoyer avant de les rejeter dans une rivière avoisinante. Toutefois, ces stations n'arrivent pas à enlever entièrement les polluants.

Les changements climatiques

Hormis les polluants qui trouvent leur chemin jusque dans les lacs et les rivières, d'autres menaces planent sur la ressource. Les changements climatiques pourraient faire baisser le niveau du fleuve Saint-Laurent de plusieurs mètres d'ici 2050. Si ce scénario se concrétisait, les eaux salées du golfe du Saint-Laurent pourraient pénétrer plus loin qu'elles ne le font actuellement dans le corridor fluvial. La prise d'eau des villes de Lévis et Québec, dans le fleuve, pourrait ainsi devenir inutilisable d'ici quelques décennies. L'eau qu'on y puiserait serait salée.

L'ÊTRE HUMAIN, CHAMPION DE LA CONSOMMATION

Plus les eaux arrivent en grande quantité aux stations d'épuration des eaux usées, plus les équipements ont du mal à retirer les polluants qu'elles charrient. Or, les Canadiens sont de très grands consommateurs d'eau potable. À la maison, chaque Canadien consomme en moyenne 335 litres d'eau par jour, soit plus du double de la consommation des Européens. Le remplissage des piscines, le lavage des voitures à grands jets et l'arrosage excessif des pelouses contribuent à cette importante consommation.

PE.II Les niveaux d'eau annuels du Saint-Laurent sont cumulés depuis 1800 et on a constaté que la tendance est actuellement à la baisse. Sur cette photo, on voit une portion du fleuve à l'été 2001.

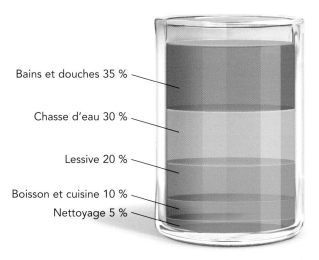

Bains et douches 35 %

Chasse d'eau 30 %

Lessive 20 %

Boisson et cuisine 10 %

Nettoyage 5 %

Source : Gouvernement du Canada, Environnement Canada.

PE.12 À l'intérieur de la maison, c'est dans la salle de bain que la consommation d'eau atteint son maximum.

Si la consommation individuelle des Nord-Américains est importante, les Asiatiques, eux, sont huit fois plus nombreux. On peut voir sur le graphique PE.13 que leur consommation collective d'eau est en pleine croissance et devrait dépasser les 3000 milliards de mètres cubes par année en 2025, alors que celle des Nord-Américains devrait plafonner sous la barre des 1000 milliards de mètres cubes.

AGIR POUR PRÉVENIR

Pour garantir la protection de la ressource, gérer l'eau dans une perspective de DÉVELOPPEMENT DURABLE et s'assurer de protéger la santé publique et celle des écosystèmes, le gouvernement du Québec s'est doté d'une politique de l'eau en 2002. Il s'est ainsi engagé sur de nombreux plans dont les suivants :

- la gestion des eaux par bassin versant ;

- le développement des connaissances, surtout en ce qui concerne les eaux souterraines ;

- l'amélioration des équipements de traitement de l'eau potable et des eaux usées ;

- la lutte contre la pollution d'origine agricole et industrielle ;

- la sauvegarde de la ressource.

Cette politique a été le fruit d'une vaste consultation et elle a, dès son adoption, fait l'unanimité. Quelques dossiers ont été traités depuis, dont la révision des équipements de traitement de l'eau potable et la gestion de certains bassins versants, mais il reste encore bien du chemin à parcourir pour atteindre les objectifs.

PE.13 LA CONSOMMATION D'EAU DANS LE MONDE DE 1900 À 2025

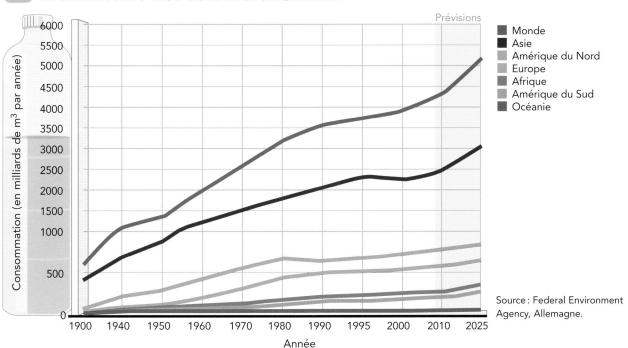

Source : Federal Environment Agency, Allemagne.

La déforestation

Les forêts font partie des ressources naturelles les plus précieuses que l'on puisse trouver sur Terre. Elles abritent la majeure partie des plantes et des animaux et elles contribuent à régulariser le climat. En effet, les arbres captent du dioxyde de carbone (CO_2), réduisant ainsi la concentration de gaz à effet de serre dans l'atmosphère.

Autre atout : les forêts protègent les sols contre l'érosion et réduisent les risques de catastrophes naturelles comme les inondations, les avalanches et la désertification. Par ailleurs, plus de 300 millions de personnes y habitent et dépendent directement de leurs ressources.

PE.14 LE CHANGEMENT DANS L'ÉTENDUE DES FORÊTS DE 1990 À 2005

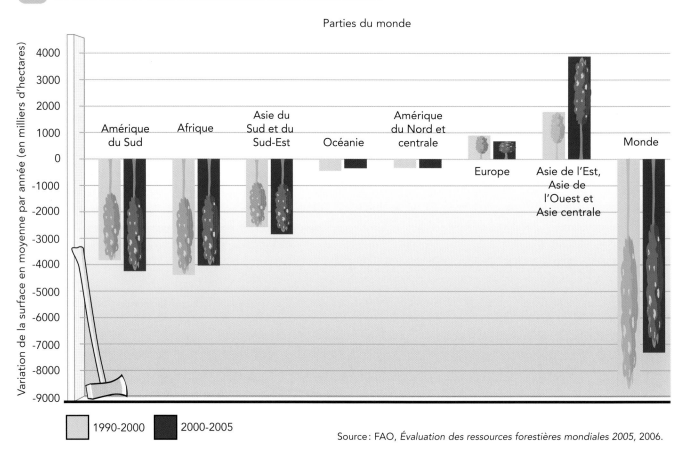

Source : FAO, *Évaluation des ressources forestières mondiales 2005, 2006.*

LA FORÊT PERD DU TERRAIN

Les forêts couvrent près de 4 milliards d'hectares, soit environ 30 % des terres émergées de la planète. Plus de la moitié se concentre en Russie, au Brésil, au Canada, aux États-Unis et en Chine. Mais cette superficie est en décroissance. Durant la période 2000-2005, les forêts mondiales ont perdu en moyenne 7,3 millions d'hectares par année. Depuis 1990, c'est 3 % du couvert forestier mondial qui a disparu.

LES RESPONSABLES

Plusieurs comportements humains ou éléments naturels sont responsables de la perte de territoire forestier. Voici les principaux.

Le défrichage à des fins agricoles

Dans certaines régions des tropiques, jusqu'à 45 % de la déforestation est causée par la culture itinérante. Cette culture consiste à brûler de petites surfaces de forêts pour y implanter des cultures de subsistance comme le soya et le sorgho. Après quelques années, le sol est trop appauvri pour produire de bonnes récoltes. L'agriculteur se déplace alors vers une autre aire boisée.

PE.15 Pour cultiver la terre, les habitants de certains pays africains et sud-américains font brûler de larges portions de la forêt tropicale.

L'exploitation du bois

L'exploitation des forêts pour la fabrication de papier ou l'utilisation du bois d'œuvre représente une sérieuse menace pour la ressource. Au Québec seulement, l'industrie forestière récolte 33 millions de mètres cubes de bois annuellement. Les nouvelles plantations ont du mal à remplacer les arbres coupés. La coupe à blanc, qui consiste à raser tous les arbres et à détruire entièrement les habitats de la faune, suscite des inquiétudes particulièrement vives.

PE.16 Un exemple de coupe à blanc.

La monoculture

La monoculture est une pratique agricole ou forestière qui consiste à cultiver une seule espèce sur un grand territoire. Dans les régions chaudes, par exemple, on plante d'immenses champs d'eucalyptus pour produire du papier journal. On appelle ces régions les « déserts verts ». Les conséquences écologiques liées à la monoculture sont importantes. Les arbres deviennent plus vulnérables aux insectes ravageurs parce que cette pratique ne contribue pas à la BIODIVERSITÉ et les insectes n'ont plus de prédateurs. En plus, la monoculture mène à l'épuisement des éléments nutritifs dans le sol.

PE.17 Une plantation d'eucalyptus, près de Coimbra, au Portugal.

L'urbanisation

Jusqu'à la fin du 19e siècle, les forêts recouvraient presque entièrement la superficie de l'Europe. Elles ont été détruites à 99 %, essentiellement à cause de l'expansion des zones urbaines. Dans la vallée du Saint-Laurent, la forêt a aussi cédé la place aux villes. Dans les pays comme la Chine, où la population connaît une croissance soutenue, l'urbanisation exerce une forte pression sur les forêts.

La pollution atmosphérique

La combustion des combustibles fossiles rejette dans l'atmosphère des polluants dont le dioxyde de soufre (SO_2) et les oxydes d'azote (NO_x), responsables des pluies acides. Or, les sols acidifiés n'arrivent plus à retenir les nutriments essentiels à la vie des végétaux. Les arbres se mettent à pousser moins rapidement et leur croissance peut même être interrompue.

PE.18 Les arbres de cette forêt ont été rongés par les pluies acides.

Les facteurs naturels

Les forêts sont menacées par de nombreux facteurs naturels comme les incendies, les glissements de terrain ou les maladies causées par des insectes. Ainsi, en 1999, de violentes tempêtes ont déraciné des milliers d'arbres en Europe.

PE.19 La tempête de verglas qui a frappé le sud-ouest du Québec en 1998 a endommagé près de deux millions d'hectares de forêts.

LES IMPACTS

Sur la biodiversité

Les forêts font partie des écosystèmes les plus diversifiés au monde. Elles abritent 70 % des espèces vivantes. Leurs arbres servent d'habitat et de nourriture pour nombre d'oiseaux, d'insectes, de plantes, de champignons et de micro-organismes. Avec la déforestation, des milliers d'espèces végétales et animales disparaissent chaque année. Au Canada, de nombreuses espèces menacées de disparition dépendent directement de la forêt. Parmi elles figurent la chouette tachetée, la martre de Terre-Neuve, le caribou des bois, le châtaignier d'Amérique et le bison des bois.

Sur le cycle de l'eau

Les arbres jouent un rôle essentiel dans le maintien du cycle de l'eau. Ils permettent notamment :

- de réduire le ruissellement. En effet, les forêts absorbent 10 fois plus d'eau de pluie que les pâturages ;
- de réduire l'érosion des sols. Les arbres empêchent la terre qui est frappée par l'eau de pluie d'être entraînée par le ruissellement ;
- d'évacuer l'eau absorbée par ÉVAPOTRANSPIRATION. Ce processus maintient une certaine humidité dans l'air.

Sans la forêt, c'est tout le cycle de l'eau qui devient perturbé.

Sur le climat

Les forêts mondiales renferment une grande partie du carbone accumulé sur la Terre et constituent donc un important réservoir de carbone. Quand le bois est coupé, puis se décompose ou brûle, le carbone est transformé en CO_2. Ainsi, les activités de déforestation sont responsables de l'émission du quart des gaz à effet de serre sur la Terre.

La déforestation modifie aussi le climat à l'échelle locale. Les arbres humidifient l'air par évapotranspiration et servent de brise-vent. En zone tropicale, la température peut augmenter de 10 degrés Celsius après un déboisement.

UNE GESTION PLUS DURABLE

Plusieurs accords et traités internationaux ont été adoptés dans le but de protéger l'environnement forestier mondial. Par exemple, la Convention sur la diversité biologique (1992) vise la conservation et l'utilisation durable des ressources naturelles. La Convention des Nations Unies sur la lutte contre la désertification (1994) établit un cadre d'action à l'échelle internationale pour contrecarrer la dégradation des terres dans les zones arides, semi-arides et subhumides sèches.

À l'échelle des pays, plusieurs mesures peuvent être implantées pour gérer la forêt de façon plus durable. En voici quelques exemples.

Les coupes sélectives

Cette technique de récolte du bois consiste à couper seulement les arbres matures selon le type et la qualité désirés. Ainsi, elle perturbe moins l'environnement forestier que les coupes à blanc : l'érosion du sol et le ruissellement sont réduits, les habitats naturels sont moins perturbés et le couvert forestier reste important. Cette méthode étant toutefois plus coûteuse, elle est moins concurrentielle sur le plan économique.

Les produits écocertifiés Forest Stewardship Council

Le Forest Stewardship Council (FSC) est une organisation non gouvernementale qui encourage une gestion forestière responsable et durable sur les plans écologique, social et économique. Elle accorde des certificats de bonne gestion aux exploitants forestiers dans le monde en fonction de critères précis. L'écocertification des produits assure aux consommateurs, aux détaillants, aux investisseurs et aux gouvernements que ces produits proviennent de forêts aménagées de façon respectueuse.

Les aires protégées

Les aires protégées visent à conserver la biodiversité d'un milieu naturel et les ressources sauvages. Toute activité industrielle y est interdite. Au Québec, moins de 5 % de la superficie était protégée en 2007. L'objectif est d'atteindre 8 % en 2010.

L'énergie

L'accès à l'énergie est indispensable pour satisfaire les besoins élémentaires de l'être humain, qu'on pense à l'alimentation, au chauffage, à l'éclairage. Or, la consommation d'énergie a des impacts importants sur l'environnement. Chaque source énergétique présente des avantages et des inconvénients.

LA CONSOMMATION

Habitués à leur confort, les Occidentaux achètent des biens de consommation dont la fabrication requiert l'utilisation de grandes quantités d'énergie. Mais c'est sans aucun doute l'arrivée de l'automobile qui a eu le plus grand impact sur leur consommation énergétique. La voiture a conquis les Nord-Américains en leur assurant une liberté de déplacement inégalée. Grâce à elle, ils peuvent vivre à plusieurs kilomètres de leur lieu de travail. Résultat : l'étalement urbain s'est considérablement accru depuis l'arrivée de la voiture dans nos vies. Par ailleurs, en examinant le graphique PE.20, on remarque que le Canada affiche l'un des plus hauts taux

de consommation d'énergie électrique par habitant, ce qui peut s'expliquer en partie par la rigueur du climat.

LES ÉNERGIES « CLASSIQUES »

Traditionnellement, les êtres humains se sont tournés vers les combustibles facilement accessibles pour produire de l'énergie. Presque tous ces combustibles, lorsqu'ils sont brûlés, sont transformés en dioxyde de carbone (CO_2), principal gaz responsable des changements climatiques. En outre, ils sont tous disponibles en quantité limitée.

Le bois

Dans les pays en développement, les habitants utilisent encore le bois pour cuire les aliments ou chauffer l'eau. Cette pratique engendre des problèmes importants de désertification. En effet, les terres dénuées de leurs arbres n'arrivent plus à retenir l'eau de pluie. Cette dernière ruisselle en torrents jusqu'aux rivières, provoquant des inondations et parfois même la contamination des sources d'eau potable.

PE.20 LA CONSOMMATION D'ÉLECTRICITÉ PAR HABITANT DE QUELQUES PAYS EN 2004

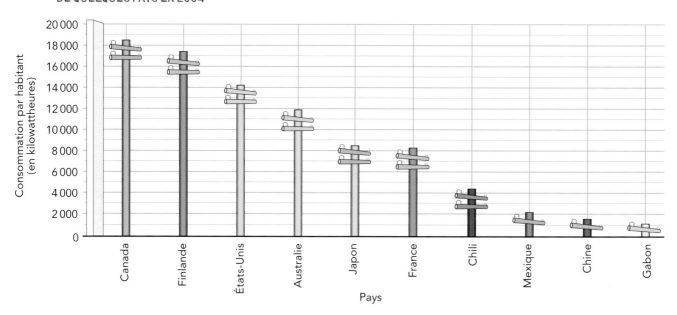

Source : Programme des Nations Unies pour le développement (PNUD), *Rapport sur le développement humain 2007/2008,* données de 2004.

Le charbon

Principale source d'énergie au Canada au début du 20ᵉ siècle, le charbon est encore largement utilisé pour produire de l'électricité dans plusieurs régions du monde. Sa combustion, en plus de produire du dioxyde de carbone (CO_2), relâche dans l'atmosphère du dioxyde de soufre (SO_2) et des oxydes d'azote (NO_x), responsables des pluies acides. Elle émet également du mercure dans l'atmosphère, qui finit par retomber au sol avec la pluie et dans les plans d'eau, où il est ingéré par les poissons et éventuellement par les êtres humains qui les consomment.

PE.21 En brûlant, le charbon libère des polluants dans l'atmosphère, notamment du CO_2, responsable des changements climatiques.

Le pétrole

Puisé dans les profondeurs de la Terre, le pétrole est raffiné pour produire notamment l'essence qui sert à alimenter les moteurs de nos voitures. Comme le charbon, sa combustion génère du CO_2, du SO_2 et des oxydes d'azote (NO_x). Au cours des dernières années, les pétrolières ont toutefois réduit la concentration de soufre dans l'essence afin de réduire les émissions de SO_2.

Il n'y a pas que la combustion du pétrole qui soit source de pollution. Son extraction et son transport peuvent aussi être polluants. Au Canada, par exemple, l'exploitation des sables bitumineux de l'Alberta produit le tiers des émissions de gaz à effet de serre du pays. Il faut en effet injecter de grandes quantités de vapeur d'eau, ce qui demande beaucoup d'énergie, pour faire décoller le pétrole des particules de sable.

PE.22 Des sables bitumineux. Il faut beaucoup d'énergie pour séparer les hydrocarbures des particules de sable.

Le gaz naturel

Le gaz naturel est la deuxième source d'énergie la plus utilisée dans le monde après le pétrole. Il sert notamment au chauffage des résidences, à l'alimentation des cuisinières au gaz ou à la production d'électricité.

De façon générale, le gaz naturel brûle plus proprement que le charbon ou le pétrole. Il génère peu de SO_2 et d'oxydes d'azote (NO_x), mais tout autant de CO_2, un gaz à effet de serre.

Le Canada est en voie de construire des ports méthaniers sur la côte est du pays pour accueillir les bateaux chargés de gaz naturel provenant de la Russie ou de l'Algérie. Mais ces projets sèment la controverse à cause, entre autres, des risques d'accidents et de déversements.

PE.23 Les ports méthaniers peuvent stocker le méthane liquéfié qui arrive par bateau.

Le nucléaire

Lorsqu'un atome d'uranium est fractionné au cours d'une transformation nucléaire, il émet une grande quantité d'énergie sous forme de chaleur, que l'on peut transformer en électricité. Cette transformation ne produit pas de gaz à effet de serre. Toutefois, ce dégagement d'énergie s'accompagne de déchets radioactifs, dangereux pour l'être humain. Même si de multiples précautions sont prises pour éviter la propagation des rayons dans la nature, les opérations ne sont jamais totalement à l'abri d'un éventuel accident.

PE.24 La centrale nucléaire de Saint-Laurent-des-Eaux, en France.

LES ÉNERGIES RENOUVELABLES

Scientifiques, ingénieurs et décideurs sont engagés dans une course technologique sans précédent pour découvrir de nouvelles sources d'énergie propre. Chacune de ces sources présente des avantages et des défis.

L'hydroélectricité

Riche de ses nombreux cours d'eau, le Québec produit presque toute son électricité au moyen de centrales hydroélectriques. De gigantesques barrages bloquent l'écoulement de l'eau des rivières. Cette eau s'accumule en amont, créant une immense pression sur le barrage. Lorsqu'on lui ouvre un passage, elle s'engouffre à toute vitesse dans des conduites, faisant tourner des turbines le long de son parcours.

PE.25 Le barrage Daniel-Johnson est le plus célèbre des ouvrages du complexe Manic-Outardes de la Côte-Nord du Québec.

L'éolien

Les tours éoliennes peuvent atteindre 120 m. Lorsque le vent frappe leurs pales, elles tournent et activent un générateur d'électricité. Les plus grandes tours peuvent produire 2 mégawatts d'électricité, soit assez pour alimenter entre 200 et 300 foyers, quand elles fonctionnent à 30% de leur pleine capacité (un chiffre réaliste, puisque le vent ne souffle pas en tout temps).

PE.26 Les éoliennes de Cap-Chat, en Gaspésie.

Le solaire

On estime qu'en une heure, la Terre reçoit suffisamment d'énergie du Soleil pour combler les besoins énergétiques de la planète pendant un an. Les panneaux photovoltaïques peuvent convertir une partie de cette énergie en électricité. Ils sont fabriqués à partir de matériaux qui, lorsqu'ils sont frappés par la lumière, mettent en mouvement des électrons qui activent un circuit électrique.

PE.27 Les voitures solaires ont encore du chemin à parcourir avant de se retrouver sur nos routes.

La géothermie

Plus on s'enfonce vers le cœur de la Terre, plus la température est élevée. Ingénieurs, géologues et autres spécialistes ont développé des technologies qui servent à récupérer cette énergie, en injectant, par exemple, sous la surface du sol, des fluides capables de récupérer la chaleur, puis de la ramener à la surface.

Les marées

Le mouvement de l'eau créé par les marées représente une source importante d'énergie, qu'on appelle «énergie marémotrice». Des ingénieurs, hydrologues et autres experts ont mis au point des technologies capables de transformer ce mouvement en électricité, par l'activation de turbines.

RÉDUIRE LA DEMANDE

Toute production énergétique, même à partir de technologies vertes, engendre un certain impact sur l'environnement. Pour cette raison, la meilleure option pour relever le défi énergétique consiste à réduire la demande.

La recherche de l'«efficacité énergétique» consiste à combler nos besoins, tout en diminuant notre consommation d'énergie. Dans notre quotidien, des gestes simples comme éteindre la lumière lorsqu'on quitte une pièce, réduire le chauffage lorsqu'on s'absente de la maison ou utiliser des ampoules à faible consommation électrique, peuvent faire une différence.

Le développement de nouvelles technologies laisse entrevoir des économies plus substantielles encore. En voici quelques exemples.

La voiture éconergétique

Les fabricants de voitures planchent sur la mise au point de modèles moins énergivores. Les voitures hybrides ont acquis une longueur d'avance. Celles-ci misent à la fois sur une alimentation en essence, mais également sur un moteur électrique, ce qui permet d'éviter certaines pertes. En phase de décélération, par exemple, l'énergie cinétique dissipée est récupérée pour recharger la batterie.

Cependant, la voiture hybride n'est pas une panacée. Les véhicules utilitaires sport (VUS) hybrides donnent l'impression aux consommateurs de faire un bon choix alors que ces modèles consomment davantage d'essence que de plus petits modèles de voitures fonctionnant uniquement avec un moteur à combustion.

Les industries éconergétiques

Plusieurs usines produisent de la vapeur d'eau, essentielle à la fabrication de leurs produits. Autrefois rejetée dans l'environnement, cette vapeur est aujourd'hui récupérée pour chauffer les bâtiments en hiver.

Les habitations éconergétiques

Plusieurs nouvelles maisons sont construites de façon à maximiser leur exposition au soleil, question d'économiser sur les coûts de chauffage. Des matériaux isolants aident aussi à conserver la chaleur à l'intérieur et à maximiser le confort des résidants.

Pour aider les constructeurs à prendre le virage éconergétique, l'Agence de l'efficacité énergétique du Québec a lancé les normes de construction Novoclimat. Les maisons qui respectent ces normes bénéficient d'une isolation supérieure, de systèmes de ventilation à récupération de chaleur et d'appareils de chauffage efficaces. Elles offrent un rendement énergétique supérieur, à un coût moindre.

Les matières résiduelles

Pour satisfaire ses besoins, l'être humain a appris à puiser dans les ressources naturelles de la Terre et à les transformer en toutes sortes de biens de consommation : téléphones cellulaires, ordinateurs portables, automobiles, jouets, etc. Cependant, il a aussi appris à consommer et plus il consomme, plus il rejette de produits dans l'environnement.

PLANÈTE POUBELLE

Les achats ne répondent plus seulement aux besoins des consommateurs, mais visent à combler des désirs. Les déchets s'accumulent dans les sites d'enfouissement et menacent l'équilibre des écosystèmes. Sur le graphique PE.29, on remarque qu'en moyenne, un Canadien produit 420 kg de déchets par année. C'est moins qu'un Espagnol, qui en produit 530 kg, mais plus qu'un Polonais, avec ses 170 kg. La quantité de déchets issus de matériel de télécommunication (téléphones, télécopieurs, cellulaires) dépasse les 10 000 tonnes par année au Canada.

PE.28 Les Canadiens gardent leur téléphone cellulaire en moyenne 18 mois avant d'opter pour un nouveau modèle.

PE.29 LA PRODUCTION DE DÉCHETS DOMESTIQUES PAR HABITANT DANS QUELQUES PAYS

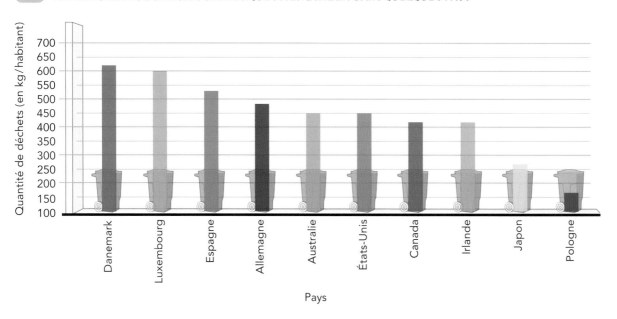

Source : *Données OCDE pour l'environnement, Compendium 2006/2007.*

OÙ VONT LES DÉCHETS?

Les déchets domestiques que l'on jette dans des sacs sont acheminés vers des lieux d'élimination. Dans la majorité des cas, au Québec, il s'agit de sites d'enfouissement. Des cellules sont creusées dans le sol et tapissées de membranes imperméables. Des pelles mécaniques déposent les déchets dans ces cellules, avant de les recouvrir d'une couche de terre, puis d'autres déchets encore.

Les sites d'enfouissement ne sont pas à toute épreuve. Il arrive que les cellules ne soient pas parfaitement étanches. Les déchets se mêlent alors à l'eau de pluie. L'eau contaminée s'échappe ensuite vers le sol et les nappes d'eaux souterraines, amenant avec elle des métaux lourds ou d'autres polluants avec lesquels elle a été en contact. Une fois rendus dans la nappe phréatique, les polluants peuvent parcourir des kilomètres, menaçant les sources d'eau potable qui se trouvent sur leur passage.

Autre problème de taille: les sites d'enfouissement représentent une importante source d'émission de méthane, un gaz à effet de serre 21 fois plus puissant que le dioxyde de carbone. Ce sont les bactéries anaérobies (qui vivent en l'absence d'oxygène) qui, en dégradant les déchets organiques, relâchent ce gaz dans l'atmosphère.

Sur la plupart des sites d'enfouissement au Québec, des systèmes de conduites permettent de récupérer le méthane (CH_4) et de le brûler pour le transformer en CO_2 avant qu'il ne s'échappe dans l'atmosphère. Au Québec, certains sites tirent même profit du CH_4 pour en faire de l'électricité, en le brûlant et en produisant de la vapeur d'eau qui actionne les pales d'une turbine.

PAS DANS MA COUR

Plus une ville prend de l'ampleur, plus il devient difficile de trouver des terrains à proximité pour procéder à l'élimination des déchets. Au Québec, les sites d'enfouissement débordent et les citoyens s'opposent vivement à ce que de nouveaux lieux d'élimination soient aménagés à proximité de leur résidence. Les odeurs nauséabondes qui s'échappent des déchets en décomposition rebutent les citoyens.

LES RVE

Pour trouver des solutions de rechange aux sites d'enfouissement, le gouvernement québécois privilégie l'approche des «RVE», soit la réduction, la réutilisation, la réparation, le recyclage, la valorisation et l'éducation. Pour appliquer chacun de ces principes, le consommateur doit se poser les questions présentées dans le tableau PE.31 avant de faire un achat.

PE.30 Sur un site d'enfouissement, on installe souvent des torchères, qui brûlent le méthane dégagé par la décomposition des déchets avant qu'il ne s'échappe dans l'atmosphère.

PE.31 PRINCIPES RVE ET QUESTIONS DU CONSOMMATEUR

Principe RVE	Question
Réduire	Ai-je besoin de cet objet?
Réutiliser	Est-ce que je possède un objet qui pourrait se substituer à celui que je songe à acheter?
Réparer	Pourrais-je réparer un vieil objet que j'ai déjà en ma possession plutôt que d'en acheter un neuf?
Recycler	Cet objet et son emballage sont-ils facilement recyclables?
Valoriser	Peut-on en tirer de l'énergie?
Éduquer	Comment puis-je partager mes valeurs environnementales avec mon entourage?

LA COLLECTE SÉLECTIVE AU QUÉBEC

En 1998, le gouvernement du Québec a adopté la Politique québécoise de gestion des matières résiduelles 1998-2008. L'objectif général de cette politique était de détourner du site d'enfouissement au moins 65 % des matières résiduelles susceptibles d'être mises en valeur par les RVE.

En ce qui concerne les matières résiduelles municipales, les objectifs précis de récupération étaient les suivants :

- 60 % du verre, du plastique, du métal, des fibres (papiers et cartons), des résidus encombrants et des matières putrescibles (résidus verts et alimentaires) ;
- 80 % des contenants de bières et de boissons gazeuses à remplissage unique ;
- 50 % des textiles ;
- 20 % des métaux non consignés ;
- 75 % des huiles, des peintures et des pesticides (résidus domestiques dangereux) ;
- 60 % de tous les autres résidus domestiques dangereux.

Le papier, le verre, le métal et le plastique sont récupérés au moyen de la collecte sélective, puis acheminés vers des centres de tri où ils sont séparés et vendus à des recycleurs qui en font des produits neufs.

Si la collecte et le recyclage du papier allaient bon train en 2006 au Québec, dépassant même les objectifs de la Politique québécoise, la récupération des autres matières avait encore du chemin à rattraper, selon les chiffres compilés par l'organisation Recyc-Québec (*voir le tableau PE.32*).

LES AUTRES MATIÈRES RÉSIDUELLES ET LES SOLUTIONS

Plusieurs matières résiduelles ne peuvent pas être placées dans le bac de récupération. Les gouvernements occidentaux comme celui du Québec ont mis en place des structures pour les valoriser autrement ou, du moins, les éliminer de façon sécuritaire. Certaines municipalités ont également mis sur pied des écocentres qui permettent aux citoyens de se débarrasser des matières résiduelles qui ne sont pas acceptées dans la collecte régulière des déchets.

Les matières compostables

Les matières d'origine animale ou végétale, comme les restants de table, peuvent être dégradées par des décomposeurs et transformées en compost, riche en substances nutritives utiles aux plantes. On peut épandre le compost dans les jardins ou les champs agricoles.

Les composteurs individuels permettent de composter les déchets de table ou de jardin directement à la maison. Certaines municipalités organisent également des collectes.

Les résidus domestiques dangereux

Les piles, les restes de peinture, les huiles usées et les médicaments font partie de la famille des résidus domestiques dangereux (RDD). On ne peut pas les placer dans le bac de récupération, mais leur envoi vers les sites d'enfouissement peut s'avérer dangereux pour l'environnement, étant donné qu'ils renferment des substances toxiques.

Des collectes sont organisées à quelques reprises durant l'année. Les citoyens sont invités à apporter leurs déchets, qui seront ensuite recyclés ou enfouis dans des cellules spécialement conçues pour les recevoir.

PE.32 LES TAUX DE RÉCUPÉRATION MESURÉS POUR L'ANNÉE 2006

Matière résiduelle	Taux de récupération	Objectif de la politique
Papiers et cartons	75 %	60 %
Verre	40 %	60 %
Métaux	24 %	60 %
Plastiques	17 %	60 %
Total de la collecte sélective	48 %	60 %

Source : Recyc-Québec, *Bilan 2006 de la gestion des matières résiduelles au Québec.*

QUELQUES EXEMPLES DE RÉSIDUS DOMESTIQUES DANGEREUX

Endroit	Produits dangereux	Corrosif	Inflammable	Toxique	Explosif
Cuisine	Ammoniaque (lave-vitre)	✓		✓	
	Nettoyants pour le four	✓			
Salle de bain	Alcool à friction		✓	✓	
	Médicaments			✓	
	Vernis à ongle		✓	✓	
	Nettoyant pour les toilettes	✓		✓	
Salle de lavage	Détachants et détersifs	✓			
	Eau de Javel	✓		✓	
	Adoucissants	✓			
Sous-sol et placard	Ampoules fluorescentes			✓	
	Piles			✓	
	Peintures au latex	✓			
	Solvants	✓	✓	✓	
	Vernis	✓	✓	✓	
Garage ou remise	Antigel		✓	✓	
	Batteries d'automobiles	✓	✓	✓	
	Bouteilles de propane				✓
	Pesticides	✓		✓	

Adapté de : Recyc-Québec.

Les pneus usés

À Saint-Amable, au Québec, le 16 mai 1990, un incendie a brûlé 3,5 millions de pneus en 6 jours, répandant dans l'atmosphère une épaisse fumée noire et toxique. Des millions d'autres pneus abandonnés dormaient alors dans des centaines de lieux d'entreposage dispersés à travers la province.

Afin d'éviter qu'un autre incident du genre ne se produise, le gouvernement du Québec a mis en place un système de récupération des pneus usés. Aujourd'hui, pour financer ce système, un automobiliste doit débourser trois dollars chaque fois qu'il achète un pneu neuf. Les pneus usés sont soit remoulés, soit recyclés (pour en faire, par exemple, des tapis, des panneaux d'insonorisation ou des bacs à fleurs) ou encore utilisés comme combustibles dans les cimenteries.

PE.34 En brûlant, les pneus dégagent une fumée toxique dans l'atmosphère.

La production alimentaire

En 2020, on comptera huit milliards d'habitants sur Terre. L'agriculture arrivera-t-elle à nourrir toutes ces bouches alors que deux milliards d'humains souffrent déjà de malnutrition? La question se pose alors que les agriculteurs doivent composer avec un climat de plus en plus chaud, dû aux changements climatiques, et avec des sols qui s'appauvrissent en raison de leur surexploitation.

L'AGRICULTURE À L'ÈRE INDUSTRIELLE

Pour satisfaire à la demande croissante, l'agriculture a subi une véritable révolution au cours des dernières décennies. Les travaux manuels aux champs ont pratiquement disparu dans les pays industrialisés, au profit des moissonneuses-batteuses, trayeuses électriques ou autres équipements de machinerie agricole. L'objectif: produire toujours plus, au plus bas prix possible.

Les géants de l'alimentation se tournent en grand nombre vers la monoculture, qui consiste à semer sur un immense territoire une seule espèce de céréales, de fruits ou de légumes. Comme à l'usine, on vise la production de masse.

LES IMPACTS SUR L'ENVIRONNEMENT

L'industrialisation de l'agriculture ne se fait pas sans heurt. Voici quelques-uns des impacts environnementaux dont elle est responsable.

La compaction des sols

Sur les terres cultivables, l'utilisation de machinerie lourde compacte les sols. Ces derniers ont donc plus de difficulté à absorber l'eau. La pluie ruisselle à leur surface, entraînant dans les rivières bon nombre de particules de sol et d'éléments nutritifs utiles à la croissance des plants, et menaçant du même coup des sources d'eau potable.

PE.35 À perte de vue, dans ces champs, on trouve des tournesols. À d'autres endroits, on pourrait voir du maïs, des pommiers, etc. Il est beaucoup plus avantageux financièrement de récolter un seul produit sur une grande surface.

L'épuisement des substances nutritives

Les sols sont fragiles. Ils contiennent des micro-organismes, de la matière organique et des minéraux dont profitent les végétaux qui y plongent leurs racines. En imposant une rotation rapide des cultures, l'agriculture intensive ne laisse pas aux sols le temps de repos nécessaire pour refaire leurs réserves de substances nutritives.

Les engrais

L'utilisation intensive d'engrais chimiques dans le but d'accroître le rendement des terres a aussi des impacts importants sur l'environnement. Les surplus sont entraînés par l'eau de pluie et voyagent jusque dans les nappes phréatiques, les rivières et les lacs, où ils favorisent la croissance rapide des algues. Les lacs qui sont assaillis par les algues sont victimes d'EUTROPHISATION : ils manquent d'oxygène, étouffent et meurent graduellement. On prévoit une augmentation continue de l'utilisation d'engrais qui devrait atteindre près de 200 millions de tonnes métriques en 2030 (*voir le graphique PE.36*).

Les pesticides

Pour éliminer les mauvaises herbes et les insectes considérés comme nuisibles, on épand des pesticides sur les terres agricoles. On en compte trois grandes catégories : les insecticides (qui visent les insectes), les herbicides (qui tuent les mauvaises herbes) et les fongicides (qui éliminent les champignons et les moisissures). Malheureusement, ces produits ne sont pas assez spécifiques pour toucher une cible unique. Ils sont nocifs, à différents degrés, pour une multitude d'organismes vivants, dont l'être humain.

Les sols, les eaux souterraines, les plans d'eau et même l'atmosphère peuvent être contaminés par les pesticides qui sont épandus sur les champs agricoles. Une fois dans l'environnement, ces produits nocifs peuvent y rester pendant des années, détruisant l'équilibre des écosystèmes.

PE.36 L'ÉVOLUTION DE LA CONSOMMATION D'ENGRAIS DANS LE MONDE

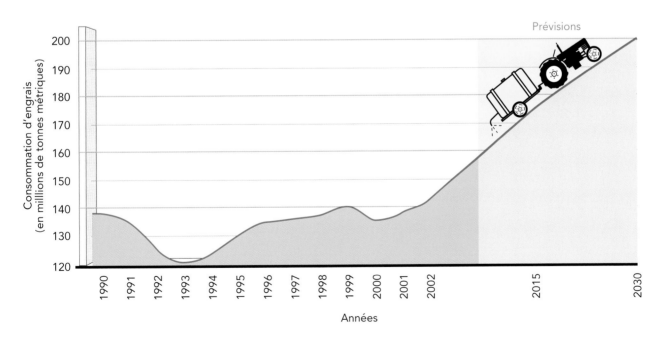

Source : Données de Earthtrends /World Resources Institute, 2006 et de Food and Agriculture Organization of the United Nations (FAO), *Fertilizer requirements in 2015 and 2030*, 2000.

LES SEMENCES GÉNÉTIQUEMENT MODIFIÉES

Depuis le début des temps, les agriculteurs sélectionnent les meilleurs plants ou les meilleurs animaux d'élevage pour les croiser. On s'assure ainsi de privilégier les meilleurs gènes et de voir naître des plants ou des animaux vigoureux.

Or, les avancées de la science moderne permettent aujourd'hui de sauter les étapes de la reproduction classique. Les biochimistes arrivent à extraire dans la cellule d'une plante ou d'un animal un segment d'ADN, c'est-à-dire une série de gènes responsables de caractéristiques qui sont particulièrement appréciées. Ils peuvent ensuite insérer ce fragment dans une cellule hôte : un ovule fécondé, par exemple. Les gènes ciblés se retrouveront dans le code génétique de l'organisme en développement, qui affichera alors les caractéristiques recherchées. C'est ce qu'on appelle un organisme génétiquement modifié (OGM).

Dans leurs laboratoires, les scientifiques ont mis au point des tomates résistantes au gel, en leur insérant un gène trouvé chez certains poissons nordiques. D'autres ont développé du blé tolérant la sécheresse grâce à un gène de scorpion.

On peut remarquer sur le graphique PE.37 que le Canada est le quatrième plus important producteur d'OGM au monde, derrière les États-Unis, l'Argentine et le Brésil. En 2007, Santé Canada avait autorisé 48 aliments génétiquement modifiés, notamment du maïs résistant aux herbicides, une souche de tomate mûrissant lentement (de façon à ce qu'elle reste rouge plus longtemps sur les étalages) et une pomme de terre résistante au doryphore, un insecte ravageur. Cependant, même si la tomate et la pomme de terre OGM ont été approuvées, on ne trouve pas, pour l'instant, de fruits ou de légumes frais génétiquement modifiés sur les tablettes des épiceries au Canada. Les OGM sont toutefois présents dans plusieurs aliments transformés par le biais du canola, du maïs-grain et du soja.

PE.37 LES PLUS GROS PRODUCTEURS D'OGM AU MONDE EN 2006

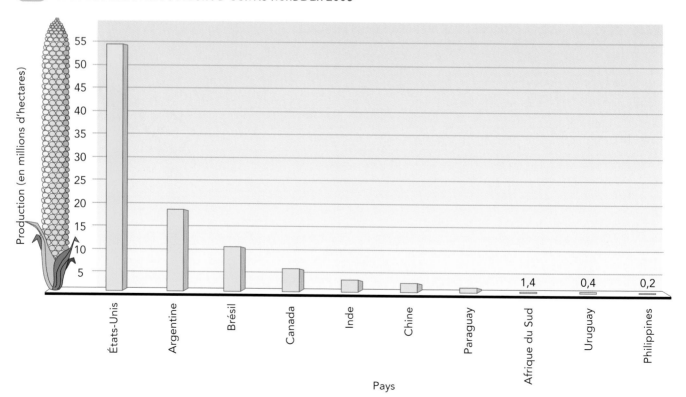

Source : International Service for Acquisition for Agri-Biotech Applications (ISAAA), 2006.

  LES PROBLÉMATIQUES ENVIRONNEMENTALES

Les OGM ne font pas l'unanimité. Au contraire, ils suscitent une vive controverse. Plusieurs estiment qu'ils poseraient un risque pour la santé humaine et pour l'environnement. Au nom du principe de précaution, ils demandent aux agriculteurs de mettre fin à la culture des OGM, tant et aussi longtemps que l'on n'aura pas prouvé qu'ils sont sans danger.

DES PISTES DE SOLUTIONS

Pour réduire les impacts de l'agriculture sur l'environnement et assurer la qualité des aliments produits et consommés, plusieurs environnementalistes prônent un retour vers des pratiques agricoles plus traditionnelles et respectueuses du milieu ambiant.

L'agriculture biologique

Les agriculteurs biologiques ont choisi de bannir les engrais et les pesticides chimiques de leurs champs. Ils utilisent des prédateurs naturels pour chasser les insectes ravageurs, laissent le sol se régénérer entre chaque récolte et pratiquent la rotation des cultures pour éviter qu'une même plante puise, année après année, les mêmes ressources du sol, jusqu'à son épuisement.

Ce type d'agriculture nécessite plus de temps et de main-d'œuvre. C'est pourquoi les aliments biologiques coûtent un peu plus cher que les aliments non biologiques.

L'agriculture de proximité

Cette solution consiste à se procurer, dans la mesure du possible, des aliments qui ont été cultivés par des agriculteurs locaux. Cela permet d'éviter la pollution associée au transport des marchandises, notamment l'émission de gaz à effet de serre.

Les aliments équitables

Les aliments issus du commerce équitable offrent aux producteurs, issus tout particulièrement des pays en développement, une rémunération juste pour leurs produits et leur labeur. La certification « équitable » assure aussi que les aliments ont été produits dans le respect de l'environnement, de façon à assurer la durabilité des ressources.

Au Canada, certaines marques de café, de thé, de sucre, de cacao, de chocolat, de bananes et de riz sont certifiés équitables.

PE.38 Les consommateurs qui achètent un produit arborant le logo « certifié équitable » s'assurent que les producteurs ont reçu une juste rémunération pour leur travail. Ci-contre, on peut voir un travailleur près d'un cacaoyer.

FAIR TRADE CERTIFIED

CERTIFIÉ ÉQUITABLE

ANNEXES

QUELQUES PROPRIÉTÉS PÉRIODIQUES DES ÉLÉMENTS DU TABLEAU PÉRIODIQUE (À 20°C ET À 101,3 kPa)

Numéro atomique	Symbole chimique	Point de fusion (°C)	Point d'ébullition (°C)	Masse volumique (g/ml)	Rayon atomique (10^{-12} m)	Énergie de première ionisation (eV)	Électronégativité (échelle de Pauling)
1	H	-259	-253	0,000 084	79	13,60	2,1
2	He	-272	-269	0,000 17	89	24,58	-
3	Li	180	1342	0,53	179	5,39	1,0
4	Be	1278	2970	1,85	127	9,32	1,5
5	B	2300	2550	2,34	100	8,30	2,0
6	C	3650	4827	2,25	91	11,26	2,5
7	N	-210	-196	0,001 7	73	14,53	3,0
8	O	-219	-183	0,001 33	65	13,62	3,5
9	F	-219	-188	0,001 58	64	17,42	4,0
10	Ne	-249	-246	0,000 84	51	21,56	-
11	Na	98	883	0,97	188	5,14	0,9
12	Mg	649	1107	1,74	166	7,65	1,2
13	Al	660	2467	2,70	163	5,98	1,5
14	Si	1410	2355	2,32	132	8,15	1,8
15	P	44	280	1,82	108	10,48	2,1
16	S	113	444	2,5	107	10,36	2,5
17	Cl	-101	-35	0,002 95	97	12,97	3,0
18	Ar	-189	-186	0,001 66	131	15,76	-
19	K	63	760	0,86	252	4,34	0,8
20	Ca	839	1484	1,54	210	6,11	1,0
21	Sc	1541	2831	3,0	185	6,54	1,3
22	Ti	1660	3287	4,51	172	6,82	1,5
23	V	1890	3380	5,96	162	6,74	1,6
24	Cr	1857	2672	7,20	155	6,77	1,6
25	Mn	1244	1962	7,20	152	7,43	1,5
26	Fe	1535	2750	7,86	148	7,87	1,8
27	Co	1495	2870	8,90	146	7,86	1,8
28	Ni	1455	2730	8,90	143	7,63	1,8
29	Cu	1083	2567	8,92	142	7,73	1,9
30	Zn	419	907	7,14	143	9,39	1,6
31	Ga	30	2403	5,90	152	6,0	1,6
32	Ge	937	2830	5,35	137	7,90	1,8
33	As	613	817	5,72	129	9,81	2,0
34	Se	217	685	4,81	169	9,75	2,4
35	Br	-7	59	0,003 12	112	11,81	2,8
36	Kr	-157	-152	0,003 48	103	14,00	-

Numéro atomique	Symbole chimique	Point de fusion (°C)	Point d'ébullition (°C)	Masse volumique (g/ml)	Rayon atomique (10^{-12} m)	Énergie de première ionisation (eV)	Électronégativité (échelle de Pauling)
37	Rb	39	686	1,53	273	4,18	0,8
38	Sr	769	1384	2,60	230	5,69	1,0
39	Y	1522	3338	4,47	204	6,38	1,3
40	Zr	1852	4377	6,49	188	6,84	1,4
41	Nb	2468	4742	8,57	175	6,88	1,6
42	Mo	2610	5560	10,2	169	7,10	1,8
43	Tc	2172	4877	11,5	165	7,28	1,9
44	Ru	2310	3900	12,3	162	7,37	2,2
45	Rh	1966	3727	12,4	159	7,46	2,2
46	Pd	1554	2970	12,0	158	8,34	2,2
47	Ag	962	2212	10,5	160	7,57	1,9
48	Cd	321	765	8,65	160	8,99	1,7
49	In	156	2080	7,30	181	5,78	1,7
50	Sn	232	2270	7,30	156	7,34	1,8
51	Sb	630	1750	6,68	168	8,64	1,9
52	Te	449	990	6,00	143	9,01	2,1
53	I	113	184	4,93	132	10,45	2,5
54	Xe	-112	-107	0,005 49	171	12,13	-
55	Cs	28	669	1,88	300	3,89	0,7
56	Ba	725	1640	3,51	248	5,21	0,9
57	La	921	3457	6,17	231	5,58	1,1
58	Ce	799	3426	6,65	226	5,47	1,1
59	Pr	931	3512	6,77	225	5,42	1,1
60	Nd	1024	3027	7,00	223	5,49	1,1
61	Pm	1168	2460	7,22	222	5,55	1,1
62	Sm	1077	1791	7,52	220	5,64	1,2
63	Eu	822	1597	5,24	230	5,67	1,2
64	Gd	1313	3266	7,90	217	6,14	1,2
65	Tb	1360	3123	8,23	215	5,85	1,2
66	Dy	1412	2562	8,55	213	5,93	1,2
67	Ho	1474	2695	8,79	212	6,02	1,2
68	Er	1529	2863	9,06	210	6,10	1,2
69	Tm	1545	1947	9,32	208	6,18	1,2
70	Yb	819	1194	6,96	217	6,25	1,1
71	Lu	1663	3395	9,84	199	5,43	1,2
72	Hf	2227	4602	13,3	186	7,0	1,3
73	Ta	2996	5425	16,6	176	7,89	1,5
74	W	3410	5660	19,3	170	7,98	1,7
75	Re	3180	5627	20,5	167	7,88	1,9
76	Os	2700	5300	22,5	164	8,7	2,2
77	Ir	2410	4130	22,4	161	9,1	2,2
78	Pt	1772	3827	21,4	161	9,0	2,2
79	Au	1064	3080	18,9	162	9,22	2,4
80	Hg	-39	356	13,6	168	10,4	1,9
81	Tl	303	1457	11,8	189	6,11	1,8
82	Pb	327	1740	11,4	178	7,41	1,8
83	Bi	271	1560	9,8	159	7,29	1,9
84	Po	254	962	9,4	160	8,42	2,0
85	At	302	337	non disponible	143	non disponible	2,2
86	Rn	-71	-62	0,009 23	134	10,75	-

LES PROPRIÉTÉS DE SUBSTANCES COURANTES

SUBSTANCES EN PHASE GAZEUSE À 20 °C

Substance (formule chimique)	Description	Utilisation et caractéristiques	Dangers et précautions	TF (°C)	TÉ (°C)	ρ (g/mL à 20 °C)	Solubilité (g/L d'eau à 20 °C)	Quelques propriétés chimiques
Ammoniac (NH$_3$)	• Incolore • Odeur caractéristique	• Fabrication de produits nettoyants et de fertilisants • Réfrigération	• Très toxique, irritant et corrosif • Peut causer des brûlures	-78	-33	0,000 75	531	• Forme une fumée blanche avec le chlorure d'hydrogène • Éteint la flamme • Colore le papier tournesol neutre en bleu[1]
Chlorure d'hydrogène (HCl)	• Incolore • Odeur piquante	• Nettoyage des métaux • Traitement du caoutchouc et du coton	• Très toxique et très corrosif • Peut causer des brûlures, de la toux, etc.	-114	-85	0,001 64	420	• Forme une fumée blanche avec l'ammoniac • Éteint la flamme • Colore le papier tournesol neutre en rouge[1]
Diazote (N$_2$)	• Incolore • Inodore	• Constituant de l'air (78 %) • Congélation des cellules vivantes (cryogénie)	• Généralement non toxique, mais peut causer l'asphyxie si inhalé en grande quantité	-210	-196	0,001 25	0,02	• Éteint la flamme
Dichlore (Cl$_2$)	• Jaune verdâtre • Odeur suffocante	• Désinfectant • Traitement de l'eau potable • Agent de blanchiment	• Très toxique • Irritant pour les voies respiratoires, les yeux et la peau	-102	-35	0,002 94	7,3	• Rallume un tison incandescent
Dihydrogène (H$_2$)	• Incolore • Inodore	• Production de certaines substances (ammoniac, huile végétale hydrogénée, etc.) • Carburant pour les fusées	• Explosif en présence d'une flamme • Peut causer l'asphyxie	-259	-253	0,000 09	0,002	• Explose en présence d'une éclisse de bois enflammée
Dioxyde de carbone ou gaz carbonique (CO$_2$)	• Incolore • Inodore • N'existe pas sous forme liquide	• Produit de la combustion • Boisson gazeuse • Glace sèche (sous forme solide)	• Cause l'effet de serre	-79[2]	S. o.	0,001 98	1,6	• Éteint la flamme • Brouille l'eau de chaux • Colore le papier tournesol neutre en rouge[1]

Substance	Propriétés (couleur, odeur)	Utilité	Propriétés / dangers	TF	TÉ	ρ	Solubilité[1]	Observations
Dioxygène (O₂)	• Incolore • Inodore	• Constituant de l'air (21 %) • Soudure • Médecine	• Entretient la combustion	-218	-183	0,001 43	0,04	• Rallume un tison incandescent
Hélium (He)	• Incolore • Inodore	• Gonflage des ballons • Cryogénie • Soudure • Réfrigération	• Généralement non toxique, mais peut causer l'asphyxie si inhalé en grande quantité	-272	-269	0,000 18	0,0017	• Inerte (ne réagit pas) • Éteint la flamme
Méthane ou gaz naturel (CH₄)	• Incolore • Inodore	• Combustible	• Inflammable	-183	-162	0,000 72	0,025	• Explose en présence d'une flamme
Monoxyde de carbone (CO)	• Incolore • Inodore	• Sous-produit d'une combustion incomplète	• Mortel si inhalé • Inflammable	-207	-192	0,001 25	0,26	• Produit une flamme bleu vif
Ozone (O₃)	• Bleu pâle • Légère odeur	• Protège les habitants de la Terre des rayons UV en haute altitude • Polluant en basse altitude	• Très toxique si inhalé • Explosif	-193	-111	0,002 14	0,57	• Rallume un tison incandescent
Propane (C₃H₈)	• Incolore • Inodore	• Combustible à barbecue	• Inflammable	-188	-42	0,001 83	0,119	• Produit une flamme bleue
Sulfure de dihydrogène (H₂S)	• Incolore • Odeur caractéristique d'œuf pourri	• Protection du fer	• Toxique • Peut endommager l'odorat • Inflammable	-83	-60	0,001 54	4,13	• Colore le papier d'acétate de plomb en noir • Explose en présence d'une flamme

TF : température de fusion   TÉ : température d'ébullition   ρ : masse volumique   S. o. : sans objet

1. Cette propriété s'exprime lorsque la substance est dissoute dans l'eau.
2. Cette donnée correspond à la température de sublimation.

SUBSTANCES EN PHASE LIQUIDE À 20 °C

Substance (formule chimique)	Description	Utilisation et caractéristiques	Dangers et précautions	Quelques propriétés physiques					Quelques propriétés chimiques
				TF (°C)	TÉ (°C)	ρ (g/mL)	CÉ	Solubilité dans l'eau	
Acide acétique (CH_3COOH)	• Incolore • Odeur caractéristique de vinaigre	• Alimentation (lorsque dilué dans l'eau, forme le vinaigre) • Antiseptique • Désinfectant	• Corrosif • Vapeurs irritantes • Peut causer des brûlures	17	118	1,05	Oui	Oui	• Colore le papier tournesol neutre en rouge
Eau (H_2O)	• Incolore • Inodore	• Essentiel à la vie • Alimentation • Solvant	• Aucun	0	100	1,00	Non	S. o.	• Colore le papier de dichlorure de cobalt en rose • Colore le papier tournesol neutre en violet
Éthanol ou alcool éthylique (C_2H_6O)	• Incolore • Odeur caractéristique	• Produit de la fermentation du sucre	• Si ingéré, peut causer l'ébriété, des nausées, des vomissements • Dangereux pour les yeux • Inflammable	-114	78	0,79	Non	Oui	• Produit une flamme bleu pâle
Éthylène-glycol ($HOCH_2CH_2OH$)	• Incolore • Légère odeur sucrée	• Antigel • Fabrication des vaccins	• Vapeurs irritantes • Peut causer des vomissements et la paralysie	-13	198	1,11	Non	Oui	• Inflammable
Glycérine ou glycérol ($C_3H_8O_3$)	• Incolore • Inodore • Visqueux • Goût sucré	• Agent lubrifiant dans les médicaments et les cosmétiques • Liquide à bulles	• Explosif dans certaines conditions	18	290	1,26	Non	Oui	• Explose en présence de certaines substances
Mercure (Hg)	• Gris argenté • Brillant	• Thermomètre • Baromètre • Miroir • Lampe UV	• Très toxique • Peut causer des troubles neurologiques	-39	357	13,55	Oui	Non	• Réagit avec l'acide nitrique (HNO_3) • S'oxyde pour former un solide noir
Méthanol ou alcool méthylique (CH_3OH)	• Incolore • Odeur caractéristique	• Antigel • Carburant • Solvant	• Toxique, si ingéré • Peut être mortel • Assèche la peau • Rend aveugle • Inflammable	-98	65	0,79	Non	Oui	• Produit une flamme bleu pâle

TF : température de fusion   TÉ : température d'ébullition   ρ : masse volumique   CÉ : conductibilité électrique   S. o. : sans objet

SUBSTANCES EN PHASE SOLIDE À 20 °C

Substance (formule chimique)	Description	Utilisation et caractéristiques	Dangers et précautions	Quelques propriétés physiques					Quelques propriétés chimiques
				TF (°C)	TÉ (°C)	ρ (g/mL)	CÉ	Solubilité (g/L d'eau à 20 °C)	
Aluminium (Al)	• Blanc gris • Inodore • Brillant • Malléable	• Revêtement extérieur • Boîte de conserve • Automobile	• Toxique en grande quantité	660	2467	2,7	Oui (bon conducteur)	0	• S'oxyde pour former un solide blanc
Argent (Ar)	• Blanc argenté • Inodore • Brillant • Malléable	• Bijouterie • Photographie • Composante électrique	• Modérément toxique si ingéré	961	2212	10,40	Oui (excellent conducteur)	0	• S'oxyde pour former un solide noir • Produit une flamme blanc argenté
Carbonate de calcium ($CaCO_3$)	• Blanc • Inodore	• Constituant de la craie • Constituant du marbre	• Produit une poussière irritante pour les yeux et les voies respiratoires	S. o.[2]	S. o.	2,83	Oui[1]	0,0153	• Dégage du dioxyde de carbone en présence d'un acide • Colore le papier tournesol neutre en bleu[1]
Carbone (graphite) (C)	• Gris-noir • Inodore	• Bon combustible • Élément indispensable à la vie • Mine de crayon • Acier	• Si brûlé, produit un gaz à effet de serre • Poussières irritantes	3652	4200	2,09	Oui (mais mauvais conducteur)	0	• S'oxyde pour former du dioxyde de carbone
Carbone (diamant) (C)	• Cristaux incolores • Inodore	• Bijouterie • Forage	• S. o.	3547	4200	3,52	Oui (mais mauvais conducteur)	0	• S'oxyde pour former du dioxyde de carbone
Chlorure de lithium (LiCl)	• Poudre blanche • Inodore	• Feux d'artifice • Réfrigération • Antidépresseur	• Peut causer des problèmes rénaux à long terme	605	1360	2,07	Oui[1]	454	• Produit une flamme rouge vif

TF : température de fusion   TÉ : température d'ébullition   ρ : masse volumique   CÉ : conductibilité électrique   S. o. : sans objet

1. Cette propriété s'exprime lorsque la substance est dissoute dans l'eau.
2. Sans objet parce que cette substance se décompose avant d'atteindre son point de fusion ou d'ébullition.

Substance (formule chimique)	Description	Utilisation et caractéristiques	Dangers et précautions	Quelques propriétés physiques					Quelques propriétés chimiques
				TF (°C)	TÉ (°C)	ρ (g/mL)	CÉ	Solubilité (g/L d'eau à 20 °C)	
Chlorure de potassium (KCl)	• Cristaux blancs • Inodore	• Photographie • Pile	• Toxique si ingéré	774	1411	1,99	Oui[1]	344	• Produit une flamme violette
Chlorure de sodium (sel de table) (NaCl)	• Cristaux blancs de forme cubique • Inodore	• Alimentation • Déglaçant pour les routes	• Peut causer des troubles d'hypertension	801	1413	2,17	Oui[1]	357	• Produit une flamme jaune orangé
Cuivre (Cu)	• Rouge brun • Inodore • Brillant	• Élément indispensable à la vie à faible dose • Fil électrique • Tuyauterie de plomberie • Pièce de monnaie	• Poussières irritantes pour les yeux et l'estomac	1083	2595	8,94	Oui (excellent conducteur)	0	• S'oxyde pour former un solide verdâtre ou noir • Produit une flamme verte
Dichlorure de baryum (BaCl₂)	• Cristaux blancs ou incolores • Inodore	• Feux d'artifice • Fabrication de colorants	• Toxique si ingéré • Éviter tout contact avec la peau	963	1560	3,90	Oui[1]	360	• Produit une flamme vert jaunâtre
Dichlorure de calcium (CaCl₂)	• Cristaux blancs • Inodore	• Alimentation • Déglaçant pour les routes • Durcisseur à béton	• Irritant pour les yeux	772	1935	2,15	Oui[1]	425	• Produit une flamme rouge orangé
Dichlorure de nickel (NiCl₂)	• Cristaux verts • Inodore	• Encre • Masque à gaz	• Irritant • Éviter tout contact avec la peau	1001	S. o.	3,55	Oui[1]	642	• Colore le papier tournesol neutre en rouge[1] • Produit une flamme verte
Dichlorure de strontium (SrCl₂)	• Cristaux blancs • Inodore	• Feux d'artifice	• Toxique si ingéré • Éviter tout contact avec la peau	875	1250	3,05	Oui[1]	538	• Produit une flamme rouge

Substance	Propriétés physiques	Utilisation	TF	TÉ	ρ	CÉ		Propriété chimique
Fer (Fe)	• Blanc gris • Inodore • Brillant	• Élément indispensable à la vie • Acier • Construction • Automobile • Bande magnétique • Supplément vitaminique	• Poussières irritantes	1535	3000	7,86	Oui (bon conducteur)	0	• S'oxyde pour former un solide rouge brun
Glucose ($C_6H_{22}O_{11}$)	• Blanc • Légère odeur sucré • Texture parfois collante	• Produit par les plantes au cours de la photosynthèse • Alimentation	• Poussières irritantes pour les yeux	146	S. o.[2]	1,56	Non	1000	• Prend une couleur dorée lorsqu'on le chauffe
Hydroxyde de calcium ($Ca(OH)_2$)	• Blanc • Inodore	• Lorsque dilué dans l'eau, forme l'eau de chaux	• Éviter tout contact avec les yeux	S. o.[2]	S. o.	2,24	Oui[1]	1,59	• Colore le papier tournesol neutre en bleu[1]
Hydroxyde de sodium (NaOH)	• Cristaux blancs • Inodore	• Fabrication de plastiques, de détergents, de savons, etc.	• Éviter tout contact avec la peau • Corrosif	318	1390	2,13	Oui[1]	1111	• Colore le papier tournesol neutre en bleu[1]
Iode (I_2)	• Cristaux noir-violet • Odeur âcre	• Élément indispensable à la vie à faible dose • Antiseptique • Lampe halogène • Produit pharmaceutique	• Dégage des vapeurs toxiques	114	184	4,93	Non	0,29	• Réagit en présence d'amidon

TF: température de fusion   TÉ: température d'ébullition   ρ: masse volumique   CÉ : conductibilité électrique   S. o. : sans objet

1. Cette propriété s'exprime lorsque la substance est dissoute dans l'eau.
2. Sans objet parce que cette substance se décompose avant d'atteindre son point de fusion ou d'ébullition.

Substance (formule chimique)	Description	Utilisation et caractéristiques	Dangers et précautions	TF (°C)	TÉ (°C)	ρ (g/mL)	CÉ	Solubilité (g/L d'eau à 20 °C)	Quelques propriétés chimiques
Magnésium (Mg)	• Blanc gris • Inodore • Brillant	• Élément indispensable à la vie à faible dose • Boîtier d'ordinateur • Produit pharmaceutique	• Inflammable en petits morceaux	650	1100	1,74	Oui (bon conducteur)	0	• S'oxyde pour former un solide blanc • Produit une flamme blanche très intense
Nickel (Ni)	• Blanc gris • Inodore • Brillant	• Monnaie • Acier inoxydable • Écran de télévision	• À forte dose, peut causer le cancer du poumon • Peut irriter la peau	1455	2730	8,90	Oui (bon conducteur)	0	• S'oxyde peu pour former un solide vert
Nitrate de baryum (Ba(NO$_3$)$_2$)	• Cristaux blancs • Inodore	• Feux d'artifice • Fabrication de la céramique • Feu de circulation vert	• Très toxique si inhalé ou ingéré	590	S. o.[2]	3,24	Oui[1]	87	• Produit une flamme vert jaunâtre
Nitrate de lithium (LiNO$_3$)	• Poudre blanche • Inodore	• Feux d'artifice	• Toxique si ingéré • Éviter tout contact avec la peau	255	S. o.[2]	2,38	Oui[1]	430	• Produit une flamme rouge vif
Nitrate de potassium (KNO$_3$)	• Cristaux blancs • Inodore	• Engrais	• Toxique si ingéré • Ne pas jeter dans les égouts	334	S. o.[2]	2,11	Oui[1]	357	• Produit une flamme violette
Nitrate de strontium (Sr(NO$_3$)$_2$)	• Cristaux blancs • Inodore	• Feux d'artifice • Feu de circulation rouge	• Toxique si ingéré • Éviter tout contact avec la peau	570	645	2,99	Oui[1]	700	• Produit une flamme rouge
Or (Au)	• Doré • Inodore • Brillant • Malléable	• Bijouterie • Monnaie • Circuit électronique	• S. o.	1064	2807	19,32	Oui (bon conducteur)	0	• Ne s'oxyde pas • Réagit avec l'ammoniac

	Propriétés physiques	Utilisations	Effets sur la santé	TF	TÉ	ρ	CÉ		Propriétés chimiques
Oxyde de cuivre (CuO)	• Poudre noire • Inodore	• Colorant (pigment vert) • Feux d'artifice	• Toxique si ingéré	1446	S. o.²	6,32	Oui¹	0	• Réagit avec certains métaux • Produit une flamme bleu-vert
Para-dichloro-benzène ($C_6H_4Cl_2$)	• Cristaux incolores ou blancs • Odeur caractéristique	• Insecticide • Boules anti-mites	• Vapeurs irritantes pour la peau, la gorge et les yeux	54	174	1,46	Non	0,08	• Réagit avec l'aluminium
Plomb (Pb)	• Gris bleuâtre • Inodore • Très malléable • Brillant	• Protège contre les radiations • Batterie	• Très toxique si ingéré • Cause des troubles neurologiques	327	1740	11,34	Oui (bon conducteur)	0	• S'oxyde pour former un solide noir
Soufre (S)	• Jaune • Odeur caractéristique	• Élément indispensable à la vie à faible dose • Fongicide • Allumette • Feux d'artifice	• Cause les pluies acides • Irritant pour la peau, les yeux et les voies respiratoires	115	445	1,96	Non	0	• Produit une flamme bleue
Sulfate de cuivre ($CuSO_4$)	• Cristaux bleus • Inodore	• Fongicide • Bactéricide • Pesticide • Supplément alimentaire pour les porcs	• Très toxique • Éviter tout contact avec la peau	S. o.²	S. o.	3,60	Oui¹	220	• Produit une flamme bleu-vert
Tungstène (W)	• Gris • Inodore • Brillant	• Filament pour ampoule • Élément chauffant	• Peut causer l'irritation des voies respiratoires	3410	5900	19,35	Oui (bon conducteur)	0	• S'oxyde peu • Réagit avec l'acide nitrique

TF: température de fusion   TÉ: température d'ébullition   ρ: masse volumique   CÉ: conductibilité électrique   S. o. : sans objet

1. Cette propriété s'exprime lorsque la substance est dissoute dans l'eau.
2. Sans objet parce que cette substance se décompose avant d'atteindre son point de fusion ou d'ébullition.

ANNEXE 3

RAPPEL DE QUELQUES UNITÉS DE MESURE ET DE QUELQUES FORMULES MATHÉMATIQUES

QUELQUES UNITÉS DE MESURE

Grandeur	Symbole	Unité de mesure	Symbole de l'unité de mesure	Quelques correspondances
Aire	A	• Mètre carré (centimètre carré)	m^2 (cm^2)	$1 \text{ m}^2 = 10\ 000 \text{ cm}^2$
Capacité thermique massique[1]	c	• Joule par gramme par Celsius	$\dfrac{J}{g°C}$	$1 \dfrac{J}{g°C} = 1 \dfrac{kJ}{kg°C}$
Chaleur	Q	• Joule	J	$1 \text{ kJ} = 1000 \text{ J}$
Charge électrique	q ou Q	• Coulomb	C	$1 \text{ C} = 6,25 \times 10^{18}$ charges élémentaires
Concentration	C	• Gramme de soluté par litre de solution • Partie par million	$\dfrac{g}{L}$ ppm	$\dfrac{1 \text{ g}}{1 \text{ L}} = \dfrac{1 \text{ g}}{1000 \text{ ml}}$ $1 \text{ ppm} = \dfrac{1 \text{ mg}}{1000 \text{ g}}$ Solution aqueuse: $1 \text{ ppm} \simeq \dfrac{1 \text{ mg}}{1 \text{ L}}$
Concentration molaire	C	• Mole de soluté par litre de solution	$\dfrac{mol}{L}$	$\dfrac{1 \text{ mol}}{1 \text{ L}} = \dfrac{6,02 \times 10^{23} \text{ entités}}{1 \text{ L}}$
Déplacement	d	• Mètre (kilomètre)	m (km)	$1 \text{ km} = 1000 \text{ m}$
Différence de potentiel	U	• Volt	V	$1 \text{ V} = \dfrac{1 \text{ J}}{1 \text{ C}}$
Énergie – Énergie cinétique – Énergie mécanique – Énergie potentielle gravitationnelle – Énergie thermique – Énergie électrique	E E_k E_m E_p E_t	• Joule (kilojoule) • Kilowattheure	J (kJ) kWh	$1 \text{ J} = 1 \text{ N} \times 1 \text{ m}$ $1 \text{ J} = 1 \dfrac{kg \times m^2}{s^2}$ $1 \text{ kJ} = 1000 \text{ J}$ $1 \text{ kWh} = 3600 \text{ kJ}$
Force – Force électrique – Force gravitationnelle – Force de poussée	F $F_é$ F_g F_p	• Newton	N	$1 \text{ N} = 1 \dfrac{kg \times m}{s^2}$ Sur la Terre: $1 \text{ N} \simeq 100 \text{ g}$
Hauteur	h	• Mètre (kilomètre)	m (km)	$1 \text{ km} = 1000 \text{ m}$
Intensité du champ gravitationnel ou accélération gravitationnelle	g	• Newton par kilogramme • Mètre par seconde carré	$\dfrac{N}{kg}$ $\dfrac{m}{s^2}$	$1 \dfrac{N}{kg} = 1 \dfrac{m}{s^2}$

Grandeur	Symbole	Unité de mesure	Symbole de l'unité de mesure	Quelques correspondances
Intensité du courant électrique	I	• Ampère	A	$1\ A = \dfrac{1\ C}{1\ s}$ $1\ A = \dfrac{1\ V}{1\ \Omega}$
Longueur	L	• Mètre (kilomètre)	m (km)	1 km = 1000 m
Masse	m	• gramme (milligramme, kilogramme) • Tonne métrique	g (mg, kg)	1 kg = 1000 g 1 tonne métrique = 1000 kg
Masse molaire	M	• Gramme par mol	$\dfrac{g}{mol}$	$\dfrac{1\ g}{1\ mol} = \dfrac{1\ g}{6{,}02 \times 10^{23}\ \text{entités}}$
Nombre de mole	n	• Mole	mol	$1\ mol = 6{,}02 \times 10^{23}\ \text{entités}$
Poids	w	• Newton	N	$1\ N = 1\ \dfrac{kg \times m}{s^2}$
Potentiel électrique ou tension	U	• Volt	V	$1\ V = \dfrac{1\ J}{1\ C}$ $1\ V = 1\ A \times 1\ \Omega$
Pression	P	• Pascal (kilopascal) • Millimètre de mercure	Pa (kPa) mm Hg	$1\ Pa = \dfrac{1\ N}{1\ m^2}$ 1 kPa = 1000 Pa 1 mm Hg = 0,13 kPa
Puissance électrique	$P_é$	• Watt (kilowatt)	W (kW)	1 kW = 1000 W $1\ W = \dfrac{1\ J}{1\ s}$ $1\ W = 1\ A \times 1\ V$
Résistance électrique	R	• Ohm	Ω	$1\ \Omega = \dfrac{1\ V}{1\ A}$
Température[1]	T	• Degré Celsius • Kelvin	°C K	0 °C = 273 K
Temps	t	• Seconde • Minute • Heure	s min h	1 min = 60 s 1 h = 60 min 1 h = 3600 s
Travail	W	• Joule	J	$1\ J = 1\ N \times 1\ m$
Vitesse	v	• Mètre par seconde • Kilomètre par heure	$\dfrac{m}{s}$ $\dfrac{km}{h}$	$1\ \dfrac{m}{s} = 3{,}6\ \dfrac{km}{h}$
Volume	V	• Mètre cube (centimètre cube, décimètre cube) • Litre (millilitre)	m^3 (cm^3, dm^3) L (ml)	$1\ ml = 1\ cm^3$ $1\ L = 1\ dm^3$ 1 L = 1000 ml

1. Dans ce manuel, on emploie le degré Celsius (°C) plutôt que le kelvin, qui est l'unité de base du SI.

QUELQUES FORMULES MATHÉMATIQUES

CHALEUR ET ÉNERGIE THERMIQUE

$Q = \Delta E_t$ où Q représente la chaleur (en J)

ΔE_t représente la variation d'énergie thermique (en J)

$Q = mc\Delta T$ où Q représente la chaleur (en J)

m représente la masse (en g)

c représente la capacité thermique massique (en J/g°C)

ΔT représente la variation de température (en °C)

$\Delta T = T_f - T_i$ où T_f représente la température finale (en °C)

T_i représente la température initiale (en °C)

CONCENTRATION

$C = \dfrac{m}{V}$ où C représente la concentration (en g/L)

m représente la masse du soluté dissous (en g)

V représente le volume de la solution (en L)

$C = \dfrac{n}{V}$ où C est la concentration (en mol/L)

n est la quantité de soluté (en mol)

V est le volume de la solution (en L)

DIFFÉRENCE DE POTENTIEL

$U = \dfrac{E}{q}$ où U représente la différence de potentiel (en V)

E représente l'énergie transférée (en J)

q représente la charge (en C)

ÉNERGIE CINÉTIQUE

$E_k = \dfrac{1}{2}\, mv^2$ où E_k représente l'énergie cinétique de l'objet (en J)

m représente la masse de l'objet (en kg)

v représente la vitesse de l'objet (en m/s)

ÉNERGIE ÉLECTRIQUE CONSOMMÉE

$E = P_é\Delta t$ où E représente l'énergie électrique consommée (en J ou en kWh)

$P_é$ représente la puissance électrique (en W ou en kW)

Δt représente l'intervalle de temps (en s ou en h)

ÉNERGIE MÉCANIQUE

$E_m = E_k + E_p$ où E_m représente l'énergie mécanique (en J)

E_k représente l'énergie cinétique (en J)

E_p représente l'énergie potentielle (en J)

ÉNERGIE POTENTIELLE GRAVITATIONNELLE

$E_p = mgh$ où E_p représente l'énergie potentielle gravitationnelle (en J)

m représente la masse de l'objet (en kg)

g représente l'intensité du champ gravitationnel (en N/kg)

h représente la hauteur de l'objet par rapport à une surface de référence (en m)

FORCE EFFICACE (FONCTIONS TRIGONOMÉTRIQUES UTILES)

$$\text{Sin } A = \frac{\text{côté opposé de l'angle } A}{\text{hypoténuse}}$$

$$\text{Cos } A = \frac{\text{côté adjacent de l'angle } A}{\text{hypoténuse}}$$

$$\text{Tan } A = \frac{\text{côté opposé de l'angle } A}{\text{côté adjacent de l'angle } A}$$

Note : La plupart des calculatrices scientifiques donnent directement la valeur du sinus (sin), du cosinus (cos) ou de la tangente (tan ou tg) d'un angle quelconque. Il faut cependant s'assurer que la calculatrice mesure les angles en «degrés» (et non en «radians» ou en «grades»).

INTENSITÉ DU COURANT

$I = \dfrac{q}{\Delta t}$ où I représente l'intensité du courant (en A)

q représente la charge (en C)

Δt représente un intervalle de temps (en s)

LOI DE COULOMB

$F_\acute{e} = \dfrac{kq_1q_2}{r^2}$ où $F_\acute{e}$ représente la force électrique (en N)

k représente la constante de Coulomb, soit 9×10^9 Nm^2/C^2

q_1 représente la charge de la première particule (en C)

q_2 représente la charge de la seconde particule (en C)

r représente la distance entre les deux particules (en m)

LOI D'OHM

$U = RI$ où U représente la différence de potentiel (en V)

R représente la résistance (en Ω)

I représente l'intensité du courant (en A)

MASSE MOLAIRE

$M = \dfrac{m}{n}$ où M représente la masse molaire (en g/mol)

m représente la masse (en g)

n représente le nombre de mole (en mol)

POIDS ET FORCE GRAVITATIONNELLE

$w = F_g = mg$ où w représente le poids (en N)

F_g représente la force gravitationnelle (en N)

m représente la masse (en kg)

g représente l'intensité du champ gravitationnel (en N/kg)

PRESSION

$P = \dfrac{F}{A}$ où P représente la pression (en Pa)

F représente la force perpendiculaire à la surface (en N)

A représente l'aire de la surface qui subit la force (en m^2)

PUISSANCE ÉLECTRIQUE

$P_é = \dfrac{W}{\Delta t}$ où $P_é$ représente la puissance électrique (en W)

W représente le travail (en J)

Δt représente le temps requis (en s)

$P_é = UI$ où $P_é$ représente la puissance électrique (en W)

U représente la différence de potentiel (en V)

I représente l'intensité du courant (en A)

TRAVAIL

$W = \Delta E$ où W représente le travail (en J)

ΔE représente la variation d'énergie d'un objet ou d'un système (en J)

$W = F_{//}d$ où W représente le travail (en J)

$F_{//}$ représente la force ou la composante de la force parallèle au déplacement (en N)

d représente le déplacement (en m)

VITESSE MOYENNE

$v = \dfrac{d}{\Delta t}$ où v représente la vitesse moyenne (en m/s)

d représente le déplacement effectué (en m)

Δt représente la variation de temps, c'est-à-dire la durée du déplacement (en s)

L'UNIVERS VIVANT

DENSITÉ D'UNE POPULATION

$$\text{Densité de la population} = \frac{\text{Nombre d'individus}}{\text{Espace (aire ou volume) occupé}}$$

TAILLE D'UNE POPULATION, ESTIMÉE GRÂCE À L'UTILISATION DE PARCELLES DE TERRAIN

$$\text{Taille de la population} = \frac{\text{Nombre moyen d'individus par parcelle} \times \text{Aire totale du terrain}}{\text{Aire d'une parcelle}}$$

TAILLE D'UNE POPULATION, ESTIMÉE PAR LA MÉTHODE DE CAPTURE-RECAPTURE

$$\text{Taille de la population} = \frac{\text{Nombre d'animaux marqués} \times \text{Nombre total d'animaux capturés la deuxième fois}}{\text{Nombre d'animaux marqués et recapturés}}$$

LES ACIDES AMINÉS ENTRANT DANS LA COMPOSITION DES PROTÉINES ET LE CODE GÉNÉTIQUE

Acide aminé	Abréviation	Acide aminé	Abréviation	Acide aminé	Abréviation
Acide aspartique	Asp	Glycine	Gly	Proline	Pro
Acide glutamique	Glu	Histidine	His	Sérine	Ser
Alanine	Ala	Isoleucine	Ile	Thréonine	Thr
Asparagine	Asn	Leucine	Leu	Tryptophane	Trp ou Try
Arginine	Arg	Lysine	Lys	Tyrosine	Tyr
Cystéine	Cys	Méthionine	Met	Valine	Val
Glutamine	Gln	Phénylalanine	Phe		

LE CODE GÉNÉTIQUE

Le code génétique précise comment est traduit, lors de la synthèse des protéines, chaque triplet de nucléotides (codon) porté par l'ARN_m. Comme on le voit dans l'exemple de traduction ci-dessous, le codon UGG commande l'ajout de l'acide aminé nommé tryptophane (Trp), alors que le codon UUU commande l'ajout de l'acide aminé nommé phénylalanine (Phe).

Il faut savoir que le codon AUG commande l'ajout de l'acide aminé nommé méthionine (Met) et constitue également le signal de départ pour la synthèse d'une protéine. Les codons UAA, UAG et UGA commandent l'arrêt de la synthèse de la protéine.

CODE GÉNÉTIQUE

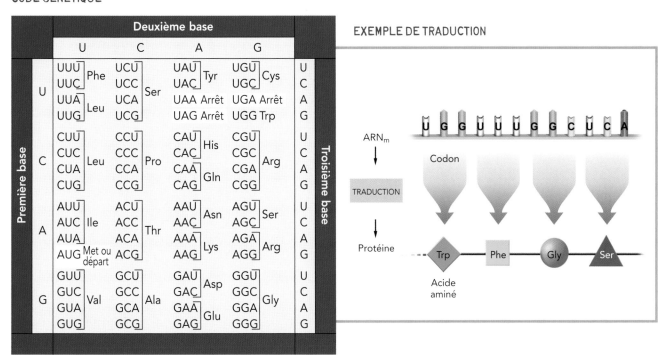

EXEMPLE DE TRADUCTION

LES MATIÈRES PLASTIQUES, LES MÉTAUX ET LES ALLIAGES LES PLUS UTILISÉS

LES MATIÈRES PLASTIQUES LES PLUS UTILISÉES

	Code de recyclage	Propriétés	Utilisations
Thermoplastiques — Polyéthylène téréphtalate	♻ 1 PETE	• Résilient • Insensible aux gaz et à l'humidité • Assez résistant à la chaleur	• Bouteilles (boissons gazeuses, boissons sportives, etc.) • Contenants (beurre d'arachides, confiture, etc.) • Emballages résistant au four
Polyéthylènes	♻ 2 HDPE ♻ 4 LDPE	• Flexibles • Faciles à couper • Faciles à modeler • Insensibles à l'humidité	• Bouteilles compressibles (moutarde, savon à vaisselle, etc.) • Sacs-poubelles • Sacs d'épicerie • Pellicule plastique pour l'emballage d'aliments • Ballons de plage
Polychlorure de vinyle (abréviation : PVC)	♻ 3 V	• Dur • Résistant à la pénétration de la graisse, de l'huile et de nombreux produits chimiques	• Tubes de médicaments • Meubles de patio • Étuis pour cassettes • Matériaux de construction (tuyaux, raccords de plomberie, contours de fenêtre)
Polypropylène	♻ 5 PP	• Résilient • Résistant à la chaleur • Résistant à la pénétration de l'huile et de la graisse • Imperméable	• Contenants (margarine, yogourt) • Bouteilles d'eau • Produits pour automobiles (pare-chocs) • Membranes géotextiles
Polystyrène	♻ 6 PS	• Excellent isolant thermique • Peut s'utiliser sous forme de mousse ou de plastique rigide	• Panneaux isolants • Vaisselle de plastique (verres, ustensiles, tasses, plats, etc.) • Emballages d'œufs
Polyamides	Actuellement non recyclables	• Élastiques • Absorbent l'eau	• Industrie textile (nylon) • Composantes électriques
Polyméthacrylate de méthyle (aussi appelé acrylique)	Actuellement non recyclable	• Très rigide • Coloration variée	• Bols transparents • Enseignes • Prothèses dentaires
Acrylonitrile butadiène styrène (ABS)	Actuellement non recyclable	• Résilient	• Tuyaux de plomberie

	Code de recyclage	Propriétés	Utilisations
Formaldéhyde de phénol (souvent appelé bakélite)	Actuellement non recyclable	• Résistant à la chaleur • Isolant électrique	• Composantes électriques • Recouvrement d'objets • Bijoux
Formaldéhyde de mélamine (souvent simplement appelé mélamine)	Actuellement non recyclable	• Résistant à la chaleur • Résistant à l'abrasion • Coloration variée	• Recouvrement de meubles, d'armoire et de comptoirs • Assiettes et gobelets incassables
Polyesters	Actuellement non recyclables	• Isolants électriques • Durs • Résilients	• Coques de bateau • Plateaux de cafétéria • Cannes à pêche

(Colonne de gauche : **Thermodurcissables**)

LES MÉTAUX LES PLUS UTILISÉS

Métal (symbole chimique)	Description et caractéristiques	Propriétés exploitées	Utilisations
Fer (Fe)	• Argenté • Mou • Peut rouiller en présence de dioxygène • Métal le plus utilisé	• Ductilité • Malléabilité	• Automobiles • Structures de bâtiments • Ustensiles • Câbles • Clous
Cuivre (Cu)	• Rouge brun • Un des meilleurs conducteurs d'électricité	• Ductilité • Malléabilité • Excellente conductibilité électrique	• Fils électriques • Instruments de musique • Pièces de un cent
Aluminium (Al)	• Blanc • Mou • Très abondant dans la nature • Métal le plus utilisé après le fer	• Malléabilité • Légèreté • Résistance à la corrosion • Très bonne conductibilité électrique	• Embarcations nautiques • Papiers d'aluminium • Canettes • Produits électriques
Zinc (Zn)	• Blanc, légèrement bleuté	• Ductilité • Malléabilité • Résistance à la corrosion	• Fils électriques • Gouttières • Revêtements
Magnésium (Mg)	• Blanc argenté • Peut brûler au contact de l'air	• Légèreté • Inflammabilité	• Feux d'artifice et de Bengale • Canettes
Nickel (Ni)	• Gris	• Dureté • Malléabilité • Résistance à la corrosion	• Éléments chauffants • Pièces de monnaie
Chrome (Cr)	• Blanc, légèrement bleuté	• Dureté très élevée • Résistance à la corrosion	• Revêtements
Étain (Sn)	• Blanc argenté	• Ductilité • Malléabilité • Point de fusion plutôt bas	• Soudures • Ustensiles

LES ALLIAGES LES PLUS UTILISÉS

	Alliage	Composition et description	Propriétés exploitées	Utilisations
Alliages ferreux	Acier	• Mélange de fer et de carbone (moins de 1,5 % de carbone). • On y ajoute souvent du nickel, du chrome et du zinc.	• Dureté • Résilience • Malléabilité	• Outils de construction • Structures de bâtiments • Industrie automobile
	Fonte	• Mélange de fer et de carbone (plus de 2 % de carbone).	• Dureté	• Chaudrons • Poêles à bois • Blocs-moteurs
Alliages non ferreux	Laiton	• Mélange de cuivre et de zinc. • Peut prendre différentes couleurs, selon la teneur des différents métaux (blanc, gris, rose ou doré).	• Ductilité • Malléabilité • Résistance à la corrosion • Excellente conductibilité électrique	• Décoration • Industrie automobile • Composantes électriques
	Bronze	• Mélange de cuivre et d'étain. • Sa couleur varie du jaune au brun en passant par le rouge.	• Dureté • Malléabilité • Masse volumique élevée • Résistance à l'usure et à la corrosion	• Objets d'art • Médailles olympiques • Hélices de bateau
	Les alliages d'aluminium	• Il existe plusieurs alliages d'aluminium dans lesquels une petite quantité d'une ou de plusieurs autres substances est ajoutée (cuivre, manganèse, silicium, zinc, magnésium, etc.).	• Malléabilité • Masse volumique faible • Résistance à la corrosion • Légèreté	• Pièces de voiture • Pièces d'avion • Pièces en électronique

GLOSSAIRE

La définition donnée se trouve également au numéro de page indiqué en gras.

A

Acide: substance qui libère des ions H$^+$ en solution aqueuse. (p. **58**, 394)

Acide aminé: molécule qui peut se lier à d'autres acides aminés pour former des protéines. (p. **356**)

Adhérence: phénomène qui se manifeste lorsque deux surfaces ont tendance à rester accolées, s'opposant ainsi au glissement. (p. **433**)

ADN (acide désoxyribonucléique): molécule en forme de double hélice présente dans toutes les cellules des êtres vivants et dans certains virus. (p. **353**)

Aimant: objet capable d'attirer les objets contenant du fer, du cobalt ou du nickel. (p. **163**)

Air: mélange gazeux, composé surtout de diazote et de dioxygène, qui constitue l'atmosphère. (p. **222**)

Allèle: variante possible d'un gène. La séquence des nucléotides de deux allèles différents n'est pas la même. (p. **362**)

Allèle dominant: allèle qui s'exprime lorsque l'individu possède deux allèles différents pour un gène. (p. **364**)

Allèle récessif: allèle qui ne s'exprime pas lorsque les deux allèles sont différents. (p. **364**)

Alliage: résultat du mélange d'un métal avec une ou plusieurs autres substances, métalliques ou non. (p. **394**)

Alliage ferreux: alliage dont le principal constituant est le fer. (p. 394)

Alliage non ferreux: alliage dont le principal constituant est un autre métal que le fer. (p. 394)

Anticyclone: zone de circulation atmosphérique qui se déploie autour d'un centre de haute pression. L'air tourne dans le sens horaire dans l'hémisphère Nord et dans le sens anti-horaire dans l'hémisphère Sud. (p. **231**)

Assemblage: ensemble de techniques grâce auxquelles les différentes pièces d'un objet sont réunies afin de former un objet technique. (p. **417**)

Atmosphère: couche d'air qui entoure la Terre. (p. **222**, 254)

Atome: la plus petite particule de matière. Elle ne peut pas être divisée chimiquement. (p. **7**)

Autopollinisation: phénomène qui fait en sorte que la pollinisation d'une fleur d'un plant est assurée par le pollen de cette même fleur. (p. **360**)

Autotrophe: organisme qui peut se nourrir sans avoir à ingérer d'autres organismes. Il est à la base de la chaîne alimentaire. (p. **320**)

B

Balancer une équation chimique: placer des coefficients devant chaque réactif et chaque produit, de façon que le nombre d'atomes de chaque élément du côté des réactifs soit égal au nombre d'atomes de chaque élément du côté des produits. (p. **111**)

Banquise: ensemble des glaces qui flottent sur les océans près des pôles Nord et Sud. (p. **207**)

Barrage hydroélectrique: installation qui sert à convertir l'énergie d'une rivière ou d'un fleuve en énergie électrique. (p. **210**)

Base: substance qui libère des ions OH$^-$ en solution aqueuse. (p. **59**, 394)

Bassin versant: ensemble d'un territoire qui recueille toutes les eaux continentales pour les concentrer vers un même point. (p. **202**)

Bioaccumulation: tendance qu'ont certains contaminants à s'accumuler dans les tissus des organismes vivants avec le temps. (p. **335**)

Bioconcentration (ou bioamplification): phénomène qui fait en sorte que la concentration d'un contaminant dans les tissus des vivants a tendance à augmenter à chaque niveau trophique. (p. **336**)

Biodégradation: décomposition de la matière organique en matière inorganique par des micro-organismes. (p. **337**)

Biodiversité: variété d'espèces que comporte une communauté. (p. 200, 265, **303**, 497)

Biomasse: masse totale de la matière organique présente à un moment donné dans un écosystème. (p. **326**)

Biomes: grandes régions de la planète qui se différencient par leur climat, leur faune et leur végétation. (p. **262**)

Biorestauration: biotechnologie qui consiste à dépolluer un milieu par l'action de micro-organismes qui y décomposent les contaminants. (p. **337**)

Biosphère: enveloppe de la Terre qui abrite l'ensemble des organismes vivants. (p. **254**)

Biotechnologie: ensemble des techniques qui ont recours à des organismes vivants, ou à des substances provenant d'organismes vivants, pour répondre à un besoin ou à un désir. (p. 337)

Bois: matériau provenant de la coupe et de la transformation des arbres. (p. **390**)

Bois modifié: bois traité ou matériau fait de bois mélangés à d'autres substances. (p. **391**)

Boucle thermohaline: immense boucle de circulation formée des courants de surface et des courants de profondeur qui déplace les eaux partout sur le globe. (p. 206)

C

Cambrage: technique d'usinage qui consiste à plier un matériau afin de lui donner une forme. (p. **415**)

Capacité tampon (d'un sol): faculté de résister aux changements de pH si l'on ajoute des composés acides ou basiques. (p. **193**)

Capacité thermique massique: quantité d'énergie thermique qu'il faut fournir à un gramme d'une substance pour augmenter sa température de un degré Celsius. (p. **74**)

Caractère: propriété physique, psychologique ou physiologique qui peut varier d'un individu à l'autre au sein d'une même espèce. (p. **350**)

Cartouche: partie en bas de page d'un dessin technique dans laquelle figurent les références (dessinateur ou dessinatrice, titre du dessin, date de conception et échelle utilisée). (p. **403**)

Caryotype: représentation ordonnée des chromosomes d'un individu obtenue par le regroupement de ceux-ci par paires et en fonction de leur taille. (p. **352**)

Céramique: matériau solide obtenu par le chauffage de matière inorganique, contenant divers composés, le plus souvent des oxydes. (p. **392**)

Chaîne alimentaire: suite d'organismes vivants dans laquelle chacun se nourrit de celui qui le précède. (p. **124**, **319**)

Chaleur: transfert d'énergie thermique entre deux milieux de températures différentes. La chaleur passe toujours du milieu ayant la température la plus élevée au milieu ayant la température la plus basse. (p. **73**)

Champ électrique: région de l'espace dans laquelle la force électrique d'un corps chargé peut agir sur un autre corps chargé. (p. **144**)

Champ magnétique: région de l'espace dans laquelle la force magnétique d'un aimant peut agir sur un autre aimant. (p. **166**)

Changements climatiques: modification anormale des conditions climatiques sur Terre, causée par les activités humaines. (p. **234**, **488**)

Changement de vitesse: changement qui se produit dans un système de transmission du mouvement lorsque l'organe moteur ne tourne pas à la même vitesse que le ou les organes menés. (p. **442**)

Charge électrique: propriété des protons et des électrons. Un proton porte une charge positive, tandis qu'un électron porte une charge négative. (p. **84**, **141**)

Charge élémentaire: charge portée par un électron ou un proton. Elle vaut $1,602 \times 10^{-19}$ C. (p. **141**)

Chromatine: amas d'ADN et de protéines qu'on observe à l'intérieur du noyau de la plupart des cellules qui ne sont pas en division. (p. **351**)

Chromosome: structure, visible au microscope, qui résulte de la condensation de la chromatine. (p. **352**)

Circuit électrique: montage qui permet à des charges électriques de circuler en boucle, c'est-à-dire de se maintenir en mouvement. (p. **156**, **458**)

Circuit électrique fermé: circuit qui permet au courant de circuler en boucle. (p. **469**)

Circuit électrique ouvert: circuit qui ne permet pas au courant de circuler en boucle. (p. **469**)

Circuit en parallèle: circuit qui comporte au moins un embranchement. (p. **158**)

Circuit en série: circuit dans lequel les éléments sont branchés les uns à la suite des autres. (p. **158**)

Circuit imprimé: circuit électrique, imprimé sur une plaquette rigide qui lui sert de support. (p. **465**)

Circulation atmosphérique: mouvement à l'échelle planétaire de la couche d'air entourant la Terre. (p. **226**)

Circulation océanique: résultat de l'ensemble des courants marins qui sillonnent les océans. (p. **205**)

Classification périodique: façon de classer les éléments selon certaines de leurs propriétés. (p. **17**)

Clonage: reproduction d'un individu, d'une partie de celui-ci ou de l'un de ses gènes afin d'en obtenir des copies exactes. (p. **369**)

Clonage génique: production de multiples copies d'un même gène. (p. **373**)

Clonage naturel: reproduction asexuée qui engendre des individus génétiquement identiques. (p. **369**)

Clonage reproductif: utilisation de techniques en vue d'obtenir un nouvel individu génétiquement identique à celui qui se fait cloner. (p. **373**)

Clonage thérapeutique: utilisation de techniques en vue d'obtenir des tissus ou des organes génétiquement identiques à une personne devant subir une greffe. (p. **373**)

Combustibles fossiles: combustibles qui proviennent de la transformation de résidus organiques. Ces sources d'énergie comprennent le pétrole, le gaz et le charbon. (p. **196**, **396**)

Combustion: forme d'oxydation qui libère beaucoup d'énergie. (p. **122**, **233**)

Commensalisme: relation qui unit deux êtres vivants, par laquelle l'un est avantagé, tandis que l'autre n'est ni avantagé ni désavantagé. (p. **308**)

Communauté: ensemble de populations d'espèces différentes habitant le même milieu de vie. (p. **303**)

Compétition: relation qui s'établit entre des êtres vivants qui luttent pour une ressource du milieu. (p. **306**)

Composé: substance pure contenant au moins deux éléments différents liés chimiquement. (p. **22**)

Composé ionique: composé comportant au moins une liaison ionique. Les composés ioniques sont généralement constitués d'un métal et d'un non-métal. (p. 118)

Concentration: quantité de soluté dissous par rapport à la quantité de solution. (p. **52**)

Concentration en ppm (ou en parties par million): nombre de parties de soluté dissous dans un million de parties de solution. (p. **53**)

Concentration molaire: nombre de moles de soluté dissous dans un litre de solution. (p. **54**)

Condensateur: dispositif composé de deux surfaces électriques séparées par un isolant. Il peut accumuler des charges électriques. (p. **473**)

Conducteur: substance qui permet aux charges de circuler librement. (p. **143**, 394, 459)

Conductibilité électrique: capacité de permettre le passage du courant électrique. (p. **55**, 394)

Consommateur: organisme hétérotrophe qui se nourrit d'autres organismes vivants. (p. **321**)

Contaminant: substance ou radiation susceptible de causer du tort à un ou plusieurs écosystèmes. (p. 235, **332**)

Contamination: présence anormale d'une substance nuisible dans un milieu. (p. **200**, 236)

Contrainte: effet causé à un matériau par des forces externes exercées sur lui. (p. **387**)

Convection: mode de transfert de chaleur qui se fait grâce au mouvement d'un fluide, comme l'air ou l'eau. (p. 226)

Corps chargé négativement: corps qui possède un surplus d'électrons (plus d'électrons que de protons). (p. **141**)

Corps chargé positivement: corps qui présente un déficit d'électrons (moins d'électrons que de protons). (p. **141**)

Cotation fonctionnelle: précision, sur un dessin, des informations nécessaires au fonctionnement d'un objet. (p. **406**)

Cote: indication, sur un dessin, des dimensions réelles et de la position des divers éléments d'un objet. (p. 405)

Couche d'ozone: partie de l'atmosphère qui contient une concentration élevée de molécules d'ozone et qui absorbe une partie des rayons ultraviolets émis par le Soleil. (p. **236**)

Coulomb: unité de mesure de la charge électrique. Un coulomb équivaut à la charge de $6{,}25 \times 10^{18}$ électrons ou protons. (p. **141**)

Couple: paire de forces de même intensité, mais de directions opposées, permettant, notamment, de donner à un organe un mouvement de rotation autour d'un axe. (p. **445**)

Couple moteur: couple qui a pour effet d'augmenter la vitesse de rotation des organes d'un système mécanique. (p. **445**)

Couple résistant: couple qui a pour effet de freiner la vitesse de rotation des organes d'un système mécanique. (p. **445**)

Courant alternatif: courant électrique dans lequel les électrons se déplacent selon un mouvement de va-et-vient régulier. (p. **461**)

Courant continu: courant électrique dans lequel les électrons se déplacent continuellement dans la même direction. (p. **460**)

Courant électrique: déplacement ordonné des charges négatives portées par les électrons. (p. **150**, 459)

Courant marin: déplacement d'eau de mer caractérisé par une direction. (p. **205**)

Court-circuit: mise en connexion de deux points d'un circuit électrique, dont le potentiel est différent. Les électrons empruntent alors un chemin différent de celui prévu. (p. **464**)

Croisement: échange de gamètes entre deux individus différents qui se réalise lors de la reproduction sexuée. (p. **360**)

Cryosphère: portion de l'eau gelée à la surface de la Terre. (p. **207**)

Cycle biogéochimique: ensemble de processus grâce auxquels un élément passe d'un milieu à un autre, puis retourne dans son milieu original, en suivant une boucle de recyclage infinie. (p. **255**)

Cycle biologique (d'une population): ensemble des périodes d'augmentation et des périodes de diminution de la taille d'une population. Ces périodes sont d'une durée fixe et se répètent continuellement. (p. **301**)

Cycle de l'azote: cycle biogéochimique qui correspond à l'ensemble des échanges d'azote sur la planète. (p. **259**)

Cycle du carbone: cycle biogéochimique qui correspond à l'ensemble des échanges de carbone sur la planète. (p. **257**)

Cycle du phosphore: cycle biogéochimique qui correspond à l'ensemble des échanges de phosphore sur la planète. (p. **260**)

Cyclone: tempête tropicale, caractérisée par des vents très violents qui tournent autour d'une zone de basse pression. (p. **232**).

D

Décomposeur: organisme qui se nourrit des déchets et des cadavres d'autres organismes vivants. (p. **322**)

Décomposition: séparation d'un composé en deux ou plusieurs composés ou éléments. (p. 118)

Découpage: action de découper un matériau afin de lui donner la forme désirée. (p. **414**)

Déformation: changement de forme d'un corps. (p. 387)

Dégradation des matériaux: diminution de certaines propriétés des matériaux due aux effets du milieu ambiant. (p. **389**)

Degrés de liberté: mouvements indépendants qui sont possibles pour une pièce dans un objet technique. (p. **430**)

Densité d'une population: nombre d'individus par unité d'aire ou par unité de volume. (p. **297**)

Dépression: zone de circulation atmosphérique qui se déploie autour d'un centre de basse pression. L'air tourne dans le sens anti-horaire dans l'hémisphère Nord et dans le sens horaire dans l'hémisphère Sud. (p. **231**)

Dessin d'ensemble: dessin technique présentant l'allure générale d'un objet. (p. **403**)

Dessin d'ensemble éclaté: dessin sur lequel les diverses pièces de l'objet sont dissociées les unes des autres. (p. **404**)

Dessin de détail: dessin qui précise tous les détails utiles à la fabrication d'une pièce. (p. **405**)

Détritivore: organisme se nourrissant de détritus, c'est-à-dire de la matière organique non vivante comme les feuilles tombées, le bois des arbres morts, les cadavres des animaux et les excréments. (p. 322)

Développement: représentation de la surface nécessaire pour fabriquer une pièce par pliage. (p. **407**)

Développement durable: développement qui répond aux besoins des générations actuelles sans compromettre ceux des générations futures. Le développement durable tend à un équilibre entre les trois aspects suivants: le développement social, le développement économique et la protection de l'environnement (commission Brundtland, 1987). (p. 495)

Différence de potentiel: quantité d'énergie transférée entre deux points d'un circuit électrique. (p. **152**)

Diode: dispositif qui ne laisse passer un courant électrique que dans un sens. (p. **474**)

Disjoncteur: dispositif qui permet d'interrompre le courant électrique dans un circuit lorsque celui-ci est trop fort. Le disjoncteur peut être réarmé. (p. 158)

Dissociation électrolytique: séparation d'une substance dissoute en deux ions de charges opposées. (p. 55)

Distribution d'une population: façon dont sont répartis les individus à l'intérieur de l'espace occupé par la population. (p. 298)

Dose létale: quantité de contaminant qui provoque la mort d'un organisme lorsqu'il l'ingère en une seule fois. (p. 334)

E

Eaux continentales: eaux douces qui circulent sur les continents, dont les eaux des fleuves, des rivières, des lacs ainsi que les eaux souterraines. (p. **201**)

Eaux usées: eaux rejetées après leur utilisation domestique ou industrielle et qui sont polluées à cause des activités humaines. (p. **339**)

Ébauchage: première étape de l'usinage d'une pièce, qui consiste à couper grossièrement dans le matériau afin d'obtenir la forme approximative de la pièce. (p. 413)

Échelle: dans un dessin de fabrication, rapport entre les mesures de l'objet sur le dessin et les mesures réelles de l'objet. (p. 403)

Écosystème: ensemble d'organismes vivants qui interagissent entre eux et avec les éléments non vivants du milieu qu'ils occupent. (p. **318**)

Écotoxicologie: étude des conséquences écologiques de la pollution de l'environnement par les substances et les radiations qu'on y rejette. (p. **331**)

Effet de Coriolis: déviation apparente d'une trajectoire d'un corps en mouvement dans un système en rotation. L'effet de Coriolis entraîne une déviation des vents vers la droite dans l'hémisphère Nord et vers la gauche dans l'hémisphère Sud. (p. 226)

Effet de serre: processus naturel qui permet de retenir sur Terre une partie de la chaleur émise par le Soleil. (p. 233, 488)

Électricité: ensemble des phénomènes provoqués par les charges positives et négatives. (p. 140)

Électricité dynamique: ensemble des phénomènes liés aux charges électriques en mouvement. (p. **150**)

Électricité statique: ensemble des phénomènes liés aux charges électriques au repos. (p. **145**)

Électrisation: création d'un déséquilibre des charges dans la matière. (p. **142**)

Électrolyte: substance qui, dissoute dans l'eau, permet le passage du courant électrique. (p. 55)

Électromagnétisme: ensemble des phénomènes résultant de l'interaction entre l'électricité et le magnétisme. (p. **167**)

Électron: une des particules qui constituent l'atome. Il porte une charge négative. (p. **11**, 241, 460)

Électron de valence: électron situé sur la dernière couche électronique d'un atome. (p. 21, 40, 141)

Empreinte écologique: estimation de la surface nécessaire permettant à un être humain d'avoir toutes les ressources pour répondre à l'ensemble de ses besoins et assurer l'élimination de ses déchets. (p. **330**)

Énergie: capacité d'accomplir un travail ou de provoquer un changement. (p. **71**)

Énergie cinétique: énergie que possède un objet en raison de son mouvement. (p. **76**)

Énergie éolienne: énergie que l'on peut tirer du vent. (p. **238**)

Énergie fossile : énergie qui provient des combustibles fossiles. (p. 196)

Énergie géothermique : énergie qui provient de la chaleur interne de la Terre. (p. 198)

Énergie hydraulique : énergie que l'on peut tirer de l'eau en mouvement. (p. 209)

Énergie marémotrice : énergie que l'on tire de la force des marées qui montent et descendent. (p. 245)

Énergie mécanique : énergie résultant de la vitesse d'un objet, de sa masse et de sa position par rapport aux objets environnants. Autrement dit, elle correspond à la somme de l'énergie cinétique et potentielle d'un corps. (p. 197)

Énergie nucléaire : énergie emmagasinée dans les liaisons qui unissent les particules du noyau d'un atome. (p. 198)

Énergie potentielle gravitationnelle : énergie de réserve que possède un objet en raison de sa masse et de sa hauteur par rapport à une surface de référence. (p. 77)

Énergie solaire : énergie que dispense le Soleil par son rayonnement à travers l'atmosphère. (p. 241)

Énergie thermique : énergie que possède une substance en raison de la quantité de particules qu'elle contient et de leur température. (p. 73)

Épuisement des sols : perte de fertilité des sols. (p. 199)

Équilibre de deux forces : situation obtenue lorsque la force résultante est nulle. Le mouvement de l'objet ne subit alors aucune modification. (p. 87)

Espèce : ensemble d'individus possédant des caractéristiques communes, pouvant se reproduire entre eux et engendrer des individus pouvant eux aussi se reproduire. (p. 292)

Eucaryote : se dit d'une cellule qui possède un noyau dans lequel se trouve notamment de l'ADN. (p. 351)

Eutrophisation : processus par lequel les plans d'eau perdent leur oxygène en raison d'une accumulation excessive de matières organiques et de nutriments. (p. 212, 261, 509)

Évapotranspiration : phénomène de transfert de l'eau de la Terre vers l'atmosphère par l'évaporation des eaux de surface et du sol et par la transpiration des végétaux. (p. 499)

F

Fabrication : suite de manipulations permettant d'obtenir un objet technique. (p. 410)

Facteur abiotique : facteur écologique d'origine physique ou chimique. (p. 300)

Facteur biotique : facteur écologique lié aux actions des êtres vivants. (p. 300)

Facteur écologique : élément du milieu qui peut avoir un effet sur les êtres vivants qui y habitent. (p. 299)

Facteur limitant : facteur écologique qui a pour effet de réduire la densité d'une population. (p. 300)

Famille : colonne du tableau périodique. Les éléments d'une même famille ont des propriétés chimiques semblables parce qu'ils ont tous le même nombre d'électrons de valence. (p. 21, 40)

Filetage : technique d'usinage consistant à fabriquer des filets autour d'une tige. (p. 415)

Finition : ensemble de techniques qui complètent la fabrication des pièces d'un objet. (p. 417)

Fission nucléaire : réaction nucléaire qui consiste à briser le noyau d'un gros atome pour former deux ou plusieurs noyaux d'atomes plus légers. (p. 129, 197)

Fluide compressible : fluide dont le volume peut varier. Les gaz sont des fluides compressibles. (p. 224)

Flux de matière et d'énergie : circulation de la matière et de l'énergie entre les organismes vivants ainsi qu'entre le milieu et les organismes vivants dans un écosystème. (p. 323)

Fonction alimentation : fonction assurée par toute composante pouvant générer ou fournir un courant électrique dans un circuit. (p. 463)

Fonction commande : fonction assurée par toute composante pouvant ouvrir et fermer un circuit électrique. (p. 469)

Fonction conduction : fonction assurée par toute composante pouvant transmettre un courant électrique d'une partie à une autre d'un circuit électrique. (p. 464)

Fonction électrique : rôle que joue une composante dans le contrôle ou la transformation du courant électrique. (p. 462)

Fonction guidage : fonction mécanique assurée par tout organe qui dirige le mouvement d'une ou de plusieurs pièces mobiles. (p. 431)

Fonction isolation : fonction assurée par toute composante pouvant empêcher un courant électrique de passer. (p. 466)

Fonction liaison : fonction mécanique assurée par tout organe qui lie ensemble différentes pièces d'un objet technique. (p. 427)

Fonction lubrification : fonction mécanique assurée par tout organe qui permet de réduire le frottement entre deux pièces. (p. 434)

Fonction protection : fonction assurée par toute composante pouvant interrompre automatiquement la circulation d'un courant électrique en cas de situation anormale. (p. 467)

Fonction transformation d'énergie : fonction assurée par toute composante pouvant transformer l'énergie électrique en une autre forme d'énergie. (p. 471)

Force: action capable de modifier le mouvement d'un objet ou de le déformer en le poussant ou en le tirant. (p. **80**, 386, 433)

Force de frottement: force qui s'oppose au glissement de deux objets en contact. (p. **85**)

Force d'un électrolyte: taux de dissociation électrolytique. Plus ce taux est élevé, plus l'électrolyte est fort. (p. **58**)

Force efficace: composante d'une force responsable de la modification du mouvement d'un objet. Elle correspond à la composante de la force parallèle au mouvement produit. (p. **88**)

Force gravitationnelle: force d'attraction qui s'exerce entre tous les objets en raison de leur masse et de la distance qui les séparent. (p. **243**)

Force résultante: force virtuelle dont l'action est identique à la combinaison de toutes les forces appliquées au même moment sur un objet. (p. **86**)

Frottement: force qui s'oppose au glissement d'une pièce mobile sur une autre. (p. **433**)

Fusible: dispositif qui permet d'interrompre le courant électrique dans un circuit lorsque celui-ci est trop fort. Le fil du fusible fond et ne peut pas être réutilisé. (p. **158**)

Fusion nucléaire: réaction nucléaire qui consiste à fusionner deux petits noyaux d'atomes afin de former un noyau plus lourd. (p. **131**)

G

Gamète: cellule sexuelle qui sert à la reproduction. Les gamètes femelles sont généralement appelés «ovules» tant chez les animaux que chez les plantes, alors que les gamètes mâles sont généralement appelés «spermatozoïdes» chez les animaux et «pollen» chez les plantes. (p. 360)

Gamme de fabrication: document qui décrit, pour la fabrication d'une pièce donnée, une séquence d'opérations à réaliser ainsi que les matériaux et le matériel à utiliser. (p. 412)

Gaz à effet de serre: gaz en suspension autour de la Terre et qui emprisonnent une partie des rayons infrarouges émis à sa surface. (p. 239, 488)

Gaz noble: élément extrêmement stable appartenant à la dernière colonne du tableau périodique. (p. 40)

Gène: segment d'ADN contenant l'information pour la fabrication des protéines. (p. **354**)

Génération: ensemble des individus qui sont les descendants des mêmes individus. (p. **361**)

Génome: ensemble des gènes d'un individu. (p. 354)

Génotype: patrimoine génétique d'un individu. Il décrit l'ensemble des allèles d'un individu pour certains gènes. (p. **365**)

Glacier: masse de glace qui se forme par le tassement de la neige accumulée sur la terre ferme. (p. **208**)

Guidage en rotation: guidage qui assure un mouvement de rotation à une pièce mobile. (p. **432**)

Guidage en translation: guidage qui assure un mouvement de translation rectiligne à une pièce mobile. (p. **431**)

Guidage hélicoïdal: guidage qui assure un mouvement de translation d'une pièce mobile lorsqu'il y a rotation selon le même axe de cette pièce. (p. **432**)

H

Hérédité: transmission des caractères des parents à leurs descendants. (p. **359**)

Hétérotrophes: organismes vivants incapables de produire eux-mêmes leur nourriture. (p. 321)

Hétérozygote: individu qui possède deux allèles différents pour un caractère donné. (p. **363**)

Homozygote: individu qui possède deux allèles identiques pour un caractère donné. (p. **363**)

Horizons du sol: couches différenciées plus ou moins parallèles à la surface du terrain. (p. **192**)

Hybride: individu obtenu à la suite du croisement de deux individus génétiquement différents. (p. **361**)

Hydrosphère: enveloppe externe de la Terre qui regroupe l'eau sous ses états liquide, solide ou gazeux. (p. **201**, 254)

I

Induction électromagnétique: action de générer un courant électrique dans un conducteur en faisant varier un champ magnétique par rapport à ce conducteur. (p. **171**)

Infrarouges: rayons du spectre électromagnétique dont la fréquence est plus basse que celle de la lumière rouge. Ils sont invisibles, mais transmettent une sensation de chaleur. (p. 233)

Ingénierie mécanique: branche de l'ingénierie qui se concentre sur la conception, la production, l'analyse, le fonctionnement et le perfectionnement des objets techniques dans lesquels des pièces sont en mouvement. (p. **426**)

Intensité du courant: nombre de charges qui circulent en un point d'un circuit électrique par seconde. (p. **151**)

Ion: atome qui porte une charge électrique à la suite de la perte ou du gain d'un ou de plusieurs électrons. (p. **42**, 142)

Ion polyatomique: groupe de deux atomes ou plus chimiquement liés et portant une charge électrique à la suite de la perte ou du gain d'un ou de plusieurs électrons. (p. **44**)

Isolant (électrique): substance qui ne permet pas aux charges de circuler librement. (p. **143**, 466)

Isotope: atome d'un élément ayant le même nombre de protons qu'un autre atome du même élément mais un nombre différent de neutrons. (p. **26**, 126)

L

Liaison: organe qui permet de maintenir ensemble deux ou plusieurs pièces dans un même objet. (p. **427**)

Liaison chimique: union de deux atomes à la suite du transfert ou du partage d'un ou de plusieurs électrons. (p. **45**)

Liaison covalente: résultat du partage d'une ou de plusieurs paires d'électrons entre deux atomes (généralement deux non-métaux). (p. **46**)

Liaison double: liaison entre deux atomes résultant du partage ou du transfert de deux paires d'électrons. (p. **115**)

Liaison ionique: résultat du transfert d'un ou de plusieurs électrons d'un atome (généralement un métal) à un autre atome (généralement un non-métal). (p. **46**)

Liaison simple: liaison entre deux atomes résultant du partage ou du transfert d'une paire d'électrons. (p. **115**)

Lignée pure: groupe d'individus d'une même espèce qui, pour un caractère particulier, n'engendre que des descendants ayant le même caractère, sans variation. (p. **360**)

Lithosphère: enveloppe rigide constituée de la croûte terrestre et de la partie superficielle du manteau supérieur. (p. **184**, 254)

Loi de Coulomb: loi qui établit que la force qui s'exerce entre deux particules immobiles électriquement chargées est directement proportionnelle au produit de leur charge et inversement proportionnelle au carré de leur distance. (p. **149**)

Loi de la conservation de la masse: loi qui indique que la masse totale des réactifs est toujours égale à la masse totale des produits. (p. **111**)

Loi de la conservation de l'énergie: loi impliquant que l'énergie ne peut être ni créée ni détruite: elle peut seulement être transférée ou transformée. La quantité totale d'énergie d'un système isolé demeure toujours constante. (p. **71**)

Loi d'Ohm: loi qui établit que, pour une résistance donnée, la différence de potentiel dans un circuit électrique est directement proportionnelle à l'intensité du courant. (p. **154**)

Lois de Kirchhoff: la première loi de Kirchhoff indique que l'intensité du courant qui entre dans un élément ou dans un nœud d'un circuit électrique est toujours égale à l'intensité du courant qui en sort. (p. **159**) La seconde loi de Kirchhoff énonce que, dans un circuit électrique, l'énergie totale acquise par les charges à la source d'énergie est toujours égale à l'énergie totale transférée par ces charges, et ce, quel que soit leur parcours dans le circuit. (p. **160**)

M

Machine-outil: outil actionné et maintenu par des forces autres que la force humaine. (p. **411**)

Magnétisme: ensemble des phénomènes provoqués par les aimants. (p. **163**)

Marée: mouvement ascendant puis descendant des eaux des mers et des océans. Elle est causée par la force gravitationnelle de la Lune, et par celle du Soleil dans une moindre mesure. (p. **244**)

Masse: mesure de la quantité de matière d'un objet. (p. **83**)

Masse atomique relative: masse d'un atome établie par comparaison avec un élément de référence, soit le carbone 12. (p. **25**)

Masse d'air: grande étendue atmosphérique dont la température et l'humidité sont relativement homogènes. (p. **229**)

Masse molaire: masse d'une mole d'une substance. (p. **30**)

Masse volumique: masse d'une substance par unité de volume. (p. **224**)

Matériau composite: matériau formé de matériaux provenant de différentes catégories afin d'obtenir un matériau possédant des propriétés améliorées. (p. **399**)

Matière inorganique: matière qui n'est pas nécessairement produite par les organismes vivants. (p. 320)

Matière organique: matière qui entre dans la composition des organismes vivants et qui est généralement créée par ceux-ci. (p. 320)

Matière plastique: matériau fait de polymères auxquels on peut ajouter d'autres substances pour obtenir les propriétés désirées. (p. **397**)

Méiose: processus de division cellulaire qui permet de produire des gamètes mâles et femelles en vue de la reproduction sexuée. (p. 366)

Métal: matériau extrait d'un minerai. Les métaux sont généralement brillants et bons conducteurs d'électricité et de chaleur. (p. **394**)

Métalloïde: élément qui possède à la fois certaines propriétés des métaux et des non-métaux. On trouve les métalloïdes de part et d'autre de l'escalier du tableau périodique. (p. **143**)

Mesurage: action de déterminer une grandeur ou l'emplacement d'un trait. (p. **412**)

Minerai: roche qui renferme un minéral d'intérêt, qu'on peut isoler. (p. **394**)

Minéraux: corps solides inorganiques. Leur composition et leurs propriétés sont bien définies. (p. **185**)

Modèle atomique de Rutherford-Bohr: représentation de l'atome incluant un noyau très petit, composé de protons chargés positivement, autour duquel les électrons, de charge négative, circulent selon des orbites spécifiques. (p. **15**)

Modèle atomique simplifié: représentation de l'atome indiquant le nombre de protons et de neutrons présents dans le noyau, ainsi que le nombre d'électrons présents dans chacune des couches électroniques. (p. **16**)

Mole: quantité qui équivaut au nombre d'atomes dans exactement 12 g de carbone 12. Son symbole est «mol». (p. **30**)

Molécule: ensemble de deux ou de plusieurs atomes liés chimiquement. (p. **40**)

Mutualisme: relation qui unit deux êtres vivants et qui permet à chacun d'en retirer des bénéfices. (p. **308**)

N

Neutralisation acidobasique: transformation chimique qui implique la réaction d'un acide avec une base, ce qui produit un sel et de l'eau. (p. **119**)

Neutron: une des particules qui constituent l'atome. Avec le proton, il forme le noyau. Il ne possède aucune charge électrique. Il est donc neutre. (p. **16**)

Niveau trophique: position qu'occupe un organisme vivant dans une chaîne alimentaire. On distingue les niveaux trophiques suivants: les producteurs, les consommateurs et les décomposeurs. (p. 319)

Nombre d'Avogadro: quantité d'entités présentes dans une mole. Il équivaut à $6,02 \times 10^{23}$. (p. **31**, 54)

Non-métal: élément généralement mauvais conducteur d'électricité et de chaleur. On trouve les non-métaux à droite de l'escalier du tableau périodique, à l'exception de l'hydrogène. (p. **143**)

Notation de Lewis: représentation simplifiée de l'atome dans laquelle seuls les électrons de valence sont illustrés. (p. **27**, 46)

Numéro atomique: nombre de protons que contient le noyau d'un atome. Il permet de distinguer un élément d'un autre. (p. **24**)

O

Organe: pièce ou fluide qui occupe une fonction mécanique. (p. **427**)

Organe de guidage: organe dont la fonction mécanique est la fonction guidage. (p. **431**)

Organe de liaison: pièce ou fluide qui sert à la liaison dans un objet technique. (p. **427**)

Outil: instrument utile à la fabrication d'un objet. (p. **411**)

Oxydation: transformation chimique impliquant de l'oxygène ou une substance ayant des propriétés semblables. (p. **120**, 395)

Oxyde: composé résultant de la combinaison d'un seul élément avec l'oxygène. (p. 392)

P

Perçage: action qui consiste à faire un trou dans un matériau. (p. **414**)

Pergélisol: sol dont la température se maintient à 0 °C ou moins pendant au moins 2 ans. (p. **194**, 269)

Période: rangée du tableau périodique. Tous les éléments d'une période ont le même nombre de couches électroniques. (p. **23**)

Périodicité des propriétés: répétition ordonnée des propriétés d'une période à l'autre. (p. **24**)

Perspective: représentation des trois dimensions d'un objet dans une seule vue. (p. **403**)

Perturbation: événement qui cause des dommages à un écosystème. Elle peut entraîner l'élimination d'organismes et modifier la disponibilité des ressources. (p. **327**)

Phénotype: façon dont le génotype se manifeste. Il décrit donc l'apparence ou l'état d'un individu pour un ou plusieurs caractères. (p. **365**)

Photosynthèse: transformation chimique qui produit du glucose et du dioxygène à partir de l'énergie du soleil, du dioxyde de carbone et de l'eau. (p. **124**, 222, 321)

Phytoremédiation: biotechnologie qui utilise des plantes ou des algues pour éliminer les contaminants d'un milieu. (p. **338**)

Pluie acide: eau de pluie dont le très bas niveau de pH, inférieur à 5,6, est principalement causé par la transformation du dioxyde de soufre et des oxydes d'azote. (p. **200**, 235)

Poids: mesure de la force gravitationnelle exercée sur un objet. (p. **83**)

Pôle nord: extrémité d'un aimant qui s'oriente naturellement vers le pôle magnétique de la Terre, situé près du pôle Nord géographique. L'autre extrémité de l'aimant constitue son pôle sud. (p. **166**)

Pôles magnétiques: *voir* Pôle nord. (p. **84**)

Population: ensemble d'individus d'une même espèce vivant dans un espace commun à un moment déterminé. (p. **292**)

Précipitation: formation, lors du mélange de deux solutions, d'une substance peu ou pas soluble, c'est-à-dire d'un solide qu'on nomme «précipité». (p. 118)

Prédation: relation qui unit deux êtres vivants, au cours de laquelle un être vivant se nourrit d'un autre être vivant. (p. **307**)

Pression atmosphérique: pression de l'air dans l'atmosphère. (p. **224**)

Principe d'Archimède: principe qui établit qu'un objet plongé dans un fluide subit une force de poussée vers le haut dont l'intensité est égale au poids du fluide déplacé par cet objet. (p. **95**)

Principe de Bernoulli: principe qui établit que plus la vitesse d'un fluide est grande, plus sa pression est petite et vice versa. (p. **98**)

Principe de Pascal: principe qui établit qu'une augmentation de pression dans un fluide en milieu fermé est transmise uniformément dans toutes les directions. (p. **94**)

Producteur: organisme autotrophe d'un écosystème capable de créer de la matière organique à partir de matière inorganique. (p. **124, 320**)

Productivité primaire (d'un écosystème): quantité de nouvelle biomasse obtenue par l'action des producteurs de l'écosystème. (p. **326**)

Projection: représentation d'un objet en trois dimensions sur une surface à deux dimensions. (p. **402**)

Propriété caractéristique: propriété qui permet d'identifier une substance pure ou le groupe de substances auquel elle appartient. La propriété peut être chimique ou physique. (p. **108**)

Propriété mécanique: comportement d'un matériau lorsqu'il est soumis à une ou plusieurs contraintes. (p. **388**)

Protection des matériaux: utilisation de procédés qui empêchent ou retardent la dégradation des matériaux. (p. **390**)

Protéine: molécule qui joue un rôle précis dans le fonctionnement d'un organisme et dans l'expression de ses caractères. (p. **355**)

Proton: une des particules qui constituent l'atome. Il est situé dans le noyau et porte une charge positive. (p. **13**)

Puissance électrique: quantité de travail que peut accomplir un appareil électrique par seconde. (p. **155**)

R

Radioactivité: processus naturel au cours duquel un atome instable se transforme spontanément en un ou plusieurs atomes plus stables, tout en émettant de l'énergie sous forme de rayons. (p. **126**)

Réaction endothermique: transformation qui absorbe de l'énergie. (p. **114**)

Réaction exothermique: transformation qui dégage de l'énergie. (p. **114**)

Réaction nucléaire: *voir* Transformation nucléaire. (p. **239**)

Recuit: traitement thermique qui permet de restaurer les propriétés de l'acier après sa déformation, par exemple à la suite d'une soudure. (p. **395**)

Recyclage chimique: phénomène naturel qui, par l'action des décomposeurs, permet de remettre en circulation de la matière inorganique dans un écosystème à partir de la matière organique. (p. **324**)

Relais: composante qui permet la commande à distance d'un circuit à haute tension par un circuit à basse tension. (p. **478**)

Relations trophiques: liens de nature alimentaire qui existent entre les organismes vivants d'un écosystème. (p. **319**)

Rémanence magnétique: propriété qui décrit la capacité d'un matériau d'acquérir et de conserver ses propriétés magnétiques. (p. **167**)

Rendement énergétique: pourcentage d'énergie consommée par une machine ou un système qui a été transformée en énergie utile. (p. **72**)

Reproduction sexuée: reproduction qui se fait par l'union d'un gamète mâle avec un gamète femelle. (p. **360**)

Réseau trophique: représentation des relations trophiques dans un écosystème. (p. **322**)

Résistance: composante conçue pour limiter le passage des électrons dans un circuit électrique. (p. **467**)

Résistance électrique: capacité d'un matériau de s'opposer au passage du courant électrique. (p. **153**)

Respiration cellulaire: transformation chimique qui utilise le glucose et le dioxygène afin de dégager de l'énergie. Elle produit également du dioxyde de carbone et de l'eau. (p. **123, 222**)

Revenu: traitement thermique qui rend l'acier moins fragile. (p. **395**)

Roches: solides hétérogènes composés de plusieurs minéraux. (p. **189**)

Roches ignées: roches qui résultent du refroidissement du magma. (p. **190**)

Roche mère: roche à partir de laquelle se développe un sol et qui constitue la partie solide de la croûte terrestre. (p. **192**)

Roches métamorphiques: anciennes roches ignées ou sédimentaires qui ont subi une transformation à cause de la chaleur ou de la pression. (p. **191**)

Roches sédimentaires: roches qui résultent de l'accumulation et du compactage de débris. (p. **191**)

S

Salinité: mesure de la quantité de sels dissous dans un liquide. (p. **204**)

Schéma: représentation simplifiée d'un objet, d'une partie d'un objet ou d'un système. (p. **408**)

Sel: substance provenant de la liaison entre un ion métallique et un ion non métallique (autres que les ions H^+ et OH^-). (p. **59**)

Semi-conducteur : matériau doté d'une conductibilité électrique intermédiaire entre les métaux et les isolants. Il permet de contrôler la quantité de courant électrique susceptible de le traverser et la direction que peut prendre ce courant. (p. 459)

Sens conventionnel du courant : direction qu'emprunterait une particule positive dans un circuit électrique. C'est pourquoi il va de la borne positive de la source de courant vers la borne négative. (p. 150, 459)

Seuil de toxicité : concentration au-delà de laquelle un contaminant produit un ou plusieurs effets néfastes sur un organisme. (p. 334)

Smog : mélange épais de brouillard, de fumée et de polluants atmosphériques. (p. 237)

Solénoïde : objet constitué d'un fil conducteur enroulé en plusieurs boucles et parcouru par un courant électrique. (p. 169)

Solubilité : quantité maximale de soluté qu'on peut dissoudre dans un certain volume de solvant. (p. 52)

Soluté : constituant d'une solution qui est dissous dans l'autre constituant, le solvant. (p. 51)

Solution : mélange homogène dans lequel on ne peut pas distinguer les substances qui le composent, même avec l'aide d'un instrument d'observation. (p. 51)

Solution aqueuse : solution dans laquelle le solvant est l'eau. (p. 51)

Solution électrolytique : solution qui contient un électrolyte dissocié en ions, ce qui permet au courant électrique d'y circuler. (p. 142)

Solvant : constituant d'une solution dans lequel se dissout l'autre constituant, le soluté. (p. 51)

Spectre électromagnétique : image représentant l'ensemble des longueurs d'onde d'une source lumineuse. (p. 14)

Stabilité nucléaire : état d'un noyau dans lequel la force nucléaire est supérieure aux forces de répulsion électrique des protons. (p. 125)

Stœchiométrie : étude des quantités de réactifs nécessaires à la réalisation d'une réaction chimique et des quantités de produits qui seront formées. (p. 112)

Substance ferromagnétique : substance ayant la capacité d'acquérir des propriétés magnétiques. (p. 167)

Succession écologique : série de changements qui s'opèrent dans un écosystème à la suite d'une perturbation, jusqu'à ce que l'écosystème atteigne un état d'équilibre. (p. 329)

Synthèse : réaction au cours de laquelle deux ou plusieurs réactifs se combinent pour former un nouveau produit. (p. 118)

Synthèse d'une protéine : fabrication d'une protéine par la cellule. (p. 357)

Système de transmission du mouvement : ensemble d'organes qui remplissent la fonction de transmission du mouvement. (p. 436)

T

Tableau périodique des éléments : représentation dans laquelle les éléments sont regroupés selon leurs propriétés physiques et chimiques. (p. 17)

Taille d'une population : nombre d'individus qui composent une population. (p. 293)

Taraudage : technique d'usinage qui consiste à fabriquer des filets à l'intérieur de trous percés dans un matériau. (p. 415)

Techniques de séparation : techniques qui consistent à séparer physiquement les constituants d'un mélange, sans modifier la nature des substances qui le composent. (p. 50)

Température : mesure du degré d'agitation des particules d'une substance. (p. 74)

Temps de demi-vie : temps nécessaire à la désintégration de la moitié des noyaux d'un échantillon de matière radioactive. (p. 128)

Thermodurcissable : matière plastique qui reste dure en permanence, même sous l'effet de la chaleur. (p. 397)

Thermoplastique : matière plastique qui ramollit suffisamment sous l'action de la chaleur pour pouvoir être modelée ou remodelée et qui durcit suffisamment lors de son refroidissement pour conserver sa forme. (p. 397)

Tolérance : indication de l'écart maximal acceptable entre une mesure spécifiée et la mesure réelle sur l'objet. (p. 406, 468)

Traçage : action de tracer des traits ou des repères sur un matériau. (p. 412)

Traitements thermiques de l'acier : méthodes qui améliorent les propriétés mécaniques de l'acier grâce à des épisodes de chauffage. (p. 395)

Transfert d'énergie : passage de l'énergie d'un milieu à un autre. (p. 71)

Transformation chimique : transformation qui modifie la nature et les propriétés caractéristiques de la matière. Elle implique un réarrangement des liaisons entre les atomes et la formation de nouvelles molécules. (p. 108)

Transformation d'énergie : passage de l'énergie d'une forme à une autre. (p. 71)

Transformation du mouvement : fonction mécanique qui consiste à communiquer un mouvement d'une pièce à une autre tout en modifiant sa nature. (p. 445)

Transformation nucléaire : transformation qui implique un réarrangement des particules qui composent le noyau des atomes et la formation de nouveaux éléments. (p. 108)

Trempe : traitement thermique qui rend l'acier plus dur, mais aussi plus fragile. (p. 395)

Transformation physique: transformation qui ne modifie ni la nature ni les propriétés caractéristiques de la matière. Les atomes et les molécules ne changent pas. (p. **108**)

Transistor: dispositif électronique utilisé pour bloquer ou pour amplifier un courant. (p. **475**)

Transmission du mouvement: fonction mécanique qui consiste à communiquer un mouvement d'une pièce à une autre sans en modifier la nature. (p. **435**)

Travail: un travail est effectué lorsqu'une force appliquée sur un objet provoque un déplacement de cet objet ou d'une partie de celui-ci, dans la même direction que cette force ou que l'une de ses composantes. (p. **90**)

U

Usinage: action de façonner un matériau et de s'assurer qu'il possède la configuration désirée. (p. **413**)

V

Vents dominants: grands courants atmosphériques qui soufflent dans une direction donnée à l'échelle planétaire. (p. **228**)

INDEX

D

E

SOURCES DES PHOTOGRAPHIES

PARC OLYMPIQUE DE MONTRÉAL
p. 13 (1.15)

PASCALE OTIS
p. 286 (centre)
p. 286 (droite)

PEARSON EDUCATION
p. 64 : PH College
p. 168

PHOTO STUDIO
p. 406 (12.33)
p. 409 (12.37)
p. 415 (12.46)
p. 415 (12.47)
p. 421
p. 432 (13.12)

PHOTOS.COM
p. 391 (12.13)

PHOTOSHOT
p. 335 (10.23) : UPPA

PHOTOTHÈQUE ERPI
p. 6 (haut)
p. 20
p. 36
p. 95
p. 109 (4.2)
p. 132 (A)
p. 158 (5.24)
p. 247
p. 255
p. 265 (haut)
p. 274 (8.21)
p. 310 (C)
p. 356
p. 380 (centre)
p. 388 (12.6)
p. 388 (12.7)
p. 411 (12.41)
p. 414 (12.44)
p. 418 (B)
p. 418 (E)
p. 445 (13.35)
p. 450 (droite)
p. 459 (14.2)
p. 462
p. 464 (14.9)
p. 465 (bas)
p. 471 (14.20) (centre)
p. 474 (14.24)
p. 484 (gauche)
p. 493 (PE.9)

PIERRE-MARIE PAQUIN
p. 391 (12.14) (droite)

POINT DU JOUR AVIATION LTÉE
p. 332 (10.20) : J.-D. Cossette

PRENTICE HALL
p. 146 (5.12)
p. 158 (5.23)
p. 159 (5.25)

PUBLIPHOTO
p. 74 (bas) : P. G. Adam
p. 193 (6.17) : D. Lévesque
p. 211 : P. G. Adam
p. 213 (bas) : P. G. Adam
p. 235 : P. G. Adam
p. 236 (7.19) : Y. Hamel
p. 237 (7.21) : Y. Marcoux
p. 244 (7.30) : P. G. Adam
p. 245 (7.32) : Y. Derome
p. 250 : F. Newman
p. 277 (8.26) : P. G. Adam
p. 304 : Jardin Botanique de Montréal
p. 309 : P. Obendrauf
p. 327 (bas) : P. G. Adam
p. 330 (10.16) : D. Ouellette
p. 340 (10.29) : P. G. Adam
p. 346 : L. Lisabelle
p. 347 (haut) : P. G. Adam
p. 352 (11.4) (droite) : Joubert, Phanie
p. 507 (PE.34) : A. Masson

PUBLIPHOTO PHOTO RESEARCHERS
p. 25 : M. Kulyk
p. 65 (haut) : Fletcher & Baylis
p. 132 (B) : C. D. Winter
p. 132 (C) : C. D. Winter
p. 186 (6.4) (centre, droite) : D. Wiersma
p. 186 (6.5) (centre) : Mark A. Schneider
p. 186 (6.5) (gauche) : C. D. Winters
p. 326 (10.11) (droite) : M. P. Gadomski
p. 333 (bas) : G. D. McMichael
p. 361 : Science Source
p. 375 : Science Source
p. 395 : Science Source

PUBLIPHOTO SPL
p. 85 (3.19) : Dr J. Burgess
p. 111
p. 124 : American Institute of Physics
p. 164 : S. Hill, NASA
p. 170 (droite) : S. Terry
p. 205 : G. Bernard
p. 223 : D. Ducros
p. 239 (7.24)
p. 276 (bas) : Dr J. Burgess
p. 351 (11.2) (droite) : CNRI
p. 352 (11.4) (gauche) : CNRI
p. 352 (haut)
p. 366 : National Library of Medicine
p. 373 (11.25) : S. Fraser, RVI, Newcastle-Upon-Tyne
p. 374 : A. Syred
p. 377 : C. Coffrey
p. 397
p. 435 (13.17) (droite)
p. 449
p. 463 (bas) : Rosenfeld Images Ltd.

REUTERS
p. 364 (11.17) : R. Sigheti
p. 372 (bas) : R. Sprich

SÉJOUR SANTÉ ENFANTS TCHERNOBYL
p. 137 (bas)

SHUTTERSTOCK
p. 4-5 : B. Wheadon
p. 102 : Oleksii
p. 486-487 : V. Potapova

SUPERSTOCK
p. 417 (12.49) : C. Orrico

TANGO
p. 32
p. 151
p. 152
p. 380 (haut)
p. 380 (fond)
p. 381 (centre)
p. 416 (12.48)
p. 432 (13.13)
p. 484 (centre, droite)

THE GRANGER COLLECTION
p. 149

THOM VOLK
p. 338

TIPS IMAGES
p. 43 : G. A. Rossi

TORONTO UNIVERSITY (ARCHIVES)
p. 405

TOYOTA MOTOR
p. 430 (bas) : AFP

TRAVAUX PUBLICS ET SERVICES GOUVERNEMENTAUX CANADA
p. 490 (PE.4) : Centre canadien de la modélisation et de l'analyse climatique, Environnement Canada, 2008

UNIVERSITÉ DE MONTRÉAL
p. 484-485 (fond)

UNIVERSITÉ D'OTTAWA (ARCHIVES)
p. 153

UNIVERSITÉ DE SHERBROOKE
p. 154

UNIVERSITY OF WASHINGTON
p. 461

VERDANT POWER, INC. 2006
p. 210 (6.37) : J. Wuilliez, Ripe Studios

VISUALS UNLIMITED
p. 351 (11.2) (gauche) : Dr R. Calentine
p. 297 (9.9) : M. Durham
p. 378 : I. Spence